INSTITUIÇÕES DE DIREITO CIVIL

Volume I

INTRODUÇÃO AO DIREITO CIVIL
TEORIA GERAL DE DIREITO CIVIL

EDIÇÕES ANTERIORES

1ª edição – 1961
2ª edição – 1966
3ª edição – 1971
4ª edição – 1974
5ª edição – 1976 – 1ª tiragem
5ª edição – 1978 – 2ª tiragem
5ª edição – 1980 – 3ª tiragem
6ª edição – 1982
7ª edição – 1983
8ª edição – 1984
9ª edição – 1985
10ª edição – 1987
11ª edição – 1989
12ª edição – 1990
13ª edição – 1992
14ª edição – 1993
15ª edição – 1994
16ª edição – 1994
17ª edição – 1995
18ª edição – 1995
18ª edição – 1996 – 2ª tiragem
18ª edição – 1996 – 3ª tiragem
18ª edição – 1997 – 4ª tiragem
18ª edição – 1997 – 5ª tiragem
19ª edição – 1998
19ª edição – 1998 – 2ª tiragem
19ª edição – 1999 – 3ª tiragem
19ª edição – 1999 – 4ª tiragem
19ª edição – 1999 – 5ª tiragem
19ª edição – 2000 – 6ª tiragem

19ª edição – 2000 – 7ª tiragem
19ª edição – 2001 – 8ª tiragem
19ª edição – 2001 – 9ª tiragem
19ª edição – 2002 – 10ª tiragem
20ª edição – 2004
20ª edição – 2004 – 2ª tiragem
20ª edição – 2005 – 3ª tiragem
21ª edição – 2005
21ª edição – 2005 – 2ª tiragem
21ª edição – 2005 – 3ª tiragem
21ª edição – 2006 – 4ª tiragem
22ª edição – 2007
22ª edição – 2008 – 2ª tiragem
23ª edição – 2009
23ª edição – 2010 – 2ª tiragem
23ª edição – 2010 – 3ª tiragem
24ª edição – 2011
25ª edição – 2012
26ª edição – 2013
27ª edição – 2014
28ª edição – 2015
29ª edição – 2016
30ª edição – 2017
31ª edição – 2018
32ª edição – 2019
33ª edição – 2020
34ª edição – 2023 – 2ª tiragem

O GEN | Grupo Editorial Nacional – maior plataforma editorial brasileira no segmento científico, técnico e profissional – publica conteúdos nas áreas de concursos, ciências jurídicas, humanas, exatas, da saúde e sociais aplicadas, além de prover serviços direcionados à educação continuada.

As editoras que integram o GEN, das mais respeitadas no mercado editorial, construíram catálogos inigualáveis, com obras decisivas para a formação acadêmica e o aperfeiçoamento de várias gerações de profissionais e estudantes, tendo se tornado sinônimo de qualidade e seriedade.

A missão do GEN e dos núcleos de conteúdo que o compõem é prover a melhor informação científica e distribuí-la de maneira flexível e conveniente, a preços justos, gerando benefícios e servindo a autores, docentes, livreiros, funcionários, colaboradores e acionistas.

Nosso comportamento ético incondicional e nossa responsabilidade social e ambiental são reforçados pela natureza educacional de nossa atividade e dão sustentabilidade ao crescimento contínuo e à rentabilidade do grupo.

CAIO MÁRIO DA SILVA PEREIRA

Professor Emérito na Universidade Federal do Rio de Janeiro
e na Universidade Federal de Minas Gerais.

INSTITUIÇÕES DE DIREITO CIVIL

Volume I

INTRODUÇÃO AO DIREITO CIVIL
TEORIA GERAL DE DIREITO CIVIL

Maria Celina Bodin de Moraes
Atualizadora e colaboradora

35ª edição revista, atualizada e reformulada

- O autor deste livro e a editora empenharam seus melhores esforços para assegurar que as informações e os procedimentos apresentados no texto estejam em acordo com os padrões aceitos à época da publicação, e todos os dados foram atualizados pelo autor até a data de fechamento do livro. Entretanto, tendo em conta a evolução das ciências, as atualizações legislativas, as mudanças regulamentares governamentais e o constante fluxo de novas informações sobre os temas que constam do livro, recomendamos enfaticamente que os leitores consultem sempre outras fontes fidedignas, de modo a se certificarem de que as informações contidas no texto estão corretas e de que não houve alterações nas recomendações ou na legislação regulamentadora.

- Fechamento desta edição: *21.11.2023*

- O Autor e a editora se empenharam para citar adequadamente e dar o devido crédito a todos os detentores de direitos autorais de qualquer material utilizado neste livro, dispondo-se a possíveis acertos posteriores caso, inadvertida e involuntariamente, a identificação de algum deles tenha sido omitida.

- **Atendimento ao cliente: (11) 5080-0751 | faleconosco@grupogen.com.br**

- Direitos exclusivos para a língua portuguesa
  Copyright © 2024 by
  Editora Forense Ltda.
  Uma editora integrante do GEN | Grupo Editorial Nacional
  Travessa do Ouvidor, 11 – Térreo e 6º andar
  Rio de Janeiro – RJ – 20040-040
  www.grupogen.com.br

- Reservados todos os direitos. É proibida a duplicação ou reprodução deste volume, no todo ou em parte, em quaisquer formas ou por quaisquer meios (eletrônico, mecânico, gravação, fotocópia, distribuição pela Internet ou outros), sem permissão, por escrito, da Editora Forense Ltda.

- Capa: Aurélio Corrêa

- 1ª edição – 1961
  35ª edição – 2024

- **CIP – BRASIL. CATALOGAÇÃO NA FONTE.
  SINDICATO NACIONAL DOS EDITORES DE LIVROS, RJ.**

P49i
Pereira, Caio Mário da Silva, 1913-2004

Instituições de direito civil: introdução ao direito civil: teoria geral de direito civil / Caio Mário da Silva Pereira; colaboração Maria Celina Bodin de Moraes. – 35. ed., rev. e atual. – Rio de Janeiro: Forense, 2024.
(Instituições de direito civil; 1)

Continua com: Instituições de direito civil, vol. 2
Inclui bibliografia e índice
ISBN 978-65-5964-909-9

1. Direito civil – Brasil. I. Moraes, Maria Celina Bodin de. II. Título. III. Série.

23-86677   CDU: 347.1(81)

Gabriela Faray Ferreira Lopes – Bibliotecária – CRB-7/6643

A meu pai, Leopoldo da Silva Pereira.
A minha mãe, Leonídia Coelho Pereira.
A minha mulher, Marina Célia Silva Pereira.

Índice Sistemático

Obras e Estudos do Autor XIII
Nota da Atualizadora XVII
Prefácio XXIII

Parte Primeira – INTRODUÇÃO AO DIREITO CIVIL 1

Capítulo I – O Direito e sua Divisão 1

1. Noção de Direito. Direito positivo. Direito natural.Direito e moral 3
2. Direito objetivo e direito subjetivo 9
3. Direito público e direito privado. Princípios de ordem pública 10
4. Direito civil. Direito civil constitucional 13
4-A. Unificação do direito privado 16

Capítulo II – Direito Subjetivo 19

5. Conceito de direito subjetivo. Outras situações jurídicas subjetivas 21
6. Análise do direito subjetivo. A relação jurídica 26
7. Categorias de direito subjetivo 31

Capítulo III – Direito Objetivo 35

8. Direito objetivo. Caracteres 37
9. Fontes de direito: atuais e históricas. Moderna doutrina das fontes de direito 38
10. Lei 44
11. Costume 46
12. Analogia 49
13. Princípios gerais de direito. Doutrina. Equidade. Direito comparado 51
14. Codificação 54
15. História da codificação brasileira 55
16. A necessidade de revisão do Código de 1916 59
16-A. O movimento de descodificação do Direito Civil 61
16-B. O Código Civil de 2002 62

Capítulo IV – Classificação das Leis 65

17. Classificação das leis segundo a hierarquia 67
18. Classificação das leis segundo a extensão territorial 71
19. Classificação das leis segundo a força obrigatória 72
20. Classificação das leis segundo a natureza 74
21. Classificação das leis segundo a intensidade da sanção 76

Capítulo V – Eficácia da Lei 77

22. Início da vigência das leis 79
23. Princípio da obrigatoriedade das leis 81
24. Princípio da continuidade das leis 84

25. Cessação da eficácia das leis: revogação, derrogação, ab-rogação 85
26. Revogação: expressa e tácita 87
27. Lei repristinatória.. 90
27-A. Eficácia imediata da Constituição 90

Capítulo VI – Conflito de Leis no Tempo.................................. 93

28. Direito intertemporal 95
29. Princípio da irretroatividade das leis 97
30. Teorias subjetivistas 102
31. Teorias objetivistas.. 104
32. Repercussão no direito brasileiro..................................... 109

Capítulo VII – Eficácia da Lei no Espaço.................................. 115

33. Exterritorialidade da lei 117
34. Direito internacional privado 118
35. Teoria dos estatutos 120
36. Princípio do domicílio e da nacionalidade.............................. 122
37. Doutrina legal brasileira.. 124

Capítulo VIII – Interpretação da Lei..................................... 129

38. Conceito de interpretação e suas espécies 131
39. Hermenêutica tradicional.. 137
40. Interpretação científica.. 138
41. Controle da constitucionalidade. Existência da lei....................... 141

Parte Segunda – TEORIA GERAL DE DIREITO CIVIL........................ 147

Capítulo IX – Personalidade e Direitos da Personalidade 147

42. Personalidade e pessoa natural...................................... 149
43. Começo da personalidade... 151
44. Fim da personalidade 154
44-A. Ausência... 157
45. Comoriência.. 162
46. Registro civil das pessoas naturais.................................... 163
46-A. Direitos da personalidade... 164
47. Nome civil 168
47-A. Direito à vida e à integridade física 175
47-B. Integridade moral 179

Capítulo X – Incapacidade 183

48. Capacidade e estado das pessoas 185
49. Incapacidade.. 189
50. Os absolutamente incapazes... 192
51. Os relativamente incapazes 198
51-A. Tomada de decisão apoiada (remissão) 203
52. Maioridade e emancipação.. 203

Capítulo XI – Pessoa Jurídica.. 207

53. Noção de pessoa jurídica e seus requisitos........................ 209
54. Natureza da pessoa jurídica 212
55. Capacidade e representação da pessoa jurídica 218
56. Classificação das pessoas jurídicas.............................. 221
57. Responsabilidade civil das pessoas jurídicas 226
58. Nacionalidade das pessoas jurídicas.............................. 231
58-A. Desconsideração da personalidade jurídica 234
58-B. Direitos da personalidade e a pessoa jurídica................... 239

Capítulo XII – Sociedades, Associações e Fundações 241

59. Começo de existência das pessoas jurídicas. Registro............. 243
60. Sociedades (remissão). Associações.............................. 247
61. Fim da existência das associações. Destino de seus bens 250
62. Fundações.. 254

Capítulo XIII – Domicílio... 259

63. Domicílio e residência 261
64. Unidade, pluralidade e falta de domicílio. Mudança 265
65. Domicílio voluntário e domicílio necessário.Domicílio legal. Domicílio geral e especial ... 267
66. Domicílio das pessoas jurídicas 272

Capítulo XIV – Objeto dos Direitos 275

67. Patrimônio 277
68. Objeto dos direitos: coisas e bens............................... 283
69. Bens corpóreos e incorpóreos................................... 286

Capítulo XV – Classificação dos Bens................................. 289

70. Móveis e imóveis 291
71. Bens fungíveis e infungíveis 299
72. Bens consumíveis e não consumíveis 300
73. Bens divisíveis e indivisíveis 301
74. Bens singulares e coletivos...................................... 303
75. Bens principais e acessórios..................................... 304
76. Bens públicos e privados. Regime das minas..................... 309
77. Bens disponíveis e indisponíveis. Bem de família. Tombamento artístico e histórico 315

Capítulo XVI – Aquisição, Modificação e Extinção dos Direitos Subjetivos 319

78. Fato jurídico 321
79. Nascimento e aquisição dos direitos 324
80. Modificação dos direitos 326
81. Extinção e perda dos direitos. Renúncia 329

Capítulo XVII – Negócio Jurídico 333

82. Negócio jurídico e ato jurídico. Ato jurídico *stricto sensu*........ 335
83. Manifestação e declaração de vontade........................... 338
84. Requisitos de validade do negócio jurídico 341

X INSTITUIÇÕES DE DIREITO CIVIL • VOL. I • INTRODUÇÃO E TEORIA GERAL DE DIREITO CIVIL

84-A. Forma do negócio jurídico 343
85. Classificação dos negócios jurídicos 349
86. Interpretação do negócio jurídico. 351
87. Causa do negócio jurídico 355

Capítulo XVIII – Defeitos do Negócio Jurídico. 361

88. Manifestação de vontade defeituosa. 363
89. Erro de fato e erro de direito 365
90. Dolo 371
91. Coação 374
92. Simulação (remissão) 378
93. Fraude contra credores 378
94. Lesão e estado de perigo 384

Capítulo XIX – Modalidades do Negócio Jurídico. 389

95. Elementos acidentais do negócio jurídico 391
96. Condição: noção, classificação e efeitos 392
97. Condição suspensiva e condição resolutiva 398
98. Condição impossível e condição proibida 403
99. Termo e prazo. 406
100. Encargo. 409
101. Pressuposição 411

Capítulo XX – Prova. 415

102. Forma do negócio jurídico (remissão) 417
103. Da prova 417
104. Prova documental, testemunhal e pericial 420
105. Confissão. Presunção. Autoridade da coisa julgada.Provas técnicas 427

Capítulo XXI – Representação 433

106. Poder de representação: legal e convencional 435
107. Efeitos da representação. 440

Capítulo XXII – Invalidade do Negócio Jurídico. 445

108. Negócio jurídico ineficaz, em geral. Ineficácia *stricto sensu* 447
109. Nulidade 449
109-A. Simulação. 451
110. Anulabilidade 454
111. Efeitos da nulidade e da anulabilidade 456
112. Atos inexistentes. 459

Capítulo XXIII – Ato Ilícito 463

113. Conceito de ilícito. 465
114. Dolo. Culpa. 467
115. Responsabilidade civil 469
116. Responsabilidade civil do Estado. 474
117. Escusativas de responsabilidade e concorrência de culpa 476
118. Abuso do direito 477

Capítulo XXIV – Prescrição e Decadência. 481

119. O tempo e a relação jurídica. 483
120. Prescrição aquisitiva. 484
121. Prescrição extintiva 485
122. Decadência 490
123. Prazos prescricionais 493
124. Suspensão da prescrição. 495
125. Interrupção da prescrição 496

Índice Alfabético-remissivo 501

OBRAS E ESTUDOS DO AUTOR

OBRAS

Ação Revogatória – Ed. Veloso & Cia., 1953.

Anteprojeto de Código de Obrigações – Imprensa Nacional, 1964.

Anulação de Ato Jurídico – Ed. Carneiro & Cia., 1956.

Cláusula de Escala Móvel – Ed. Revista dos Tribunais, 1955.

Condomínio e Incorporações – Ed. Forense – 1965, 1969 e 1976.

Dação em Pagamento – Ed. Veloso & Cia., 1953.

Derecho Comparado, Ciencia Autónoma – Ed. Imprensa Universitária de México, 1953.

Efeitos do Reconhecimento da Paternidade Ilegítima – Ed. Revista Forense, 1947.

Eternidade Filosófica do Direito – Ed. Veloso & Cia., 1956.

Investigação de Paternidade – Ed. Veloso & Cia., 1940.

La Preuve de la Paternité et les Progrès de la Science – Tipografia da Faculdade de Direito de Belo Horizonte, 1954.

Lesão nos Contratos – Ed. Revista Forense, 1ª ed., 1949; 2ª ed., 1959.

Mandado de Segurança – Ed. Veloso & Cia., 1951.

Pareceres do Consultor-Geral da República – Serviço Gráfico do IBGE, 1964.

Propriedade Horizontal – Ed. Forense, 1961.

Reconhecimento de Paternidade e seus Efeitos – Ed. Forense, 1977.

Reformulação da Ordem Jurídica e Outros Temas – Ed. Forense, 1980.

Responsabilidade Civil – Ed. Forense, 1989.

ESTUDOS

A democracia e o seu futuro – Estudo *in Diário* de 12 de outubro de 1943.

A sentença e seus efeitos no novo Código de Processo Civil – Estudo *in Revista Forense*, vol. 251, p. 49.

A universalização da ciência jurídica – Estudo *in Revista da Faculdade de Direito de Minas Gerais*, 1953.

Abuso de direito no exercício da demanda – Estudo *in Revista Forense*, vol. 159, p. 106.

Acumulação de funções judicantes – Estudo *in Mensário Forense*, vol. I, p. 297.

Advocacia e desenvolvimento social – *Revista da OAB*, vol. 20, p. 420.

Apreciação judicial de questão política – Estudo *in Revista Forense*, vol. 131, p. 22.

Arras – Estudo *in Revista Forense*, vol. 68, p. 476.

Associação civil – direitos especiais de determinados associados – Destituição de diretores – Parecer *in Revista dos Tribunais*, vol. 445, p. 25.

Autarquia e autonomia de universidade federal – Estudo *in Jurisprudência Mineira*.

Cadáver – Disposição – *Enciclopédia Saraiva de Direito*, vol. 12, p. 417.

Cessão de crédito – Estudo *in Minas Forense*, vol. 9, p. 254.

Cláusula *rebus sic stantibus* – Estudo *in Revista Forense*, vol. 92, p. 797.

Código Napoleão, sua influência nos sistemas jurídicos ocidentais– *Revista da Faculdade de Direito da UFMG*, outubro de 1989, p. 1; *Revista de Direito Civil*, vol. 51, p. 7.

Comentários e crítica ao anteprojeto do Código de Obrigações, publicados em *O Diário*, de Belo Horizonte, datas diversas.

Comoriência – *Enciclopédia Saraiva de Direito*, vol. 16, p. 284.

Concubinato – Sua concepção atual – Estudo *in Revista Forense*, vol. 190, p. 13.

Condomínio especial em edifício coletivo – Estudo *in Revista Forense*, vol. 245, p. 46.

Considerações gerais sobre hermenêutica contratual – *ADV, Advocacia Dinâmica*, Seleções Jurídicas nº 10, p. 5.

Contrato consigo mesmo – Estudo *in Revista Forense*, vol. 243, p. 50.

Direito comparado e seu estudo – Estudo *in Revista da Faculdade de Direito de Minas Gerais*, 1955.

Direito constitucional intertemporal – *Revista Forense*, vol. 304, p. 29.

Direito de propriedade e sua evolução – Estudo *in Revista Forense*, vol. 152, p. 7.

Direito de vizinhança e conflito de vizinhança – Estudo *in Minas Forense*, vol. 8, p. 5.

Direitos humanos – Estudo na *Revista Forense*, vol. 2, p. 13.

Direitos humanos – *Revista Forense*, vol. 267, p. 13.

Dissolução da sociedade conjugal – *Revista de Direito Comparado Luso-Brasileiro*, vol. 3, p. 68.

Domínio público – Estudo *in Revista Forense*, vol. 179, p. 118.

Eficácia da lei no tempo – Estudo *in Revista Forense*, vol. 158, p. 97, e *Minas Forense*, vol. 10, p. 5.

Empreitada – Estudo *in Revista dos Tribunais*, vol. 245, p. 7.

Enfiteuse – *Enciclopédia Saraiva de Direito*, vol. 32, p. 146.

Exceptio non adimpleti contractus – *Enciclopédia Saraiva de Direito*, vol. 34, p. 403.

Família de fato e família de direito – *Revista da Academia Brasileira de Letras Jurídicas*, p. 129, 1991.

Fidúcia e negócio fiduciário – *Enciclopédia Saraiva de Direito*, vol. 37, p. 198.

Gerência de banco. mandado em forma legal – *Revista LTR*, p. 777, jul. 1988.

Gratuidade de mandato de vereador – Estudo *in Revista Forense*, vol. 144, p. 81.

Ideia de boa-fé – Estudo *in Revista Forense*, vol. 72, p. 25.

Imunidade fiscal – Estudo *in Minas Forense*, vol. 7, p. 144.

Incêndio em edifício profissional – Presunção de culpa ilidida – Parecer *in Revista Forense*, vol. 237, p. 62.

Incentivo Fiscal – Florestamento – Imposto de Renda – Parecer *in Revista Forense*, vol. 235, p. 48.

Interdição e seu levantamento – Estudo *in Minas Forense*, vol. I, p. 132.

Invalidade do casamento no direito vigente e no projeto de Código Civil – *Revista da Faculdade de Direito da Universidade Federal de Juiz de Fora*, (TABULAE), nº 12, p. 9.

Invalidade do casamento – *Revista da Faculdade de Direito da Universidade de Juiz de Fora*, vol. 12, p. 9.

Leasing, arrendamento mercantil – *Revista Forense*, vol. 287, p. 7.

Lei do casamento na República Popular da China – *Revista Forense*, vol. 297, p. 3.

Limitação constitucional dos juros reais – *Cadernos Especiais da Associação dos Bancos*, nº 92.

No centenário de Pontes de Miranda – *Revista da Academia Brasileira de Letras Jurídicas*, nº 3, 1992.

Nova formulação das provas – *Revista da OAB*, vol. 14, p. 399.

Nova tipologia contratual no direito brasileiro – Estudo *in Revista Forense*, vol. 281, p. 1.

O direito civil na Constituição de 10 de novembro – Estudo *in Revista Forense*, vols. 73, p. 510, e 74, p. 25.

Os valores da ordem e os valores da liberdade – Estudo *in Revista Forense*, vol. 238, p. 381.

Prescrição – Parecer *in Revista Forense*, vol. 198, p. 59.

Princípio da oralidade processual – Verbete do *Digesto de Processo*, Ed. Forense.

Problemas atuais da advocacia – Estudo *in Revista Forense*, vol. 255, p. 471.

Reforma de direito civil – *Revista de Direito Civil*, vol. 58, p. 7, 1991.

Reformulação da ordem jurídica – Discurso publicado *in Revista Forense*, vol. 201, p. 20.

Relação entre avalistas – Estudo *in Revista Forense*, vol. 72, p. 588.

Renúncia à herança – Estudos *in Revista dos Tribunais*, vol. 502, p. 38.

Responsabilidade civil do construtor – *Revista Forense*, vol. 291, p. 23.

Responsabilidade civil do Estado por ato de guerra – Estudo *in Revista Forense*, vol. 112, p. 348.

Responsabilidade civil do Estado – Estudo *in Revista Forense*, vol. 102, p. 38.

Responsabilidade civil do Estado – *in ADV, Advocacia Dinâmica*, p. 17, setembro de 1984.

Responsabilidade civil do fabricante – *Revista de Direito Comparado Luso-Brasileiro*, vol. 2, p. 28.

Serviço público – Estudo *in Revista Forense*, vol. 118, p. 348.

Shopping-centers, organização econômica e disciplina jurídica – *Revista dos Tribunais*, vol. 580, p. 15.

Tendencias modernas del derecho de familia – *Revista del Derecho Comparado de Buenos Aires*, vol. 3, p. 5.

Terras devolutas – Estudo *in Minas Forense*, vol. 12, p. 5.

Turbações sucessivas de posse – Estudo *in Revista Forense*, vol. 63, p. 116.

Unidade da cultura jurídica ocidental – Estudo *in Revista da Faculdade de Direito de Minas Gerais*, 1954, e *Revista da Ordem dos Advogados de Pernambuco*, vol. I, p. 57.

Venda de ascendente a descendente – Estudo *in Revista Forense*, vol. 104, p. 45.

Vinte e cinco anos de Código Civil – Estudo *in Revista do Instituto dos Advogados de Minas Gerais*, vol. I, p. 203.

Nota da Atualizadora

Caio Mário da Silva Pereira tem representado, nas últimas décadas, a principal referência de todos aqueles que se dedicam ao estudo do Direito Civil brasileiro. A convicção na veracidade dessa premissa realça a honra com que recebi o convite para atualizar o primeiro volume de suas *Instituições de Direito Civil* e demonstra a dimensão do desafio que a tarefa impunha.

A trajetória do autor é um modelo a ser seguido: um jurista que conseguiu combinar a análise rigorosa e científica do intrincado campo do Direito Civil com a necessidade de que os resultados de tal análise fossem compatíveis com os anseios mais fundamentais de solidariedade e justiça. Mais do que isso, destaca-se sua notável capacidade de conciliar o papel do jurista, dedicado à elucidação de questões complexas e ao desenvolvimento de teses elaboradas, com o papel do professor, com a nobre missão de apresentar de maneira convidativa e crítica as primeiras noções do Direito Civil aos iniciantes.

Estas *Instituições de Direito Civil* são um exemplo perfeito disso, como obra que atende à finalidade propedêutica. Sua profundidade não sacrifica a clareza na exposição das ideias e na apresentação dos conceitos fundamentais. Seu caráter didático permite que seja utilizada pelos alunos de graduação, que estão apenas iniciando seu contato com o mundo do Direito Civil.

Ao mesmo tempo, porém, trata-se de obra fundamental para os mais avançados estudos de pós-graduação, mestrado e doutorado. Revela-se subsídio inestimável para todos os cultores do Direito Civil. Também é presença constante nas decisões judiciais, expondo argumentos cuja autoridade não está apenas no nome do autor, mas na certeza de por meio dele encontrar reflexões cuidadosas e detalhadas.

As *Instituições*, contudo, são apenas um aspecto da vida de um jurista cuja história se confunde com a do Direito Civil brasileiro. Além de sua marcante atuação como Consultor-Geral da República, o Professor Caio Mário da Silva Pereira foi autor do Anteprojeto do Código de Obrigações (1962-1963), que abrangia a Teoria Geral e as Fontes das Obrigações (Contratos, Gestão de Negócios, Declaração Unilateral de Vontade e Responsabilidade Civil), assim como foi integrante da Comissão Revisora do Anteprojeto de Código Civil, apresentado por Orlando Gomes. Os dois anteprojetos foram engavetados, a despeito do seu vanguardismo – ou, talvez, exatamente por causa dele. Como afirmou o autor:

> Foi assim que o meu Projeto de Código de Obrigações, com toda a sua modernidade, deixou de ser convertido em lei, obedecendo à visão de um verso de Virgílio, cantado há mais de dois mil anos – *Fata obstant* – "os fados se opõem". Mas por quê? Os romanos procuravam, às vezes, explicar o que não tinha explicação, dizendo *Jovis sinistra tonat* (Júpiter troveja

à esquerda). No Código de Obrigações, não poderia ser porque "Júpiter trovejasse à esquerda...". No meu caso, talvez (ou por certo), *Júpiter tenha trovejado à direita...*[1]

Já seu Projeto sobre o condomínio horizontal veio a se converter na Lei nº 4.591, de 16 de dezembro de 1964, que regeu por longo tempo as problemáticas referentes ao condomínio em edificações e às incorporações imobiliárias, e boa parte de seus dispositivos persiste hoje reproduzida no vigente Código Civil.

Em seu papel mais marcante – como doutrinador e professor –, incontável é sua produção. Em meio a tantos livros e algumas dezenas de artigos especializados, destacam-se, além das *Instituições* e da obra sobre os condomínios horizontais, estudos pioneiros sobre a lesão nos contratos, o reconhecimento e a investigação de paternidade, e, a grande obra de sua maturidade, sobre a responsabilidade civil – recentemente atualizada.[2] Mesmo já acometido por problemas de saúde, Caio Mário da Silva Pereira não interrompeu sua produção nem diminuiu a agudeza de sua reflexão. Em 1999, recebeu o título de Doutor *Honoris Causa* da tradicional Universidade de Coimbra, em Portugal. Em discurso que fez na ocasião, em nome também dos demais que recebiam o grau – Fábio Konder Comparato, Luiz Pinto Ferreira, Vicente Marotta Rangel e Galeno de Lacerda –, percebe-se a abertura intelectual de um pensador que, com nome e obra já consolidados, permanecia atento às novas teorias que permeavam o mundo do Direito Civil. Em especial, condizente com sua tradicional insatisfação com os efeitos desumanos da concepção tradicional do positivismo jurídico, torna clara sua receptividade ao marco teórico da constitucionalização do Direito Civil, tendente a aplicar diretamente as normas constitucionais protetoras da pessoa humana às relações privadas, em argumentação que merece ser transcrita:

> Reservo-me, finalmente, trazer a vós o que tem sido objeto de minhas constantes reflexões em face das perspectivas do Direito Civil para o terceiro milênio. As codificações cumpriram sua missão histórica de assegurar a manutenção dos poderes adquiridos.
>
> Não mais se pode reconhecer ao Código Civil o valor de "Direito Comum". (...) É tempo de se reconhecer que a posição ocupada pelos 'Princípios gerais de direito' passou a ser preenchida pelas normas constitucionais, notadamente pelos direitos fundamentais. Tal proposta consolidou em nossa doutrina um *direito civil constitucional* reconhecido, definitivamente, nos meios acadêmicos e pelos Tribunais.

---

1 Caio Mário da Silva Pereira, *Direito Civil – Alguns Aspectos de sua Evolução*, Rio de Janeiro, Forense, 2001, p. 125 *(grifos no original)*. O Autor refere-se à ditadura militar que se instaurou no país em 1964.

2 Caio Mário da Silva Pereira. *Responsabilidade Civil*. 10. ed. atual. por G. Tepedino, Rio de Janeiro, GZ Editora, 2012.

NOTA DA ATUALIZADORA   XIX

Sem adentrarmos nos debates doutrinários concernentes à diferença entre os direitos fundamentais e os direitos da personalidade, neste momento de indefinição do que é público ou privado, é preeminente que o Estado e os demais operadores do Direito assumam suas principais responsabilidades com base nos ditames constitucionais.[3]

Em 2000, concedeu magnífica entrevista à *Revista Trimestral de Direito Civil*. A exposição de algumas de suas experiências e ideias configura-se como verdadeira lição de vida para o estudante de Direito, afirmando acreditar que os jovens juristas deviam dedicar-se a estudar nas obras mais profundas e não despender o seu tempo na leitura dos comentários ou apostilas imediatistas que somente lhes impõe um conhecimento superficial da lei examinada gramaticalmente. E concluía: "devem aprofundar-se no estudo dos tratados que desenvolvem o seu conhecimento e abrem suas vistas para o mais profundo entendimento do Direito, sua essência, ao invés de se limitarem à interpretação literal".[4]

Nesse impulso, o autor lançou aquele que seria seu último livro: *Direito Civil – Alguns aspectos de sua evolução*. Nele se observa o esforço incansável de uma mente inquieta em manter-se atualizada, reexaminando os conceitos tradicionais à luz dos novos desafios que a virada do milênio impunha. Então, com 87 anos de idade, 60 anos de exercício ininterrupto de advocacia e 40 anos de magistério, explicava o autor:

> Não faço aqui um relato meramente teórico, ou uma exposição de cunho puramente abstrato, como se fosse um observador à distância da vida panorâmica do Direito. Enxergo a evolução das Instituições diretamente. Eu a acompanhei com meus estudos. Participei como operário na feitura desse edifício. Fui em grande parte responsável por sua construção, enfrentando resistências que o espírito naturalmente conservador do jurista opõe a toda espécie de mudanças. Pioneiro algumas vezes, fui tratado por uns como utopista, e combatido por outros como rebelde (...) Assim me empenhei em proceder na pesquisa analítica de diversos institutos jurídicos, que guardam aparente autonomia, uns em relação aos outros, porém, todos visando uma finalidade comum. Essa "finalidade" é a "conclusão" que se pode extrair: embora exteriormente desligados, todos obedecem a uma certa linha de comportamento, que é a da própria vida social. Partindo das concepções isoladamente individualistas, convergem no objetivo comum, que é a realização da Justiça Social.[5]

---

3   Discursos proferidos em Coimbra e no Brasil por ocasião do Doutoramento *Honoris Causa* dos professores Caio Mário da Silva Pereira, Galeno de Lacerda, Luiz Pinto Ferreira, Fábio Konder Comparato e Vicente Marotta Rangel, Rio de Janeiro, Forense, 1999, p. 7-8 – grifos no original.

4   Caio Mário da Silva Pereira, *Entrevista à Revista Trimestral de Direito Civil*, nº 1, p. 295-318, 2000.

5   Caio Mário da Silva Pereira, *Direito Civil – Alguns Aspectos*, p. 1-4.

Diante dessa história de vida, impunha-se aceitar seu convite para auxiliar na atualização – em virtude da promulgação do Código Civil de 2002 – de uma de suas obras mais importantes, e mais fundamentais à atividade civilística nacional e ao ensino do direito civil brasileiro. Por outro lado, como desempenhar tal tarefa de maneira a honrar o nome Caio Mário da Silva Pereira e o título *Instituições de Direito Civil*?

Nesse tipo de trabalho, coloca-se em jogo o delicado papel do atualizador, que caminha na corda bamba, buscando o equilíbrio entre o perigo de, pelo excesso, sacrificar a integridade e a pureza da obra original e, pela falta, deixá-la morrer no anacronismo.

O desafio não tem sido pequeno. O Código Civil, promulgado pela Lei nº 10.406, de 10 de janeiro de 2002, como se sabe, nasceu velho. Apesar disso, encontra-se instaurado e consolidado, a exigir que as obras e estudos antigos se adaptem, de maneira a analisar – sem renegar a necessária perspectiva crítica – seus dispositivos.

Seria possível abrir mão dessa tarefa, ou proceder apenas a uma atualização tímida, limitada a apontamentos em notas de rodapé. Continuariam as *Instituições* a ser obra de grande valor científico e doutrinário, como outras que sofreram o mesmo destino pelo decurso do tempo. Ficaria prejudicada, contudo, sua fundamental função didática, pois se dificultaria seu uso como manual nos cursos de graduação, e os alunos iniciantes seriam privados das preciosas lições do Professor Caio Mário da Silva Pereira.

A solução para satisfazer essa necessidade de atualização da obra, mantendo, porém, a sua integridade original, foi fornecida pelo próprio autor, ao compartilhar com os atualizadores observações sistemáticas que ele próprio tecera acerca de cada um dos dispositivos do então ainda Projeto de Código Civil. Incluir os apontamentos presentes nestes "manuscritos", fazendo as adaptações necessárias para que o livro não apresentasse repetições ou incoerências, foi a verdadeira tarefa dessa atualização.

O remanejamento topográfico de alguns itens também foi necessário, tendo em vista alterações feitas no Código no sentido de modificar o local de disciplina de certos institutos. Sempre, contudo, foram mantidos os números originais dos parágrafos, com a remissão ao novo local em que daquele instituto agora se trata. Os demais acréscimos, que se fizeram necessários para adaptar a obra aos novos tempos, limitaram-se a notas de rodapé.

A versão final daquela primeira atualização foi lida e aprovada pelo autor, que chegou ainda a vê-la publicada, para nossa grande alegria.

Em janeiro de 2004, faleceu, aos 90 anos, o Professor Caio Mário da Silva Pereira. De diversas partes, destacou-se o impacto da perda do professor, que deixava para seu país e, sobretudo, para a comunidade jurídica, uma história de luta e uma mensagem de esperança e renovação.

Torna-se sempre maior o desafio do atualizador, que deve fazer jus não apenas à história, mas também à memória do autor. Consciente da grandeza da tarefa, o processo de atualização continua prudente, inspirado pela necessidade de manter o nome, o espírito e as finalidades destas *Instituições*. A atualização desta 35ª edição preservou sua postura cautelosa ao descrever os contornos atuais da incapacidade civil à luz do Estatuto da Pessoa com Deficiência, mantendo o cotejo dos cenários anterior e posterior à reforma promovido pelo Estatuto. Objetivou-se, ainda, registrar as modificações legislativas provocadas pela Lei nº 14.382/2022, que modificou a Lei de Registros Públicos, entre outras finalidades, para modificar o regime do registro do nome da pessoa natural. Buscou-se, como sempre, preservar o papel (in) formativo do manual sem, com isso, abandonar o senso crítico. Por fortuna, contei com o inestimável auxílio de Eduardo Nunes de Souza, professor associado de Direito Civil da UERJ.

A cada edição, busca-se renovar este volume, mantendo-o arejado e compreensível. Eventualmente, aqui e ali, um verbo precisa ser substituído ou se reconhece que uma palavra caiu em desuso. Preserva-se, além disso, a preocupação diuturna com as mudanças legislativas. O objetivo, porém, permanece o mesmo: manter vivas entre os estudantes e os profissionais de hoje as palavras sempre atuais do Professor Caio Mário.

Maria Celina Bodin de Moraes

PREFÁCIO

À s vésperas de completar 90 anos, tenho a alegria de entregar a uma equipe de destacados juristas os "manuscritos" que desenvolvi desde a versão original do Projeto do Código Civil de 1975, aprovado pela Câmara dos Deputados em 1984 e pelo Senado Federal em 1998.

A exemplo dos mais modernos compêndios de direito, com o apoio daqueles que escolhi pela competência e dedicação ao Direito Civil, sinto-me realizado ao ver prosseguir no tempo as minhas ideias, mantidas as diretrizes que impus às *Instituições*.

Retomo, nesse momento, algumas reflexões, pretendendo que sejam incorporadas à obra, como testemunho de uma concepção abrangente e consciente das mudanças irreversíveis: a história, também no campo do Direito, jamais se repete.

Considerando que inexiste atividade que não seja "juridicamente qualificada", perpetua-se a palavra de Giorgio Del Vecchio, grande jusfilósofo por mim tantas vezes invocado, ao assinalar que "todo Direito é, em verdade, um complexo sistema de valores" e, mais especificamente, ao assegurar que o sistema jurídico vigente representa uma conciliação entre "os valores da ordem e os valores da liberdade".[1]

Em meus recentes estudos sobre "alguns aspectos da evolução do Direito Civil",[2] alertei os estudiosos do perigo em se desprezar os motivos de ordem global que legitimam o direito positivo, e da importância de se ter atenção às "necessidades sociais" a que, já há muito, fez referência Jean Dabin.[3]

Eu fugiria da realidade social se permanecesse no plano puramente ideal dos conceitos abstratos, ou se abandonasse o solo concreto "do que é" e voltasse pelas áreas exclusivas do "dever ser". Labutando nesta área por mais de sessenta anos, lutando no dia a dia das competições e dos conflitos humanos, reafirmo minhas convicções no sentido de que o Direito deve ser encarado no concretismo instrumental que realiza, ou tenta realizar, o objetivo contido na expressão multimilenar de Ulpiano, isto é, como o veículo apto a permitir que se dê a cada um aquilo que lhe deve caber – *suum cuique tribuere*. E se é verdade que viceja na sociedade a tal ponto que *ubi societas ibi ius*, também é certo que não se pode abstraí-lo da sociedade onde floresce: *ubi ius, ibi societas*.

---

1 Giorgio Del Vecchio, *Evoluzione ed involuzione del Diritto*, Roma, 1945, p. 11, refere-se a "*un tentativo di conciliazione tra il valore dell'ordine e il valore della libertà*", muito embora para assegurar um desses valores seja necessário sacrificar correspondentemente o outro.

2 Caio Mário da Silva Pereira, *Direito Civil: Aspectos de sua Evolução,* Rio de Janeiro, Forense, 2001.

3 Jean Dabin, *Philosophie de l'ordre Juridique Positif*, Paris, Sirey, 1929, p. 22.

Visualizando o Direito como norma de conduta, como regra de comportamento, e esquivando-me dos excessos do positivismo jurídico, sempre conclamei o estudioso a buscar conciliá-lo com as exigências da realidade, equilibrando-a com o necessário grau de moralidade e animando-a com o anseio natural de justiça – esse dom inato ao ser humano.

Não se pode, em verdade, ignorar o direito positivo, o direito legislado, a norma dotada de poder cogente. Ele é necessário. Reprime os abusos, corrige as falhas, pune as transgressões, traça os limites à liberdade de cada um, impedindo a penetração indevida na órbita das liberdades alheias. Não é aceitável, porém, que o Direito se esgote na manifestação do poder estatal. Para desempenhar a sua função básica de "adequar o homem à vida social", como eu o defini,[4] há de ser permanentemente revitalizado por um mínimo de idealismo, contribuindo para o equilíbrio de forças e a harmonia das competições.

Assiste-se, por outro lado, à evolução do direito legislado, na expressão morfológica de sua elaboração, como tendente a perder cada vez mais o exagerado tecnicismo de uma linguagem esotérica, posta exclusivamente ao alcance dos iniciados. Sem se desvestir de uma linguagem vernácula, há de expressar-se de tal modo que seja compreendido sem o auxílio do misticismo hermenêutico dos especialistas.

Tomado como ponto de partida o Código Civil de 1916, sua preceituação e a sua filosofia, percebe-se que o Direito Civil seguiu por décadas rumo bem definido. Acompanhando o desenvolvimento de cada instituto, vê-se que, embora estanques, os segmentos constituíram uma unidade orgânica, obediente no seu conjunto a uma sequência evolutiva uniforme.

No entanto, as últimas décadas, marcadas pela redemocratização do País e pela entrada em vigor da nova Constituição, deflagraram mudanças profundas em nosso sistema jurídico, atingindo especialmente o Direito Privado.

Diante de tantas transformações, passei a rever a efetiva função dos Códigos, não mais lhes reconhecendo a missão tradicional de assegurar a manutenção dos poderes adquiridos, tampouco seu valor histórico de "Direito Comum". Se eles uma vez representaram a "consagração da previsibilidade",[5] hoje exercem, diante da nova realidade legislativa, um papel residual.

Cabe ressaltar com subsídios em Lúcio Bittencourt,[6] que "a lei contém na verdade o que o intérprete nela enxerga, ou dela extrai, afina em essência com o conceito valorativo da disposição e conduz o direito no rumo evolutivo que permite conservar, vivificar e atualizar preceitos ditados há anos, há décadas, há séculos, e que hoje subsistem somente em função do entendimento moderno dos seus termos".

---

4   Caio Mário da Silva Pereira, *Instituições de Direito Civil*, vol. I, n° 1, Rio de Janeiro, Forense, 2003.

5   Natalino Irti, "L'età della decodificazione", *in Revista de Direito Civil*, n° 10, p. 16, out./dez., 1979.

6   C. A Lúcio Bittencourt, "A Interpretação como Parte Integrante do Processo Legislativo", *in Revista Forense*, vol. 94, p. 9.

PREFÁCIO **XXV**

O legislador exprime-se por palavras, e é no sentido real destas que o intérprete investiga a verdade e busca o sentido vivo do preceito. Cabe a ele preencher lacunas e omissões e construir permanentemente o Direito, não deixando que as leis envelheçam, apesar do tempo decorrido.

Fiel a estas premissas hermenêuticas, sempre considerei a atuação de duas forças numa reforma do Código Civil: a imposição das novas contribuições trazidas pelo progresso incessante das ideias e o respeito às tradições do passado jurídico. Reformar o Direito não significa amontoar todo um conjunto normativo como criação de preceitos aptos a reformular a ordem jurídica constituída.

Em meus ensinamentos sobre a "interpretação sistemática", conclamei o investigador a extrair de um complexo legislativo as ideias gerais inspiradoras da legislação em conjunto, ou de uma província jurídica inteira, e à sua luz pesquisar o conteúdo daquela disposição. "Deve o intérprete investigar qual a tendência dominante nas várias leis existentes sobre matérias correlatas e adotá-la como premissa implícita daquela que é o objeto das perquirições".[7]

Estou convencido de que, no atual sistema jurídico, existe espaço significativo para uma interpretação teleológica, que encontra na Lei de Introdução às Normas do Direito Brasileiro (LINDB) sua regra básica, prevista no art. 5º: "*Na aplicação da lei, o juiz atenderá aos fins sociais a que ela se dirige e às exigências do bem comum*".

Na hermenêutica do novo Código Civil, destacam-se hoje os princípios constitucionais e os direitos fundamentais, os quais se impõem às relações interprivadas, aos interesses particulares, de modo a fazer prevalecer uma verdadeira "constitucionalização" do Direito Privado.

Com a entrada em vigor da Carta Magna de 1988, conclamei o intérprete a um trabalho de hermenêutica "informado por uma visão diferente da que preside a interpretação das leis ordinárias".[8]

Ao mesmo tempo, alertei-o acerca do que exprimi como o "princípio da continuidade da ordem jurídica", mantendo a supremacia da Constituição sobre a legislatura: "Aplica-se *incontinenti*, porém voltada para o futuro. Disciplina toda a vida institucional *ex nunc*, a partir de 'agora', de quando começou a vigorar".[9] Não obstante o seu caráter imperativo e a instantaneidade de sua vigência, "não poderia ela destruir toda a sistemática legislativa do passado".[10]

Diante do "princípio da hierarquia das leis", não se dirá que a Constituição "revoga" as leis vigentes uma vez que, na conformidade do princípio da continuidade da ordem jurídica, a norma de direito objetivo perde a eficácia em razão de

---

7   Caio Mário da Silva Pereira, *Instituições de Direito Civil,* vol. I, nº 38.
8   Caio Mário da Silva Pereira, "Direito Constitucional Intertemporal", *in Revista Forense*, vol. 304, p. 29.
9   *Idem, ob. cit.*, p. 31.
10   *Idem, ob. cit.*, p. 32.

uma força contrária à sua vigência. "As leis anteriores apenas deixaram de existir no plano do ordenamento jurídico estatal por haverem perdido seu fundamento de validade".[11] Diante de uma nova ordem constitucional, a *"ratio"* que sustentava as leis vigentes cessa. Cessando a razão constitucional da lei em vigor, perde eficácia a própria lei.

Naquela mesma oportunidade, adverti no sentido de que a nova Constituição não tem o efeito de substituir, com um só gesto, toda a ordem jurídica existente. "O passado vive no presente e no futuro, seja no efeito das situações jurídicas já consolidadas, seja em razão de se elaborar preceituação nova que, pela sua natureza ou pela necessidade de complementação, reclama instrumentalização legislativa".[12]

Cabe, portanto, ao intérprete evidenciar a subordinação da norma de direito positivo a um conjunto de disposições com maior grau de generalização, isto é, a princípios e valores dos quais não pode ou não deve mais ser dissociada.

Destaco, a este propósito, o trabalho de Maria Celina Bodin de Moraes, que assume uma concepção moderna do Direito Civil.[13] Analisando a evolução do Direito Civil após a Carta Magna de 1988, a autora afirma: "Afastou-se do campo do Direito Civil a defesa da posição do indivíduo frente ao Estado, hoje matéria constitucional".

Ao traçar o novo perfil do Direito Privado e a tendência voltada à "publicização" – a conviver, simultaneamente, com uma certa "privatização do Direito Público" – a ilustre civilista defende a superação da clássica dicotomia "Direito Público-Direito Privado" e conclama a que se construa uma "unidade hierarquicamente sistematizada do ordenamento jurídico". Esta unidade parte do pressuposto de que "os valores propugnados pela Constituição estão presentes em todos os recantos do tecido normativo, resultando, em consequência, inaceitável a rígida contraposição".[14]

A autora ressalta a supremacia axiológica da Constituição "que passou a se constituir como centro de integração do sistema jurídico de direito privado",[15] abrindo-se, então, o caminho para a formulação de um "Direito Civil Constitucional", hoje definitivamente reconhecido na Doutrina e nos Tribunais.

Reporto-me, especialmente, aos estudos de Pietro Perlingieri, ao afirmar que o Código Civil perdeu a centralidade de outrora e que "o papel unificador do sistema, tanto em seus aspectos mais tradicionalmente civilísticos quanto naqueles de relevância publicista é desempenhado de maneira cada vez mais incisiva pelo Texto Constitucional".[16]

---

11 Wilson de Souza Campos Batalha, *apud* Caio Mário da Silva Pereira, "Direito Constitucional Intertemporal", cit., p. 33.

12 Caio Mário da Silva Pereira, "Direito Constitucional Intertemporal", cit., p. 34.

13 Maria Celina Bodin de Moraes, "A Caminho de um Direito Civil Constitucional", *in Revista de Direito Civil*, nº 65, p. 22, jul./set., 1993.

14 *Idem, ob. cit.*, p. 24.

15 *Idem, ob. cit.*, p. 31.

16 Pietro Perlingieri, *Perfis do Direito Civil: Introdução ao Direito Civil Constitucional*. Trad. de M. C. De Cicco. Rio de Janeiro, Renovar, 1997, p. 6.

Diante da primazia da Constituição Federal, os "direitos fundamentais" passaram a ser dotados da mesma força cogente nas relações públicas e nas relações privadas e não se confundem com outros direitos assegurados ou protegidos.

Em minha obra, sempre salientei o papel exercido pelos "princípios gerais de direito", a que se refere expressamente o art. 4º da Lei de Introdução às Normas do Direito Brasileiro (LINDB) como fonte subsidiária de direito. Embora de difícil utilização, os princípios impõem aos intérpretes o manuseio de instrumentos mais abstratos e complexos, e requerem um trato com ideias de maior teor cultural do que os preceitos singelos de aplicação quotidiana.[17]

Devo reconhecer que, na atualidade, os princípios constitucionais se sobrepõem à posição anteriormente ocupada pelos princípios gerais de direito. Na doutrina brasileira, cabe destacar, acerca dessa evolução, os estudos de Paulo Bonavides sobre os "princípios gerais de direito" e os "princípios constitucionais".[18]

Depois de longa análise doutrinária e evolutiva, o ilustre constitucionalista reafirma a normatividade dos princípios.[19] Reporta-se a Vezio Crisafulli ao asseverar que "um princípio, seja ele expresso numa formulação legislativa ou, ao contrário, implícito ou latente num ordenamento, constitui norma, aplicável como regra de determinados comportamentos públicos ou privados".[20]

Bonavides identifica duas fases na constitucionalização dos princípios: a fase programática e a fase não programática, de concepção objetiva.[21] "Nesta última, a normatividade constitucional dos princípios ocupa um espaço onde releva de imediato a sua dimensão objetiva e concretizadora, a positividade de sua aplicação direta e imediata."

Conclui o conceituado autor que "desde a constitucionalização dos princípios, fundamento de toda a revolução 'principial', os princípios constitucionais outra coisa não representam senão os princípios gerais de direito, ao darem estes o passo decisivo de sua peregrinação normativa, que, inaugurada nos Códigos, acaba nas Constituições".[22]

No âmbito do debate que envolve a constitucionalização do Direito Civil, mencione-se ainda o § 1º do art. 5º do Texto Constitucional, que declara que as normas definidoras dos direitos e das garantias fundamentais têm aplicação imediata. Considero, no entanto, que não obstante preceito tão enfaticamente estabelecido, ainda assim, algumas daquelas normas exigem a elaboração de instrumentos adequados à sua fiel efetivação.[23]

---

17 *Vide Instituições de Direito Civil*, cit., vol. 1, nº 13.

18 Paulo Bonavides, *Curso de direito constitucional*, 7ª ed., São Paulo, Malheiros, 1997.

19 Paulo Bonavides, *Curso de Direito Constitucional*, cit., p. 246.

20 Vezio Crisafulli, *La Costituzione e sue Disposizioni di Principi*, Milano, 1952, p. 16.

21 *Idem, ob. cit.*, p. 246.

22 *Idem, ob. cit.*, p. 261-262.

23 Caio Mário da Silva Pereira, *Direito Constitucional Intertemporal*, cit., p. 33.

Rememorando meus ensinamentos sobre "direito subjetivo" e a centralidade da *"facultas agendi"*, ressalvadas, é claro, as tantas controvérsias e divergências que envolvem o tema, destaco na conceituação do instituto o poder de ação, posto à disposição de seu titular e que não dependerá do exercício por parte deste último. Por essa razão, o indivíduo capaz e conhecedor do seu direito poderá conservar-se inerte, sem realizar o poder da vontade e, ainda assim, ser portador de tal poder.

Ainda a respeito do direito subjetivo, sempre ressaltei a presença do fator teleológico, ou seja, "o direito subjetivo como faculdade de querer, porém dirigida a determinado fim. O poder de ação abstrato é incompleto, desfigurado. Corporifica-se no instante em que o elemento volitivo encontra uma finalidade prática de atuação. Esta finalidade é o interesse de agir".[24]

Mais uma vez refiro-me aos estudos de Maria Celina Bodin de Moraes, que, apoiando-se em Michele Giorgianni, esclarece: a força do direito subjetivo não é a do titular do direito e sim "a força do ordenamento jurídico que o sujeito pode usar em defesa de seus interesses", concluindo que "esta força existe somente quando o interesse é juridicamente reconhecido e protegido (...)".

No âmbito dos direitos subjetivos, destaca-se o princípio constitucional da tutela da dignidade humana, como princípio ético-jurídico capaz de atribuir unidade valorativa e sistemática ao Direito Civil, ao contemplar espaços de liberdade no respeito à solidariedade social. É neste contexto que Maria Celina Bodin de Moraes insere a tarefa do intérprete, chamado a proceder à ponderação, em cada caso, entre liberdade e solidariedade. Esta ponderação é essencial, já que, do contrário, os valores da liberdade e da solidariedade se excluiriam reciprocamente, "todavia, quando ponderados, seus conteúdos se tornam complementares: regulamenta-se a liberdade em prol da solidariedade social, isto é, da relação de cada um, com o interesse geral, o que, reduzindo a desigualdade, possibilita o livre desenvolvimento da personalidade de cada um dos membros da comunidade".[25]

Nessas minhas reflexões, não poderia me omitir quanto às propostas de João de Matos Antunes Varela, as quais ajudaram a consolidar minhas convicções, já amplamente conhecidas, no sentido da descodificação do Direito.

Numa análise histórica, o insigne civilista português demonstra que o Código Civil se manteve na condição de "diploma básico de toda a ordem jurídica", atribuindo ao Direito Civil a definição dos direitos fundamentais do indivíduo. Desde os primórdios das codificações, nunca se conseguiu, no entanto, estancar a atividade das assembleias legislativas no que concerne à "legislação especial", a qual se formava por preceitos que "constituíam meros corolários da disciplina básica dos atos jurídicos e procuravam, deliberadamente, respeitar os princípios fundamentais definidos no Código Civil".

---

24   Caio Mário da Silva Pereira, *Instituições de Direito Civil*, *infra*, nº 5.

25   Maria Celina Bodin de Moraes, "Constituição e Direito Civil: Tendências*", in Revista dos Tribunais*, vol. 779, p. 55 e 59, set. 2000.

PREFÁCIO XXIX

Antunes Varela apresenta, ainda, efetivos indicadores para o movimento de descodificação: o Código Civil deixou de constituir-se o centro geométrico da ordem jurídica, já que tal papel foi transferido para a Constituição; o aumento em quantidade e qualidade da legislação especial; a nova legislação especial passou a caracterizar-se por uma significativa alteração no quadro dos seus destinatários: "As leis deixaram em grande parte de constituir verdadeiras normas gerais para constituírem 'estatutos privilegiados' de certas classes profissionais ou de determinados grupos políticos".[26]

Refere-se, ainda, aos "microssistemas" como "satélites autônomos que procuram regiões próprias na órbita incontrolada da ordem jurídica (...)" e "reivindicam áreas privativas e exclusivas de jurisdição e que tendem a reger-se por princípios diferentes dos que inspiram a restante legislação".[27]

Conclui o autor que a Constituição não pode hoje limitar-se a definir os direitos políticos e as liberdades fundamentais do cidadão e a traçar a organização do Estado capaz de garantir a livre iniciativa dos indivíduos. "Acima da função de *árbitro* nos conflitos de interesses *individuais* ou de acidental *interventor supletivo* no desenvolvimento econômico do país, o *Estado social moderno* chamou, justificadamente, a si duas funções primordiais: a de promotor ativo *do bem comum* e de garante da *justiça social*".[28]

Como Antunes Varela, considero a necessidade de serem preservadas as leis especiais vigentes, salvo a total incompatibilidade com normas expressas do novo Código Civil, quando estaremos enfrentando a sua revogação ou ab-rogação. Alerte-se, no entanto, para a cessação da vigência da lei por força do desaparecimento das circunstâncias que ditaram a sua elaboração. Invoca-se, a propósito, a máxima *cessante ratione legis, cessat et ipsa lex*[29].

Entre as causas especiais de cessação da eficácia das leis, não se pode deslembrar a resultante da declaração judicial de sua inconstitucionalidade. Por decisão definitiva do Supremo Tribunal Federal, cabe ao Senado Federal suspender a sua execução, no todo ou em parte (CF, art. 52, X). Portanto, não compete ao Poder Judiciário revogar a lei, mas recusar a sua aplicação quando apura a afronta a princípios fixados no Texto Maior.

Destaque-se, ainda, a Lei Complementar nº 95, de 26 de fevereiro de 1998, que dispõe sobre a "elaboração, a redação, a alteração e a consolidação das leis", declarando no art. 9º que "*a cláusula de revogação deverá enumerar, expressamente, as leis ou disposições legais revogadas*".

---

26 João de Matos Antunes Varela, "O Movimento de Descodificação do Direito Civil", *in Estudos Jurídicos em Homenagem ao Prof. Caio Mário da Silva Pereira*, Rio de Janeiro, Forense, 1984, p. 507-509.

27 *Idem, ob. cit.*, p. 510.

28 *Idem, ob. cit.*, p. 527.

29 "Cessando a razão da lei, cessa a própria lei".

Outrossim, devemos ser cautelosos ao interpretar o art. 2º, § 2º, da Lei de Introdução às Normas do Direito Brasileiro, segundo o qual *"a lei nova, que estabeleça disposições gerais ou especiais a par das já existentes, não revoga nem modifica a lei anterior"*. Da mesma forma, advertiu Marco Aurelio S. Vianna ao considerar que "a generalidade de princípios numa lei geral não cria incompatibilidade com regra de caráter especial. A disposição especial disciplina o caso especial, sem afrontar a norma genérica da lei geral que, em harmonia, vigorarão simultaneamente".[30]

A adequação do Código Civil ao nosso *"status"* de desenvolvimento, representa um efetivo desafio aos juristas nesse renovado contexto legislativo. A minha geração foi sacrificada no altar estado-novista. Quando atingiu a idade adulta e chegou o momento de aparelhar-se para competir nos prélios políticos, as liberdades públicas foram suprimidas e o restabelecimento custou inevitável garroteamento entre os antigos que forcejavam por ficar e os mais novos que chegaram depois e ambicionavam vencer. A geração atual, que conviveu com as diversas versões do novo Código, busca assimilar as lições realistas do mundo contemporâneo.

Nova diretriz deverá ser considerada para o jurista deste milênio que se inicia. San Tiago Dantas pregava, de forma visionária, a universalidade do comando jurídico, conduzindo à interdisciplinaridade entre os vários ramos jurídicos. Considero, no entanto, que o Direito deve buscar também nas outras ciências, sobretudo naquelas sociais e humanas, o apoio e a parceria para afirmar seus princípios, reorganizando metodologicamente seus estudos e pesquisas. As relações humanas não podem ser tratadas pelo sistema jurídico como se fossem apenas determinadas pelo mundo dos fatos e da objetividade. A filosofia, a psicologia, a sociologia, a economia, a medicina e outras ciências indicam novos rumos ao Direito.

Convivendo com um sistema normativo que sempre se contentou com a pacificação dos conflitos, cabe aos juristas, intérpretes e operadores do Direito, assumi-lo com a "função promocional" apregoada por Norberto Bobbio desde a década de setenta. O Código de Defesa do Consumidor, o Estatuto da Criança e do Adolescente e a Lei de Diretrizes e Bases da Educação representam estrutura legislativa que se projetará como modelo dos diplomas legislativos, nos quais há de prevalecer, acima de tudo, o respeito aos direitos fundamentais.

Devemos, portanto, assumir a realidade contemporânea: os Códigos exercem hoje um papel menor, residual, no mundo jurídico e no contexto sociopolítico. Os "microssistemas", que decorrem das leis especiais, constituem polos autônomos, dotados de princípios próprios, unificados somente pelos valores e princípios constitucionais, impondo-se, assim, o reconhecimento da inovadora técnica interpretativa.

No que tange ao primeiro volume das *Instituições,* contei com o apoio da Professora Maria Celina Bodin de Moraes, Doutora em Direito Civil pela *Università degli studi di Camerino* – Itália, Professora Titular de Direito Civil da Universidade

---

30   Marco Aurelio S. Vianna, *Direito Civil.* Parte Geral, Belo Horizonte, Del Rey, 1993, p. 53.

do Estado do Rio de Janeiro (UERJ) e Professora Associada do Departamento de Direito da Pontifícia Universidade Católica do Rio de Janeiro (PUC-Rio). Por sua vez, pôde a Professora contar com o auxílio de alunos seus, em especial o de Carlos Nelson Konder, então mestre em Direito Civil.

Agradeço o empenho e o desvelo, que tanto engrandeceram a obra. Graças ao seu trabalho, este volume foi acrescido não apenas de meus próprios comentários, como também de referências a outras teses doutrinárias, nacionais e estrangeiras, cuja seleção revela a pesquisa realizada em prol da cuidadosa atualização.

Diante do Código Civil de 2002, espero que minha obra, já agora atualizada, possa prosseguir no tempo orientando os operadores do Direito, os juristas e os acadêmicos do novo milênio, cabendo-lhes, sob a perspectiva da globalização das instituições, o desafio de conciliar critérios de interpretação que resultem na prevalência do bom senso, da criatividade e, por vezes, de muita imaginação.

Caio Mário da Silva Pereira

PARTE PRIMEIRA
INTRODUÇÃO AO DIREITO CIVIL

CAPÍTULO I
O DIREITO E SUA DIVISÃO

Sumário

1. Noção de Direito. Direito positivo. Direito natural. Direito e moral. **2.** Direito objetivo e direito subjetivo. **3.** Direito público e direito privado. Princípios de ordem pública. **4.** Direito civil. Direito civil constitucional. **4-A.** Unificação do direito privado.

Bibliografia

Andreas von Tuhr, *Derecho Civil*, vol. I; Jean Dabin, *Philosophie de l'Ordre Juridique Positif, passim*; Giorgio Del Vecchio, *Lezioni di Filosofia del Diritto*, p. 195 e ss.; Francesco Ferrara, *Trattato di Diritto Civile Italiano*, cap. I; Henri Capitant, *Introduction à l'Étude du Droit Civil*, cap. I; Planiol, Ripert e Boulanger, *Traité Élémentaire de Droit Civil*, vol. I, cap. I; J. Haesaert, *Théorie Générale du Droit*, 1ª parte; Enneccerus, Kipp e Wolff, *Tratado de Derecho Civil*, vol. I, §§ 27 e ss.; Jean Dabin, *Théorie Générale du Droit*, cap. I; Cunha Gonçalves, *Tratado de Direito Civil*, I, p. 1 a 47; Hans Kelsen, *Teoría General del Estado*, cap. III; Hans Kelsen, *Théorie Pure du Droit*, cap. III; Ruggiero e Maroi, *Istituzioni di Diritto Privato*, cap. I; Mazeaud *et* Mazeaud, *Leçons de Droit Civil*, cap. I; Wolfgang Friedmann, *Law in a Changing Society*; Georges Cornil, *Droit Privé*; René Demogue, *Les Notions Fondamentales de Droit Privé*; G. Davy, *Le Droit l'Idéalisme et l'Expérience*; Paul Roubier, *Théorie Générale du Droit*; Raymundo Salvat, *Tratado de Derecho Civil Argentino*, vol. I; Edmund N. Cahn, *The Sense of Injustice*; Michele Giorgianni, "O Direito Privado e as suas Atuais Fronteiras", *in Revista dos Tribunais*, vol. 747, p. 35 e ss.; Norberto Bobbio, *Dalla Struttura alla Funzione*, p. 13 e ss.; Pietro Perlingieri, *Perfis do Direito Civil*; Miguel Serpa Lopes, *Curso de Direito Civil*, Introdução; Washington de Barros Monteiro, *Curso de Direito Civil*, cap. I; San Tiago Dantas, *Programa de Direito Civil*, vol. I; Orlando Gomes, *Introdução ao Direito Civil*, cap. I; Maria Celina Bodin de Moraes, "A Caminho de um Direito Civil Constitucional", *in Na Medida da Pessoa Humana*; Maria Celina Bodin de Moraes, "Constituição e Direito Civil: Tendências", *in Na Medida da Pessoa Humana*; Luiz Edson Fachin, *Teoria Crítica do Direito Civil*; Rodrigo Pelais Banhoz e L. E. Fachin, "Crítica ao Legalismo Jurídico e ao Historicismo Positivista", *in Diálogos sobre direito civil*, p. 47 e ss.; Gustavo Tepedino, *Temas de Direito Civil*.

1. Noção de Direito. Direito positivo. Direito natural. Direito e moral

Em todo tempo, e tão longe quanto o investigador mergulhe no passado, onde quer que encontre um agrupamento social, onde quer que homens coexistam, seja na célula menor que é o organismo familiar, seja na unidade tribal, seja na entidade estatal, ainda que em estágio rudimentar, encontra sempre presente o fenômeno jurídico. Há e sempre houve um mínimo de condições existenciais da vida em sociedade, que se impõe à pessoa por meio de forças que contenham sua tendência à expansão individual e egoísta. Estas forças ora se objetivam no aparelho intimidador do Estado, ora se impõem pela contenção mística da religião, ora se concentram na absorção autoritária de um chefe eventual. A forma, pois, de sua atuação varia. Na escala dos valores, sua afirmação ideal é insuscetível de padronização. Mas na apuração de sua incidência é uma constante. Há e sempre houve uma norma, uma regra de conduta, pautando a atuação do indivíduo, nas suas relações com os outros indivíduos.

A polivalência semântica do vocábulo *direito* comporta numerosas manifestações conceituais. Quando o indivíduo sustenta as suas faculdades e repele a agressão aos seus poderes, diz que afirma ou defende o seu *direito*; quando o juiz dirime a controvérsia invocando a norma ditada pelo Poder Público, diz que aplica o *direito*; quando o professor se refere ao organismo jurídico nacional, denomina-o o *direito* de seu país; quando alguém alude aos princípios que compõem um ramo institucional menciona o *direito civil*, ou o *direito penal*, ou o *direito administrativo*; quando alguém analisa uma fase de crise da ordem jurídica e critica os mandamentos legislados em nome do ideal de justiça, diz que eles se afastam do *Direito*.

Em razão talvez desta generalização do vocábulo, ou porque falta à mente capacidade maior de abstração para formular um conceito abrangente de todo o fenômeno jurídico nas suas causas remotas, na sua expressão pura, na coercibilidade da norma e na sujeição, tanto do indivíduo quanto do Estado, ao seu imperativo, é difícil encontrar uma fórmula sucinta que dê a noção do *direito*, independentemente de qualquer restrição. As manifestações jurídicas ordinárias são facilmente perceptíveis. Qualquer pessoa as identifica, mas a determinação da ideia abstrata do direito como conceito cultural, sua distinção, com os conceitos afins, a fixação dos elementos essenciais, não encontram uma formulação imediata.[1]

O fenômeno jurídico é perceptível, e mais patentemente ainda a ideia de direito em contraposição à sua negação: diante da ofensa, da contrariedade ou da distorção, aparece viva a ideia de direito. Não seria, porém, razoável que o jurista se julgasse habilitado a conceituar o direito apenas a partir da ideia contrária, como se dissesse que a ideia de *ser* fosse tão somente o oposto do *não ser*.

---

1   Del Vecchio, *Lezioni di Filosofia del Diritto*, p. 195.

Existe uma *realidade jurídica*, que Haesart acentua ser reconhecível entre os fenômenos do comportamento humano, realidade tão perceptível que é quase visível, palpável e mensurável.[2] Mas a formulação do *direito* como conceito na origem do conhecimento tem sido deduzida com imperfeição pelos maiores espíritos, ninguém conseguindo oferecer uma definição satisfatória. Demasiadamente influenciados pelo espírito de escola, os positivistas o confundem com a lei. Mas pecam pelo excesso, podendo-se objetar-lhes o que Cícero há dois milênios já vislumbrava, quando tachava de mais que insensato admitir que o furto ou assassínio se tornassem justos em razão de o legislador, num gesto tresloucado, os permitir como normas de comportamento.[3] Mais felizes não foram os historicistas, os normativistas, os finalistas, os sociólogos do direito, que contaminaram as suas concepções com prejuízos decorrentes da visão unilateral de seus campos de conhecimento.

Diante de todas as tentativas de grandes pensadores,[4] impotentes para darem noção que se consagrasse por uma receptividade pacífica, limitemo-nos a dizer que o *Direito é o princípio de adequação da pessoa à vida social*. Está na lei, como exteriorização do comando do Estado; integra-se na consciência do indivíduo que pauta sua conduta pelo seu elevado grau de moralidade; está no anseio de justiça, como ideal eterno da humanidade; está implícito na necessidade de contenção de condutas para a coexistência em sociedade.

Princípio de inspiração divina para uns, princípio de submissão à regra moral para outros, princípio que o Poder Público reveste de sanção e que possibilita a convivência grupal, para outros ainda. Sem ele, não seria possível estabelecer o comportamento em sociedade; sem esta, não haveria nem a necessidade nem a possibilidade do jurídico, já que apenas para a vida individual ninguém teria o poder de exigir alguma limitação da atividade alheia, nem teria a necessidade de suportar uma restrição à própria conduta. Na afirmação do princípio, aceitamos o aspecto técnico do Direito que não é incompatível com aspiração do *dever ser*; ao mencionarmos a *adequação* à vida social, situamos a realidade jurídica dentro do único meio em que pode viger, já que *ubi societas, ibi ius*,[5] o que permite a dedução contrária, *nisi societas, nec ius*.[6] – somente no meio social haverá direito. Dizendo que o *Direito é o princípio de adequação à vida social*, não nos anima a pretensão de formular uma definição, tarefa em que tantos falharam, mas tão somente sintetizar uma noção comum que envolve a concepção do jurídico, sem ideia sectária de escola ou corrente.

Direito positivo. Num sentido de verdadeira precisão geométrica, pode-se encarar a vida jurídica de um povo determinado, numa época precisa, e verificar que toda a normatividade da coexistência social, em dado momento histórico, encontra-

---

2   Haesart, *Théorie Générale du Droit*, p. 69.

3   Cícero, *De Legibus*, I, 15.

4   Entre os tantos, v. Kant e Ihering, Regelsberger e Levy-Ullman, Kelsen e Del Vecchio, Savigny e Radbruch.

5   "Onde há sociedade, há direito".

6   "Sem sociedade não há direito".

-se submetida a regras dirigidas à vontade de todos. Não importa seja o momento atual ou pretérito. A este complexo dá-se o nome de *direito positivo*, que se define como o *conjunto de regras e princípios jurídicos que pautam a vida social de determinado povo em determinada época*. É nesta acepção que nos referimos ao direito romano, ao direito inglês, ao direito alemão, ao direito brasileiro. Poderá, conforme a cultura de cada país, ser escrito ou não escrito, de elaboração sistemática (normas gerais) ou de formação jurisprudencial (caso a caso). O direito positivo, segundo a síntese de Capitant, é o que está em vigor num povo determinado,[7] e compreende toda a disciplina da conduta, abrangendo as leis votadas pelo poder competente, os regulamentos, as disposições normativas de qualquer espécie. Ligado ao conceito de vigência,[8] o direito positivo fixa nesta o fundamento de sua existência. Por isso é contingente e variável.

Direito natural. Numa contraposição de sentido, surge a ideia de *direito natural*, sobre o qual se manifestam as correntes filosóficas e as escolas em divergência, reduzindo-o, ou tentando fazê-lo, às suas proporções sectárias. Alargando-lhe o conteúdo, além da noção precisa de direito, Ulpiano define-o: *"ius naturale, est quod natura omnia animalia docuit"*,[9] projetando desta forma a noção, de *ius*, que é própria da sociedade humana, às relações instintivas dos irracionais.

Fixando-se, porém, o jurista na órbita do direito em si, é forçado a reconhecer que acima do direito positivo, e sobre este influindo no propósito de realizar o ideal de justiça, ditado por uma concepção de superlegalidade (vale dizer, maior que a lei), o direito natural sobrepaira à norma legislativa, e, com este sentido, é universal e é eterno, integrando a normatividade ética da vida humana, em todos os tempos e em todos os lugares. Se alguma vez, sob o império de forças antijurídicas, declina o sentimento do justo, a humanidade supera a crise e retoma o seu caminho, procurando sempre o ideal da justiça, que reside inelutavelmente na consciência humana.

Costuma-se dizer que o *direito positivo* se opõe ao *direito natural*, aquele representando o regime de vida social corrente, este o conjunto de princípios ideais preexistentes e dominantes. Enquanto o direito positivo é nacional e relativo, o direito natural é universal e eterno. Não se poderá, entretanto e em verdade, falar em contraposição ou contradição, pois que, se um é a fonte de inspiração do outro, não exprimem ideias antagônicas, mas, ao contrário, tendem a uma convergência ideológica, ou, ao menos, devem procurá-la, o direito positivo amparando-se na sujeição ao direito natural para que a regra realize o ideal, e o direito natural inspirando o direito positivo para que este se aproxime da perfeição.

Desde a Antiguidade, ainda com os filósofos pré-socráticos, já se sustentava a existência de princípios eternos e imutáveis geradores da ideia de justiça, que seria,

---

7 Capitant, *Introduction à l'Étude du Droit Civil*, p. 8.

8 Vigência é o período em que a norma produz seus efeitos, ou seja, está *em vigor*.

9 *Digesto*, Livro I, tít. I, fr. 1º, § 3º: "Direito natural é o que a própria natureza ensina a todos os animais".

por isso mesmo, eterna e imutável. Embora os romanos fossem menos dados à especulação filosófica, nem por isso deixaram de admitir a sobrepujança e eternidade do *ius naturale*, não limitado a uma concepção abstrata, porém considerado como inspiração da tendência que sempre se verificou, no sentido da humanização crescente dos princípios jurídicos, dentro da evolução histórica do direito romano.

Com o advento do Cristianismo, os Doutores da Igreja retomaram a ideia do direito natural, de origem divina, e desenvolveram o tema da dualidade de princípios, uns constituindo a ordem eterna e outros a humana, que Santo Tomás de Aquino, na lógica de suas deduções, expõe na menção das três espécies de leis: a *lex aeterna*, que governa o mundo e é inacessível ao comum dos mortais; a *lex naturalis*, perceptível pela razão humana, porém ditada pela expressão divina; e a *lex humana*, criada pelos seres humanos e que tende à perfeição na medida em que se aproxima da *lex naturalis*.[10]

Hugo Grócio, jurista do século XVI, sustentando que, em oposição ao direito positivo, obra imperfeita e transitória, haveria um direito ideal e eterno, enraizado na consciência e gerado pela razão humana, criou a chamada *escola de direito natural (jusnaturalismo)*, que se estendeu por toda a Europa, conquistando a todos os filósofos e pensadores. Para esta escola, o direito natural seria o paradigma para a lei mutável e humana e, por isso, as leis não teriam base na vontade do legislador, que deveria ser apenas o intérprete ou o veículo da lei natural, perpétua porque ditada pela expressão divina. O direito natural é o modelo que deve ser imitado e seguido pelas leis humanas.[11]

Combatendo o jusnaturalismo, a *escola histórica* se opôs à ideia de um direito que seja universal e eterno, pois que o fenômeno jurídico como produto do meio social não teria origem sobrenatural nem emergeria da razão humana. Ao contrário, elaborado em consequência de fatores históricos e peculiares a cada nação, estaria em permanente processo de evolução e desenvolvimento. Adversária igualmente do direito natural é a *escola positivista*, que largamente se expandiu no século XIX, e que não enxerga senão a realidade concreta do direito positivo – que seria suficiente, então, para explicar e preencher o fenômeno jurídico, uma vez que o direito não seria nada mais do que o legislado, ou o complexo de normas elaboradas pelo Estado, sem qualquer sujeição a uma ordem superior ou imanente, e sem se cogitar de sua justiça, pois que o fundamento do direito é a força, e seu objeto a realização do anseio de certeza e segurança.

No século XX, retoma a ideia jusnaturalista seus foros de predominância, renascendo no movimento neotomista; na ideia neokantiana; na expressão contraditória de Stammler, que afirma a existência de um direito natural de conteúdo variável; na técnica de Gény, a que não é estranha a ideia paranaturalista do *donné* (dado), em

---

10 Santo Tomás de Aquino, *Summa Theologiae, Prima Secundae*, Quaestio 91.

11 Ferrara, *Trattato di Diritto Civile Italiano*, I, p. 31.

contraposição ao *construit* (construído), resultante este da técnica; na submissão do direito positivo à regra moral de Ripert.[12]

Vê-se, então, que em mais de dois mil anos de civilização ocidental sempre se admitiu e ainda se afirma que nenhum sistema de direito positivo pode libertar-se das inspirações mais abstratas e mais elevadas. Não é possível situar o fenômeno *ius* no campo da pura elaboração legislativa, sendo forçoso reconhecer a existência de uma ordem superior e dominante, de uma justiça absoluta e ideal, que o direito positivo realiza dentro do contingente da norma legislada, e sem o qual esta dificilmente se distinguiria do capricho estatal. Se se indagar por que a formulação da regra de conduta segue um determinado rumo, e não outro; se se investigar a razão de os sistemas jurídicos de nações diferentes coincidirem na obtenção de finalidades análogas e às mais das vezes idênticas; se se pesquisar o motivo de não se apresentar o direito positivo como a expressão caprichosa e desenfreada do legislador eventual, encontrar-se-á como uma constante irredutível a contenção nos limites da realização de padrões abstratos e não formulados. Cumpre, entretanto, assinalar, como faz Enneccerus, que no caso de insubordinação do direito positivo ao direito ideal ou à justiça absoluta, caberá ao legislador corrigir a falha pela invalidação da lei má, mas não ao juiz recusar-lhe a aplicação em nome da justiça ideal.[13] O anseio superior pela realização do justo abstrato deve sobrepairar ao ordenamento positivo, pois que, no dizer de Del Vecchio, é uma exigência fundamental da consciência humana conceber a ideia do justo como absoluta e admitir um critério absoluto e ideal da justiça e do direito, independente do fato de sua sanção positiva.[14] O direito natural é a expressão destes critérios de justo absoluto e de direito ideal.

Direito e moral. A vida humana é submetida a uma grande variedade de normas. Para conservar a sua saúde, deve o indivíduo seguir os preceitos higiênicos. Para realizar um empreendimento, deve observar as regras técnicas. Para cultuar a divindade, deve obedecer aos princípios religiosos. Para viver em sociedade, tem de pautar a sua conduta pela ética, de zoneamento mais amplo do que o direito, porque compreende as normas jurídicas e as normas morais. As ações humanas interessam ao direito, mas nem sempre. Quando são impostas ou proibidas, encontram sanção (punição) no ordenamento jurídico. São as normas jurídicas, são os princípios de direito. Quando se cumprem ou se descumprem sem que este interfira, vão buscar sanção no foro íntimo, no foro da consciência, até onde não chega a força cogente do Estado. É, porém, certo que o *princípio moral* envolve a norma jurídica, podendo-se dizer que, geralmente, a ação juridicamente condenável o é também pela moral. Mas a coincidência não é absoluta. Quando o devedor invoca a prescrição (obsolescência da dívida) para se furtar ao pagamento, vale-se de uma faculdade assegurada pelo ordenamento jurídico, com a qual foge ao cumprimento da palavra empenha-

---

12 Cunha Gonçalves, *Tratado*, I, 6, p. 38; Gény, *Méthode d'Interprétation et Sources en Droit Privé Positif, I, passim*; Ripert, *La Règle Morale dans les Obligations Civiles*, Introdução.

13 Enneccerus, *Tratado de Derecho Civil*, I, § 30, p. 130.

14 Del Vecchio, *Lezioni di Filosofia del Diritto*, p. 197.

da, e deixa de restituir ao credor o que lhe cabe.[15] O Direito admite a alegação, em nome da segurança das relações jurídicas, mas a ação do devedor, juridicamente incensurável, não satisfaz as exigências da moral. Em razão da falta de justaposição dos campos de atuação, e pelo fato de não existir sempre a aprovação moral para a conduta juridicamente autorizada, distingue-se do conceito de liceidade o de moralidade, afirmando-se que a submissão à norma jurídica nem sempre implica a aprovação da regra moral, o que as fontes já assinalavam, dizendo Paulo: *"non omne quod licet honestum est"*.[16] Sem embargo disto, e muito frequentemente, o direito e a moral coincidem nos seus objetivos. Quando, no Livro I do Digesto, vem definido o conteúdo da norma jurídica, através das regras de Ulpiano: *"honeste vivere, neminem laedere, suum cuique tribuere"*[17] – enunciam-se ao mesmo tempo conceitos fundamentais de moral.[18] Esta dominação da ética estrita sobre o preceito jurídico, que vale como inspiração superior, umas tantas vezes é convocada especialmente para graduar a sanção legal. Quando fulmina o ato viciado de dolo ou fraude, quando impõe a responsabilidade de quem voluntariamente torna impossível o cumprimento da prestação, quando agrava o dever de indenizar em quem transfere para outrem o que não lhe pertence, o Direito dá satisfação à moral, imprimindo maior rigor ao preceito, em função da moralidade da ação.

Sendo ambos – moral e direito – normas de conduta, evidentemente têm um espaço de aplicação comum. Mas, analisados intrinsecamente, os respectivos princípios se diferenciam, quer em razão do campo de ação, quer no tocante à intensidade da sanção que acompanha a norma, quer no alcance ou nos efeitos desta. Moral e direito distinguem-se em que a primeira atua no foro íntimo e o segundo no foro exterior. Se a conduta do agente ofende apenas a regra moral, encontra a reprovação na sua consciência, e pode atrair-lhe o desapreço dos seus concidadãos. Se a ação implica inobservância da norma jurídica, autoriza a mobilização do aparelho estatal, para a recondução do infrator à linha de observância do preceito, ou para a sua punição. Encarada do ângulo da intensidade, a norma jurídica é dotada de coercibilidade, que não está presente na regra moral, representando esta um estado subjetivo do agente, que pode ser adotado, ou que deve ser adotado voluntariamente, enquanto a obediência ao preceito de direito é imposta coercitivamente pelo ordenamento jurídico. Quanto ao efeito de uma e de outra, Ferrara acentua que da norma jurídica decorrem relações com um alcance *bilateral*, ao passo que da regra moral deriva consequência unilateral, isto é: a regra moral é ditada no sentido da realização do bem ou do aperfeiçoamento individual, sem, contudo, atribuir a quem quer que seja um poder ou uma faculdade para impor tal comportamento, ao passo que a norma jurídica, quando limita ou obriga, concede ao mesmo tempo e correlatamente a *exi-*

---

15   Sobre o instituto da prescrição, v. nº 121, *infra*.

16   "Nem tudo aquilo que é lícito, é honesto".

17   "Viver honestamente, não causar dano a ninguém, atribuir a cada um o que é seu".

18   *Ruggiero, Instituições*, vol. I, § 4º, p. 26; Ruggiero e Maroi, *Istituzioni di Diritto Privato*, I, § 4º, p. 4.

gibilidade de um procedimento.[19] Quando a moral diz a um que ame a seu próximo, pronuncia-o *unilateralmente*, sem que ninguém possa reclamar aquele amor; quando o direito determina ao devedor que pague, proclama-o *bilateralmente*, assegurando ao credor a faculdade de receber. Por isso mesmo os irmãos Mazeaud observam que a moral procura fazer que reine mais do que a justiça, a caridade que tende ao aperfeiçoamento individual.[20]

2. DIREITO OBJETIVO E DIREITO SUBJETIVO

Na sua polivalência semântica, a palavra *Direito* ora exprime o que o Estado ordena, impõe, proíbe ou estatui, ora significa o que o indivíduo postula, reclama e defende. Quando alguém se refere ao preceito emanado da autoridade, chama-o *direito*, porque aí enxerga a norma de conduta, revestida de autoridade. Quando alude à projeção individual da norma, ou ao seu efeito, igualmente lhe dá o nome de *direito*. Para distinguir um e outro sentido, qualifica-o, no primeiro caso, como *Direito Objetivo* (ou *ordenamento jurídico*), traduzindo o comando estatal, a norma de ação ditada pelo Poder Público, e é nesta acepção que se repete secularmente que *ius est norma agendi*.[21] Com esta significação está certo dizer que o "direito impõe a todos o respeito à propriedade". No segundo caso, acrescenta-lhe outro adjetivo para denominá-lo *direito subjetivo*, abrangendo o poder de ação contido na norma, a faculdade de exercer em favor do indivíduo o comando emanado do Estado, definindo-se *ius est facultas agendi*.[22] Neste sentido declara-se que "o proprietário tem o direito de repelir a agressão à coisa".

Não há, porém, dois compartimentos estanques, nem estes conceitos são fenômenos diversos. Ao contrário, simultaneamente constituem objeto da ciência jurídica, sem exprimirem ideias opostas. Não traduzem também uma sequência cronológica, que decorreria da indagação sempre tormentosa, se a norma precede à definição do poder de vontade que se origina dela, ou se a faculdade individual antecede a expressão normativa, criada para assegurar o seu exercício. Direito *subjetivo* e direito *objetivo* são *aspectos* de um conceito único, compreendendo a *facultas* e a *norma* os dois lados de um mesmo fenômeno, os dois ângulos de visão do jurídico. Um é o aspecto *individual*, outro o aspecto *social*. Qualquer direito, na ordem privada ou pública, pode ser apreciado pelo lado do indivíduo que dele extrai uma segurança jurídica ou uma função, como pelo lado do agrupamento social que institui uma regra de conduta. Às vezes esta, *diretamente*, cria o poder individual; outras vezes o impõe como consequência *indireta*. Quando a norma estabelece que o causador do dano deve indenizar a vítima, afirma diretamente que a vítima tem o direito de ser indenizada. Quando pronuncia a definição – *é crime furtar* – não cria imediatamente

---

19 Ferrara, *Trattato*, I, p. 27.

20 Mazeaud *et* Mazeaud, *Leçons de Droit Civil*, nº 14, p. 23.

21 "O direito é a norma de agir", isto é, o conjunto de regras das ações.

22 "O direito é a faculdade de agir"

o poder de ação individual, mas indiretamente faz nascer o direito de proteção à propriedade.

3. Direito público e direito privado. Princípios de ordem pública

Constitui o direito uma unidade conceitual no plano filosófico, uma unidade orgânica no plano científico, uma unidade teleológica no plano social. Não obstante a unidade fundamental, os princípios jurídicos se agrupam em duas categorias, constituindo a primeira o *direito público* e a segunda o *direito privado*. Não há cogitar, porém, de dois compartimentos herméticos, incomunicáveis, estabelecendo uma separação total e absoluta das normas públicas e das normas privadas. Ao revés, intercomunicam-se com frequência constante, tão assídua que muitas vezes se encontram regras relativas ao direito público nos complexos legais de direito privado, e, vice-versa, diplomas de natureza privada envolvem inequivocamente preceitos juspúblicos. A interpenetração dos conceitos não permite o traçado de uma linha divisória de grande nitidez entre umas e outras disposições. E, se é certo que normas existem que se identificam como *ius publicum* puramente, e outras que formam *ius privatum*, precisamente, uma zona de interferência recíproca se delineia, em que é difícil caracterizar com justeza a sua natureza privada ou pública.

Dos mais árduos e tormentosos é o problema da distinção entre o direito público e o direito privado.

O direito romano a fez, como expressão das ideias então dominantes, de forma singela e concisa, na sentença de Ulpiano, "*ius publicum est quod ad statum rei romanae spectat; privatum, quod ad singulorum utilitatem*".[23] O direito público era o direito do Estado romano; o direito privado, a disciplina dos cidadãos, critério utilitário que o *Digesto* e as *Institutas* assentaram como elemento diferenciador. Fez escola e sobreviveu. E mesmo depois do colapso por que passou na Idade Média, quando as influências germânicas abalaram os alicerces da distinção entre um e outro direito, ao ressurgir esta nos albores da Revolução Francesa, retoma prestígio e aparece como invocação obrigatória todas as vezes que se cogita de estremá-los. Não se pode, porém, com tal sentido, separar um do outro. É inidôneo dissociar o interesse público do interesse privado, e admitir que a utilidade dos cidadãos seja antagônica da utilidade pública. Daí recusar-se, modernamente, caráter científico à função da *utilitas* (utilidade) como fator exclusivo da diferenciação. Se no direito romano aqueles conceitos tinham conteúdo exato era porque o Estado sobrepairava a todos os indivíduos, conservando-se deles destacado e inconfundível, na sua qualidade de ente soberano. Nenhum direito se reconhecia ao súdito contra o Estado. As relações jurídicas de que participava este, mesmo

---

23 *Digesto*, Livro I, tít. I, § 2º: "Direito público é o que corresponde às coisas do Estado; direito privado, o que pertence à utilidade das pessoas".

quando tratava com o indivíduo, eram pautadas pelas normas públicas. O mesmo não ocorre no direito moderno e, portanto, falta a este critério o antigo prestígio.

Eis por que escritores modernos vão buscar o elemento diferenciador no *sujeito* ou titular da relação jurídica, e então dizem *público* o direito que rege as relações dos Estados entre si, ou do Estado como tal e os seus membros, enquanto o direito *privado* regula as relações entre os indivíduos como tais.[24] O fator subjetivo, todavia, é insuficiente para operar a distinção. É que, se algumas das relações entre o indivíduo e o Estado são de ordem inequivocamente públicas, por traduzirem um senso hierárquico inconfundível, e conterem uma imposição de soberania e de império, outras há, e numerosas, em que falta o elemento de subordinação, portando-se o ente coletivo nas condições das pessoas singulares. Não pode perder a natureza de norma de direito privado aquela que preside à situação jurídica do Estado e do indivíduo que com ele contratou um negócio, nem deixa de ser de direito público o preceito, apenas em razão de disciplinar uma relação entre indivíduos como tais. E, se nem toda norma reguladora das relações entre entes públicos ou entre estes e os indivíduos é pública, e se nem todo preceito disciplinador do comportamento dos indivíduos nas suas relações é de direito privado, falta rigor de exatidão ao fundamento diferenciador baseado na qualidade do titular da relação jurídica.

Outros critérios há, como o que baseia a diferença na maior extensão do interesse protegido: as normas de direito público visam à tutela dos interesses gerais, em contraposição às de direito privado, que concedem proteção aos interesses dos cidadãos. Tal teoria constitui uma revivescência da distinção romana. E, como há normas de tutela simultaneamente geral e particular, ameniza-se o rigor do critério com a menção da predominância: de direito público aquelas em que *predomina* o interesse geral; de direito privado as em que tem sentido primordial o *interesse das pessoas*.[25] Objeta-se, porém, que toda norma tem um escopo geral, ainda quando posta a serviço dos interesses particulares, e, inversamente, normas de interesse geral evidente inserem-se no direito privado, como as atinentes ao direito de família.[26]

A dificuldade é, pois, patente. Se o critério finalístico é insuficiente, o fator subjetivo se mostra inadequado, como ainda inábil o da imutabilidade, extraído da parêmia: *ius publicum privatorum pactis mutari non potest*,[27] este ainda mais inconsistente, pois autoriza inverter com vantagem a proposição: a norma não é de direito público porque suscetível de modificação pelos particulares, mas é imutável porque de direito público. Acresce, ainda, que todo *ius cogens* (norma cogente ou de ordem pública) é insuscetível de modificação por via de *pacta privata* (contrato privado), mesmo em matéria de direito nitidamente privado.

---

24   Enneccerus, *Tratado*, I, § 31, p. 132.

25   Dernburg, *Pandette*, I, § 21, p. 52.

26   Ferrara, *Trattato*, p. 74.

27   "O direito público não pode ser modificado pelos pactos particulares".

Em face destas dificuldades, nem é de se negar a distinção entre direito público e direito privado, como faz peremptoriamente Duguit,[28] nem de renunciar à sua formulação, nem concluir pela impossibilidade de se determinar a distinção entre o direito público e o privado.[29]

Parece conseguir resultado satisfatório Ruggiero, com a associação do fator objetivo ao elemento subjetivo: *público* é o direito que tem por finalidade regular as relações do Estado com outro Estado, ou as do Estado com seus súditos, *quando procede em razão do poder soberano, e atua na tutela do bem coletivo*; direito *privado* é o que disciplina as relações entre pessoas singulares, nas quais *predomina imediatamente o interesse de ordem particular*.[30]

Ordem pública. Sem atentado à distinção das normas jurídicas nas duas categorias aqui mencionadas, uma classificação mais rigorosa não pode omitir as chamadas *normas de ordem pública*, da maior repercussão na vida social. Não chegam a constituir direito público, por faltar a participação estatal direta na relação criada, que se estabelece toda entre particulares. São, pois, normas de direito privado. Mas, tendo em vista a natureza especial da tutela jurídica e a finalidade social do interesse em jogo, compõem uma categoria de normas que regem relações entre particulares, a que o Estado dá maior relevo em razão do interesse público em jogo. São, pois, normas de direito privado que atuam na tutela do interesse coletivo. Seu campo de ação é o direito privado, porque instituem a normatividade das relações entre pessoas singulares; mas sua repercussão na vida coletiva e a imperatividade do comando estatal que os acompanha imprime-lhes profunda analogia com o direito público. Por isso se denominam *leis, princípios ou regras de ordem pública*, inalteráveis (inderrogáveis) pela vontade das partes, e cujos efeitos são insuscetíveis de renúncia.

Publicização. A influência absorvente do Estado e a necessidade de se instituírem, com mais segurança e amplitude, fórmulas cada vez mais dirigidas no sentido de realizar a finalidade precípua do direito que se positiva e se afirma no propósito de garantir e proteger o bem-estar do indivíduo *in concreto*, cogitando da normatividade social em atenção ao bem da pessoa, geram a tendência à publicização da norma jurídica. Em consequência deste movimento acentua-se a restrição da liberdade individual, tomando corpo a estatização de numerosos serviços[31] e intervindo o Estado em matérias que antes eram relegadas exclusivamente ao arbítrio de cada um. O direito de família tende ao direito público, em razão da relevância cada vez maior em que o organismo familiar é tido no ordenamento jurídico. O direito de proprie-

---

28 Duguit, *Droit Constitutionnel*, I, § 64, p. 685; Orlando Gomes, *Introdução ao Direito Civil*, nº 3, p. 14, salientando a deficiência e imprecisão dos critérios distintivos, considera-a, no entanto, aceitável, sob o aspecto técnico e didático.

29 Kelsen, *Teoría General del Estado*, § 17, p. 105.

30 Ruggiero, *Instituições*, I, § 8º, p. 59. Defendendo a superação da dicotomia entre direito público e direito privado, Giorgianni, "O direito privado e suas atuais fronteiras", *Revista dos Tribunais*, vol. 747, p. 35 e ss.

31 Planiol, Ripert e Boulanger, *Traité Élémentaire*, I, nº 30, p. 12.

dade sofreu este impacto nas restrições que o proprietário encontra à utilização e à disponibilidade do bem. O contrato, antes expressão maior da autonomia da vontade, sofreu interferências a benefício do economicamente inferior. O princípio da responsabilidade civil ampliou-se na medida em que avultou o risco criado pelo desenvolvimento dos meios de produção, do maior aparelhamento técnico das indústrias, e do aceleramento das vias de transporte. Por toda parte se desenvolve a tendência à instituição de *princípios de ordem pública*, substituindo as velhas normas que, a pretexto de assegurarem a liberdade humana, permitiam à atividade individual a faculdade de sacrificar ao seu exercício a órbita pessoal de outros indivíduos.[32]

Como as normas jurídicas se distribuem do ponto de vista didático por províncias, a classificação destas no direito público ou no direito privado constitui, por sua vez, outros tantos ramos de um e de outro, respectivamente. Sua atual divisão é a seguinte: pertencem ao *direito público o direito constitucional, direito administrativo, direito penal, direito processual civil, direito processual penal, o direito internacional público, o direito internacional privado*; compõem o *direito privado, o direito civil, o direito comercial, o direito agrário, o direito aeronáutico* e *o direito do trabalho*. Com relação ao direito do trabalho e ao direito aeronáutico, se é certo que o fato de disciplinarem relações de ordem privada os mantém nesta categoria, certo é também que a predominância dos princípios de ordem pública coloca-os em posição especial, que faz sobressair seu cunho institucional.

4. Direito civil. Direito civil constitucional

A expressão *direito civil* tem variado de significação no tempo e no espaço. Para o direito romano, que considerava o direito em função de suas condições peculiares, *direito civil* era o direito da cidade, destinado a reger a vida dos cidadãos independentes e, rigorosamente, correspondia ao direito quiritário, *ius quiritium*.[33] Com este sentido, para o romano, qualquer povo tinha o seu direito civil, *"quod quisque populus ipse sibi ius constituit, id ipsius proprium est vocaturque ius civile, quasi ius proprium civitatis"*,[34] abrangente de todo o direito vigente, mesmo estranho ao direito privado, pois abraçava o direito penal, o administrativo, o judiciário etc. Acepção demasiado ampla, de um lado correspondia ao sistema dos princípios tradicionais, em contraposição ao *ius honorarium*, de elaboração pretoriana; ao sistema nacional, e em oposição (antinomia) ao *ius gentium "quod vero naturalis ratio inter omnes homines constituit"*.[35]

Assentadas e sedimentadas estas noções pelos séculos da vida civil de Roma, penetraram na Idade Média conservando este sentido especializado. Direito civil era

---

32 René Savatier, *Du Droit Civil au Droit Public, passim.*

33 Ver nota 153.

34 Gaius, *Institutiones, Commentarius, primus*, 1: "O que cada povo elabora para si denomina-se direito civil, adequado à sua cidade".

35 Gaius, *loc. cit.* "O que a razão natural elaborou entre todos os homens".

o direito romano, que pela vulgarização e dispersão era o "direito comum", e civilista ou romanista. Em paralelo, ensinava-se e aplicava-se o direito canônico, a que se sujeitava o indivíduo na qualidade de membro da comunidade cristã. O direito leigo e o eclesiástico, se se coadjuvavam no terreno intelectual, quando o da Igreja invocava os princípios gerais do romano ou quando este secularizava instituições daquele, como, *v.g.*, o "juramento", disputavam a primazia no campo jurisdicional, procurando o canônico atrair, para sua órbita de incidência, matérias que eram reguladas no *Corpus Iuris Civilis*. Na Idade Moderna revivem estas concepções no direito anglo-americano, onde a expressão *civil law* corresponde ao direito romano, e as matérias que para nós constituem o direito civil reúnem-se na denominação mais ampla e mais próxima de sua generalização medieval, apelidadas de *private law*.

Para os sistemas jurídicos de filiação romana, *direito civil* tomou uma acepção mais especializada, designando um dos ramos do direito privado, o mais extenso e o mais importante. Abrangendo a princípio as matérias contrapostas ao direito público,[36] a partir do século XIX foi tomando um sentido mais estrito, para designar as questões tratadas no Código Civil. Dele se destacaram outras disciplinas, que, embora de direito privado, encontraram em sistematização à parte a sua regulamentação, o que provocou a distinção dicotômica do direito comercial, depois que a França, em 1807, publicou o Código Comercial, consagrando-se quase universalmente no século XIX e no começo do século XX a tendência à separação da matéria civil (atos da vida cotidiana) da mercantil (atos de comércio, critério então adotado). Envolvido neste movimento, o Brasil elaborou o Código Comercial em 1850, ao tempo em que não tinha ainda realizado a codificação do direito civil, e, quando se operou esta em 1916, ficamos com os dois Códigos, oferecendo isto um contraste às vezes perturbador, em razão de se adotar em um deles um princípio e no outro um diverso, e em consequência serem aplicáveis às pessoas normas jurídicas de inspiração e orientação diferente, por uma razão toda artificial, em atenção à atividade do agente.

Devido à complexidade crescente de tais atividades, e ao desenvolvimento enorme das relações da vida civil que o legislador é chamado a disciplinar, não foi mais possível limitar o direito civil ao Código respectivo. Muito embora pretendesse o de 1916 regular os direitos e obrigações de ordem privada, concernentes às pessoas, aos bens e suas relações, encontravam-se muitos outros direitos e obrigações da mesma ordem, relativas às mesmas matérias, de fora do seu corpo, e nem por isso deixavam de ser direito civil. A necessidade de atualização, em outros assuntos já sistematizados no Código, reclamou que o legislador deles cuidasse em ditas leis extravagantes (isto é, independentes do Código), melhor denominadas *leis especiais*, que importaram derrogação do Código de 1916, sem deixar, todavia, de se caracterizarem como direito civil.

Embora o direito civil se tenha como um dos ramos do direito privado, a rigor é mais do que isto. Enfeixa os princípios de aplicação corrente, de aplicação gene-

---

36 Ferrara, *Trattato*, I, p. 155.

ralizada e não restritiva à matéria cível. É no direito civil que se aprende a técnica jurídica mais característica de um dado sistema. É consultando o direito civil que um jurista estrangeiro toma conhecimento da estrutura fundamental do ordenamento jurídico de um país, e é dentro dele que o jurista nacional encontra aquelas regras de repercussão obrigatória a outras províncias do seu direito. Nele se situam princípios que a rigor não lhe são peculiares nem exclusivos, mas constituem normas gerais que se projetam a todo o sistema jurídico: o direito civil enuncia as regras de hermenêutica (interpretação), os princípios relativos à prova, a noção dos defeitos dos negócios jurídicos, a organização sistemática da prescrição etc., institutos comuns a todos os ramos do direito, tão bem manipulados pelo civilista quanto pelo publicista. Mais longe vamos, quando anunciamos a presença do direito civil, através da técnica, da generalização de conceitos fundamentais, do enunciado de ideias básicas do sistema, em todas as províncias do ordenamento jurídico. Não se limita às relações de ordem privada, pois é com o jogo dos seus princípios e dos seus ensinamentos que lidam frequentemente os especialistas de direito público. No entanto, não se pode mais dizer, como antes, que assiste inteira razão a Planiol, Ripert e Boulanger, quando sustentam que o direito civil não é apenas uma das divisões do direito privado, mas continua sendo o *direito comum*, em razão de compreender todo um conjunto de regras relativas às instituições de direito privado, aos atos e às relações jurídicas.[37]

O direito civil constitucional. O Direito deve buscar, também em outras ciências, sobretudo, sociais e humanas, apoio e parceria para afirmar seus princípios, reorganizando metodologicamente estudos e pesquisas. As relações humanas não podem ser tratadas pelo sistema jurídico como se elas fossem apenas determinadas pelo mundo da objetividade. Outras ciências indicam novos rumos ao Direito.

Convivendo com um sistema normativo em que predomina a solução de conflitos, cabe o alerta no sentido de assumi-lo com a "função promocional do Direito" apregoada por Bobbio na década de 1970,[38] e de que são expressões marcantes no Brasil o Código de Defesa do Consumidor (CDC), o Estatuto da Criança e do Adolescente (ECA), o Estatuto da Pessoa Idosa, a Lei Brasileira de Inclusão da Pessoa com Deficiência e a Lei de Diretrizes e Bases da Educação, entre outros.

As codificações civis cumpriram sua missão histórica de assegurar a manutenção dos poderes adquiridos. Assistimos, entre as duas grandes guerras, a um movimento de socialização do direito, seguido de novos ramos do direito privado e público, dotados de princípios próprios, identificados como "microssistemas".[39]

Não mais se pode reconhecer ao Código Civil o valor de *direito comum*. É tempo de se admitir que a posição ocupada pelos princípios gerais de direito passou a ser preenchida pelas normas constitucionais, notadamente, pelos direitos fundamentais. Ressalto, especialmente, os estudos de Perlingieri, ao afirmar que o Código Civil perdeu a centralidade de outrora e que "o papel unificador do sistema, tanto em seus

---

37   Planiol, Ripert e Boulanger, *Traité Élémentaire*, I, n° 32, p. 13.

38   Bobbio, La Funzione Promozionale del Diritto, *in Dalla Struttura alla Funzione*, p. 13 e ss.

39   A expressão foi cunhada por Natalino Irti: v. nota 10.

aspectos mais tradicionalmente civilísticos quanto naqueles de relevância publicista é desempenhado de maneira cada vez mais incisiva pelo Texto Constitucional".[40]

Tal proposta consolidou em nossa doutrina um *direito civil-constitucional*, isto é, um direito civil interpretado e aplicado à luz dos valores constitucionais, reconhecido nos meios acadêmicos e também pelos Tribunais. Na metodologia da interpretação do Código Civil destacam-se hoje os princípios constitucionais e os direitos fundamentais, os quais se impõem às relações interprivadas, aos interesses particulares, de modo a fazer prevalecer uma verdadeira "constitucionalização" do direito privado.

Cabe, portanto, ao intérprete evidenciar a subordinação da norma de direito positivo a um conjunto de disposições com maior grau de generalização, isto é, a princípios e valores dos quais não pode ou não deve mais ser dissociada.

Em toda a minha obra sempre salientei o papel exercido pelos "princípios gerais de direito", a que se refere expressamente o art. 4º da Lei de Introdução às Normas do Direito Brasileiro (LINDB)[41] como fonte subsidiária de direito. Embora de difícil utilização, os princípios impõem aos intérpretes o manuseio de instrumentos mais abstratos e complexos e requerem um trato com ideias de maior teor cultural do que as regras singelas de aplicação quotidiana. Cumpre reconhecer que, na atualidade, os princípios constitucionais se sobrepõem à posição anteriormente ocupada pelos princípios gerais de direito, aqueles representando o caminho necessário de toda interpretação jurídica, e estes constituindo critério excepcional de integração de lacunas.

Sem adentrarmos nos debates doutrinários concernentes à diferença entre direitos fundamentais e direitos da personalidade, neste momento de indefinição do que é público ou privado, é preeminente que o Estado e os demais operadores do direito assumam suas principais responsabilidades com base nos ditames constitucionais. Diante da primazia da Constituição Federal, cujos valores se espraiam por todos os setores do ordenamento, unificando-os, os *direitos fundamentais* passaram a ser dotados da mesma força cogente nas relações públicas e nas relações privadas e não se confundem com outros direitos assegurados ou protegidos por lei.

Na função de intérprete, é nossa atribuição visualizar os novos textos legais como dispositivos estabelecidos a serviço da criatividade. Acima do direito codificado pairam os conceitos criadores de uma superlegalidade a que tende irresistivelmente o desejo universal de uma convivência de harmonia e paz.[42]

4-A. Unificação do direito privado

Aos olhos de todos resultaram cedo os inconvenientes da separação da disciplina da vida jurídica mercantil, através dos Códigos de Comércio. E eclodiu o movimento

---

40 Perlingieri, *Perfis do Direito Civil*, p. 6.

41 "Art. 4º Quando a lei for omissa, o juiz decidirá o caso de acordo com a analogia, os costumes e os princípios gerais de direito".

42 Essas ideias foram expostas por ocasião de meu doutoramento *honoris causa* pela Universidade de Coimbra – título que me foi outorgado em 30 de julho de 1999 – e vêm desenvolvidas também no Prefácio a esta edição.

tendente à unificação do direito privado, que acendeu na sua esteira um luzeiro de nomes respeitáveis. Desfraldada a bandeira por Vivante, na Itália,[43] seguiram-se-lhe Cimbali, Ellero, Montanelli, vindo a concretizar-se a ideia unificadora no Código Civil italiano, aprovado em 1942.

No Brasil, Teixeira de Freitas pôs o poder de seu gênio na defesa desta ideia, que mais tarde Inglez de Souza, encarregado da redação de um novo Projeto de Código Comercial, consignou em trabalho apresentado em 1912, salientando o propósito de transformar o Código Comercial em Código de Direito Privado. Quando os juristas Orosimbo Nonato, Philadelpho Azevedo e Hahnemann Guimarães formularam o seu Anteprojeto de Código de Obrigações, em 1941, fixaram os princípios gerais do direito obrigacional, comuns a todo o direito privado, abrangentes da matéria de natureza mercantil,[44] e, se não vingou a ideia de reforma, restou ao menos o valor doutrinário da obra. Pouco tempo depois, Francisco Campos, encarregado da redação de um projeto de Código Comercial, anunciou sua adesão à ideia unificadora.

Quando incumbido de elaborar um Projeto de Código de Obrigações, em 1961, perfilhamos a unificação que a Comissão de 1972[45] adotou inteiramente. De fato, o código Civil de 2002 revogou toda a primeira parte do Código Comercial, de 1850, e passou a disciplinar em Livro próprio a disciplina da Teoria Geral da Empresa, em particular, quem pode ser empresário, os diversos tipos societários, as formas de constituição e extinção das sociedades, o que é estabelecimento, nome empresarial etc.

Em prol da unificação, argumentou-se que a normativa destacada atentava contra o princípio da igualdade, sendo inconveniente a dualidade de legislações sobre o mesmo fato. Onde existe a jurisdição comercial distinta da cível, assinala-se a insegurança dos negócios e a protelação dos litígios, fomentando a desconfiança na justiça.

Os defensores da separação consideram necessária e científica a especialização, que aliás é inevitável, uma vez que outros ramos do direito se foram formando, como o do trabalho, o agrário, o marítimo, o espacial e o aeronáutico, e, assim, reunir o direito comercial e o civil seria retroceder. Acrescentam que o desenvolvimento da concepção do direito comercial, desprendida do fundamento basilar objetivo, que é a teoria dos atos de comércio, e calcada no alicerce subjetivo, identificado pela *teoria da empresa*, como atividade organizada para a produção e/ou circulação de bens ou serviços, reforça a necessidade de não se abandonar a posição clássica dos institutos civis específicos, como também de não se sacrificar o dinamismo dos negócios mercantis.[46]

---

43 Vivante, *Trattato di Diritto Commerciale*, Introduzione, p. 1.

44 Exposição de Motivos, p. 6.

45 A "Comissão de 1972" foi a autora do Anteprojeto que acabou por se tornar o Código Civil de 2002.

46 Serpa Lopes, *Curso*, I, n° 8, p. 36.

A experiência dos sistemas legislativos que realizaram a unificação do direito privado (Suíça, Canadá, Itália e, com o Código de 2002, o Brasil) vem evidenciar a necessidade de pôr o problema em termos de maior precisão técnica. A redução dos princípios de direito privado a uma unidade orgânica obedece a um imperativo científico, e de conveniência prática, mormente enquanto se atém às regras de aplicação geral e comum. Não se compreende, na verdade, que um mesmo fenômeno jurídico, *e.g.*, a compra e venda, seja submetido a duas ordens de disciplinas, destacando-se conceitualmente a compra e venda mercantil e a compra e venda civil; que se sujeite a regras diferentes a prescrição em matéria civil e em matéria comercial.

Obtida a uniformização dos princípios de aplicação comum a toda a matéria de direito privado, há de continuar constituindo objeto de especialização, e autonomia,[47] parte da matéria específica relativa à atividade econômica organizada. Em consequência da moderna conceituação do direito empresarial, há necessidade de se regularem na legislação especializada relações que se ligam à atividade empresarial, o que significa que este setor não deve ser absorvido num Código de Direito Privado. Assim, por exemplo, permanecem reguladas em lei especial as sociedades anônimas, as cooperativas, a empresa rural etc.

Mas a noção de obrigação, conceitualmente una, não se pode cindir no plano legislativo. Não importa o critério a seguir. Pode ser adotada a solução suíça, com a votação de um Código de Obrigações autônomo; ou mantida a solução tradicional de um Código Civil – como fez o Código de 2002 – do qual a parte referente às obrigações é apenas um de seus Livros. Bons exemplos alinham-se na aceitação de uma ou de outra tese. Qualquer que seja a solução preconizada, relevante é que o direito obrigacional abranja toda a matéria desta província privatista, sem se dicotomizar em dois complexos normativos, um civil e outro comercial. O que deve prevalecer, e neste ponto nenhuma transigência é possível no plano dogmático, é a unificação do direito obrigacional. Neste caso, um mesmo Código deve compreender, além da teoria do negócio jurídico (*Rechtsgeschäft*), a disciplina das obrigações em geral, os contratos (teoria geral e suas várias espécies), a declaração unilateral de vontade, o enriquecimento sem causa, a responsabilidade civil, os títulos de crédito e as atividades empresariais.

---

47 Cf. João Eunápio Borges, *Curso de Direito Comercial Terrestre*, vol. I, n°s 52 e ss., em exposição detida do movimento unificador e conclusão de que as diferenças apontadas ou já estão eliminadas ou são facilmente elimináveis.

CAPÍTULO II
DIREITO SUBJETIVO

Sumário

5. Conceito de direito subjetivo. Outras situações jurídicas subjetivas. **6.** Análise do direito subjetivo. A relação jurídica. **7.** Categorias de direito subjetivo.

Bibliografia

Clóvis Beviláqua, *Teoria Geral de Direito Civil*, nº 46; Henri Capitant, *Introduction à l'Étude du Droit Civil*, p. 74; Jean Dabin, *Le Droit Subjectif, passim*; Brethe de la Gressaye e Marcel Laborde-Lacoste, *Introduction Générale à l'Étude du Droit Civil*, nos 362 e ss.; Paul Roubier, *Théorie Générale du Droit*, p. 227 e ss.; Léon Michoud e Marcel Trotabas, *La Théorie de la Personnalité Morale*, cap. IV; Andreas von Tuhr, *Derecho Civil*, §§ 1º e ss.; Bernhard Windscheid, *Pandette*, I, §§ 38 e ss.; Rudolph von Ihering, *L'Esprit du Droit Romain*, IV, § 70; Léon Duguit, *Leçons de Droit Publique Général*, p. 38; René Demogue, *Les Notions Fondamentales de Droit Privé*, p. 320 e ss.; François Gény, *Science et Technique*, IV, p. 175; Francesco Ferrara, *Trattato*, I, § 68; Ruggiero e Maroi, *Istituzioni*, §§ 21 e 22; Mazeaud *et* Mazeaud, *Leçons*, nos 155 e ss.; Hans Kelsen, *Théorie Pure du Droit*, p. 94 e ss.; Alberto Trabucchi, *Istituzioni di Diritto Civile*, §§ 21 e ss.; Cunha Gonçalves, *Tratado*, I, nº 47; Serpa Lopes, *Curso*, nos 103 e ss.; Pontes de Miranda, *Tratado de Direito Privado*, II, § 49; Orlando Gomes, *Introdução*, cap. 10; San Tiago Dantas, *Programa de Direito Civil*, vol. I, p. 145 e ss.; Maria Celina Bodin de Moraes, "Constituição e Direito Civil: Tendências", *in RT*, vol. 779, p. 47 e ss.

5. Conceito de direito subjetivo. Outras situações jurídicas subjetivas

Direito subjetivo é a *facultas agendi*,[1] dissemos no capítulo anterior, e cumpre agora conceituá-lo e desenvolver o tema. A matéria, porém, é fonte de numerosas controvérsias e divergências, a começar da sua existência mesma, negada por Duguit e Kelsen, fundados em motivos diferentes, e a terminar na sua caracterização jurídica, situada no plano volitivo por Windscheid, no teleológico por Ihering, ou na conjugação de ambos por Saleilles, Jellinek e Michoud.

Numa exposição de boa dedução sistemática, é de toda conveniência formular e responder à indagação de sua existência. Existe o direito subjetivo?

A consulta às fontes fornece-nos elementos positivos para afirmar que, se na tecnologia romana não se encontra referência expressa a uma divisão do direito em objetivo e subjetivo, ela decorre dos textos com a mais franca naturalidade. Muito embora o vocábulo *ius* fosse usado para designar os vários aspectos do jurídico, fácil é, contudo, destacar seu emprego num e noutro sentido. Quando Gaius dizia: *"omne ius, quod utimur, vel ad personas pertinet, vel ad res, vel ad actiones"*,[2] aludia ao poder ou às faculdades asseguradas aos indivíduos pelo ordenamento jurídico. Nitidamente se referia Ulpiano à própria norma, ao próprio direito aplicável, quando falava: *"iura non in singulas personas, sed generaliter constituuntur"*,[3] referindo-se à generalidade ligada à extensão dos preceitos. Numa acepção, era o direito em sentido subjetivo; na outra um conceito objetivo (direito objetivo).

Duguit insurge-se contra esta distinção, para negar o direito subjetivo, afirmando que somente tem existência o direito objetivo, uma vez que não reside no indivíduo um poder de comando, conduzindo a uma qualidade superior de sua vontade, e dominando a vontade do indivíduo subordinado.[4] Somente há o direito objetivo, que se destina ao comportamento das pessoas, e por isso mesmo é individual na sua aplicação, sem gerar, contudo, um poder de que alguém seja investido, naturalmente ou como decorrência do comando jurídico. Exemplificando com a propriedade, argumenta que esta é disciplinada pelo direito objetivo, mas da sua regulamentação não nasce um poder de alguém exercitável sobre os outros membros do grupo social. Substitui, então, a noção de direito subjetivo pela de situação jurídica, que é a mesma regra objetiva, vista do lado do indivíduo.

Kelsen, normativista, nega o direito subjetivo, partindo de que o direito se confunde com o Estado, no sentido de que este é um sistema de normas, impostas aos indivíduos, e em consequência não poderá haver prerrogativas individuais em relação

---

1   A faculdade de agir no âmbito jurídico.

2   *Digesto*, Livro I, tít. V, fr. 1: "Todo direito de que nos utilizamos pertence ou às pessoas, ou às coisas, ou às ações".

3   *Digesto*, Livro I, tít. III, fr. 8: "Os direitos se constituem não para as pessoas, porém com caráter de generalidade".

4   Duguit, *Traité*, I, § 2º, p. 15.

ao Estado. Se este determina uma dada conduta individual, agirá contra o ofensor da norma no propósito de constrangê-lo à observância, sem que o fato de alguém reclamar a atitude estatal de imposição se traduza na existência de uma faculdade reconhecida. Em toda parte do mundo jurídico, o que existe é a norma, seja a norma geral, criada pelo Estado, seja a norma individual, criada pela declaração de vontade, por delegação dele. A norma jurídica, que é a essência do direito, pode ser encarada num sentido objetivo, como parte do ordenamento jurídico, ou pode ser vista em sentido subjetivo, concretizada nas relações individuais, mas, em qualquer caso, a teoria do direito enxerga sempre a norma, isto é, as regras e os princípios jurídicos.

O raciocínio antissubjetivista, tanto na teoria de Duguit quanto na de Kelsen, como se vê, tem ponto comum, que é a negação do direito subjetivo. Mas, negando-o, não conseguem os eminentes juristas abstrair-se da existência de um aspecto individual do jurídico, que será o substitutivo do direito subjetivo ou compreenderá a denominada "situação jurídica", já que a existência da norma em si, ou do direito objetivo só, conduz à existência de deveres exclusivamente. Ora, se é certo que há normas de conduta que impõem obrigações gerais sem correspectivo individual (por exemplo, a que determina ao indivíduo ser eleitor), outras normas, e são as mais numerosas e frequentes, determinam um comportamento, ou estabelecem um dever e criam simultaneamente da parte do indivíduo um poder, que se efetiva pela sujeição de outro indivíduo, ou geram a faculdade de reclamar uma contenção de procedimento por parte do próprio Estado. Insurgindo-se contra a designação deste poder ou desta faculdade como sendo *direito subjetivo*, o objetivismo teórico, em última análise, é obrigado a imaginar com denominação diferente uma situação análoga. A defesa do direito subjetivo não é forçosamente a expressão de extremado individualismo. Se é verdade que, nos dias presentes, a luta entre o direito social e o direito individual, particularmente nos direitos patrimoniais, se decide pela vitória do primeiro, e por isto inclina a balança para o lado daquela escola,[5] é também verdade que o direito subjetivo não é mais expressão ilimitada do poder da vontade individual, capaz de se exercer com o sacrifício dos outros indivíduos ou da sociedade, de maneira absoluta. Com os temperamentos que a coexistência na sociedade lhe impõe, a ideia do direito subjetivo é inafastável para a explicação, mesmo em doutrina pura, de atividade do indivíduo em confronto com o ordenamento jurídico. É mesmo impossível, diz Dabin, construir o direito sem a noção de que o ser humano, submetido embora à regra social, nunca deixa de constituir um ser individual, e que, coexistindo a sociedade e a norma social, existe o indivíduo.[6] Daí, acrescenta, a construção do jurídico pressupõe os direitos subjetivos em sentido moral, expresso nas regras de garantia (os chamados "direitos humanos") e os direitos subjetivos em sentido jurídico, que são as prerrogativas do indivíduo asseguradas pelo direito objetivo.

Forçosamente resultante do jogo dos princípios de construção de uma teoria do direito, tem-se de admitir o direito subjetivo. Na sua caracterização, porém, vinga

---

5   Roubier, *Théorie Générale du Droit*, p. 253.
6   Dabin, *Le Droit Subjectif*, p. 51.

a diferença de entendimento das escolas, o que não traduz argumento em favor de sua inexistência, como conclui Duguit, pois que mais acesa ainda é a controvérsia na conceituação do direito em si, e nem por isso se poderá deduzir que não exista.

A primeira corrente, que se poderia denominar de escola psicológica ou teoria da *vontade*, formulada em linhas de caracterização por Windscheid, enxerga essencialmente o direito subjetivo em função do elemento volitivo.[7] Com pequenas variações de linguagem num e noutro escritor, define-se o direito subjetivo como de *poder de ação assegurado pela ordem jurídica*.[8] Dentro desta escola, uma gama de valorações aparece, desde a que o erige em fator todo-poderoso a sujeitar-lhe as vontades dos outros indivíduos, até a que restringe o elemento volitivo a um poder de vontade nos termos em que o permite o direito objetivo. Mais plausível nesta última concepção, traduz o direito a certo comportamento, seja da parte de uma pessoa qualquer, seja de uma pessoa determinada, em relação ao titular, que, com base no direito objetivo, tem a faculdade de fazer ou de não fazer uso da norma, para exigir a efetivação de uma conduta, e para utilizar contra o transgressor as sanções cominadas.[9] O direito objetivo estatui, então, uma conduta, e a vontade pode expandir-se dentro nos limites traçados. Precisamente porque a faculdade de ação obedece ao impulso da vontade, esta é o fundamento ou o elemento essencial do direito subjetivo. Mas, como o princípio da coexistência não pode ser sacrificado, o poder de ação somente se concretiza em prerrogativa do titular, enquanto subordinado ao comando estatal.

Contra tal conceituação, insurge-se Ihering, criticando esta ideia e ao mesmo tempo deslocando a noção básica para o terreno do *interesse*. Argumenta, de princípio, que a concepção volitiva pode encontrar obstáculo sério, quando se recorda que o deficiente mental e o menor, não tendo vontade, têm direitos, ou que às vezes o indivíduo capaz pode ter direitos, não obstante ignorá-los, como no caso da sucessão de bens de um parente, cuja morte é desconhecida pelo herdeiro, que, não obstante, adquire esta qualidade. O direito subjetivo não traduzirá, assim, um poder de ação, já que este poder não tem em tais casos oportunidade de se exprimir. Dois elementos, desenvolve Ihering, constituem o princípio do direito: um, *substancial*, que se situa na sua finalidade prática, isto é, na sua utilidade, na sua vantagem, ou no interesse; outro, *formal*, por via do qual se efetiva o primeiro, ou seja, a sua proteção jurídica por meio da ação na justiça. Da conjugação deles resulta, e nestes termos a definição é por toda parte repetida: *o direito subjetivo é um interesse juridicamente protegido*.[10]

Nem a crítica de Ihering é de todo procedente, nem a ideia por ele aventada é de todo insustentável. A crítica não procede totalmente, na verdade, porque a incapacidade não retira ao seu portador a personalidade. O deficiente mental, embora deficiente, o menor, embora menor, têm o direito, não obstante seu exercício requeira

---

7   Windscheid, *Pandette*, I, § 37.

8   Clóvis Beviláqua, *Teoria Geral*, n° 46.

9   Dabin, *Le Droit Subjectif*, p. 59.

10   Ihering, *L'Esprit du Droit Romain*, IV, § 70. Cf., ainda, sobre a noção de direito subjetivo, Ennecerus, *Tratado*, I, § 65; von Tuhr, *Derecho Civil*, I, parte 1ª, p. 75.

um veículo técnico, no instituto da representação. Aquele que ignora o seu direito tem-no assegurado pelo ordenamento jurídico, como poder de querer, que realizará efetivamente a qualquer instante. Existe, então, no direito subjetivo um poder de ação que está à disposição do seu titular, e que não depende do exercício, da mesma forma que o indivíduo capaz e conhecedor do seu direito poderá conservar-se inerte, sem realizar o poder de vontade, e, ainda assim, é portador dele. Mas a crítica é procedente quando recorda a presença do fator teleológico. O direito subjetivo é uma faculdade de querer, porém dirigida a determinado fim. O poder de ação abstrato é incompleto, desfigurado. Corporifica-se no instante em que o elemento volitivo encontra uma finalidade prática de atuação. Esta finalidade é o interesse de agir.

Neste sentido proliferam as doutrinas chamadas *mistas*, todas elas procurando a simbiose dos elementos teleológico e psicológico (Jellinek, Michoud, Saleilles, Ferrara, Ruggiero). Como *facultas agendi*, o direito subjetivo é a expressão de uma vontade, traduz um poder de querer, que não se realiza no vazio, senão para perseguir um resultado ou visando à realização de um interesse. Na própria noção de querer há uma finalidade: quem quer, quer alguma coisa. Não importa que, na conjugação daqueles elementos, predomine a vontade ou sobreleve a finalidade. Uma e outra se acham presentes, e pois, a definição há de conter o momento interno, psíquico; e o externo, finalístico. A fórmula, que os conjuga, poderá dizer que o *direito subjetivo é um poder da vontade, para a satisfação dos interesses humanos, em conformidade com a norma jurídica.*[11] Dita, pois, o direito objetivo uma conduta, de que resulta a faculdade de querer, atribuída a um indivíduo. Exercendo este o seu poder de vontade, tem em vista uma finalidade concreta, que persegue com observância dos preceitos instituídos pela ordem jurídica. Poder de ação, interesse e submissão ao direito objetivo, eis os elementos componentes do direito subjetivo.

O direito subjetivo, traduzindo, desta sorte, um poder no seu titular, sugere de pronto a ideia de um *dever* a ser prestado por outra pessoa. Quem tem um poder de ação oponível a outrem, seja este determinado, como nas relações de crédito, seja indeterminado, como nos direitos reais, evidentemente participa de uma *relação jurídica*, que se constrói com um sentido de bilateralidade, suscetível de expressão na fórmula *poder-dever*: *poder* do titular do direito exigível de outrem; *dever* de alguém para com o titular do direito. O *dever* pode ser um de tipo variável: fazer, tolerar ou abster-se; enquanto o *direito* será sempre o mesmo, isto é, *o poder de exigir o cumprimento do dever.*

À parte estas situações, outras reconhece a ordem jurídica, em que existe uma autorização de gozo do titular sem a ideia precisa de dever correlato. Diz-se que o indivíduo tem direito à liberdade, direito à legítima defesa, direito de circular, de associar-se etc. É o que Ferrara designa como "a esfera do lícito", na qual se move a liberdade humana nas suas várias manifestações (comer, dormir, trabalhar, professar um culto,

---

11 Ruggiero e Maroi, *Istituzioni*, I, § 21; Michoud e Trotabas, *La Théorie de la Personnalité Morale*, I, n° 47; Ferrara, *Trattato*, I, § 68.

manifestar o pensamento), e que se desenvolvem sem a necessidade de especial concessão da lei.[12]

Nas situações em que o indivíduo realiza a liberdade, ou as suas atividades, visando a fins econômicos ou hedonísticos, vemos direitos subjetivos tão nitidamente caracterizados quanto os que traduzem as relações de crédito, porque implicam um poder de ação do indivíduo, seja contra qualquer outro que se oponha à sua efetivação, seja contra o próprio Estado, se é um agente seu que transpõe o limite entre a harmonia social e a esfera individual (V. nº 42, *infra*).

Direitos potestativos. Entre as demais situações jurídicas que o ordenamento reconhece estão aquelas que podem ser expressas pela formulação *potestade-sujeição*: poder do titular do direito de um lado, sujeição de alguém para com o exercício do direito de outrem.[13] Esta situação se diferencia da anterior porque, neste caso, não há nada que o titular da sujeição possa ou deva fazer, *não há dever*, mas apenas submissão à manifestação unilateral do titular do direito, embora a manifestação atinja a esfera jurídica do outro, constituindo, modificando ou extinguindo uma sua situação jurídica subjetiva. A partir de Chiovenda, a doutrina processualística italiana, seguida depois pelos juristas – processualistas e civilistas – de diversos países de tradição romano-germânica, identificou uma série de direitos, também chamados *discricionários* ou *formativos*, em que a nota essencial é a ausência de prestação (*direitos sem prestação*), diferenciando-se, por esta via, e frontalmente, dos direitos subjetivos, desde então também chamados de *direitos com prestação*. Esses direitos, ditos potestativos, são direitos cujo implemento depende, única e exclusivamente, do exercício da vontade de apenas uma das partes da relação jurídica. Assim, por exemplo, a aceitação e a renúncia à herança, a anulação de casamento, o divórcio, a despedida de empregado; encontram-se aí direitos que, ao serem exercidos, influenciam a esfera jurídica de alguém sem que este possa senão a eles sujeitar-se.

A distinção entre direitos subjetivos e direitos potestativos mostrouse fundamental para solucionar um dos mais antigos e intrincados problemas do direito civil, o da distinção entre prescrição e decadência. O entendimento foi adotado no Código Civil de 2002.[14]

Poder jurídico. Já nos poderes há, à semelhança do que ocorre no direito subjetivo, um poder e um dever, mas sua característica distintiva está em que o poder é exercido no interesse do titular do dever, isto é, o titular do *poder jurídico* concentra poderes-deveres que serão exercidos em benefício exclusivo do sujeito passivo. É o que se dá no *poder familiar* (outrora designado como pátrio poder), quando a lei dá autoridade aos pais para educar e para administrar o patrimônio dos filhos (Código Civil, arts. 1.630 e ss.) e determina-lhes o dever de obediência, tudo no interesse dos

---

12 Ferrara, *Trattato*, I, p. 327; v. sobre a noção de *poder-dever*, La Gressaye e Laborde-Lacoste, *Introduction*, nº 355.

13 Trabucchi, *Istituzioni*, § 25.

14 V. nºs 119 e ss., *infra*.

filhos, crianças e adolescentes que são sujeitos passivos desta relação jurídica. Assim também ocorre no poder tutelar e no poder curatelar.[15]

Direito subjetivo público. Comumente o direito subjetivo reside no campo do direito privado. Faculdades de agir sob a tutela do direito privado. Mas nenhuma incompatibilidade pode haver entre a instituição do direito subjetivo e o direito público. São, então, os *direitos subjetivos de ordem pública*, emanados diretamente das normas de direito público, sob a mesma formulação técnica que os *direitos subjetivos de ordem privada*. Dita a norma um poder de ação, que o titular pode exercer. Se é no campo do direito privado, o direito subjetivo é desta categoria; se no campo do direito público, diz-se um *direito subjetivo público*. A norma define a qualidade hereditária do filho; o filho tem o direito (privado) subjetivo de ser herdeiro e reclamar a herança. A norma institui a inamovibilidade do juiz; o juiz tem o direito (público) subjetivo de não ser removido, e de se opor ao ato que o transfira de um a outro lugar. O critério distintivo, pois, da natureza privada ou pública do direito subjetivo está na decorrência do caráter privado ou público da norma. É preciso, entretanto, frisar que não importa a natureza do titular. Da mesma forma que o indivíduo pode ser titular de um direito público subjetivo (exemplo, direito do funcionário aos proventos de seu cargo), porque emanando de uma norma pública, com o seu exercício atribuído ao indivíduo, também o ente público pode ser titular de um direito subjetivo privado (exemplo: o Estado contrata com um indivíduo a construção de um edifício), porque as relações criadas são de disciplina privada. É verdade que os atos mais frequentes do Estado são a expressão do poder inerente ao seu império, *atos de império* (exemplo: o Estado cria o tributo, que exige do contribuinte). Mas nem sempre. Muitas vezes procede como o indivíduo na gestão do patrimônio, *atos de gestão*, em que atua como particular, e os direitos que exerce são de ordem privada (exemplo: o Estado *aluga* um edifício para instalação de um serviço).[16]

6. Análise do direito subjetivo. A relação jurídica

O direito subjetivo se decompõe em três elementos fundamentais: *sujeito, objeto* e *relação jurídica*. Sua presença é constante, e se há de reconhecer sua vinculação à própria estrutura do direito. Não se deve discutir se estes elementos existem no direito subjetivo, muito embora escritores sustentem não serem eles nem essenciais e nem únicos, e corroborando-o mencionam casos em que um deles pode faltar, da mesma forma que outras vezes pode surgir outro elemento além destes. Pensamos, contudo, que o sujeito, o objeto e a relação jurídica compõem o direito subjetivo, e sempre. Estão presentes onde quer que ele exista. São, pois, essenciais à sua constituição. Vejamo-los, um a um.

Sujeito é o titular do direito. É aquele a quem a ordem jurídica assegura a faculdade de agir. Sendo o direito um poder de vontade, não se pode admitir a sua

---

15 Trabucchi, *loc. cit.*

16 V. nº 7, *infra.*

existência com abstração do sujeito, de vez que é ontologicamente inconcebível uma vontade cujo poder é assegurado pela ordem legal, sem o portador desta mesma vontade. Toda vontade pressupõe um agente. Todo querer se prende essencialmente a alguém que possa exercê-lo. Daí dizermos, e o fazemos com a ênfase ligada à definição de uma corrente de pensamento: *não há direito sem sujeito*.

A afirmativa, porém, exige um momento de atenção. Brilhante plêiade de juristas, admiráveis florações do pensamento mundial – Ihering, Windscheid, Kohler – sustentam a possibilidade de direito sem sujeito. Normalmente o tem, argumentam, mas como haverá casos em que não existe, o elemento subjetivo não seria da essência do direito. Para ilustrar a tese, recordam que o nascituro tem os seus interesses juridicamente protegidos. Tem, pois, direitos. E, como não é ainda dotado de personalidade, não tem ainda existência, não é uma pessoa, e tem direitos, concluem que neste caso há direito sem sujeito. Outro exemplo: no direito romano, o cidadão, que caía prisioneiro do inimigo, sofria, com a perda da liberdade, a completa perda da personalidade civil, e, consequentemente, não poderia ter direitos. Se conseguia recuperar o *status libertatis* e regressava a Roma, todos os seus direitos, como se nunca os houvesse perdido, eram-lhe integralmente reconhecidos (*ius postliminii*). Mas, se morria no cativeiro, extinguiam-se. Este seria outro caso de direito sem sujeito, pois que ao romano cativo faltava capacidade, e na pendência desta situação os seus direitos permaneciam sem sujeito.[17] Na verdade, porém, não há, ainda aqui, direito sem sujeito. Este não é ainda, ou não constitui, transitoriamente, uma *realidade concreta*. Mas, como assinala Oertmann, o sujeito não necessita ter mais do que uma *realidade psicológica*, da mesma forma que o próprio direito não tem uma existência material, senão que vive no plano ideológico.[18] O sujeito existe, muito embora o ordenamento jurídico se contente em que, transitoriamente, permaneça em estado potencial. O nascituro é um ente em expectativa. O direito existe em razão desse ente que se espera. Chegando a ter vida, completa-se a trilogia do direito; se não chega a nascer vivo, o direito não se integra. No exemplo do romano cativo, seus direitos eram conservados em razão de sua pessoa, enquanto se acreditava no seu regresso, mantido o direito na expectativa do retorno do sujeito. Ferrara defende a tese de que o direito, em casos desta ordem, apresenta-se como vinculação de bens reservados a um sujeito futuro.[19] Cunha Gonçalves igualmente defende a presença do sujeito como da essência do direito, mas não concorda em que seja admitido como de existência futura, dizendo, que, embora indeterminado ou incerto, ele não falta inteiramente, porque há sempre alguém que o represente: o progenitor do nascituro ou o órgão do Ministério Público.[20] Entendemos que não há direito sem sujeito, porque na ideia do poder de ação, como do interesse a que esta se dirige, é essencial o ente a quem a norma o

---

17 Windscheid, *Pandette*, § 49; Ihering, *L'Esprit du Droit Romain*; Ruggiero e Maroi, *Istituzioni*, I, § 21.

18 Oertmann, *Introducción al Derecho Civil*, § 6º, p. 49.

19 Ferrara, *Trattato*, I, p. 453.

20 Cunha Gonçalves, *Tratado*, I, nº 47, p. 329.

destina. Não aceitando a explicação de Cunha Gonçalves, que confunde a ideia do sujeito com a do representante, pois que no caso do nascituro, ou da prole eventual de alguém, a quem o testador deixa um legado, sujeito não é o progenitor ou o órgão do Ministério Público, mas o próprio ser em potencial, o que se tem de aceitar é que o direito já existe, e tem um sujeito em estado potencial ou de expectativa, agindo por via do seu representante, mas com existência distinta deste. Com o nascimento, realiza-se o pressuposto de integração da relação jurídica. Se não vem a nascer, positiva-se a falta do sujeito, e o direito não se integra. Por isso mesmo frustra-se.

"Sujeito do direito" é a pessoa humana destinatária da norma jurídica: "*hominum causa omne ius constitutum est*".[21] A complexidade das relações civis exige do direito a formulação de certas situações, em que aparece um ente abstrato como sujeito de direito, com o reconhecimento de personalidade a seres coletivos, com o nome de "pessoa jurídica". Em razão do interesse humano ligado a tais entes (sociedade, associações, fundações), o poder de ação etiologicamente pertencente às pessoas pode ser realizado por tais individualidades coletivas ou patrimoniais, como se fosse pelo próprio indivíduo, e assim, tal e qual, são eles sujeitos de direito.

Também não é necessário que o sujeito seja sempre certo e determinado. Casos há em que interinamente se admite *incerto*. Cunha Gonçalves lembra o do legado instituído com cláusula de substituição, no qual o destinatário pode ser substituído em consequência de um fato condicional: transitoriamente o sujeito é indeterminado, mas num dado momento é materializado e se fixa em pessoa certa: indeterminado, porém determinável.[22]

Objeto do direito subjetivo é o bem jurídico sobre o qual o sujeito exerce o poder assegurado pela ordem legal.[23] Sendo o direito uma faculdade de querer, para que se componha anatomicamente é necessário materializar-se em algo fora da pessoa de seu titular. Tanto quanto o sujeito é indispensável à noção de direito, também não pode haver direito sem objeto. O contrário seria a vontade atuando no vazio.

A tese, que nos parece totalmente certa, enfrenta contraditores, que sustentam a possibilidade de direito sem objeto, recordado no exemplo do direito autoral: nada exprime (dizem) o objeto deste, pois não são as laudas de papel do escritor ou a tela do pintor nem o volume do livro impresso ou a gravura divulgada. O que há, porém, é um desvio de perspectiva, pois que no direito autoral o objeto se situa no interesse que a lei reconhece no titular de somente ele auferir a vantagem econômica do trabalho e de não permitir sua reprodução por outrem, nem tolerar que a outrem se atribua a criação da obra.

Pode ser objeto de direito tudo que tenha existência fora do ser humano ainda que independente de materialização; todo bem jurídico sobre o qual recaia o poder

---

21 *Digesto*, Livro I, tít. V. fr. 1: "Por causa do homem todo direito se constitui".

22 V., ainda, *Código Civil*, art. 1901, I.

23 Clóvis Beviláqua, *Teoria Geral*, nº 50.

de ação individual. Pode ter um valor econômico, traduzido em expressão pecuniária. Mas pode representar apenas um valor moral para o titular, inapreciável economicamente.

Indaga-se se o *ser humano* pode ser *objeto* de direito. No direito romano fixou-se o conceito de que o escravo era objeto de direito. Nos povos que têm admitido a escravidão, também. Contudo, abolida esta, não se tolera seja a pessoa objeto de direito, como bem jurídico sobre o qual outra exerça senhoria. Objeto de direito poderá ser uma prestação de fato que o sujeito passivo da relação jurídica deve. O credor tem o poder de ação para obter aquela prestação, que é o objeto. Não sobre a pessoa do devedor, que é insuscetível de apropriação.

Correlata a esta, surge a indagação se o indivíduo, como sujeito de direito, tem o poder jurídico sobre a própria pessoa, ou sobre o próprio corpo. A questão não é despicienda, e já foi tratada com maestria por Windscheid,[24] ideia a que vários escritores se aproximaram, para aceitar ou combater. Entendemos que o poder do indivíduo sobre si mesmo se exprime nos direitos inerentes à própria personalidade, direito à vida, à honra, ao respeito, à integridade física e moral, ao nome etc., direitos que se projetam sobre as manifestações dessa personalidade, como o trabalho físico ou mental. O direito ao próprio corpo é um complemento do poder sobre si mesmo, mas deve ser exercido no limite da manutenção da sua integridade. Daí a legitimidade da repressão ao uso de estupefacientes, a iliceidade dos atos que possam importar em mutilação etc. Não pode ter valor o contrato de venda de um dedo sequer. Mas é válido o negócio jurídico que tenha por objeto a disponibilidade de uma parte do corpo suscetível de *regeneração*, como a doação de medula óssea ou a doação de sangue. Pode igualmente o indivíduo dispor de seu cadáver, determinando o seu destino, como no caso de sua utilização para estudos anatômicos, ou a retirada de uma parte dele para fins humanitários, como a extração de um rim para ser usado em um parente ou amigo.[25]

A frequência dos transplantes veio acentuar este princípio: é possível utilizar órgão de uma pessoa com morte cerebral, ou de um vivo sob a condição de não o levar à morte, nem causar mutilação, deformação ou grave comprometimento de sua saúde. O que descabe é admitir que a pessoa, cedendo parte de seu corpo, se mutile, adoeça ou morra. A regulamentação dos transplantes consta da Lei nº 9.434, de 1997.

Relação jurídica traduz o poder de realização do direito subjetivo, e contém a sua essência.[26] É o vínculo que impõe a subordinação do objeto ao sujeito. Mas não existe relação jurídica entre o sujeito e o objeto.[27] Somente entre pessoas é possível haver relações, somente entre sujeitos, nunca entre o ser e a coisa. Esta *subordina-se* à pessoa, que a domina. A variedade de relações jurídicas pode gerar situações em

---

24 Windscheid, *Pandette*, I, § 40.
25 V. *Direitos da Personalidade*, nº 47-A, *infra*.
26 Clóvis Beviláqua, *Teoria Geral*, § 51.
27 Windscheid, *Pandette*, I, § 38.

que se desenha com absoluta nitidez a situação do sujeito e do objeto. Na relação jurídica creditória, o sujeito tem o poder de realização dirigido no rumo da obtenção da *coisa devida*: a relação se estabelece entre a pessoa do credor e a pessoa do devedor, e se completa com o interesse de agir, que é o recebimento da prestação. Outras vezes, não se refere diretamente ao objeto. Outras relações jurídicas, e frequentes, se passam sem que se apresente ostensivamente outra pessoa além do sujeito. Na relação jurídica da propriedade, o titular do direito é patente, o objeto também. Mas como não é determinada a outra pessoa, pareceu por muito tempo aos juristas que aqui se estabelecia uma relação entre o sujeito e a coisa. É um engano. A coisa se subordina à senhoria ou apropriação do *dominus*, e a relação jurídica se estabelece entre este como sujeito ativo, e sujeitos passivos indeterminados, ou a generalidade das pessoas, que são devedoras da prestação negativa de não o molestar. Direito do titular, em contraposição a um dever geral negativo.

Correlata à ideia do direito subjetivo define-se a do *dever jurídico*. A concepção do *poder jurídico* não está completa sem a correspondência de um *dever*. Se o direito subjetivo traduz um vínculo, é indispensável a noção de um ente abstratamente ligado àquele que tem o poder de realização do direito. Direito e dever se completam, um dependente do outro.[28] Havendo na relação jurídica dois lados, um positivo e outro negativo, há de haver igualmente uma dualidade de sujeitos, um *ativo*, outro *passivo*; um que tem o *poder jurídico*, outro que assume o *dever jurídico*; um que pode exigir a realização, outro contra quem é dirigida a vontade do primeiro. O sujeito ativo tem a faculdade de reclamar o comando normativo; o sujeito passivo sofre a imposição da norma. O sujeito passivo pode ser determinado, como na relação creditória, ou indeterminado, como nos direitos reais. Desta maneira se fecha o pensamento jurídico: o sujeito ativo procede *contra* o sujeito passivo, mas não tem senhoria *sobre* ele; o sujeito ativo polariza o seu poder *sobre a coisa*, mas não se dirige *contra ela*; o sujeito passivo suporta a determinação do direito objetivo, para prestar ao sujeito ativo.

São estes, em resumo, os elementos essenciais do direito subjetivo: o *sujeito*, que tem o poder de exigir; o *objeto*, que traduz a satisfação daquele poder; e a *relação* ou *vínculo jurídico*, que é o meio técnico de que se vale a ordem legal, para a integração efetiva do poder da vontade.

Além destes três elementos, alguns escritores acrescentam a existência de um quarto, que seria o tegumento protetor do direito, a sua tutela jurídica. Para Edmond Picard, o direito não está completo sem a *proteção-constrangimento*, por cuja via o Estado assegura a integridade do direito, protegendo-o de toda lesão.[29] Esta força do Estado, para Cunha Gonçalves, é integrativa do direito subjetivo: é a ação, que faculta ao sujeito exigir coercitivamente o seu cumprimento, já que o direito é sempre correlato de uma obrigação. Não a caracteriza como um direito autônomo, ou um direito novo, que acresce ao principal. Ao revés sendo a

---

28 Ferrara, *Trattato*, I, p. 296.
29 Picard, *Le Droit Pur*, § 17, p. 32.

coercibilidade inerente ao direito perfeito e eficaz, a *acionabilidade* faz parte de seu conteúdo.[30] Não nos parece, porém, que a ação seja um elemento essencial integrante do conceito abstrato do direito subjetivo. É certo que a coercibilidade, ou faculdade de mobilizar a força estatal para a efetivação do direito, é indispensável à sua existência.[31] Mas a ação não se integra na etiologia do poder de vontade do sujeito, aparecendo como *elemento externo*, alheio, pois, à estrutura do direito subjetivo. Ao lado ativo do direito corresponde o dever jurídico, seu lado passivo, cuja efetivação se realiza na maioria das relações jurídicas pelo impulso espontâneo do devedor. A ação é um fator externo do direito, correlato da lesão. Somente em face desta é que se define. O direito subjetivo pode, portanto, nascer, viver e extinguir-se sem que a sua negação proporcione ao titular a invocação da coercibilidade.

7. Categorias de direito subjetivo

Os direitos subjetivos são encarados variamente, em função de qualidades que especialmente se salientam, constituindo categorias que os escritores mencionam mais ou menos extensamente.[32] Classificam-se das seguintes maneiras:

a) Em primeiro lugar, considerados *intrinsecamente*, dizem-se *absolutos* e *relativos*. *Absolutos*, quando traduzem uma relação oponível à generalidade dos indivíduos (*erga omnes*), isto é, dotada de eficácia universal, sem a especificação de sua exigibilidade contra determinado sujeito passivo. A faculdade de fruição que o ordenamento assegura corresponde a um dever geral negativo. Dever jurídico suportado por todos os membros da sociedade, expresso na abstenção de qualquer ato que importe em ofensa ao poder de ação do titular. Neste sentido se diz que o direito de propriedade é absoluto, porque a ele não corresponde um dever jurídico de determinada pessoa, sujeita a uma prestação. Absolutos são também os direitos inerentes ao *estado* do indivíduo, à sua posição jurídica na sociedade, à qualidade de pai ou de filho, de casado ou de solteiro, cuja oponibilidade *erga omnes* é inerente a seu próprio *status*. O sujeito do direito absoluto é dotado de um poder que se não dirige contra pessoa determinada, mas à generalidade dos indivíduos. São *relativos* os direitos quando o dever jurídico é imposto a determinadas pessoas. O poder de ação implica a exigibilidade específica de uma prestação contra alguém, seja este alguém um indivíduo isolado, seja um grupo de indivíduos, porém determinadamente identificados, ou suscetíveis de determinação.

A natureza absoluta do direito não significa uma faculdade de fruição desprendida de qualquer delimitação, instituindo uma concepção de soberania no titular. Mesmo os direitos absolutos por excelência, oponíveis a todos, têm a sua

---

30   Cunha Gonçalves, *Tratado*, I, n° 50, p. 351.

31   Dernburg, *Pandette*, I, § 127.

32   Ferrara, *Trattato*, I, p. 297; Ruggiero e Maroi, *Istituzioni*, § 22; Cunha Gonçalves, *Tratado*, n° 48.

condição de exercício contida nos limites que o ordenamento jurídico estabelece. O uso da propriedade está condicionado ao cumprimento de sua função social (Constituição Federal, art. 5º, XXIII, e art. 170, III). Os direitos componentes do *status personae* são exercitáveis nos termos que a norma institui. Se o titular de um direito absoluto age como se pudesse exercê-lo sem qualquer restrição, e conduz o seu poder de ação de modo a penetrar na esfera jurídica alheia, transcende do justo e não encontra no ordenamento a proteção de sua conduta.[33]

b) *Reciprocamente* considerados, os direitos se dizem *principais* e *acessórios*. *Direito principal* é o que tem existência autônoma, independente de qualquer outro. *Acessório* é o que não existe *per se*, senão em decorrência de outro a que adere com caráter secundário, e cuja sorte segue: *accessorium sequitur principale* ("acessório segue o principal"). Enquanto o direito principal independe do acessório para existir, e sobrevive ainda que o acessório se extinga, o acessório necessita do principal para subsistir.

c) Tendo em vista a *disponibilidade*, os direitos são transmissíveis e intransmissíveis. *Transmissível* é o direito que pode passar de uma a outra pessoa, mediante a substituição do sujeito que deixa de o ser, por outro que ocupa o seu lugar, e se sub-roga em todas as faculdades do substituído. *Intransmissível*, aquele que é insuscetível de substituição subjetiva. Quando a intransmissibilidade decorre de se ter constituído em razão exclusivamente do seu titular, o direito se diz *personalíssimo*, como é o caso dos direitos da personalidade.

d) *Economicamente* considerados, os direitos chamam-se patrimoniais e não patrimoniais. *Patrimoniais* são os direitos que têm um objeto avaliável pecuniariamente, e *não patrimoniais* os que escapam à possibilidade de avaliação econômica, como os direitos da *personalidade* e os *pessoais de família*. Os patrimoniais compõem o que se diz o patrimônio do indivíduo, caracterizado como o complexo de relações jurídicas economicamente apreciáveis, a que de forma desenvolvida nos referimos no nº 67, *infra*.

e) Quanto à *forma de dominação*, os direitos são reais ou obrigacionais. São *direitos reais* os que atribuem ao sujeito uma dominação direta e imediata sobre o objeto, ora abrangendo todas as suas qualidades, ora uma parte delas. São *direitos de obrigação* ou *direitos de crédito* os que importam em exigibilidade de uma prestação relativamente a uma pessoa ou a um grupo de pessoas. Em razão desta faculdade atribuída à pessoa do sujeito ativo, por muito tempo empregou-se a denominação *pessoais* para os direitos de crédito, o que ainda hoje subsiste em muitos escritores. A designação é, contudo, imprópria, pois todo direito é pessoal, no sentido de exprimir uma faculdade atribuída à pessoa do seu titular. O que dis-

---

33 Louis Josserand, *De l'Esprit du Droit et de leur Relativité, Introduction*.

tingue os direitos reais dos de obrigação é o fato de os primeiros *traduzirem uma dominação direta sobre a coisa* (*iura in re*), *atribuída ao sujeito e oponível erga omnes*, enquanto os outros implicam a faculdade de exigir do sujeito passivo uma prestação, havendo, por conseguinte, uma relação que se arma entre o sujeito ativo (credor) e um ou mais sujeitos passivos (devedor ou devedores), podendo mediatamente se referir a uma coisa.[34] No direito real, objeto é uma coisa; nos direitos de crédito, é uma prestação (um comportamento) positiva ou negativa do devedor, consistente na entrega de uma coisa (*dare*) ou na prática de um ato (*facere*) ou numa omissão (*non facere*).

f) Quanto à *natureza da norma* dividem-se os direitos em públicos e privados. Dizem-se direitos subjetivos *públicos* os que se originam de normas de caráter público. E são direitos subjetivos *privados* os que provêm de normas de natureza privada. A qualidade do sujeito serviu, por muito tempo, para critério distintivo, afirmando-se então que o Estado sempre procedia em função da qualidade soberana, a ele inerente, e, em consequência, as relações jurídicas de que era titular se definiam como de ordem pública, quer no trato com outra entidade de direito público, quer na relação com os indivíduos. E, reversamente, a pessoa só podia ser sujeito de direitos privados, já *que* seus direitos somente se positivavam contra outras pessoas, não se constituindo contra o Estado. A doutrina perdeu prestígio. Hoje se reconhece o direito subjetivo público ao Estado ou ao indivíduo, quando a relação criada é de natureza pública, por emanar de uma norma de direito público. E, ao revés, o Estado ou o indivíduo é sujeito de um direito subjetivo privado, quando a relação é de ordem privada, por emanar de uma norma de direito privado (v. nº 5, *supra*).

g) Quanto à *possibilidade de fracionamento*, os direitos são divisíveis e indivisíveis. Estas categorias somente interessam quando há mais de um sujeito dentro do mesmo centro de interesses (polo) na relação jurídica, e o poder de agir é atribuído a todos simultaneamente. Chamam-se, então, *divisíveis* os direitos suscetíveis de partilha em quotas entre todos os sujeitos, de forma a atribuir a cada um sua parte, passível de pleno exercício. Dizem-se *indivisíveis* aqueles direitos que não se prestam a tal fracionamento, permanecendo íntegros na coletividade dos titulares,[35] de tal sorte que o seu exercício não pode realizar-se *pro rata*, mas deve efetivar-se univocamente. A indivisibilidade pode *ser material* ou *jurídica*. *Material*, quando resulta da natureza da relação jurídica atribuir uma qualidade que não pode ser distribuída a mais de uma pessoa, e, pois, no caso de haver pluralidade de titulares, estes não têm a faculdade de percepção de uma quota-parte. *Jurídica*, quando, em razão da disposição da lei ou em decorrência da convenção, o direito que materialmente seria suscetível de fracionamento torna-se inábil a partilhar-se. Quando divisível, o direito se exerce por partes, como se cada fração constituísse um direito autônomo. Quando

---

34 Ruggiero e Maroi, *Istituzioni*, p. 226.
35 Cunha Gonçalves, *Tratado*, nº 46, p. 322.

indivisível, realiza-se por inteiro, ainda que o poder de ação se manifeste da parte de um só dos cotitulares.

CAPÍTULO III
DIREITO OBJETIVO

Sumário

8. Direito objetivo. Caracteres. **9.** Fontes de direito: atuais e históricas. Moderna doutrina das fontes de direito. **10.** Lei. **11.** Costume. **12.** Analogia. **13.** Princípios gerais de direito. Doutrina. Equidade. Direito comparado. **14.** Codificação. **15.** História da codificação brasileira. **16.** A necessidade de revisão do Código de 1916. **16-A.** O movimento de descodificação do Direito Civil. **16-B.** O Código Civil de 2002.

Bibliografia

Clóvis Beviláqua, *Teoria Geral de Direito Civil*, nº 46; Henri Capitant, *Introduction à l'Étude du Droit Civil*, p. 74; Jean Dabin, *Le Droit Subjectif, passim*; Brethe de la Gressaye e Marcel Labor-de-Lacoste, *Introduction Générale à l'Étude du Droit Civil*, nos 362 e ss.; Paul Roubier, *Théorie Générale du Droit*, p. 227 e ss.; Léon Michoud e Marcel Trotabas, *La Théorie de la Personnalité Morale*, cap. IV; Andreas von Tuhr, *Derecho Civil*, §§ 1º e ss.; Bernhard Windscheid, *Pandette*, I, §§ 38 e ss.; Rudolph von Ihering, *L'Esprit du Droit Romain*, IV, § 70; Léon Duguit, *Leçons de Droit Publique Général*, p. 38; René Demogue, *Les Notions Fondamentales de Droit Privé*, p. 320 e ss.; François Gény, *Science et Technique*, IV, p. 175; Francesco Ferrara, *Trattato*, I, § 68; Ruggiero e Maroi, *Istituzioni*, §§ 21 e 22; Mazeaud *et* Mazeaud, *Leçons*, nos 155 e ss.; Hans Kelsen, *Théorie Pure du Droit*, p. 94 e ss.; Alberto Trabucchi, *Istituzioni di diritto Civile*, §§ 21 e ss.; Cunha Gonçalves, *Tratado*, I, nº 47; Serpa Lopes, *Curso*, nos 103 e ss.; Pontes de Miranda, *Tratado de Direito Privado*, II, § 49; Orlando Gomes, *Introdução*, cap. 10; San Tiago Dantas, *Programa de Direito Civil*, vol. I, p. 145 e ss.; Maria Celina Bodin de Moraes, "Constituição e Direito Civil: Tendências", *in RT*, vol. 779, p. 47 e ss.

8. Direito objetivo. Caracteres

Ius est norma agendi.[1] Considerado objetivamente, o direito é norma de comportamento, que se traduz num complexo de regras disciplinadoras da conduta. Não se pode dizer como apareceram elas, originariamente, perdidas que se acham na noite dos tempos, pois no momento em que o historiador ou o sociólogo recua as suas pesquisas aos primórdios de qualquer civilização, e situa o fenômeno jurídico na sua gênese, já encontra o agrupamento disciplinado. Mesclado a princípio o elemento jurídico *ius* ao religioso *fas*, a norma de conduta envolve ao mesmo tempo o dever para com a divindade e o dever para com o próximo, aquele mais importante, este menos, ambos, porém, definidos e impostos de maneira coativa, revestidos de sanções pesadas e graves. Só com o tempo, e na medida em que evolve a civilização, é que se discrimina, da confusão originária, a regra de conduta dos indivíduos, na sua intercomunicação social. E quando se destaca em toda a sua pureza o ordenamento jurídico, pode situar-se a regra de comportamento, no estabelecimento dos comandos definidores da convivência.

Deixando de lado a indagação de sua origem, focalizamos o direito na sua expressão disciplinadora, afirmando que é simultaneamente uma necessidade imposta pela convivência social, e uma criação desta mesma convivência. Na expressão de Ferrara, é um *produto* necessário da vida social, como forma de estabelecimento de limitações ao comportamento individual, constituído em favor dos homens, para satisfação dos interesses humanos.[2] Não aparece, porém, sob a forma de conselho ou de regra facultativa, senão como determinação impositiva, pela qual se consegue a obrigatoriedade do preceito. Esta é a expressão da necessidade de um comportamento restritivo da liberdade do indivíduo como condição de sobrevivência do grupo. O decálogo de Moisés diz em forma singela o que o homem deve fazer e o que não deve fazer: "honrar pai e mãe"; "não matar". A necessidade social do respeito aos pais, ou à vida do próximo, está definida. Mas, permanecesse sob a forma de uma explicação ou de uma exortação, e não se converteria em norma de conduta que pressupõe o imperativo, a determinação, para ordenar ou para proibir. A necessidade de respeitar a integridade física do próximo é uma condição da convivência, e a recomendação neste sentido é um preceito, que se converte em norma, quando ditado imperativamente, como na Lei das XII Tábuas: "*Si membrum rupsit, ni cum eo pacit, talio esto*".[3] A norma é jurídica, constitui direito objetivo, quando se faz um comando, uma ordem revestida de sanção.[4]

Cada comando, cada determinação de comportamento constitui uma norma, à sua vez expressiva de um dever de conduta, geradora de uma faculdade individual. O conjunto das normas, o seu complexo, forma o *direito objetivo* ou *ordenamento jurídico*.

---

1   "O direito é a norma de agir", isto é, o conjunto de regramento das ações.
2   Ferrara, *Trattato*, I, p. 4.
3   *Lex XII Tabularum,* Tab. VIII, 2: "Se alguém amputou o membro de outro e com ele não faz acordo, aplique-se o talião".
4   Francesco Carnelutti, *Teoria Geral do Direito*, § 47.

Conforme o tipo de organização estatal, conforme o modo de elaboração, a norma se apresenta, ora sob o aspecto de princípio ditado pelo órgão do Estado, ora sob a modalidade de uma definição judicial de comportamento, ora sob o aspecto de regra observada consuetudinariamente pelos indivíduos dentro do agrupamento social. Sua apresentação externa ou sua morfologia pode variar. Mas para que constitua direito objetivo, há de encontrar, sem embargo da diversificação extrínseca, o conteúdo de legitimidade que a caracterize como expressão da vontade coletiva, a obrigatoriedade que a define como determinação à obediência de todos, e a sanção, sem a qual se desfigura em mero conselho, ou preceito moral, insuscetível de coibir o transgressor e de regular as relações humanas.[5]

O direito objetivo reveste, pois, formas diversas, e pode ser mais extensa ou mais restrita a noção da norma jurídica. Em uns sistemas de direito predomina a lei escrita, votada pelo órgão estatal, e neles, como o brasileiro, diz-se que a expressão *direito objetivo* tem duas acepções: em sentido estrito, é a *lei*, e em sentido amplo abraça, afora esta, as várias formas que pode revestir a norma de conduta (usos, costumes, princípios gerais de direito). Em outros, tem preeminência a regra extraída do precedente judiciário, e constitui direito objetivo o complexo de princípios declarados pelas decisões das Cortes de Justiça, juntamente com os preceitos votados pelo Parlamento, como nos países de *Common Law*. Em outros, ainda, a vida social se disciplina fundamentalmente pelos costumes tradicionalmente adotados pelos indivíduos, sem embargo da existência de leis elaboradas pelo órgão do Estado, como no direito hindu.[6]

Como quer que seja, o ordenamento jurídico compreende um complexo de normas, a que os indivíduos devem obediência, sob a sanção do Estado, que no caso de transgressão é chamado, pelo seu órgão competente, a compelir o infrator a se sujeitar ao império da ordem jurídica.

9. Fontes de direito: atuais e históricas. Moderna doutrina das fontes de direito

A autoridade encarregada de velar pela observância da norma jurídica e o súdito, obrigado a sua obediência, têm necessidade de se informar da sua existência, e conhecer-lhe o teor. O meio técnico de realização do direito objetivo é o que se denomina *fonte de direito*.

A palavra *fonte* tem, entretanto, dois sentidos. Quando se trata de investigar, cientificamente, a origem histórica de um instituto jurídico, ou de um sistema, dá-se o nome de *fonte* aos monumentos ou documentos onde o pesquisador encontra os elementos de seu estudo, e nesta acepção se qualifica de *fonte histórica*. É com este sentido que nos referimos ao *Digesto* ou às *Institutas*, como fonte das instituições civis, ou às Ordenações do Reino, como fonte do nosso direito. Quando se tem em vista um direito atual,

---

5   Ferrara, *Trattato*, p. 5; Carnelutti, *Teoria Geral*, §§ 46 a 48; Ruggiero e Maroi, *Istituzioni*, § 7º.

6   René David, *Traité Élémentaire de Droit Comparé*, caps. II e V.

a palavra *fonte* designa as diferentes maneiras de realização do direito objetivo (*fonte criadora*), através das quais se estabelecem e materializam as regras jurídicas, às quais o indivíduo se reporta para afirmar o seu direito, ou o juiz alude para fundamentar a decisão do litígio suscitado entre as partes, e tem o nome de *fonte formal*.

A sociologia jurídica, no estudo retrospectivo de suas origens, indaga como se positivou de primeiro a fonte de direito, e vai encontrar no costume a manifestação originária do direito objetivo, no hábito que adquirem os indivíduos de se submeterem à observância de certas regras, consolidadas pelo tempo, e revestidas de autoridade. Conservado e transmitido pela tradição oral, ou recolhido e registrado o direito, chamado costumeiro ou consuetudinário, revela-se pela prática diuturna e constante dos indivíduos na obediência aos usos convertidos em normas, e tem, no seu complexo, a formação do direito objetivo.

Com o tempo e a evolução, inclinam-se os grupos sociais a estatuir as regras de conduta pela manifestação autoritária de um chefe ou de um órgão essencialmente incumbido de sua elaboração, e o direito se revela pelo comando emanado desta entidade, sob a forma de um mandamento ou de uma lei, imposto coativamente, e concretizado materialmente. A esta modalidade de manifestação da norma jurídica dá-se o nome de *direito escrito*, em contraposição à outra, apelidada de *direito não escrito*.

No momento histórico atual, coexistem as duas formas de direito objetivo: uns sistemas jurídicos, quase todos os do Ocidente, são de *direito escrito*, no sentido de que a norma jurídica se apresenta sob a forma de diplomas emanados dos órgãos competentes, elaborados pelo legislador e divulgados para conhecimento geral; outros sistemas, de *direito não escrito*, têm o seu direito objetivo em princípios declarados pelas Cortes judiciárias com fundamento em uma teórica tradição imemorial (sistemas de *Common Law*) ou regulam as atividades do indivíduo na sociedade pelos costumes observados tradicionalmente.

Nosso direito, como sistema escrito, enxerga doutrinariamente a fonte de direito na elaboração legislativa e reconhece ainda a existência de outras modalidades de apresentação do direito objetivo. Perfilhando a noção, a Lei de Introdução às Normas do Direito Brasileiro (LINDB), no art. 4º, declara que as fontes de direito são a lei, a analogia, os costumes e os princípios gerais de direito.

Na conformidade de sua preponderância, classificam-se as fontes em *principal* e *acessórias*. No direito brasileiro, como nos demais sistemas do grupo romano-cristão ocidental, quem pretende resolver uma questão, seja para orientar a sua conduta, seja para dirimir uma contenda, procura em primeiro lugar a lei, e indaga de que forma o Estado, pelo seu órgão competente, manifestou-se. A lei é, então, a *fonte principal* do direito pela qual o ordenamento jurídico se expressa em sentido genérico. Mas, se a lei é omissa, nem por isso se pode considerar lacunosa a ordem jurídica, nem o juiz pode abster-se de decidir, pois que a sua recusa constituiria denegação de justiça, e, então, o problema se resolverá mediante o recurso aos outros elementos, considerados *fontes acessórias* de direito, invocáveis com caráter subsidiário.

Não havendo a LINDB mencionado como fonte de direito a *jurisprudência*, cabe aqui indagar se pode ser ela considerada como tal. Se se tomar a expressão *fonte* em sentido técnico estrito, não se pode assim compreender a jurisprudência, porque nos regimes de separação de poderes, ao Judiciário cabe aplicar contenciosamente a lei aos casos particulares,[7] e, não competindo aos tribunais formular regras jurídicas, senão aplicá-las, a manifestação jurisprudencial não se pode qualificar como fonte criadora da norma de direito, porque não passa de um processo de aplicação da lei. A Corte de Justiça não elabora a regra, porém diz ou declara o direito, arrimada à disposição legislativa, que é, por isso mesmo, a sua fonte.[8] A função criadora da norma pertence ao Poder Legislativo. O Judiciário cinge-se a aplicá-la ou interpretá-la, ou a verificar e declarar a existência do costume (ver nº 11, *infra*), razão por que se recusa aos arestos e decisões o caráter gerador de direito.[9] Os tribunais, porém, tomam as questões e pronunciam-se em certo rumo, que com o tempo se fixa, sendo invocada habitualmente a sua jurisprudência, que aparentemente é a regra vigente. Em face disto, insistimos na pergunta, se, mesmo assim, não pode ser tachada de fonte. Argumenta-se em contrário com a vacilação jurisprudencial ou a possibilidade de uma alteração radical, já que no nosso sistema não vigora a força do precedente, dominante no sistema da *Common Law*, em que a própria Corte e as inferiores se prendem aos arestos proferidos. Em razão disto, negam-lhe tal qualidade.[10] Não é este, porém, um argumento convincente, de vez que, se é verdade que as alterações jurisprudenciais são possíveis e frequentes, nem sempre ocorrem, mantendo-se por anos a fio a mesma orientação, ao que acresce o fato de também a lei escrita ser suscetível de revogação. Entendemos, no entanto, não se possa qualificar cientificamente a jurisprudência como fonte formal porque, nos sistemas de direito escrito, a repetição, ainda que iterativa e constante, do pronunciamento dos tribunais, tem por *base* a regra legal, e não a decisão judiciária, em si mesma.

Mas não negamos à jurisprudência o valor de fonte *informativa* ou *intelectual* do direito. Na sua função específica, os tribunais, aplicando e interpretando a lei, vivificam-na e adaptam-na às transformações econômicas e sociais. Pela autoridade intelectual de seus juízes, como em razão de constituírem os julgamentos o meio material de se apurar como a regra jurídica deve ser entendida, a consulta à jurisprudência é elemento informativo de constante utilidade. À medida que se distancia a época em que a lei é votada, o seu texto puro perde a vivacidade original, e é então a discussão perante as Cortes, como a palavra destas, que mantém a norma em plena atualidade. Há mesmo escritores que dedicam suas atividades ao comentário e à explicação dos arestos, apontando o desenvolvimento do direito através do trabalho constante da jurisprudência. Neste sentido é irrecusável que a jurisprudência atua como força científica, induzindo até o legislador a elaborar novas normas de disciplina e de solução de problemas que repercutem no pretório antes de nas assembleias legislativas, ao mesmo passo que opera como fator de humanização de leis votadas

---

7 Pedro Lessa, *Do Poder Judiciário*, p. 1.

8 De Page, *Traité Élémentaire de Droit Civil Belge*, I, nº 7, p. 15.

9 Esta a opinião sustentada por Gény, "Méthode d'Interprétation et Sources" *in Droit Privé Positif*, II, nº 145.

10 Colin e Capitant, *Cours*, I, nº 28.

ao tempo em que vigorava um individualismo extremado, incompatíveis com as tendências socializantes de nosso tempo.[11]

No terreno prático, entretanto, vai-se operando um deslocamento de concepções que os doutrinadores não podem olvidar. Embora não seja lícito aos tribunais proferir decisões normativas, a invocação do "precedente" judiciário é uma forma de argumentação pelo advogado e de fundamentação pelo juiz, que faz sobrelevar o papel valioso da jurisprudência, notadamente se se ponderar em que a divergência jurisprudencial constitui fundamento de recurso especial para o Superior Tribunal de Justiça (Constituição Federal, art. 105, III, *c*). A repetição das decisões semelhantes acaba erigindo a invocação da jurisprudência em razão decisória pela força da inércia, e em técnica de interpretação, e assim ela reveste caráter de importante fonte prática de direito.[12] O problema, como se vê, não é de solução peremptória, pois que, se num plano puramente científico, não é possível entender-se a jurisprudência como fonte formal, e sim reconhecer-lhe um valor de fonte meramente intelectual, no plano da realidade prática ela evolve no sentido de se conceituar como fonte criadora.

A *Súmula* oficial da jurisprudência do STF tem sido invocada no pretório como verdadeira fonte formal, embora cientificamente lhe falte tal autoridade. A súmula tem por objetivo a validade, a interpretação e a eficácia de normas determinadas, acerca das quais haja controvérsia atual entre órgãos judiciários, ou entre esses e a administração pública, em situações que acarretem grave insegurança jurídica e relevante multiplicação de processos sobre questão idêntica. Ela é aprovada pelo Supremo Tribunal Federal, de ofício ou por provocação, mediante decisão de dois terços dos seus membros, após reiteradas decisões sobre matéria constitucional, e o Tribunal pode proceder à sua revisão ou cancelamento, na forma estabelecida em lei. A Emenda Constitucional nº 45, de 30 de dezembro de 2004, inseriu o art. 103-A na Constituição de 1988, conferindo a algumas Súmulas do STF, a partir de sua publicação na imprensa oficial, *efeito vinculante* em relação aos demais órgãos do Poder Judiciário e à administração pública direta e indireta, nas esferas federal, estadual e municipal, consagrando a jurisprudência consolidada do STF, sempre que os ministros determinarem o tal efeito vinculante a uma súmula, o efeito de sua equiparação ao de fonte formal do direito.

Fontes de direito. Cabe aqui uma palavra sobre a *moderna doutrina das fontes de direito*, em termos de franca libertação dos conceitos clássicos. Levando em consideração que a conduta individual não é disciplinada somente pela lei, mas por outras situações objetivas que obrigam da mesma forma que o comando estatal (por exemplo, o contrato, o ato jurídico unilateral, a sentença etc.), construiu-se modernamente uma teoria genérica de fonte formal, abrangente de todas elas. E criou-se, então, a concepção de que fonte de direito é o *ato jurídico*, expressão que de princípio deve ser diferenciada da ideia de *negócio jurídico*, uma vez que esse se acha absorvido por aquela generalização.

---

11 Capitant, *Les Grands Arrêts de la Jurisprudence Civile*; De Page, *Traité*, I, nº 10, p. 21.

12 Mazeaud *et* Mazeaud, *Leçons*, vol. I, p. 112.

Para esta corrente o elemento essencial de aproximação é a *vontade*: tanto a lei, como o contrato, como a sentença são gerados por manifestações de vontade, destinadas a produzir efeitos jurídicos. A diferença é que, em certos casos, a vontade criadora é a do *grupo social*; em outros, a de um *agrupamento* reduzido; e, em outros ainda, do próprio *indivíduo*. Por outro lado, as situações geradas são, em uns casos, *impessoais*, e, em outros, *pessoais*. Desde, pois, que existe uma similitude de fatores de constituição (vontade) e uma identidade de resultados (produção de efeitos jurídicos), é possível reunir nesta fórmula uniforme toda a noção de fonte de direito, congregação que se efetua por dizer que a *fonte formal do direito é o ato jurídico*.

Mas não se pode deixar de atentar para a diferença dos *elementos acidentais*, e, então, em função da presença de fatores vários (como a manifestação volitiva originária, a morfologia, a extensão dos efeitos etc.), a doutrina realiza uma distinção e subdivide os atos jurídicos *lato sensu* em várias espécies: *ato-regra, ato subjetivo, ato-condição, ato jurisdicional*.

Diz-se *ato-regra* a manifestação volitiva criadora de uma norma de conduta dotada de força obrigatória e apta a pautar um comportamento individual. No primeiro plano do *ato-regra*, está, a lei, como expressão de comando geral, dominadora de todo o grupo social. Mas não é somente ela que vem dotada desta força cogente. Quando alguns indivíduos se agrupam e elaboram, pela declaração de sua vontade, um conjunto de normas jurídicas a que se veem submetidos, procedem em paridade de situação com o legislador, e criam regras jurídicas que, nem por se constringirem dentro das fronteiras restritas de um reduzido número de pessoas, deixam de ter o aspecto bem nítido de normas jurídicas. Sua aproximação, contudo, não implica identificação. Num e noutro caso, pressupõe-se a aptidão deliberativa, que, na órbita publicista, se chama *competência*, e, na privatista, *capacidade*; num e noutro caso, obtêm-se resultados análogos. Mas apura-se uma diversidade extrema se se atentar em que uma, a lei, regula a vida dos indivíduos sem indagação da anuência do subordinado, enquanto as outras normas sujeitam à sua obediência certas pessoas que voluntariamente se integram naquele agrupamento, ou se acham eventualmente compreendidas na situação peculiar de participação, ainda que momentânea, de uma dada situação, e, por este motivo, o direito assim constituído se denomina *estatutário* (Gurvitch) ou *corporativo* (Planiol, Ripert e Boulanger). Não se situa o seu fundamento na ideia contratualista tradicional, como por algum tempo se entendeu, porque esta normativa não limita a sua cogência às pessoas que subscrevem o ato institucional, porém desborda para quem quer que, num momento qualquer, esteja na situação de receber os efeitos da norma. Uma pessoa pode deixar de entrar para o grupo, e, portanto, nunca submeter-se àquela regra, ou pode escapar de sua dominação, dele retirando-se; mas, enquanto participante do agrupamento, ou integrada na situação objetiva, está sujeita inevitavelmente ao seu imperativo. Tem este caráter o estatuto de uma sociedade ou associação, a convenção de condomínio em edifícios, as convenções coletivas de trabalho etc. Tais atos se assemelham visivelmente à *lei*, equiparam-se aos *regulamentos*, constituindo a sua inclusão na noção de *ato-regra* a forma simplificada de sua definição.

Ato subjetivo é uma declaração de vontade, unilateral ou bilateral, com a finalidade de produzir efeitos jurídicos, dentro de lindes restritos. O objetivismo implica a sua *relatividade*, que se traduz pela sua inextensibilidade a quem não participe na declaração volitiva (manifestação bilateral de vontade), ou não a receba como destinatário (declaração receptícia de vontade), circunstância que já os nossos maiores proclamavam ao enunciar que *"res inter alios acta aliis nec nocet nec prodest"*.[13]

Ato-condição é aquele que resulta de uma declaração de vontade emanada de um órgão público ou particular, apta a colocar o indivíduo em uma situação impessoalmente caracterizada, muito embora lhe granjeie condições pessoais ou subjetivas. Em regra, o *ato-condição* é emanado de pessoa diversa do titular da situação jurídica, mas pode, às vezes, integrar-se com a sua participação ou simples adesão (*ato-condição bilateral*). Os autores exemplificam como tipos de *ato-condição* a nomeação de alguém para cargo público (criação de uma situação de funcionário), o decreto de naturalização (situação de nacionalidade adquirida), a admissão de uma pessoa como empregado. É ainda nesta categoria que alguns inscrevem o casamento, como declaração do órgão público, e participação dos nubentes, apta a gerar para estes um *status individual*.

Ato jurisdicional é uma declaração de vontade do Estado, através do órgão competente, tendo por efeito o estabelecimento de uma situação jurídica com força de vontade legal. Os atos jurisdicionais podem ser, em tese, administrativos ou judiciais. Entre nós, entretanto, *somente judiciais*, porque não há no Brasil a instituição de Contencioso Administrativo. Aqui são atos jurisdicionais as sentenças, proferidas pelo Poder Judiciário, as quais, com o *trânsito em julgado*, criam situações jurídicas definitivas. Também os atos jurisdicionais são *relativos*, pois que os efeitos não podem ultrapassar das pessoas que participaram do processo em que foram proferidos, ou os sub-rogados, a que também já se definia dizendo *"res inter alios iudicata aliis nec nocet nec prodest"*.[14]

Esta teoria dos atos jurídicos *lato sensu* tem o grande mérito de coordenar em um só *sistema* todas as fontes formais de direito, atendendo aos seus elementos essenciais, e explicar uniformemente o fenômeno jurígeno. Imprime espírito de sistema a todas as normas jurídicas, sejam de extensão geral (lei), sejam de extensão reduzida (normas estatutárias), sejam de âmbito individual (contrato); mas, não estando ainda suficientemente aceita e divulgada, é forçoso tratá-la com cautela, a fim de que o emprego da expressão *ato jurídico*, que tem aqui um sentido todo especial, não se confunda com a nomenclatura tradicional.[15]

---

13 "Negócio realizado entre uns nem prejudica, nem beneficia a outros".

14 "A coisa julgada não pode prejudicar nem beneficiar senão às próprias partes".

15 Cf. sobre esta doutrina: Gaston Jéze, *Principios Generales del Derecho Administrativo*, vol. 1, p. 29 e ss.; Duguit, *Traité*, I, §§ 30 e ss.; Brethe de la Gressaye e Laborde-Lacoste, *Introduction*, n°s 207 e ss.; Serpa Lopes, I, n° 18; Orlando Gomes, *Introdução*, n°s 24 e ss.; Ant. Carlo, *Il Contratto Plurilaterale Associativo*.

10. Lei

No direito brasileiro, como na maioria dos sistemas jurídicos ocidentais, a lei é a principal fonte formal de direito, por via da qual o Estado politicamente organizado dita as regras de comportamento, a que os súditos devem obediência. Esta não decorre da aceitação dos indivíduos, os quais não são consultados, nem para a eficácia da lei cabe indagar da anuência dos cidadãos. O problema ligado à conveniência de uma norma legal é de política legislativa, e interessa ao próprio Estado, na sua função elaboradora da regra jurídica. A questão da legitimidade do poder de ditá-la é anterior à elaboração da lei, e se articula com a da constituição mesma dos órgãos estatais.

A lei é uma regra obrigatória, e, em sentido lato, exprime qualquer imposição à obediência individual. Neste sentido o romano se referia à *lex contractus*, o que ainda hoje nós repetimos dizendo que "o contrato *é lei* entre as partes". Em acepção estrita, designa a *norma geral* e *permanente, editada pela autoridade soberana, e dirigida coativamente* à *obediência dos cidadãos*.[16]

O direito resultante da lei é chamado *direito escrito*, em contraposição ao originado do costume, jurisprudencial ou não, que se denomina *direito não escrito*. Votando a norma, o Estado a redige e difunde, tornando-a conhecida, o que é característico do direito escrito: em Roma, costumava-se gravar a lei em tábuas de mármore ou de bronze, guardadas no *Tabularium* do Capitólio.[17]

Do conceito de lei, tal como enunciado aqui, resulta que deve ser ela revestida de certos requisitos, e conter determinados caracteres, os quais passaremos em exame:

a) Em primeiro lugar, a *lei é uma ordem*, um comando, uma determinação do legislador aos indivíduos. Não é próprio dela aconselhar ou ensinar, nem é de boa técnica formular o legislador definições, que são obra de doutrina. Quando exige uma ação, impõe; quando quer uma abstenção, proíbe. Na feliz expressão de Bevilásqua, não se dirige o legislador à inteligência, mas à vontade, e assim exprime algo mais do que o desejo ou o preceito: manifesta o comando do Estado ao indivíduo, sujeitando-o à regra.

b) O segundo caráter da lei é a *generalidade*. Como ordem geral, dirige-se indistintamente a todos; como comando abstrato, não se pode particularizar a uma determinada pessoa. Não quer dizer, porém, que toda lei, para sê-lo, deva abranger na sua órbita de obediência *todos* os indivíduos existentes no Estado, *todos* os membros da comunidade. Não deixa de ser lei aquela que, não se dirigindo à totalidade dos súditos, compreende contudo uma determinada categoria de indivíduos.[18] O Estatuto dos Funcionários Públicos contém a disciplina jurídica de certa categoria de pessoas,

---

16 Clóvis Beviláqua, *Teoria Geral*, nº 3, p. 13; Colin e Capitant, *Cours*, I, nº 12, p. 13; Mazeaud *et* Mazeaud, *Leçons*, I, nᵒˢ 66 e ss.

17 Planiol, Ripert e Boulanger, *Traité*, I, nº 110, p. 48.

18 Ruggiero e Maroi, I, § 7.

sem deixar de ser lei, e sem perder o caráter de generalidade, porque não individua, não personaliza o destinatário da norma, antes rege a atividade e define os direitos e os deveres de um tipo genérico de pessoas, aplicando-se a quantos se encontrem naquela situação, como aos que de futuro venham a adquiri-la. A generalidade da norma legal, que o romano acentuava dizendo *"lex est commune praeceptum"*,[19] traduz o seu sentido de *universalidade*, já assinalado por Ulpiano (*"iura non in singulas personas sed generaliter constituuntur"*)[20], e distingue a *lei* do *ato legislativo*, aquela, de aplicação geral, e este, dirigido a um indivíduo ou a uma entidade. Quando o provimento reveste a forma ou a aparência de lei, sem o sentido de comando geral, não pode ser lei, embora emanado do poder competente. Pela sua exteriorização, é análoga ao diploma legislativo, mas falta-lhe essência. Poder-se-á denominar lei em sentido formal, mas não o será em sentido material.

c) Ligada à universalidade, assinala-se a *permanência*. É próprio da lei a duração, a extensão do tempo. A manifestação que se exaure numa só aplicação pode ter a aparência ou a forma da lei, mas não o será materialmente, ou na sua essência. Não significa isto, entretanto, que a lei seja eterna. Ao revés, toda lei, como elaboração humana, é contingente. Nasce, vive e morre, como o homem que a concebe. Pode ter existência mais ou menos longa, pode destinar-se a regular uma situação que perdure mais ou menos extensamente, pode ter vigência indeterminada, ou ao revés limitada no tempo, seja porque estatua em si mesma o termo de sua duração, seja porque esta decorra da natureza da tutela estabelecida. Mas não se pode destinar a uma única aplicação.

d) A lei deve *emanar da autoridade competente*. É a sua estatalidade. A Constituição Federal define a esfera de atribuições do Poder Legislativo, delimita o seu campo de ação. O Estado politicamente organizado vela pelos interesses da coletividade, mas tem de obedecer às prescrições decorrentes da autolimitação de sua soberania. O legislador está encarregado de ditar as leis, mas tem de observar os limites de sua competência. Quando exorbita de suas atribuições, e transcende a esfera de outorga do povo soberano, traçada na Constituição, age nulamente, e baixa provimento que, com o aspecto formal de lei, não é lei em razão do vício essencial da incompetência, que destrói a origem do poder e falseia a delegação de sua autoridade.[21] Ato frustro na sua essência, não está o indivíduo sujeito a obedecer-lhe, competindo ao Poder Judiciário recusar-lhe aplicação (Constituição Federal, art. 97).

e) Finalmente, a lei é provida de *sanção*, dotada de *coercibilidade*. A coação da norma legal, que acompanha a determinação que ela traduz, implica a atuação material do Estado no sentido de assegurar o cumprimento de seu comando e compelir o indivíduo à observância da ordem. Em verdade, não têm razão aqueles que negam a inte-

---

19 *Digesto,* Livro I, tít. III, fr. 1: "A lei é o preceito comum".
20 "Não se estabelecem as leis para determinados indivíduos, mas para todos os cidadãos."
21 Rui Barbosa, *Comentários à Constituição Brasileira*, I, p. 20.

gração da coercibilidade na sua etiologia, como Windscheid, Jellinek, Regelsberger e outros, que ilustram a sua tese com algumas hipóteses em que haveria lei desprovida de sanção (dever de coabitação dos cônjuges, por exemplo). Suas observações não são, porém, exatas, pois que, por via de regra, quando falta sanção direta, o ordenamento jurídico encontra meio "indireto" de emprestar compulsoriedade à regra jurídica. A coercibilidade é, então, imanente na lei, mesmo quando espontaneamente cumprido o seu preceito, pois não significa que toda lei se observe pela força. Ao contrário, normalmente é obedecida sem a necessidade de mobilizar o Estado a sua atuação mecânica, para conter os súditos em termos de sujeição. Mas existe sempre, seja em estado ostensivo ou potencial, a possibilidade de apelo ao aparelhamento coator. Esta qualidade ou este caráter da lei age as mais das vezes psicologicamente, como motivo inibitório da insubordinação individual,[22] dentro de uma escala gradativa que a sanção pode seguir. Às vezes, a lei é dotada de sanção extrema, contendo ameaça de natureza física contra o agressor, como a generalidade das leis penais, que sujeitam o infrator à segregação em estabelecimento carcerário; outras vezes, a sanção é patrimonial, materializando--se em imposição de natureza econômica; outras, ainda, nem física, nem econômica, pois limita-se a negar eficácia ao ato praticado com sua inobservância. Na presença da coercibilidade acha-se configurada a formulação do dever jurídico, e na sua ausência pode admitir-se à definição de um dever também, mas extrajurídico, atuando sobre a consciência do indivíduo, como norma ética pura, ou preceito religioso, como ainda sob o aspecto de regra de conveniência social, que expõe o contraventor ao ridículo ou ao menosprezo.

Não importa a quem caiba a iniciativa de converter a coercibilidade psíquica em coação mecânica: há disposições legais que, pelo seu caráter público, permitem a atuação direta dos órgãos estatais contra o contraventor, ainda que no silêncio ou mesmo contra a vontade da vítima; outras contêm a coercibilidade potencial à disposição do indivíduo prejudicado, a quem a norma concede o impulso inicial de convocação do aparelho coator do Estado.

11. Costume

Historicamente, o costume é a forma primeira de elaboração da norma jurídica. Quando um grupo social adota uma prática reiterada de agir, sua repetição constante a transforma em regra de comportamento, que o tempo consolida em princípio de direito. Constitui, tipicamente, o *direito não escrito, direito consuetudinário*, ainda que as regras sejam recolhidas em repositórios que as conservam e em que possam ser consultadas por quem as queira conhecer, como se deu na França, antes da codificação, com as regiões chamadas "países de direito costumeiro", nas coletâneas conhecidas, *e.g.*, como *coutumes de Paris, coutumes d'Orléans* etc. Na Alemanha,

---

22 Ferrara, *Trattato*, I, p. 7; Vicente Ráo, *O Direito e a Vida dos Direitos*, I, n° 124.

após a recepção do direito romano, generalizou-se a sua aplicação por via consuetudinária, no chamado *usus modernus pandectarum*.

Nos *sistemas de direito escrito*, a lei é a fonte de direito, elaborada segundo os cânones estabelecidos, e as relações sociais se pautam pelos preceitos instituídos pelo legislador. Mesmo aí, entretanto, reconhece-se a impossibilidade de abraçar ela todas as relações humanas, mais complexas do que a norma possa dominar, e questiona-se então se ainda há lugar para o costume. Ainda que podados os excessos da escola histórica, que via, pela palavra de Savigny, o costume como o elemento mais autorizado de criação do direito, por ser a revelação espontânea da consciência jurídica da coletividade, em nossos dias não perdeu interesse a indagação da aptidão do costume como gerador de regras jurídicas. Não falta, mesmo, quem o equipare à lei na qualidade de fonte de direito, não obstante a forma escrita mais apurada daquela, que são os Códigos.[23]

Não se compadece com a realidade adotar posição extrema, quer no sentido de encarecer-lhe demasiadamente os préstimos, quer no sentido de negar-lhe influência nos sistemas de direito escrito. Aqui, a lei é a fonte suprema, porém não a única. Mesmo em face da norma legislada, cabe ao costume um papel que, embora secundário, não pode ser desprezado. É preciso, entretanto, distinguir do costume, como regra jurídica, os hábitos sociais, as práticas diuturnas dos indivíduos nas suas relações domésticas, ou dentro dos círculos estreitos de dadas categorias, ou nas praxes adotadas e cultivadas nas relações de amizade ou coleguismo. Uns e outros, embora se adotem com frequência, não chegam a gerar normas jurídicas. Procedimento privado de um indivíduo ou de um grupo servirá para esclarecer as suas relações ou interpretar os seus negócios, mas não é regra jurídica de aplicação com caráter geral.[24]

Conciliando, pois, o princípio cardeal dos sistemas de direito escrito, que está na adoção da lei como fonte principal do direito, com a necessidade de se reconhecer a espontaneidade da criação deste pela repetição de usos que se tornam obrigatórios, categoriza-se o costume como *fonte subsidiária* ou *fonte supletiva*. Para nós, à vista do disposto no art. 4º da Lei de Introdução às Normas do Direito Brasileiro, não padece dúvida o seu valor, nem se pode questionar de seu caráter secundário, já que o legislador estatuiu que na omissão da lei o juiz decidirá de acordo com a analogia, os *costumes* e os princípios gerais de direito.

Assentado, pois, que o costume é fonte de direito, e fonte subsidiária ou secundária, cabe apurar como opera e qual a sua autoridade e extensão.

Sua análise acusa dois elementos constitutivos, um externo e outro interno.

O primeiro, *externo*, é a constância da repetição dos mesmos atos, a observância uniforme de um mesmo comportamento, capaz de gerar a convicção de que daí nasce uma norma jurídica. Sua formação, lenta e sedimentária, exige a frequência e a diuturnidade. Não vigora mais a exigência de nosso direito anterior (Lei de 18 de

---

23 Josserand, *Cours*, I, nº 98.
24 Ruggiero e Maroi, *Istituzioni*, § 13.

agosto de 1769), que exigia, para que um costume tivesse força obrigatória, contasse mais de 100 anos. Sem a menção de um período predeterminado, a formação do costume exige lapso de tempo mais ou menos longo, devendo quem o invoque provar sua ancianidade (*inveterata consuetudo*). Esta será, naturalmente, relativa, podendo constituir-se costume no decurso de tempo mais extenso, ou menos, conforme a matéria, a região ou a frequência do comportamento.[25]

O segundo, *interno*, é a convicção de que a observância da prática costumeira corresponde a uma necessidade jurídica, *opinio necessitatis*. Tal convicção deve ser geral, quer no sentido de que toda a sociedade a cultiva, quer no de que ao menos uma parcela ponderável da comunidade a observa, quer ainda no de que uma categoria especial de pessoas a mantém. Esta convicção, que seria o fundamento de sua obrigatoriedade, revela-se na conformidade de seu reconhecimento como hábil a regular a conduta individual, de forma a justificar a sua aplicação compulsória aos que não se submetem voluntariamente a ela. É a chamada *teoria da convicção*, que situa nesta o fundamento de que o *usus* se torna direito em razão da convicção geral de sua legitimidade.[26]

Não obstante a existência de ambos os elementos, permanece na órbita de simples usos sem força coercitiva enquanto falta o reconhecimento de sua existência por parte de um órgão estatal. Por mais que se repitam, não chegam os usos e práticas a se converter em *costume jurídico*, senão quando a autoridade judiciária deles toma conhecimento para aplicá-los.[27] Não é, porém, o Tribunal que elabora o costume, pois limita-se a reconhecer a sua existência; o pronunciamento judiciário, declarando-o obrigatório, imprime-lhe autoridade característica da norma jurídica. Igualmente válido é o registro em órgão público.

Sendo a lei a fonte principal do direito, o costume, que é a fonte subsidiária, há de gravitar na órbita do direito escrito. Vigora e tem cabimento, até onde não chega a palavra do legislador, seja para regular as relações sociais em um mesmo rumo que o costume antes vigente, seja para estabelecer uma conduta diversa da consuetudinária. Por mais antiga que seja a repetição, nunca poderá importar na criação de uma norma contrária ao preceito da lei. Esta somente se revoga por outra lei (LINDB, art. 2º), o que noutros termos significa a impossibilidade do costume *contra legem*, de vez que o *desuso*, a falta de aplicação de uma disposição legal, não conduz à sua perda de eficácia.[28] Não tem cabimento entre nós a doutrina exposta por Enneccerus, segundo a qual o direito consuetudinário (*consuetudo*) seria o único remédio contra as leis absolutamente intoleráveis, a cuja derrogação não se decide o legislador,[29] porque não é

---

25 Clóvis Beviláqua, *Teoria Geral*, nº 18.

26 Enneccerus, Kipp y Wolff, *Tratado*, vol. I, tomo I, § 35.

27 Lambert, *La Fonction du Droit Comparé*; Colin e Capitant, *Cours*, I, nº 25; Orlando Gomes, *Introdução*, nº 20.

28 Planiol, Ripert e Boulanger, *Traité Élémentaire*, I, nº 121. Em sentido contrário, citam Beudant, *Traité*, nº 177.

29 Enneccerus, Kipp e Wolff, *loc. cit.*; Mazeaud e Mazeaud, *Leçons*, nºs 83 e ss.

aqui possível o *usus fori contra legem*, e nem o costume contrário, a *desuetudo*, pode infirmar a lei.

Já que não pode ter existência jurídica o costume contrário à lei, só se reconhece validade à norma consuetudinária quando se forma em suprimento das deficiências ou omissões da lei – *consuetudo praeter legem* –, ou quando se invoca na qualidade de elemento complementar ou adminículo hermenêutico do texto legal – *consuetudo secundum legem* – ou costume interpretativo.

A invocação do costume às vezes se dá no silêncio da lei, quando se encontra um aparente hiato nas suas disposições, preenchido pela observância de práticas costumeiras, de que os tribunais se valem para completar-lhe o preceito. Outras vezes, quando é a própria lei que ordena a adoção dos costumes locais, o juiz deve procurar, na sua função aplicadora da norma, casos em que a regra costumeira integra expressamente o direito positivo, como, por exemplo, determina o Código de 2002 que na prestação de serviços, não havendo prazo estabelecido, nem se podendo inferir da natureza do contrato, ou do *costume* do lugar, qualquer das partes, a seu arbítrio, mediante prévio aviso, pode resolver o contrato (art. 599).

12. ANALOGIA

O ordenamento jurídico deve conter a normativa completa da vida social. Não pode ter falhas, nem é compatível com a presunção de sabedoria do legislador, aliada ao caráter genérico da norma, que esta deixa de conter, na sua abrangência, alguma situação não prevista. Quando vota a lei, o legislador tem os olhos voltados para o presente e para o futuro, enxergando os problemas a solver e o comportamento a disciplinar, de forma a envolver o que existe e o que venha a ocorrer.

Mas, isto não obstante, pode faltar uma disposição que regule especialmente determinada matéria, ou depois da lei em vigor é possível que a complexidade do comércio social sugira situações não previstas.

E, se de um lado não se pode admitir o ordenamento jurídico perfurado e deficiente, e se de outro lado o juiz não se pode eximir de uma decisão sob pretexto de omissão da lei, a par de outras fontes alinha-se a *analogia*, com caráter secundário, é verdade, mas como subsídio certo, preenchendo o que na norma faltou para resolver o problema não diretamente referido. Concilia-se, assim, a integridade do ordenamento legal com a verificação de lacunas do direito positivo, lacunas que são, portanto, meramente aparentes,[30] já que todas as relações humanas se contêm na disciplina jurídica.

A *analogia* consiste no processo lógico pelo qual o aplicador do direito estende o preceito legal aos casos não diretamente compreendidos em seu dispositivo. Pesquisa a vontade da lei, para levá-la às hipóteses que a literalidade de seu texto não havia mencionado.

---

30 Ferrara, *Trattato*, I, p. 225.

Não constitui, desta sorte, uma técnica de interpretação,[31] mas verdadeira fonte de direito se bem que subsidiária e assim é tida pelo legislador (LINDB, art. 4º), como já era em nosso direito anterior (*Ordenação*, Livro 3º, tít. 69), quando se determinava ao juiz que, na omissão da lei, procedesse "de semelhante a semelhante", o que dá bem a ideia do processo.

Para que tenha cabimento, é necessário se verifique uma omissão, um vazio no texto legal, pois que se este é abrangente do caso de espécie focalizado far-se-á meramente a aplicação textual; e, ainda, que a hipótese guarde relação de semelhança com aquela que o legislador imediatamente previu.

O processo analógico pode realizar-se de duas maneiras, que correspondem às respectivas categorias lógicas de extensão: *analogia legal* e *analogia jurídica*.

Realizando uma operação mais singela, faz o juiz aplicação da norma a casos não previstos, mas que com ela guardem identidade de razão, sob a invocação do princípio segundo o qual se presume que o legislador lhe daria o mesmo regime, se dele tivesse cogitado: "*ubi eadem ratio, ibi eadem legis dispositio*".[32] Chama-se a este processo *analogia legal*, e por ele se estende o dispositivo da lei a um caso não previsto, seja porque não cogitou do assunto o legislador no momento de ditar a regra, seja porque surgiu ulteriormente em consequência do desenvolvimento da ciência, da complexidade da vida econômica ou das novas exigências sociais.

Não bastando a esclarecer a dúvida, ou não existindo norma reguladora de uma situação semelhante, que se permita transportar do caso já regulado ao caso a regular, vale-se o aplicador de um processo mais complexo, e extrai o pensamento dominante em um conjunto de normas, ou em um instituto, ou em um acervo de diplomas legislativos, transpondo-o ao caso controvertido, sob a inspiração do mesmo pressuposto. Chama-se a esta operação *analogia iuris*.

O processo analógico, que presta inestimáveis serviços, permitindo a extensão da ordem jurídica positiva a situações de que não cogitara o legislador, requer segurança no desenvolvimento, sob pena de se falsear a sua legitimidade, levando o aplicador a divorciar-se da vontade legal, sob color de sujeitar-lhe o caso de espécie. Especialmente a *analogia iuris*, dada a amplitude de sua órbita de ação, requer cuidado maior, pois nem sempre é fácil caracterizar com justeza o princípio dominante numa instituição. É preciso isolar o fato, já regulado, dos seus elementos acidentais e acessórios, e fixar o dispositivo essencial depurado dos fatores secundários, o pensamento central do legislador em relação com o fenômeno tratado e disciplinado. Colhida a relação de semelhança com a situação em exame, analisa-a à sua vez nos seus aspectos fundamentais, e só então, apurada a similitude de espécies, impõe-lhe a norma. Na *semelhança* jurídica das hipóteses é que caberá a extensão analógica do princípio.[33]

---

31 Enneccerus, Kipp e Wolff, *Tratado*, vol. I, tomo I, § 53, p. 218.
32 "Onde existe a mesma razão, aí se aplica o mesmo dispositivo legal".
33 Ferrara, *Trattato*, I, p. 229; Enneccerus, Kipp e Wolff, *Tratado*, vol. I, tomo I, § 53, p. 217.

13. Princípios gerais de direito. Doutrina. Equidade. Direito comparado

Fonte subsidiária, ainda, quando as outras mais diretas falham, ou se mostram insuficientes, é a invocação dos *princípios gerais de direito*, com a qual o aplicador investiga o pensamento mais alto da cultura jurídica, juntamente com a fixação da orientação geral do ordenamento jurídico, e os traz ao caso concreto. Perquire o pensamento filosófico sobranceiro ao sistema, ou as ideias estruturais do regime, e impõe a regra em que dada espécie se contém implícita no organismo jurídico nacional. Todo direito observa linhas de orientação genérica, premissas implícitas a que o legislador se sujeita, como sejam, as tendências democráticas ou totalitárias, a realização de uma economia capitalista ou socialista, a sujeição a dados morais essenciais, como a infraestrutura cristã ou marxista. Descendo ao exame, encontram-se princípios dominantes em certos ramos do direito, como a proteção ao empregado no direito do trabalho ou a flexibilidade do crédito no direito mercantil. Aprofundando na análise, buscam-se inspirações específicas de certas províncias ou de determinadas instituições, como seja a ideia de amparo aos filhos no direito de família ou o princípio da autonomia no direito do contrato. Os princípios gerais de direito são, então, aquelas regras oriundas da abstração lógica daquilo que constitui o substrato comum das diversas normas positivas.[34]

A invocação dos princípios gerais de direito faz apelo às inspirações mais altas da humanidade civilizada, e joga com aquelas regras incorporadas ao patrimônio cultural e jurídico da nação, permitindo ao juiz suprir a deficiência legislativa com a adoção de um cânon que o legislador não chegou a ditar sob a forma de preceito, mas que se contém imanente no espírito do sistema jurídico. Consagrando-os como *fonte subsidiária*, a LINDB (art. 4º) guardou fidelidade às nossas tradições remotas. Já o nosso direito anterior mandava que se adotassem os princípios do direito romano como fonte de nosso direito objetivo, sob a inspiração da boa *razão* (Lei de 28 de agosto de 1772); o Projeto Felício dos Santos ordenava o apelo aos princípios gerais de direito (art. 53), como também o Projeto Coelho Rodrigues (art. 38 do "Título preliminar"). Igualmente procedem o Código Civil italiano (art. 12) e o mexicano (art. 19). Fonte, sem dúvida, da maior importância, porém da mais difícil utilização, os princípios gerais de direito exigem do juiz um manuseio com instrumentos mais abstratos e complexos e requerem um trato com ideias de maior teor cultural do que os preceitos singelos de aplicação quotidiana.

Hoje, contudo, como já mencionado, cumpre reconhecer que a posição antes ocupada pelos princípios gerais de direito passou a ser preenchida pelas normas constitucionais, notadamente, pelos *direitos fundamentais*. Neste caso, em virtude não só, mas também, da hierarquia constitucional, o uso interpretativo e a aplicação jurisdicional a serem feitos, não podem ser entendidos como fonte subsidiária, como dito em relação

---

34 Cogliolo, *Filosofia do Direito*, trad. de Eduardo Espínola, p. 155; Vicente Ráo, *O Direito e a Vida dos Direitos*, I, nos 196 e ss.

aos princípios gerais, mas, reversamente, toda e qualquer interpretação, mesmo nas relações de ordem civil, deve ser feita sob a sua ótica, isto é, à luz dos *princípios constitucionais.* É a visão de um direito "constitucionalizado", portador da tábua axiológica estabelecida pelo legislador constitucional e válida para todos os ramos do Direito, inclusive para o direito civil.

Nesta linha de noções concorre a *doutrina*, e surge a indagação se constitui fonte de direito. Historicamente, não há dúvida, pois é na obra dos jurisconsultos romanos, nas *"responsa prudentium"*,[35] que se alicerçam princípios estruturais do sistema. Em determinadas fases da cultura jurídica, sobressaem escritores, a cujos trabalhos todos recorrem e de tal forma que as suas opiniões se convertem em preceitos obrigatórios. No Brasil, no século XIX e no começo do século XX os livros de Lafayette, Teixeira de Freitas, Ribas, Coelho Rodrigues, Clóvis Beviláqua tiveram esse prestígio: citados pelos juízes, fundamentavam as decisões.

Codificado nosso direito civil, a sistematização dos preceitos reduziu a importância da obra doutrinária. Mas nem por isso a doutrina deixa de constituir fator relevante como fonte indireta. Expõe os princípios gerais, debate as ideias e revive as discussões de temas que alargam o conteúdo das regras jurídicas. São os escritores que ventilam com o poder de sua inteligência os textos e os arestos, formulando e desenvolvendo conceitos que realizam a evolução do direito. Quer se limite ao trabalho de interpretação dos textos, dito exegético, e preste serviços ao entendimento dos conceitos e dos princípios legais, quer se alce em voos mais altos e proponha soluções a problemas de mais extrema complexidade, a doutrina é fonte de inspiração para o juiz na aplicação da regra, como do próprio legislador na elaboração das normas. Construção da doutrina é a ampliação do instituto da responsabilidade civil, é a introdução em nosso direito da teoria da imprevisão. Da obra doutrinária nasceu a garantia dos direitos individuais pelo mandado de segurança. Dos debates doutrinários o legislador se utilizou para a votação dos princípios de extensão do reconhecimento de paternidade aos filhos adulterinos e incestuosos. E assim por diante.

Na linha, ainda, de generalização dos princípios jurídicos, coloca-se a equidade, expressão que é às vezes falseada, mas que contém ideia altamente construtiva. No direito romano foi o fundamento de elaboração do *direito honorário*, que permitiu se desenvolvesse e se humanizasse o velho *ius quiritium*,[36] insulado no hermetismo de preconceitos de origem. O mesmo aconteceu na Inglaterra, por volta do século XVI, com a criação das Cortes de Chancelaria, que sob a invocação da equidade contribuíram para a formação de um complexo de princípios (*rules of equity*) transformados em corpo de normas jurídicas.[37]

---

35 "Opiniões e interpretações dos juristas".

36 Direito quiritário (*Ius quiritium*) é o direito romano arcaico, considerado como o existente desde a fundação de Roma, em 753 a.C. até a Lei das XII Tábuas (*Leges Duodecim Tabularum*), em 450-449 a.C.

37 René David, *Traité Élémentaire de Droit Comparé*, p. 288; De Page, *Traité*, I, n° 13.

Considerado o sistema de direito positivo, ainda ocorre a presença da *equidade*, como a ideia de amenização do rigor da lei. Equiparada ou aproximada ao conceito de justiça ideal, a equidade impede que o rigor dos preceitos se converta em atentado ao próprio direito, contra o que Cícero já se insurgia ao proclamar *"summum ius, summa iniuria"*.[38]

Neste sentido, é a justiça do caso concreto,[39] pela qual se aplica o direito de forma a satisfazer às necessidades sociais.

É, porém, arma de dois gumes. Se, por um lado, permite ao juiz a aplicação da lei de forma a realizar o seu verdadeiro conteúdo espiritual, por outro lado pode servir de instrumento às tendências legiferantes do julgador, que, pondo de lado o seu dever de aplicar o direito positivo, com ela acoberta sua desconformidade com a lei. O juiz não pode reformar o direito sob pretexto de julgar por equidade, nem lhe é dado negar-lhe vigência sob fundamento de que contraria o ideal de justiça. A observância da equidade, em si, não é um mal, porém a sua utilização abusiva é de todo inconveniente. Seu emprego há de ser moderado, como temperamento do rigor excessivo ou amenização da crueza da lei.

No direito moderno, às vezes o legislador, querendo evitar o casuísmo, admite que o juiz profira a sua decisão à vista da espécie, e assim faça a justiça que o caso concreto reclama. É por aí que a noção de equidade se avizinha da justiça pura, afeiçoando a decisão à norma não elaborada, mas presente na consciência do julgador. Em tais circunstâncias este fica investido da faculdade de aplicar a norma que estabeleceria se fosse legislador (Código de Processo Civil de 1973, art. 127; Código de Processo Civil de 2015, parágrafo único do art. 140). Fora dos casos em que é expressamente autorizado a assim decidir, o emprego dela só é tolerado com caráter extremamente excepcional, pois que a própria norma já contém os temperamentos que a equidade natural aconselha, e não pode servir de motivo ou desculpa à efetivação das tendências sentimentais ou filantrópicas do juiz.[40]

Finalmente, não se pode omitir como fonte indireta o *direito comparado*, de que o jurista hoje mais do que nunca se deve utilizar, tendo em vista que os direitos dos povos que atingiram um mesmo grau de civilização se interpenetram, em razão da globalização, isto é, da eclosão de problemas análogos e da aproximação cultural de suas elites. Desde os tempos antigos que a experiência alheia é aproveitada na melhoria das condições jurídicas locais, citando-se como exemplo clássico o contato em que os decênviros, de Roma, se puseram com a legislação estrangeira, antes da elaboração da Lei das XII Tábuas.[41] Na pesquisa do direito estrangeiro, encontra-se farto manancial aproveitável para compreensão e aplicação do direito nacional. Uma

---

38 "Justiça extrema, extrema injustiça".

39 Ruggiero e Maroi, *Istituzioni*, § 6º; Trabucchi, *Istituzioni*, nº 10.

40 De Page, *Traité*, v. I, p. 26.

41 Uma comissão de três patrícios foi enviada a Atenas para examinar as leis daquela cidade, que vivia então (454 a.C.) no auge de sua prosperidade.

14. Codificação

A feitura de um Código não é apenas a reunião de disposições legais, relativas a determinado assunto. Exige um trabalho mais amplo, subordinado a uma técnica mais apurada. Codificar o direito é coordenar as regras pertinentes às relações jurídicas de uma só natureza, criando um corpo de princípios, dotados de *unidade* e deduzidos *sistematicamente*. É o que se observa no Código Civil, no Código Penal, nos Códigos de Processo. Somente aos monumentos revestidos dessas qualidades fundamentais, coordenadores das regras jurídicas sob a dominação de uma ideia de estruturação científica, é que se pode com propriedade denominar Códigos. Falta adequação nominal àqueles diplomas que tratam de um assunto isolado e especial sem a ideia superior da codificação. Não podem com justeza ser considerados para designar a legislação especial sobre águas ou minas (Código de Águas, Código de Minas), para denominar as regras regulamentares da caça ou da pesca (Código de Caça, Código de Pesca), para indicar os preceitos específicos do trânsito de veículos motorizados e o tráfego pelas estradas (Código de Trânsito Brasileiro). São leis especiais, cujo objetivo é a disciplina de um setor isolado de atividade, que só por eufemismo mal-empregado recebem aqueles nomes pomposos. Não há cogitar de Código onde falta espírito de sistema e dedução científica e harmônica de princípios.

É velhíssima a tendência à codificação. Da Antiguidade remota vem o famoso Código de Hammurabi (1700 a.C.), que liga sua existência à do povo babilônico, retratando tanto ou mais do que os monumentos arquitetônicos o teor de sua civilização.[42] Momento brilhante da civilização helênica é o que se prende à coordenação jurídica, realizada por Licurgo em Esparta, e especialmente por Sólon em Atenas (século V a.C.). Dos romanos ficou-nos de primeiro a Lei das XII Tábuas, tão impregnada do espírito cívico daquele povo, que todos deviam conhecê-la, o que levou Cícero a lamentar como sintoma de decadência que as crianças do seu tempo não soubessem recitá-la de cor: "*Nostis quae sequuntur: discebamus enim pueri XII ut carmen necessarium; quas iam nemo discit*".[43] Pelos séculos IV e V, surgiram compilações das Constituições imperiais que perpetuaram os nomes daqueles que as promoveram: *Codex Hermogenianus* e *Theodosianus*, que exerceram grande influência por alguns séculos no Ocidente. A obra monumental, no gênero, foi o *Corpus Iuris Civilis*, do século VI, compilação ordenada pelo Imperador Justiniano, que a posteridade haveria de sempre reverenciar por isto, compreendendo as *Institutas*, o *Digesto* ou *Pandectas*,

---

42 William Seagle, *Men of Law*, p. 13 e ss.

43 Cícero, *De Legibus*, 2, nº 23: "Conheceis a sequência: na nossa infância, aprendíamos a Lei das XII Tábuas como um poema indispensável; hoje em dia ninguém mais a aprende".

o Código e as Novas Constituições do próprio Justiniano. Obra largamente sistemática, vinculou e ordenou o sentido científico do direito ocidental até os nossos dias. Por toda a Idade Média guardou-se fidelidade à compilação justinianeia, que a recepção do direito romano coetânea da Escola de Bolonha (séculos XI e XII), e a contemporânea do Renascimento (século XV) manteriam em plena atualidade dogmática.

A Idade Moderna voltou as suas vistas para a codificação, especialmente no século XIX e no XX, envolvendo os países da Europa e das Américas, com exceção da Inglaterra e dos Estados Unidos.

Depois que apareceram o Código da Prússia (1792), o Código de Napoleão (1804) e o Código da Áustria (1811), a atuação dos homens do direito foi atraída definitivamente para o fenômeno da codificação, dividindo-se a opinião a propósito dos seus inconvenientes e vantagens. Thibaut, professor em Heidelberg, sugeriu que se dotasse toda a Alemanha de um Código Civil. Savigny combateu-o, em opúsculo célebre, *Da vocação de nossa época para a legislação e o direito*, no qual sustentou ser inconveniente a codificação do direito, por entender difícil a escolha de momento oportuno, já que não é aconselhável fazê-lo na fase de sua elaboração, nem do declínio. Demais disso, acrescentava: o Código tem o grave defeito de corromper a floração natural do direito, mediante a adoção de ideias sistemáticas e preconcebidas, e a imposição de preceitos obrigatórios e fixos, que desnaturam a sua origem espontânea, assentada no profundo *status* da consciência nacional. O Código, dizia ainda, fossiliza o direito, impedindo a sua evolução natural e imobiliza o espírito do jurista, pela fixidez de suas fórmulas.[44]

Contra o criador da escola histórica pronunciou-se o pensamento jurídico ocidental, e a experiência de todos os países modernos desmente o seu prognóstico: não obstante o estabelecimento dos princípios codificados, a ciência jurídica evolve sempre; o direito não se cristaliza; a doutrina e a jurisprudência continuam a atuar no seu desenvolvimento. A convocação dos espíritos esclarecidos, seja no trabalho exegético, seja na investigação sistemática, apura o esforço científico, proporcionando mais desenvolvidos estudos e melhores resultados.

No Brasil, as discussões que precederam a publicação do Código Civil de 1916 e os trabalhos ulteriores demonstraram o aprimoramento dos jurisconsultos, como inegável consequência da sua elaboração e da coordenação de princípios que ele gerou.

15. História da codificação brasileira

No Brasil, a ideia de codificar o direito e o anseio pela sistematização vieram-nos de Portugal, que, no espaço de menos de duzentos anos, ofereceu ao mundo três Códigos, com a elaboração sucessiva das Ordenações Afonsinas, Manuelinas e Filipinas.

---

44 Savigny, *De la Vocación de nuestro Siglo para la Legislación y la Ciencia del Derecho*, p. 51 e ss.

A substituição dos fanados forais por leis de caráter geral era uma aspiração das Cortes da Nação. Sempre que reunidas pleiteavam a reforma e compilação das leis. O tempo decorrido, e sobretudo acontecimentos políticos, procrastinavam a sua efetividade.

Não tendo sido possível a D. João I realizar a obra como queria, coube aos seus sucessores fazê-lo. No reinado de D. Afonso V, coroado na idade de 7 anos, pela mão de seu tutor e curador, o Príncipe D. Pedro, foi possível levar a cabo o empreendimento tantas vezes adiado. E assim ficou esta compilação identificada como as *Ordenações Afonsinas,* datadas de 1446.

Consideradas incompletas e marcadas de vários defeitos, especialmente sua subordinação às Decretais de Gregório IX, coube ao Rei D. Manoel promover a sua substituição, pelas novas Ordenações de 11 de março de 1521, que se dão a conhecer como *Ordenações Manuelinas.*

Eventos de vária espécie, a que não faltou complexa vacância do trono e sucessão hereditária, que provocou a reunião dos tronos de Portugal e Espanha, de 1580 a 1640, nas mãos do soberano espanhol, coube a D. Filipe III da Espanha, por Alvará de 11 de janeiro de 1603, publicar as *Ordenações Filipinas*, que tiveram melhor sorte que suas antecessoras: vigeram como direito positivo, em Portugal, até 1867[45] e no Brasil até 1917, como se verá.

Quando surgem no século XIX as primeiras manifestações jurídicas de caráter nitidamente nacional, ligam-se ao pensamento codificador. Sentia-se que as Ordenações Filipinas, agora já velhas de três centúrias, mutiladas por uma legislação extravagante, multifária, eram um emaranhado de disposições de difícil consulta, para quem quer que tivesse de aplicar ou explicar o direito. Proclamada a independência, logo no ano seguinte a lei de 23 de outubro de 1823 mandou que continuassem em vigor as Ordenações e demais legislações portuguesas, pela necessidade de se manter a continuidade da ordem jurídica, com a ressalva de que vigorariam até o momento em que fosse elaborado o Código Civil.

Promulgada a Constituição imperial de 1824, recomendou ela (art. 179, n° 18) que se organizasse o quanto antes um Código Civil e um Código Criminal, que atendessem às necessidades brasileiras e se sujeitassem ao estado da ciência jurídica.

Em 1855, o Governo imperial deliberou, como medida preliminar à codificação, que se promovesse a consolidação do direito civil pátrio, reputada indispensável, visto achar-se a nossa legislação completamente esparsa, sem sistemática e desordenada. Desse trabalho é encarregado Augusto Teixeira de Freitas, que em 1858 entrega a obra *Consolidação das Leis Civis*, notável trabalho, respeitado como o primeiro grande monumento jurídico nacional, até hoje indigitado alicerce da codificação, sem o qual não se teria conseguido a sua concretização tão fiel às mais caras tradições pátrias, dentro de uma linha de organicidade admirável.

---

45 Em Portugal as Ordenações Filipinas foram revogadas pelo *Código Civil* de 1867, elaborado sobre o Projeto do Conde de Seabra.

Concluída a Consolidação, entendeu-se com justa razão que ninguém mais do que Teixeira de Freitas estava em condições de elaborar o projeto de Código Civil. Feito o contrato com o Governo, sendo ministro Nabuco de Araújo, dedicou-se o grande jurista à obra, e, em 1865, divulga uma parte do *Esboço*, muito longo, prolixo mesmo, com quase 5.000 artigos. Criticado e ressentido, o autor suspende a execução do contrato, logo depois rescindido em razão da divergência surgida. E não termina Freitas o *Esboço*, queixando-se de uma das mais dolorosas manifestações de ingratidão que um homem de cultura no Brasil tem recebido. Desse *Esboço* muito se serviu a Argentina na feitura de seu Código Civil, em razão da influência que a obra genial de Teixeira de Freitas exerceu no grande jurista platino Vélez Sarsfield, autor do projeto de Código da nação irmã.

A ideia da codificação continuava viva, confiada agora a sua realização a Nabuco de Araújo, que se dedica então aos estudos necessários. Apanhado pela morte, encontraram-se, entre seus papéis, cadernos com notas, apontamentos e observações, e a minuta de 182 artigos redigidos, o que impossibilita uma visão de conjunto daquilo que seria seu trabalho, se viesse a termo.

Em 1881, Joaquim Felício dos Santos, mineiro ilustre, apresenta um projeto, para cujo estudo é nomeada comissão integrada por nomes de prol, Lafayette, Ribas, Justino de Andrade, Ferreira Viana e Coelho Rodrigues. Dirige logo sua crítica aos *Apontamentos*, que pecam pela falta de sistema e pela prolixidade; perde a comissão dois de seus membros, Justino e Ribas, e dela se afastando Lafayette, praticamente se dissolve. Felício, desgostoso, entrega seu projeto à Câmara dos Deputados, como colaboração, e é mais uma tentativa que se frustra.

Em 1889, sendo ministro da Justiça o Conselheiro Cândido de Oliveira, retoma o próprio ministro o propósito de elaboração do Código, e nomeia comissão. Alcançada logo pela proclamação da República, não chegou a realizar nenhuma obra.

Já em 1890, o ministro Campos Sales, atendendo a que o trabalho em comissão nunca produzia resultado satisfatório, comete o encargo ao jurista Coelho Rodrigues, que fora membro da que trabalhara no Império, e, em 1893, tem este concluído o seu Projeto de Código Civil, rejeitado, porém, segundo o parecer de uma comissão incumbida de analisá-lo. Coelho Rodrigues, tomado de desgosto, oferece, por sua vez, o esboço ao Senado, onde se tenta sem êxito convertê-lo em lei, assinalando-se mais esta tentativa falha.

Viva, entretanto, a ideia, apesar de pontilhada de insucessos, vota o Congresso deliberação, encarregando o Governo de nomear nova comissão ou designar um só jurista, que a pusesse em concreto.

Recaiu a escolha feita, por Campos Sales, já então Presidente da República, secundado por seu ministro Epitácio Pessoa, no jovem jurista cearense, Clóvis Beviláqua, então professor em Recife, que aceita a tarefa, suscitando, porém, sua escolha acerba crítica, sob alegação de não ser ele profundo conhecedor da língua, e faltar-lhe amadurecimento de ideias.

Sem dar ouvidos aos ataques, inicia seu trabalho em janeiro de 1899, concluindo e entregando o Projeto em novembro do mesmo ano. Feitas as publicações, solicitada a colaboração dos juristas e entidades especializadas, reúne-se, sob a presidência do ministro Epitácio Pessoa, a comissão incumbida de seu estudo. Efetuam-se numerosas reuniões, em que foi debatido, criticado, emendado e em alguns pontos alterado, para terminar com a redação do Projeto Revisto, que é encaminhado à Câmara dos Deputados. Recebendo-o, constitui a Câmara a chamada "Comissão dos Vinte e Um", que toma a sério a incumbência, produzindo um trabalho enorme, de que dão testemunho os oito volumes das atas.

Encaminhado o Projeto ao plenário da Câmara, conclui-se em 1902 sua aprovação, sendo enviado ao Senado, onde desde logo é recebido por uma comissão encarregada de estudá-lo. Rui Barbosa, seu relator, numa impressionante manifestação de capacidade de trabalho, em três dias apenas redigiu seu *Parecer*, com a revisão de todos os artigos do Código, e apresentação de emendas, precedidas de uma crítica de conjunto, que conclui por acentuar a necessidade de espelhar o Código a cultura nacional, para o que se requer vazado em linguagem escorreita, de forma a considerá-lo a posteridade um monumento impecável. O parecer de Rui Barbosa é divulgado, recebendo aplausos dos juristas e filólogos, como Cândido de Figueiredo, ao mesmo tempo que a crítica de outros juristas e outros filólogos. Dentre estes se destaca Carneiro Ribeiro, antigo professor de Rui no Liceu Baiano, e que colaborara na revisão gramatical do Projeto. Volta Rui à carga com a *Réplica*, considerada sem favor como um dos mais ricos monumentos filológicos nacionais.

Infelizmente, o Projeto de Código não teve no Senado o andamento que merecia, o que levou, em 1911, João Luiz Alves a propor a sua aprovação provisória. Não foi aceito, mas serviu de estímulo à Câmara Alta, que se dedicou à discussão, votação e aprovação do Projeto de Código Civil, e sua devolução à Câmara para discussão final das emendas.

Pela Lei nº 3.071, de 1º de janeiro de 1916, é finalmente convertido em realidade o sonho de quase um século, em cuja elaboração trabalharam todos os grandes civilistas nacionais, notadamente na última fase, a brilhante fase da votação, que despertou o interesse e o estudo de todo o país e a colaboração dos juristas de todos os Estados, de onde afluíram pareceres, colaborações, críticas, artigos doutrinários.

Para proporcionar ensejo ao seu melhor conhecimento, eis que se inauguraria um regime novo, com a substituição de toda a legislação civil da Nação, o Código somente entrou em vigor em 1º de janeiro de 1917, a exemplo do que fizera a Alemanha, ao estender por quatro anos o prazo de entrada em vigor do BGB, aprovado em 1896, mas só vigente em 1900.

O Código Civil foi recebido, e com toda razão, como a grande esperança, depois de três séculos de predominância romano-lusitana e de não contidas aspirações por um Código genuinamente brasileiro. Logo se observou que o Código, ainda que novo, não absorvia a problemática de seu tempo. Muito preso ao excessivo individualismo predominante no século XIX, não soube desvencilhar-se dele. Deixou de inserir conquistas já existentes, e outras que despontavam e proporcionavam a abertura para a inspiração solidária do Direito no século XX. Embora como instrumento impecável, dentro das condições dogmáticas, logo se percebeu que o Código já "nascera velho", como disseram muitos (e eu mesmo o repeti por mais de uma vez), se atentar em que não se acomoda à trepidante evolução jurídica nacional. De acrescer será que, não obstante aprovado dentro do quatriênio da I Guerra Mundial, amolda-se ao fato de ter sido elaborado em estrita fidelidade ao Projeto Beviláqua, que traz a data de sua conclusão o mês de dezembro de 1899.

16. A NECESSIDADE DE REVISÃO DO CÓDIGO DE 1916

Tal qual o Código Civil alemão (*Bürgerliches Gesetzbuch*, mais comumente chamado de *BGB*), o Código Civil brasileiro de 1916 foi precedido de uma Lei de Introdução, publicada juntamente com ele, e depois substituída inteiramente pelo Decreto-Lei nº 4.657, de 4 de setembro de 1942, o qual permanece vigente, hoje, porém, sob nova denominação: Lei de Introdução às Normas do Direito Brasileiro (LINDB). Esta lei, que não pertence ao Código, quer pelo conteúdo, quer pela seriação destacada de seus artigos, regula a matéria relativa à vigência e obrigatoriedade da lei, à solução dos conflitos intertemporais, aos princípios de hermenêutica e às regras de direito internacional privado.

O Código de 1916 não se conservou, porém, intacto; ele foi, ao longo do tempo, derrogado em muitos pontos por numerosas leis especiais. Fiel às tradições brasileiras, registrou inovações úteis, que a doutrina moderna havia assentado. Não incluiu outras matérias, que a ciência jurídica já tinha perfilhado, o que representou uma falha, pois, entregues à construção jurisprudencial, sofreram de uma vacilação lamentável. Mas, apesar dos defeitos que o atingem, era o Código Civil brasileiro de 1916 um grande monumento jurídico e ofereceu contribuição a outros países, que codificaram seu direito depois de nós, o que bem atesta o seu inegável valor dogmático. É certo que a demora de sua votação, a resistência de elementos tradicionalistas e uma certa timidez na aceitação de ideias novas atuaram negativamente; daí resultou que o diploma de 1916 já nasceu desatualizado, exigindo reformas.

Logo no início de seu império, leis extravagantes lhe perfuraram a carapaça. E isto veio acontecendo ao longo do tempo. É óbvio que não se trata de defeito nosso, ou devido à instabilidade de nossa vida tropical. Não foram somente as mutações políticas as responsáveis pela procura de novas soluções jurídicas. Estas também contribuíram, mas não se lhes pode atribuir todo o peso. O fator de maior relevância há de ser, inquestionavelmente, o desenvolvimento econômico e social, que não é problema exclusivamente nosso, porém de todo o mundo, e especialmente da civilização jurídica que integramos. Também outras Nações, do mesmo teor cultural, têm sentido a necessidade de reformular o seu direito, como também de reformar seus Códigos. A mero título de amostragem, cabe exemplificar com o Código Civil italiano de 1865, substituído pelo de 1942, por sua vez já recondicionado por todos os lados. O Código Civil português de 1867, revogado pelo de 1966, tem sofrido um sem-número de alterações de profundidade. Convencido o pensamento jurídico francês da necessidade de atualizar o seu tão carinhosamente cultivado *Code Napoléon*, decidiu reformá-lo. Comissões sobre comissões se sucederam; volumes sobre volumes foram publicados. Mas o Código sobrevive. Não na sua integralidade do período do "Consulado", nem como o que traz a chancela do "Ano XII", que está na publicação "original e única oficial", que eu conservo entre as minhas preciosidades bibliográficas. Em 2016, o Livro III do *Code*, que trata do direito das obrigações, foi amplamente reformado, à semelhança do que já ocorrera com a mesma matéria no BGB em 2002.

Reconhecendo a necessidade de revisão do Código de 1916, diante das profundas transformações sociais e econômicas, entendeu o Governo ser conveniente empreendê-la, disto encarregando três eminentes civilistas, Orosimbo Nonato, Philadelpho Azevedo e Hahnemann Guimarães. Esta comissão focalizou a necessidade de seguir as modernas tendências do pensamento jurídico e de reduzir os excessos do individualismo, incompatíveis com a ordem jurídica dos novos tempos, e animada do pensamento de unificar os preceitos disciplinares dos negócios civis e mercantis, considerou mais urgente a execução do trabalho no que toca ao direito obrigacional e redigiu um Anteprojeto de Código das Obrigações, destacado do Código Civil, a exemplo do que ocorre com o direito suíço. Divulgado em 1941, o Anteprojeto, não obstante o evidente valor doutrinário que espelha, sofreu a crítica de juristas e de instituições especializadas, principalmente em razão de atentar contra o critério orgânico do nosso direito codificado, que seria rompido com a aprovação isolada de um Código obrigacional.

O Governo brasileiro, atendendo aos reclamos presentes nas obras científicas, resolveu enfrentar a tese revisionista e pôs em execução o plano de reforma.

Ao Prof. Orlando Gomes foi confiada a redação de Anteprojeto de Código Civil, convertido em Projeto pela Comissão e entregue ao governo em 31 de março de 1963, contendo, em 963 artigos, o Direito de Família, os Direitos Reais e o Direito das Sucessões. A Comissão encarregada de redigi-lo ficou constituída de seu Autor, do ministro Orosimbo Nonato e do Prof. Caio Mário da Silva Pereira.

Foi incumbido de elaborar o Anteprojeto de Código de Obrigações o Prof. Caio Mário da Silva Pereira, que o concluiu a 25 de dezembro de 1963, entregando-o com 952 artigos, assim disposta a matéria: Negócio Jurídico, Obrigações em Geral, Teoria Geral dos Contratos, Várias Espécies de Contratos, Declaração Unilateral de Vontade, Enriquecimento Indevido, Responsabilidade Civil.

Depois de haver enviado ao Congresso Nacional os Projetos de Código Civil e de Código de Obrigações, o Governo os retirou, em vez de enfrentar as críticas, que, obviamente, haveriam de surgir. Não se consegue cumprir uma reforma de profundidade sem contrariar opiniões, sem vencer resistências, sem afrontar, mesmo, a força da inércia, que prefere o comodismo da rotina à visão dos novos horizontes.

Em 1967, foi constituída, sob a supervisão de Miguel Reale, uma nova comissão à qual foi encomendada a redação de um Anteprojeto, concluído em 1972. A matéria foi assim distribuída: José Carlos Moreira Alves, Parte Geral; Agostinho de Arruda Alvim, Direito das Obrigações; Sylvio Marcondes, Direito de Empresa

("Atividade Negocial", originalmente); Ebert Vianna Chamoun, Direitos da Coisas; Clóvis do Couto e Silva, Direito de Família; Torquato Castro, Direito das Sucessões. As críticas, porém, não lhe foram favoráveis. A linguagem do Anteprojeto, a timidez na adoção de soluções já consagradas pela *communis opinio*,[46] a inadequação de proposições à realidade econômica e social do País suscitaram restrições e reservas, que obrigaram à sua total reformulação, sob pena de ocorrer o seu abandono, para que um outro fosse elaborado. A mesma comissão reviu e republicou o Anteprojeto, em 18 de agosto de 1974, acolhendo 700 das milhares de emendas recebidas. A reedição de 1974, contudo, não lhe trouxe a melhoria que o dispensasse de profunda reestruturação.

Enviado o Projeto à Câmara dos Deputados em 1975 (Projeto nº 634-B, de 1975), arrastou-se na morosidade da elaboração legislativa e na perspectiva de sua aprovação. Lá permaneceu por anos esquecido, até que, em 1983, sustentado por brilhante discurso do Relator Paulo Sarazate, recebeu subitânea aprovação. Publicado, em redação final, no ano de 1984, foi enviado ao Senado, sob o nº 118, de 1984, entrando em novo "sono parlamentar". Em 1991, por iniciativa do Senador Cid Sabóia de Carvalho, o Projeto foi desarquivado e revisado, sem alteração substancial do texto, sob a relatoria do Senador Josaphat Marinho. Reconstituída em 1995 a comissão, o Relator-Geral ofereceu seu parecer final em 1997, advertindo, contudo, que devia já ser necessariamente modificado o Projeto, em virtude do longo tempo decorrido – mais de 20 anos – e da superveniência da Constituição de 1988. O Projeto, então, em dezembro de 1997, retorna à Câmara, casa originária, para o exame das emendas feitas pelo Senado. Na Câmara dos Deputados, em 1998, foi o Deputado Ricardo Fiúza indicado como relator geral da Comissão Especial, nomeada para proferir o parecer sobre as emendas do Senado Federal ao Projeto. Em 10 de janeiro de 2002, foi o Código Civil sancionado pelo Presidente da República, Fernando Henrique Cardoso, prevendo o art. 2.044 a *vacatio legis* de um ano para sua entrada em vigor, o que veio a ocorrer em 11 de janeiro de 2003.

16-A. O movimento de descodificação do Direito Civil

Não cabe omitir, neste passo, um movimento que se esboçou pela "descodificação do direito civil". O século XIX e o começo do século XX caracterizaram-se pela elaboração dos grandes Códigos: o Código Napoleão de 1804 e os que lhe seguiram a esteira: o italiano de 1865, o português de 1867, o espanhol de 1889. Vieram em seguida a Consolidação das Leis Civis e o Esboço de Teixeira de Freitas; o Código Civil argentino, o uruguaio, o chileno. No final da centúria, a ciência pandectista germânica dá ao mundo o Código Civil alemão de 1896, que iria a entrar em vigor em 1900. No começo do século XX, o Código Civil brasileiro de 1916, além de muitos outros.

---

46   A expressão completa é *"communis opinio doctorum"*: a opinião generalizada dos doutos.

Verifica-se, contudo, a exigência cada vez mais frequente de atender aos problemas que a complexidade da vida social e econômica reclama. Promulgado um Código, o pensamento jurídico nacional nele assenta, na convicção de que espelha a evolução jurídica. Assim ocorreu na França, com a criação da escola exegética – floração de grandes juristas, convictos de que o Código Napoleão exprimia o pensamento racionalista do século XVIII. Com Toullier, Duverger, Duranton, Troplong, Demolombe, Mallevile, Demante, Colmet de Santerre, Baudry-Lacantinerie e Laurent vigorava a convicção de que nada melhor se poderia fazer em termos legislativos.

Sem os exageros da "escola exegética" francesa, o mesmo ocorreu em todos os sistemas que acabavam de realizar a codificação de seu direito.

Acontece que a celeridade da vida não pode ser detida pelas muralhas de um direito codificado. Acontecimentos, ora na simplicidade da existência cotidiana, ora marcados pelos de maior gravidade, exigem novos comportamentos legislativos. Em consequência, um edifício demoradamente construído, como é um Código, vê-se atingido por exigências frequentes, necessitando de suprimentos legislativos. O Código Civil brasileiro de 1916, resultado de enorme esforço, teve de acudir muito prontamente à solução de problema surgido com a primeira crise habitacional, efeito imediato da Guerra Mundial.

Procedia-se à votação de leis mais curtas, mais especializadas, de mais fácil manuseio. Começava a ocorrer, também no Brasil, o que Antunes Varela proclamava como a "fuga dos Códigos", tendendo a afirmar-se o direito civil em uma "legislação avulsa". O eminente civilista sustentava, em 1984, a tese de se "descodificar o direito civil".[47] Com efeito, parecia mais racional, mais lógico e mais prático fragmentar o direito civil em atenção à maior proximidade das matérias: Código de Família e Sucessões; Código de Obrigações e Contratos; Código das Sociedades; Código da Propriedade e dos Direitos Reais; Código de Condomínio e das Incorporações; Código de Proteção e Defesa ao Consumidor; Código Aeronáutico; Código das Minas; Código das Águas; Código da Propriedade Industrial. Com estes exemplos e mais outras técnicas legislativas, com o nome de "código" ou simplesmente de "leis especiais", marchava-se no rumo de dinamizar a aplicação legislativa e, sobretudo, realizar a sua atualização, pois que é muito mais fácil reformar uma "lei avulsa" do que promover a elaboração de um novo Código Civil. Não foi esta, porém, a opção do legislador brasileiro.

16-B. O Código Civil de 2002

O Código de 2002, assim como o de 1916, divide-se em duas partes: uma geral e uma especial.

---

47 Antunes Varela, "O Movimento de Descodificação de Direito", *in Estudos em Homenagem ao Professor Caio Mário da Silva Pereira,* Rio de Janeiro, Forense, 1984.

Partindo da noção de direito subjetivo e seus elementos, a Parte Geral mantém os três Livros e formula as regras relativas às pessoas, aos bens e aos fatos e negócios jurídicos; desenvolve a teoria das nulidades, segue com os princípios reguladores da prescrição e da decadência e termina cuidando da prova.

A Parte Especial altera a topografia do Código anterior. Abre-se com o Livro do Direito das Obrigações, que tem começo pelos princípios da teoria geral do direito obrigacional, desenvolve a disciplina geral dos contratos, especializa os contratos nominados, regula as obrigações por declaração unilateral de vontade, os títulos de crédito, a responsabilidade civil e as preferências e privilégios creditórios. Em grande inovação, traz em seguida o Livro de Direito da Empresa, cuja matéria era regulada pelo Código Comercial e legislação mercantil extravagante. Segue-se o Livro do Direito das Coisas, com a instituição da posse, da propriedade e dos direitos reais sobre coisas alheias e de garantia; no Livro do Direito de Família estão as regras referentes ao casamento, à união estável, às relações de parentesco e proteção dos menores e incapazes; enfim, o último Livro, o do Direito das Sucessões, formula as regras gerais da transmissão hereditária de bens, passa à sucessão intestada e à testamentária, para concluir com as regras relativas ao inventário e à partilha.

Segundo o relator geral, Deputado Ricardo Fiúza, dentre as inovações mais significativas do Código, no que toca à Parte Geral, estão as seguintes: "1. Disciplina dos direitos da personalidade em capítulo próprio: o novo Código passa a dispor sobre os chamados direitos da personalidade, aí incluídos o direito à integridade do próprio corpo, direito ao nome, que não pode ser utilizado comercialmente por ninguém sem a autorização da pessoa, direito à privacidade etc. (arts. 11 e ss.). E diz mais, diz que a proteção a esses direitos também se aplica à pessoa jurídica (art. 52); 2. Atribui maior tecnicidade ao texto: o projeto procurou dar aos institutos que disciplina o tratamento mais técnico possível. Assim, passa a estabelecer distinções que o código anterior não fazia, a exemplo da diferença entre prescrição e decadência, ato jurídico e negócio jurídico, deixa de usar a expressão pessoa física, própria do direito tributário, para usar pessoa natural, etc.; 3. Prevê a anulação do negócio jurídico celebrado em decorrência de lesão ou estado de perigo: o projeto cria dois novos institutos, a lesão (art. 157) e o estado de perigo (art. 156), que dão causa à invalidação de qualquer negócio jurídico. É o caso, por exemplo, de alguém que, para pagar uma cirurgia urgente de pessoa da família, vende seu carro ou sua casa por preço vil. Essa venda pode ser anulada porque foi celebrada quando o vendedor encontrava-se em 'estado de perigo'; 4. Dispensa de autenticação de documentos: documento utilizado para prova de qualquer ato só precisará ser autenticado se alguém lhe contestar a autenticidade".

Para a grande parte da doutrina civilista, contudo, o Código de 2002 não foi devidamente discutido nem tampouco correspondeu aos anseios de modernização que deveriam ser a prioridade mesma de uma recodificação.

Embora tenhamos um Código recente, não se pode dizer que se trate de um Código renovado. O legislador exprime-se por palavras e é no sentido real destas que o intérprete investiga a verdade e busca o sentido vivo do preceito. Cabe a ele preencher lacunas e omissões e construir permanentemente o Direito, não deixando que as leis envelheçam, apesar do tempo decorrido.

Fiel a estas premissas hermenêuticas, sempre considerei a atuação de duas forças numa reforma do Código Civil: a imposição das novas contribuições trazidas pelo progresso incessante das ideias e o respeito às tradições do passado jurídico. Reformar o Direito não significa amontoar todo um conjunto normativo como criação de preceitos aptos a reformular a ordem jurídica constituída.

Tomando como ponto de partida o Código Civil de 1916, sua preceituação e a sua filosofia, percebe-se que o Direito Civil seguiu por rumo bem definido. Acompanhando o desenvolvimento de cada instituto, vê-se que, embora estanques, os segmentos constituíram uma unidade orgânica, obediente no seu conjunto a uma sequência evolutiva uniforme.

No entanto, as últimas décadas do século XX, marcadas pela redemocratização do País e pela entrada em vigor da nova Constituição, deflagraram profundas mudanças em nosso sistema jurídico, atingindo especialmente o Direito Civil. Diante de tantas transformações, passei a rever a efetiva função dos Códigos, não mais lhes reconhecendo a missão tradicional de assegurar a manutenção dos poderes adquiridos, nem tampouco seu valor histórico de *direito comum*.

Na interpretação do Código Civil destacam-se hoje os princípios constitucionais e os direitos fundamentais, os quais se impõem às relações interprivadas, aos interesses particulares, de modo a evitar a fragmentação do ordenamento, fazendo prevalecer o sistema, por meio da constitucionalização do direito civil.

CAPÍTULO IV
CLASSIFICAÇÃO DAS LEIS

Sumário

17. Classificação das leis segundo a hierarquia. **18.** Classificação das leis segundo a extensão territorial. **19.** Classificação das leis segundo a força obrigatória. **20.** Classificação das leis segundo a natureza. **21.** Classificação das leis segundo a intensidade da sanção.

Bibliografia

Henri Capitant, *Introduction à l'Étude du Droit Civil*, cap. III; Mazeaud *et* Mazeaud, *Leçons de Droit Civil*, I, nos 67 e ss.; Brethe de la Gressaye e Labor-de-Lacoste, *Introduction*, nos 236 e ss.; François Gény, *Science* e *Technique*, IV, p. 198; Cunha Gonçalves, *Tratado de Direito Civil*, I, nº 11; Serpa Lopes, *Curso de Direito Civil*, I, nos 21 e ss.; João Franzen de Lima, *Curso de Direito Civil*, I, nos 33 e ss.; Vicente Ráo, *O Direito e a Vida dos Direitos*, nos 214 e ss.; Orlando Gomes, *Introdução*, nº 18.

17. Classificação das leis segundo a hierarquia

No plano filosófico não deveriam existir diferenças e nuanças entre as leis, porque o ideal é que realizem a coincidência entre o ordenamento positivo e o "dever ser", aliando-se a normativa externa da conduta ao preceito de realização do bem comum. No plano normativo puro, igualmente, inexistirá diversidade entre as leis, porque todas exprimem a forma do comando estatal, traduzem a disciplina da vida em sociedade e contêm a essência dos direitos e dos deveres.

Mas no plano prático, no público, como no plano didático, verifica-se que assumem aspectos vários, têm vigência mais ou menos extensa, trazem força obrigatória variável, são acompanhadas de sanção mais ou menos intensa. A mente humana, por isso mesmo, sujeita-as a uma coordenação lógica e as distribui em categorias, à vista destes diferentes elementos. Daí a necessidade de se proceder a uma classificação das leis. Como é um tanto arbitrária a escolha dos critérios e, consequentemente, livre o ressaltar de um ou de outro aspecto, torna-se mais ou menos pessoal a minudência das classificações. Considerando as de maior interesse, limitamo-nos às que têm maior frequência, e são as que abrangem o sumário deste capítulo.

Quanto à hierarquia, dividem-se em constitucionais, complementares e ordinárias.

O problema, aliás, da *hierarquia* das normas *legislativas* é uma imposição da ordem política. Segundo a forma de organização do Estado e distribuição dos seus poderes, as leis, como portadoras da vontade estatal, podem estender-se por plano uniforme ou, ao revés, escalonar-se em sucessivas gradações de maneira que umas se sobreponham às outras, dominando-as enquanto estas se encontram submetidas ao império daquelas.

Leis constitucionais são as mais importantes, por conterem os elementos estruturais da nação e a definição fundamental dos direitos do ser humano, considerado como indivíduo e como cidadão. Nesta escala hierárquica das leis, coloca-se bem alto e acima de todas a Constituição Federal, que traduz, na expressão de Rui Barbosa, a outorga da Nação soberana delimitadora dos poderes e prerrogativas dos órgãos do Estado. A Constituição origina-se dos representantes do povo, reunidos em Assembleia Constituinte, com a finalidade de traçar as normas fundamentais do Estado, e traz, dessa manifestação da vontade nacional, a origem da sua obrigatoriedade e o selo de sua autenticidade. Assim, procederam os Estados Unidos, quando a *Philadelphia Convention*, de 4 de março de 1789, organizou o governo e estabeleceu a sua soberania, para a grande República do Norte. Assim procedeu o Brasil, quando a primeira Constituinte republicana promulgou, a 24 de fevereiro de 1891, a Carta institucional da República, que havia sido proclamada em 15 de novembro de 1889, traduzindo bem o seu preâmbulo a invocação do mandado popular, para, em nome do povo brasileiro, dar vida à norma constitucional. Assim se conduziu de novo a Nação em 1934 e, depois, em 18 de setembro de 1946. Excepcionalmente, a história brasileira conhece três períodos em que a lei constitucional deixou de trazer o signo da aprovação popular: o primeiro, com a Constituição imperial, de 1824; o segundo, com a Carta constitucional de 10 de novembro de 1937, ambas as quais, se bem que obrigatórias pela razão de causas impositivas da própria outorga, implicaram sempre motivo de insatisfação da consciência jurídica; e o terceiro, com a Emenda Constitucional nº 1, de 17 de outubro de 1969. Esse regime encerrou-se com a Constituição Federal, aprovada pela Assembleia Constituinte, promulgada a 5 de outubro de 1988.

Emanação direta da soberania nacional, submete a Constituição ao seu império todos os órgãos do Estado, discrimina as atribuições dos seus Poderes, delineia todas as peças do organismo nacional.

Por isso mesmo, deve ser obedecida igualmente pelos súditos e pelos detentores do poder e prepostos do Estado. Por isso, também, considera-se nula, pela falta de observância dos seus preceitos, toda atuação que exorbite de seus termos. Toda a atividade estatal deve-lhe obediência, inclusive a da legislatura ordinária e a dos Estados federados. E, se qualquer órgão ou agente do poder transgride os seus mandamentos, e se a Legislatura ofende as normas constitucionais ou o Executivo contravém aos seus preceitos, cabe ao Poder Judiciário decretar a *inconstitucionalidade* da lei ou do ato do Poder Público, *pela maioria absoluta da totalidade dos seus membros* ou dos membros dos respectivos órgãos especiais, na forma do que dispõe o art. 97 da Constituição de 1988.

Tendo em vista a técnica de elaboração, as Constituições se dizem *flexíveis* ou *rígidas*. De tipo flexível é aquela que se acha em constante elaboração, como na Inglaterra, onde não existe senão diferenciação intrínseca ou material entre as leis comuns ou ordinárias e as leis constitucionais, umas e outras emanadas da mesma fonte elaboradora e obedientes aos mesmos critérios de votação. De tipo rígido é a Constituição brasileira, que nasce da votação por Assembleia especificamente convocada e que subordina a Legislatura, traçando-lhe a conduta. Embora rígida, é suscetível de emendas, as quais encontram na própria Constituição (art. 60) a técnica e o processo de aprovação e somente têm valor e eficácia se resultarem da observância dos preceitos reguladores respectivos. Uma vez aprovada a emenda, reveste a mesma forma e encerra o mesmo valor hierárquico da Constituição que passa a integrar.

Chama-se *lei complementar* a que é votada pela Legislatura ordinária, porém destinada à regulamentação dos textos constitucionais. Quando a Constituição define um direito, este é autoexecutável, tem aplicação automática, e é aplicado independentemente de qualquer provimento complementar. Quando, porém, cria situações que exigem o estabelecimento de condições de aquisição ou de exercício, a Legislatura tem de estatuir os requisitos e a forma de efetivação, baixando o diploma regulamentar. Em tais hipóteses, enquanto não é aprovada a lei complementar, o dispositivo constitucional pode restar inaplicável. A Constituição Federal de 1988, mantendo a orientação anterior, estabelece que as *leis complementares da Constituição serão aprovadas por maioria absoluta* (art. 69).

Classificação das Leis 69

Lei ordinária é a que emana dos órgãos que a Constituição investiu da função legislativa. Em nossa organização política, compete ao Poder Legislativo fazer as leis, com a colaboração do Poder Executivo. Esta colaboração se exerce de duas maneiras. A primeira é a atribuição ao presidente da República, como chefe do Poder Executivo, da iniciativa das leis que criem empregos em serviços existentes, aumentem vencimentos de funcionários ou servidores do Estado, fixem os efetivos ou modifiquem das forças armadas (Constituição Federal, art. 61, § 1º). Nestes casos, o Poder Legislativo tem a atribuição de discutir e votar o provimento, mas não tem qualidade para criar o impulso inicial, reservado ao Executivo.

No regime bicameral, que é o vigente no Brasil, o projeto de lei deve ser submetido às duas Casas do Congresso, Câmara dos Deputados e Senado Federal. Logrando aprovação em uma e outra, com observância das normas específicas (art. 64, § 3º, da Constituição), todo projeto (pois que ainda não é lei) será submetido ao Presidente da República, que nesta oportunidade realiza a outra modalidade de colaboração na feitura da lei, com a sanção, promulgação e publicação. Chama-se *sanção* a aprovação do Executivo à deliberação do Legislativo, e marca a fase final de elaboração da norma, integrando-a para transformar o projeto em lei. A sanção diz-se expressa quando o chefe do Executivo, por uma declaração positiva, apõe a sua anuência à manifestação do Legislativo; diz-se tácita quando, sem se opor àquela deliberação, deixa passar o prazo de 15 dias úteis, caso em que o seu silêncio importará em sanção (Constituição, art. 66, § 3º). *Promulgação* é o ato pelo qual adquire a lei força obrigatória e traduz uma atestação da sua existência formal, ou a autenticação de sua regularidade.[1] Com a sanção o projeto converte-se em lei, e, como é da essência desta a obrigatoriedade, resultará, automaticamente, ser promulgada, e assim impor-se à obediência geral. A promulgação é feita pelo Presidente da República como sequência natural e imediata da sanção que lhe dê; ou é feita pelo Presidente do Senado, ou pelo Vice-Presidente, se em tempo oportuno aquele não a tiver promulgado. *Publicação* da lei é a sua divulgação, de forma a torná-la conhecida pelos que têm de aplicá-la ou obedecer aos seus ditames. Publicada a lei com a inserção no *Diário Oficial da União*, torna-se conhecida, ou adquire a presunção de que o é. Iniciativa, discussão, votação, sanção, promulgação e publicação, eis todo o ciclo de elaboração da lei, que passa a integrar o sistema de normas que ordenam juridicamente a nação.

Veto é a manifestação contrária à conversão do projeto em lei, aposto pelo Presidente da República, se o julgar, no todo ou em parte, inconstitucional, ou contrário aos interesses nacionais (art. 66, § 1º, da Constituição Federal). Assim entendendo, o chefe do Executivo, fundamentadamente, comunicará aquelas razões ao presidente do Senado, o qual convocará as duas Casas do Congresso para, em sessão conjunta, apreciá-lo. Pelo voto da maioria absoluta dos deputados e senadores, o veto pode ser rejeitado e, *ipso facto*,[2] considerar-se-á aprovado definitivamente o projeto, e con-

---

1 Ferrara, *Trattato*, I, p. 104.
2 Pelo próprio fato, por isso mesmo, consequentemente.

vertido em lei. Se, ao revés, não obtiver a manifestação desta maioria qualificada, prevalece o veto, e morre o projeto na parte vetada (Constituição, art. 66, § 4°).

O direito positivo nacional não se integra apenas de leis. Quando o Legislativo as vota, definindo direitos, criando deveres ou instituindo situações jurídicas, nem sempre o faz de maneira completa e minuciosa. Deixa, muitas vezes, ao Poder Executivo competente para lhes dar cumprimento o encargo de baixar provisões regulamentares. Estas, que têm caráter secundário, e hierarquicamente se submetem à lei, efetivam-se por via dos *decretos* (Constituição, art. 84, IV). Por serem destinados a pautar a execução da lei, ou regular a prática dos atos destinados ao seu cumprimento, os *decretos* e *regulamentos* devem conter-se nos limites traçados por aquela. Não podem exorbitar de seus termos, sob pena de ineficácia. Por outro lado, quando uma lei depende de regulamentação, não entra em vigor antes que o Poder Executivo baixe o decreto neste sentido. Devem-se distinguir, entretanto, estes decretos, emanados do Poder Executivo, dos chamados *decretos legislativos*, que não são senão provisões emanadas do Poder Legislativo, sem a colaboração ou participação do Executivo, nas matérias de sua estrita competência (Constituição Federal, art. 48, combinado com o art. 59, VI).

Teoricamente não há inconveniente em que o Legislativo delegue suas funções ao Executivo, em razão da morosidade natural e complexidade da ação parlamentar. Ao proceder assim, desde que a delegação especifique a extensão dos poderes delegados, a atividade do Executivo é legítima enquanto se contiver naqueles limites. Aliás, a delegação não exclui a vigilância do Legislativo, que poderá recusar aprovação aos atos exorbitantes da outorga. Durante o período de experiência parlamentar, com o Ato Adicional de 1961, praticou-se a legislação delegada. A Emenda Constitucional n° 1, de 1969, baixou normas especiais para o processo de delegação (CF, arts. 52 e ss.), cabendo esta ao Presidente da República; como a comissão do Congresso Nacional. Em casos de urgência ou de interesse público relevante, o Presidente da República podia expedir decretos-leis em matéria de finanças públicas, segurança nacional, criação de cargos e fixação de vencimentos (art. 55). Em regime normal, e com as cautelas da outorga delimitada, poderá praticar-se proveitosamente essa técnica legislativa, sem que a legislação delegada contrarie a consciência democrática.

Regime de urgência. O Presidente da República podia enviar ao Congresso Nacional projeto de lei sobre qualquer matéria, solicitando a sua apreciação em regime de urgência, em prazo de 45 dias, em sessão conjunta. Decorrido o prazo, sem deliberação, o projeto considerava-se aprovado (Emenda Constitucional n° 1 de 1969, art. 51).

Atendendo a que o Poder Executivo abusava da expedição de decretos-leis e de provimentos em regime de urgência, a Constituição de 1988 substituiu-os por "medidas provisórias com força de lei", submetidas ao referendo do Congresso (art. 84, XXVI). O regime das medidas provisórias foi alterado pela Emenda Constitucional n° 32, de 11.09.2001, que impôs restrições acerca das matérias que podem constituir seu objeto e dispôs sobre o regime de sua tramitação. De acordo com a nova redação do art. 62 e seus parágrafos, as medidas provisórias perderão eficácia, desde a edição, se não forem convertidas em lei no prazo de sessenta dias, prorrogável uma vez por igual período. Contudo, se a medida provisória não for apreciada em até quarenta e cinco dias contados de sua publicação, sua votação entrará em regime de urgência, ficando sobrestadas todas as demais deliberações legislativas da Casa em que estiver tramitando. A medida provisória que tenha sido rejeitada ou que tenha perdido sua eficácia por decurso de prazo não poderá ser reeditada, devendo o Congresso Nacional disciplinar, por decreto legislativo, as relações jurídicas delas decorrentes.

18. Classificação das leis segundo a extensão territorial

É uma peculiaridade dos países de organização federativa, como o nosso, a existência de *leis federais, estaduais* e *municipais*. Não se trata, propriamente, de um escalonamento hierárquico, mas de uma distribuição segundo as matérias que a Constituição Federal atribui à competência das pessoas jurídicas de direito público interno, a União, os Estados e os Municípios.

Leis federais são as votadas pelo Congresso Nacional, com aplicação normal a todo o território da nação, salvo aquelas que por motivo especial se restringem a uma parte dele, como as que se referem à proteção especial aos habitantes do "polígono das secas". Em decorrência do disposto no art. 22, nº I, da Constituição Federal, constitui objeto das leis federais todo o direito civil, comercial, penal, processual, eleitoral, aeronáutico, do trabalho marítimo e agrário, bem como as normas gerais de direito financeiro, diretrizes econômicas e educacionais, regulamentação dos registros públicos e juntas comerciais, disciplina geral das polícias militares, normas gerais reguladoras das desapropriações e requisições civis e militares, normativa do tráfego interestadual, navegação de cabotagem, comércio exterior e interestadual, exploração das riquezas minerais, hidrelétricas e florestais, manutenção dos sistemas de medidas e monetário, regime dos estrangeiros no país, instituição de condições para o exercício de profissões técnico-científicas e liberais, decretação dos impostos da competência tributária da União.

Não existe um critério teórico e universal, fixador da competência de legislar, de maneira uniforme, pelos vários sistemas jurídicos. Nos Estados Unidos da América, de cuja organização republicana federativa a nossa mais se aproxima, é deixada à esfera estadual toda a legislação civil, penal, comercial e processual, o que provoca enorme diversidade de princípios reguladores do mesmo assunto, conforme o Estado da Federação. Nós mesmos, sob o regime da Constituição de 1891, tínhamos reservado aos Estados legislar sobre matéria processual, o que proporcionou a elaboração de numerosos Códigos de Processo. No regime constitucional vigente adotou-se a distribuição das competências mais conveniente à nação.

Leis estaduais são as que votam as Assembleias Legislativas de cada Estado da Federação, com aplicação restrita à circunscrição territorial respectiva. Genericamente, cada Estado faz leis sobre o que, explícita ou implicitamente, não lhe é vedado, provendo às necessidades de seu governo e de sua administração e decretando os impostos de sua competência (Constituição Federal, art. 25).

Neste passo, cumpre registrar uma questão da maior importância e que tem merecido a atenção dos constitucionalistas, nacionais e estrangeiros: o problema da competência legislativa na zona fronteiriça, aquela região que não é perfeitamente definida na atribuição específica da União ou dos Estados. Nos Estados Unidos surgiu a dúvida, que a visão percuciente de Marshall esclareceu, em decisão que ficou célebre, no caso McCulloch *v.* Maryland, originando a fixação da doutrina dos poderes implícitos, *implied powers*, segundo a qual os poderes conferidos pela Constituição permitem a utilização dos meios necessários à sua execução, o que, mais tarde, veio a ser fixado em termos gerais na "Emenda nº 10" à Constituição dos Estados Unidos. No que diz respeito aos poderes reservados aos Estados federados, a técnica dos *implied powers* conduz à dedução de que os poderes, que não tenham sido "reservados" pelos Estados ou pelo povo, passaram à União.[3] Na organização política brasileira, cuja história difere da americana, porque partimos do regime unitário para o federativo, à União é reservada maior soma de poderes que aos Estados, podendo-se dizer, ao inverso dos Estados Unidos, que os poderes não reservados à União foram atribuídos aos Estados federados, com a admissão de que a Constituição Federal permite à Legislatura estadual agir naquilo que não tenha sido expressamente vedado (Constituição, art. 25, § 1º), mediante a utilização dos *implied powers* recebidos constitucionalmente. Toda vez que o Estado-Membro legislar em colisão com os princípios assentados na Constituição Federal, procede nulamente, por eiva de inconstitucionalidade. Mas, não ofendendo os princípios constitucionais da União, tem o Estado federado competência para legislar, em razão dos poderes implícitos reservados, naquilo que diga respeito às matérias atinentes à sua administração, ao seu governo, aos seus serviços.[4]

Leis municipais são as que as Câmaras de Vereadores aprovam, e só vigem nos limites territoriais dos respectivos municípios. Reconhecida e proclamada a autonomia municipal (Constituição Federal, art. 29), legislam os municípios sobre matéria de seu peculiar interesse, decretam os impostos de sua competência e estatuem a organização dos serviços públicos locais.

19. Classificação das leis segundo a força obrigatória

Tem este critério em vista a distribuição das leis quanto à obrigatoriedade de que são dotadas, conforme estatuam um comando de que ninguém pode escapar (*ius cogens*), ou estipulem normas que podem ser afastadas pelo ajuste dos interessados. Dividem-se, então, em *imperativas* ou *proibitivas* de um lado e em *supletivas* ou *permissivas* de outro lado.

---

3   Ferguson e McHenry, *The American Federal Government*, p. 85 e 359.
4   Temístocles Cavalcanti, *A Constituição Federal Comentada*, vol. I, p. 273 e ss.; Pontes de Miranda, *Comentários à Constituição de 1946*, vol. II, p. 49 e ss.

Leis proibitivas ou *imperativas* são as que estabelecem princípios cuja manutenção é necessária à ordem social, e por isso impõem-se, obrigatoriamente, a todos os indivíduos, inderrogáveis que são pela vontade privada. Umas e outras compõem os princípios que envolvem um interesse público, tanto as normas de direito público propriamente dito, quanto as que, inseridas no corpo do direito privado, constituem as chamadas *leis de ordem pública*, cuja conceituação já foi objeto de cogitações no nº 3, *supra*. Como resulta de sua própria denominação, podem conter uma imposição afirmativa e determinar uma ação, seja da parte dos funcionários do Estado, seja da dos seus súditos, obrigando-os, uns e outros, a praticar certos atos ou a adotar certa conduta, caso em que se denominam *imperativas*; ou podem traduzir uma regra negativa, interdizendo a prática de dados outros, ou instituindo uma abstenção, e se chamam então *leis proibitivas*.

Positivas ou imperativas, proibitivas ou negativas, impõem-se à vontade de todos, criando situações jurídicas ou estabelecendo normas de procedimento que não dão ensejo a ninguém de agir diferentemente. Umas se limitam a estatuir regras de conduta, sem a criação simultânea ou correlata de direitos subjetivos, como no caso em que o legislador proíbe o casamento de ascendente com descendente, qualquer que seja o grau de parentesco (Código Civil, art. 1.521, I). Outras determinam, sob forma imperativa ou proibitiva, uma determinada conduta pessoal, a que corresponde, em favor de outrem, a criação de uma situação jurídica individual ou um direito subjetivo, como na hipótese da norma legal que impõe a ambos os cônjuges o dever de assistência mútua (Código Civil, art. 1.566, III), gerando, neste sentido, o direito a uma prestação exigível.

Umas e outras, constituindo *ius cogens*, são insuscetíveis de ser derrogadas ou afastadas pela vontade das partes, e os direitos delas oriundos, a seu turno, não podem ser objeto de renúncia por aquele em cujo favor são instituídos, resultando frustro e ineficaz qualquer ato praticado com este propósito.[5]

Não existe um critério objetivo e apriorístico para a identificação das leis que têm esta característica cogente. É certo que umas se apresentam, proibitivas ou imperativas, em termos que por si revelam desde logo a sua natureza. Mas outras há, ocupando zona fronteiriça, que embaraçam uma classificação seja porque o legislador não as definiu como de ordem pública ou não as caracterizou pela sanção, seja porque a matéria versada se oferece eivada de dúvidas. Nestes casos, a experiência técnica do jurisconsulto é que as qualificará devidamente.[6]

Leis supletivas ou *permissivas* instituem princípios não essenciais à organização e funcionamento do Estado, ou da vida social, e, por isso, não se impõem compulsoriamente. Às vezes, o legislador cinge-se a *permitir* uma conduta, deixando à liberdade individual segui-la ou não. Outras vezes, estatui normas destinadas a vigorar como subsidiárias da vontade manifestada pelas partes, preceitos que apenas

---

5 *E.g.* art. 1.707 do Código Civil.
6 Capitant, *Introduction à l'Étude du Droit Civil*, p. 39.

suprem a deliberação dos interessados. Vigoram toda vez que estes deixem de adotar uma atitude contrária à sua aplicação, por conterem matéria relegada à conveniência privada das pessoas que intentem praticar o ato. A lei diz que as quantias adiantadas pelo mandatário, para a execução do mandato, vencem juros desde a data do desembolso (Código Civil, art. 677), mas assim estatui em caráter supletivo, porque as partes podem convencionar diferentemente. Ao contrário dos direitos oriundos das leis de ordem pública, os que nascem de regras permissivas ou supletivas são plenamente renunciáveis.

O direito privado é o campo de ação das leis permissivas ou supletivas. Mas não existe uma regra infalível neste sentido, pois nem toda lei de direito público é *ius cogens* (por exemplo, a lei *faculta* aos analfabetos o alistamento eleitoral e o direito de voto, não obstante ser público o direito eleitoral); e nem toda lei de direito privado é supletiva (por exemplo, a Lei do Inquilinato proíbe a majoração unilateral dos aluguéis na pendência do contrato, não obstante a locação ser matéria de direito privado). Em geral, no direito privado vigora o princípio da autonomia da vontade, e, nesta órbita, são supletivos ou meramente permissivos os princípios legais, salvo, entretanto, no que o legislador entende interessar à ordem pública, ponto onde começa a incidência das normas inderrogáveis pela vontade privada.

Lugar especial é reservado às *leis interpretativas*, que têm por objeto dar, sob forma autêntica, o entendimento adequado a outra lei. O legislador, não obstante a presunção de sabedoria, pode baixar provisão, cujos termos por ambiguidade ou obscuridade, como pela utilização de linguagem imprecisa, suscitam dúvidas ou oferecem dificuldades no momento de sua execução, gerando em torno do entendimento da norma controvérsias inafastáveis pela aplicação das regras de hermenêutica. Diante de tais problemas, que desafiam a argúcia dos técnicos, o legislador volta ao assunto legislado e esclarece a disposição obscura, por via de novo diploma, que recebe o nome de *lei interpretativa*. Embora cronologicamente posterior à lei interpretada, é considerada como se fosse contemporânea dela, e, por uma ficção, entende-se que a lei interpretativa, tomando o lugar da outra, é a própria lei interpretada.

20. Classificação das leis segundo a natureza

A matéria que constitui objeto da lei ora diz respeito ao direito criado ou ao dever imposto, ora à forma de seu exercício ou de sua imposição. Dividem-se, então, as leis, segundo a sua natureza, em *leis materiais* ou *teóricas* e *leis formais* ou *processuais*.

Leis materiais ou *teóricas* são as que definem direitos e deveres, estabelecem as condições existenciais de uns e de outros, os requisitos de constituição e gozo das situações jurídicas, os elementos dos *status* pessoais etc.

Leis formais ou *processuais* destinam-se a regular os meios de realização dos direitos predefinidos ou de efetivação dos deveres impostos. Como, pela sua natureza mesma, têm a finalidade de permitir ao indivíduo ou ao órgão estatal a técnica de tornar em realidade o conteúdo das leis materiais, subordinam-se a estas, pois do contrário ter-se-ia a inversão da causalidade, antecipando-se o efeito à causa que o gerou. Diversamente entendia o direito romano, que fazia decorrer o direito da preexistência de uma *ação*. Somente quem tinha a ação podia ser titular de um direito. Definindo a lei material um direito (por exemplo, o proprietário tem a faculdade de reaver a sua coisa do poder de quem quer que injustamente a possua – Código Civil, art. 1.228), vem a lei formal e regula os meios de que o seu titular deve valer-se para tornar efetivo o direito assegurado (no mesmo exemplo, a lei processual regula o procedimento judicial de que se valerá o proprietário para obter o provimento que faça o possuidor injusto restituir a coisa).

Comumente, as leis materiais ou teóricas são chamadas *leis substantivas*; seu conjunto é chamado *direito substantivo*; em contraposição, as leis formais ou processuais se apelidam de *leis adjetivas*, e o seu complexo, *direito adjetivo*. Embora tradicional e divulgada com a maior frequência, a técnica é imprópria, e as denominações não se equivalem, porque nem toda lei formal é adjetiva, mas, ao revés, existem leis processuais ou formais substantivas. Quando uma lei formal ou um dispositivo de um Código processual define um direito, constitui norma substantiva da mesma forma que o preceito de uma lei material. Assim, a disposição definidora da competência do juiz (Código de Processo Civil de 1973, arts. 86 e ss.; Código de Processo Civil de 2015, arts. 42 e ss.), o preceito fixador da autoridade da sentença (Código de Processo Civil de 1973, art. 467; Código de Processo Civil de 2015, art. 502), a norma definidora do direito de ação (Código de Processo Civil de 1973, art. 3º; Código de Processo Civil de 2015, art. 17), todas essas de direito processual embora, são *disposições substantivas*. Como se referem à técnica de efetivação dos direitos, e por isso compõem a lei formal ou processual, devem dizer-se de *direito substantivo processual*. Ao revés, quando uma lei formal ou um dispositivo de um Código processual regula o mecanismo de andamento do feito em Juízo, constitui um direito adjetivo, determinando, por exemplo, os trâmites que a ação ordinária deve percorrer (Código de Processo Civil de 1973, arts. 282 e ss.; Código de Processo Civil de 2015, arts. 319 e ss.), ou a interposição do recurso de apelação (Código de Processo Civil de 1973, arts. 513 e ss.; Código de Processo Civil de 2015, art. 1.009). São, por isso, mais precisamente, disposições de *direito adjetivo processual*. Na boa técnica jurídica, portanto, não se deve confundir lei material ou teórica e lei substantiva, pois nem toda lei substantiva é material; não se deve ter como sinônimo de lei formal ou processual a lei adjetiva, pois nem toda lei processual é adjetiva. A qualificação de *adjetiva* deve reservar-se para as disposições que regulam o *procedimento*.

Há leis que ao mesmo tempo definem os direitos e disciplinam a forma de sua realização. Conjugam o conteúdo material e a estrutura formal, apresentando simultaneamente dispositivos de direito material ou teórico e de direito formal ou processual. A estes institutos, em que se alinham as disposições substanciais ao lado das processuais, dá-se o nome de *institutos unos*; por exemplo, a Lei de Falências ou instituto falimentar, em que se articulam as normas definidoras do estado de falência, os efeitos de sua decretação sobre os bens do falido ou sobre os direitos de terceiros, em que se capitulam os crimes falimentares etc., e ao mesmo tempo se especifica a forma do pedido e de defesa, o rito de habilitação dos créditos, o procedimento, em suma.

21. Classificação das leis segundo a intensidade da sanção

Toda lei, como vimos (nº 10, *supra*), é dotada de sanção, elemento característico da norma jurídica e diferenciador desta relativamente ao preceito moral. Mas esta sanção, sempre presente, varia entretanto de intensidade, conforme se faça sentir, mais ou menos direta e ativamente o efeito da transgressão do preceito na prática do ato jurídico.

A classificação, que se atribui sem razão aos romanos, distribui as leis em três categorias: *leges perfectae, leges minus quam perfectae* e *leges imperfectae*.[7]

Leis perfeitas são as que proíbem ou impõem uma conduta ou instituem requisitos exigindo sua observância como condição de eficácia do ato, e cominam a pena de nulidade para o que é praticado com transgressão de seu preceito. *Lex perfecta*, *e.g.*, é o dispositivo que proíbe o casamento de pessoas já casadas, fulminando de nulidade o ato a ela contraveniente (Código Civil, art. 1.521, VI).

Leis menos que perfeitas são as que proíbem ou impõem determinado comportamento e instituem para a contravenção de seu preceito não a invalidade do ato, mas uma penalidade diferente. Como tal pode-se exemplificar com o inciso que proíbe o casamento do viúvo ou viúva, que tiver filhos do cônjuge falecido, enquanto não fizer inventário dos bens do casal e der partilha aos herdeiros, porque o casamento celebrado em contrariedade a esta proibição não é atingido em sua validade, mas atrai para o transgressor, como penalidade, o regime de separação de bens (*e.g.*, Código Civil, arts. 1.523, I e 1.641, I).

Leis imperfeitas são as que não se fazem acompanhar da pena de nulidade do ato, nem de outra punição ao transgressor, procurando, entretanto, o legislador, por outros meios indiretos, obviar à sua contravenção.

---

7   Cogliolo, *Filosofia do Direito*, p. 75; Vicente Ráo, *O Direito e a Vida dos Direitos*, I, nº 215; Orlando Gomes, *Introdução*, nº 18.

CAPÍTULO V
EFICÁCIA DA LEI

Sumário

22. Início da vigência das leis. **23.** Princípio da obrigatoriedade das leis. **24.** Princípio da continuidade das leis. **25.** Cessação da eficácia das leis: revogação, derrogação, ab-rogação. **26.** Revogação: expressa e tácita. **27.** Lei repristinatória. **27-A.** Eficácia imediata da Constituição.

Bibliografia

Ferrara, *Trattato*, I, nº 25; Oscar Tenório, *Lei de Introdução ao Código Civil Brasileiro*, comentário aos arts. 1º, 2º e 3º; Espínola e Espínola Filho, *Tratado de Direito Civil Brasileiro*, I, nos 15 e ss.; Serpa Lopes, *Curso*, I, nos 25 e ss.; Clóvis Beviláqua, *Teoria Geral*, nº 10; Ruggiero e Maroi, *Istituzioni*, I, § 19; Capitant, *Introduction à l'Étude du Droit Civil*, p. 45; Barassi, *Istituzioni di Diritto Civile*, § 2º; Planiol, Ripert e Boulanger, *Traité Élémentaire*, nos 200 e ss.; Enneccerus, Kipp e Wolff, *Tratado*, I, § 34; Espínola e Espínola Filho, *Lei de Introdução ao Código Civil*, I, comentário aos arts. 1º, 2º e 3º; Mazeaud *et* Mazeaud, *Leçons*, I, nos 76 e ss.; Vicente Ráo, *O Direito e a Vida dos Direitos*, I, nos 235 e ss.

EFICÁCIA DA LEI 79

22. Início da vigência das leis

Encerrada a fase de elaboração da lei, depois de votada, promulgada e publicada (cf. nº 17, *supra*), merece cuidado o problema de sua vigência. Perfeita e completa, torna-se um comando, que se dirige à vontade geral, ordenando ou proibindo, ou suprindo à vontade dos indivíduos. À semelhança da vida humana, também as leis têm a sua própria vida, que é a sua vigência ou a faculdade impositiva: nascem, existem, morrem. Estes três momentos implicam a determinação do *início* da sua vigência, a *continuidade* da sua vigência e a *cessação* da sua vigência.

Com a promulgação, tem-se a lei autenticada e perfeita. Mas não é possível concebê-la como uma ordem geral, antes da difusão do seu texto, que se realiza pela publicação. Esta fazia-se outrora por pregões, anunciados a toque de tambor: divulgação mais simbólica que efetiva, pois não se podia aceitar, nem por presunção, que todas as populações acorressem a ouvir o anúncio.

No Brasil, a publicação se realiza através do *Diário Oficial*, em que o texto legal vem estampado, de sorte a permitir a todos sua leitura e seu estudo. Com a publicação da lei, fixa-se a sua existência e identifica-se pela numeração que recebe e pela data da promulgação. Mas a sua vigência, a sua qualidade impositiva, está sujeita a regras especiais. Poderá haver ou não coincidência, entre a data da publicação e o momento em que se inicia o seu vigor. Em qualquer caso, o ponto de partida é a publicação oficial.

A fixação do início da vigência de uma lei deve ser buscada primeiramente nela própria, quando em disposição especial o estipula: ora estatui que entra em vigor na sua mesma data de publicação, caso em que não ocorre qualquer tempo intermédio, produzindo seus efeitos no mesmo dia em que é estampada no *Diário Oficial*, e a partir de então sujeitando todos os indivíduos ao seu império; ora estabelece uma data especialmente designada como o momento inicial da sua eficácia, caso em que não há cogitar de nenhuma regra abstrata ou teórica, senão de aguardar a chegada do *dies a quo*. A escolha de uma ou de outra determinação é puramente arbitrária para o legislador, que se deixa naturalmente levar por motivos de conveniência. Faz coincidir a data da publicação e a entrada em vigor quando entende desaconselhável ao interesse público a existência de um tempo de espera. Ao contrário, estipula uma data precisa, e mais remota, para aquelas leis que, pela importância, pela alteração sobre o direito anterior, pela necessidade de maior estudo e mais ampla divulgação, reclamam se estenda no tempo a data de início da eficácia, como ocorreu com o antigo Código Civil, promulgado em 1º de janeiro de 1916, e com início de vigência estabelecido para 1º de janeiro de 1917 (art. 1.806); o Código de Processo Civil, publicado em janeiro de 1973 para vigorar em 1º de janeiro de 1974; e o Código Civil, promulgado em 10 de janeiro de 2002 para vigorar em 11 de janeiro de 2003.

Na falta de disposição especial a respeito, vigora o princípio que reconhece a necessidade de decurso de um lapso de tempo entre a data da publicação e o termo inicial da obrigatoriedade. Neste tempo intermédio, que se denomina *vacatio legis*, já existe a lei, perfeita e completa, mas não está ainda em vigor, não obriga, não pode ser aplicada, não pode ser invocada, não cria direito nem impõe deveres. Mas nada impede que os interessados, espontaneamente, façam estipulações na conformidade da lei já publicada, mas ainda não vigorante. Por outro lado, são válidos os atos praticados de conformidade com a lei anterior.[1]

A Lei de Introdução às Normas do Direito Brasileiro vigente (Decreto-Lei nº 4.567, de 4 de setembro de 1942) estabeleceu o início da obrigatoriedade sob o império do princípio do *prazo único* ou *simultâneo*, determinando o seu art. 1º que, à falta de disposição expressa em contrário, começa a vigorar a lei, simultaneamente, em todo o país 45 dias após a publicação. Considera-se esse período suficiente para que se torne a lei conhecida e estudada, e então, decorrido esse tempo de *vacatio*, obtém-se a obrigatoriedade uniforme da lei e a aplicação de um só direito para toda a nação.

Muito embora a lei, como expressão da soberania, tenha aplicação no território nacional, pode estender-se além deste, quer no que diz respeito às atribuições dos ministros, cônsules e demais funcionários de nossas representações diplomáticas, quer aos brasileiros ou estrangeiros no tocante aos atos destinados a produzir efeitos no Brasil, quer no tocante aos princípios e convenções de direito internacional. Prevendo-o, estabeleceu (LINDB, art. 1º, § 1º) que nos Estados estrangeiros a obrigatoriedade da lei brasileira, quando admitida, tem início três meses depois de oficialmente publicada.

A forma de contagem do prazo para entrada em vigor das leis que estabeleçam período de vacância faz-se com a inclusão da data da publicação e do último dia do prazo, entrando em vigor no dia subsequente à sua consumação integral (Lei Complementar nº 95, de 1998, com as alterações da LC 107, de 2001, art. 8º, § 1º).[2] Na contagem do prazo são computados domingos e feriados, de tal maneira que, no termo certo, inicia a sua obrigatoriedade, sem interrupção ou suspensão.

Poderá acontecer que a lei, ao ser publicada, contenha incorreções e erros materiais que, exorbitando de pequenas falhas ortográficas que lhe não desfiguram o texto, exijam nova publicação, total ou parcial. Se tiver de ser repetida a publicação, *antes* de entrar a lei em vigor, os artigos republicados terão prazo de vigência contado da nova publicação, para que o texto correto seja conhecido, sem necessidade de que se vote nova lei: apenas anula-se o prazo decorrido, de sorte que o dispositivo emendado conte o prazo de vigência com observância da regra geral (LINDB, art. 1º, § 3º). As correções, porém, somente prevalecem no tocante a falhas materiais, pois

---

1   Espínola e Espínola Filho, *Lei de Introdução*, I, nº 19, p. 49; Vicente Ráo, *O Direito e a Vida dos Direitos*, I, nᵒˢ 240 e 242.

2   LC 95/2008, art. 8º, § 1º. A contagem do prazo para entrada em vigor das leis que estabeleçam período de vacância far-se-á com a inclusão da data da publicação e do último dia do prazo, entrando em vigor no dia subsequente à sua consumação integral.

EFICÁCIA DA LEI   81

que se a pretexto de emenda houver alteração na disposição legal, somente por via de outra lei poderá ser feita.[3]

As emendas ou correções à lei que já tenha entrado em vigor são consideradas lei nova (LINDB, art. 1º, § 4º), a cujo começo de obrigatoriedade se aplica o princípio geral da *vacatio legis*. Mas, pelo fato de a lei emendada, mesmo com incorreções, ter adquirido força obrigatória, os direitos adquiridos na sua vigência têm de ser resguardados, e não são atingidos pela publicação do texto corrigido.[4]

Quando a lei, ao ser votada, depende de regulamentação pelo Poder Executivo, sua vigência se considera suspensa, até que o decreto executivo seja expedido, e isto porque a necessidade de regulamentação opera como uma condição suspensiva à força obrigatória da lei. Mas é evidente que, se não toda a lei, mas apenas uma parte exige regulamentação, somente esta tem a sua eficácia suspensa até a publicação do respectivo decreto, pois que, no mais, nenhum obstáculo existe a que de pronto adquira força obrigatória.[5]

23. PRINCÍPIO DA OBRIGATORIEDADE DAS LEIS

Uma vez em vigor, a lei é uma ordem dirigida à vontade geral. É obrigatória para todos. Sujeitos à sua obediência e ao seu império estão todos os indivíduos, sem distinção de categoria social, de nível de cultura ou de grau de inteligência. A esta generalização da força impositiva dá-se o nome de *princípio da obrigatoriedade da lei*, e se exprime com a afirmativa da submissão de todos ao seu império. Noutros termos, ninguém se pode furtar à sua observância, e "ninguém se escusa de cumprir a lei, alegando que não a conhece" (LINDB, art. 3º). Não vai nisto uma regra de mera contingência, que o legislador acidentalmente adota, mas um princípio básico de todo o ordenamento jurídico, pois a escusativa da ignorância poria à margem da lei qualquer transgressor de seus mandamentos. Já o romano assentara "*nemo ius ignorare censetur*".[6] Todos os sistemas jurídicos se constroem sobre o princípio da força obrigatória das leis, cuja abolição implicaria a identidade de todas as contravenções, e converteria a lei em palavra vã, expondo a integridade jurídica do indivíduo ao assalto dos malfeitores. O princípio da obrigatoriedade afina com a própria norma da coexistência e organização da vida em sociedade.

Admitia-se outrora, e os juristas antigos proclamavam, que o conhecimento da lei constituía uma *presunção* de natureza absoluta "*praesumptio iuris et de iure*",[7] decor-

---

3   Planiol, Ripert e Boulanger, *Traité*, I, nº 207.

4   Oscar Tenório, *Lei de Introdução*, comentário ao art. 1º, § 4º; v. sobre a prática da *errata no Diário Oficial*, Mazeaud *et* Mazeud, *Leçons*, I, p. 107.

5   Clóvis Beviláqua, *Comentários*, I, p. 97, ao art. 1º, *Da Lei de Introdução*; Espínola e Espínola Filho, *Lei de Introdução*, I, nº 25, p. 61.

6   "Considera-se que ninguém ignora a lei".

7   A presunção absoluta (*iuris et de iure*) é aquela que não admite prova em contrário; já a presunção relativa (*iuris tantum*) a admite. Para um exemplo desta última, v. art. 8º do Código Civil.

rente de sua publicação. A lei era conhecida, tinha de ser conhecida, e a alegação de sua ignorância a ninguém escusava – *"nemine excusat ignorantia legis"*[8] – porque o seu desconhecimento já importava, por si só, o convencimento de culpa por parte daquele que a infringia ou contrariava.[9] Com o caráter de presunção de sua ciência, seria admissível afirmar o princípio na infância da civilização jurídica, quando as regras de direito se resumiam em poucos preceitos, passíveis de retenção, senão por todos, ao menos pela generalidade dos indivíduos. A proliferação legislativa moderna, como corolário da complexidade da vida social de nosso tempo, é o mais franco desmentido da presunção geral de seu conhecimento. Mesmo os profissionais, técnicos de seu ofício, já não têm possibilidade de dominar todas as províncias jurídicas, de forma a se admitir neles o conhecimento integral do direito. A presunção de que a lei é de todos conhecida choca-se então na barreira da impossibilidade material de sua ciência, pois com maioria de razão os leigos, na massa anônima dos súditos do Estado, nem por absurdo haveriam de conhecer a lei, tomada a expressão em sentido geral de norma jurídica. Daí proclamar-se que o fundamento da obrigatoriedade das leis não pode repousar em uma presunção de seu conhecimento subjetivo pelos indivíduos.[10]

Paralelamente à teoria da presunção, imaginou-se a da *ficção*.[11] Embora se saiba que a lei não é conhecida de todos, sustenta-se que a sua publicação tem o objetivo de torná-la conhecida, e ela é obrigatória porque o ordenamento jurídico se desenvolve como se fosse o direito plenamente conhecido. O recurso à ficção parte do pressuposto de que esta opera como se fosse a própria verdade, não obstante não ser: *"tantum operatur fictio in casu ficto, quantum veritas in casu vero"*.[12] E, como por ficção a lei é conhecida, muito embora em verdade não seja, ninguém se pode escusar sob alegação de desconhecê-la.

Presunção e ficção de conhecimento contrariam de tal sorte a realidade que o princípio da obrigatoriedade alicerçado em fundamento tão frágil não resistiria à análise. Daí o recurso a outro raciocínio: não se pode presumir a ciência da norma jurídica, nem instituir a *fictio iuris* de seu conhecimento, porém deve-se admitir que todos podem conhecê-la e conformar seus atos à disposição publicada.[13] Mas o que se faz, assim, é apenas alterar os efeitos daquela presunção, pois é o mesmo dizer que a obrigatoriedade da lei repousa no fato de que todos a conhecem como no de que todos podem conhecê-la, uma e outra fórmula rezando em arrepio flagrante da verdade material e da verdade potencial.

Os juristas modernos preferiam encarar a realidade e focalizar o problema à luz da verdade objetiva. A lei é obrigatória, a lei tem de ser obedecida, não por motivo

---

8   "O desconhecimento da lei não desculpa a ninguém".
9   Barassi, *Istituzioni di Diritto Civile*, nº 3, p. 24; Ferrara, *Trattato*, I, p. 118.
10   Ferrara, *Trattato*, I, p. 118.
11   Serpa Lopes, *Curso*, I, p. 70.
12   "Tanto a ficção opera no caso fictício, quanto a verdade no caso verdadeiro."
13   João Franzen de Lima, *Curso*, I, nº 41.

de um conhecimento presumido ou ficto, mas para que seja possível a convivência social.[14] A lei é obrigatória por uma razão de interesse da própria vida social organizada. Quando a Lei de Introdução às Normas do Direito Brasileiro declara que ninguém se escusa de cumprir a lei, sob alegação de que não a conhece, está pura e simplesmente proclamando o princípio de que ela é obrigatória para todos, ainda para aqueles que efetivamente a ignoram. O interesse da segurança jurídica, como acentua Ferrara, impõe e exige este sacrifício, que não é menor nem mais suave, se se parte da falsa presunção de conhecimento.[15] Partindo deste cânon, que é fundamental, e que se inspira em uma razão de conveniência, institui-se o princípio da obrigatoriedade em termos realistas. A lei é obrigatória, deve ser cumprida, tem de ser obedecida por todos, cultos ou incultos, conheçam ou desconheçam os seus dispositivos, porque assim o exigem razões mais altas de interesse público. Pelo mesmo fundamento é inacolhível a escusativa de sua ignorância.

Aqui surge, entretanto, a distinção relativa à incidência do agente em erro, com a distinção entre o *error facti* (erro de fato) e o *error iuris* (erro de direito), que estudaremos oportunamente, ao tratarmos deste defeito dos negócios jurídicos no nº 89, *infra*.

Corolário prático da regra da obrigatoriedade, a par do dever geral de submissão de todos ao imperativo legal, é a desnecessidade de se provar, em juízo, a norma jurídica aplicável à espécie. Muito embora o Código de Processo Civil de 2015 estabeleça que as partes devem expor o fato e os fundamentos jurídicos do pedido, tanto o autor como o réu (art. 282, III, e art. 300; Código de Processo Civil de 2015, art. 319, III e art. 336) não pode deixar de vigorar a regra *iura novit curia*.[16] O juiz, no exercício de sua função jurisdicional, e no cumprimento de seu dever funcional, tem de aplicar a norma adequada à espécie, ainda que o interessado não a tenha invocado especificamente, salvo, é claro, aquelas alegações que constituem uma faculdade deixada ao arbítrio do beneficiado. Quando o dispositivo legal tem cabimento, o juiz o aplica, sob alegação da parte ou no suprimento de sua omissão, ou mesmo contra a vontade dos interessados, se nisto estiver em jogo o interesse da ordem pública.

O vigor do princípio *iura novit curia* não se estende, porém, ao direito estrangeiro, como ao direito costumeiro, local ou singular (Código de Processo Civil de 1973, art. 337; Código de Processo Civil de 2015, art. 376). O juiz tem o dever de conhecer o direito nacional, a lei vigorante em todo o território do país, mas não é obrigado a saber quais os princípios vigentes fora deste, ou quais as regras especiais a um Município, ou os dispositivos da legislação estadual, ou o costume. Não está adstrito, no entanto, àquele preceito comprovado em juízo; ao revés pode utilizar outras fontes de informações, de ofício, declarar qual a disposição aplicável inde-

---

14 Barassi, *Istituzioni*, p. 24.
15 Ferrara, *Trattato*, p. 199.
16 "O juiz conhece o direito".

pendentemente do subsídio trazido pelas partes, seja de direito estrangeiro, seja de direito local.[17]

24. Princípio da continuidade das leis

Da própria noção conceitual temos que a lei é uma ordem permanente, o que implica a dedução de sua continuidade, mas não traduz obviamente eternidade, incompatível que seria esta com a natureza contingente da obra humana. Tal qual na física a lei da inércia afirma que, uma vez impulsionado e posto em movimento, o corpo assim se mantém até que uma força contrária lhe imponha o repouso, também no mundo jurídico, a lei em vigor permanece vigente, até que uma força contrária lhe retire a eficácia.

A fixação desta força contrária é objeto da cogitação dos especialistas. Não padece dúvida a faculdade inibitória de outra lei sobre a existência e a continuidade da que é atingida. Mas é objeto de controvérsia a indagação se uma lei pode perecer pelo desuso. Henri Capitant acredita que o costume contrário resultante do não uso prolongado da lei, atingindo um largo lapso de tempo, induz a averiguação da inutilidade da norma. A não aplicação ou desuso, quando provada a intenção de abandonar definitivamente aquela regra escrita, gera uma dessuetude, oponível à força obrigatória da lei.[18] Em oposição, investe Gény, e com ele toda uma corrente de civilistas, partindo da noção fundamental de fonte criadora de direito, e sustentando que a lei conserva esta qualidade, enquanto ao costume se reserva uma função subsidiária (nº 11, *supra*). Por isso, o costume não pode entrar em luta com a lei. Enquanto guarda fidelidade aos ditames desta, seja para auxiliar no seu entendimento, seja para suprir as suas deficiências e lacunas (*"consuetudo secundum aut praeter legem"*[19]), tem validade e eficácia; mas, no momento em que afronta a lei, não se pode formar o costume. A não aplicação da lei, por prolongada que seja, jamais se deverá considerar como abandono ou renúncia dos interessados, hábil a inutilizar o seu preceito, de vez que na organização jurídica do Estado a força coativa da norma legal não está na dependência da vontade ou do arbítrio dos indivíduos.[20]

Nos regimes jurídicos em que a teoria geral das fontes de direito assenta na supremacia da lei escrita, deve ter e tem efetivamente esta um começo certo e um fim precisamente caracterizado; nasce, vive e morre, somente cessando sua obrigatoriedade em razão de um fato que o legislador reconhece, como hábil a este resultado, que é a revogação. Enquanto esta não ocorrer, a lei permanece em vigor, mesmo que decorra largo tempo sem que seja invocada e aplicada. Existe viva, persistente e eficaz, passível de aplicação, enquanto não se extinguir pelo meio regular. Esta persistência e permanência é o *princípio da continuidade*, que a sustenta até o surgimento

---

17   Enneccerus, Kipp e Wolff, *Tratado*, I, nº 34, p. 147.

18   Capitant, *Introduction à L'Étude du Droit Civil*, p. 47.

19   "Costume segundo ou além da lei".

20   Gény, *Méthode d'Interprétation et Sources*, I, p. 401, nº 128; Ferrara, *Trattato*, I, p. 255; Planiol, Ripert e Boulanger, *Traité*, I, nº 121.

de força contrária à sua vigência. E, como tal força tem de emanar de outra lei, o princípio da continuidade enuncia-se nesta regra: não se destinando a vigência temporária, a lei estará em vigor até que outra a modifique ou revogue (LINDB, art. 2º).

25. Cessação da eficácia das leis: revogação, derrogação, ab-rogação

Pelo princípio da continuidade, a lei somente perde a eficácia em razão de uma força contrária à sua vigência. E tal força é a *revogação*, consistente na votação de outra lei, com a força de fulminar a sua obrigatoriedade.

A revogação pode ser *total* ou *parcial*, por atingir a totalidade ou apenas uma parte de seus dispositivos. À revogação total dá-se o nome de *ab-rogação*; a parcial chama-se *derrogação*, apagando a primeira a eficácia completa da lei anterior, e atingindo a segunda apenas uma parte dela, enquanto deixa íntegras as disposições não alcançadas: "*Derogatur legi, aut abrogatur. Derogatur legi, cum pars detrahitur; abrogatur legi cum prorsus tollitur*".[21] Ab-rogada uma lei, desaparece e é inteiramente substituída pela lei revogadora, ou simplesmente se anula, perdendo o vigor de norma jurídica a partir do momento em que entra em vigor a que a ab-rogou. Derrogada, a lei não fenece, não sai de circulação jurídica, mas é amputada nas partes ou dispositivos atingidos, que apenas estes perdem a obrigatoriedade.

Ao dizermos que a cessação da eficácia da lei é a revogação, aludimos a esta como sua causa normal e frequente. Mas não podemos considerá-la como razão única. Pode, ainda, ocorrer a morte da norma jurídica independentemente da existência de uma lei posterior que a venha destruir. Há leis que trazem ínsito o germe de extinção de sua obrigatoriedade. Há leis que já começam a vigorar com o estabelecimento de um prazo para a sua vigência, e força obrigatória a termo certo, não necessitando, por isso mesmo, da votação de outra lei para que percam a sua força. São chamadas, então, *leis temporárias*. Destas, umas há pela própria natureza, como as leis orçamentárias, que fixam a despesa e orçam a receita nacional pelo período preestabelecido (um ano), destinando-se a ter plena força dentro do prazo, para desaparecerem ao fim do tempo durante o qual são naturalmente aplicáveis. Outras não tiram da sua própria destinação o estabelecimento de termo extintivo, mas são temporárias por estabelecerem, expressamente, o momento em que deixarão de vigorar, como já aconteceu com leis reguladoras das locações urbanas (legislação de inquilinato), que estatuíam um prazo de vigência, ao fim do qual deverão perder a força obrigatória. A lei temporária (*lex ad tempus*) não pode ultrapassar o seu tempo final, a não ser que ocorra a sua *prorrogação*, seja tácita (*e.g.*: as leis orçamentárias ficam prorrogadas por outro prazo ânuo, se o novo orçamento não for enviado à sanção do presidente

---

21 "Derroga-se a lei ou ab-roga-se. Derroga-se a lei quando se remove parte dela; ab-roga-se, quando se suprime totalmente".

da República), *seja expressa*, quando outra lei é votada, estendendo o seu período de duração por outro prazo, ou por prazo indeterminado.

A doutrina indaga, e com animação debate o problema, se a cessação da vigência da lei pode decorrer do definitivo desaparecimento das circunstâncias que ditaram os seus dispositivos. Pela afirmativa, invoca-se a parêmia *"cessante ratione legis cessat et ipsa lex"*.[22] Pela negativa pronuncia-se a doutrina que recusa ao brocardo qualquer valor, em razão de que a vontade da lei, uma vez positivada, distingue-se dos fatores psicológicos que a ditaram.[23] Na verdade, a força obrigatória não pode ficar à mercê de uma discussão abstrata das razões determinantes de sua votação, sob pena de se instituir a insegurança no ordenamento jurídico. É ao legislador que incumbe, e não ao aplicador, cogitar das transformações sociais subsequentes à vigência da lei, para decretar a sua extinção, ou impor-lhe modificações condizentes com a realidade atual.[24] É preciso, porém, admitir e ressalvar a existência de diplomas legais, cujo nascimento se prende a condições de fato especificamente criadoras da normativa e destinadas a regular situações intimamente ligadas à sua eclosão. Tais leis, chamadas "de circunstância", forçosamente perderão a eficácia no momento em que as circunstâncias materiais, expressa ou tacitamente vinculadas ao seu surgimento, venham a desaparecer,[25] como, por exemplo, uma lei que rege as condições oriundas do estado de beligerância deve cessar com o desaparecimento deste. Em resumo, não podem ser invocados como causa geradora da extinção da força obrigatória da lei os motivos psicológicos, econômicos ou sociais que a inspiraram, a não ser que o nascimento da norma decorra especificamente de uma circunstância de fato, cuja cessação definitivamente se verificou.

Não se pode omitir, entre as causas especiais de cessação da eficácia da lei, a resultante da declaração judicial de sua inconstitucionalidade. Como examinaremos no nº 41, *infra*, fora do âmbito da ação direta de inconstitucionalidade, uma vez declarada a inconstitucionalidade da lei por decisão definitiva do Supremo Tribunal Federal, cabe ao Senado Federal suspender a sua execução, no todo ou em parte (Constituição Federal, art. 52, X). Ao Poder Judiciário não compete evidentemente revogar a lei (nº 26, *infra*), mas recusar aplicá-la quando apura sua afronta aos princípios fixados na Carta Maior. Assentada, porém, a regra de que decisão judicial só produz efeito *inter partes*, a mesma lei ofensiva da Constituição poderia voltar a ser invocada pelos interessados, e até aplicada pelas Cortes inferiores de justiça, não sujeitas à regra do precedente relativamente à Corte Suprema. A fim de obviar aos inconvenientes resultantes, o Senado da República, em face da decisão definitiva e irrecorrível do Tribunal Supremo, vota a suspensão da execução da lei inconstitucional, com o que paralisa os seus efeitos. Não é o caso de revogação, pois que esta pressupõe a votação de outra lei, anulatória do preceito atingido. É, entretanto, uma

---

22   "Cessando a razão da lei, cessa também a própria lei".
23   Ferrara, *Trattato*, I, p. 251.
24   Capitant, *Introduction à L'Étude du Droit Civil*, p. 46.
25   Gény, *Méthode d'Interprétation*, I, nº 129, p. 410.

hipótese especial de cessação da eficácia, na qual a lei, embora não revogada pela via natural, perde a força obrigatória, não podendo mais ser invocada pelos interessados nem aplicada pelo juiz.

26. Revogação: expressa e tácita

A revogação que, encarada do ângulo de sua extensão, pode ser total ou parcial (*abrogatio e derogatio*), pela forma de sua atuação pode ser *expressa* ou *tácita*.

Expressa ou *direta* consiste na declaração inserta na lei, pela qual o legislador fulmina a lei velha, quer ao declará-la extinta em todos os seus dispositivos, quer ao apontar aqueles dos seus artigos que teve em vista abolir. É a menos frequente, porém mais pacífica e mais segura nos seus efeitos. Via de regra, a extinção da eficácia ocorre no momento em que entra em vigor a lei revogadora, cuja força obrigatória tem o efeito imediato de cancelar aquela que teve em mira atingir. Pode ocorrer, ainda, que o legislador estabeleça um prazo, ou fixe uma data, na lei revogadora, estabelecendo o dia em que o dispositivo revogado deixará de existir. Assim sendo, a lei velha continua vigente, não obstante a existência da norma ab-rogatória ou derrogatória, até ser atingido o termo nesta instituído e, quando chega este, automaticamente se extingue.

Tácita ou *indireta* é a forma de revogação mais frequente, porém mais delicada, sujeita a sutilezas, e por isso mesmo a doutrina mais detidamente a examina. Os autores costumam enunciar brocardos mais ou menos arbitrários, de que se valem para formular princípios construtores de um sistema norteador de quem tem a seu cargo a aplicação da lei, ou se limitam a afirmar que se trata de mera questão de interpretação com a investigação da vontade do legislador.[26] No direito brasileiro, como no Código italiano (art. 15), não ficou ao arbítrio do intérprete pesquisar quando ocorre a revogação tácita. É bem de ver que sempre estará em jogo uma questão de hermenêutica, na apuração das circunstâncias que envolvem os dispositivos das leis em conflito, como na indagação da sua amplitude. Mas, afora esta pesquisa, que sem dúvida se situa no plano da interpretação, entendeu o legislador fixar sob forma normativa e obrigatória regras que norteiam o próprio intérprete quando se lhe defronta o problema da investigação se a lei nova, sem mencioná-lo expressamente, trouxe revogação à lei antiga, isto é, quando tem de averiguar, em face de nova manifestação da vontade da lei, se houve o propósito de abolir disposição legal anterior, ou se existe a intenção de conservá-las coexistentes.

O princípio cardeal em torno da revogação tácita é o da *incompatibilidade*. Não é admissível que o legislador, sufragando uma contradição material de seus próprios comandos, adote uma atitude insustentável ("*simul esse et non esse*")[27] e disponha diferentemente sobre um mesmo assunto. O indivíduo, a cuja volição a

---

26 Ruggiero e Maroi, *Istituzioni*, I, § 19.

27 "Ser e não ser ao mesmo tempo".

norma se dirige, não poderá atender à determinação, se se depara com proibições ou imposições que mutuamente se destroem. Na impossibilidade da existência simultânea de normas incompatíveis, toda a matéria da revogação tácita sujeita-se a um princípio genético, segundo o qual prevalece a mais recente, quando o legislador tenha manifestado vontade contraditória. Um dos brocardos, repetidos pelos escritores, diz precisamente que "*lex posterior derogat priori*",[28] e o legislador pátrio o adota como princípio informativo do sistema (LINDB, art. 2º, § 1º). Mas é bem de ver que nem toda lei posterior derroga a anterior, senão quando uma *incompatibilidade* se erige dos seus dispositivos.

Esta incompatibilidade pode ser o resultado da *normativa geral* instituída em face do que antes existia: quando a lei nova passa a regular inteiramente a matéria versada na lei anterior, todas as disposições desta deixam de existir, vindo a lei revogadora substituir inteiramente a antiga. Assim, se todo um ramo do direito é submetido à nova regulamentação, desaparece inteiramente a lei caduca, em cujo lugar se colocam as disposições da mais recente, como ocorreu com o Código Penal de 1940, promulgado para disciplinar inteiramente a matéria contida no de 1890. Se um diploma surge, abraçando toda a matéria contida em outro, igualmente fulmina-o de ineficácia, como se verificou com a Lei de Falências, de 2005, que veio substituir a de 1945, ou com o Código Civil, de 2002, que veio substituir o de 1916.

Incompatibilidade poderá surgir também no caso de disciplinar a lei nova, não toda, mas parte apenas da matéria, antes regulada por outra, apresentando o aspecto de uma contradição parcial. A lei nova contém um ou mais dispositivos estatuindo diferentemente daquilo que era objeto de lei anterior. As disposições não podem coexistir, porque se contradizem, e, então, a incompatibilidade nascida dos preceitos que disciplinam diferentemente um mesmo assunto impõe a revogação do mais antigo. Aqui é que o esforço exegético é exigido ao máximo na pesquisa do objetivo a que o legislador visou, da intenção que o animou, da finalidade que teve em mira, para apurar se efetivamente as normas são incompatíveis, se o legislador contrariou os ditames da anterior, e, em consequência, se a lei nova não pode coexistir com a velha, pois, na falta de uma incompatibilidade entre ambas, viverão lado a lado, cada uma regulando o que especialmente lhe pertence.

Esta coexistência não é afetada quando o legislador vote disposições gerais a par de especiais, ou disposições especiais a par de gerais já existentes, porque umas e outras não se mostram, via de regra, incompatíveis. Não significa isto, entretanto, que uma lei geral nunca revogue uma lei especial, ou vice-versa, porque nela poderá haver dispositivo incompatível com a regra especial, da mesma forma que uma lei especial pode mostrar-se incompatível com dispositivo inserto em lei geral. O que o legislador quis dizer (LINDB, art. 2º, § 2º) foi que a generalidade dos princípios numa lei desta natureza não cria incompatibilidade com regra de caráter especial. A disposição especial irá disciplinar o caso especial, sem colidir com a normatividade genética da lei

---

28 "Lei posterior derroga a anterior".

geral, e, assim, em harmonia poderão simultaneamente vigorar. Ao intérprete cumpre verificar, entretanto, se uma nova lei geral tem o sentido de abolir disposições preexistentes.[29]

Toda lei termina por dispositivo no qual declara ficarem revogadas as disposições em contrário. Eduardo Espínola enxerga nesta cláusula uma forma de revogação expressa,[30] no que é acompanhado por Serpa Lopes, que a considera suficiente para caracterizar a via direta de revogação.[31] Pensamos, ao revés, tratar-se de ocioso apêndice, pois que, com esta referência ou sem ela, as disposições contrárias à lei nova, existentes em outra mais antiga, ficam tacitamente revogadas pelo princípio da incompatibilidade, sem valer, entretanto, a cláusula como revogação expressa, pela falta de referência ao dispositivo de lei anterior, diretamente atingido.[32]

O que o legislador não incluiu nos princípios que assentou sobre a revogação das leis, mas é uma imposição da lógica mais elementar, é que a ab-rogação não afeta apenas o dispositivo diretamente compreendido na norma revogadora, porém abrange todas as disposições dependentes ou acessórias, resultantes da lei revogada.[33]

Competência para revogar a lei é reservada à fonte de onde ela promana: "*Cuius est instituere, ejus est abrogare*".[34] Se a lei se revoga por outra lei, ao Poder a quem pertence votá-la é que cabe cassar-lhe a força obrigatória. Por isso mesmo ao Poder Judiciário não cabe a atribuição de abolir uma lei, de vez que tem competência é para aplicá-la; nem o Poder Executivo pode revogá-la, porque sua competência não pode ultrapassar a faculdade de regulamentá-la, princípio que o legislador italiano inseriu no Código Civil (art. 4º das disposições sobre a lei em geral) e que o nosso dispensou-se de fazer. Se a disposição é de natureza constitucional, somente pelo processo de emenda à Constituição pode ser modificada ou revogada (Constituição Federal, art. 60). A lei estadual, votada dentro dos limites da sua competência, não poderá ser revogada por lei federal, nem a municipal pelo Estado ou União.

O princípio da hierarquia, contudo, não tolera que uma lei ordinária sobreviva a uma disposição constitucional, que a contrarie, ou uma norma regulamentar subsista em ofensa à disposição legislativa. Se após a existência da regra legal aparece princípio constitucional com ela incompatível, não se tratará de inconstitucionalidade da lei, pois que ao tempo de sua votação inexistia na Constituição preceito contrário. Há simples revogação, distinção que tem importância, porque dispensa o quórum especial dos tribunais (Constituição Federal, art. 97) para sua declaração. Igualmen-

---

29   Enneccerus, Kipp e Wolff, *Tratado*, § 41, p. 176.
30   Eduardo Espínola, *Sistema de Direito Civil*, I, p. 65.
31   Serpa Lopes, *Curso*, I, nº 34, p. 74.
32   Planiol, Ripert e Boulanger, *Traité*, I, nº 223, p. 107; Vicente Ráo, *O Direito e a Vida dos Direitos*, I, nº 255.
33   Ferrara, *Trattato*, I, p. 254.
34   "A quem cabe instituir, a esse também cabe ab-rogar".

te, a votação de lei incompatível com dispositivo já existente em decreto executivo implica a extinção imediata deste.

27. Lei repristinatória

Entre as diversas questões relativas ao problema da revogação está a que se formula na indagação se a lei revogadora de uma outra lei revogadora tem o efeito de restaurar automaticamente a primeira lei revogada. A questão aparece na prática, com certa frequência; voltando atrás em sua política, o legislador derroga ou ab-roga lei que tivera por efeito revogar lei anterior; e, então, a questão é saber se a lei que fora revogada fica restabelecida, independentemente de declaração expressa, ou, ao revés, se a lei primeiro revogada, para recuperar sua eficácia, necessita de que o legislador explicitamente se pronuncie.

Em doutrina, a matéria é controvertida. De um lado, os que sustentam o *efeito repristinatório* imediato e automático da lei que revoga a lei revogadora, por entenderem que, apagados os seus efeitos em razão da ab-rogação, esta significa haver desaparecido a causa de ter a primeira lei revogada deixado de vigorar, o que, noutros termos, traduz a sua imediata restauração.[35]

Em oposição, sustenta-se que, com a revogação, fica abolida inteiramente a lei; desaparece, perde a força obrigatória, morre. A revogação da lei abolitiva, por sua vez, tem o efeito, puro e simples, de tornar ineficaz esta lei ab-rogatória. Mas, para que ressurja ou se restaure a lei anteriormente revogada, é necessário que o legislador, em disposição expressa, revigore a primitiva lei revogada. A lei revogadora de outra lei revogadora não tem o *efeito repristinatório*, de pleno direito, sobre a velha lei abolida, senão quando por disposição explícita lhe é atribuído.[36]

A primeira Lei de Introdução ao Código Civil, de 1916, silenciando a respeito do assunto, relegara para a doutrina a solução da questão. A atual, pronunciando-se na controvérsia, veio exigir o pronunciamento expresso, sem o qual a lei revogadora não tem a qualidade de repristinar a antiga, ao proclamar que, salvo disposição em contrário, a lei revogada não se restaura por ter a lei revogadora perdido a vigência (LINDB, art. 2º, § 3º).

27-A. Eficácia imediata da Constituição

Em face do princípio da hierarquia das leis, a Constituição é o diploma fundamental. Emanada da soberania nacional, submete ao seu império todos os órgãos

---

35 Emanuele Gianturco, *Sistema del Diritto Civile Italiano*, p. 126.

36 Ruggiero, *Istituzioni*, I, § 19; Ferrara, *Trattato*, I, p. 254; Gabba, *Teoria della Retroattività delle Leggi*, I, p. 33; Vicente Ráo, *O Direito e a Vida dos Direitos*, I, nº 263.

do Estado, discrimina as atribuições dos seus poderes, delineia todas as peças do organismo estatal.[37]

Seu efeito imediato sobre todo o complexo normativo que compõe a legislatura do país, nas três ordens (federal, estadual e municipal), impõe a perda automática de eficácia da mesma. Não se dirá que a nova Constituição "revoga" as leis vigentes, uma vez que, na conformidade do princípio da continuidade da ordem jurídica, a que já me referi antes, a norma de direito objetivo perde a eficácia em razão de uma força contrária à sua vigência. Dentro da normalidade organizacional uma "lei revoga-se por outra lei". Com a promulgação de uma nova Constituição, o fenômeno é de maior profundidade. Sendo a Constituição caduca, o fundamento da validade da legislação que vicejara à sua sombra, e perdendo esta a égide a que se acostava, perece a sua eficácia. Todas as normas, que eram plenamente constitucionais e, portanto, válidas, deixam de o ser quando à antiga Constituição outra se lhe substitui, cujos textos contrariam as disposições daquelas leis. A Constituição não revogou as leis anteriores que lhe eram contrárias; apenas estas deixaram de existir no plano do ordenamento jurídico estatal, por haverem perdido seu fundamento de validade.[38]

Brocardo reproduzido em todos os livros de base é o que proclama a cessação da eficácia da lei, vindo a desaparecerem as circunstâncias que inspiraram o seu surgimento: "*Cessante ratione legis, cessat et ipsa lex*".[39] Contra o seu caráter absoluto insurge-se Ferrara, argumentando que a vontade da lei distingue-se dos fatores psicológicos que a ditaram.[40]

Ao legislador, observa Capitant, incumbe cogitar das transformações sociais subsequentes à vigência das leis, ou impor-lhe modificações.[41]

No tocante, porém, à elaboração de uma nova ordem constitucional, aquela que desapareceu perde a sua condição de suporte circunstancial da legislação vigente, e deixa-a ao desamparo. A *ratio* que sustentava as leis vigentes cessa com o advento da nova. Em consequência, neste particular, revigora a velha parêmia: "*Cessante ratione legis, cessat et ipsa lex*". Cessando a razão constitucional da lei em vigor, perde eficácia a própria lei. Não há mister inserir nela a regra que se coloca como apêndice ocioso a toda lei, quando diz: "Revogam-se as disposições em contrário". Todas as leis que afrontam a nova ordem constitucional perdem a fundamentação existencial, e se consideram ineficazes. Se, porém, o provimento legislativo concilia-se com os princípios constitucionais o que cabe é apurar a sua dependência em relação dos fatos aos quais serão aplicados. Esta a lição de Willoughby a propósito da questão de constitucionalidade, que por analogia pode invocar-se em caso de perda de fundamento para a lei em face da nova Constituição: "*The*

---

37 V., *supra*, nº 17.

38 Campos Batalha, *Direito Intertemporal*, vol. cit., p. 434.

39 "Cessando a razão da lei, cessa a própria lei".

40 Francesco Ferrara, *Trattato di Diritto Civile*, vol. I, p. 251.

41 Henri Capitant, *Introduction à L'Étude du Droit Civil*, p. 46.

question as to the constitutionality of law does not, in all cases, go to the essential validity of the law, that is as applicable to any or all conditions, but may depend upon the particular facts to which it is sought to be applied".[42]

---

42 Willoughby, *The Constitutional Law of the United States*, 2. ed., vol. I, 11, p. 15: "A questão referente à constitucionalidade da lei não leva, em todos os casos, à validade essencial da lei, que é aplicável a todas e quaisquer condições, mas pode depender de fatos particulares aos quais se pretende aplicá-la".

CAPÍTULO VI
CONFLITO DE LEIS NO TEMPO

Sumário

28. Direito intertemporal. **29.** Princípio da irretroatividade das leis. **30.** Teorias subjetivistas. **31.** Teorias objetivistas. **32.** Repercussão no direito brasileiro.

Bibliografia

Ferdinand Lassalle, *Théorie Systhématique des Droits Acquis*, vol. I; C. F. Gabba, *Teoria della Retroatività delle Leggi*, vol. I; Paul Roubier, *Conflits des Lois dans le Temps*, vol. I; Gaetano Pace, *Il Diritto Transitorio*, Parte Generale; Pascoale Fiore, *De la Irretroactividad y Interpretación de las Leyes*, Sección Primera; Guillermo A. Borda, *Retroactividad de la Ley y Derechos Adquiridos*; Bento de Faria, *Aplicação e Retroatividade da Lei*; Ruggiero e Maroi, *Istituzioni,* I, § 19; Planiol, Ripert e Boulanger, *Traité Élémentaire de Droit Civil*, I, n°s 232 e ss.; Francesco Ferrara, *Trattato*, I, n° 57; Henri de Page, *Traité Élémentaire de Droit Civil Belge*, I, n°s 226 e ss.; Enneccerus, Kipp e Wolff, *Tratado*, §§ 55 e 56; Savigny, *Traité de Droit Romain*, trad. de Ch. Guenoux, vol. VIII, p. 363 e ss.; Mario Falco, "Sul Principio della Irretroattività delle Leggi", *in Rivista di Diritto Commerciale*, 1917, p. 707; Colin e Capitant, *Cours Élémentaire de Droit Civil Français*, I, n°s 40 e ss.; Julien Bonnecase, *Supplément au Traité Théorique et Pratique de Droit Civil* de Baudry- -Lacantinerie, vol. II, p. 13 e ss.; Cunha Gonçalves, *Tratado de Direito Civil*, I, n°s 56 e ss.; Vicente Ráo, *O Direito e a Vida dos Direitos*, II, n°s 271 e ss.; Mazeaud *et* Mazeaud, *Leçons*, I, n°s 137 e ss.; Salvat, *Tratado*, I, n°s 288 e ss.; Matos Peixoto, "Limite Temporal da Lei", *in Arquivo Judiciário*, Suplemento, vol. 78, p. 109; Reinaldo Porchat, *Da Retroatividade das Leis Civis*; Wilson de Souza Campos Batalha, *Direito Intertemporal,* Freuse, 1980.

28. Direito intertemporal

Quando uma lei entra em vigor, revogando ou modificando outra, sua aplicação é para o presente e para o futuro. Não seria compreensível que o legislador, instituindo uma qualquer normativa, criando um novo instituto, ou alterando a disciplina da conduta social, fizesse-o com os olhos voltados para o tempo pretérito, e pretendesse ordenar o comportamento para o decorrido. Com este sentido, afirma-se que a lei tem efeito, além de geral, *imediato* (LINDB, art. 6º), o que compreende o enunciado de uma posição político-legislativa e traduz a harmonia entre a legislação e a lógica.[1] A lei velha, até o momento em que se extingue a sua eficácia, regulava todas as ações humanas, e sob o seu império tiveram nascimento direitos subjetivos individuais, criaram-se situações legais, constituíram-se posições jurídicas, regulou-se, em suma, pelos seus preceitos a vida civil. Instituída uma nova norma, por ela passaram a ter origem os direitos, dela surgiram outras situações e, numa palavra, a vida social entrou a pautar-se pelos seus ditames. Aparentemente, tudo é muito simples. E singelo é ainda o quadro se o observador encara aquelas situações jurídicas oriundas de fatos ocorridos ao tempo da lei caduca, cujo ciclo de produção de efeitos se desenvolveu todo, e encerrou-se antes do início da eficácia da lei nova.

Mas a complexidade da vida em sociedade não se subordina a um esquema tão apertado. Revogada a lei antiga, e substituída pelas novas disposições, encontram-se direitos subjetivos ou situações legais geradas por fatos ocorridos antes do império da lei modificadora, que não chegaram a produzir todos os seus efeitos. A lei velha estabelecia condições para a constituição das situações jurídicas, regulava a produção de seus efeitos, ou pautava o exercício dos direitos individuais, e vem a nova lei alterando umas ou outras.

Duas ordens de ideias se acham em conflito, e aqui já se esboça o tormentoso problema. Dois princípios igualmente poderosos reclamam a atenção do jurista, e a *quaestio vexata*[2] se desenha na escolha de um ou de outro, a ver qual deles merece a primazia. De um lado está a lei do *progresso social*: o direito, precisamente pela necessidade de se acomodar às exigências novas, tem necessidade de formular novos conceitos e estabelecer novos preceitos, sob a influência do princípio segundo o qual a lei nova traz consigo a presunção de que é melhor e é mais perfeita do que a antiga, e de que atende ao reclamo indisfarçável do progresso jurídico. A qualificação dessa melhoria não pode ser aferida por um rígido paradigma abstrato, mas deve ser buscada com critério relativo, dentro das contingências ambientais: melhor, porque mais conveniente à solução dos problemas da hora que passa. De outro lado está o princípio da *segurança e da estabilidade social*, exigindo o respeito do legislador pelas relações jurídicas validamente criadas. E aí está o conflito: permitir, sem restrições, que estas se desenvolvam em toda plenitude, sem serem molestadas pela lei

---

1   Clóvis Beviláqua, *Teoria Geral*, nº 12.

2   Questão controvertida, em aberto.

nova, é negar o sentido de perfeição que as exigências sociais, traduzidas no novo diploma, pretendem imprimir ao ordenamento jurídico; mas aceitar também que a lei atual faça tábula rasa da lei anterior e de todas as suas influências, como se a vida de todo o direito e a existência de todas as relações sociais tivessem começo no dia em que se iniciou a vigência da lei modificadora, é ofender a própria estabilidade da vida civil e instituir o regime da mais franca insegurança, enunciando a instabilidade social como norma legislativa. Do jogo destes dois conceitos, ambos graves e ambos merecedores de respeito, da escolha da primazia de um sobre o outro, da necessidade de uma conciliação essencial entre as imposições de ambos os princípios é que nascem as teorias imaginadas para destacar o império das leis que se sucedam no tempo e fixar qual delas é aplicável às situações geradas sob o domínio da lei caduca, mas ainda vivas ao tempo da lei moderna.

A controvérsia se inicia com a denominação que deve receber o problema, ou batismo do conjunto de princípios que se articulam na solução deste conflito de leis no tempo. A denominação *direito transitório* é criticada pela imprecisão semântica, pois que dá ideia de que se trataria de princípios que, eles próprios, seriam efêmeros e passageiros. O nome *teoria dos direitos adquiridos* sofre a condenação em nome da tendência moderna de que deve ter predominância a proteção das relações jurídicas criadas, sobre a noção tradicional dos direitos subjetivos individuais. As expressões *teoria da retroatividade das leis* e, em contraposição, *teoria da irretroatividade das leis* suscitam ideias demasiadamente radicais, pois nem se pode afirmar que as leis se voltam sempre para alcançar as situações nascidas do regime legal anterior, nem se pode dizer em termos peremptórios que as leis se abstêm de atingi-las. A analogia com o problema dos conflitos de leis no espaço, criando os princípios do direito internacional privado, sugeriu a denominação *direito intertemporal*, que gera, à sua vez, as regras destinadas a solver os conflitos de leis no tempo. Cada escritor, na própria denominação de sua obra, manifesta as suas preferências por uma ou outra designação.[3]

Sob qualquer denominação, o conflito temporal de leis pode resumir-se numa indagação: por qual das duas leis, a nova ou a velha, devem ser reguladas as consequências dos fatos ocorridos antes de entrar em vigor a lei revogadora? Noutros termos: a lei velha deve continuar regulando as situações originadas durante sua vigência, ou a lei nova as alcança ao entrar em vigor?

Quando uma lei atinge os efeitos dos atos jurídicos praticados ou as situações jurídicas constituídas ou os direitos subjetivos adquiridos sob o império da lei ca-

---

3   Gabba, *Teoria della Retroattività delle Leggi*; Roubier, *Les Conflits des Lois dans le Temps, Théorie Dite de la non-Retroactivité des Lois*; Ferdinand Lassalle, *Théorie Systhématique des Droits Acquis*; Gaetano Pace, *Il Diritto Transitorio*; Pascoale Fiore, *De la Irretroactividad e Interpretación de las Leyes*; Guillermo A. Borda, *Retroactividad de la Ley y Derecho Adquiridos*; Carlos Maximiliano, *Direito Intertemporal*; Mario Falco, *Sul Principio della Irretroattività delle Leggi*; Reinaldo Porchat, *Da Retroatividade das Leis Civis*; Wilson de Souza Campos Batalha, *Direito Intertemporal*.

duca, diz-se que é retroativa. Os princípios de direito intertemporal têm por escopo indagar em que casos ocorre a retroatividade da lei, e formular as regras, segundo as quais o aplicador se informa de quando o efeito imediato da lei não envolve uma atuação retro-operante. Noutros termos, sob a rubrica *direito intertemporal*, a ciência jurídica formula os princípios que devem nortear o intérprete na conciliação daqueles dois cânones fundamentais do ordenamento jurídico, que são a lei do progresso e o conceito da estabilidade das relações humanas.

Cumpre, entretanto, assinalar que não pode ser adotada uma regra simples, genérica e uniforme, de aplicação singela a toda espécie de normas e a qualquer categoria de relações jurídicas. Quer se mantenham no plano puramente doutrinário, quer penetrem o terreno legislativo, as regras gerais exigem uma ventilação que a técnica jurídica mais apurada desenvolve constantemente. Os escritores que cuidam do assunto, em obras cuja extensão bem denota a gravidade social do problema e a dificuldade prática de sua solução, estudando os diversos aspectos teóricos dos princípios e a sua projeção especial nos vários ramos do direito, não lograram até hoje o seu enquadramento em termos imunes a todo combate. E quando o legislador, sob a inspiração dos conceitos abstratos da doutrina, cuida de erigir normas de solução do conflito intertemporal das leis, fica apenas no plano das regras de orientação geral, que não dispensam, antes conclamam, a palavra douta dos jurisperitos, toda vez que um conflito se apresenta e uma conciliação se faz necessária.

Toda a matéria, entretanto, de direito intertemporal, qualquer que seja a forma, legislativa ou doutrinária, subjetiva ou objetiva, abstrata ou prática, por que se encare, tem de partir de um conceito fundamentalmente estruturado na essência do próprio ordenamento jurídico: o *princípio da irretroatividade das leis*.

29. PRINCÍPIO DA IRRETROATIVIDADE DAS LEIS

O princípio da não retroatividade das leis é o ponto de partida para a fixação dos conceitos fundamentais do direito intertemporal, e é assentado com sentido variado pelos tratadistas da matéria e adotado diferentemente nas legislações, que ora o enunciam em termos de mais absoluta rigidez, ora o mantêm de maneira mais flexível, ora relegam para o campo hermenêutico a sua adoção. Antes, porém, de enunciá-lo, cumpre seguir conselho de Ruggiero, que opina por uma separação dos dois círculos de investigação, ou os dois aspectos do conflito intertemporal das leis, pondo, de um lado, a visão abstrata ou filosófica do problema, e, de outro lado, o seu exame à luz do ordenamento jurídico positivo, pois, como acentua com segurança, a ausência desta dicotomização tem sido a causa frequente das maiores e às vezes invencíveis dificuldades no estabelecimento dos critérios de resolução dos problemas.[4]

Em doutrina pura, ou no terreno da abstração filosófica, vige a noção universalmente consagrada da não retroatividade da lei, seja porque a palavra *legislativa* se

---

4   Ruggiero e Maroi, *Istituzioni*, I, § 19.

volta do presente para o futuro, com o propósito de estabelecer uma norma de disciplina que no plano teórico passa a constituir uma regra de obediência a que as ações humanas pretéritas não podiam estar submissas, seja porque o efeito retro-operante da lei traz um atentado à estabilidade dos direitos, e violenta, com a surpresa da modificação legislativa, o planejamento das relações jurídicas instituído como base do comércio civil. Com este sentido o Código de Justiniano proclamava ser próprio das leis dar forma aos negócios futuros, e não se voltarem para os fatos passados, muito embora admitisse a retroatividade, desde que expressamente determinada: "*Leges et constitutiones futuris certum est dare formam negotii*s, *non ad facta praeterita revocari; nisi nominatim, et de praeterito tempore, et ad-huc pendentibus negotiis cautum*".[5]

Fazendo-se abstração de qualquer motivo de política legislativa, e independentemente de encarar o assunto no terreno do direito positivo, o efeito retroativo da lei encontra repulsa na consciência jurídica, além de traduzir, como diz bem Ferrara, uma contradição do Estado consigo mesmo, pois que as relações e direitos que se fundam sob a garantia e proteção de suas leis não podem ser arbitrariamente destituídos de eficácia.[6]

No plano jusfilosófico e apenas nele, é possível a generalização do princípio da irretroatividade das leis. Somente fazendo-se a abstração do conteúdo positivo é que se pode proclamar, como uma conquista da civilização jurídica, que as leis não podem ter efeito retroativo, que as leis não devem retroagir, que a norma legislativa não se quer retro-operante.

Se em pura doutrina esta regra é certa e exprime uma verdade absoluta, não tem, entretanto, o significado de uma norma impositiva ao legislador. Se este, ao ditar uma regra perfeita de comportamento, não lhe deve imprimir eficácia retroativa, não está, contudo, sujeito, no plano prático, a qualquer limitação que se plante como um cânon imanente. O princípio da irretroatividade, transposto do plano filosófico para o direito positivo, converte-se em um preceito de *política legislativa*. E, deste ângulo de visada, o conceito da irretroatividade, tematicamente ponderado, exprime-se no mero conselho, segundo o qual o legislador deve abster-se de votar leis retroativas. Esta distinção é igualmente relevante, para o bom entendimento do direito intertemporal, porque, em razão da generalização da tese da irretroatividade, o senso comum do povo e mesmo alguns profissionais partem da ideia errônea de que a lei nunca pode, por sua própria qualidade intrínseca, ser retroativa, o que é uma inexatidão científica. É esta mesma distinção que explica a tríplice atitude legislativa, em face do princípio da irretroatividade, adotada pelos vários sistemas de direito: uns guardam silêncio a respeito, outros estatuem regras de legislação ordinária e outros erigem a ideia em dogma de natureza constitucional.

---

5   *Codex*, Livro I, tít. XIV, fr. 7: "O certo é darem as leis regra aos negócios futuros, não retrocederem a fatos passados, a não ser que tratem nominalmente de negócios de tempo anterior ainda pendentes".

6   Ferrara, *Trattato*, I, p. 257.

Esta diversidade de atitudes não quer, porém, significar que a tese da irretroatividade seja repudiada. E a menção deste conceito como preceito de política legislativa não significa que admitamos possa a lei, em princípio, ser retroativa. Ao revés, proclamamos, e melhor ficará definida a nossa posição na parte final deste parágrafo, que o princípio da irretroatividade convém seja imposto ao próprio legislador. Convém seja. Mas nem sempre é.

Um sistema jurídico e expressivo, sem dúvida, da cultura ocidental é o germânico. Pois o seu Código Civil de 1896 (*Bürgerliches Gesetzbuch* – BGB) não insere uma regra geral atinente à solução dos conflitos intertemporais de leis, omissão que Ruggiero considera uma atitude mais lógica do que dispor o legislador a regra de que a lei não tem efeito retroativo.[7] Mais do que isso. Não se aceita, na doutrina alemã, que a lei deva ser irretroativa, como conceito genérico. Ao revés, ali se admite, sem rebuços, que a lei pode ter efeito retroativo, desde que este decorra da vontade claramente manifestada pelo legislador, mesmo quando não expressamente declarada. Como princípio geral, para a sistemática alemã, deve-se entender que, na dúvida, toda proposição jurídica pretende ordenar unicamente para o futuro e não para o passado, podendo retroagir desde que assim o queira o legislador. Toda a matéria do direito intertemporal se transforma, portanto, em questão de investigação da vontade legislativa, e para essa operação de pesquisa a doutrina tece um conjunto de regras e de conselhos.[8] Outros sistemas de direito, e são a maioria, tomam posição diversa, com a adoção do princípio da não retroatividade como regra, que a lei ordinária consigna com o sentido de medida de política legislativa. A lei não deve retroagir, e, na sua aplicação, o juiz se guardará de lhe dar interpretação com efeito retro-operante. Mas, como o princípio não se dirige, com caráter obrigatório, ao legislador, fica este com a liberdade de votar leis retroativas, quando entender conveniente ao interesse público. É a doutrina em vigor na França, cujo Código Civil (art. 2º) prescreve que a lei só dispõe para o futuro, e não tem efeito retroativo; da mesma forma determina o Código italiano (art. 11); o Código Civil espanhol (art. 3º) diz que a lei não tem efeito retroativo, salvo se o contrário dispuser o legislador; o novo Código Civil argentino (art. 7º) consigna igualmente que as leis não têm efeito retroativo, sejam ou não de ordem pública, exceto disposição em contrário, e que a retroatividade estabelecida pela lei não pode afetar os direitos amparados por garantias constitucionais. As citações poderiam continuar extensamente. Sob a inspiração do preceito, a ideia da não retroatividade decorre de que a lei não pode alcançar o tempo pretérito sem retroatividade, e como a irretroatividade é imposta ao juiz como norma orientadora da aplicação do direito, far-se-á esta sempre orientada pela ideia de excluir qualquer efeito retro-operante. Mas, como o legislador não está sujeito à regra, pode prescrever eficácia retroativa às leis, e, desse jogo de noções, conclui-se que o juiz não

---

7   Ruggiero, *Instituzioni di Diritto Civile*, I, § 19, p. 171, nota 2.

8   Enneccerus, Kipp e Wolff, *Tratado*, I, §§ 55 e 56.

pode atribuir efeito retroativo às disposições novas, a não ser que o legislador tenha claramente manifestado sua vontade nesse sentido.[9]

Outras vezes, o princípio da não retroatividade é assentado com caráter mais rijo do que uma simples medida de política legislativa, pois assume o sentido de uma norma de *natureza constitucional*. Com uma tal valência, reflete muito maior extensão e, especialmente, mais profunda intensidade. Não é apenas uma regra imposta ao juiz, a quem é vedado atribuir à lei efeito retro-operante. Mais longe do que isto, é uma norma cogente para o legislador, à sua vez proibido de ditar leis retroativas. Diferentemente daqueles sistemas que admitem possa o legislador manifestar claramente o propósito de impor às disposições legais efeito retroativo, aqui esta liberdade lhe é negada. Assim, a lei que tenha um tal efeito vem maculada da eiva de inconstitucionalidade, cabendo ao Poder Judiciário declará-lo e recusar-lhe aplicação, pela maioria absoluta dos membros dos tribunais (Constituição Federal, art. 97). O sistema brasileiro inscreve-se nesta corrente. Já a primeira Constituição republicana dispunha ser vedado aos Estados como à União prescrever leis retroativas (art. 11, alínea 3). No mesmo sentido a Constituição de 1934 inscrevia, entre os direitos e garantias individuais, o princípio da não retroatividade, estatuindo que "a lei não prejudicará o direito adquirido, o ato jurídico perfeito e a coisa julgada" (art. 113, nº 3). Com a Carta Constitucional de 1937, outorgada em momento conturbado da vida nacional e filiada à corrente de centralização autocrática do poder que campeava no mundo ocidental, abandonamos esta orientação, com o silêncio da lei constitucional a respeito, o que nos pôs naquele terreno do princípio da irretroatividade como regra imposta ao juiz, mas sem caráter obrigatório ao legislador. Retomando o país a normalidade jurídica, com a Constituição de 1946, reinscreveu esta entre os direitos e as garantias individuais (art. 141, § 3º) o princípio da irretroatividade, estabelecendo que a lei não prejudicará o direito adquirido, o ato perfeito e a coisa julgada. A reforma de 1967 o manteve e bem assim a Emenda Constitucional nº 1, de 17 de outubro de 1969, art. 153, § 3º. O mesmo princípio, e nos mesmos termos, subsiste na Constituição Federal de 5 de outubro de 1988, art. 5º, XXXVI. Como cânon constitucional é entendido o princípio da irretroatividade nos Estados Unidos (Constituição, art. I, seção 9, 3, e seção 10, 1) e no México (Constituição de 1917, art. 14).

De todos os sistemas o que para nós mais sólidas bases encontra é o da constitucionalização do princípio da não retroatividade, sem embargo da opinião contrária de Cunha Gonçalves, que não enxerga solidez em tal estrutura, antes nela vê a oportunidade de ser o preceito da Constituição ferido pelo legislador, quando se torna necessário à segurança da ordem jurídica imprimir efeito retroativo a uma lei.[10] Se no campo abstrato este é o sentido natural da norma jurídica, e se a estabilidade social prospera à sua sombra, admitir, como regra ou como exceção, a retroatividade da lei, implica negar substancialmente aquilo que o direito proclama

---

9 Planiol, Ripert e Boulanger, *Traité Élémentaire*, I, nᵒˢ 258 e ss.; Ruggiero, I, § 19; Valverde y Valverde, *Tratado de Derecho Civil Español*, I, p. 140; Mazeaud *et* Mazeaud, *Leçons*, I, nº 150.

10 Cunha Gonçalves, *Tratado*, vol. I, p. 390.

CONFLITO DE LEIS NO TEMPO

como conceito puro. Já que a retroatividade da lei é condenada pelo pensamento jurídico universal, melhor será, então, que fique em definitivo interdita.

Assentado, pois, o princípio, e com caráter de preceito constitucional, o problema de direito intertemporal consiste na indagação se a lei tem efeito retroativo, não podendo ser aplicada em caso afirmativo. Nesta indagação, cumpre apurar, em face de uma lei nova que substitui com o seu domínio a lei anterior, como encontrou ela as situações jurídicas surgidas no império da lei caduca, e três hipóteses há: a primeira compreende os fatos que já produziram os seus efeitos sob a lei anterior; a segunda aparece quando os efeitos dos fatos ocorridos na vigência da lei velha se estendem pelo período subsequente à sua revogação; a terceira entende-se com a continuidade de fatos interligados, que vêm ocorrendo desde o domínio da lei caduca e ainda se verificam no tempo da vigência da lei atual, em curso de produção de efeitos.

Esta análise dos problemas de direito intertemporal vai receber o impacto das numerosas teorias elucubradas pelos doutos, inspirados no propósito de oferecer solução satisfatória aos conflitos de leis no tempo. Criticam-se reciprocamente os escritores que tratam do assunto, mas a verdade é que nenhum deles consegue construir uma teoria invulnerável. Não lhes cabe disto a menor culpa, pois que o seu alto espírito e a profundeza das investigações a que se dedicaram são a mais lídima caução do bom resultado dos seus empreendimentos. Mas a complexidade intrínseca de muitos institutos jurídicos, aliada à indeterminação do significado de muitas expressões técnicas usadas nas leis ou pela jurisprudência, como escreve Gabba, acabam por criar um clima de percepção difícil para a teoria da retroatividade das leis. O que mais comumente se verifica é que aqueles problemas de direito intertemporal, de solução difícil com a aplicação dos princípios assentados em uma teoria, geralmente a mesma dificuldade encontram no âmbito de outra.[11]

Não obstante a sua variedade, as escolas podem ser distribuídas em dois grupos: o primeiro, das *teorias subjetivistas*, que encaram o problema em face dos direitos subjetivos individuais; o segundo, das *teorias objetivistas*, que procuraram resolvê-lo sob o aspecto das situações jurídicas criadas pela lei.[12] É preciso não se deixar influenciar pela aparente apreciação dos princípios fundamentais, uma vez que a sua aplicação prática poderá desmentir totalmente a regra abstrata elaborada. Cumpre então enunciar as regras teóricas com os olhos voltados, também e constantemente, para a sua projeção real, no concretismo das situações materiais.

---

11 Gabba, *Teoria della Retroattività delle Leggi*, I, p. 127.

12 A par destas, outras de menor prestígio e de menor autoridade foram formuladas sobre bases mais ou menos empíricas, e hoje inteiramente desprestigiadas, como a teoria que considera com efeito retroativo as leis favoráveis e não retroativas as leis desfavoráveis às condições jurídicas do indivíduo; ou aquela que se atém à natureza da norma, para atribuir sempre efeito retro-operante às disposições legais de ordem pública; ou aquela outra da interpretação que se funda na pesquisa do pensamento legislativo e na indagação se o legislador teve em mira dispor somente para o futuro, ou cogitou também de abraçar nas malhas da lei o tempo pretérito; ou outras mais.

30. Teorias subjetivistas

Savigny, com aquela admirável percuciência e genial capacidade de abstração, construiu uma teoria em torno dos limites temporais do império das regras de direito sobre as relações jurídicas.[13] Assentou, retomando ideias que parece terem sido expostas em primeira mão por Blondeal,[14] como fundamento de sua doutrina, a distinção entre o *direito adquirido* e as meras *expectativas de direito*, por um lado, e as *faculdades jurídicas abstratas*, por outro lado. Conceituando o direito adquirido na conjunção de um direito com um indivíduo ou um grupo de indivíduos, sustenta que a lei nova não pode atingi-lo; ao revés, as leis que dizem respeito à existência dos direitos, à sua não existência, ou ao seu modo de ser, têm aplicação retroativa, porque não afetam os direitos adquiridos. Mas, umas e outras, por exceção, podem ter efeito oposto, quando o legislador manifesta a intenção positiva e expressa de vontade nesse sentido. Especialmente em razão da insegurança na distinção, que é básica nesta doutrina, em torno da noção da *aquisição* e da *existência* dos direitos, embora reconhecendo todos os lampejos geniais de seu autor, os tratadistas do direito intertemporal acusam-na de insuficiente.

Retomando a mesma ideia subjetiva do *direito* adquirido, Ferdinand Lassalle formulou uma teoria sistematizada, orgânica e profunda, segundo o direito romano, o direito francês e o direito prussiano.[15] Para ele, a ideia de retroatividade está ligada a dois postulados fundamentais: 1) nenhuma lei pode retroagir, se atinge um indivíduo através de seus atos de vontade; 2) toda lei pode retroagir se o atinge fora dos seus atos de vontade, isto é, nas qualidades que lhe são comuns com a humanidade inteira ou que ele obtém da sociedade ou, ainda, se ela o atinge na medida em que modifica esta sociedade nas suas instituições orgânicas. E por quê? Porque o conceito de retroatividade importa em uma violência sobre a liberdade e a responsabilidade humanas. Destas noções extrai a fórmula essencial para a construção de sua teoria de não retroatividade da lei. Os direitos adquiridos, precisamente porque dimanam de atos de vontade, não podem ser alcançados pela lei nova e, em consequência, a retroatividade das leis é juridicamente impossível. Não obstante sua iluminação filosófica aliada ao conteúdo prático, a doutrina de Lassalle foi abandonada, principalmente por não abranger todas as categorias de direitos.

Neste mesmo campo subjetivista, Gabba retomou a ideia de proteção aos direitos adquiridos, e construiu a sua doutrina, que é substanciosa, prática e largamente abrangente.[16] Começa por confessar que a complexidade da matéria é incompatível com a redução de toda a teoria a um princípio de extrema generalidade, facilmente aplicável pela sua simplicidade. Ao revés, é mister assentar um princípio supremo, do qual se deduzam os outros, mas todos formando um conjunto.

---

13 Savigny, *Traité de Droit Romain*, VIII, cap. II.
14 De Page, *Traité*, I, nº 229.
15 Lassalle, *Théorie Systhématique des Droits Acquis*, I, p. 65 e ss.
16 Gabba, *ob. cit.*, I, p. 182 e ss., em particular, p. 191.

A regra básica para a solução do conflito intertemporal deve ser então primacialmente posta, e Gabba a anuncia, dizendo: a lei nova não pode violar direitos precedentemente adquiridos; mas onde não se ofendam direitos desta natureza, a lei deve receber a mais ampla aplicação, quer se trate de fatos ou relações jurídicas totalmente novas, quer da consequência de fatos ou relações anteriores. Daí a necessidade de conceituar o direito adquirido, distinguindo-o primeiramente do direito consumado, com o qual não se confunde, embora seja uma forma de sua apresentação.

Na definição de Gabba, é adquirido um direito que é consequência de um fato idôneo a produzi-lo em virtude da lei vigente ao tempo em que se efetuou, embora a ocasião de fazê-lo valer não se tenha apresentado antes da atuação da lei nova, e que, sob o império da lei então vigente, se integrou imediatamente no patrimônio do seu titular. Da análise dessa definição resulta:

a) Como todo direito se origina de um fato – *ex facto ius oritur* –, é preceito que o fato gerador do direito adquirido tenha decorrido *por inteiro*. Se se trata de um *fato simples*, é facílimo precisá-lo; mas se é um *fato complexo*, necessário será apurar se todos os elementos constitutivos já se acham realizados, na pendência da lei a que é contemporâneo.

b) Não se confunde com direito *adquirido* o direito totalmente *consumado*, pois que este já produziu todos os seus efeitos, enquanto o direito adquirido continua tal, muito embora venha a gerar consequências posteriormente ao tempo em que tem eficácia a lei modificadora.

c) Para que se tenha como adquirido, é mister, ainda, a sua integração no patrimônio do sujeito.

Do direito adquirido distinguem-se a *expectativa de direito* e as meras *faculdades legais*.

Enquanto o *direito adquirido* é a consequência de um fato aquisitivo que se realizou *por inteiro*, *a expectativa de direito*, que traduz uma esperança decorrente de um interesse juridicamente tutelável, resulta de um *fato aquisitivo incompleto*.

A *faculdade legal* traduz um poder concedido ao indivíduo pela lei, do qual ele não fez ainda nenhum uso.

Aplicando a regra geral enunciada pelo tratadista aos conceitos por ele assentados, podemos fixar os lineamentos estruturais de seu sistema em termos genéricos. Não existe, no plano intertemporal, uma barreira como que à moda de muralha, separando os campos de ação da lei revogada e da lei revogadora. Ao revés, a linha limítrofe se revela flexível, diante das relações jurídicas que tiveram nascimento sob o domínio da primeira, de tal forma que a lei nova, desde que entra em vigor, submete ao seu império as relações jurídicas, ainda que fundadas em fatos vindos do tempo de vigência da lei caduca. Mas não pode ter aplicação, sob pena de incidir em retroatividade, quer aos direitos já *consumados*, quer aos direitos *adquiridos*.

Dos direitos *consumados* não há na verdade cogitar, porque produziram todos os seus efeitos e esgotaram todas as suas consequências, encontrando-se a lei nova com o seu ciclo existencial inteiramente vencido. Os direitos *adquiridos*, oriundos de fatos que se realizaram por inteiro em consonância com a lei velha e ao tempo de sua vigência, e se incorporaram definitivamente no patrimônio do sujeito, não são alcançados pela lei nova, e, portanto, continuam a reger-se pela lei antiga, que desta sorte estende o plano de sua eficácia por um tempo ulterior ao momento em que é revogada. As *expectativas de direito*, isto é, aquelas situações ou relações aderentes ao indivíduo, provenientes de fato aquisitivo incompleto, e por isso mesmo não integradas em definitivo no seu patrimônio, são atingidas sem retroatividade pela lei nova, que passa a discipliná-las desde o momento em que começa a vigorar. Igualmente são reguladas pela lei moderna as *faculdades legais*, que haviam sido instituídas pela lei morta, mas de que não havia o indivíduo feito uso, embora estivesse ao seu alcance.

Os juristas modernos vêm assacando contra as teorias subjetivistas uma série de críticas.[17] Reconhecendo embora que a noção de direito adquirido, que lhes é fundamental, está doutrinariamente bem assentada e facilmente compreensível, observam que na sua aplicação prática os tribunais criam uma série absurda de confusões, desde o enunciado de um círculo vicioso ("direito adquirido é aquele que não pode ser atingido pela lei nova") com a inversão da causa e do efeito, até a extensão deste conceito a situações que não o comportam. Muito embora Gabba tenha examinado cuidadosamente o assunto,[18] o problema dos *direitos condicionais* à luz da definição de direito adquirido constitui a eterna praga para quem tenha de lavrar na seara do direito intertemporal. Se por um lado a questão diante do fato aquisitivo simples é singela no seu enquadramento, em face do fato aquisitivo complexo cria às vezes situações de resolução extremamente difícil, para as quais a teoria dos direitos adquiridos não oferece subsídio perfeito.

Foi por lhes parecer que a matéria do direito intertemporal não deve ser tratada à luz dos *direitos subjetivamente considerados*, mas das *situações jurídicas objetivas*, que os especialistas modernos do conflito de leis imaginaram as chamadas *teorias objetivistas*, e tacharam de falsidade conceitual toda teoria baseada nos direitos adquiridos.

31. TEORIAS OBJETIVISTAS

As teorias subjetivistas, que dominaram por muito tempo, ainda gozam de prestígio, quer em razão da lei do menor esforço, pois que toda a geração atual de juristas aprendeu a pensar no direito intertemporal em função da ideia consagrada no direito adquirido, quer pela menção diuturna da jurisprudência à distinção entre direito

---

17   Planiol, Ripert e Boulanger, *Traité*, I, nº 237; De Page, *Traité*, I, nº 231; Vicente Ráo, *O Direito e a Vida dos Direitos*, II, nº 284.

18   Gabba, *ob. cit.*, p. 230 e ss.

adquirido e expectativa de direito, quer, finalmente (e esse parece-nos o motivo de mais funda relevância), porque dão satisfação ao conteúdo individualista da relação de direito, indisfarçavelmente plantado no coração humano. Não obstante sua divulgação generalizada, vêm perdendo terreno, abaladas por um combate assentado em fundamento de ordem científica.

Daí o nascimento da concepção *objetivista*, presente em várias correntes propostas por escritores respeitados. Mas, ainda neste terreno, como no subjetivista já vimos, falta harmonia entre os autores, o que leva à configuração de várias teorias dominadas pelo pensamento objetivista, umas com maior e outras com menor valor científico, ou utilidade prática.

Colin e Capitant partem do art. 2º do Código Civil francês, do qual extraem duas regras: a primeira é que a lei só dispõe para o futuro, e a segunda, que não pode ter efeito retroativo. O sentido deste segundo princípio consiste em estabelecer que o juiz não deve aplicar uma lei aos fatos que se passaram anteriormente à sua promulgação, para apagar ou modificar os feitos jurídicos já produzidos. Quando se diz que a lei não dispõe senão para o futuro, entende-se que ela se aplica aos fatos posteriores à sua publicação, às relações jurídicas que se formarem no futuro. Projetando na prática tais conceitos, que são certos, estes autores enunciam regras acompanhadas de exceções, tornando sua doutrina pouco proveitosa.[19]

Henri de Page, aceitando a ideia fundamental de Colin e Capitant, expõe a sua teoria, mas adverte, entretanto, quanto à apresentação de casos duvidosos, entendendo de toda conveniência que o legislador os resolva preventivamente, mediante a fixação de disposições transitórias. No silêncio da lei a respeito de sua aplicação às situações geradas sob o império da lei antiga, cujos efeitos se prolongarem na constância da lei nova, é que se deve fazer apelo aos princípios diretores da solução dos conflitos de leis no tempo. Neste sentido, enuncia *quatro regras*, que desenvolve com ilustrações de natureza prática. A *primeira regra* é simples e de fácil aplicação: *a lei nova não atinge as situações nascidas e definitivamente cumpridas sob o império da lei antiga*, de tal forma que a lei, estatuindo para o futuro e não para o passado, respeita o que se constituiu e juridicamente se esgotou sob o império da lei velha. É esta, por conseguinte, que deve reger tais situações. Ao revés, aquelas situações que nasceram sob o império da lei antiga, mas continuam a produzir seus efeitos sob o da lei nova (efeitos futuros das situações jurídicas), passam à incidência da segunda regra. A *segunda* é esta: *a lei nova aplica-se imediatamente, mesmo aos efeitos futuros das situações nascidas sob o império da lei anterior.* É uma consequência natural do efeito imediato da lei, que tanto abraça no seu domínio as situações inteiramente novas e nascidas na sua vigência, como ainda regula os efeitos futuros das situações jurídicas que se criaram sob a lei antiga, porém foram alcançados em curso de produção de efeitos pela lei atual. Os efeitos que se vêm a produzir já no tempo da lei moderna são por esta regidos. Significa isto que a lei recente governa todo o futuro,

---

19   Colin e Capitant, *Cours*, I, nᵒˢ 40 a 51.

isto é, não somente as situações a *nascer*, mas ainda as situações já nascidas, desde que chamadas a desenvolver efeitos futuros sob o domínio da lei nova. Não importa, pois, retroatividade a aplicação da lei aos efeitos futuros, ainda quando as situações que os produzam tenham surgido sob a lei anterior. Esta segunda regra não tem caráter absoluto. Ao contrário, admite exceção, e tão ampla, que passa a constituir uma *terceira regra*: *os contratos nascidos sob o império da lei antiga permanecem a ela submetidos, mesmo quando os seus efeitos se desenvolvem sob o domínio da lei nova*. O que a inspira é a necessidade da segurança em matéria contratual. No conflito dos dois interesses, o do progresso, que comanda a aplicação imediata da lei nova, e o da estabilidade do contrato, que conserva aplicável a lei antiga, tanto no que concerne às condições de *formação, de validade* e de *prova*, quanto no que alude aos *efeitos* dos contratos celebrados na vigência da lei anterior, preleva este sobre aquele. Sem se deixar influenciar pela noção subjetivista, entende que a primeira e a terceira regras bastam para cobrir tudo que tradicionalmente se chamava direito adquirido. Finalmente, vem a *quarta regra*, com um sentido de exceção à terceira, porém de grande latitude: *a lei nova aplica-se aos contratos em curso quando o legislador o declara expressamente ou quando a lei nova é de ordem pública*. No que concerne à menção expressa, é natural, no sistema que enxerga o princípio de não retroatividade como preceito de política legislativa, de imposição ao juiz e não ao legislador. Por outro lado, as disposições imperativas pela própria natureza suprimem o princípio da autonomia privada, e são aplicáveis aos contratos em curso.[20] Como se vê, a doutrina do grande tratadista belga peca por dois defeitos: a sua própria *instabilidade*, pois enuncia regras sujeitas a exceções demasiadas, e a sua *insuficiência*, pois não abrange a generalidade dos problemas de direito intertemporal.

Julien Bonnecase, laborando em tema igualmente objetivista, procura resolver as questões de direito transitório através de um processo de simplificação, que tem, sem dúvida, este mérito, mas que se revela, a seu turno, insuficiente quando posto em prática. Começa tomando por base as situações jurídicas por distinguir as *situações abstratas* e as *situações concretas*. Situação jurídica *abstrata* é aquela que existe em estado *potencial*, criada pela lei à disposição do indivíduo, mas desprovida ainda de consequências pessoais. Situação jurídica *concreta* é a transformação da situação abstrata, através do fato ou do ato jurídico, em uma realidade prática individual, tornada na maneira de ser de uma pessoa, em consequência de um ato ou fato jurídico já realizado. Assentada esta distinção, a aplicação da lei encontra solução singela: a lei nova deve respeitar as situações jurídicas *concretas*, sob pena de ser censurada como retroativa. Ao entrar em vigor, porém, aplica-se a todas as situações jurídicas *abstratas*, independentemente da indagação do momento em que tiveram nascimento, seja este sob o império da lei moderna, seja sob o da lei caduca.[21]

---

20   De Page, *Traité*, I, nº 231.
21   Julien Bonnecase, *Supplément au Traité de Baudry-Lacantinerie*, II, p. 225.

Paul Roubier, em alentado tratado acerca do direito intertemporal,[22] evidencia-se mais completo, mais exato, mais seguro e formula uma teoria objetivista firmada em conceitos doutrinários fundamentais, cuja aplicação prática é esgotada nos seus vários aspectos. Depois de discutir e criticar as teorias chamadas clássicas (de Savigny, Lassalle etc.), passa a expor em minúcia a sua, que vai prender suas raízes na doutrina dos *facta praeterita* dos pandectistas, a qual resumiremos aqui em seus pontos capitais.

A base fundamental da teoria está na distinção entre o *efeito imediato* e o *efeito retroativo* da lei. Se ela pretende aplicar-se aos fatos já consumados (*facta praeterita*), é retroativa; se se refere às situações em curso (*facta pendentia*), cumpre separar as partes anteriores à lei nova das partes posteriores, estas sujeitas sem retroatividade à mudança legislativa, e aquelas a coberto de sua ação; e, finalmente, os fatos futuros (*facta futura*), evidentemente contidos por inteiro no âmbito da lei atual. Mas, para exame da órbita de incidência da lei, é preciso abandonar a ideia de direito adquirido, e ainda de relação jurídica, para ter em vista as *situações jurídicas*, mais abrangentes e mais positivas. Na verdade, a noção de situação jurídica aplica-se a toda espécie de condição individual, sem referência ao caráter subjetivo, e alcança aquelas condições unilaterais ou bilaterais, oponíveis a qualquer pessoa, e em qualquer ramo do direito. No de família, há a situação jurídica do menor, do casado, do viúvo, do divorciado, do filho etc.; no direito das coisas, a de proprietário, usufrutuário, possuidor etc.; no direito obrigacional, a de credor ou devedor, vendedor ou comprador, locador ou locatário etc.; no direito sucessório, a de herdeiro legítimo ou testamentário, legatário etc.

Mas há dois momentos sucessivos no desenvolvimento de uma situação jurídica: uma *fase dinâmica*, correspondente ao momento de sua constituição ou extinção, e uma *fase estática*, que corresponde ao momento em que produz os seus efeitos. Quando se trata de determinar como se constitui ou se extingue uma situação jurídica, a lei estabelecerá que fatos ou atos têm esta eficácia, e que outros não a têm. O problema da retroatividade se simplifica, atentando-se em que a lei nova não pode tomar em consideração os fatos (naturais ou voluntários) ocorridos antes de sua entrada em vigor. As leis relativas aos modos de constituição ou de extinção de uma situação jurídica não podem, sem retroatividade, reabrir a questão da eficácia ou ineficácia jurídica de um fato passado. Quando se cogita de fixar os efeitos de uma situação jurídica já constituída, a lei antiga governa os efeitos já produzidos durante sua vigência, enquanto a lei moderna determinará os efeitos que se vierem a produzir após sua entrada em vigor, mas não pode atingir os efeitos jurídicos anteriores, ainda que pretendesse modificá-los, quer para restringi-los, quer para ampliá-los.

Detendo-se, em particular, sobre a *fase dinâmica* (de constituição ou extinção) das situações jurídicas, é necessário distinguir: há situações jurídicas que se constituem em um só momento, em consequência de um *único fato* (a morte de uma pessoa, o abalroamento de um veículo), e há outras que supõem certo *lapso de tem-*

---

22 Paul Roubier, *Les Conflits des Lois dans le Temps*, vol. I, n° 41.

po, requerendo um estado de fato contínuo (a prescrição aquisitiva – ou usucapião – pressupõe a posse contínua por um lapso prolongado), ou a presença de elementos sucessivos (a sucessão testamentária requer, de um lado, um testamento válido e, de outro, a morte do testador). No tocante às situações jurídicas que já se acham constituídas, a regra é uma só: *as leis que regulam a constituição de uma situação jurídica não podem atingir as situações jurídicas já constituídas*.

Acontece, porém, que a lei nova pode, ao entrar em vigor, enfrentar situações jurídicas em curso de constituição, já tendo ocorrido um fato que é elemento dela, mas por si só inábil a seu pleno estabelecimento. A lei nova pode, sem retroatividade, atingir aquelas situações em curso, criar condições novas, modificar ou anular, para o futuro, os efeitos ainda não produzidos pelos elementos anteriores, mas deverá respeitar o valor jurídico de tais elementos. Daí outra regra: *em face de uma situação jurídica em curso de constituição ou de extinção, as leis que governam a constituição ou extinção de uma situação jurídica não podem atingir os elementos já existentes, que fazem parte desta constituição ou desta extinção, enquanto portadores de um valor jurídico próprio, quer se trate de suas condições de validade ou dos efeitos jurídicos que tenham produzido*. Mas a lei nova alcançando fatos que *não determinaram* a constituição de uma situação jurídica não pode considerá-los como tendo levado a esta constituição. Transpostos os princípios para o terreno prático, a matéria da constituição ou da extinção das situações jurídicas acha-se regulada de forma a prever as hipóteses ocorrentes, com que o autor ilustra os seus vários aspectos.

Tratando-se da *fase estática* (produção de efeitos) das situações jurídicas já constituídas, a matéria está submetida a uma regra simples: a situação jurídica, já inteiramente constituída nos termos da lei velha, é alcançada pela lei nova, que cogita precisamente dos seus efeitos. Se estes também se tinham produzido inteiramente, não há, na verdade, problema de direito transitório. Mas, se os efeitos se prolongam no tempo, e a lei nova os encontra já em parte produzidos sob a lei velha, e em parte a produzir ainda, a regra geral é esta: *a lei que governa os efeitos de uma situação jurídica não pode, sem retroatividade, atingir os efeitos já produzidos sob a lei anterior*. Quanto aos efeitos que se vierem a produzir para o futuro, serão determinados pela lei em vigor no dia em que se produzirem. No tocante aos contratos patrimoniais, em curso de produção de efeitos, a lei nova se guarda de alcançá-los, porque é a lei do dia do contrato que comandará todo o seu desenvolvimento ulterior.[23]

Embora encarando o problema de ângulos diferentes, as teorias subjetivistas e objetivistas não diferem fundamentalmente nos resultados. Examinemos o princípio da não retroatividade partindo da noção de direito adquirido, ou apliquemo-lo em decorrência da situação jurídica definitivamente constituída; em suas linhas gerais os efeitos são os mesmos, pois uma disposição que tem eficácia retro-operante igualmente a ostenta na ofensa ao direito adquirido ou no atentado à situação jurídica. Há, contudo, maior rigor técnico na concepção objetiva.

---

23 Roubier, *Les Conflits de Lois dans le Temps*, vol. I, n°s 41 e ss.

32. Repercussão no direito brasileiro

O direito brasileiro, no campo dos conflitos de leis no tempo, tem sofrido algumas vacilações para retomar o curso da ideia original. Muito embora a lei não seja fonte doutrinária, porém a expressão de uma norma de conduta, o legislador, ao converter um preceito em comando, pela utilização de uma linguagem, ou uso de uma expressão, perfilha determinada teoria, cujas linhas essenciais adota, e, então, sua invocação é indispensável para o bom entendimento e aplicação do direito positivo.

Já vimos (nº 29, *supra*) que o princípio da não retroatividade da lei encontra as legislações divididas em três correntes, e que neste particular o direito brasileiro tem seguido, quase uniformemente, uma só orientação, desde a Constituição do Império, de 1824, até a Constituição Federal de 1988, todas ditando, com exceção da Carta de 1937, a regra da irretroatividade ao próprio legislador.

A Lei de Introdução ao Código Civil de 1916 tomou rumo francamente *subjetivista*, ao prescrever, no art. 3º, que a lei não prejudicará em caso algum o direito adquirido, o ato jurídico perfeito e a coisa julgada.

Substituída pelo Decreto nº 4.657, de 4 de setembro de 1942, a Lei de Introdução, hoje intitulada, por força da Lei nº 12.376/2010, "Lei de Introdução às Normas do Direito Brasileiro" (LINDB), virou de polo a doutrina legal para o campo *objetivista*, prescrevendo (art. 6º) que a lei em vigor terá efeito imediato e geral e não atingirá as situações jurídicas definitivamente constituídas da relação jurídica. Abandonou o legislador, então, a doutrina clássica do direito adquirido, para encarar, em profissão de fé objetivista, a situação jurídica, tal como vimos na teoria de Roubier. Acontece, entretanto, que a jurisprudência não conseguiu desvencilhar-se dos princípios assentados, e, não obstante o direito positivo ter adotado fundamento diferente, permaneceu fiel aos velhos conceitos, procurando dar solução aos conflitos intertemporais de leis com aplicação de norma de cunho objetivista, porém jogando com as noções subjetivas de direito adquirido e expectativa de direito. Tendo formado o seu espírito sob a inspiração das teorias tradicionais, os juízes não conseguiram desvencilhar-se de seus cânones, e não puderam afeiçoar-se às concepções modernas. E isso levou o legislador a um retorno, com a votação da Lei nº 3.238, de 1º de agosto de 1957, alterando a redação do art. 6º da Lei de Introdução às Normas do Direito Brasileiro – LINDB.

Segundo a norma, que permanece vigente, ficou estatuído que a lei em vigor tem efeito imediato e geral, respeitando sempre o *ato jurídico perfeito, o direito adquirido e a coisa julgada*. E ressuscitou as definições da antiga Lei de Introdução. Toda a construção legislativa atual está assentada no respeito do direito adquirido, sob os seus vários aspectos.

O primeiro aspecto se apresenta como o *ato jurídico perfeito*, que é o já *consumado* segundo a lei vigente ao tempo em que se efetuou. É o ato plenamente constituído, cujos requisitos se cumpriram na pendência da lei sob cujo império se realizou, e que fica a cavaleiro da lei nova.

O segundo, *direito adquirido, in genere*, abrange os direitos que o seu titular ou alguém por ele possa exercer, como aqueles cujo começo de exercício tenha termo prefixado ou condição preestabelecida, inalterável ao arbítrio de outrem. São os direitos definitivamente incorporados ao patrimônio do seu titular, sejam os já realizados, sejam os que simplesmente dependem de um prazo para seu exercício, sejam ainda os subordinados a uma condição inalterável ao arbítrio de outrem. A lei nova não pode atingi-los, sem retroatividade.

Finalmente, a lei prevê a *coisa julgada*, ou *caso julgado*, que é a decisão judiciária de que já não caiba recurso. É princípio assentado que as leis de processo (cf. Código de Processo Civil de 1973, arts. 467 e ss.; Código de Processo Civil de 2015, arts. 502 e ss), com efeito imediato, regulam todos os atos sob o seu domínio, alcançando as ações no ponto em que se encontrem, de tal forma que os trâmites já percorridos obedecem à lei antiga, mas os não efetuados automaticamente se sujeitam à lei moderna. Encerrada, porém, uma questão, seja principal, seja incidente, por sentença de que já não caiba mais recurso, ou porque todos se esgotaram, ou porque a parte deixou de manifestá-los, é inatingível por uma lei posterior, material ou formal.

Assentadas tais noções, não devemos encerrar este capítulo, sem uma referência à sua projeção nas várias províncias do direito.

De início, cumpre assinalar que a ideia do *direito adquirido*, tal como consignada na LINDB, tem aplicação tanto no *direito público* quanto no *direito privado*. Onde quer que exista um direito subjetivo, de ordem pública ou de ordem privada, oriundo de um fato idôneo a produzi-lo segundo os preceitos da lei vigente ao tempo em que ocorreu, e incorporado ao patrimônio individual, a lei nova não pode ofender.

A lei que cria ou extingue uma *instituição* tem aplicação imediata, da mesma forma que a modificadora das meras *faculdades legais*.

O efeito imediato das leis sobre a capacidade das pessoas significa que alcança todos aqueles por ela abrangidos. Assim, uma lei que altere os limites da maioridade civil, recuando-a para antes dos 18 anos, torna automaticamente maiores todos os que já tenham atingido a nova idade-limite. Ao revés, se uma lei estende aquele termo aos 20 anos, respeita a maioridade dos que já atingiram esta idade; porém todos os que ainda não haviam completado os 20 anos terão de aguardar o momento em que alcancem o novo limite.

A lei que regula a *forma* e a prova dos atos jurídicos é a do tempo em que se realizam. A sua validade deve, portanto, ser apreciada segundo a lei sob cujo império foram efetuados. Se uma lei impõe forma pública para ato que se podia celebrar por escrito particular não atinge os que revestem esta forma, celebrados ao tempo em que a lei o permitia, ainda quando os seus efeitos se venham a produzir sob o império da lei nova.

As leis que definem o *estado* da pessoa aplicam-se imediatamente a todos que se achem nas novas condições previstas. Se uma lei declara dissolúvel o casamento, admite como suscetível de dissolução todo casamento, ainda que celebrado ao tempo em que a lei vedava o divórcio. Mas, ao revés, se vem proibir o divórcio, respeita aqueles que já o haviam obtido, porém não tolera que, na sua vigência, consigam-no aqueles que pela lei antiga tinham condições de atingi-lo, e não haviam alcançado ainda.

Os *direitos reais* são disciplinados pela lei vigente, seja na sua conceituação, seja no seu exercício. A lei que considera indisponíveis determinados bens ou institui condições para alienação abrange a todos os que especifica, mas respeita as alienações efetuadas antes dela.

Os *direitos de obrigação regem-se* pela lei no tempo em que se constituíram, no que diz respeito à formação do vínculo, seja contratual, seja extracontratual. Assim, a lei que regula a formação dos contratos não pode alcançar os que se celebraram na forma da lei anterior. Se uma lei define a responsabilidade civil, torna obrigado aquele que comete o fato gerador, nos termos da lei que vigorava ao tempo em que ocorreu; mas, ao revés, se uma lei nova cria a responsabilidade em determinadas condições anteriormente inexistentes, não pode tornar obrigado quem praticou ato não passível de tal consequência segundo a lei do tempo. Os efeitos jurídicos dos contratos regem-se pela lei do tempo em que se celebraram.

Os direitos dos herdeiros são regulados pela lei vigente ao tempo da abertura da sucessão. Se a ordem de vocação hereditária é alterada, ou a condição dos herdeiros necessários transformada, ou os requisitos para tocar a herança recodificados, a lei nova terá aplicação a todas as sucessões que se abrirem após sua vigência, mas as já abertas escapam à sua eficácia. A capacidade para receber por *testamento* apura-se pela lei vigente ao tempo da abertura da sucessão. Mas a capacidade para fazer testamento, e, por conseguinte, as condições de validade deste apuram-se pela lei do tempo em que foi praticado o ato. Desta sorte, se a lei permitia ao menor relativamente incapaz a facção testamentária, e a lei nova exige que somente os plenamente capazes disponham de seus bens por ato *causa mortis*, respeita a validade do testamento feito pelo menor ao tempo em que a lei o permitia, embora venha a produzir efeitos na vigência da lei nova.

As *leis políticas*, abrangendo as de natureza *constitucional, eleitoral e administrativa*, têm aplicação imediata, e abarcam todas as situações individuais. Se uma lei nova declara que ficam sem efeito as inscrições eleitorais anteriores, e determina que todo cidadão deve requerer novo título, aplica-se a todos, sem que ninguém possa opor à nova disposição a circunstância de já se ter qualificado eleitor anteriormente. Se uma lei nova estabelece diferentes direitos e obrigações para os servidores do Estado, alcança a generalidade dos funcionários. Mas, se vem suprimir prerrogativas e vantagens já incorporadas ao patrimônio individual, o lesado pela reforma pode opor à nova disposição o direito integrado no seu patrimônio. Em princípio, não pode haver nenhum direito oponível à Constituição, que é a fonte primária de todos os direitos e garantias do indivíduo, tanto na esfera publicista quanto na privatista. Uma reforma constitucional não pode sofrer restrições com fundamento na ideia genérica do respeito ao direito adquirido. Mas, se é a própria Constituição que consigna o princípio da não retroatividade, seria uma contradição consigo mesma se assentasse para todo o ordenamento jurídico a ideia do respeito às situações jurídicas constituídas, e simultaneamente atentasse contra esse conceito. Assim, uma reforma da Constituição que tenha por escopo suprimir uma garantia antes assegurada constitucionalmente (*e.g.,* a inamovibilidade e vitaliciedade dos juízes), tem efeito imediato, mas não atinge aquela prerrogativa ou aquela garantia, integrada no patrimônio jurídico de todos que gozavam do benefício na vigência desta.

Costuma-se dizer que as leis de *ordem pública* são retroativas. Há uma distorção de princípio nesta afirmativa. Quando a regra da não retroatividade é de mera política legislativa, sem fundamento constitucional, o legislador, que tem o poder de votar leis retroativas, não encontra limites ultralegais à sua ação, e, portanto, tem a liberdade de estatuir o efeito retro-operante para a norma de ordem pública, sob o fundamento de que esta se sobrepõe ao interesse individual. Mas, quando o princípio da não retroatividade é dirigido ao próprio legislador, marcando os confins da atividade legislativa, é atentatória da Constituição a lei que venha ferir direitos adquiridos, ainda que sob inspiração da ordem pública. A tese contrária encontra-se defendida por escritores franceses ou italianos, precisamente porque, naqueles sistemas jurídicos, o princípio da irretroatividade é dirigido ao juiz e não ao legislador.

Comumente sustenta-se que as *leis interpretativas* retroagem. É preciso, entretanto, distinguir. Sendo a lei interpretativa a forma autêntica pela qual o legislador fixa o seu pensamento e esclarece o seu comando, considera-se contemporânea da própria lei interpretada, segundo a doutrina que vem desde o imperador Justiniano, e, portanto, na sua própria condição intrínseca, faz abstração do tempo decorrido entre as duas normas. Mas as situações jurídicas, ou os direitos subjetivos constituídos em função da interpretação dada à lei, antes do dispositivo interpretativo, não podem mais ser alterados ou atingidos, ainda que a hermenêutica autêntica venha infirmar o entendimento dado à lei interpretada.

Finalmente, diz-se que as *leis favoráveis* são retroativas. Também aqui há um desvio de perspectiva. Toda lei tem efeito imediato, e, no regime que institui para o presente e para o futuro, guarda-se de ofender os direitos adquiridos ou de atingir as situações jurídicas já constituídas. Como a lei favorável não pode, pela sua própria natureza, trazer moléstia a uns e outros aplica-se sem qualquer restrição, o que dá impressão, embora errônea, de sua retroatividade.

A retroatividade benigna tem, contudo, aplicação, em matéria fiscal e no direito penal. A propósito deste último, a Constituição de 1988 estabelece que a lei penal não retroagirá, salvo para beneficiar o réu (art. 5º, nº XL).

A Constituição de 1988 conferiu ao Supremo Tribunal Federal a competência para julgar, originariamente, a ação direta de inconstitucionalidade (ADIn). Acompanhando a tese que defendi perante o Conselho Federal da Ordem dos Advogados, de não dever ser privativa do Procurador-Geral da República, o art. 103 da Constituição atribuiu *legitimação* para a ação de inconstitucionalidade ao Presidente da República, à Mesa do Senado Federal, à Mesa da Câmara dos Deputados, à Mesa de Assembleia Legislativa, à Mesa da Câmara Legislativa do Distrito Federal, ao Governador de Estado ou do Distrito Federal, ao Procurador-Geral da República, ao

Conselho Federal da Ordem dos Advogados do Brasil, a partido político com representação no Congresso Nacional, e à confederação sindical ou entidade de classe de âmbito nacional (ver, ainda, sobre o controle de constitucionalidade o nº 41 adiante, *in fine*).

A Emenda Constitucional nº 3, de 1993, alterando o art. 102 da Constituição, estabeleceu que as decisões definitivas de mérito, proferidas pelo Supremo Tribunal Federal, nas "ações declaratórias de constitucionalidade" de lei ou ato normativo federal, produzirão eficácia contra todos e efeito vinculante relativamente aos demais órgãos de Poder Judiciário e ao Poder Executivo.

Capítulo VII
Eficácia da Lei no Espaço

Sumário

33. Exterritorialidade da lei. **34.** Direito internacional privado. **35.** Teoria dos estatutos. **36.** Princípio do domicílio e da nacionalidade. **37.** Doutrina legal brasileira.

Bibliografia

Amílcar de Castro, *Direito Internacional Privado*; Tito Fulgêncio, *"Synthesis" de Direito Internacional Privado*; Eduardo Espínola, *Direito Internacional Privado*; P. Arminjon, *Précis de Droit International Privé*; Arthur K. Kuhn, *Comparative Commentaries in Private International Law*; Herbert F. Goodrich, *Handbook of the Conflict of Laws*; Frantz Despagnet, *Précis de Droit International Privé*; Ferrara, *Trattato*, I, n°s 62-64; Savigny, *Traité de Droit Romain*, trad. de Ch. Guénoux, vol. VIII; Laurent, *Droit Civil International*, vol. I; Martin Wolff, *Derecho Internacional Privado*, trad. de José Rovira *y* Ermengol; Batifol, *Traité Élémentaire de Droit International Privé*; Mazeaud *et* Mazeaud, *Leçons*, I, n°s 133 e ss.; Salvat, *Tratado*, I, n°s 307 e ss.; Clóvis Beviláqua, *Direito Internacional Privado*; Rodrigo Otávio, *Dicionário de Direito Internacional Privado*; Ricardo Galardo, *La Solution des Conflits des Lois dans les Pays de l'Amérique Latine*; Vicente Ráo, *O Direito e a Vida dos Direitos*, II, n°s 305 e ss.; Haroldo Valadão, *O Desenvolvimento do Direito Internacional Privado na Legislação dos Estados Americanos*; Haroldo Valadão, *A Lei de Introdução ao Código Civil e sua Reforma*; Haroldo Valadão, *O Conflito de Leis no Espaço*; Haroldo Valadão, *Direito Internacional Privado e Direito Intertemporal*; Haroldo Valadão, *Estudos de Direito Internacional Privado*; Haroldo Valadão, *Direito Internacional Privado*; Jacob Dolinger, *Direito Internacional Privado*, parte geral.

33. Exterritorialidade da lei

A lei, como norma de comportamento, emanada do órgão estatal competente, é expressão soberana do Estado que a dita. Até onde vai o poder de comando do Estado, aí se apresenta, sem contraste, a órbita de suas determinações, e, como as fronteiras geográficas nacionais barram a expansão de sua soberania, o limite espacial da força cogente ou da eficácia da lei alcança aqueles confins e não os pode vencer. Noutros termos, porém, submetidos à mesma ordem de ideias, a lei se destina a regular as ações humanas dentro dos limites territoriais do Estado cuja soberania reflete. Assim encarado o problema, dir-se-ia que não pode haver qualquer dúvida no tocante à lei aplicável ao indivíduo, pois que a sua validade não ultrapassa o território coberto pela bandeira da Nação, nem a soberania desta tolera que uma disposição legal de procedência estrangeira seja imposta aquém de seus lindes extremos.

O princípio, que é certo, deve, entretanto, ser entendido no jogo de competições do próprio Estado soberano e dos seus súditos. A vida civil torna-se cada vez mais complexa e o intercâmbio social projeta o indivíduo e os seus interesses para além do território de sua pátria, transformando-o, de elemento que é e continua a ser, de sua própria nação, em membro da comunidade internacional, integrante de um agrupamento humano muito mais vasto do que dá ideia a reunião dos seus compatriotas no território do seu Estado de origem. As correntes migratórias no plano internacional levam o indivíduo, os seus problemas e os seus interesses a todos os quadrantes do globo. A comunidade humana alarga-se no espaço e se estreita na vivência quotidiana, de tal jeito que os súditos de todos os Estados vivem na mais fechada aproximação, gerando o ombro a ombro de suas competições uma série de problemas que o direito é chamado a resolver. Aqui é um brasileiro que herda, de um ascendente francês, bens sitos na França; ali é um inglês que se casa com uma italiana no solo da Bélgica, e há questão na indagação de qual o direito regulador do regime de bens; acolá é um norte-americano que se divorcia no México e pretende casar-se com uma brasileira no Brasil; mais longe é uma sociedade anônima argentina que contrata com uma empresa canadense; noutro ponto é um cidadão uruguaio que abalroa com seu veículo um outro no Paraguai; enfim, uma imensidão de *fatos*, no sentido de relações sociais, humanas, abstratas proliferam no palco internacional, constituindo não hipóteses que povoam a mente do jurista, porém situações efetivamente verificáveis e verificadas, conclamando a argúcia do juiz na escolha da lei a ser aplicada. Problemas relacionados com a legitimidade do ato passado em um país e trazido a outro como gerador de relações de direito, questões atinentes aos efeitos a se produzirem no território nacional de situações jurídicas concluídas fora dele, indagações relativas aos requisitos de forma e de prova dos negócios jurídicos celebrados no estrangeiro, são outros tantos escólios que o jurisconsulto enfrenta a todo momento.

Sem quebra da noção fundamental do princípio da soberania da lei, surge a necessidade de se reconhecer que esta, conservando embora o caráter de expressão do

Estado, venha preencher, fora dos limites territoriais deste, a função disciplinadora das relações jurídicas e, noutros termos, forneça o critério oficial de sua apreciação. É o que se chama de *exterritorialidade da lei*, como que a sua projeção extraterritorial, que implica o seu reconhecimento como padrão de valor jurídico, pelos órgãos judicantes em outro país.

É preciso, contudo, esclarecer bem que uma nação não leva a sua lei ao território de outra para ali impô-la como norma de conduta social, nem se abre um hiato no direito positivo nacional, a ser preenchido pela norma jurídica votada pelo Estado estrangeiro. O princípio da *exterritorialidade* da lei tem aplicação no reconhecimento que um sistema jurídico faz, no sentido de aceitar que determinados atos ou certas situações jurídicas se acham regulados na sua constituição, na sua validade ou na produção de seus efeitos à regra jurídica vigente em outro Estado.

A rigor não existe e não pode mesmo existir conflito interespacial de leis. Seria isto um absurdo lógico e um absurdo jurídico dentro do conceito fundamental do direito positivo como expressão de soberania estatal. O que existe, e aqui se insere a extensão da *exterritorialidade*, é a circunstância de um Estado determinar que, na apreciação de certas relações jurídicas, sejam aplicados princípios de direito estrangeiro. O direito positivo nacional, diante de um fato em conexão com meios sociais diferentes, pode mandar sejam julgadas as relações jurídicas dele geradas pelo próprio direito nacional – *ius indigenum* – ou pelo direito estrangeiro – *ius extraneum* – ou em parte por um e em parte por outro.[1] Enquanto as submete ao critério abstrato de apreciação local, não há falar em exterritorialidade, que somente se configura na adoção do *ius extraneum* como elemento informativo para o órgão jurisdicional nacional, na apreciação da situação jurídica criada em conexão com meios sociais diferentes.

Ao contrário, portanto, de um *conflito*, o que existe é uma *conciliação*, levada a efeito pelo órgão jurídico, entre duas ou mais ordens jurídicas na extração de uma norma que, aplicada ao caso dado, forneça uma solução de justiça. As regras adotadas para a escolha do direito aplicável constituem o que se denomina o *direito internacional privado*.

34. Direito internacional privado

Na verdade, não é arbitrária a aplicação extraterritorial da lei. Ao revés, está sujeita a regras especiais, devidamente deduzidas e sistematizadas, para que se determine quando, em que casos e de que maneira pode ser invocado e aplicado o *ius extraneum*. De um lado, tratados internacionais, celebrados entre nações, convencionam o reconhecimento do efeito extraterritorial da lei. Do outro lado, estabelecem-se regras de direito positivo fixando a oportunidade e a modalidade de reconhecimento dos efeitos da lei estrangeira sobre os fatos em conexão com meios sociais diferentes, e estabelecendo

---

1   Amílcar de Castro, *Direito Internacional Privado*, I, n° 7, p. 29.

preceitos por via dos quais se resolve o problema da qualificação para a escolha da lei aplicável. E por sobre ambos, a doutrina constrói os conceitos teóricos, que presidem aos critérios seletivos da norma jurídica a ser adotada.

Ao conjunto de princípios destinados a solver tais problemas dá-se o nome de *direito internacional privado*. A denominação é imprecisa: quase que dela se poderia dizer como Voltaire do "Sagrado império romano alemão", que o espírito irônico do estilista dizia não ser sagrado, nem império, nem romano, nem alemão. Pois o direito internacional privado, em verdade, não é *internacional*, mas compõe um complexo de princípios integrantes da ordem jurídica *nacional*, destinados à escolha da norma de direito aplicável a uma situação originada de um fato anormal[2] como aquele que se acha em conexão com meios sociais diferentes e quando delimita o objetivo da disciplina. E não é *direito privado*, nem ao menos restrito à seleção de normas de direito privado, pois que também a escolha da regra de direito público (processual penal) é objeto de suas cogitações.[3] Mas a denominação foi usada, fez escola, difundiu-se e é comumente aceita. E não é pior do que a designação anglo-americana (*conflict of laws*), ou a empregada por Savigny (*limites da lei no espaço*). Fiquemos, pois, com este nome para a disciplina, e estamos em muito boa companhia: *direito internacional privado*.

Limitemo-nos a dizer que o direito internacional privado não fornece regras de conduta individual. Não constitui seu objeto regular as relações intersubjetivas ou *materiais*, entre súditos de Estados vários. Diante de uma situação jurídica disciplinada diversamente por mais de uma legislação e envolvendo efeitos diferentes em decorrência da existência de normas legais em conflito, cabe ao direito internacional privado indicar qual dos sistemas jurídicos fornecerá os princípios de aplicação à espécie. Feito isto, o problema interespacial cessa, e o órgão judicante dirá a palavra jurisdicional na conformidade de regra de direito interno, editada pela legislação apontada.[4]

Embora venham do século XII os princípios que objetivam a solução dos chamados (embora impropriamente) conflitos de leis no espaço, foi somente no século XVIII que apareceram normas legislativas a isso destinadas. O direito brasileiro insere na mesma Lei de Introdução às Normas do Direito Brasileiro (Decreto-Lei nº 4.657, de 4 de setembro de 1942) os princípios nacionais de direito internacional privado positivo.

Para a boa compreensão de suas normas, é necessário fazer menção das teorias engendradas pelos especialistas, no que indicaremos, em suas linhas gerais, as de

---

2 Amílcar de Castro, *Direito Internacional Privado*, I, p. 25 e ss.

3 Ferrara, *Trattato*, I, p. 278; Haroldo Valadão, *O Conflito de Leis no Espaço*, sustenta que os conflitos de leis no espaço não ficam restritos às divergências entre leis nacionais (conflitos internacionais), mas podem suscitar-se na órbita interna, envolvendo as relações interestaduais, interprovinciais, inter-regionais etc.

4 Eduardo Espínola, *Direito Internacional Privado*, § 5º; Arminjon, *Précis*, I, nos 18 e 19; Amílcar de Castro, *Direito Internacional Privado*, I, nº 22.

maior projeção doutrinária, muito embora confessemos que um relato fiel deveria abranger outras, que somente a necessidade de não nos excedermos aconselha omitir.

35. TEORIA DOS ESTATUTOS

Os romanos, cuja técnica jurídica e espírito lógico permitiram construir quase todos os ramos da ciência jurídica, não fornecem base para o direito internacional privado. É vão o esforço dos que procuraram filiar à *jurisdictio* do *praetor peregrinus* e ao *ius gentium* a origem de tal disciplina. A princípio, em verdade, o direito era obra dos cidadãos e destinado aos cidadãos – *cives*, e condição para gozá-las era a qualidade inerente ao homem como membro da comunidade – *civitas*. Com o tempo, com as conquistas, com o alargamento territorial, foi-se ampliando a ideia de reconhecimento de direitos aos não romanos, mas, como a estes não se poderia levar o direito da cidade, a instituição do *praetor peregrinus* foi a criação de uma jurisdição especial para dirimir as questões entre os peregrinos entre si, ou entre um cidadão e um peregrino. Ao lado do direito da cidade, *ius civile*, desenvolveu-se o *ius gentium*, integrando todo o complexo do que nós hoje chamamos direito romano, invocável, portanto, pelos não romanos, e a estes aplicado na solução de suas pendências. O romano, porém, não criou um jogo de princípios com a finalidade de solucionar os pretensos conflitos de leis no espaço, mesmo porque a sua dogmática não podia concebê-los. Esfacelado o *Imperium*, de sua fragmentação ressurgiram os vários povos que a união política mantivera em uma unidade orgânica, mas que não haviam sido transformados em uma só nação; francos, saxões, lombardos etc., portadores de suas próprias leis que lhes eram aplicadas, sob a inspiração do que se denomina *princípio da personalidade do direito*: cada povo, cada nação, cada agrupamento tem o seu próprio direito, que acompanha o nacional, e é acolhido e respeitado pela justiça.[5]

O regime feudal, à medida que se desenvolvia e consolidava, ia solapando a noção da personalidade para fazê-la substituir pela ideia oposta de territorialidade do direito. Na verdade, o feudalismo impondo uma descentralização da soberania, com a concentração do poder político em consequência do senhorio da terra, não se compadecia com o caráter pessoal da norma jurídica, mas, ao revés, somente admitia e reconhecia, dentro dos limites da dominação sobre aquela, um direito só, que não poderia ser contrastado por outro de fora do território.[6] A própria estrutura feudal era de molde a estimular esta conceituação territorial do direito, de vez que a dissociação do Estado, o enfraquecimento do poder central, a instituição de um escalonamento gradativo de poderes ligados um ao outro pelo juramento de vassalagem, até os mais humildes súditos que em troca da proteção recebida prestavam ao suserano obediên-

---

5   Amílcar de Castro, I, nos 38 e ss.; Tito Fulgêncio, *Synthesis*, nº 12; Vicente Ráo, *O Direito e a Vida dos Direitos*, II, nº 327.

6   Amílcar de Castro, I, nº 41; Eduardo Espínola, *Direito Internacional Privado*, § 12; Tito Fulgêncio, *Synthesis*, p. 28 e ss.

EFICÁCIA DA LEI NO ESPAÇO | 121

cia e fidelidade, sujeitava todos que se encontravam na terra do senhor à sua lei, e nenhuma outra era admitida ou reconhecida.

Pelo século XIV foi se elaborando uma concepção nova, com a formação da chamada *teoria dos estatutos*, cujos lineamentos antecedem a *Bartolo de Sassoferrato*, mas com este assumem uma melhor estruturação e mais seguro desenvolvimento, como depois dele continuam com De Ubaldis, com Dumoulin, com D'Argentré, com Rodenburg. Em reação contra o senhorio feudal foram-se criando, na Itália, desde o século XII, as cidades livres, verdadeiros Estados independentes, ricos e florescentes, com autonomia política e com seu próprio direito. Dentro das comunas e das cidades independentes havia então duas ordens de direitos: uma, denominada *lex*, que compreendia as normas de direito romano ou de direito lombardo, vigente em todo o território submetido à mesma soberania política; outra, chamada *statutum*, que significava o direito particular de cada comuna ou cidade livre, a cuja sujeição se subordinavam os seus habitantes. A proximidade destas cidades, o elevado desenvolvimento de suas economias, a tendência migratória natural dos homens provocaram uma interpenetração dos seus cidadãos, que à sua vez suscitou o problema da escolha do direito aplicável, nas suas relações e nos seus dissídios, na necessidade de resolver os que se geravam do intercâmbio comercial ou humano. A conveniência de se reconhecer ao indivíduo, fora da sua cidade, um mínimo de garantias e de direitos, gerou a *teoria dos estatutos*. As normas jurídicas formavam, de um lado, o estatuto real, abrangendo as disposições relativas aos bens, sua aquisição e transmissão, com aplicação *territorial*: todos os indivíduos, qualquer que fosse a sua procedência ou cidadania, eram-lhe submissos, e sua aplicação ficava no território por elas governado. De outro lado, existiam as leis relativas às pessoas, seu estado, sua capacidade e suas relações de família, que a elas se vinculavam, mas que as atraíam sobre si, e constituíam um direito que aderia ao indivíduo e o acompanhava aonde ele fosse, compondo o seu *estatuto pessoal*, em contraposição às outras, que eram o *estatuto real*, a que mais tarde uma terceira categoria estatutária se agregou – *statuta mixta* – de aplicação territorial, conforme a relação jurídica em jogo se referisse simultaneamente às pessoas e aos bens.

Melhorando por toda parte a condição do estrangeiro, o conceito dos estatutos se ampliou, e as teorias francesa, holandesa e alemã prosseguiram e desenvolveram com a ideia originada da concepção italiana, sobrevivendo as teorias dos estatutos muito depois que desapareceu o ambiente político que as gerou. Mas, se a teoria estatutária teve o mérito de despertar a consciência do jurista para o problema dos chamados conflitos de leis, e de indicar uma fórmula de solução, não logrou oferecê-la em termos satisfatórios, principalmente porque procurou as regras pertinentes ao desate dos supostos conflitos de leis no próprio direito a ser aplicado, e, diante das dificuldades surgidas, foi-se complicando cada vez mais e se perdendo em intrincadas sutilezas, e cada vez mais remota a possibilidade de uma solução útil. E veio o seu desprestígio no século XIX.[7]

---

7   Cf., sobre a matéria aqui exposta, Amílcar de Castro, I, n°ˢ 44 e ss.; Eduardo Espínola, § 13; Tito Fulgêncio, n°ˢ 45 e 50; Arminjon, I, n° 44; Vicente Ráo, *O Direito e a Vida dos Direitos*, II, n° 327.

36. Princípio do domicílio e da nacionalidade

Não obstante os esforços dos estatutários da última hora, que pretenderam rejuvenescer a teoria no século XIX, encerrou ela o seu ciclo existencial. Herança da Revolução Francesa, proliferou a ideia de um reconhecimento amplo de direitos aos súditos estrangeiros, para logo conter-se na limitação aconselhada pela *reciprocidade de tratamento*. Enquanto isso, a escola anglo-americana com, entre outros, Westlake, na Inglaterra, e Story, nos Estados Unidos, despreocupa-se de uma construção doutrinária e da formulação de princípios gerais e aprioristicos, para adotar um critério prático e casuístico de solução dos problemas concretos (*case system*), bem ao gosto da técnica jurídica dos sistemas da *Common Law*, submetido à regra da soberania da lei nacional, atenuada ou reduzida, em caráter excepcional com fundamento na *comity*.[8]

Foi em meio do século XIX, e entre as incertezas das escolas e das concepções particulares dos escritores especializados, que Savigny formulou a teoria do *domicílio*, assinalada pela marca de seu gênio. Depois de criticar a teoria estatutária e de mostrar a improcedência da classificação dos estatutos nas duas categorias – reais e pessoais –, assenta a ideia fundamental de que entre os Estados se estabelece uma *comunidade de direito*, uma espécie de comunhão de princípios entre os povos que mantêm intercâmbio, ideia que é fundamental na concepção de justiça nas relações internacionais. Fixa o conceito da sede dos fatos geradores das relações jurídicas e assenta a necessidade de se submeterem eles a determinadas normas de direito. E deduz que o indivíduo, nas suas relações jurídicas, pode sujeitar-se *voluntariamente* a certo direito ou estar a ele submetido *necessariamente* e sem dependência de manifestação formal de sua vontade, apenas em razão de participar da relação jurídica em foco. A adoção de uma norma de direito estrangeiro não é mera concessão do Estado, ou um favor emanado de sua soberania, mas a consequência natural da comunidade de direito, de tal forma que a aplicação da lei estrangeira resulta como imposição de um dever internacional. Tendo o juiz de escolher uma lei, na solução de um conflito interespacial, é necessário fixar a sede da relação jurídica. Como o *domicílio* é a sede jurídica do indivíduo, *a lei do domicílio* é o elemento básico da determinação do direito a que o indivíduo fica subordinado.

A regra geral, portanto, é a da *predominância* da lei do domicílio, mas não regra absoluta, pois que comporta as exceções decorrentes, seja da faculdade concedida à vontade individual na escolha da lei aplicável, quando isto for possível, seja da situação da coisa quando esta determina a seleção da norma, seja, finalmente, das imposições da ordem pública. Na sua projeção prática, a teoria de Savigny se norteia pelo jogo desses princípios: a *lei do domicílio* é aplicável às relações pessoais do indivíduo, por ser aquele a sede jurídica da pessoa, subordinando-se os

---

8   Kuhn, *Comparative Commentaries on Private International Laws*, p. 23 e ss.; Goodrich, *Conflict of Law*, p. 11. Cf., sobre o assunto, Haroldo Valadão, "Lei Nacional e Lei do Domicílio", *in Estudos de Direito Internacional Privado*, p. 185.

direitos de sucessão à lei do lugar em que é aberta (domicílio do *de cuius*); quanto aos direitos reais, vigora a *lei da situação da coisa*; também é a *lex rei sitae*, a sede dos direitos obrigacionais; *a lei do lugar* em que se passam regula a forma dos atos jurídicos – *locus regit actum*.[9] A teoria de Savigny, cujo método é fundamentalmente sólido e extremamente valioso,[10] peca pela premissa da "comunhão de direito", sobre a qual os escritores de direito internacional privado não conseguiram jamais chegar a um acordo. Por isso mesmo os seus discípulos dela extraíram consequências falsas e arbitrárias.[11]

Em oposição à doutrina do criador da escola histórica levantou-se com Pascoale Stanislau Mancini a escola italiana da *nacionalidade*, que aceitam, perfilham e desenvolvem, entre outros, Laurent e Surville na França, Fiore e Casteliani na Itália, muito embora tenha sofrido severa crítica de Anzilotti e Pacchioni. Para a *escola italiana*, que não se confunde com a dos pós-glosadores, também denominada pelo mesmo epíteto, não é a ideia de *território* que deve orientar o jurista e informar o direito internacional, mesmo porque pode haver Estado sem território, mas a de *nação*, de vez que ela se constrói sobre o fundamento da coexistência de todas as nacionalidades livres, de que decorre o conceito internacional de justiça, como a necessidade de um Estado aplicar direito estrangeiro por imposição de um dever internacional. Vinculado o indivíduo à sua própria nação, por um conjunto de circunstâncias geográficas, físicas, psicológicas, carrega consigo o seu direito nacional, de que não se despoja, salvo quando adota voluntariamente direito diferente da mesma forma que no seio de sua própria nação tem a faculdade de adotar as normas de direito privado de sua conveniência. Por outro lado, a ordem pública impõe limitações à liberdade de escolha individual da lei aplicável, tanto aos súditos do Estado quanto aos estrangeiros na adoção do direito estrangeiro. Daí a regra da *personalidade do direito*, que conduz à extraterritorialidade da lei pessoal do indivíduo, que é a sua lei nacional. O princípio dominante é, então, que nos chamados conflitos de leis no espaço deve aplicar-se a lei nacional, identificada pela subordinação da naturalidade do indivíduo. Mas tal princípio comporta duas exceções: a primeira é o condicionamento da *ordem pública*, cuja supremacia determina a adoção da lei nacional; a segunda é a *autonomia da vontade individual*, que permite a adoção livre das normas de direito privado voluntário, isto é, das leis facultativas.[12]

A escola italiana fez adeptos, difundiu-se largamente, mas não foi imune à crítica, que apontou suas falhas e seus defeitos.

---

9   Savigny, *Traité de Droit Romain*, VIII, p. 12 e ss.

10   Amílcar de Castro, I, p. 186; Vicente Ráo, *O Direito e a Vida dos Direitos*, II, nº 328.

11   Arminjon, *Précis*, nº 48.

12   Laurent, *Droit Civil International*, I, nº 423, p. 624 e ss.; Arminjon, *Précis*, I, nº 49; Vicente Ráo, *O Direito e a Vida dos Direitos*, II, nº 328.

37. Doutrina legal brasileira

Refletindo doutrina que fora sustentada antes por Lafayette e Andrade Figueira, e defendida pelo Brasil em Congressos Internacionais, perfilhada, aliás, nos Projetos de Coelho Rodrigues e Felício dos Santos, a antiga Lei de Introdução ao Código Civil, de 1916, havia-se orientado pelo princípio cardeal da escola italiana do século XIX, estatuindo (art. 8º), como regra, a aplicação da *lei nacional* e subsidiariamente a lei do domicílio, e, em sua falta, a da residência. Além das críticas gerais que a concepção de Mancini recebeu, devido à contradição que suscita a adoção do "princípio da nacionalidade" quanto a um direito que é "internacional", e da falta de universalidade decorrente da conceituação diversa de "nação", especialmente de um lado e do outro do Atlântico, uma séria corrente de juristas brasileiros deu combate à sua consignação em nosso direito positivo, por motivos ponderáveis. Entre os defensores de seu repúdio destacou-se a figura de Philadelpho Azevedo, grande entusiasta da teoria do domicílio, encontrando eco as suas palavras na acolhida de Orosimbo Nonato e Hahnemann Guimarães, como antes destes já o princípio do domicílio era defendido por João Monteiro, Eduardo Espínola, Rodrigo Otávio, sem se falar em Teixeira de Freitas, a quem em seguida nos referiremos em especial.

Dizia-se contra o princípio da nacionalidade, entre nós então vigente, que um país de imigração como o Brasil, abrigando as grandes massas estrangeiras vindas de todas as partes, não devia adotar a teoria do reconhecimento do direito nacional, pois é reduzido o número de brasileiros que, emigrando, dão ensejo a que seja invocado extraterritorialmente o direito brasileiro. Por outro lado, e este era o argumento mais sólido, o princípio do domicílio é comumente seguido pela maioria dos países americanos, como Estados Unidos, Uruguai, Argentina etc., restando o Brasil numa posição de insulamento que lhe criava dificuldades em vários terrenos. Assim é que se esboçava uma funda desigualdade de tratamento, pois, enquanto internamente reconhecíamos a lei nacional e a aplicávamos aos estrangeiros aqui domiciliados, aos brasileiros se recusava no estrangeiro a aplicação do nosso direito, sob o fundamento da lei do domicílio, por lá vigorante. Demais disso, a posição do Brasil nas conferências internacionais suscitava problemas sérios, como a recusa do delegado brasileiro à assinatura do Tratado de Direito Civil Internacional, no 1º Congresso Internacional Sul-Americano, em razão de a orientação, ali seguida, contrariar a regra da nacionalidade.[13] Atacada por impactos dirigidos pela palavra respeitável dos nossos grandes juristas, sobrevivia a regra da nacionalidade bastante desprestigiada, embora como princípio informativo de nosso direito pátrio. Durante o segundo conflito mundial, razões de ordem prática proporcionaram o ensejo de uma alteração do sistema, que a hoje denominada Lei de Introdução às Normas do Direito Brasileiro (Decreto-Lei nº 4.657, de 4 de setembro de 1942) consagrou, com o reconhecimento da regra do *domicílio*.

---

13   Oscar Tenório, *Lei de Introdução ao Código Civil*, nº 431, p. 233.

Eficácia da Lei no Espaço 125

É preciso, em defesa da nova filiação doutrinária, recordar que, na verdade, não apareceu ela como criação da última hora, ou como adesão acomodatícia do Brasil ao princípio domiciliar. Este já constituíra a doutrina defendida pelo grande Teixeira de Freitas, que o inscrevera no *Esboço*, e fora inspiração para os países latino-americanos, por meio de sua adoção pelo antigo Código Civil argentino de 1869, muito embora a corrente nacionalista entre nós não se curvasse à sua palavra.

Diante da vigente doutrina legal brasileira, a *regra do domicílio* predomina hoje na apreciação do fato anormal. Segundo o disposto na LINDB, a lei do país em que for domiciliada a pessoa determina as regras sobre o começo e o fim da personalidade, o direito ao nome, a capacidade jurídica, os direitos de família (art. 7º).

Ao casamento que se realiza no Brasil aplica-se a lei brasileira, tanto no que diz respeito às formalidades da celebração como no que toca aos impedimentos matrimoniais, só tendo habilitação para o ato aquele que, segundo a lei brasileira, não é falho dos requisitos respectivos. Os estrangeiros, porém, têm opção para se casarem perante as autoridades diplomáticas ou consulares do país em que um dos nubentes seja domiciliado, o que afasta a possibilidade de se unirem em matrimônio, perante tais autoridades, os estrangeiros domiciliados no Brasil, os quais terão de procurar a autoridade brasileira.

O divórcio obtido no estrangeiro será reconhecido no Brasil se os cônjuges forem brasileiros, desde que observadas as normas presentes no Código Civil (arts. 1.571 e ss.), e homologada a sentença pelo Superior Tribunal de Justiça (Constituição Federal, art. 105, I, *i*, incluído pela Emenda Constitucional nº 45, de 30 de dezembro de 2004). Em caso contrário, subsiste o impedimento para novo casamento.

É ainda a lei do domicílio dos nubentes que disciplina o regime de bens no casamento, e, em caso de diversidade de domicílios, a lei do primeiro domicílio do casal. Ao estrangeiro que se naturalize brasileiro é facultado, mediante expressa anuência de seu cônjuge, apostilar no título de aquisição da cidadania a adoção do regime da comunhão de bens, desde que o faça por via judiciária e respeite os direitos de terceiros.

Uma das objeções que se fazem à teoria do domicílio é a fluidez conceitual deste, tanto na órbita interna quanto na internacional. Daí adotar-se a regra de que o conceito do domicílio é dado pela *lex fori*, isto é, suscitado o problema perante a lei brasileira, cabe invocar-se o direito brasileiro para que forneça a noção do que seja domicílio. Assim, para alicerçar a solução de um chamado conflito de leis, devemos ater-nos à ideia básica do domicílio assentada no art. 70 do Código Civil, e que será objeto de desenvolvimento no Capítulo XIII, *infra*, noção que é da maior significação para o sistema que nele funda a solução dos pretensos conflitos de leis. Se a pessoa não tiver domicílio, considerar-se-á domiciliada no lugar de sua residência ou naquele em que se encontre (LINDB, art. 7º, § 8º). (V. nº 63, *infra*)

O princípio domiciliar não pode ter caráter absoluto, nem em pura doutrina, nem no terreno prático, e especialmente este é que convém salientar como ideia preponderante no direito internacional privado, uma vez que a sua finalidade específica é a apreciação do fato anormal. Admite, portanto, a LINDB, como exceção à lei do domicílio, a aplicação da *lex rei sitae*, para qualificar os bens e regular as relações a eles concernentes (art. 8°), mas manda que se aplique a lei do domicílio do proprietário quanto aos bens móveis que ele trouxe, ou se destinarem a transporte para outros lugares.

A regra *locus regit actum* continua vigente para a qualificação e regime das obrigações, que se sujeitam assim à lei do país em que se constituírem (art. 9°), bem como a prova dos fatos ocorridos em país estrangeiro (art. 13).

A sucessão *causa mortis* ou por ausência obedece à lei do país em que era domiciliado o defunto ou o desaparecido, qualquer que seja a natureza e a situação dos bens. É aquela lei que preside às condições de validade do testamento com que haja falecido o *de cuius*, mas é a lei do domicílio do herdeiro ou legatário que regula a capacidade para suceder (art. 10, § 2°).

A vocação para suceder em bens de estrangeiros situados no Brasil será regulada pela lei brasileira em benefício do cônjuge brasileiro e dos filhos do casal (LINDB, art. 10, § 1°), mas neste passo a lei do domicílio *cede lugar* à regra da nacionalidade para se aplicar a lei nacional do *de cuius*, se esta for mais favorável a um ou a outros (Constituição Federal, art. 5°, XXXI).

Resguarda-se a competência da justiça brasileira quando o réu for domiciliado no Brasil ou aqui tiver de ser cumprida a obrigação, bem como para o conhecimento das ações relativas a imóveis situados no Brasil (art. 12). Dependem de homologação para serem executadas no Brasil as sentenças proferidas no estrangeiro por juiz competente, em processo regular e devidamente passadas em julgado (Código de Processo Civil de 1973, art. 475-N, VI; Código de Processo Civil de 2015, art. 515, VIII). A competência para a referida homologação, tradicionalmente do Supremo Tribunal Federal, foi transferida ao Superior Tribunal de Justiça pela Emenda Constitucional n° 45, de 2004.

Finalmente, nenhuma lei, ato ou sentença de outro país, e nenhuma declaração de vontade, poderá ter eficácia no Brasil, quando ofender a *soberania nacional,* a *ordem pública,* e os *bons costumes* (LINDB, art. 17).

Código Bustamante.[14] Incompleta seria uma referência ao sistema brasileiro de direito internacional sem alusão específica ao Código Bustamante. Em 1925, o jurista cubano Sanchez de Bustamante y Sirvén elaborou um projeto de sistematização das normas de direito internacional privado, animado do espírito de sintetizar as regras fundamentais de solução dos problemas interespaciais de aplicação da lei, porém dotados os dispositivos de um sensível propósito de abraçar os preceitos em tom de maior generalidade e, por isto mesmo, dotá-los de grande elasticidade.

---

14 Sobre o Código Bustamante, cf. Vicente Ráo, *O Direito e a Vida dos Direitos,* II, n°ˢ 334 e 335; Amílcar de Castro, I, n°ˢ 115 e 116; Oscar Tenório, *Lei de Introdução ao Código Civil Brasileiro,* p. 463 e ss.

Após numerosas discussões em alguns Congressos, inevitáveis especialmente no âmbito de uma província jurídica notoriamente em fase de elaboração, foi o Projeto aprovado e convertido no documento que se denomina Código Bustamante, por ocasião da VI Conferência Pan-Americana, realizada em Havana, em 1928, contra os votos da Argentina, Peru, Uruguai e México, e com as reservas do Brasil, Chile e Salvador.

Ratificado no Brasil, guardadas, todavia, as ressalvas quanto aos arts. 52 e 54, pelo Decreto nº 5.647, de 8 de janeiro de 1929, e Decreto nº 18.956, de 22 de outubro de 1929, o Código Bustamante, na forma de seu art. 2º, integra o sistema jurídico nacional, no tocante aos chamados conflitos de lei no espaço, e pode ser invocado como direito positivo brasileiro, quando tais "conflitos" envolverem um brasileiro e um nacional de Estado que tenha sido signatário da Convenção de Havana de 1928, embora não o possa ser se se referir entre um brasileiro e um súdito de Estado não signatário.

Não obstante se reconheça ao Código Bustamante o valor de uma obra de sistematização, não reúne, entretanto, os préstimos de um sistema normativo. Não recebeu a adesão franca dos países americanos e não tem aplicação geral no julgamento dos fatos anormais pelos Estados signatários, uma vez que é inaplicável quando as relações jurídicas se formam entre um nacional destes e um outro de Estado não aderente. No Brasil mesmo, que apesar das reservas o ratificou, a Lei de Introdução às Normas do Direito Brasileiro deixou de consagrar todas as regras fundamentais de sua orientação.

Reforma. O nosso sistema de direito internacional privado necessita de uma reforma, pois não se compadece nem com a boa técnica, nem com as tendências atuais da disciplina. Os dispositivos da LINDB, com a orientação geral de se consagrar o princípio do domicílio, têm recebido a crítica dos especialistas – Haroldo Valadão, Amílcar de Castro, Serpa Lopes, Mário Guimarães de Sousa, Oscar Tenório, Luís Viana Filho – ora sistemática, ora dirigida a tal ou qual inciso. Certo é, entretanto, que nenhum escritor ou professor da matéria aceita, sem sérias oposições, o atual diploma introdutório, não obstante proclamarem todos o elevado teor cultural dos eminentes autores de seu projeto. Publicado no regime ditatorial, sem prévia divulgação e discussão, marcou-se de falhas insuperáveis, que só uma ordenada revisão pode emendar. Quando sua reforma for empreendida, a orientação geral há de ser aquela que leve em consideração o princípio que seja mais adequado ao julgamento do fato anormal, e não a submissão do desate de todos os chamados conflitos interespaciais de lei a um critério uniforme. Se é certo que a lei do *domicílio* é a norma aceita pela maioria dos sistemas jurídicos, e vem sendo defendida entre nós desde Teixeira de Freitas, certo é também que a sua aplicação não pode ser genericamente levada a todas as relações jurídicas. De maior conveniência, pois, seria proceder ao estudo minudente de cada relação de direito, a fim de que se adote o princípio que for justo e equitativo em cada espécie.[15]

Ao elaborar um anteprojeto de Lei Geral de Aplicação das Normas Jurídicas, Valadão nele inseriu a técnica de discriminar as disposições relativamente aos aspectos particulares de cada instituição ou instituto: nacionalidade, domicílio, incapacidade, forma extrínseca dos atos, casamento, separação e divórcio, filiação, bens e direitos reais, contratos, obrigações cambiais e cheques, relações de trabalho, direito das sucessões, direito processual, reconhecimento de sentenças estrangeiras e demais matérias sobre as quais se faz preciso determinar a circunstância de conexão. Não cabendo, aqui, a crítica minudente de seus preceitos, acreditamos, contudo, no aproveitamento desta ideia de composição analítica dos princípios.

---

15 Haroldo Valadão, em tese que relatou no Congresso Nacional de Direito, realizado em 1959, em Fortaleza, sob o título "A Lei de Introdução ao Código Civil e sua Reforma", e que mereceu aprovação unânime, analisou os preceitos de direito internacional privado e apontou seus mais graves defeitos. Desse trabalho muito nos valemos para o encerramento do presente capítulo.

Capítulo VIII
Interpretação da Lei

Sumário

38. Conceito de interpretação e suas espécies. **39.** Hermenêutica tradicional. **40.** Interpretação científica. **41.** Controle da constitucionalidade. Existência da lei.

Bibliografia

François Gény, *Méthode d'Interprétation et Sources en Droit Privé Positif*; Giovanni Galloni, *La Interpretazione della Legge*; Carlos Maximiliano, *Hermenêutica e Aplicação do Direito*; Franzen de Lima, *Da Interpretação Jurídica*; Ferrara, *Trattato di Diritto Civile Italiano*, I, p. 197 e ss.; De Page, *Traité Élémentaire de Droit Civil Belge,* I; Ruggiero e Maroi, *Istituzioni di Diritto Civile*, §§ 17 e 18; Eduardo J. Couture, *Interpretação das Leis Processuais*; Emilio Betti, *Interpretazione della Legge e degli Atti Giuridici, passim*; Serpa Lopes, *Curso*, I, nos 50 e ss.; Vicente Ráo, *O Direito e a Vida dos Direitos*, vol. I, t. II, nos 350 e ss.; Mazeaud *et* Mazeaud, *Leçons de Droit Civil*, nos 93 e ss.; Cunha Gonçalves, *Tratado*, I, tít. I, nos 74 e ss.; Windscheid, *Pandette*, I, §§ 20 e ss.; Larenz, *Derecho Civil*, Parte General; Kelsen, *Théorie Pure du Droit*, p. 135 e ss.; Dario Foligno, *Nuovo Digesto Italiano, v. Ermeneutica*; Enneccerus, Kipp e Wolff, *Tratado, Parte General*, I, § 48; Paula Baptista, *Hermenêutica*; Van Der Eicken, *L'Interprétation Juridique*; Gino Gorla, *L'Interpretazione del Diritto*; Salvat, *Tratado*, I, nos 262 e ss.

38. Conceito de interpretação e suas espécies

Completa e vigente a norma, em todo o ciclo de sua existência como disciplina de conduta social, deve aplicar-se pelos órgãos executivos, pelas autoridades administrativas e especialmente pelo Poder Judiciário. A lei, como fonte essencial do direito, exprime em linguagem a palavra de comando, que deve então ser captada pelo aplicador, o que exige o trabalho de entendimento de seu conteúdo. Na sua finalidade normativa de comportamento, abraça a atividade social e regula as ações humanas segundo o paradigma corrente ao tempo de sua votação, mas tem ainda um sentido de previsibilidade natural, que na direção do futuro pretende conter a normação das relações jurídicas a se empreenderem no tempo vindouro.

A interpretação da lei, como processo mental de pesquisa de seu conteúdo real, permite ao jurista fixá-lo tanto em relação com a forma do comando coetâneo de seu aparecimento como ainda nas situações que o desenvolvimento das atividades humanas venha a criar, inexistentes quando de sua elaboração, porém suscetíveis de subordinação à sua regra em tempo ulterior. Esta pesquisa da vontade legal, que, de tão importante e construtiva, não falta quem classifique como última fase da elaboração normativa, sob fundamento de que a lei contém na verdade o que o intérprete nela enxerga, ou dela extrai,[1] afina em essência com o conceito valorativo da disposição, e conduz o direito no rumo evolutivo que permite conservar, vivificar e atualizar preceitos ditados há anos, há décadas, há séculos, e que hoje subsistem somente em função do entendimento moderno de seus termos. Na verdade, só o esforço hermenêutico pôde dar vida ao nosso Código Comercial, publicado em 1850 e revogado – parcialmente – somente pelo Código de 2002, diante da complexidade da vida mercantil de nossos dias; só pela atualização do trabalho do intérprete é possível conceber-se o vigor do Código Napoleão, que vem de 1804, ou a sobrevivência dos cânones da Constituição americana, que é de 1787.

O legislador exprime-se por palavras, e é no entendimento real destas que o intérprete investiga a sua vontade. Os órgãos encarregados da execução ou da aplicação da norma jurídica penetram, *através da sua letra*, no seu verdadeiro sentido. Toda lei está sujeita a interpretação. Toda norma jurídica tem de ser interpretada, porque o direito objetivo, qualquer que seja a sua roupagem exterior, exige seja entendido para ser aplicado, e neste entendimento vem consignada a sua interpretação. Inexato é, portanto, sustentar que somente os preceitos obscuros, ambíguos ou confusos, exigem interpretação, e que a clareza do dispositivo a dispensa, como se repete na velha parêmia *"in claris cessat interpretatio"*.[2]

Inexato o brocardo, como outros muitos que amiúde se repetem com o propósito de orientar o intérprete, mas que na verdade muito comumente lhe falseiam o trabalho. Poder-se-á dizer, e isto é correto, que o esforço hermenêutico é mais simples ou mais complexo, conforme a disposição seja de entendimento mais ou menos

---

1   C. A. Lúcio Bittencourt, *in Revista Forense*, vol. 94, p. 9.

2   "Nas disposições claras cessa a interpretação".

fácil, pois que sustentar a clareza do preceito é já tê-lo entendido e interpretado, tanto mais quanto a própria clareza é em si muito relativa, dependendo do grau de acuidade de de quem o lê ou aplica, de seus conhecimentos técnicos, de sua experiência. Há sempre necessidade de investigar a essência da vontade legislativa, não apenas na exteriorização verbal, mas naquilo que é a sua força interior e o poder de seu comando. Interpretar não é tão somente contentar-se com o que a *letra* da lei revela, pois que, na sociedade animada pela civilização jurídica, a fórmula sacramental perdeu a validade que era o seu prestígio num estágio primitivo, em que dominava a escravidão da forma. Por isso mesmo já o romano sentenciava que *"scire leges non hoc est verba earum tenere sed vim ac potestatem"*.[3]

E precisamente por ser a hermenêutica a arte de rebuscar aquele sentido vivo do preceito, é que a interpretação realiza a vivência permanente da disposição legal por um tempo que largamente se distancia do momento em que nasce.

O aplicador da lei (notadamente o juiz na decisão dos casos de espécie) terá de se valer de toda uma técnica, no plano do desenvolvimento jurídico, ainda que transcendendo à lei, porém mantendo-se "nos limites das valorações fundamentais do ordenamento jurídico" sem penetrar no âmbito do "arbítrio judicial".[4]

No processo hermenêutico, pode o julgador preencher as lacunas e omissões, o que se contém no instituto da "integração", classificado como "atividade supletiva do legislador".[5] Não é sem razão que, na terminologia do direito americano, ao conceito de interpretação se faz aderir a noção construtiva (*construction*), pois que em verdade, mesmo nos sistemas de direito escrito como é o nosso, o intérprete está permanentemente "construindo" o direito, não deixando que as leis envelheçam, apesar do tempo decorrido.

Comumente, a ideia da interpretação sugere o entendimento da lei como expressão do Poder Legislativo. É preciso, porém, acrescentar que toda norma jurídica é objeto de interpretação, seja a lei escrita (seu campo mais frequente), seja a decisão judicial, seja o direito consuetudinário, seja o tratado internacional.[6]

Em razão da necessidade de maior ou menor atividade do intérprete, várias *espécies* de interpretação se apontam, repetidas pelos escritores mais ou menos ordenadamente e que Tito Fulgêncio classificou, sistematicamente, em dois grupos, *quanto à origem* e *quanto aos elementos*. Quanto à origem, diz-se que a interpretação pode ser *autêntica, judicial* ou *doutrinária*; e quanto aos *elementos, gramatical, lógica* ou *sistemática*.[7]

---

3   *Digesto*, Livro I, tít. III, fr. 17: "Conhecer as leis não é memorizar suas palavras, mas conhecer sua força e seu poder".

4   Larenz, *Derecho Civil*, Parte General, p. 96.

5   Oscar Tenório, *Lei de Introdução ao Código Civil*, nº 157, p. 102.

6   Carlos Maximiliano, *Hermenêutica e Aplicação do Direito*, p. 22.

7   Tito Fulgêncio, *Programas de Direito Civil*, vol. I, p. 7; Ferrara, *Trattato*, p. 197 e ss.; Ruggiero, *Istituzioni*, I, §§ 17 e 18; Serpa Lopes, *Curso*, I, nº 51.

INTERPRETAÇÃO DA LEI   133

A interpretação *autêntica*, também chamada *pública*, realiza-se por via de um provimento legislativo. Reconhecendo a ambiguidade da norma, o legislador vota uma nova lei, destinada a esclarecer a sua vontade, e, neste caso, a lei interpretativa é considerada como a própria lei interpretada. Não há, aqui, um verdadeiro processo interpretativo, pois que se não trata de dar entendimento à lei para uma aplicação, senão de fixar o legislador a sua própria vontade, mal concretizada ou imperfeitamente manifestada nos termos em que se vazou, ou de se alterar o rumo de aplicação da lei interpretada, acaso em desconformidade com as conveniências sociais ou com os propósitos a que se visava ao tempo de sua promulgação. Sendo a lei interpretativa uma norma de direito objetivo, um comando estatal da mesma natureza da interpretada, requer à sua vez entendimento e está sujeita ao processo interpretativo. Por outro lado, o escalonamento hierárquico deve ser observado por tal jeito que uma lei constitucional somente pode receber interpretação autêntica por via de uma outra lei constitucional. O legislador ordinário pode votar lei interpretativa de outra lei ordinária, etc. Mas o Executivo não pode baixar um decreto interpretativo de uma lei, nem é possível à União votar lei interpretativa de lei estadual ou municipal ou *vice-versa*.

À parte a chamada interpretação autêntica, que não é propriamente um processo lógico de pesquisa do conteúdo real da lei, mas uma forma imperativa de fixar a verdadeira vontade legal, ou uma declaração do poder legiferante com o propósito de verdadeira integração normativa,[8] as outras espécies de interpretação constituem, em última análise, apenas técnicas diferentes, de maior ou menor riqueza intelectual, para se realizar um só objetivo. Por isso, diz com exatidão Ferrara que não há, a rigor, várias espécies de interpretação, mas uma *interpretação única*, combinando-se os diversos meios empregados, interpenetrando-se reciprocamente, para obtenção do acertamento do sentido legislativo.[9]

A interpretação *judicial* opera-se pelas Cortes de Justiça. No exercício de sua função específica, o juiz aplica a lei aos casos de espécie, e, para isto, tem de fixar nos arestos o entendimento da norma. Não é a interpretação uma função judicial específica, mas resulta como via de consequência da fixação do conteúdo do dispositivo invocado, que o juiz esclarece em que termos compreende. Por isso mesmo, não se pode emprestar sentido normativo à interpretação judicial, cujo prestígio depende da autoridade intelectual do prolator. A palavra jurisdicional se expressa na parte conclusiva da sentença, e só esta passa em julgado. A fundamentação, de que se extrai a interpretação do preceito, esclarece como este foi compreendido, mas nem pode ser imposta em caráter de generalidade, nem obriga aos demais órgãos judicantes ou ao próprio juiz ou tribunal, um e outro livres de, em caso análogo, interpretar diferentemente a mesma lei. Dentro, porém, da organização constitucional brasileira, em que ao Superior Tribunal de Justiça compete realizar a função de harmonizar o entendimento devido às leis federais, embora não vigore o princípio de observância

---

8   Giovanni Galloni, *La Interpretazione della Legge*, p. 201.

9   Ferrara, *Trattato*, I, p. 207; Betti, *Interpretazioni della Legge e degli Atti Giuridici*, p. 93.

da regra do precedente, que é dominante nos sistemas da *Common Law*, é recomendado aos Tribunais de Justiça locais seguir a interpretação das leis da União, de acordo com a jurisprudência daquela Corte.

Interpretação *doutrinária* é a obra do jurisconsulto, em trabalho teórico ou em parecer, é a explicação do professor na cátedra, ao discutir e estudar a lei. Seu valor, proveniente do maior ou menor grau de cultura e inteligência do autor, é tanto maior quanto seu esforço hermenêutico se realiza tendo em vista a lei *in abstracto*, sem qualquer distorção decorrente de influências dialéticas ou de interesses imediatos. Publicada uma lei ou vigorando um Código, os comentaristas trabalham sobre o seu texto e esclarecem, à luz dos conceitos inspiradores da norma, o que significa a sua letra, pois que a lei traduz uma vontade (a *mens legis*), e é esta que o exegeta revela.

O intérprete vale-se de *elementos* diferentes, no entendimento da norma, desde a literalidade do seu texto até a articulação dela no conjunto orgânico do direito positivo e no seu enquadramento social.

Chama-se interpretação *gramatical ou literal* a que se realiza pela análise filológica do texto, a pesquisa do sentido pela observação da linguagem. O intérprete precisa a significação dos vocábulos, a sua colocação na frase, o uso de partículas e cláusulas, o emprego de expressões sinônimas. E, do estudo gramatical da forma como o legislador se expressou, extrai o pensamento, esclarece o texto, explica a lei, para torná-la aplicável. Já que o comando estatal se revela pela palavra, é do seu emprego, da sua utilização, que o intérprete se vale, num primeiro grau do entendimento hermenêutico, para definir o seu conteúdo. O legislador dirige-se aos súditos do Estado, e para isso usa, normalmente, da linguagem habitual expressando os conceitos por forma vernácula, porém, segundo a acepção correta que devem ter os vocábulos. No momento de interpretar a norma, deve-se levar em consideração aquele uso comum. Mas a ciência jurídica, como especialização do conhecimento, tem reservado um vocabulário técnico, às vezes de significado diverso do uso comum, outras vezes sem correspondência conceitual fora da vida jurídica. Quando isto ocorre, o intérprete há de considerar que o vocábulo, destinado a exprimir um conceito especializado, profissional ou técnico, foi empregado neste sentido específico. O legislador guarda a presunção de sabedoria, e esta é incompatível com a existência de expressões inúteis. Assim, a obra hermenêutica não pode fazer abstração de qualquer termo utilizado pelo legislador, porém, perquirir o sentido da frase no jogo de todas as suas partes. E, como não se pode conceber norma legislativa traduzindo um conceito absurdo, deve repelir o intérprete um entendimento a isto conducente, como já o romano aconselhava: *"interpretatio illa summenda qua absurdum evitetur"*.[10]

Nem sempre satisfará o manuseio do elemento gramatical. Então socorre-se o intérprete da chamada interpretação *lógica* ou *racional*. É já um processo mais complexo, tendo em vista mais do que a disposição na sua expressão vocabular,

---

10 "Deve ser escolhida aquela interpretação pela qual se evite o absurdo".

porém, na comparação com outras disposições existentes, na *razão* que ditou o preceito, na transformação por que passou o direito com a promulgação da lei, nas condições ambientes que a inspiraram. Pesquisa-se a *razão da norma* e verifica-se o que se pretendeu obter com a sua votação. Leva o intérprete em conta não existir o dispositivo isolado, porém, articulado com outros dispositivos, e que a vontade legislativa não decorre do isolamento das emissões estanques, mas da conjugação dos princípios que se completam e se esclarecem: *"incivile est nisi tota lege perspecta una aliqua particula eius proposita, iudicare vel respondere".*[11] A lei tem em vista um objetivo e se justifica por uma razão; a lei foi votada em um determinado momento e não em outro; a lei traduz as ideias políticas, filosóficas e econômicas dominantes no meio social de que se destina a regular as atividades. O intérprete não pode desprezar todos esses fatores, ao precisar o que a lei deve conter efetivamente. Tem de indagar qual a sua *ratio,* isto é, o motivo ou a causa determinante do dispositivo, o que lhe permite abarcar, no preceito, todo o fenômeno compreendido na mesma ordem racional; tem de perquirir a *occasio legis,* a saber, o momento histórico do seu aparecimento, o subsídio para reconstrução da sua força; tem de isolar a expressão da vontade legislativa, não no sentido da emissão volitiva do proponente, ou da exteriorização psíquica de uma pessoa, mas de uma vontade objetiva, da própria lei, encarada como entidade jurídica de existência autônoma.[12]

Denomina-se *interpretação sistemática* a que leva o investigador ainda mais longe, evidenciando a subordinação da norma a um conjunto de disposições de maior generalização, do qual não pode ou não deve ser dissociada. Aqui, o esforço hermenêutico impõe a fixação de princípios amplos, norteadores do *sistema* a que o interpretando pertence, e o seu entendimento em função dele. A interpretação sistemática é também um processo lógico, que opera em mais vasto campo de ação. Parte o intérprete do pressuposto de que uma lei não existe isolada, e por isso mesmo não pode ser entendida isoladamente. Na sua boa compreensão devem-se extrair de um complexo legislativo, em cujo ápice está a Constituição da República, as ideias gerais inspiradoras do ordenamento em conjunto, ou de uma província jurídica inteira, e à sua luz pesquisar o conteúdo daquela disposição. Deve o intérprete investigar qual a tendência dominante nas várias normas existentes sobre matérias correlatas e adotá-la como premissa implícita daquela que é objeto de suas perquirições. Num dado momento histórico o legislador abandona a orientação tradicional do sistema jurídico, como, por exemplo, o princípio da autonomia da vontade, e se inclina para a ideia intervencionista na economia contratual, ou pende para a votação de diplomas de natureza protecionista do contratante mais fraco, concretizando esta orientação em várias leis; a interpretação sistemática isola o princípio informativo para aplicá-lo no entendimento de uma lei cujo conteúdo exija fixação.

---

11   *Digesto*, Livro, I, tít. III, fr. 24: "É injusto julgar ou responder sem considerar toda a lei, mas somente uma particularidade dela".

12   Ruggiero e Maroi, *Istituzioni*, § 17.

Às vezes aparece a referência à *interpretação histórica*, como uma *espécie* de interpretação, ou como um método hermenêutico. Não existe, porém, esta modalidade, muito embora a considerem muitos. O que há é o *elemento histórico*, invocado para coadjuvar o trabalho do intérprete. Cumpre, entretanto, receber *cum grano salis*[13] a sua contribuição. Se é certo que a votação de uma lei decorre das injunções políticas, econômicas e sociais num dado período, e, por outro lado, obedece a um processo de tramitação pelas Casas do Congresso, onde é discutida e recebe, então, a contribuição dos que na sua elaboração participaram, certo é também, e não pode ser olvidado, que o pensamento ou vontade do legislador, como ente abstrato, não se vincula à manifestação de um membro do Parlamento, ou ao voto enunciado no seio de alguma Comissão ou em discurso proferido em plenário, em defesa da disposição em foco. O abuso com que se utilizaram tais materiais foi uma razão que gerou o desprestígio do fator histórico. Sua adoção requer cuidado, mas não é aconselhável o seu desprezo total. A origem histórica de uma lei é fator às vezes ponderável na apuração das modificações por que passa a legislação num dado momento, e ajuda a extrair o seu pensamento dominante, ou a fixar a adoção de um novo critério, o abandono de uma corrente doutrinária, a indicação de circunstâncias ligadas à construção do sistema adotado pelo legislador. A pesquisa do elemento histórico está, evidentemente, articulada com a consulta aos trabalhos preparatórios (atas das Comissões, Anais do Congresso, resumos das discussões etc.) de que resultou a votação da lei. Mas estes trabalhos não podem ser considerados como a expressão do pensamento do legislador, não só porque refletem a manifestação apenas de alguns membros do Congresso, pois que em regra a maioria vota sem ter participado das discussões, como ainda porque, não raro, a disposição legal traduz coisa diversa do que havia sido a ideia concebida pelo seu proponente ou pelo opinante. A *exposição de motivos* e os *trabalhos preparatórios* muitas vezes ajudam a compreender o alcance, as razões ou o objetivo da lei, mas nunca poderão ser invocados como fator preponderante na fixação do seu real conteúdo. A interpretação tem em vista a disposição objetivamente considerada e por isso mesmo os dados subjetivos de sua composição não podem representar um papel de relevância no seu entendimento, senão prestar uma colaboração reduzida e mesmo secundária. Mas o elemento histórico não é despiciendo, se se abandona a sua concepção tradicional de reconstituição histórica de um instituto jurídico e se passa a considerar o direito para além de um complexo abstrato de normas, porém em relação com um *ambiente social historicamente determinado*, dentro do qual procede como um *instrumento de valoração comparativa de interesses*.

Como de início acentuamos, não há, em essência, várias espécies de interpretação, que procedem isoladamente, cada uma operando num determinado sentido. Há, isto sim, *a interpretação*, uma interpretação que se esforça por fixar o conteúdo do dispositivo, e conclui pela determinação do entendimento que lhe deve dar aquele que tem o dever funcional de aplicá-lo. Sendo um processo complexo, utiliza-se de

---

13 "Algo que não se deve tomar demasiado a sério – temperado que foi com um grão de sal".

materiais vários: vale-se do elemento literal, com que focaliza a linguagem utilizada; serve-se do elemento lógico, ou sistemático; utiliza-se do fator histórico, e através do manuseio destes subsídios extrai o entendimento da norma, não no sentido da manifestação volitiva de alguém, mas do significado do querer objetivo da própria lei (*mens legis*). E quando o intérprete não atenta exatamente para esta circunstância, e busca a intenção daquilo que alguém disse (subjetiva) e não do que está dito (objetiva) na lei, corre o risco de desvirtuar a obra hermenêutica.

39. Hermenêutica tradicional

A hermenêutica é uma arte que visa ao indispensável entendimento da lei, formada de regras técnicas próprias, que variam do simples ao complexo, desde a indagação do intérprete quanto à vontade legislativa, através dos termos escritos em que é redigida a norma, até as investigações sociológicas mais profundas. Escolas e métodos de interpretação disputam as preferências, inspirados em ideias fundamentais diferentes, e, obviamente, mediante o emprego de técnicas e processos diversos. O que todos procuram é o entendimento da norma a ser aplicada, espraiando-se com maior ou menor desenvoltura na pesquisa, ou prendendo-se à mais acanhada elaboração mental.

Como acentua Ihering, o direito romano, a princípio, não se valia senão dos elementos literais, restringindo-se a interpretação à procura do que se achava fixado na palavra. Este apego à forma é natural em todos os povos que atravessam fase menos desenvolvida de sua evolução, não apenas no tocante ao direito, mas a todas as manifestações de inteligência. Somente quando o romano atingiu mais adiantado grau de cultura, ao alcançar o estágio de plenitude de seu florescimento, e conseguiu expressar-se na criação de conceitos abstratos, pôde formular regras de hermenêutica sob a dominação do elemento lógico, e assentou, então, que a interpretação é algo mais do que conhecimento literal da linguagem da lei, por envolver também a perquirição da sua força e da sua vontade.[14]

O fenômeno se repetiu na Idade Média: com a *recepção* do direito romano, coetânea da escola de Bolonha, os juristas partiram do pressuposto da perfeição técnica dos seus princípios e, dotados os textos de uma espécie de infalibilidade, limitavam-se a explicar literalmente as regras, logo passando à *glosa*, espécie de comentário marginal ou interlinear sob a vinculação dominadora da expressão linguística. Com Irnério e seus seguidores (séc. XII), formou-se a escola que se poderia denominar exegética, a chamada escola bolonhesa dos glosadores. Mais tarde, quando os estudos jus-romanísticos se desenvolveram iluminados pelo espiritualismo cristão e influenciados pela filosofia escolástica, a técnica do comentário se apurou, e os pós-glosadores (Cino di Pistola, Bartolo da Sassoferrato, Accursio da Bagnolo) desce-

---

14   Ihering, *L'Esprit du Droit Romain*, trad. de Meulenaere, vol. III, nº 49.

138 INSTITUIÇÕES DE DIREITO CIVIL • VOL. I • INTRODUÇÃO E TEORIA GERAL DE DIREITO CIVIL

ram mais a fundo, impregnando os seus comentários de cogitações científicas mais desenvolvidas (séc. XIV).

Na obra de Cujácio (em francês, Jacques Cujas), já liberada da glosa, encontram-se a exposição e o estudo do direito romano sem a escravização à letra do texto, porém mais sabiamente planejada (séc. XVI), representando o início do humanismo jurídico.

O direito moderno conheceu um movimento semelhante. Promulgado o Código Civil francês em 1804, criou-se uma escola de interpretação com Toullier, Duverger, Duranton, Troplong, Demolombe, Malleville, Demante, Laurent, Huc etc., que se deixou encantar pelas excelências do Código Napoleão, parecendo aos seus corifeus que nada mais seria possível fazer em matéria de elaboração legislativa, pois esse monumento seria a palavra derradeira, a expressão máxima da civilização jurídica ocidental. Seus comentaristas deixaram-se, então, dominar por esta ideia preconcebida, corroborada pela convicção de que o Código era o triunfo da razão, filho do pensamento racionalista que o movimento enciclopedista do século XVIII havia difundido. Toda a chamada *escola exegética*, ou dos *intérpretes do Código Civil*, consolidou a ideia de que a hermenêutica devia consistir na explicação da lei escrita, subordinando toda a técnica interpretativa à regra de que não há direito fora da lei. Interpretar é indagar a vontade do legislador, a intenção do legislador, a *mens legislatoris*, não podendo o jurista desprender-se do texto legal. A lei é a fonte exclusiva do direito e na sua palavra estaria expressa a *soberania* legislativa. Ao entendimento da norma não devem contribuir quaisquer fatores extrínsecos, nem há de se cogitar das necessidades econômicas ou sociais, como não podem penetrar ideias renovadoras, nem a inspiração da equidade, nem o conceito abstrato de boa-fé. Para esta escola, a da Exegese, a hermenêutica, como processo lógico, cinge seu trabalho às construções silogísticas, para as quais os elementos básicos situam-se na própria lei, de que a interpretação é apenas uma conclusão necessária, como a demonstração de um teorema em matemática. Erigido o mito da lei, o fetichismo da lei, e assentado que esta é, ao mesmo tempo, a expressão do Estado soberano e a construção lógica do legislador perfeito, todo o trabalho do intérprete é enfeixado na concepção de que acima de tudo está o texto, continente do direito, do qual não pode o jurista fugir. O juiz não aplica o direito, aplica a lei, e como esta é concretizada na forma escrita, seu entendimento mora na sua expressão vocabular.[15]

40. INTERPRETAÇÃO CIENTÍFICA

Em oposição à corrente exegética levantou-se Claude Bufnoir, seguido de Raymond Saleilles, mais profundamente de François Gény, ao mesmo tempo que na Alemanha, Eugen Ehrlich, e mais filosoficamente Rudolf Stammler, a partir de meados do século XIX, difundindo a tese de que o direito não está congelado no texto,

---

15 De Page, *Traité*, I, n° 6; Colin e Capitant, *Cours*, I, n° 26; Planiol, Ripert e Boulanger, *Traité*, I, n° 155; Carlos Maximiliano, *Hermenêutica e Aplicação do Direito*, n°s 23 e ss.; Mazeaud *et* Mazeaud, *Leçons*, I, n° 101; Serpa Lopes, *Curso*, I, n° 56; Betti, *Interpretazione della Legge e degli Atti Giuridici*, p. 163.

e, ainda, que a lei não é a sua fonte exclusiva. A ciência jurídica deve dobrar-se às exigências da vida, amoldando-se a norma aos fatos novos. A lei redigida em atenção aos acontecimentos e injunções que lhe são contemporâneos, tem de receber uma interpretação capaz de abranger o que surgir depois. Votada, desprende-se de quem a redigiu, para ter existência própria. Interpretar a lei não é perquirir o que quis o legislador. O que é, na verdade, o legislador? Elaborada a lei pelas assembleias competentes, ela se despersonaliza, resultando a norma, não como expressão do que alguém disse ou quis, mas como a manifestação de uma vontade coletiva. Não compete, pois, ao intérprete pesquisar uma expressão de vontade subjetiva, mas indagar o que objetivamente aparece na própria lei, o que se contém nela. Interpretar um texto legal não é pesquisar o que foi o pensamento dos seus autores há 10, 50 ou 100 anos, mas apurar o que seria este mesmo texto se tivesse sido redigido hoje. A hermenêutica não se satisfaz com a indagação de uma hipotética intenção, mas tem de jogar com os mandamentos da justiça e da razão, tem de iluminar a lei com um sentido liberal e humano, e cogitar da realidade social ambiente. A norma jurídica é votada com uma finalidade social; logo, a sua interpretação deve ser dominada pela pesquisa daquele objetivo. Mas, por outro lado, se a lei é a principal fonte do direito, não é a única, o que impõe ao aplicador a indagação da força criadora da jurisprudência, dos costumes, da equidade. O fator sociológico não pode ser delegado, em razão do conteúdo de utilidade social do dispositivo interpretando.

Dentro desta mesma linha de raciocínio, na Alemanha, Kohler, Windscheid, Bülow sustentaram que o intérprete deveria extrair da lei as consequências atuais, mesmo aquelas que não podiam ter sido presentes à mente do legislador.

A escola hermenêutica moderna veio criar, então, a ideia da *livre investigação científica*, que os adversários preferiram cognominar de escola do Direito Livre (*Freiesrecht*), que culminou no combate à ideia da *mens legislatoris* como finalidade da interpretação. A melhor forma de aplicar a lei é adaptá-la às necessidades do caso, conforme o arbítrio do juiz, desprendido este do conceito de que a lei seja todo-poderosa, ideia que substitui pela concepção de uma elaboração constante do direito sob a injunção realista da sua criação permanente, para a qual o juiz contribui com a sua experiência e a captação das influências nascidas das forças sociais em constante desenvolvimento, armado do poder de construir ou criar o direito. Mais recentemente, na década de 1980, surgiu no Brasil o conceito de "*direito alternativo*", que a modo do *Freiesrecht* sustentava a liberdade judicante à vista apenas *dos fatos*, o que poderia conduzir à plena subversão da ordem constituída.

A escola da interpretação científica suscitou polêmicas intermináveis e críticas severas, dirigidas no sentido de ter incorrido nos mesmos erros da hermenêutica tradicional. Se peca esta por um excessivo subjetivismo da vontade do legislador, não menos falha é aquela quando pretende substituí-lo por um exagerado subjetivismo do juiz, sem controle e sem limites.[16]

---

16 Gény, *Méthode d'Interprétation et Sources en Droit Privé Positif*; De Page, *Traité*, I, nº 6; Ferrara, *Trattato*, I, nº 51; Saleilles, "École Historique et Droit Naturel", *in Revue Trimestrielle de Droit Ci-*

Diante desta divergência de conceitos e da própria inconsistência dogmática da escola científica, cujos maiores adeptos não se põem de acordo no definir até onde vai a livre indagação do juiz, qual seria a posição real do intérprete?

Há procedência na crítica dirigida à escola tradicional, especialmente no seu excesso de amor ao texto, à intenção e à vontade do legislador, e na ideia preconcebida de negar sistematicamente todas as outras fontes do direito além da lei. Há procedência, igualmente, na crítica dirigida à escola da livre indagação científica, ou do direito alternativo principalmente em razão de instituir certa instabilidade decorrente da maior dose de arbítrio conferida ao aplicador, a pretexto de interpretar a lei. A posição correta do intérprete há de ser uma posição de termo médio. Sem negar a supremacia da lei escrita, máxime da Constituição, como fonte jurídica, pois nisto está a ideia fundamental do ordenamento jurídico regularmente constituído, deverá tomar da escola científica a ideia de que a lei é um produto da sociedade organizada, e tem uma finalidade social de realizar o bem comum. A pretexto de interpretar, não pode o aplicador pender para o campo arbitrário de julgar a própria lei, de recusar-lhe aplicação ou de criar um direito contrário ao seu texto. Se interpretar a lei não é indagar o que alguém disse, mas o que está objetivamente nela consignado, e se na omissão do texto devem-se invocar as forças criadoras dos costumes sociais, da equidade, da jurisprudência, das necessidades sociais – a sua aplicação há de atender à sua finalidade social e às exigências do bem comum segundo as normas constitucionais. Nem o fetichismo da lei e a proclamação da sua perfeição como obra completa de um legislador todo-poderoso e onisciente, nem o excesso oposto do direito livre. Partidário e mesmo iniciador do movimento científico da moderna hermenêutica, intitulada método *histórico evolutivo*, já Saleilles precisava, numa fórmula sucinta (*"Au delà du Code Civil, mais par le Code Civil"*),[17] um pensamento moderado, em cujo desenvolvimento o intérprete avança além da lei, mas sem perdê-la de vista.[18]

Nesta mesma linha moderada, inscreve-se o Código Civil suíço (art. 1º), o qual, sem render excessiva homenagem ao texto, sustenta o primado da lei, em cuja omissão, porém, arma o juiz de poderes criadores. Numa linha de equilíbrio, a que se filiou o art. 5º da nossa LINDB, inspirado pela modernização da hermenêutica, o intérprete há de buscar o entendimento real da norma jurídica em função da sua utilidade e da sua adaptação às injunções da vida social contemporânea de sua aplicação e, quando autorizado o juiz a decidir por equidade, aplica uma norma que estabeleceria se fosse legislador (Código de Processo Civil de 1973, art. 127; Código de Processo Civil de 2015, art. 140, parágrafo único).

Mais recentemente, ganhou fôlego a interpretação constitucionalizada das diversas províncias do Direito, sendo de se reconhecer que a posição antes ocupada

---

vil, p. 80, 1902; Carlos Maximiliano, *Hermenêutica e Aplicação do Direito*, nos 71 e ss.; Mazeaud *et* Mazeaud, *Leçons*, I, nº 102; Serpa Lopes, *Curso*, I, nº 58.

17 "Além do Código Civil, mas pelo do Código Civil".

18 Saleilles, Prefácio à obra citada de François Gény; *et* Mazeaud, I, nº 103.

INTERPRETAÇÃO DA LEI 141

pelos princípios gerais de direito passou a ser preenchida pelas normas constitucionais, notadamente, pelos direitos fundamentais. Em um momento de indefinição do que é público ou privado, é preeminente que o Estado e os demais operadores do Direito assumam suas principais responsabilidades com base nos ditames constitucionais.

41. CONTROLE DA CONSTITUCIONALIDADE. EXISTÊNCIA DA LEI

Matéria que se acha inteiramente ligada à interpretação, e inseparavelmente vinculada ao problema da aplicação da norma, é a verificação e declaração de sua inconstitucionalidade.

No momento de aplicá-la, o juiz deve proceder à *verificação da existência da lei*. Comumente, na grande maioria dos casos, esta verificação não depende de qualquer processo especial, pois que as partes interessadas não questionam e o julgado não duvida da sua realidade. Mas algumas vezes surge o problema, que se pode formular e resolver sob dois ângulos diferentes, o da existência *formal* e o da existência *material* da lei, incluído neste o controle jurisdicional de sua constitucionalidade.

A *existência formal* da lei é facilmente apurada no nosso sistema, como no das nações modernas, que adotam a técnica do direito escrito, porque a lei, concluída a sua votação e efetuada a promulgação, é publicada no *Diário Oficial*. Ali está o seu texto *autêntico*, a que se reporta o aplicador, e é este o conteúdo das suas disposições em vigor.

Se tal contexto contiver erros, ou algum engano de revisão, faltas ortográficas, omissão de palavras, emprego de um vocábulo por outro, compete ao Executivo providenciar a republicação da lei, para corrigir as falhas, e, segundo o disposto no art. 1º, § 3º, da LINDB, ocorre apenas a questão da contagem do prazo de início da obrigatoriedade (cf. nº 22, *supra*).

Na falta, porém, de uma nova publicação corretora, pode o juiz retificar aqueles enganos que são meras incorreções materiais, consistentes em lapso manifesto de publicação, inábeis a provocar uma alteração de conteúdo ou de sentido, ou através do processo interpretativo ressaltar a vontade legal, dentro da ambiguidade ou da omissão literal, pois a ele é defeso recusar aplicação à lei sob tais pretextos.[19]

Ao revés, se as incorreções se apresentam sob a forma de troca, acréscimo ou supressão de frases ou palavras, de que resulte uma divergência de pensamento, capaz de gerar diversidade de entendimento, ou significados diferentes, oriundos da

---

19 Caso típico de interpretação retificadora é a que se tinha de fazer ao art. 1.119, parágrafo único, do Código Civil de 1916, que, tratando dos contratos aleatórios, estipulava: "Mas, se da coisa nada vier a existir, alienação não haverá, e o adquirente restituirá o preço recebido". Como o adquirente não recebe, mas paga o preço, evidentemente a lei se refere ao alienante, e é com esta emenda que o inciso tem senso, pois na forma literal apenas exprime um absurdo.

lei erroneamente publicada, ou se as falhas de publicação provocarem uma contradição evidente com o pensamento da lei, e não um equívoco que ressalte como erro puramente material, ao juiz não é permitido suprir ou emendar, pois em tal situação faria invasão na esfera de atribuições legislativas, incompatível com o regime constitucional da separação de poderes.[20]

O primeiro passo na verificação da existência *material* da lei é a apuração da sua *vigência*, isto é, o decurso da *vacatio*, a revogação da lei anterior ou a derrogação por lei posterior etc., matéria que já foi explanada no nº 22, *supra*.

Aqui, entretanto, insere-se a questão da sua *constitucionalidade*.

Todos os poderes do Estado estão precipuamente constrangidos à observância dos cânones constitucionais, superpostos à sua atuação orgânica. O juiz, integrante do Poder Judiciário, deve à Constituição severa obediência, como lei hierarquicamente maior. Mas, no sistema brasileiro, a exemplo do norte-americano de que adotamos o mecanismo, à justiça são reservados mais desenvolvido papel e mais relevante missão, pois ao juiz cabe o *controle jurisdicional* da constitucionalidade das leis, como dos atos do Poder Público.

A lei ordinária, expressão da Legislatura, é o exercício do mandato outorgado pelo povo através dos seus representantes constituintes. Se a lei contravém à Constituição, peca pelo defeito do excesso ou da falta de poderes, e, então, é uma nulidade jurídica. Colocado o juiz na alternativa de cumprir a lei ou cumprir a Constituição, o que lhe cabe fazer é negar validade àquela e reconhecer o prestígio desta.[21] Já em razão do escalonamento hierárquico, o dilema apresentado ao juiz, ante a lei contraveniente à Constituição, forçosamente lhe impõe deixar de aplicar a lei para aplicar a Constituição.

Mas não é só nisto que consiste o controle jurisdicional da constitucionalidade das leis. Não é apenas traduzido por uma atitude passiva do magistrado, na recusa de dar cumprimento à disposição contraveniente à Carta Maior. Há também uma atividade específica, uma posição ativa, declarando a lei inconstitucional.

Levantada a questão da *inconstitucionalidade* da lei, cabe em primeiro lugar a apuração deste defeito, que tanto pode verificar-se em sentido *formal* quanto *substancial*. A inconstitucionalidade *formal* implica a desobediência aos requisitos, ao processo, enfim, de sua elaboração. Se a lei não resultou da observância dos ditames traçados pela Constituição para a sua feitura, não merece ser aplicada pelo magistrado, por não constituir validamente uma lei. A inconstitucionalidade *substancial* origina-se quer da falta de competência do legislador para dispor sobre o assunto nela versado (como no caso de decretação de um tributo da competência de outra entidade de direito público interno), quer da infringência legal de princípio estabele-

---

20 Cf. sobre a verificação da existência formal da lei, Ferrara, *Trattato*, I, nº 42; Vicente Ráo, *O Direito e a Vida dos Direitos*, vol. I, t. II, nº 353.

21 Rui Barbosa, *Comentários à Constituição Brasileira*, I, p. 20.

cido na Constituição (como no caso de o legislador contrariar ou negar um direito ou garantia individual assegurada na Carta).

Verificada a desconformidade, a contravenção, a contrariedade, a afronta ao preceito constitucional e não mera dúvida, ainda que razoável, o Poder Judiciário, suspendendo o julgamento da causa ou paralisando a decisão no que condiz com os direitos subjetivos dos litigantes, entra a julgar a própria lei, e, na sua posição de defensor ou guardião da Constituição, realiza o confronto daquela com esta, concluindo pela sua inaplicabilidade, se ficar apurado o antagonismo claro, completo e desenganado. E, como a lei constitucional é o ato do poder originário enquanto a lei ordinária é manifestação do poder subordinado, o Poder Judiciário tem mais do que o direito, o dever de obedecer à Constituição e desprezar a lei inconstitucional, e, em consequência, é uma obrigação dos tribunais pronunciar o decreto judicial da inconstitucionalidade sempre que uma lei ordinária contrariar a Constituição.[22]

A fim de resguardar a lei de qualquer pronunciamento apressado, gerador de instabilidade, e com o propósito de exigir mais segurança numa decisão cujas repercussões são mais profundas nos seus efeitos sociais do que o singelo debate de controvérsias na órbita dos direitos subjetivos individuais, a Constituição Federal, ao mesmo tempo que outorga ao Judiciário a atribuição de velar pela atuação constitucional dos demais poderes estatais, exige (art. 97 da Constituição Federal) que o pronunciamento da inconstitucionalidade resulte do voto da maioria absoluta dos tribunais, ou do respectivo órgão especial. Vem daí a questão do quórum para a decisão da inconstitucionalidade, que suscitou, nos primeiros anos de vigência da Constituição de 1946, uma série de pronunciamentos desencontrados, até que o Supremo Tribunal Federal tivesse firmado uma doutrina que é mais segura: a declaração de inconstitucionalidade somente pode resultar da *maioria absoluta* dos membros dos tribunais, os quais, se não se reunirem com a totalidade de seus membros em razão de ausências, licenças ou impedimentos ocasionais, deverão aguardar o comparecimento dos ausentes, de tal forma que o pronunciamento na questão da constitucionalidade exprima votação da maioria absoluta dos juízes da Corte, num ou noutro sentido. Se a votação dos presentes atingir o quórum qualificado, a deliberação é válida.

Mas o juiz não tem a faculdade de revogar a lei. Ao Poder Judiciário compete a sua aplicação, e, inversamente, a recusa desta, por inconstitucionalidade. Daí o decreto judicial de inconstitucionalidade, decorrente do controle difuso e concreto, não significar anulação do dispositivo legal, porém, a sua inaplicabilidade ao caso em espécie: naquele litígio em que foi levantada a questão, a lei inconstitucional é recusada, e tantas vezes será decidida a questão, quantas vier a mesma arguição à justiça. Com o propósito de consolidar o prestígio das suas decisões, o Supremo Tribunal Federal resolveu, e em 1970 inseriu no art. 97 de seu Regimento Interno o caráter normativo da decisão, estabelecendo a sua definitividade e normatividade, mantidas no art. 101 do Regimento Interno atualmente em vigor.

---

22 Pedro Lessa, *Do Poder Judiciário*, § 32, p. 142; Henry Campbell Black, *Handbook of American Constitutional Law*.

Fundado o regime no sistema de equilíbrio entre os poderes do Estado, pecaria de franca desarmonia a continuidade de uma situação desta sorte: ao diploma legislativo é recusada aplicação toda vez que invocado, mas, persistindo, porque formalmente votado, continua como lei, embora inaplicável. A fim de obviar tal inconveniente, incumbe ao Senado Federal (art. 52, X, da Constituição Federal) *suspender* a execução do dispositivo que o Supremo Tribunal haja declarado inconstitucional por decisão definitiva. Assim ocorrendo, a lei deixa de ser aplicável, e não mais pode ser invocada. A diferença de efeitos é notória: a declaração de inconstitucionalidade pelo Poder Judiciário implica recusa de aplicação da lei a cada hipótese; a suspensão de sua execução pelo Senado importa sua ininvocabilidade e inaplicabilidade em tese.

Em notória evolução dogmática do controle da constitucionalidade, foi instituída em nosso direito a "ação direta", inicialmente disciplinada pela Lei nº 4.337/1964, facultando ao interessado representar ao Procurador-Geral da República para que este promovesse, junto ao Supremo Tribunal Federal, o pronunciamento da inconstitucionalidade da lei.

Sobre a legitimação para a Ação Direta de Inconstitucionalidade (ADIn), v. o nº 32 (*in fine*). Novo instrumento de controle concentrado de constitucionalidade foi instituído na Constituição de 1988, que atribuiu ao Supremo Tribunal Federal competência para processar e julgar a ação declaratória de constitucionalidade de lei (ADCon) ou ato normativo federal ou estadual (art. 102, I, "a"). Alterando a orientação anterior vigente, que somente ao Procurador-Geral da República reconhecia legitimação para a "ação declaratória", a Constituição declara poderem propor a ação diversos legitimados, em rol taxativo: o Presidente da República, a Mesa do Senado Federal, a Mesa da Câmara dos Deputados, a Mesa da Assembleia Legislativa, a Mesa da Câmara Legislativa do Distrito Federal, o Governador de Estado ou do Distrito Federal, o Procurador-Geral da República, o Conselho Federal da Ordem dos Advogados do Brasil, partido político com representação no Congresso Nacional e confederação sindical ou entidade de classe de âmbito nacional (art. 103, *caput* com redação determinada pela EC 45/2004).

Ainda mais significativo para o controle concentrado mostra-se o teor do § 2º do art. 102, com redação determinada pela EC 45/2004, o qual prevê que "as decisões definitivas de mérito, proferidas pelo Supremo Tribunal Federal, nas ações diretas de inconstitucionalidade e nas ações declaratórias de constitucionalidade, produzirão eficácia contra todos e efeito vinculante, relativamente aos demais órgãos do Poder Judiciário e à administração pública direta e indireta, nas esferas federal, estadual e municipal".

Em qualquer hipótese, a última palavra há de caber ao Supremo Tribunal Federal, instituído pela Constituição de 1988, como Corte Constitucional. Decaiu, portanto, a tese mantida nas Cartas anteriores, que atribuía ao Procurador-Geral da República a competência para promover o arquivamento do pedido de "ação direta". Pode ele opinar pela improcedência da ação, mas não lhe é lícito trancar a via judicial.

Modificando o art. 102 da Constituição, a Emenda Constitucional nº 3, de 1993, criou a ação declaratória de constitucionalidade de lei ou ato normativo federal. A partir da Emenda Constitucional nº 45, de 2004, as decisões definitivas de mérito, proferidas pelo Supremo Tribunal Federal, tanto nas ações declaratórias de constitucionalidade como nas ações diretas de inconstitucionalidade passaram a produzir eficácia contra todos e efeito vinculante relativamente aos demais órgãos do Poder Judiciário e à administração pública direta e indireta, nas esferas federal, estadual e municipal. Ambas encontram-se atualmente regidas pela Lei nº 9.868/1999 (alterada pela Lei nº 12.063/2009). A Lei nº 9.882/1999, por sua vez, veio a regular a previsão constitucional de arguição de descumprimento de preceito fundamental (CF, art. 102, § 1º).

PARTE SEGUNDA
TEORIA GERAL DE DIREITO CIVIL

CAPÍTULO IX
PERSONALIDADE E DIREITOS DA PERSONALIDADE

Sumário

42. Personalidade e pessoa natural. **43.** Começo da personalidade. **44.** Fim da personalidade. **44-A.** Ausência. **45.** Comoriência. **46.** Registro civil das pessoas naturais. **46-A.** Direitos da personalidade. **47.** Nome civil. **47-A.** Direito à vida e à integridade física. **47-B.** Integridade moral.

Bibliografia

Clóvis Beviláqua, *Teoria Geral de Direito Civil*, §§ 3º e ss.; Henri Capitant, *Introduction à l'Étude du Droit Civil*, p. 89 e ss.; Colin e Capitant, *Cours de Droit Civil Français*, I, nos 107 e ss.; Planiol, Ripert e Boulanger, *Traité Élémentaire de Droit Civil*, I, nos 405 e ss.; De Page, *Traité Élémentaire*, I, nº 233; Enneccerus, Kipp e Wolff, *Tratado de Derecho Civil*, vol. I, § 77; Cunha Gonçalves, *Tratado de Direito Civil*, vol. I, nos 29 e ss.; Paul Oertmann, *Introducción al Derecho Civil*, § 7; Rossel e Mentha, *Manuel de Droit Civil Suisse*, nos 83 e ss.; Serpa Lopes, *Curso*, I, nos 111 e ss.; Vicente Ráo, *O Direito e a Vida dos Direitos*, vol. II, nos 63 e ss.; Washington de Barros Monteiro, *Curso*, I, p. 62 e ss.; Mazeaud *et* Mazeaud, *Leçons*, I, nos 440 e ss.; Ruggiero e Maroi, *Istituzioni*, I, § 35; Von Tuhr, *Derecho Civil*, I, parte 2ª, §§ 21 e ss.; Demogue, "La Notion de Sujet de Droit", *Rev. Trimestrielle de Droit Civil*, 1909, p. 641 e ss.; Gange, *Persone Fisiche e Persone Giuridiche*; L. Humblet, *Traité des Noms*; Sulblé, *De l'Imprescriptibilité du Nom*; Perreau, *Le Droit au Nom en Matière Civile*; Adriano De Cupis, *I Diritti della Personalità*; Francesco Busnelli e Umberto Breccia, *Tutela della Salute e Diritto Privato*; Raymond Sindon, *Les Droits de la Personnalité*; Jean Carbonnier, *Droit Civil*, vol. I, § 70; Bernard Beignier, *Le Droit de la Personnalité*; Antonio Baldassarre, *Diritti della Persona e Valori Costituzionali*; Bergoglio-Bertoldi, *Transplante de Órganos*; Stefano Rodotà, *A Vida na Sociedade da Vigilância*;

Antônio Chaves, *Direito à Vida e ao Próprio Corpo*; Milton Fernandes, *Proteção Civil da Intimidade;* Milton Fernandes, *Os Direitos da Personalidade*; Carlos Alberto Bittar, *Os Direitos da Personalidade*; Orlando Gomes, *Introdução ao Direito Civil*; Limongi França, *Manual de Direito Civil*, vol. I, p. 325, e "Direitos da Personalidade I", *in Enciclopédia Saraiva*; Fabio De Mattia, "Direitos da Personalidade II", *in Enciclopédia Saraiva*; Maria Celina Bodin de Moraes, *Danos à Pessoa Humana*; Francisco Amaral, *Direito Civil: Introdução*; Gustavo Tepedino, "A Tutela da Personalidade no Ordenamento Civil-Constitucional Brasileiro", *in Temas de direito civil*, p. 23 e ss.; Maria Celina Bodin de Moraes, "A Tutela do Nome da Pessoa Humana", *in Revista Forense* vol. 364, p. 217 e ss.

42. Personalidade e pessoa natural

A ideia de *personalidade* está intimamente ligada à de pessoa, pois exprime a aptidão genérica para adquirir direitos e contrair deveres.[1] Esta aptidão é hoje reconhecida a todo ser humano, o que exprime uma conquista da civilização jurídica. Nem sempre, porém, isto aconteceu. No direito romano, o escravo era tratado como coisa, era desprovido da faculdade de ser titular de direitos, e na relação jurídica ocupava a situação de seu objeto, e não de seu sujeito.[2] No direito brasileiro, a ideia da concessão de personalidade a todo ser humano vigorou mesmo ao tempo da escravidão negra, muito embora o regime jurídico do escravo não o equiparasse ao homem livre (cf. nº 44, *infra*). Hoje o direito reconhece os atributos da personalidade com um sentido de universalidade, e o Código Civil o exprime, afirmando que toda pessoa é capaz de direitos e deveres na ordem civil (art. 1º).

Como o ser humano é o sujeito das relações jurídicas, e a personalidade a faculdade a ele reconhecida, diz-se que toda pessoa é dotada de *personalidade*. Mas não se diz que somente a pessoa, individualmente considerada, tem esta aptidão. O direito reconhece igualmente personalidade a entes morais, sejam os que se constituem de agrupamentos de indivíduos que se associam para a realização de uma finalidade econômica ou social (sociedades e associações), sejam os que se formam mediante a destinação de um patrimônio para um fim determinado (fundações), aos quais é atribuída com autonomia e independência relativamente às pessoas físicas de seus componentes ou dirigentes.

Deixando de lado os entes morais – a que o Código denomina pessoas jurídicas – a serem estudados no cap. XI, *infra*, devemos deter-nos aqui no exame da pessoa natural, em razão da sua *personalidade*.

Não depende esta da consciência ou da vontade do indivíduo. A criança, mesmo recém-nascida, o deficiente mental ou o portador de enfermidade que desliga o indivíduo do ambiente físico ou moral, não obstante a ausência de conhecimento da realidade, ou a falta de reação psíquica, é uma pessoa, e por isso mesmo dotado de personalidade, atributo inseparável do ser humano dentro da ordem jurídica, qualidade que não decorre do preenchimento de qualquer requisito psíquico e também dele inseparável.[3]

Não chegam autores e legislações a um acordo para a denominação da pessoa humana como ente jurídico. Em nosso direito, é corrente a expressão *pessoa natural*, que foi mantida no Código atual. Contra ela insurgia-se Teixeira de Freitas, para quem tal denominação suscita, por antinomia, a ideia da existência de "pessoas não naturais", o que não seria exato, pois os entes que o espírito humano criou,

---

1 Clóvis Bevilãqua, *Teoria Geral,* § 3º; Cunha Gonçalves, *Tratado*, I, p. 29.

2 De Page, *Traité Élémentaire*, I, nº 234; Capitant, *Introduction à l'Étude de Droit Civil*, p. 90; Mazeaud *et* Mazeaud, *Leçons*, I, nº 441.

3 Planiol, Ripert e Boulanger, *Traité Élémentair*e, I, nº 406; L. Juliot de la Morandière e outros, *Introduction à l'Étude du Droit Civil*, I, p. 29.

atribuindo-lhes personalidade, são tão naturais quanto o mesmo espírito que os gerou. Para sua designação preferia uma denominação anfibológica – *ser de existência visível* – em contraposição aos entes morais que batizava de *seres de existência ideal*.[4] A nomenclatura sugerida por Teixeira de Freitas foi aceita pelo Código Civil argentino de 1869 e perfilhada por Clóvis Beviláqua, no Projeto de Código Civil de 1916. Complexa, a expressão não satisfaz, na verdade, pois que apenas atende à corporalidade do ser humano. Não aprova, igualmente, designá-lo *pessoa individual*, também combatida por Freitas, sob o fundamento de que parece contrapor-se à "pessoa coletiva", quando é certo que nem todas as entidades morais são coletivas. *Pessoa física* é a denominação corrente no direito francês, no italiano e em outros, e usada na legislação brasileira regulamentar do Imposto sobre a Renda.[5] Mas não é precisa porque dá realce ao aspecto material e físico da pessoa, sem atentar para as suas qualidades morais e espirituais, tão integrantes de sua personalidade que o ordenamento jurídico as reconhece e protege com prioridade.

Mantendo-nos na corrente dos civilistas nacionais, aderimos à designação *pessoa natural* para enxergar a pessoa tal como existe, com todos os predicados que a sua individualidade enfeixa, a fim de lhe conferir, nesse estado, os atributos da personalidade. Fazemos alusão, também, à terminologia *pessoa física*, que adquiriu importância na legislação sobre Imposto de Renda, bem como nos Projetos de Código Civil, mas não foi mantida no Código de 2002. A Constituição de 1988, como se sabe, optou pela designação *pessoa humana*. Esta última denominação foi adotada pelo recém-promulgado Código Civil e Comercial argentino, de 2014, sendo o Título I da Parte Geral designado "*persona humana*".

Se a toda pessoa, e aos entes morais por ela criados, a ordem jurídica concede personalidade, não a confere, porém, a outros seres vivos. É certo que a lei protege as coisas inanimadas, porém em atenção ao indivíduo que delas desfruta. Certo, também, que os *animais* são defendidos de maus-tratos, que a lei proíbe, como interdiz também a caça na época da cria. Mas não são, por isso, portadores de personalidade, nem têm um *direito* a tal ou qual tratamento, o qual lhes é dispensado em razão de sua utilidade, e ainda com o propósito de amenizar os costumes e impedir brutalidades inúteis.[6] O respeito pela *pessoa humana*, que o neotomismo acentua como conteúdo fundamental da ordem jurídica, polariza as tendências jurídicas de nosso tempo, que desta forma reitera, após dois mil anos, a sentença de Hermogeniano – "*Omne ius hominum causa constitutum est*".[7] Constituído o direito por causa do ser humano, centraliza este todos os cuidados do ordenamento jurídico e requer a atenção do pensamento contemporâneo.

---

4   Teixeira de Freitas, *Esboço*, nota ao art. 17.

5   V. Lei nº 9.250, de 26 de dezembro de 1995, e Decreto nº 9.580, de 22 de novembro de 2018, entre outros.

6   Planiol, Ripert e Boulanger, *loc. cit.*; De Page, *Traité Élémentaire*, I, nº 233; Cunha Gonçalves, *Tratado*, I, nº 29, p. 188; Serpa Lopes, I, nº 111.

7   *Digesto*, Livro I, tít. V, fr. 1: "Todo direito constitui-se em benefício dos homens".

43. Começo da personalidade

A personalidade, como atributo da pessoa humana, está a ela indissoluvelmente ligada. Sua duração é a da vida. Desde que vive e enquanto vive, o ser humano é dotado de personalidade. O problema de seu início fala de perto à indagação de quando tem começo a existência da pessoa humana, confundindo-se numa só a resposta a ambas as perguntas.

Para o direito romano, a personalidade jurídica coincidia com o nascimento, antes do qual não havia falar em sujeito ou em objeto de direito. O feto, nas entranhas maternas, era uma parte da mãe, *"portio mulieris vel viscerum"*,[8] e não uma pessoa, um ente ou um corpo. Por isso mesmo, não podia ter direitos, não podia ter atributos reconhecidos às pessoas. Mas, isto não obstante, os seus interesses eram resguardados e protegidos, e em atenção a eles, muito embora se reconhecesse que o nascimento era requisito para a aquisição de direitos, enunciava-se a regra da antecipação presumida de seu nascimento, dizendo-se que *"nasciturus pro iam nato habetur quoties de eius commodis agitur"*.[9] Operava-se desta sorte uma equiparação do *concebido* ao já nascido, não para considerá-lo pessoa, porém no propósito de assegurar os seus interesses, o que excluía a uma só vez os direitos de terceiros e qualquer situação contrária aos seus cômodos.

O direito moderno assenta a regra do início da personalidade no sistema romano, mas difunde outras que às vezes complicam e ensombram a necessária exatidão dos conceitos.

No nosso direito anterior, Teixeira de Freitas, seguido de Nabuco de Araújo e Felício dos Santos, admitindo que a proteção dos seus interesses é uma forma de reconhecer direitos ao nascituro, foram levados a sustentar o começo da personalidade anteriormente ao nascimento. Clóvis Beviláqua, no seu Projeto de Código Civil (art. 3º), aceitou a doutrina, que sustentou, sob a invocação da impossibilidade de se configurar a existência de direito sem sujeito, e, como via na defesa dos interesses do ente concebido e não nascido o reconhecimento de seus direitos, a atribuição de personalidade ao nascituro seria consequência natural. Na doutrina estrangeira encontra defesa a tese, como se vê nos Mazeaud e em Rossel e Mentha, que mais extremadamente se pronunciam pelo reconhecimento da capacidade ao nascituro, não somente para adquirir direitos, como para ser sujeito de obrigações.[10] Acontece que a opinião destes eminentes civilistas assenta num desvio de perspectiva. O nascituro não é ainda uma pessoa, não é um ser dotado de personalidade jurídica. Os direitos que se lhe reconhecem permanecem em estado potencial. Se nasce e adquire personalidade, integram-se na sua trilogia essencial, sujeito, objeto e relação jurídica; mas, se se frustra, o direito *não chega a constituir-se*, e não há falar, portanto,

---

8 "Porção da mulher ou de suas entranhas".

9 *Digesto*, Livro I, tít. V, fr. 7: "O nascituro é considerado como já nascido, toda vez que se trata de seu interesse".

10 Rossel e Mentha, *Manuel de Droit Civil Suisse*, I, nº 139; Mazeaud *et* Mazeaud, *Leçons*, I, nº 443.

em reconhecimento de personalidade ao nascituro, nem se admitir que antes do nascimento já ele é sujeito de direito. Tão certo é isto que, se o feto não vem a termo, ou se não nasce vivo, a relação de direito não se chega a formar, nenhum direito se transmite por intermédio do natimorto, e a sua frustração opera como se ele nunca tivesse sido concebido, o que bem comprova a sua inexistência no mundo jurídico, a não ser que tenha nascimento. A doutrina da personalidade jurídica do nascituro não é, pois, exata, como exata também não é a que conclui pelo reconhecimento de direitos sem sujeito, com base nos textos que disciplinam a proteção de seus interesses, como ainda inexata se configura a que lhe atribui um direito condicional, como é a concepção defendida por alguns escritores, como Oertmann,[11] de vez que o "direito condicional" não deixa, por ser condicional, de ter sujeito, e o problema está precisamente no fato de não se admitir a existência do direito sem sujeito.[12]

Na ocasião em que se discutiu o Projeto Beviláqua, foi a matéria ventilada, e repelida aquela doutrina, recolhendo as preferências a concepção romana, do início da personalidade a partir do nascimento com vida, pondo a lei a salvo, desde a concepção, os direitos do nascituro (Código Civil de 1916, art. 4º). Antes do nascimento o feto ainda não é uma pessoa, mas, se vem à luz como um ser capaz de direitos, a sua existência, no tocante aos seus interesses, retrotrai ao momento de sua concepção. Tal é a doutrina que Windscheid demonstra ser mais conforme aos textos e conter mais seguro cunho de verdade científica.[13] Tal a que predominou no seio do Código Civil atual, em seu art. 2º.

Pelo nosso direito, portanto, antes do nascimento com vida não há personalidade. Mas a lei cuida, em dadas circunstâncias, de proteger e resguardar os interesses do nascituro. Situações existem, na verdade, em que se reconhece a existência de um direito potencial ao ente concebido, que abrange o *infans iam conceptus nondum natus*;[14] a curatela do nascituro (art. 1.779 do Código Civil); a admissibilidade de ser constituído herdeiro ou legatário o concebido (art. 1.798 do Código Civil), de receber doação (art. 542 do Código Civil) etc. Mas em qualquer desses casos não se pode falar em "pessoa" do nascituro, pois o resguardo dos seus interesses se equipara à doação e à deixa testamentária à prole eventual de determinado casal (arts. 546 e 1.799, I, do Código Civil) ou à substituição fideicomissária (arts. 1.951 e ss. do Código Civil), nas quais o direito assegura os interesses de quem não se acha ao menos concebido, e, se ao nascituro, porque se lhe assegura um direito potencial, fosse preciso reconhecer personalidade, dotado de personalidade seria igualmente um donatário ainda nem concebido ou um fideicomissário não gerado.

---

11 Oertmann, *Introducción*, p. 56.

12 Enneccerus, Kipp e Wolff, *Tratado*, I, § 77.

13 Windscheid, *Pandette*, I, § 52.

14 "A criança já concebida, ainda não nascida".

PERSONALIDADE E DIREITOS DA PERSONALIDADE   153

A tese continua polêmica. No direito francês não falta quem sustente o início da personalidade com a concepção, *sub conditione*[15] de nascer com vida,[16] o que se assemelha à personalidade condicional de Oertmann. Em nosso direito, sustentou-o Rubens Limongi França,[17] doutrina a que adere Francisco Amaral.[18]

A personalidade jurídica, no nosso direito, continuamos a sustentar, tem começo no nascimento com vida. Dois os requisitos de sua caracterização: o *nascimento* e a *vida*.

Ocorre o *nascimento* quando o feto é separado do ventre materno, seja naturalmente, seja com auxílio de recursos obstétricos. Não há cogitar do tempo de gestação ou indagar se o nascimento ocorreu a termo ou foi antecipado. É necessário e suficiente para preencher a condição do nascimento, que se desfaça a unidade biológica, de forma a constituírem mãe e filho dois corpos com economia orgânica própria.

A *vida* do novo ser configura-se no momento em que se opera a primeira troca oxicarbônica no meio ambiente. Viveu a criança que tiver inalado ar atmosférico, ainda que pereça em seguida. Desde que tenha respirado, viveu: a entrada de ar nos pulmões denota a vida, mesmo que não tenha sido cortado o cordão umbilical[19] e a sua prova far-se-á por todos os meios, como sejam o choro, os movimentos e essencialmente os processos técnicos de que se utiliza a medicina legal para a verificação do ar nos pulmões.

A partir deste momento afirma-se a personalidade civil.

No antigo direito francês, como no italiano, não bastava o nascimento com vida. Dizia-se ser necessário ainda que o ser nascido fosse viável. A viabilidade é a aptidão para a vida e situa-se na compleição fisiológica para viver, qualidade que não têm os seres a que faltam órgãos essenciais, ou os fenômenos teratológicos como os que padecem de anencefalia, ou os acardíacos etc. Até ser reformado em 2011, o Código Civil espanhol (art. 30) exigia no recém-nascido "forma humana" e que tivesse vivido 24 horas; atualmente, leva em conta apenas o nascimento com vida. O antigo direito português condicionava à vida a figura humana, limitando-se o Código atual (art. 66) ao nascimento completo e com vida. A exigência de guardar o recém-nascido forma humana, na atualidade em completo abandono,[20] era uma reminiscência romana: *"Non sunt liberi, qui*

---

15 "Sob a condição."

16 Planiol, Ripert e Boulanger, *Traité Pratique*, vol. I, n° 11, p. 10; Mazeaud *et* Mazeaud, *Leçons*, I, vol. 2, n° 443.

17 *Manual de Direito Civil*, I, p. 126.

18 Francisco Amaral, *Direito civil:* introdução, 8. ed., p. 273.

19 De Page, *Traité Élémentaire*, I, n° 236.

20 De Page, *loc. cit*. Hoje, as diversas convenções internacionais ratificadas por todos esses países conduzem à posição de considerar requisito da personalidade apenas o nascimento com vida. Assim, *e.g.*, a própria Convenção da ONU sobre os Direitos da Criança, de 1989, especialmente em seu art. 7°, segundo o qual toda criança, ao nascer, tem direito a um nome.

contra formam humani generis converso more procreantur, veluti si mulier monstrosum aliquid aut prodigiosum enixa sit".[21]

O direito civil brasileiro sempre afastou estas questões, que apenas geravam dúvidas, contestações e demandas, sem concorrerem os requisitos da *viabilidade e forma humana* para a fixação doutrinária do início da personalidade. Na verdade, o progresso da ciência se afirma tão vivamente que não se pode dizer que uma criança recém-nascida, hoje em condições inferiores de aptidão para viver, não seja plenamente recuperada contra os prognósticos que a fadavam ao perecimento. Toda previsão a este respeito é falha e vã, desmentida por surpresas constantes, tanto num sentido quanto noutro, seja por atingir invejável longevidade quem parecia inviável, seja por apagar-se em curto prazo um ente que parecia dotado da mais franca viabilidade. Não se justifica, igualmente, que a aquisição de personalidade seja recusada aos seres malformados, às aberrações teratológicas, outrora abrangidas na designação genérica de *monstros*. O que nasce defeituoso pode retomar a forma normal, sendo neste sentido frequentes as vitórias admiráveis da arte cirúrgica. Mas, por outro lado, e o argumento parece decisivo, se o direito conserva a personalidade ao que, por acidente, desprimora a forma humana, não há razão para que se negue àquele que de nascença traz um corpo malformado.

Assentado o começo da personalidade no nascimento com vida, somente a partir de então existe uma pessoa em que se integram direitos e obrigações. Até aí o que há são direitos meramente potenciais, para cuja constituição dever-se-á aguardar o fato do nascimento e a aquisição da personalidade. Nascendo vivo, ainda que morra em seguida, o novo ente chegou a ser pessoa, adquiriu direitos, e com sua morte os transmite. A fixação das condições da personalidade (nascimento e vida) tem o maior interesse prático, especialmente no tocante à repercussão sucessória, de vez que, vivo que seja o recém-nascido, ainda que por instantes, recebeu, adquiriu e transmite direitos aos seus sucessores.

Subordinando a personalidade ao nascimento com vida, não cabe indagar de que maneira se processa a concepção: se por via de relações sexuais normais, se devido a inseminação artificial, ou se mediante processos técnicos de concepção extrauterina (fertilização *in vitro*). Ademais, deve-se distinguir os embriões excedentários da figura do nascituro, sendo certo que um e outro não se confundem. O nascituro é o embrião que, implantado no útero, é apto a desenvolver-se ou maturar-se até o nascimento, diferentemente do embrião excedentário, que não tem essa capacidade por si só.

44. FIM DA PERSONALIDADE

A personalidade é um atributo do ser humano e o acompanha por toda a sua vida. Como a existência da pessoa natural termina com a morte, somente com esta cessa a sua personalidade. Este princípio, com esta generalidade, pode-se dizer recente na

---

[21] *Digesto*, Livro I, tít. V, fr. 14: "Não são filhos aqueles que, contra a forma do gênero humano, são gerados contra o normal, como se a mulher tivesse parido algo monstruoso ou prodigioso".

história jurídica. Entre os povos antigos, a liberdade era condição fundamental da personalidade. Em Roma, o indivíduo que fosse reduzido à escravidão sofria a chamada *capitis deminutio maxima*, e com a perda do *status libertatis* tornava-se inábil a ser titular de qualquer direito, situação que desapareceria, voltando ele a readquirir a personalidade jurídica, se recuperava a liberdade. Na Idade Média, a profissão religiosa, retirando o indivíduo da vida secular, privava-o dos direitos civis. Até a Idade Moderna a reminiscência das ideias antigas conservou a instituição da *morte civil*. Foi, porém, abolida em todas as legislações ocidentais.

No direito das Ordenações vigorava a *servidão* da pena, consistente na privação de todos os direitos, imposta ao condenado à morte. Nosso Código Comercial de 1850 aludia à *morte civil* como causa de extinção do mandato mercantil (art. 157), o que, entretanto, nunca vigorou no Brasil. Enquanto perdurou a escravidão, o estado de dominação em que vivia o escravo lhe impunha um estatuto especial: não era privado da personalidade, pois que a ordem penal o considerava sujeito ativo e passivo na órbita da criminalidade, e o direito administrativo lhe conferia proteção; quanto aos direitos civis, não era privado de personalidade, mas sujeito à restrição de capacidade, uma vez que se lhe reconhecia a faculdade de adquirir um pecúlio para a sua alforria.[22]

Nosso direito atual não reconhece qualquer hipótese de perda da personalidade em vida. Somente com a morte termina a personalidade jurídica, não significando abolição dela a cassação de direitos políticos, prevista na Constituição, art. 15.

O direito, todavia, não pode deixar de absorver a contribuição da ciência, ao procurar resposta atual à indagação: em que consiste a morte? Situava-se o momento da morte na cessação das grandes funções orgânicas: ausência dos batimentos cardíacos, término dos movimentos respiratórios e da contração pupilar. A ciência moderna, entretanto, chega a uma conclusão diferente. A vida do indivíduo está subordinada à atividade cerebral. E enuncia que a vida termina com a "morte cerebral", ou *morte encefálica*. A ciência admite que, ocorrendo esta, será lícita a remoção de órgãos para fins de transplante, ou outras finalidades científicas.

Uma tal proposição leva, contudo, o jurista a uma dupla ordem de ponderações. A primeira, de cunho eminentemente civilista, a saber se, determinada a morte cerebral, considerar-se-ia aberta a sucessão, nos termos e para os efeitos do art. 1.784 do Código Civil, com a imediata transmissão da propriedade e posse da herança aos herdeiros legítimos e testamentários. Seria de se inscrever no Registro das Pessoas Naturais? Mudar-se-ia a titularidade do título dominial, inscrito no RGI? O patrimônio deixaria de ser individual e se transformaria em uma herança aberta?

Se a ciência está correta, ao proclamar que a vida termina com a morte cerebral, se o jurista proclama que a personalidade cessa com a morte (e são duas proposições induvidosamente certas), as indagações formuladas acima têm resposta afirmativa? Eis uma questão que merece ser ponderada.

---

22 Ribas, *Curso*, p. 52.

Procurando atender a tais considerações, foi editada a Lei n° 9.434, de 4 de fevereiro de 1997. Neste diploma, a preocupação com a necessidade de órgãos para transplante, no propósito de salvar vidas e recuperar sentidos em falta, pois que se formam longas filas de candidatos nos hospitais especializados, chegou a tornar obrigatória a retirada, desde que não existisse proibição expressa da pessoa quanto ao futuro destino de seu corpo. A matéria, todavia, não poderia ser decidida de maneira tão simplista. Há que respeitar a personalidade das pessoas. Cada um tem direito a dispor sobre o destino de seu corpo. Uma autorização presumida não deixa de atentar contra a essência da vontade humana.

Neste sentido, a Lei n° 9.434/1997 foi alterada em parte pela Lei n° 10.211/2001 ao determinar caber aos *familiares* tomar a decisão a respeito. Contudo, mais condizente com o nosso sistema parece ser a aplicação, neste caso, do art. 14 do Código Civil, o qual, expressamente, dispõe: "É válida com objetivo científico, ou altruístico, a disposição gratuita do próprio corpo, no todo ou em parte, para depois da morte". Somente em ausência dessa orientação, a vontade dos parentes prevaleceria.[23]

No direito do futuro, novas orientações serão certamente adotadas. Uma, de imediatismo flagrante, será o desligamento obrigatório de aparelhos, que nada mais fazem do que conservarem uma aparência de vida; e de outro lado maior desenvoltura no direito positivo para a solução racional desses e outros problemas análogos, hoje apenas vislumbrados.

Presunção de morte. Para efeitos sucessórios, presume-se a morte quando ocorre a abertura da sucessão definitiva do ausente. O Código atual aboliu a incapacidade do ausente, regulando adequadamente o instituto. Desaparecida a pessoa de seu domicílio (art. 22), é mister se cuide de seus bens abrindo-se a sucessão provisória, que não gera a presunção de morte. Somente no caso de sucessão definitiva ocorre a sua presunção, que pode ser ilidida por prova em contrário (presunção relativa ou *iuris tantum*). A presunção de morte vigora tão somente para efeitos patrimoniais. Não implica o fim da personalidade, pois que o regresso do ausente ao seu domicílio é reconhecido e produz os efeitos previstos em lei (art. 39 do Código Civil).

A aplicação prática demonstrou que o instituto da ausência, como consagrado no Código de 1916, revelou-se insuficiente para atender a numerosas ocorrências e equacionar problemas de difícil solução. Exigindo sua decretação requisitos específicos, e gerando consequências exclusivamente sucessórias, desatendia a outras

---

23 Grande parte da doutrina entende que está em vigor o art. 4° da Lei n° 9.434, de 4 de fevereiro de 1997, com a redação dada pela Lei n° 10.211, de 23 de março de 2001, impondo que a vontade dos familiares prevalece mesmo sobre a vontade do doador: "Art. 4° A retirada de tecidos, órgãos e partes do corpo de pessoas falecidas para transplantes ou outra finalidade terapêutica, dependerá da autorização do cônjuge ou parente, maior de idade, obedecida a linha sucessória, reta ou colateral, até o segundo grau inclusive, firmada em documento subscrito por duas testemunhas presentes à verificação da morte". Aqui, no entanto, parece preferível a interpretação que favorece o art. 14 do Código Civil em virtude de sua adequação com o princípio constitucional da dignidade da pessoa humana, o qual atribui à pessoa, em lugar de a seus parentes, o direito de dispor sobre o destino de seu próprio corpo. Sobre o tema, v. n° 47-A, *infra*.

necessidades. Os conflitos mundiais ocorridos no século passado, e a multiplicidade de riscos a que se expõem os indivíduos, suscitaram questões que o jurista teve de resolver, e que somente com o Código de 2002 encontram suporte legal. Achando-se uma pessoa em perigo de vida, como no caso de um acidente ou de moléstia de reconhecida gravidade, e não havendo posteriormente notícias dela, nem sendo apurado se veio a falecer, será presumida a sua morte (art. 7º do Código Civil). A mesma presunção pode ser reconhecida se uma pessoa desaparece em campanha ou for aprisionada pelo inimigo, e, terminada a guerra, não retorne nem seja encontrada. Pode tratar-se de um militar servindo sob as bandeiras, ou um civil, já que a guerra moderna atinge também as populações civis, com bombardeios, campos de concentração, aprisionamentos, deslocamentos para trabalhos forçados. Em qualquer desses casos, dar-se-á presunção de morte, se não for encontrado até dois anos após o término da guerra (art. 7º, II, do Código Civil).

Uma interpretação lógica e racional permitirá que não se restrinja o princípio aos conflitos internacionais, estendendo-se também a levantes internos, revoluções ou comoções intestinas. Pela mesma *ratio legis* deverá compreender os acidentes em que passageiros e tripulantes desaparecem na selva ou em lugar ermo e as batalhas citadinas, na luta do Estado pela reconquista de territórios ocupados pelo tráfico de drogas, não sendo localizado ou identificado o corpo.

A presunção de morte resultará de provimento judicial, da iniciativa dos interessados (esposa, companheira, parente sucessorial ou quem demonstre haver a legitimação necessária – *legitimatio ad causam*). Realizadas buscas e averiguações e colhidas provas satisfatórias, o juiz declarará a presunção de morte, por sentença que será inscrita no registro público (art. 9º, IV, do Código Civil).

Prova. Se é com a morte que termina a personalidade jurídica, cumpre estabelecer o momento em que ocorre ou fazer a sua prova. Em princípio, ou como regra geral, prova-se a morte pela certidão extraída do assento de óbito. Na sua falta ter-se-á de recorrer aos meios supletivos ou indiretos, que habilitem o juiz a proferir sentença que declare o óbito, assunto que é sujeito à teoria das provas. Não se confunde, entretanto, a *prova indireta* da morte com a *ausência*, pois que, no primeiro caso (morte), há a certeza jurídica do perecimento, enquanto, no segundo (ausência), apenas a certeza do desaparecimento, acompanhado da incerteza da existência atual. Admite-se a prova indireta por meio de justificação judicial de morte para assento de óbito de "pessoas desaparecidas em naufrágio, inundação, incêndio, terremoto ou qualquer outra catástrofe, quando estiver provada a sua presença no local do desastre e não for possível encontrar-se o cadáver para exame" (art. 88 da LRP).

44-A. Ausência

O instituto da ausência, no Código anterior, estava localizado na Parte Especial, referente ao Direito de Família, em seguimento às várias espécies de curatela: dos incapazes, dos pródigos, do nascituro. Foi o Projeto de Código Civil de 1965 que o disciplinou na Parte Geral, situando-o no Livro das Pessoas. O Código de 2002 seguiu esta orientação. Na dogmática prevalece, no entanto, o sistema do Código anterior, a que poucas alterações foram aditadas, nem todas, aliás, merecedoras de aplausos.

Abandonando a deformação conceitual de considerar-se o ausente um incapaz, na verdade o que predomina é a proteção de seus interesses. Ausente é aquele que desaparece de seu domicílio, sem que dele se tenha qualquer notícia. Dá-se um administrador aos seus bens; partilha-se o seu patrimônio; não porque seja ele um incapaz, mas porque seus bens necessitam de gerência, e ainda porque o prolongado afastamento da direção de seus negócios induz a presunção de sua morte.

A nomeação de curador dar-se-á, também, se tiver ele deixado procurador que não queira ou não possa exercer o mandato ou continuar o seu exercício, seja por ocorrer o término da representação a termo, seja pela renúncia do mandatário, seja ainda por sua morte ou incapacidade.

Este o esquema da curatela dos ausentes, que aqui resumimos, deduzindo-o em suas três fases: a da caracterização da ausência, a da sucessão provisória e a da sucessão definitiva.

Caracterização da ausência. Verifica-se esta com o desaparecimento da pessoa de seu domicílio, sem que dela haja notícia, e sem que tenha nomeado procurador ou representante a quem toque administrar-lhe os bens (Código Civil, art. 22).

A requerimento de qualquer interessado (cônjuge, companheiro, parente sucessível) ou do Ministério Público, o juiz nomeará curador que, sob compromisso, fará o inventário dos bens, e os administrará, percebendo os seus rendimentos, para serem entregues ao ausente quando voltar ou aos seus sucessores, conforme o caso.

Sabendo o juiz do domicílio que há bens ao abandono, pertencentes a pessoa cujo paradeiro se desconhece, nomeará curador (curatela dativa), fixando-lhe poderes e obrigações.[24]

A curatela do ausente cabe legitimamente ao cônjuge, não separado, judicialmente ou de fato, por mais de dois anos; do mesmo modo, caberá ao companheiro, em união estável, aplicando-se o disposto no art. 1.775 do Código Civil. Em sua falta, caberá aos pais, ou aos descendentes, nesta mesma ordem, e não havendo impedimentos para exercer o cargo (art. 25 do Código Civil). As preferências fundam-se no critério da comunidade de interesses e no conhecimento presumido dos bens e suas peculiaridades.

Em linhas gerais, serão observados os princípios a respeito dos tutores e curadores (arts. 1.728 e ss. do Código Civil). Não está adstrito o juiz a repetir o que em relação a uns e outros dispõe o Código. Atentando às circunstâncias de cada caso, estabelecerá o que melhor convém, imprimindo maior ou menor amplitude à curadoria, ou especificando os deveres do nomeado. Não caberá nomeação de curador, se não houver bens. O ausente não é um incapaz, e a função do curador é administrar-lhe o patrimônio.

Não há, porém, confundir a curatela do ausente *ob successionis cautelam* com a nomeação do curador *in litem* ao demandado que não é encontrado e não acode à

---

24 Pontes de Miranda, *Direito de Família*, § 213.

citação por edital. No primeiro caso, a curatela envolve a sucessão nos seus bens, ao passo que no segundo mais se convizinha com um defensor, no plano processual apenas.[25]

Sucessão provisória. Passado um ano da publicação do primeiro edital, sem que se saiba do ausente, e não tendo comparecido seu procurador ou representante, poderão os interessados requerer que se abra provisoriamente a sucessão.

Consideram-se interessados: *a*) o cônjuge não separado judicialmente – entenda- -se aqui também o companheiro, que partilha do interesse na sucessão do ausente; *b*) os herdeiros presumidos, legítimos ou testamentários; *c*) os que tiverem sobre os bens do ausente direito dependente de sua morte; *d*) os credores de obrigações vencidas e não pagas (art. 27 do Código Civil).

Observe-se que o Ministério Público pode requerer a declaração de ausência, mas a lei não o habilita a pedir a abertura da sucessão, salvo no caso de findo o prazo estabelecido no art. 26 do Código Civil para a manifestação dos interessados (art. 28, § 1º, do Código Civil). A declaração condiz com um interesse social, ao passo que a abertura da sucessão provisória visa à entrega dos bens aos sucessores presuntivos, ou à proteção dos credores de dívidas já vencidas, ou à tutela de quem tiver sobre os bens algum direito dependente da morte do desaparecido.

O sucessor é *provisório* e *condicional*. Recebe os bens que caibam no seu qui- nhão, dando, em regra, garantia pignoratícia ou hipotecária de os restituir (Código Civil, art. 30), bem como da prestação de contas dos rendimentos, seja ao ausente quando voltar, seja ao herdeiro efetivo, se ficar evidenciado que a outrem cabe a herança, segundo o determinado na época do falecimento, caso este possa precisar- -se.[26] Dispensados de oferecer garantia, porém, estão o cônjuge, os ascendentes e os descendentes, qualificados herdeiros necessários do ausente. Os demais somente terão direito a se imitirem na posse dos bens oferecendo garantia real. Nisto rompe o Código com o sistema anterior, deixando, na verdade, a descoberto o ausente na eventualidade de seu retorno.

A condição jurídica do sucessor provisório difere da de um curador. Este ad- ministra bens alheios e que não virão a ser seus. Está, por isto mesmo, sujeito à prestação de contas. O sucessor provisório é um herdeiro presuntivo, que gere um patrimônio supostamente seu. O *verus dominus* é, porém, o ausente. E, como há pos- sibilidade de seu retorno, a ele, em regressando, cabe receber as contas do sucessor provisório, ao qual, desta sorte, compete *si et in quantum* a posse dos bens.

Como possuidor, cabem-lhe os frutos e rendimentos dos bens, se o sucessor pro- visório for o cônjuge, descendente ou ascendente. Os demais sucessores provisórios têm o dever de capitalizar, em benefício do ausente, metade dos frutos e rendimentos dos bens recebidos (Código Civil, art. 33).

A provisoriedade da sucessão sujeita o titular a evidentes restrições, no seu comportamento em relação aos bens: *a*) poderá alienar os de fácil deterioração,

---

25 Pontes de Miranda, *ob. cit.*, § 212.

26 Clóvis Beviláqua, *Direito de Família*, § 92.

bem como os que se destinem à venda por sua própria natureza, como as crias dos animais, os produtos pecuários e agrícolas etc.; *b*) os imóveis somente se alienam quando ameaçados de ruína ou havendo conveniência em convertê-los em títulos da dívida pública, mas em qualquer caso mediante prévia autorização judicial.

Aparecendo o ausente, ou provada a sua existência, cessam as vantagens do sucessor provisório, que deverá dar contas dos bens e seus acrescidos. Introduz o Código, no parágrafo único do artigo 33, inovação inútil e geradora de litígios para o caso de se demonstrar que a ausência foi *voluntária* e *injustificada*: a perda pelo ausente, em favor do sucessor, de sua parte nos frutos e rendimentos. Seria melhor que abolisse de vez aquela capitalização, ou que simplesmente conservasse a redação do Código anterior (art. 477).

Vacância dos bens. Decorrido o prazo legal, sem que apareça qualquer interessado na sua sucessão, o Ministério Público promoverá a citação por edital dos possíveis herdeiros. E, se ninguém acudir, serão os bens declarados *vagos* ou *vacantes*, com a nomeação de curador, mas sem prejuízo da habilitação de herdeiros que compareçam. Decorridos 10 anos, serão os bens incorporados ao Município, Distrito Federal ou à União, conforme a vacância se dê num daqueles, ou em território federal.[27]

Sucessão definitiva. Decorridos 10 anos do trânsito em julgado da sentença que concedeu a abertura da sucessão provisória, ou quando o ausente completar 80 anos de idade, se de cinco anos datam suas últimas notícias, poderão os interessados requerer a sucessão definitiva e levantamento das cauções; ou quando houver certeza da morte do ausente (arts. 37 e 38 do Código Civil).

Os sucessores deixam de ser provisórios. Adquirem o domínio dos bens recebidos e a consequente livre disposição deles.

Mas a propriedade assim adquirida considera-se *resolúvel*. Se o ausente aparecer nos dez anos seguintes à abertura da sucessão definitiva, os bens lhe serão entregues no estado em que se acharem, ou os que se sub-rogarem neles, ou o preço de sua alienação.

Os direitos de terceiros são, contudo, respeitados, não se desfazendo as aquisições realizadas.

Se o ausente regressar depois de passados os dez anos, nada recebe.[28] Reversamente, se não regressar e nenhum herdeiro tiver promovido a sucessão definitiva, serão os bens arrecadados como vagos passando à propriedade do Município, do Distrito Federal ou da União.

Direitos de família. Se o ausente deixou filhos menores, e o outro cônjuge houver falecido, ou tiver sido destituído do poder familiar, serão eles postos sob tutela (Código Civil, art. 1.728, I).

Originalmente, por mais prolongada que fosse, jamais se considerava a ausência como equivalente à morte, a não ser para efeitos patrimoniais. Assim, por exem-

---

27   Pontes de Miranda, *ob. cit.*, § 218.
28   Pontes de Miranda, *ob. cit.*, § 220.

PERSONALIDADE E DIREITOS DA PERSONALIDADE 161

plo, não podia o outro cônjuge convolar novas núpcias; ficava, pois, condenado a um estado de "semiviuvez",[29] de que legalmente não se conseguia desligar.

Reconhecendo a injustiça ínsita nesta situação, orientação diversa havia sido já adotada no Projeto de Código Civil de 1965 (Orosimbo Nonato, Orlando Gomes e Caio Mário da Silva Pereira), a qual não foi, contudo, seguida pelo Código de 2002. Este determina, em seu art. 1.571, § 1º, a fim de solucionar o problema sem que se tivesse que recorrer ao divórcio por ruptura da vida em comum, que à morte do cônjuge como causa de fim da sociedade conjugal se aplica a presunção estabelecida no caso de ausência.

Pessoas desaparecidas em atividades políticas. A Lei nº 9.140, de 4 de dezembro de 1995, "reconhece como mortas pessoas desaparecidas em razão de participação, ou acusação de participação, em atividades políticas no período de 2 de setembro de 1961 a 15 de agosto de 1979 e dá outras providências". O legislador criou uma situação especialíssima. Aquele que é considerado "desaparecido em atividades políticas", ou pela relação nominal na própria lei, ou reconhecido como tal, recebe a qualificação de "morto": registra-se o reconhecimento, abre-se a sucessão, o cônjuge é considerado viúvo.

Em trabalho publicado em homenagem ao Ministro Oscar Corrêa, buscamos indicar, de modo sucinto, os efeitos do reconhecimento da morte prevista na Lei nº 9.140/1995. Dentre esses efeitos, cabe citar: a) Como nas demais modalidades de "morte", a primeira repercussão na vida negocial é a abertura da sucessão, *ex vi* do disposto no art. 1.784 do Código Civil. Não tendo sido aberta a *sucessão provisória*, deverão ser promovidos os procedimentos à semelhança da morte natural, podendo ser, inclusive, apresentado eventual testamento; b) Se já ocorreu a abertura da *sucessão provisória*, cabe, na hipótese, a aplicação dos procedimentos previstos nos arts. 37 do Código Civil; 1.167 e ss. do Código de Processo Civil de 1973; 745, §§ 4º-5º do Código de Processo Civil de 2015), previstos para a *sucessão definitiva*; c) Deve-se dar ao cônjuge sobrevivo, identificado pela *Comissão Especial* prevista na Lei, o mesmo tratamento concedido pelos Tribunais às hipóteses de morte presumida, para efeitos de recebimento de pensão previdenciária. É competente a Vara Federal para dirimir eventuais conflitos; d) Na hipótese de localização com vida, de pessoa desaparecida, ou de provas contrárias às apresentadas, serão revogados os atos decorrentes da aplicação da Lei nº 9.140/1995. O art. 12 declara que, "salvo hipótese de comprovada má-fé, não cabe ação regressiva para o ressarcimento do pagamento já efetuado"; e) Em decorrência do art. 5º, XXXV, da Constituição Federal, "a lei não excluirá da apreciação do Poder Judiciário lesão ou ameaça a direito"; portanto, não estão afastadas as ações judiciais indenizatórias fundadas em fatos decorrentes da situação política mencionada na lei. Determina, inclusive, o art. 14 que os recursos interpostos das sentenças condenatórias serão recebidos somente no efeito devolutivo, autorizando, desde logo, o pagamento determinado na decisão da instância inferior; f) Reconhece-se ao cônjuge sobrevivente o direito de contrair novo matrimônio, em face da redação do art. 1.571, § 1º, do Código Civil; g) O art. 10 da Lei nº 9.140/1995 autoriza o pagamento da in-

---

29   Edgard de Moura Bittencourt, *A Família*, p. 38.

INSTITUIÇÕES DE DIREITO CIVIL • VOL. I • INTRODUÇÃO E TEORIA GERAL DE DIREITO CIVIL

denização ao(à) cônjuge ou companheiro(a), assim como aos descendentes, aos ascendentes e aos colaterais até o quarto grau; h) É inquestionável o direito ao recebimento da indenização por parte daqueles indicados na lei, reconhecido em face do Poder Público. Além de ser obrigação expressa em lei, este é um direito que já vinha sendo admitido por nossos Tribunais. Reconhecia a Jurisprudência que "o Estado responde pelos danos causados à propriedade particular, pela ação da polícia em luta contra os subversivos".[30]

O direito à indenização por parte daqueles indicados na Lei nº 9.140/1995 representou, finalmente, a oportunidade do recebimento da indenização na esfera administrativa, ao indicar, nominalmente, os beneficiários da indenização, prevendo a hipótese de indicação de outros a partir da apreciação de uma Comissão Especial.[31]

45. COMORIÊNCIA

Quando várias pessoas morrem em consequência de um acidente ou de um mesmo acontecimento (um incêndio, um naufrágio, a queda de um avião etc.), poderá interessar ao direito apurar qual faleceu em primeiro lugar, a fim de verificar se houve, e como, a transmissão de direitos entre elas. A medicina legal socorre o jurista, fornecendo-lhe os meios técnicos de comprovação da morte e do momento em que ocorreu, tais como o esfriamento do cadáver, seu enrijecimento, sua putrefação etc. Se o auxílio científico é inoperante, outros meios devem invocar-se, como sejam as circunstâncias conhecidas do desastre, o depoimento de testemunhas, a informação de sobreviventes etc. Mas, falhando todos os recursos de apuração da precedência ou da simultaneidade do óbito, torna-se necessário fixar um critério que resolva os problemas suscitados, de vez que o fato da morte gera direitos, e sobre estes tem influência marcante a verificação se atingiu simultaneamente pai e filho, marido e mulher, vítimas da mesma *causa mortis*.

O direito romano instituía um jogo de princípios, segundo os quais se estabelecia a presunção de precedência para a morte de uma ou de outra das vítimas, em razão da vinculação de parentesco e da idade.

O Código Civil francês, na falta de elementos comprobatórios, formulava uma série de hipóteses e consequentes presunções: se os falecidos tinham menos de 15 anos, presumia-se que o mais velho sobreviveu; se tinham todos mais de 60 anos, a presunção era que o mais moço sobreviveu etc. Atualmente, o Código francês regula a hipótese de comoriência (art. 725-1) no mesmo sentido do nosso art. 8º.

Estes critérios eram maus. O francês, muito mais complexo do que o romano, previa uma variedade muito grande de situações que complicam um fato simples. Ambos, além do mais, baseados em fatores totalmente arbitrários etc. Ora, se a mor-

---

30   TJSP, *in* RDA, 122/170.

31   Caio Mário da Silva Pereira, "Pessoas Desaparecidas em Atividades Políticas no Período da 'Repressão': os Efeitos Jurídicos e Sociais da Lei nº 9.140/95", *in Direito Contemporâneo: Estudos em Homenagem a Oscar Dias Corrêa*; I. G. da Silva Martins (coord.), Rio de Janeiro, Forense Universitária, 2001, p. 12 a 26.

PERSONALIDADE E DIREITOS DA PERSONALIDADE

te é causada pelo mesmo acontecimento, motivo não há para que se estabeleça uma presunção de sobrevivência, quer em razão do laço de parentesco, quer do sexo, quer da idade, pois que não tem base científica assentar que a mulher tem menos resistência do que o homem ou que o menor a tem maior do que o sexagenário.

O Código alemão adotou um critério uniforme e simples (art. 20 do BGB) que o direito brasileiro já perfilhava, no art. 11 do Código Civil de 1916, e manteve no art. 8º do Código Civil atual: se dois ou mais indivíduos falecerem na mesma ocasião, e não for possível averiguar qual deles sobreviveu, presumir-se-ão simultaneamente mortos. O que cumpre, em primeiro plano, é apurar, pelos meios regulares de prova, desde a inquirição de testemunhas até os processos científicos empregados pela medicina legal, se alguma das vítimas precedeu na morte às outras. Na falta de um resultado positivo, vigora a presunção da simultaneidade da morte – *comoriência* – sem se atender a qualquer ordem de precedência, em razão da idade ou do sexo. A presunção é, evidentemente, relativa, uma vez aceita a prova em contrário. A repercussão do princípio na transmissão dos direitos é singela: entre os comorientes, não há transferência de direitos, isto é, nenhum deles pode suceder ao outro, mas devem ser chamados à sucessão os herdeiros daqueles que falecem no desastre que os vitimou em conjunto.[32]

46. REGISTRO CIVIL DAS PESSOAS NATURAIS

As pessoas naturais passam, no correr de sua existência, por várias situações ligadas à sua condição na sociedade (*estado*, de que damos a noção no nº 48, *infra*), que há interesse individual e público em perpetuar, através dos *registros públicos*.

Em todas as civilizações, na verdade, encontramos providências adotadas para a anotação dos dados pessoais dos membros da comunidade. A Bíblia nos dá notícia do censo e registro da assembleia dos filhos de Israel, segundo suas famílias e suas casas, com indicação de nome e filiação dos varões de 20 anos e acima (*Números*, versículos 1, 2 e 3).

O povo grego conhecia a inscrição dos indivíduos na *phratria*, a que mais tarde se opõe a *demos*. Em Roma procedia-se à inscrição dos nomes dos patrícios em registro especial, e, com caráter geral, os imperadores ordenavam anotações censitárias periódicas. Segundo Dionísio de Alicarnasso, instituiu-se, por determinação de Servius Tullius, o costume de serem os nascimentos e óbitos comunicados aos guardiães de certos templos, e, mais tarde, o *tabularius publicus* ficou encarregado da inscrição dos *acta publica*, de que fornecia cópia autêntica aos interessados.[33]

Não se filia, porém, a estas tradições o registro moderno. Origina-se da prática adotada na Idade Média pelos padres cristãos, que anotavam o batismo, o casamento e o óbito dos fiéis, visando ao melhor conhecimento de seus rebanhos e à escrituração dos dízimos e emolumentos. Por muito tempo, em razão disto, perdurou a praxe

---

32 Clóvis Beviláqua, *Comentário ao art. 11 do Código Civil*; Ruggiero e Maroi, *Istituzioni*, I, § 40.
33 Baudry-Lacantinerie e Fourcade, *Traité Théorique et Pratique de Droit Civil, Des Personnes*, vol. II, p. 3.

de deixar a cargo da Igreja tais anotações que perpetuam os momentos principais da vida civil: nascimento, casamento e morte.

Em nosso antigo direito, ligado o poder espiritual da Igreja ao temporal do Estado, aceitava-se a prova resultante dos assentos eclesiásticos como específica para estes fatos, o que era princípio universalmente admitido.

No século XIX, em razão de se mostrarem os assentos eclesiásticos insuficientes para atender às necessidades públicas, não só pela predominância, neles constante, da data do batismo sobre a do nascimento, como ainda pela proliferação dos filiados a outras crenças que ficavam sem meios de provar aqueles momentos essenciais de sua vida civil, instituiu-se, pelo Decreto nº 1.144, de 1861, o registro dos nascimentos, casamentos e óbitos para as pessoas que professassem religião diferente da oficial do Império. A regulamentação atual dos Registros Públicos foi baixada com a Lei nº 6.015, de 31 de dezembro de 1973 (denominada Lei de Registros Públicos – LRP), e permanece em vigor, com diversas reformas, até hoje.

Sem as minúcias com que se referem ao registro civil alguns códigos estrangeiros, o Código de 2002 limita-se a determinar o registro e a averbação dos fatos essenciais ligados ao estado das pessoas, deixando a normação casuística dos assentos para a mencionada Lei de Registros Públicos (LRP).

Segundo o disposto nos arts. 9º e 10 do Código Civil e art. 29 da Lei dos Registros Públicos, todos os atos ou fatos ligados ao estado das pessoas ficam consignados, de forma a assinalá-los definitivamente e fazerem prova as certidões dos respectivos assentos, exaradas pelos oficiais que os têm a seu cargo. Assim é que são registrados no Registro Civil das Pessoas Naturais os nascimentos (arts. 50 e ss.), casamentos (arts. 70 e ss.) e óbitos (arts. 77 e ss.); a emancipação dos menores, seja a concedida pelo pai e pela mãe no exercício do poder familiar, seja a outorgada pelo juiz (arts. 89 e ss.); a sentença declaratória de ausência (art. 94) e de morte presumida (art. 88) e as opções de nacionalidade. Serão averbadas à margem dos respectivos assentos (arts. 97 e ss.) as sentenças que decretarem a nulidade ou anulação de casamento, a separação e o restabelecimento da sociedade conjugal; o divórcio; as sentenças que declararem a filiação; os atos de reconhecimento espontâneo de filhos; as alterações ou abreviaturas de nomes.

Contendo a inscrição dos momentos capitais da vida do indivíduo, o registro patenteia o seu *estado*, que dele se infere enquanto subsistir, mas não constitui prova absoluta, porque suscetível de anulação por erro ou falsidade.

46-A. Direitos da personalidade

A concepção dos *direitos da personalidade* sustenta que, a par dos direitos economicamente apreciáveis, ditos patrimoniais, outros há, não menos valiosos, merecedores de amparo e proteção da ordem jurídica. Admite a existência de um ideal de justiça, sobreposto à expressão caprichosa de um legislador eventual. Atinentes à própria natureza humana, ocupam eles posição supraestatal, já tendo encontrado nos sistemas jurídicos a objetividade que os ordena, como poder de ação, judicialmente exigíveis.

PERSONALIDADE E DIREITOS DA PERSONALIDADE

É certo que em todos os tempos e em todas as fases da civilização romano-cristã, a proteção dos *direitos da personalidade* nunca em verdade faltou. Conceitos, normativos como teóricos, asseguraram sempre condições mínimas de respeito ao indivíduo, como ser, como pessoa, como integrante da sociedade. Todos os sistemas jurídicos, em maior ou menor escala, punem os atentados contra a vida, à integridade tanto física quanto moral. Isto não obstante, cabe assinalar que os "direitos da personalidade" se incorporaram modernamente como estrutura organizacional, o que levou Milton Fernandes a dizer que a proteção jurídica aos direitos da personalidade "é uma conquista de nosso tempo".[34]

Objeto de considerações de juristas, o que em verdade constitui a nova tendência é a sua sistematização, como escrevi em artigo publicado na *Revista Forense*,[35] invocando a autoridade de Ernst Swoboda,[36] de Adriano De Cupis,[37] e ainda de Francesco Ferrara.[38]

Para caracterizar a natureza jurídica dos direitos da personalidade cumpre assinalar que a ordem jurídica inequivocamente reconhece a existência de faculdades atribuídas ao ser humano, imbricadas na sua condição de indivíduo e de pessoa.

A escola de direito natural proclama a existência de direitos inatos, de que o ser humano é titular, dividindo-se os Códigos no alinhar ou não os atributos inerentes à personalidade, como sejam o direito à vida, à liberdade, à saúde, à honra, ao respeito de seus concidadãos. Mais ou menos sistematicamente, todas as legislações consignam princípios que visam à defesa e proteção da integridade física e moral do indivíduo, seja como expressão do pensamento jusnaturalista, seja abstraindo-se dele.[39]

Sem preocupações com uma seriação cronológica, a Carta Magna de 1215 gerou o primeiro instrumento de defesa contra a prepotência e os abusos da autoridade, dando nascimento ao *habeas corpus*. A Declaração dos Direitos do Homem e do Cidadão, de 1789, concretizando os ideais dos Enciclopedistas do séc. XVIII, foi a grande proclamação que a Revolução Francesa ofereceu ao mundo moderno. Quase simultaneamente o *Bill of Rights* foi pronunciado nos Estados Unidos (1791).

Mais modernamente, a Carta das Nações Unidas, de meados do século XX, propôs suprimir os abusos e os desmandos que tiveram origem na Segunda Guerra Mundial, violentando a consciência humana, como Nação, como etnia, como indivíduo, "atentados ultrajantes da consciência universal".[40] Como que enfeixando todo

---

34 *Proteção Civil da Intimidade*, p. 3.
35 *Tendências Atuais do Direito Civil*, vol. 247, p. 63.
36 *Der Rechtsbegriff der Personlichkeit*.
37 *I Diritti della Personalità*, 1959.
38 *Trattato di Diritto Civile Italiano*, n°s 82 e ss.
39 Orlando Gomes, *Introdução*, nº 74. A escola positivista insurge-se contra a ideia, e faz decorrer a personalidade, não da realidade psicofísica do ser humano, mas da sua concepção jurídico-normativa (cf. Kelsen, *Théorie Pure du Droit*, p. 96), concepção que é combatida por falta de adequação ao nosso ordenamento jurídico (Serpa Lopes, *loc. cit.*).
40 Georges Vlachos, "La Structure des Droits de l'Homme et le Problème de leur Règlementation en Régime Pluraliste", *in Revue Internationale de Droit Comparé*, p. 322, 1972.

um processo de disciplina das condutas sociais e comportamento dos Estados, a Declaração Universal dos Direitos Humanos, anunciada em Paris, aos 10 de dezembro de 1948, condenando os massacres, os genocídios e as destruições de cidades inteiras, procurou despertar o sentimento humano, e instituiu um parâmetro para medir a atuação do poder, e criar sensibilidade bastante para erigi-la em "guardiã dos direitos do homem".[41]

Para deixarem de ser simplesmente conceitos, ou o que Jean Dabin considerou como "direitos morais", era necessário que fossem convertidos em preceitos e incorporados nas leis e nos Códigos. Foi essencialmente como procedeu a Constituição Federal de 1988, ora com caráter inovador, ora na linha do que constituía a *communis opinio doctorum*.[42] Nela se arrolam alguns que se intitulam de "inatos" e outros que qualifico de "adquiridos", muito embora a sua oponibilidade lhes advenha do fato de estarem insertos na Carta Constitucional.

A Constituição brasileira enuncia direitos e garantias individuais e coletivos, que o legislador tem de proteger e assegurar, além de consagrar o princípio da dignidade da pessoa humana (art. 1º, III), como uma cláusula geral de tutela da personalidade.

O princípio constitucional da igualdade perante a lei é a definição do conceito geral da personalidade como atributo natural da pessoa humana, sem distinção de sexo, de condição de desenvolvimento físico ou intelectual, sem gradação quanto à origem ou à procedência. O direito romano exprimia a sua aversão ao estrangeiro, frequente em todos os povos guerreiros, fazendo decorrer a aquisição dos direitos da condição de cidadãos (*status civitatis*) e sentenciando mesmo que "*adversus hostem aeterna auctoritas esto*".[43] Nos dias de domínio do nacional-socialismo na Alemanha e sua expansão pelos territórios ocupados durante o segundo conflito mundial, difundiu-se a concepção racista, que restringia a aptidão jurídica em consequência da procedência étnica.

Proclamado o princípio da igualdade civil, o nosso direito, por motivos ligados à ordem pública e aos interesses nacionais, sem criar distinção temática entre brasileiros e estrangeiros (Constituição, art. 5º, *caput*), admite, em dispositivos constitucionais, restrições ao exercício, por estes, de direitos tanto na ordem política como na ordem civil. A Lei nº 6.815/1980, revogada pela Lei nº 13.445/2017, vedava ao estrangeiro, no seu art. 106, a navegação de cabotagem, a propriedade de empresas jornalísticas, de televisão e radiodifusão, a exploração de jazidas minerais e quedas d'água, as funções de corretor de bolsa, despachante aduaneiro e de leiloeiro público. Eventuais outras restrições que venham a ser criadas, em particular aquelas mencionadas na Constituição, têm por objeto reservar aos brasileiros o exercício de atividades consideradas essenciais à segurança nacional e à ordem pública. No

---

41 Gené Cassin, "Droits de l'Homme et la Méthode Comparative", na mesma *Revue Internationale*, p. 452, 1968.

42 Literalmente significa "a opinião generalizada dos doutos", isto é, a opinião comum da melhor doutrina.

43 "Seja eterna a posse legítima contra o inimigo público".

PERSONALIDADE E DIREITOS DA PERSONALIDADE   167

plano dos direitos políticos, o direito de voto é reservado aos brasileiros natos ou naturalizados e a elegibilidade para a presidência e vice-presidência da República, e para a presidência das casas do Congresso é vedada ainda ao que, por naturalização, tenham adquirido a cidadania brasileira (art. 12, § 3º, da Constituição Federal). Mas estes princípios de segurança não implicam a concepção da desigualdade jurídica entre nacionais e estrangeiros.

Ao tratar dos *direitos da personalidade*, cabe ressaltar que não constitui esta "um direito", de sorte que seria erro dizer-se que a pessoa tem direito à personalidade. Dela, porém, irradiam-se *direitos*,[44] sendo certa a afirmativa de que a personalidade é o ponto de apoio de todos os direitos e obrigações. A Constituição Federal de 1988 declarou que são invioláveis a intimidade, a vida privada, a honra, a imagem das pessoas, assegurando o direito à indenização pelo dano material ou moral decorrente de sua violação (art. 5º, X). Estes direitos ali elencados são considerados o mínimo, nada impedindo que outros sejam arrolados em lei (art. 5º, § 2º).

Constitui inovação em nosso direito positivo a disciplina sistemática dos direitos da personalidade. As exigências do mundo contemporâneo e a diversidade de orientações nos vários países conclamaram os juristas a dar maior ênfase ao assunto e os legisladores a regular matéria que na órbita internacional mereceu acolhida na Declaração Universal dos Direitos Humanos, de 1948. O Código Civil dedica todo um capítulo aos "Direitos da Personalidade" (arts. 11 a 21), em seus diversos aspectos.

Para a satisfação de suas necessidades e a realização de seus interesses nas relações sociais, o indivíduo adquire direitos e assume obrigações, é sujeito ativo e passivo de relações econômicas, é credor e devedor. Ao conjunto das situações jurídicas individuais, apreciáveis economicamente, chama-se *patrimônio*, e, como todo indivíduo forçosamente o tem em função dos direitos e obrigações de que é sujeito, considera-se o patrimônio uma projeção econômica da personalidade.[45] A seu estudo, procedemos no nº 67, *infra.*

A par destes direitos, que se traduzem em uma expressão pecuniária, o indivíduo é ainda sujeito de relações jurídicas que, despidas embora de expressão econômica intrínseca, representam para o seu titular um alto valor, por se prenderem a situações específicas do indivíduo e somente dele. Aí residem os *direitos da personalidade*, que atraem a atenção da ordem jurídica e encontram proteção no direito positivo, conforme a disposição do art. 12 do Código Civil, seja fazendo cessar a ameaça, seja exigindo a reparação civil pela lesão a eles causada.

Como já se viu, dentro da sistemática organizacional, os direitos da personalidade distribuem-se em duas categorias gerais: *adquiridos,* por um lado, e *inatos,* por outro lado.

Os "adquiridos" (como decorrência do *status* individual) existem nos termos e na extensão de como o ordenamento jurídico os disciplina.

---

44   Ruggiero e Maroi, *Istituzioni*, § 35.
45   De Page, *Traité Élémentaire*, I, nº 233.

Os "inatos" (como o direito à vida, o direito à integridade física e moral), sobrepostos a qualquer condição legislativa, são absolutos, irrenunciáveis, intransmissíveis, imprescritíveis (Código Civil, art. 11): *absolutos*, porque oponíveis *erga omnes*; *irrenunciáveis*, porque estão vinculados à pessoa de seu titular que deles não pode dispor. Intimamente vinculados à pessoa, não pode esta, de regra, abdicar deles, ainda que para subsistir; *intransmissíveis*, porque o indivíduo goza de seus atributos, sendo inválida toda tentativa de sua cessão a outrem, por ato gratuito como oneroso; *imprescritíveis*, porque sempre poderá o titular invocá-los, mesmo que por largo tempo deixe de utilizá-los. Igualmente, não pode o indivíduo autolimitar os direitos inerentes à sua personalidade. Não há, entretanto, confundi-los com os efeitos patrimoniais que dele emanem, os quais podem, até onde não ofendam os direitos em si mesmos, ser objeto de renúncia, transação, transferência ou limitações.

A ordem jurídica, no interesse do próprio indivíduo ou da coletividade, estabelece às vezes exceções a esses atributos, ou ao seu exercício.

Ocorrendo lesão ou ameaça contra qualquer direito da personalidade, o titular é investido de legitimação ativa – *legitimatio* – para obter a medida cautelar ou punitiva contra o terceiro. E, se lhe advier prejuízo, serão devidas perdas e danos, a serem avaliadas com obediência aos critérios genéricos destinados à sua estimativa, independentemente de não ser dotado de patrimonialidade o direito lesado ou ameaçado.

Não obstante seu caráter personalíssimo, os direitos da personalidade projetam-se na família do titular. Em vida, somente este tem o direito de ação contra o transgressor. Morto ele, tal direito pode ser exercido por quem ao mesmo estivesse ligado pelos laços conjugais, de união estável ou de parentesco. Ao cônjuge supérstite, ao companheiro, aos descendentes, aos ascendentes e aos colaterais até o quarto grau, transmite-se a *legitimação* para as medidas de preservação e defesa da personalidade do defunto. Há, contudo, distinguir. As medidas de pura defesa podem ser intentadas por qualquer deles, sem observância da ordem de sua colocação. No caso, entretanto, de indenização por perdas e danos, há que respeitar a ordem de vocação hereditária.

Em linhas gerais, os direitos da personalidade envolvem o direito à vida, à liberdade, ao próprio corpo, à incolumidade física, à proteção da intimidade, à integridade moral, à preservação da própria imagem, ao nome, às obras de criação do indivíduo e tudo mais que seja digno de proteção, amparo e defesa na ordem constitucional, penal, administrativa, processual e civil. Aqui tem lugar, tão somente, este último aspecto.

Feitas estas considerações gerais acerca dos direitos da personalidade, cabe, então, cogitar de alguns deles analiticamente, o que constitui objeto dos parágrafos seguintes: nome civil; direito à vida e à integridade física e direito ao corpo; integridade moral e direito à imagem e à intimidade.

47. NOME CIVIL

Elemento designativo do indivíduo e fator de sua identificação na sociedade, o *nome* integra a personalidade, individualiza a pessoa e indica *grosso modo* a sua procedência familiar.

Os povos da Antiguidade remota adotavam um nome simples. Igualmente procediam os gregos, que designavam as pessoas por um nome formado de uma só palavra: Demóstenes, Péricles, Ulisses. O povo hebreu, segundo se vê no grande registro censitário do *Livro dos Números*, quarto livro da Bíblia, fazia seguir ao nome do indivíduo a indicação de sua filiação: De Rubem, Elisur, filho de Sedem; De Simeon, Salamiel, filho de Surisaddai; De Benjamin, Abidau, filho de Gedeão etc. Os romanos adotavam um característico personativo, *prenomen*, que designava a pessoa; o *nomen*, indicativo de sua *gens*; e o *cognomen* apontava a sua família. Alguns pospunham ao seu nome um *agnomen*, decorrente de um acontecimento importante de que participava e que o qualificava.[46]

Modernamente, retomou-se a adoção do nome complexo, que por muito tempo esteve em desuso, e entre nós adota-se o nome composto, de que se destaca o *prenome* como designação do indivíduo, e o *sobrenome*, ou nome patronímico, característico de sua família, transmissível hereditariamente, ou pela continuação nos descendentes do nome (i.e., sobrenome) paterno ou pela combinação do materno e do paterno.

A caracterização do *direito ao nome* é objeto de constantes debates.

Concepção bastante controvertida era a *dominial*, que considerava o nome um direito de propriedade, de que seu titular gozava de maneira absoluta. A jurisprudência francesa durante muito tempo assim o compreendeu, não obstante as críticas de autores eminentes, sob o fundamento de que a propriedade, ao contrário do nome, é, via de regra, alienável e prescritível, tem valor econômico intrínseco e é exclusiva. O nome, ao revés, é inalienável e imprescritível, não tem valor econômico próprio e não pode ser dotado de exclusividade, sendo repetido e usado por pessoas diferentes, dado que a linguagem não é bastante rica a possibilitar um nome a cada indivíduo.[47]

Uma outra corrente negava a existência do "direito ao nome". Clóvis Beviláqua, arrimado em Ihering, entendia que o nome civil não constitui um bem jurídico, pela impossibilidade de sua apropriação na sociedade.

Sem descer ao debate abstrato, o nosso ordenamento, não obstante o silêncio do Código Civil de 1916, sempre pendeu para definir o nome como um direito, designativo do indivíduo, e fator de identificação. Com tais finalidades, destacam-se no nome civil dois aspectos: público e privado, e, neste sentido, diz-se que é um direito e um dever. Envolve simultaneamente um direito subjetivo e um interesse social. Sob o aspecto público, a lei estabelece, na obrigatoriedade do assento de nascimento, que ali se consignará o nome do registrado, além de estatuir a imutabilidade, salvo os casos especiais de emenda ou alteração, expressamente previstos e sujeitos, via de regra, à autorização judicial.[48] Sob o aspecto individual, a toda pessoa é assegurada a faculdade de se identificar pelo seu próprio nome.

---

46 Mommsen e Marquardt, *Manuel des Antiquités Romaines*, XIV, p. 9 e ss.

47 Planiol, *Traité Élémentaire*, I, nº 399; Colin e Capitant, *Cours*, I, nº 394; Josserand, *Cours*, I, p. 135; Planiol, Ripert e Boulanger, *Traité Élémentaire*, I, nos 525 e 526.

48 Lei nº 6.015/1973, arts. 54-58.

O *aspecto individual* está presente no poder reconhecido ao seu possuidor de por ele designar-se e de reprimir abusos cometidos por terceiros. Evidentemente não seria possível sustentar a exclusividade do direito ao nome, pois a riqueza onomástica não é tão farta que permita a adoção de um nome para cada pessoa. Mas, se não é possível impedir a repetição do nome de uma pessoa em outra e se não é viável obstar a adoção de nome idêntico por outrem, a utilização de nome alheio é passível de repressão criminal, bem como de responsabilidade civil.

Os elementos do nome civil – *prenome* individual e *sobrenome* (nome *patronímico* ou *apelido* de família) característico da família e transmissível hereditariamente, podendo-lhe ser aposto um cognome, como designação qualificativa, ou um agnome, como *Júnior, Filho, Neto, Sobrinho, Segundo, Terceiro,* partículas acrescidas para evitar que duas pessoas da mesma família tenham nomes idênticos – encontram-se, mais ou menos uniformemente, difundidos pelos autores.

Reconhecendo o direito ao sobrenome, o Código implicitamente assegura a sua transmissibilidade de geração a geração. Ao nome civil ligam-se os atributos da imprescritibilidade e da oponibilidade *erga omnes*, como direito absoluto que é.

Ninguém, aliás, põe em dúvida que o direito condena a usurpação de nome alheio e concede reparação civil àquele que sofrer daí um prejuízo. A dizer de outra maneira, encontra-se universalmente reconhecida a tutela jurídica do nome. Para os que negavam a existência do *direito ao nome*, este sistema de proteção apresentava-se como um reflexo do que era devido à pessoa, que o nome designa e individua. Parece, entretanto, demasiadamente tímida a posição dos juristas que assim argumentavam, porque se a lesão geradora do direito de queixa se dirigiu à pessoa, atingiu-a em algo especificamente, que é o seu nome, e então o portador é indenizado em razão de um atentado a um certo bem jurídico. Não há, pois, razão para que se recuse ao nome o caráter de um direito, e assim dispôs o Código, ao estabelecer que toda pessoa tem direito ao nome, nele compreendidos o prenome e o sobrenome (art. 16).

Ao direito ao nome corresponde ação para assegurar o seu exercício na eventualidade de alguma contestação. Igual garantia deve ser concedida ao indivíduo a quem se atribua nome diverso ou incompleto, mesmo que não seja intencional ou inspirado em finalidade pejorativa. Este direito de ação é oponível a qualquer pessoa, inclusive às autoridades públicas.

Destaca-se no art. 17 do Código Civil a hipótese de divulgação do nome da pessoa que a exponha ao desprezo público, por qualquer via publicitária, ainda que de boa-fé, como consequência lógica do direito de ação a que já fiz referência. Esta disposição, por seu cunho protecionista, não pode receber interpretação estrita, para abranger qualquer finalidade. E a ela se ligará dupla sanção, civil e penal.

Se é certo que a divulgação de nome alheio é vedada, não se pode reprimir o simples fato de mencionar-se através da imprensa, em qualquer de suas modalidades. Entre o direito à privacidade e a divulgação inconveniente, há uma gama enorme de situações, a ser apreciada *"cum arbitrio boni viri"*.[49] Esta cautela é tanto mais recomendável quanto mais certo que a riqueza onomástica não é tão grande que

---

49 "Com o juízo do homem justo".

evite a homonímia. Não se pode confundir o emprego do nome de uma pessoa com a publicação ou representação de nome idêntico, pertencente a pessoa diversa.

Do mesmo modo, o Código Civil destacou no artigo 18 o princípio da necessidade de autorização para utilização do nome em propaganda comercial para imprimir-lhe maior ênfase. A inspiração ontológica é a mesma: proteger a pessoa contra a usurpação de seu nome. O vocábulo "propaganda" é aqui usado em acepção ampla. E a repressão abrange toda espécie de vantagem econômica. Embora o nome, em si mesmo, não contenha expressão pecuniária, nada impede que o titular autorize seu uso mediante remuneração. Se alguém utilizá-lo sem anuência, poderá ser coagido a abster-se de fazê-lo, além de indenizar o titular pelo abuso, entrando na composição do valor a projeção social ou empresarial do nome, o seu poder de aliciamento sobre o público, a natureza do produto ou do material anunciado, além de outros elementos subsidiários. Tudo isto sem embargo da repressão criminal que no caso couber.

Embora o artigo se refira apenas à propaganda comercial, deve abranger a de qualquer outra espécie, como a industrial, artística, eleitoral, sujeita esta última a normas especiais e com efeitos ou consequências outras.

As questões relativas à aquisição do direito ao nome ou às mudanças facultativas e obrigatórias serão mais adiante examinadas, nas ocasiões em que tratarmos da filiação nos seus vários aspectos; do casamento e da dissolução da sociedade conjugal (vol. V), especialmente no tocante à manutenção do sobrenome do outro cônjuge.

A proteção jurídica ao nome civil abraça, da mesma maneira, o *pseudônimo*, que literatos e artistas usam, ao firmar ou divulgar as suas obras. Na sua projeção social, essas pessoas adotam uma designação de fantasia, com que se identificam no mundo de suas produções, sendo muito frequente por esta forma tornarem-se conhecidas, como Voltaire (François Marie Arouet), Mark Twain (Samuel Langhorne Clemens), El Greco (Doménikos Theotokópoulos) e, mais recentemente, Bob Dylan (Robert Allen Zimmerman) e Woody Allen (Allan Stewart Königsberg), dentre tantos outros. Embora não sejam tais designações o seu nome civil, integram a sua personalidade no exercício de suas atividades literárias ou artísticas, e, em razão dos interesses valiosos que se ligam à sua identificação autoral, a proteção jurídica do nome estende-se ao pseudônimo, desde que seja este constante e legítimo (art. 19 do Código Civil). De um certo modo, a proteção ao pseudônimo torna-se mais rigorosa do que a concedida ao nome, porque a sua criação e divulgação nos meios em que opera o portador resulta de lenta e esforçada elaboração. Sua usurpação dificilmente é isenta de má-fé, e tem de ser reprimida, cabendo contra o infrator a imposição de sanções cíveis e criminais.

O *nome empresarial*, como elemento ativo do estabelecimento (categoria que substituiu a de "fundo de comércio"), para a sua designação, integra-o, e, desprendendo-se da pessoa do empresário, faz parte da atividade empresarial (Código Civil, arts. 1.155 e ss.). O direito penal, aliás, define e pune, especificamente, o uso do nome empresarial ou de título de estabelecimento alheio (Lei nº 9.279/1996, art. 195, V) e o usurpador está sujeito à reparação civil. Mesmo aqueles que negavam a natureza jurídica do nome civil sempre admitiram a concepção do nome empresarial como um direito autônomo, exclusivo, da sociedade empresarial, que pode impedir que outro o utilize no exercício da profissão empresarial. Mas, diversamente do *nome civil*, que é intransmissível, como direito da personalidade que é, o *nome empresarial* integra-se no "estabelecimento" como propriedade incorpórea, embora não possa ser cedido senão como elemento integrante deste, não podendo, assim, por expressa determinação legal, ser objeto de alienação (Código Civil, art. 1.164). O adquirente do estabelecimento, de fato, se o contrato permitir, poderá usar o nome do alienante, desde que precedido do seu próprio, juntamente com a qualificação de sucessor (parágrafo único do art. 1.164).

A disciplina legal do direito ao nome é objeto em minúcia da Lei dos Registros Públicos (Lei nº 6.015/1973). Segundo seus dispositivos, deve-se lavrar assento de nascimento (art. 54 da LRP), inscrevendo-se nele o prenome e o sobrenome do registrando, bem como os dos avós paternos e maternos.

A Lei nº 14.382/2022 reformou o art. 55 da LRP para atualizar minimamente a norma à luz do direito civil contemporâneo. Com efeito, na redação original, o dispositivo aludia à eventual "ilegitimidade" do filho (conceito abolido sob a égide do Código Civil atual), presumia que os genitores do registrando seriam um pai e uma mãe e ainda estabelecia uma ordem de preferência quanto aos sobrenomes destes. Após a reforma, que principia declarando o direito ao nome de toda pessoa (medida desnecessária, eis que se trata de direito já enunciado pelo Código Civil, mas que em nada prejudica a matéria), o *caput* do art. 55 passa a se referir, indistintamente, aos sobrenomes "dos genitores ou de seus ascendentes", esclarecendo que podem ser acrescidos "em qualquer ordem" ao prenome do registrando. Admite-se a inclusão do sobrenome de qualquer ascendente, exigindo-se, porém, a prova do vínculo de parentesco, caso ela não decorra das certidões que tipicamente são apresentadas no momento do registro.

Quando o declarante não indicar o nome completo, o oficial lançará adiante do prenome escolhido ao menos um sobrenome de cada um dos genitores; a lei não mais prevê uma ordem de preferência entre estes, mas recomenda ao oficial que escolha a ordem mais conveniente para evitar homonímia (art. 55, § 2º). Passa-se a exigir, ainda, do oficial que oriente os genitores sobre a importância do acréscimo de sobrenomes para evitar prejuízos ao registrando pela criação de homônimos (art. 55, § 3º). A reforma de 2022 ainda inovou ao permitir que qualquer dos genitores se oponha fundamentadamente ao prenome ou ao sobrenome indicados pelo declarante que requereu o registro, nos primeiros quinze dias a contar do assento de nascimento (art. 55, § 4º). A medida é louvável, pois tem o potencial de evitar prejuízos ao registrando que apenas se avolumariam se a retificação fosse postergada para a sua maioridade. Havendo consenso entre os genitores, procede-se à retificação administrativa; em caso contrário, caberá ao juiz decidir.

Os oficiais do registro civil não registrarão prenomes suscetíveis de expor a ridículo os seus portadores, cabendo ao juiz decidir as questões suscitadas caso os genitores não se conformem com a recusa (art. 55, § 1º).

Embora a Lei de Registros Públicos estabeleça, ainda hoje, que o prenome é *definitivo* (art. 58), tornam-se cada vez mais numerosas as exceções a essa regra.

As mais tradicionais são as hipóteses de substituição por apelidos notórios (art. 58), proteção de testemunha (art. 58, parágrafo único), evidente erro gráfico (art. 110) ou exposição ao ridículo, bem como pelos adotantes em razão de adoção (art. 47, § 5º, do Estatuto da Criança e do Adolescente – ECA – Lei nº 8.069/90). Em 2018, o Supremo Tribunal Federal julgou procedente a Ação Direta de Inconstitucionalidade nº 4.275[50] no sentido de dar ao art. 58 da LRP interpretação conforme à Constituição e ao Pacto de São José da Costa Rica, de modo que se reconheça aos indivíduos transgêneros que assim o desejarem, por simples autodeclaração e independentemente da cirurgia de transgenitalização ou da realização de tratamentos hormonais, o direito à substituição de prenome e sexo diretamente no registro civil. Logo depois, por ocasião de outro julgamento, o STF esclareceu que o interessado poderá exercer tal faculdade tanto pela via judicial como diretamente pela via administrativa, devendo a alteração ser averbada à margem do assento de nascimento, vedada a inclusão do termo "transgênero" ou qualquer observação sobre a origem do ato.[51] A reforma promovida pela Lei nº 14.382/2022 não positivou expressamente o entendimento jurisprudencial, omitindo-se, ao que parece, quanto a essa relevante questão social.

Afora esses casos, entendia-se que somente a mudança do sobrenome era possível. A redação original da LRP previa que o interessado, no primeiro ano após a maioridade, poderia promover essa alteração, desde que não prejudicasse os apelidos de família (ou seja, desde que não alterasse todos eles), averbando-se a alteração que seria publicada pela imprensa (art. 56). Qualquer alteração posterior do sobrenome deveria ser efetuada mediante processo judicial regular e, em regra, ouvido o Ministério Público (art. 57). Nas edições anteriores destas *Instituições*, vínhamos sustentando que, embora os dois dispositivos aludissem à alteração do "nome", deveriam ser interpretados como se se referissem exclusivamente ao sobrenome, dadas a excepcionalidade da alteração do prenome e a taxatividade legal das hipóteses em que é admitida (art. 58).

Após a reforma promovida pela Lei nº 14.382/2022, porém, o art. 56 passou a determinar que toda pessoa poderá, após a maioridade, requerer a alteração de seu *prenome*, pessoal e imotivadamente, independentemente de decisão judicial, devendo a alteração ser averbada e publicada em meio eletrônico. Como se percebe, a norma não apenas passou a incidir sobre um novo tema (a mudança do prenome) como, o que é mais grave, não mais estipula prazo para que assim se proceda e deixou de exigir qualquer motivação. As únicas limitações atualmente impostas são a de que a alteração administrativa e imotivada do prenome só pode ocorrer uma única vez e

---

50 STF, ADIn n. 4.275, Rel. Min. Marco Aurélio, julg. 1.3.2018.

51 STF, RE 670.422, Rel. Min. Dias Tofolli, julg. 15.8.2018. No mesmo sentido posicionou-se o art. 5º do Provimento n. 73/2018 da Corregedoria Nacional de Justiça, atualmente revogado e substituído pelo art. 519 do Provimento n. 149/2023 (Código Nacional de Normas do Foro Extrajudicial), que dispõe sobre a alteração do prenome e do gênero das pessoas transgênero nos assentos no Registro Civil das Pessoas Naturais (RCPN) e estabelece: "A alteração de que trata o presente Capítulo tem natureza sigilosa, razão pela qual a informação a seu respeito não pode constar das certidões dos assentos, salvo por solicitação da pessoa requerente ou por determinação judicial, hipóteses em que a certidão deverá dispor sobre todo o conteúdo registral".

somente pode ser desconstituída judicialmente (art. 56, § 1º). A reforma preocupa, na medida em que parece descurar do interesse público que, como visto, é característico do nome como fator de identificação civil da pessoa natural. Não se pode, por isso mesmo, concordar com aqueles que sustentam que, no regime atual, a definitividade do prenome teria deixado de ser a regra geral (mesmo porque o *caput* do art. 58 continua prevendo-a). De qualquer modo, se suspeitar de fraude, má-fé ou vício de vontade, admite-se que o oficial do registro recuse a alteração (art. 56, § 4º).

Ao contrário do que possa parecer, a reforma não positivou o entendimento jurisprudencial quanto à mudança de prenome das pessoas transgênero; isso porque, nos termos do art. 56, § 2º, a averbação da alteração imotivada conterá, obrigatoriamente, o prenome anterior, que deverá constar também de todas as futuras certidões. Às pessoas transgênero, portanto, que pretendam preservar o sigilo da alteração, impõe-se ainda no regime atual que recorram ao mecanismo previsto pelo art. 58, com a interpretação conferida pelo STF.

Desde 2017, vale também registrar, a LRP passou a admitir a retificação do assento pelo oficial do registro, de ofício ou a requerimento, sem oitiva do Ministério Público nos casos de "erros que não exijam qualquer indagação para a constatação imediata de necessidade de sua correção" (art. 110, I), hipótese que parece aplicável aos casos de erro gráfico no registro tanto do sobrenome quanto do prenome da pessoa.

No que tange à alteração do sobrenome, outra mudança drástica na Lei de Registros Públicos foi imposta pela Lei nº 14.382/2022. De uma parte, a redação atual do art. 57 da LRP, ao aludir à alteração *posterior* de sobrenome, parece sinalizar que o mecanismo de alteração imotivada previsto no art. 56 também seria aplicável ao sobrenome. A exigência de que se preserve ao menos um apelido de família, contudo, que constava originalmente do art. 56, foi suprimida, gerando nova preocupação quanto à potencial insegurança jurídica instaurada pela norma.

Por outro lado, o art. 57, que tratava do procedimento judicial para alteração do sobrenome, somente por exceção e após a oitiva do Ministério Público, passou a dispor sobre a alteração administrativa do sobrenome, a qualquer tempo, sem intervenção judicial ou ministerial. As hipóteses em que essa alteração é admitida são taxativamente previstas nos incisos do *caput* do art. 57: inclusão de sobrenomes "familiares" (expressão que demanda cautela, já que, na sua literalidade, não se restringe à linha ascendente), inclusão e exclusão de sobrenome de cônjuge (inclusive na constância do casamento) e inclusão e exclusão de sobrenomes por mudança em relações de filiação (inclusive para os descendentes, cônjuge ou companheiro da pessoa que teve seu estado alterado).

De fato, de acordo com o disposto no art. 1.565, § 1º, do Código Civil, qualquer dos nubentes, com o casamento, poderá acrescer ao seu o sobrenome do outro. Na separação judicial, se requerido pelo cônjuge considerado inocente, o cônjuge declarado culpado perde o direito ao uso do sobrenome (art. 1.578 do Código Civil), exceto nas três hipóteses ali previstas: evidente prejuízo para sua identificação, manifesta distinção entre o seu nome de família e o dos filhos havidos da união dissolvida, possibilidade de sofrer dano grave reconhecido na decisão judicial. Nos demais casos, caberá a opção, feita pelo próprio portador, pela conservação ou não do nome de casado.

A redação anterior da Lei dos Registros Públicos concedia apenas à mulher solteira, viúva ou divorciada, que vivesse com homem nas mesmas condições, excepcionalmente e havendo motivo ponderável, requerer ao juiz a averbação, no seu registro de nascimento, do patronímico do companheiro, sem prejuízo dos apelidos próprios de família, desde que houvesse impedimento legal para o casamento, decorrente do estado civil de qualquer das partes. Contudo, esse direito já vinha sendo estendido, jurisprudencialmente, a todos os que vivem em união estável, seja em virtude da igualdade constitucional, seja em analogia à sistemática posta em ato pelo Código Civil. Nesse ponto, merece aplauso a reforma promovida pela Lei nº 14.382/2022, que atualizou e simplificou a redação anterior dos parágrafos do art. 57 da LRP. No regime atual, dispõe o art. 57, § 2º, que os conviventes em união estável devidamente registrada poderão requerer a inclusão do sobrenome do companheiro, a qualquer tempo, bem como alterar seus sobrenomes nas mesmas hipóteses previstas para as pessoas casadas. O retorno ao nome de solteiro do convivente, por outro lado, será realizado por meio da averbação da extinção de união estável em seu registro (art. 57, § 3º-A).

Observe-se ainda que a Lei nº 11.924/2009 incluiu o § 8º ao art. 57 para tratar do nome do enteado, também aprimorado pela Lei nº 14.382/2022. Na redação atual, prevê-se que o enteado ou a enteada, se houver motivo justificável, poderá requerer ao oficial de registro civil que, nos registros de nascimento e de casamento, seja averbado o nome de família de seu padrasto ou de sua madrasta, desde que haja expressa concordância destes, sem prejuízo de seus sobrenomes de família. A norma encontra-se hoje deslocada no art. 57, já que este deixou de tratar, no regime atual, de procedimentos judiciais.

As alterações do nome no registro civil, quando a lei exigir que se processem judicialmente, são objeto de procedimento judicial de jurisdição voluntária, salvo nos casos que envolvam o *estado* do portador ou atinjam direito de terceiros.

47-A. DIREITO À VIDA E À INTEGRIDADE FÍSICA

Como ente, todo ser humano tem direito essencial à vida. A ordem jurídica o assegura desde antes do nascimento, protegendo os interesses do nascituro (Código Civil, art. 2º), punindo o aborto (Código Penal, arts. 124 e seguintes) e garantindo alimentos, ditos "gravídicos", à gestante. (Lei nº 11.804/2008). Tendo em vista a gravidade dos problemas ligados à superpopulação, e voltando-se para a limitação do número de filhos, a Constituição de 1988 o encarou com realismo, ao deixar o planejamento familiar à livre decisão do casal, fundado nos princípios da dignidade da pessoa humana e da paternidade responsável, deixando bem clara a interdição de toda e qualquer interferência, de entidade pública ou decorrente de manifestação de ordem privada (art. 226, § 7º).

A lei assegura proteção contra quaisquer atentados contra o corpo da pessoa humana, punindo o homicídio efetivo ou tentativa e as ofensas físicas, seja em relação a outro indivíduo, seja em face do Estado. A ordem constitucional protege o indivíduo contra toda espécie de tortura, proibindo penas cruéis e tratamento desumano (art. 5º, III); proclama a pessoalidade da pena (art. 5º, XLV) e a punibilidade sempre fundada na predefinição do delito (art. 5º, XXXIX); resguarda a liberdade individual através do devido processo legal (art. 5º, LIV) e declara que ninguém é considerado culpado até ser condenado em sentença proferida por autoridade competente e passada em julgado (art. 5º, LIII e LVII).

No conceito de proteção à integridade física, inscreve-se o *direito ao corpo*, no que se configura a disposição de suas partes, em vida ou para depois da morte, para finalidades científicas ou humanitárias, subordinado contudo à preservação da própria vida ou de sua integridade. A lei não pode placitar a *autolesão*. É o que consagra o art. 13 do Código Civil, cujo *caput*, contudo, peca de uma incorreção técnica. O médico jamais impõe ou exige a disposição do corpo. O que se pretende enunciar é que pode ser necessária, por indicação médica, a extração ou retirada de uma parte do corpo.[52]

No contexto do direito ao corpo, ocorre a autorização para transfusão de sangue. Embora este se reconstitua na medida das necessidades orgânicas, a transfusão está subordinada às condições do doador e de seu estado de higidez, como ainda a indagações de ordem técnico-científicas. Não apenas a isto. É que não se admite o "comércio com sangue", ou a "venda de sangue" (Constituição Federal, art. 199, § 4º). Não faltam pessoas, e até organizações, contudo, que se dedicam a essa atividade ilegal.[53]

Paralelamente à transferência de sangue para outra pessoa ou para instituição autorizada, como os "bancos de sangue" ou os "serviços de coleta", advém a indagação se uma pessoa pode recusar-se a receber sangue alheio, por motivo de convicção filosófica ou religiosa (assim, entre outros, os Testemunhas de Jeová e os seguidores da Ciência Cristã). A questão ainda tem sido levada à Justiça, a quem tem cabido decidir, resguardando a responsabilidade do médico, que opinará se a transfusão é indispensável à sobrevivência do paciente.[54] Já houve casos dramáticos em que indivíduos seguidores dessas religiões se recusaram a receber sangue alheio, para si ou para pessoa de sua família. A matéria permanece ainda no campo doutrinário, mas há quem defenda ser necessário diferenciar o doente capaz do doente incapaz (ou seja, menores, já que as pessoas com deficiência passaram a ser consideradas, com o advento da

---

52 A respeito, cabe mencionar a Resolução do Conselho Federal de Medicina nº 1.955/2010, que dispõe sobre a cirurgia de transgenitalismo como o tratamento adequado para os casos de transexualismo.

53 Antonio Chaves, *Direito à Vida e ao Próprio Corpo: Intersexualidade, Transexualidade, Transplantes*, São Paulo, Ed. Revista dos Tribunais, 1986 (2ª ed. atual. e ampl., 1994).

54 Sobre este controvertido tema, o Código de Ética Médica (Resolução do Conselho Federal de Medicina nº 2.217/2018) estabelece, como vedação aos médicos: Art. 31. Desrespeitar o direito do paciente ou de seu representante legal de decidir livremente sobre a execução de práticas diagnósticas ou terapêuticas, salvo em caso de iminente risco de morte.

Lei nº 13.146/2015, plenamente capazes[55]), sustentando que ao paciente capaz caberia o pleno exercício de sua vontade, em respeito à sua liberdade de crença.[56]

Nada impede a cessão, mesmo onerosa, de partes que se reconstituem naturalmente, como, por exemplo, os cabelos; nem tampouco a disposição de outras partes não reconstituíveis, desde que gratuitamente e para fins terapêuticos ou para transplantes (Código Civil, art. 13, parágrafo único). Essas partes, sem capacidade de reprodução orgânica, somente poderão ser removidas se a sua falta não prejudicar a saúde do doador, com as cautelas técnicas e a observância das exigências de lei especial,[57] precedendo parecer médico.

De fato, um dos campos em que é flagrante a evolução da ciência médica, sem dúvida, é o *transplante de órgãos*.[58] A primeira consideração liga-se à circunstância de se atentar para a possibilidade de sua reconstituição no corpo do doador. No caso negativo, o que orienta a possibilidade técnica e a aceitabilidade jurídica é se a sua retirada não implica sacrifício do doador. Pondo de lado o problema das rejeições, matéria exclusiva do médico, o jurista põe no primeiro plano assentar que o transplante não pode ser objeto de negócio oneroso.[59]

A atual Lei dos Transplantes (Lei nº 9.434/1997) dispõe sobre a retirada de órgãos e partes do corpo humano, com fins de transplante ou tratamento, em vida do doador ou após a sua morte. Os transplantes deverão ser efetuados por estabelecimento de saúde, público ou privado, e por equipes médico-cirúrgicas de remoção e transplante previamente autorizados pelo órgão de gestão nacional do Sistema Único de Saúde (art. 2º).

Como já desenvolvi anteriormente, o que modernamente caracteriza a cessação da vida, para fins de transplantes, é a morte cerebral. A esta se refere por expresso a Lei dos Transplantes, no art. 3º, ao disciplinar as retiradas de órgãos e partes do corpo para aquela finalidade.

Dogmatizando o que a doutrina já consagrava, o Código Civil abrangeu num dispositivo a disponibilidade do corpo humano em vida (art. 13), reservando outro

---

55 V. Lei nº 13.146/2015, art. 6º - "A deficiência não afeta a plena capacidade civil da pessoa (...)".

56 J. Clotet, J. R. Goldin e C. F. Francisconi, *Consentimento Informado e sua Prática na Assistência e Pesquisa no Brasil*, Porto Alegre, EDIPUCRS, 2000; Diego Gracia, *Ética y Vida*, Estudios de Bioética, Bogotá, Editorial El Búho, 1998.

57 Lei nº 9.434, de 4 de fevereiro de 1997, art. 9º: "É permitida à pessoa juridicamente capaz dispor gratuitamente de tecidos, órgãos e partes do próprio corpo vivo, para fins terapêuticos ou para transplantes em cônjuge ou parentes consanguíneos até o quarto grau, inclusive (...), ou em qualquer outra pessoa, mediante autorização judicial, dispensada esta em relação à medula óssea". O § 3º do aludido dispositivo complementa-o: "Só é permitida a doação referida neste artigo quando se tratar de órgãos duplos, de partes de órgãos, tecidos ou partes do corpo cuja retirada não impeça o organismo do doador de continuar vivendo sem risco para a sua integridade e não represente grave comprometimento de suas aptidões vitais e saúde mental e não cause mutilação ou deformação inaceitável, e corresponda a uma necessidade terapêutica comprovadamente indispensável à pessoa receptora".

58 V. também, *supra*, nº 44.

59 Bergoglio e Bertoldi, *Transplante de Órgãos*, Buenos Aires, Editorial Hamurabi, 1983.

para a disposição *post mortem* (art. 14). Determina que é válida a disposição gratuita do próprio corpo, no todo ou em parte, para depois da morte, para fins científicos ou altruísticos. O ato de disposição pode, contudo, ser revogado a todo tempo. O preceito, como foi codificado, deve coadunar-se com as normas contidas na Lei nº 9.434, de 1997 – controvérsia já referida[60] –, subordinados ambos, por sua vez, ao disposto nos arts. 1º, III, e 199, § 4º, da Constituição Federal.

Pode a pessoa fazer disposições sobre o destino de seu corpo para depois da morte.[61] Embora o cadáver não seja pessoa (*infra,* nº 68), uma vez que a personalidade cessa com a morte,[62] a lei impõe restrições à disposição total ou parcial do corpo para depois de morte, subordinando ao objetivo que há de ser científico ou altruístico. Destoa dos bons costumes a disponibilidade inspirada em capricho ou motivo pouco generoso. A gratuidade é também essencial, para evitar a comercialização com o próprio corpo, a qual ofende ao senso ético. No mesmo princípio da liberdade de disposição *post mortem* do corpo estará a cremação do cadáver, que, embora não inteiramente integrada nos nossos hábitos, constitui determinação lícita.

A disposição a respeito do *destino do corpo* ou de parte dele pode revestir a forma testamentária ou de ato entre vivos. Em qualquer caso, pode ser revogada. Se por testamento, participa da natureza ambulatória deste. Ao estabelecer a revogabilidade a qualquer tempo, teve em vista o artigo 14, em seu parágrafo único, o ato *inter vivos*, e independentemente de audiência ou assentimento de outrem.

Na linha do direito à integridade física, inscreve-se o direito de recusar tratamento médico ou intervenção cirúrgica. O art. 22 do Código de Ética Médica[63] dispõe que é vedado ao médico "Deixar de obter consentimento do paciente ou de seu representante legal após esclarecê-lo sobre o procedimento a ser realizado, salvo em caso de risco iminente de morte". É, contudo, relativo o conceito de risco de morte, o que pode levar a que se desrespeite a vontade do paciente. Inversamente, ainda que o médico entenda inócuo o tratamento, é de se acatar a vontade do paciente. No caso de não ter o doente condições de deliberar validamente, transfere-se para os seus familiares o poder de decisão. O art. 34 do mesmo Código determina que o médico deve informar ao paciente o diagnóstico, o prognóstico, os riscos e os objetivos do tratamento, a não ser quando "a comunicação direta possa lhe provocar dano, devendo, nesse caso, fazer a comunicação a seu representante legal".

O art. 15 do Código Civil, que trata do assunto, não cogita da hipótese de perícia médica, a ser realizada no próprio corpo, para fins de prova em juízo. O indivíduo tem o direito de se opor à sua realização, mas não pode se aproveitar da recusa. Insurgindo-se, deve ser tratado como se o resultado fosse contrário à sua pretensão, embora ponderado no conjunto de provas. No caso de ação investigatória com a finalidade de

---

60   V., *supra*, nº 44, nota 21.

61   Caio Mário da Silva Pereira, *Cadáver*, Disposição, Enciclopédia Saraiva, vol. 12, p. 417.

62   É pacífico que cadáver não é pessoa, forte (entre outros) em Enneccerus, Kipp e Wolff, *Tratado, Parte General*, vol. I, § 30.

63   Conselho Federal de Medicina. Resolução nº 2.217, de 1º de novembro de 2018.

estabelecimento de paternidade biológica, em que a ciência moderna se contenta, para o exame de DNA, com a retirada de partes ínfimas do corpo, como a gota de sangue ou o fio de cabelo, o tema, genericamente, veio a ser tratado no Código Civil, no art. 232, no título sobre a prova, em que se determina que "a recusa à perícia médica ordenada pelo juiz poderá suprir a prova que se pretendia obter com o exame. No caso específico da investigatória, na jurisprudência consolidou-se o entendimento, manifestado por meio do enunciado da Súmula 301 (2004) do Superior Tribunal de Justiça: "Em ação investigatória, a recusa do suposto pai a submeter-se ao exame de DNA induz presunção *juris tantum* de paternidade". Hoje, cuida da matéria a Lei nº 12.004/2009, que, da mesma forma, estabelece a presunção de paternidade quando o suposto pai se recusar a submeter-se ao teste de DNA, ou a qualquer outro meio científico de prova, em processo de investigação de paternidade.

47-B. Integridade moral

A integridade moral exprime-se pelo direito à honra, à dignidade, ao bom conceito no ambiente social. Não é de agora que a lei pune a injúria, a calúnia, a difamação, por qualquer modo como se possa configurar: pela palavra oral ou escrita, ou divulgada pelo rádio ou televisão (Código Penal brasileiro, art. 138 e ss.). A integridade moral está, ainda, na legitimação ativa do atingido, assim como de pessoas a ele ligadas por laços afetivos, e se estende à cessação da vida da vítima.

A Constituição assegura o direito de resposta, proporcional ao agravo. O mesmo inciso constitucional (art. 5º, V) garante o direito à imagem, concedendo indenização por dano material ou moral.

Em termos de plena generalidade, a ordem jurídica resguarda a intimidade, a vida privada, a honra e a imagem das pessoas, assegurando direito à indenização pelo dano material ou moral decorrente de sua violação (Constituição, art. 5º, X). De outro lado, o art. 953 do Código Civil prevê que a indenização por injúria, difamação ou calúnia consistirá na reparação do dano que delas resulte ao ofendido.

A divulgação de escritos e a transmissão da palavra são modos de expressão da personalidade e se acham compreendidos na proteção desta. O indivíduo é senhor das criações de seu espírito, e tem o direito de reprimir a divulgação, a não ser quando autorizada. Na referência ao *escrito*, envolve a proteção aos direitos autorais (Lei nº 9.610/1998), que com as outras manifestações da criatividade (pintura, escultura, composição musical etc.) merecem igual tratamento, e neste sentido é de se entender o artigo 20 do Código Civil, que engloba o respeito pela produção intelectual e a proteção à imagem. A menção à *palavra* proíbe toda transmissão em si mesma, ou mediante qualquer modalidade de gravação mecânica, eletrônica, ou conseguida de outra maneira.

A proteção da imagem é conquista do direito moderno, consequência natural do progresso técnico. O ordenamento assegura ao indivíduo o direito à própria imagem. A lei proíbe a sua divulgação por qualquer meio – fotografia, cinema, gravação no vídeo – e reprime a infração como atentado à privacidade, de qual cada um é senhor exclusivo.

Toda pessoa tem a faculdade de preservar a sua imagem e impedir a sua divulgação. A Constituição, a par da intimidade, resguarda a imagem, que se representa pela expressão externa (*imagem-retrato*), como também pela adequada descrição das características da pessoa (*imagem-atributo*).[64]

O atentado contra o direito à imagem pode revestir a simples divulgação da fotografia, como a de uma parte do corpo (as pernas, as mãos, o torso etc.). Pode ainda configurar-se na exibição fotográfica (ou por desenho) em condições que diminuam ou ridicularizem, ou mesmo que não traga este propósito, mas possa assim interpretar-se. Um dos modos de atentado contra a imagem é a sua representação em artigos, em peças de teatro, em livro, em novela, em quadro de programa, em caricatura, em charge jornalística, despertando a animosidade, o desrespeito, o ridículo ou a execração pública.

A divulgação da imagem, não autorizada, sujeita o exibidor à reparação, seja material, seja moral o dano. Além desta consequência, pode acarretar a apreensão do material exibido, e sujeitar o exibidor aos efeitos penais.

É lícita a autorização do interessado, porém nos limites estritos da concessão. Autorizada para cinema, não pode ser estendida à televisão, e vice-versa. Casos há, entretanto, em que a restrição não opera, como a presença em "ato público". Nesta hipótese, porém, haverá violação se o violador deforma o conjunto, ou destaca uma parte, ou apresenta exibição pejorativa.

A divulgação da imagem será sempre vedada quando importe lesão à honra, à reputação, ao decoro, à intimidade e a outros valores não patrimoniais da pessoa. No mesmo contexto de proteção à intimidade e à imagem, hoje se assegura o direito à voz. A prática das irradiações, das dublagens e de outras modalidades de comunicação aliam uma pessoa à sua emissão vocal, e vice-versa, de tal modo que constitui atentado contra o direito à imagem a utilização por outrem, da voz de uma pessoa, que por ela se identifique.[65]

A regra pertinente ao direito à imagem, contida no artigo 20 do Código Civil, peca de sensível obscuridade. Ao se referir à proibição das divulgações, alude a requerimento. Não pode ser interpretado como requisito, pois que a lei, na defesa da privacidade, proíbe que sejam publicadas, salvo autorização. O requerimento somente pode ser entendido no sentido de conferir à pessoa a faculdade de, na via administrativa ou judicial, promover as medidas contra quem quer que ameace atentar contra o direito à intimidade. Não se subordina o direito à privacidade a prévio requerimento.

Não se compreende, também, que a divulgação seja proibida somente quando atinja a honra, a boa fama ou a respeitabilidade do indivíduo, ou para fins comerciais. A divulgação é proibida sempre, salvo autorização, e o indivíduo tem o direito de coibi-la. No caso de atentar contra aqueles atributos, sujeita-se o infrator às sanções

---

64 Jean Carbonnier, *Droit Civil*, vol. I, p. 70. Tais hipóteses são conhecidas também como "imagem estática" e "imagem dinâmica", respectivamente.

65 Carlos Alberto Bittar, *Os Direitos da Personalidade*.

que no caso couberem. Haverá, pois, necessidade de demonstrar a lesão, no caso de postular o interessado uma indenização.

Independentemente de autorização do interessado, é permitida a divulgação de escritos, transmissão de palavra, exposição ou utilização de imagem, se necessárias à administração da justiça ou à manutenção da ordem pública. Em tais situações, pode esboçar-se um conflito entre o interesse individual e o coletivo, que a jurisprudência deve resolver ponderando os interesses contrapostos. A imagem, como as criações do espírito, pertence ao indivíduo, e sua preservação é garantida até o momento em que se divorcia das necessidades e conveniências sociais. O direito à privacidade subsiste enquanto não embaraçar o andamento da justiça ou atentar contra a ordem pública.

O chamado *direito à privacidade* – que seguramente inclui a *vida privada* –, cujas ofensas crescem diuturnamente em virtude das novidades tecnológicas, não recebe consagração explícita no Código, embora o art. 21 assemelhe-se à clausula geral que serve ao juiz para impor a adoção das providências necessárias à sua proteção, a requerimento da parte ofendida.[66] O dispositivo exclui a pessoa jurídica, já que quanto a esta não se pode referir à vida privada, como aspecto que é da dignidade humana.

A disciplina da vida urbana se contentava com o distanciamento entre os prédios (Código Civil de 1916, art. 573; atual art. 1.301) ou de abertura de janela, salvo seteira ou fresta (§ 1º do mesmo artigo). O edifício coletivo aproxima as pessoas, a convenção do condomínio, como legislação interna da comunidade, consegue até certo ponto suprir o que a proximidade física inevitavelmente rompe.

Ao assegurar o direito à intimidade, a norma constitucional aproxima-o ao direito à vida privada (art. 5º, X). Este direito oferece caráter dúplice: o direito de estar só, de não se comunicar; e simultaneamente de não ser molestado por outrem, como também pela autoridade pública, salvo quando um imperativo de ordem pública venha a determiná-lo. Cada um tem o poder, assegurado constitucionalmente, de conviver com quem queira, como o de se recusar a qualquer aproximação.

A proteção da privacidade deve ser compatível com a profissão, a atividade pública ou particular, e a posição social ou política. A defesa contra as intromissões é inversamente proporcional à projeção da pessoa em sociedade.

---

66 A Lei nº 12.965, de 23 de abril de 2014, que estabelece "princípios, garantias e deveres para o uso da Internet no Brasil", comumente chamada de "Marco Civil da Internet", dispõe pela primeira vez na legislação brasileira sobre o "direito à privacidade" (arts. 3º, II; 8º, *caput*, e 11, *caput* e § 3º), embora mencione também os direitos à intimidade e à vida privada (arts. 7º, I; 10; 21; 23) ao assegurar a inviolabilidade da intimidade e da vida privada na proteção dos dados pessoais e a inviolabilidade e sigilo do fluxo das comunicações pela Internet. Também a Lei nº 13.709/2018, denominada Lei Geral de Proteção de Dados Pessoais, prevê tanto a privacidade quanto a intimidade em seu art. 17, que dispõe sobre os direitos do titular de dados pessoais. Caberá à doutrina e a jurisprudência identificar se os três termos (privacidade, intimidade e vida privada) devem ou não ser tidos como sinônimos.

Em 2015, o Supremo Tribunal Federal, por ocasião do julgamento da Ação Direta de Inconstitucionalidade 4.815, deu interpretação conforme à Constituição aos arts. 20 e 21 do Código Civil, sem redução de texto, para, em consonância com os direitos fundamentais à liberdade de pensamento e de sua expressão, de criação artística, produção científica, declarar inexigível o consentimento de pessoa biografada relativamente a obras biográficas literárias ou audiovisuais, sendo igualmente desnecessária autorização de pessoas retratadas como coadjuvantes (ou de seus familiares, em caso de pessoas falecidas). Criou-se, com isso, mais uma hipótese em que a autorização do interessado se faz desnecessária, sacrificando-se os direitos inerentes à personalidade em nome da liberdade de informação. A regra, porém, permanece sendo a da autorização nos casos que não sejam objeto de exceção legal ou de interpretação jurisprudencial diversa.

Questão correlata que também mereceu pronunciamento por parte do Supremo Tribunal Federal foi a do chamado *direito ao esquecimento*, assim designada a pretensão que um indivíduo pode ter de que não sejam veiculados publicamente fatos de seu passado que sejam desabonadores ou não representem mais as suas atuais escolhas de vida (em clara associação à tutela da privacidade e da identidade pessoal). No julgamento paradigmático do Recurso Extraordinário 1.010.606, em 2021, mais uma vez entendeu a Corte Suprema por fazer prevalecer a liberdade de expressão e informação, firmando a seguinte tese: "É incompatível com a Constituição a ideia de um direito ao esquecimento, assim entendido como o poder de obstar, em razão da passagem do tempo, a divulgação de fatos ou dados verídicos e licitamente obtidos e publicados em meios de comunicação social analógicos ou digitais. Eventuais excessos ou abusos no exercício da liberdade de expressão e de informação devem ser analisados caso a caso, a partir dos parâmetros constitucionais – especialmente os relativos à proteção da honra, da imagem, da privacidade e da personalidade em geral – e as expressas e específicas previsões legais nos âmbitos penal e cível".

Quem tem o direito de reprimir todo abuso, usurpação ou atentado é o próprio indivíduo. Morto ele, a legitimação para requerer as medidas de proteção transfere-se de pleno direito para o cônjuge, os ascendentes e os descendentes. Essa menção não significa uma faculdade que somente se exerça sucessivamente. Ela é cumulativa, no sentido de que uns e outros têm igual direito, e poderão exercê-lo sem a condição de se positivar a falta ou omissão do precedentemente mencionado.

CAPÍTULO X

INCAPACIDADE

Sumário

48. Capacidade e estado das pessoas. **49.** Incapacidade. **50.** Os absolutamente incapazes. **51.** Os relativamente incapazes. **51-A.** Tomada de decisão apoiada (remissão). **52.** Maioridade e emancipação.

Bibliografia

De Page, *Traité Élémentaire de Droit Civil Belge*, I, nº 75 e ss.; Ruggiero e Maroi, *Istituzioni*, §§ 35 e 36; Planiol, Ripert e Boulanger, *Traité Élémentaire de Droit Civil*, I, nº 2.148 e ss.; Colin e Capitant, *Cours Élémentaire de Droit Civil*, I, nº 70 e ss.; Clóvis Beviláqua, *Teoria Geral de Direito Civil*, p. 81 e ss.; Enneccerus, Kipp e Wolff, *Tratado de Derecho Civil*, I, §§ 82 e ss.; Orlando Gomes, *Introdução ao Direito Civil*, nº 78 e ss.; Oertmann, *Introducción al Derecho Civil*, § 6º; Rossel e Mentha, *Manuel de Droit Civil Suisse*, nº 83 e ss.; Cunha Gonçalves, *Tratado de Direito Civil Luso-Brasileiro*, v. I, tomo II, nº 104 e ss.; Capitant, *Introduction à l'Étude du Droit Civil*, p. 89 e ss.; Mazeaud *et* Mazeaud, *Leçons*, I, nº 446 e ss.; Pietro Perlingieri, *La Personalità Umana nell'Ordinamento Giuridico*, Napoli, 1972; Manuel A. Domingues de Andrade, *Teoria Geral da Relação Jurídica,* Coimbra, 1983; José Oliveira de Ascensão, *Teoria Geral do Direito Civil*, Lisboa, 1995/1996; Vicente Ráo, *O Direito e a Vida dos Direitos*, II, nº 66 e ss.; Serpa Lopes, *Curso*, I, nº 125 e ss.; Renan Lotufo, *Curso Avançado de Direito Civil*, v. 1, 2. ed., 2002, p. 91 e ss.; Silvio Venosa, *Direito Civil. Parte Geral*, 2003, p. 175 e ss.; Paulo Nader, *Curso de Direito Civil. Parte Geral*, 2003, p. 191 e ss.

48. Capacidade e estado das pessoas

Como ficou explicado anteriormente (nº 42, *supra*), todo ser humano é dotado de personalidade jurídica e, portanto, dotado da aptidão genérica para adquirir direitos e contrair obrigações. Aliada à ideia de personalidade, a ordem jurídica reconhece ao indivíduo a *capacidade* para a aquisição dos direitos e para exercê-los por si mesmo, diretamente, ou por intermédio (pela representação), ou com a assistência de outrem. Personalidade e capacidade completam-se: de nada valeria a personalidade sem a capacidade jurídica, que se ajusta assim ao conteúdo da personalidade, na mesma e certa medida em que a utilização do direito integra a ideia de ser alguém titular dele. Com esse sentido genérico não há restrições à capacidade, porque todo direito se materializa na efetivação ou está apto a concretizar-se. Quem tem aptidão para adquirir direitos deve ser hábil a gozá-los e exercê-los, por si ou por via de representação, não importando a inércia do sujeito em relação ao seu direito, pois deixar de utilizá-lo já é, muitas vezes, uma forma de fruição. A privação total de capacidade implicaria a frustração da personalidade: se ao ser humano, como sujeito de direito, fosse negada a capacidade genérica para adquiri-lo, a consequência seria o seu aniquilamento no mundo jurídico. Como toda pessoa tem personalidade, tem também a faculdade abstrata de gozar os seus direitos.

A esta aptidão oriunda da personalidade, para adquirir os direitos na vida civil, dá-se o nome de *capacidade de direito*, e se distingue da *capacidade de fato*, que é a aptidão para utilizá-los e *exercê-los por si mesmo*. A distinção é certa, mas as designações não são totalmente felizes, porque toda capacidade é uma emanação do direito. Se hoje podemos dizer que toda pessoa é dotada da capacidade de direito, é precisamente porque o direito a todos a confere, diversamente do que ocorria na Antiguidade. E se aqueles que preenchem condições materiais de idade, de saúde etc. se dizem portadores de capacidade de fato, é também porque o ordenamento jurídico lhes reconhece a aptidão para o exercício pessoal dos direitos. À *capacidade de direito* corresponde a *capacidade de gozo*; a *capacidade de fato* pressupõe a *capacidade de exercício*. Podemos dar à primeira uma designação mais precisa, dizendo-a *capacidade de aquisição*, e à segunda *capacidade de ação*.

A capacidade de *direito*, de *gozo* ou de *aquisição* não pode ser recusada ao indivíduo, sob pena de despi-lo dos atributos da personalidade. Por isso mesmo dizemos que toda pessoa é dela dotada, em princípio.[1] Onde falta essa capacidade (nascituro, pessoa jurídica ilegalmente constituída), é porque não há personalidade.

Aos indivíduos às vezes faltam requisitos materiais para dirigirem-se com autonomia no mundo civil. Embora não lhes negue a ordem jurídica a capacidade de direito, recusa-lhes a autodeterminação, interdizendo-lhes o exercício dos direitos, pessoal e diretamente, porém condicionado sempre à intervenção de outra pessoa, que os representa ou assiste. A ocorrência de tais faltas importa em *incapacidade*. Aquele que se acha em pleno exercício de seus direitos é *capaz*, ou tem a *capacidade*

---

1 Capitant, *Introduction*, p. 135.

de fato, de exercício ou *de ação*; aquele a quem falta a aptidão para agir não tem a *capacidade de fato*. Regra é, então, que toda pessoa tem a *capacidade de direito*, mas nem toda pessoa tem a *de fato*. Toda pessoa tem a faculdade de adquirir direitos, mas nem toda pessoa tem o poder de usá-los pessoalmente e transmiti-los a outrem por ato de vontade.

Por isso mesmo se diz que a *regra é a capacidade*, e a incapacidade é exceção, ou, enunciado de outra maneira, afirma-se que toda pessoa tem a capacidade de direito ou de aquisição, e presume-se a capacidade de fato ou de ação; somente por exceção, e *expressamente decorrente de lei*, é que se recusa ao indivíduo a capacidade de fato. É por isso, também, que ninguém tem a faculdade de abdicar da sua capacidade, ou de se declarar incapaz, ou de reduzir a sua capacidade, seja de direito, seja de fato.[2]

Estado. Noção próxima às da personalidade e da capacidade é a ideia do *estado das pessoas*, como complexo de qualidades que lhes são peculiares. Relaciona-se com a personalidade, porque é uma forma de sua integração, e articula-se com a capacidade porque influi sobre ela. O direito romano atentava para o fato de o indivíduo ser ou não cidadão, ou ser livre ou escravo, para conceder-lhe ou recusar-lhe a capacidade de direito, e a isso chamava-se *status civitatis* e *status libertatis*. O direito moderno indaga se a pessoa natural é casada, solteira ou viúva; se é separada ou divorciada, se é nacional ou estrangeira, e à sua condição na sociedade denomina *estado*. O *estado político* influi no exercício de direitos na ordem política. O *estado civil* influi no exercício de direitos na ordem civil. Ao direito civil interessa grandemente fixar o estado da pessoa nas suas relações familiares (*status familiae*), o qual pode originar-se de um fato natural, como o nascimento, ou de um fato jurídico, como a adoção, como ainda estabelece a condição individual (*status personalis*), a qual pode ser modificada pela intercorrência de um fator genérico como o tempo (maioridade ou menoridade), de um ato jurídico (emancipação) ou, com menos relevância na ordem jurídica atual, de uma insuficiência somática (enfermidade ou deficiência mental).

Se, genericamente, o estado da pessoa é a sua qualificação na sociedade, hábil a produzir efeitos de direito, tecnicamente não se considera como tal a função ou profissão que exerce, não obstante se lhe ligarem direitos e obrigações específicas. As qualidades de magistrado, de militar, de comerciante, de patrão, de empregado não são estados, muito embora em razão delas o indivíduo tenha os direitos e se sujeite aos deveres que lhe são inerentes.[3]

Segundo os vários aspectos, sob os quais se pode considerar a condição individual da pessoa, apresentam-se os estados diferentemente. Assim se diz que as relações de ordem política geram o estado de nacional ou estrangeiro, de brasileiro nato ou naturalizado (*status civitatis*); na ordem familiar as relações criam o estado

---

2   Enneccerus, Kipp e Wolff, *Tratado*, I, § 76; Cunha Gonçalves, I, nº 29; Capitant, *Introduction*, p. 137.

3   Planiol, Ripert e Boulanger, *Traité Élémentaire*, I, nº 441.

de casado, solteiro, viúvo, separado ou divorciado, de filho (*status familiae*); da situação física da pessoa originam-se as suas condições individuais de maior, menor, emancipado, curatelado. Por uma natural evocação mental em correspondência com a situação jurídica do indivíduo, todo estado supõe um estado contrário, qualquer que seja a ordem de relações considerada: ao estado de nacional opõe-se o de estrangeiro; ao de solteiro o de casado; ao de sadio o de enfermo.

Compondo-se de atributos pessoais vinculados à condição da pessoa na sociedade, o estado é *irrenunciável, inalienável, imprescritível, insuscetível de transação e indivisível*. Pode o indivíduo mudar de estado, seja em consequência de um fato natural ou de um ato jurídico, passar de casado a viúvo, de menor a maior, pelo fato natural da morte de seu cônjuge ou do decurso do tempo. Pode transpor-se do estado de estrangeiro ao de naturalizado, pelo ato aquisitivo de uma cidadania. Tornar-se emancipado ou filho adotivo pelo ato que lhe concede emancipação ou a filiação adotiva. É possível mudar de estado *com* ou *sem* a participação da pessoa: os casados podem tornar-se separados por mútuo consentimento e viúvos pelo fato natural da morte do cônjuge. Mas ninguém pode renunciar ao seu estado nem aliená-lo por qualquer título, nem alterá-lo arbitrariamente.

A *imprescritibilidade* importa em que, por maior que seja o tempo decorrido de inércia da pessoa quanto à reivindicação do estado que lhe compete e de que não desfruta, não decai do seu direito, e por maior que seja o tempo escoado, uma pessoa não adquire direito ao estado que indevidamente se atribua.[4] O filho pode pleitear o reconhecimento de paternidade a qualquer tempo; porém o estrangeiro que aqui reside há 50 anos não adquire, por este fato, o estado de naturalizado.

Envolvendo o estado das pessoas um interesse de ordem pública, não é suscetível de *transação*. Esta é lícita em torno dos seus efeitos econômicos, mas nunca terá como objeto o próprio estado. Uma ação de investigação de paternidade movida contra o pai pode encerrar-se pelo reconhecimento da filiação, uma vez que o pai tem o direito (e o dever) de dar estado ao filho; mas a mesma ação intentada contra os herdeiros do pai não pode encerrar-se com o reconhecimento da filiação, porque os herdeiros não têm qualidade para reconhecer paternidade alheia. Uma ação de nulidade de casamento não pode terminar por transação, mediante a qual as partes concordem com o desfazimento do casamento.

É que o estado, em si, constitui um valor moral, despido de qualquer estimativa patrimonial. Pode ter efeitos econômicos, mas, se estes são decorrentes do estado, não são integrantes obrigatórios dele.[5]

A *indivisibilidade* e a *unidade* do estado provêm de ser ele a qualificação do indivíduo na sociedade. Não pode, *v.g.*, um indivíduo, simultaneamente, ser casado e solteiro. Informam a indivisibilidade do estado duas categorias de princípios, uns de ordem natural e outros de ordem jurídica. À natureza dos atributos individuais

---

4   Mazeaud *et* Mazeaud, I, nº 472.

5   Laurent, *Principes de Droit Civil*, v. III, nº 427; Caio Mário da Silva Pereira, *Efeitos do Reconhecimento da Paternidade Ilegítima*, nº 30.

repugna a ideia de ser a pessoa titular de condições que se mostrem incompatíveis, apresentar-se na sociedade portadora de atributos que se destruam ou se repilam. A ordem jurídica requer a *certeza* da qualificação individual e determina que os fatos constitutivos ou modificativos do estado sejam inscritos no Registro Civil, para que dele resulte, com sentido de ordem pública, a circunstância de ser o estado uno e obrigatoriamente reconhecido por todos na sociedade.

O estado constitui, entretanto, uma realidade objetiva de que o seu titular usa e goza com absoluta exclusividade. Realidade tão objetiva que a ela se prendem, na terminologia jurídica, expressões usuais para a designação das relações que têm por objeto bens corpóreos. É assim que, com toda adequação, menciona-se o fato de alguém *ter* o estado de filho. De pessoas que se comportem como marido e mulher, assim havidas por todos na sociedade, diz-se que têm a *posse de estado de casado*, a símile da posse dos bens materiais, e se lhes reconhece a existência de uma união estável.

Ações de estado. Consequência da realidade indiscutível do estado, a ordem jurídica confere *ações específicas*, cujo objetivo é a sua obtenção, defesa ou negação. E a elas dá-se o nome de *ações de estado*, que alguns autores ainda denominam de *ações prejudiciais*. Podem visar estas ações à criação ou à declaração de um estado. São *constitutivas*, quando a sentença nelas proferida cria ou constitui um estado que nasce com o pronunciamento judicial, como é a ação de divórcio, que muda o estado das pessoas, de casadas para divorciadas, originando-se do julgado a condição individual das partes. São *declaratórias*, quando o seu objetivo é o reconhecimento de uma situação preexistente, mas que necessitava de uma palavra jurisdicional para produzir efeitos, como a investigação da paternidade que não cria para o filho a relação de parentesco, mas declara a situação jurídica em virtude da relação biológica de filiação, a fim de que produza consequências jurídicas.

Nos seus efeitos, a ação de estado pode ser positiva ou negativa. É *positiva*, quando o autor postula o estabelecimento ou afirmação de um estado a que tem direito, mas que não lhe é reconhecido; é *negativa* quando tem em mira o desfazimento de um estado a que não tem direito a pessoa, mas que lhe é imputado.

Coisa julgada. Questão que tem a máxima importância, e que a doutrina nacional e estrangeira debate em termos de controvérsia, é a da *autoridade da coisa julgada* nas ações de estado, sobre a qual retornaremos no nº 413, v. V. Em razão da indivisibilidade do estado, a sentença proferida tem efeito absoluto, *erga omnes*: se o estado resulta da declaração, positiva ou negativa, a sentença é incindível, não podendo valer quanto a uns e não valer quanto a outros, porque o estado é um só. Proposta regularmente a ação, contra quem é parte legítima e por quem tem o *ius actionis*, o julgado declara que a pessoa tem ou que não tem um determinado estado e, portanto, atribui ao indivíduo a sua verdadeira condição na sociedade. E produz, por isso mesmo, o efeito de ser oponível a todos, e não apenas a quem foi parte na ação.[6]

---

6   Caio Mário da Silva Pereira, *Reconhecimento de Paternidade e seus Efeitos*, nºs 34 e ss.; Savatier, *Recueil Périodique Dalloz*, 1920-2-60; Josserand, *Cours*, I, p. 656; Colin e Capitant, *Cours*, I, nºs 370 e ss.; De Page, *Traité*, I, nºs 264 e ss. Os doutrinadores aqui mencionados e outros não são, porém, concordes neste efeito da *res judicata*. Cf., ainda, Vicente Ráo, *O Direito e a Vida dos*

Um dos mais significativos problemas que a autoridade da coisa julgada trazia, no que tange às ações de estado, dizia respeito às ações investigatórias de paternidade realizadas antes da difusão do exame do DNA e que atingiam resultado negativo. Poderia o pretenso filho propor novamente a ação, para solicitar, desta vez, a realização do exame? Em outubro de 2011, o plenário do Supremo Tribunal Federal julgou, com repercussão geral, o RE 363.889, no qual decidiu "relativizar a coisa julgada", ao conceder a um jovem o direito de voltar a pleitear de seu suposto pai a realização do exame de DNA, depois da extinção de um primeiro processo de investigação de paternidade na Justiça de 1ª Instância, ocorrido há mais de 20 anos, porque a mãe do então menor não tinha condições econômicas para custear o exame.[7]

O estado afeta a capacidade, quando, em razão de uma mudança nele operada, cessam ou surgem restrições à faculdade de ação; o menor, incapaz, adquire o poder de exercício de seus direitos pela emancipação ou pelo casamento; antes da promulgação da Lei nº 4.121, de 1962, a mulher, quando se casava, tornava-se relativamente incapaz; a casada, porém, quando passava ao estado de viuvez, voltava a ser plenamente capaz.

O Registro Civil autoriza verificar o estado da pessoa, e induz, por presunção, a sua prova (ver nº 46, *supra*).

49. Incapacidade

Se a capacidade de direito ou de gozo é geminada com a personalidade de que naturalmente decorre, a capacidade de fato ou de exercício nem sempre coincide com a primeira, porque algumas pessoas, sem perderem os atributos da personalidade, não têm a faculdade do exercício pessoal e direto dos direitos civis. Aos que assim são tratados pela lei, o direito denomina *incapazes*. Como a incapacidade é uma restrição ao poder de agir, deve ser sempre encarada *stricti iuris* e sob a iluminação do princípio segundo o qual a *capacidade é a regra, e a incapacidade, a exceção*.

Alguns escritores fazem distinção entre incapacidades *naturais* e incapacidades *arbitrárias*, ou puramente *legais*; as primeiras correspondentes a um estado físico ou intelectual da pessoa; as segundas, ditadas por uma organização técnica das relações jurídicas.[8] No direito brasileiro entendemos que não há lugar para a distinção. Toda incapacidade é *legal*, independentemente da indagação de sua causa próxima ou remota. É sempre a lei que estabelece, com caráter de ordem pública, os casos em que o indivíduo é privado, total ou parcialmente, do poder de ação pessoal, abrindo, na presunção de capacidade genérica, a exceção correspondente estritamente às hipóteses previstas.

Direitos, II, nº 81; Mazeaud *et* Mazeaud, *Leçons*, I, nº 484; Jorge Salomão, *Da Coisa Julgada nas Ações de Estado*.

7   A votação foi por maioria, vencidos os Ministros Marco Aurélio Mello e Cezar Peluso.

8   Planiol, Ripert e Boulanger, *Traité Élémentaire*, I, nº 2.155; Ruggiero e Maroi, *Istituzioni*, I, § 36.

Toda incapacidade resulta, pois, da lei. Consequência é que não constitui incapacidade qualquer restrição ao exercício dos direitos originária de negócio jurídico, seja *inter vivos*, seja *causa mortis*. Assim, se o doador grava de inalienabilidade o bem doado, ou se o testador institui uma substituição fideicomissária, o donatário e o fiduciário não têm a disponibilidade da coisa recebida, mas essa restrição à liberdade de aliená-la não importa em incapacidade.[9]

Não se confunde tampouco com a incapacidade a proibição que a lei estabelece a que certas pessoas realizem certos negócios jurídicos, como, por exemplo, fazer contratos com outras pessoas determinadas, ou quanto a bens a elas pertencentes. A lei proíbe ao tutor adquirir bens do pupilo (art. 1.749 do Código Civil); interdiz, sob pena de anulação, aos ascendentes vender aos descendentes, sem o expresso consentimento dos demais descendentes (art. 496 do Código Civil). Tais casos, e outros previstos expressamente, importam em *impedimento* para determinado ato jurídico, mas não traduzem incapacidade do tutor ou do ascendente, que conservam poder livre do exercício dos direitos civis. Apenas por uma razão de moralidade são atingidos de uma restrição limitada especificamente aos atos previstos.[10]

O que é necessário frisar é que, pelo direito brasileiro, a incapacidade resulta da coincidência da situação de fato em que se encontra o indivíduo e a hipótese jurídica da *capitis deminutio*[11] definida na lei. Não importa, para os seus efeitos, senão a apuração se o ato incriminado foi praticado em um momento de eclipse da consciência. Uma vez que a aptidão volitiva natural tenha faltado quando da realização do negócio jurídico, é este atingido de ineficácia. A apuração prévia da incapacidade influi na sistemática da prova: os atos daquela pessoa declarada incapaz são ineficazes, porque o estado de incapacidade proclamado dispensa a pesquisa do discernimento, enquanto a arguição de sua invalidade, sob fundamento de ser o agente portador de uma deficiência psíquica grave no momento de sua prática, requer do interessado a prova dessa circunstância. Mas, como a vontade é o pressuposto da ação jurídica, a sua ausência conduzirá, fatalmente, à invalidade do ato.[12]

O instituto das *incapacidades* foi imaginado e construído sobre uma razão moralmente elevada, que era a *proteção* dos que são portadores de uma deficiência juridicamente apreciável. Essa era a ideia fundamental que o inspirava, e acentuá-lo ainda é de suma importância para a sua projeção na vida civil. A lei jamais instituiu o regime das incapacidades com o propósito de prejudicar aquelas pessoas que delas padecem, mas, ao contrário, com o intuito de lhes oferecer proteção, atendendo

---

9   Colin e Capitant, *Cours*, I, nº 71; Planiol, Ripert e Boulanger, nº 2.156.

10 A terminologia é, aliás, desencontrada. Há escritores que alinham tais restrições como *incapacidades*. Outros as entendem mesmo como *restrições*. Teixeira de Freitas, Esboço, nota ao art. 21, reservou-lhes a denominação de *incapacidade de direito*, por importarem *proibição direta* por motivo de ordem pública, no que se distinguem das *incapacidades* de fato, resultantes de *proibição indireta*, "determinada pelas mesmas incapacidades e uma consequência delas".

11 "Diminuição de direitos".

12 Ruggiero e Maroi, *Istituzioni*, § 36.

a que uma falta de discernimento, de que sejam portadores, aconselha tratamento especial, por cujo intermédio o ordenamento jurídico procura restabelecer um equilíbrio psíquico, rompido em consequência das condições peculiares dos mentalmente deficitários.

Alheio a essa nobre função da teoria das incapacidades, provocou o legislador profunda mudança no sistema brasileiro, modificando, com as alterações dispostas pela Lei nº 13.146/2015 (Estatuto da Pessoa com Deficiência), o rol de incapazes previsto pelo Código Civil para deles retirar todos os enfermos mentais, independentemente de seu nível de discernimento, passando a reputá-los plenamente capazes (art. 6º da lei especial). Em nome de uma bem-intencionada mudança ideológica, deixou, na prática, tais pessoas menos amparadas, alijando-as do manto protetor antes proporcionado pelo *status* de incapaz. Na impossibilidade de se superar a mudança legislativa, sobretudo em matéria que, como exposto, tem necessária fonte legal (por se tratar de questão de ordem pública), o debate oferece grande dificuldade ao intérprete, demandando os melhores esforços da doutrina e da jurisprudência para que, no afã de se adotar terminologia e tratamento não discriminatórios, não se exponham tais pessoas a toda sorte de riscos, perigos e golpes, supostamente chancelados pela reforma legislativa.

As deficiências podem ser mais ou menos profundas: alcançar a totalidade do discernimento; ou, ao revés, mais superficiais: aproximar o seu portador da plena normalidade psíquica. O direito sempre observou estas diferenças e em razão delas *graduava a extensão da incapacidade*, considerando, de um lado, aqueles que se mostram inaptos para o exercício dos direitos, seja em consequência de um distúrbio da mente, seja em razão da total inexperiência, seja em função da impossibilidade material de participação no comércio civil; de outro lado, os que são mais adequados à vida civil, portadores de um déficit psíquico menos pronunciado, ou já mais esclarecidos por uma experiência relativamente ponderável. Embora abandonada, com a referida reforma legislativa, semelhante graduação no que tange aos portadores de deficiências e enfermidades mentais, o regime da incapacidade permanece vigente para o déficit de discernimento decorrente da menoridade.

Tendo em vista a diversidade de condições pessoais dos menores, e a maior ou menor profundidade da redução no discernimento, o Código Civil destaca, de um lado, os que são inaptos para a vida civil na sua totalidade, e, de outro lado, os que são incapazes apenas quanto a alguns direitos ou à forma de seu exercício. E, atendendo à extensão da incapacidade, gradua a forma da proteção, que para os primeiros assume o aspecto de *representação*, de vez que são completamente impedidos de agir juridicamente, e para os segundos a modalidade da *assistência*, já que têm o poder de atuar na vida civil, porém sob condição de serem autorizados.[13]

Aos primeiros chama *absolutamente incapazes* e aos segundos *relativamente incapazes*.

---

13 Planiol, Ripert e Boulanger, *Traité*, I, nº 2.475.

50. Os absolutamente incapazes

Dentre os incapazes, destacam-se, em primeiro plano, os que a lei considera totalmente inaptos ao exercício das atividades da vida civil. São os *absolutamente incapazes* que têm direitos, podem adquiri-los, mas não são habilitados a exercê-los. São apartados das atividades civis; não participam direta e pessoalmente de qualquer negócio jurídico.

A ligação que se estabelece entre os absolutamente incapazes e a vida jurídica é indireta, por via do instituto da *representação* (cf. nº 106, *infra*). Como são eles inteiramente afastados de qualquer atividade no mundo jurídico, naqueles atos que se relacionam com seus direitos e interesses, procedem por via de *representantes*, que agem em seu nome, falam, pensam e querem por eles. A representação dos incapazes pode dar-se *automaticamente*, quando em razão da relação de parentesco ocorrem as hipóteses legais dela: em tais casos (poder familiar, tutela legal), o representante do incapaz não necessita, para sê-lo, de qualquer ato de investidura ou designação; ou pode verificar-se por *nomeação* ou *designação* da autoridade judiciária; nestes casos (tutela dativa, curatela e ausentes), o representante adquire esta qualidade em razão de um ato judicial, e só em função dele é que se legitima a representação.[14]

Nos seus efeitos, a incapacidade absoluta gera a nulidade de pleno direito do ato praticado (art. 166, I, do Código Civil), como será examinado no nº 109, *infra*.

A incapacidade absoluta prendia-se, no sistema original do Código vigente, a três ordens de causas: a *idade, a enfermidade ou deficiência mental e a impossibilidade, mesmo se temporária, de discernimento*. Embora as duas últimas ordens tenham sido suprimidas com a reforma promovida pelo Estatuto da Pessoa com Deficiência (Lei nº 13.146/2015), optamos por mantê-las nesta edição das *Instituições*, entendendo que seu valor permanece para a interpretação da mudança legislativa. Assim, a cada uma das causas originais vamos referir-nos, desdobrando os casos nas hipóteses contidas nos respectivos preceitos: a) os menores de 16 anos; b) os portadores de deficiência ou enfermidade da mente; c) os que não puderem exprimir sua vontade (respectivamente, na redação original do Código Civil em vigor, art. 3º, incisos I, II e III – todos os incisos foram revogados pelo EPD).

Incapacidade absoluta dos menores. A incapacidade absoluta no sistema atual é a que decorre da idade. O verdor dos anos e a consequente inexperiência, o incompleto desenvolvimento das faculdades intelectuais, a facilidade de se deixar influenciar por outrem, a falta de autodeterminação e auto-orientação impõem ao menor a completa abolição da capacidade de ação. Não pode exercer nenhum direito. O critério para fixação do termo da incapacidade absoluta em razão da idade é evidentemente arbitrário. O legislador pode escolher os 16 anos, como ocorreu no Código Civil, ou outro limite qualquer, mais avançado ou mais recuado e, na verdade, a diversidade das legislações é patente e mostra como o arbítrio legislativo se faz sentir de forma variegada. Sem dúvida, por outro lado, varia de pessoa a pessoa o momento em que lhe surgem os predicados necessários ao estabelecimento de seus

---

14 Sobre os institutos da tutela e da curatela, v. arts. 1.728 a 1.783 do Código Civil.

INCAPACIDADE 193

contatos diretos com a vida jurídica: condições de meio, de clima, de educação, de saúde provocam, em uns, o desenvolvimento mais rápido, às vezes mesmo precoce das qualidades intelectuais ou psíquicas; em outros, fatores adversos retardam a sua fixação. Não pode, porém, ficar ao sabor das influências individuais a cessação da incapacidade absoluta decorrente da idade. O direito quer a proteção dos menores, mas quer também a estabilidade das relações sociais. Por isso, atendendo ao momento da transição da ausência de participação na vida jurídica, para a convocação do menor a dela tomar contato e nela ter ação, não pode deixar à apreciação de cada caso a aferição do grau de aptidão e de discernimento, sob pena de instituir grave insegurança nos negócios. Se assim procedesse, nunca se saberia, com exatidão, se o menor, como agente em um negócio jurídico, havia ou não eficazmente manifestado a sua vontade. Valendo-se, então, dos dados que a experiência científica põe ao seu alcance, como da observação do que no comum dos casos acontece, o legislador estatui um limite certo e demarca o termo da incapacidade absoluta. Tratando-se de uma determinação imperativa da lei, *pleno iure* cessa a incapacidade absoluta do menor, independentemente de ato seu ou alheio. Apenas em razão do tempo. Para o legislador brasileiro, o único fator da caracterização da incapacidade absoluta do menor é a idade. Daí haver estabelecido equiparação de tratamento para os menores de ambos os sexos.

O mesmo não se dá em outros sistemas legislativos. O direito romano, que também distinguia na menoridade duas fases, considerava a aptidão para procriar como o fator informativo da passagem de uma para a outra: observando certa coincidência entre o fenômeno biológico da puberdade e o desenvolvimento mental, tomava aquela revolução fisiológica como traço diferenciador e distinguia os menores *impúberes* dos *púberes*. Como a puberdade geralmente se antecipa na mulher, a graduação da incapacidade em função da idade implicava essa diferença jurídica de *status*, considerando-se *menores impúberes* os homens até 14 anos e as mulheres até os 12 anos, impondo-lhes tutela se não se achassem *in potestate* paterna, e negando-lhes participação na vida civil. Já o Código Civil de 1916 somente levara em consideração a idade. Não deu importância, senão quando enfrentou o problema dos impedimentos nupciais, ao fenômeno da puberdade. A referência que ainda se lê, em autores e em arestos, a menor púbere e impúbere é apenas um eufemismo, pois não encontra repercussão nos conceitos vigentes em nosso direito. No direito comparado, a incapacidade decorrente da idade é diversamente tratada. O Código alemão (§ 104) considera incapaz do exercício dos direitos o que não atingiu os 7 anos, e acima dessa idade confere-lhe aquele exercício com restrições (§ 106), devendo-se entender que até os 7 anos os menores são completamente *incapazes* de agir, e acima dessa idade, até os 18 anos, necessitam do consentimento dos seus representantes. O Código francês não faz distinção entre incapacidade absoluta e relativa dos menores de 18 anos, deixando à apreciação do juiz verificar se o menor já chegou à idade do discernimento ou não.[15] O Código italiano faz cessar em princípio a incapacidade

---

15 De Page, *Traité*, I, nº 78, p. 80.

absoluta aos 18 anos, salvo em casos especiais de leis que estabeleçam uma idade inferior, em matéria de capacidade para o trabalho (art. 2). O Código argentino de 2014 considera menores todos os que não completaram 18 anos. Entre 13 e 16 anos, o Código confere algumas aptidões ao menor. A partir dos 16 anos, eis a novidade, o adolescente é considerado adulto para as decisões referentes ao cuidado em relação ao seu próprio corpo (arts. 25 e 26).

A enfermidade e a deficiência mentais costumavam importar em incapacidade absoluta, e entendia-se genericamente abrangido pelo Código Civil qualquer estado de insanidade. A questão da fixação do alcance da alienação mental quanto à incapacidade do paciente é árdua, tanto na ciência jurídica quanto na ciência médica, em razão da imensa diversidade que podem assumir os estados patológicos e a gradação variadíssima de sua extensão nas qualidades psíquicas do enfermo, desde a esquizofrenia declarada e franca, facilmente perceptível pelo aspecto de seu portador até os distúrbios menos pronunciados, que só a experiência do especialista consegue diagnosticar. O Projeto Beviláqua usara a expressão "alienados de qualquer espécie", mas o Código de 1916 preferiu adotar a denominação *loucos de todo gênero*, tradicionalmente usada por nossos juristas de então. Essa dificuldade de abranger numa só expressão toda a larga escala dos estados psicopatológicos e psiquiátricos provocou discussão sem fim no momento da escolha da linguagem que o legislador deveria usar na designação da incapacidade por insanidade mental. Porém, quando o Código Civil de 1916 fazia referência à loucura, não se queria limitar àqueles casos de distúrbio mental que faziam do enfermo um *furioso*, mas aludia a toda espécie de desequilíbrio das funções cerebrais, fossem as que provinham de qualquer malformação congênita, fossem as que fossem subsequentes a uma enfermidade geral ou específica, fossem as que decorressem de um acidente e, no seu alcance, compreendiam toda enfermidade, vício ou lesão que afetasse o comportamento psíquico do indivíduo na sua vida de relação em sociedade. Desse entendimento resultou que, empregada embora uma expressão que sugeria um estado patológico grave – a *loucura* de todo gênero –, oriundo de enfermidade ou defeito somático, a incapacidade por alienação mental já comportava todos os pacientes de anomalias ou deficiências que colocam o indivíduo em condições inferiores quanto à acuidade de espírito.[16]

À expressão "enfermidade mental", no texto do Código Civil, aditara-se a hipótese de "deficiência" na redação original do Código vigente. A menção a esta última não seria necessária, pois que se a deficiência é uma forma de enfermidade mental, já estaria abrangida por esta, e, em caso contrário, dificilmente estaria no mesmo plano de uma incapacidade absoluta. O que se compreendia do ora revogado inciso II do art. 3º do Código Civil, como causa de incapacidade absoluta, era a deficiência mental congênita ou adquirida, qualquer que fosse a razão: moléstia no encéfalo, lesão somática, traumatismo, desenvolvimento insuficiente etc. – atingindo os centros cerebrais e retirando do paciente a perfeita avaliação dos atos que praticava. O que se

---

16 Clóvis Beviláqua, *Teoria Geral*, § 9º; Clóvis Beviláqua, Comentário ao art. 5º do Código Civil; Ruggiero, *Istituzioni*, I, § 36; Enneccerus, Kipp e Wolff, *Tratado*, I, § 85.

determinava na etiologia dessa incapacidade era a falta de discernimento em caráter permanente. No entanto, a referência à "deficiência mental" encontrava-se também presente no art. 4º, que trata da incapacidade relativa. Ou seja, dependendo do *grau* de deficiência, a ser verificado por perícia médica, entendia-se ser o caso de incapacidade absoluta ou relativa. Somente aqueles a quem faltasse, de modo completo, o discernimento, seriam declarados absolutamente incapazes.

Apurada a insanidade, em processo regular, o juiz pronunciava a *interdição* do enfermo com a nomeação de *curador que o representasse* nos atos da vida civil, e observância dos dispositivos especiais da lei de fundo (Código Civil) e da lei formal (Código de Processo Civil). Pronunciando o decreto judicial de interdição, ao interdito era recusada a capacidade de exercício, e, por conseguinte, reputava-se nulo qualquer ato por ele praticado. Mas, como no direito brasileiro a sentença proferida no processo de interdição tinha *efeito declaratório*, e não constitutivo, não era o decreto de interdição que criava a incapacidade, e sim a alienação mental. Daí positivar-se que, enquanto não apurada a demência pela via legal, a enfermidade mental era uma *circunstância de fato* a ser apreciada em cada caso, e, verificada a participação do alienado em um negócio jurídico, poderia ser este declarado inválido. Reconhecia-se, contudo, diferença de tratamento: pronunciada a interdição, ocorria a pré-constituição da prova da insanidade, dispensando-se qualquer outra para fundamentar a invalidade; não pronunciada, cumpria ao interessado demonstrar a enfermidade, sua extensão e a coincidência com o ato incriminado. Praticamente a questão podia ser posta em termos de se defender a ineficácia do ato praticado pelo alienado não interdito, nos momentos de perturbação, o mesmo não acontecendo quanto aos negócios realizados fora deles.[17]

Sistema vigente para o portador de enfermidade e deficiência mentais. Com a reforma ensejada pelo Estatuto da Pessoa com Deficiência, como já aludido, nenhum tipo de enfermidade psíquica configura causa de incapacidade. No momento da entrada em vigor do Estatuto, todos aqueles que se consideravam incapazes adquiriram automaticamente a capacidade civil plena. Buscou-se substituir o termo "interdição" pela locução "processo que define os termos da curatela", reformando-se o art. 1.768 do Código Civil; este, porém, foi logo depois revogado pelo Código de Processo Civil de 2015, que voltou a utilizar a expressão "processo de interdição" em seus arts. 747 e seguintes. Terminologias à parte, a curatela passou a ser aplicável, segundo a atual redação do art. 1.767 do Código Civil, em princípio, somente aos relativamente incapazes (ébrios habituais, toxicômanos, pródigos e as pessoas que, por causa transitória ou permanente, não puderem exprimir sua vontade).

Em redação aparentemente contraditória, o art. 748 do Código de Processo Civil de 2015 admite que o Ministério Público ou os demais legitimados do art. 747 promovam a interdição "no caso de doença mental grave", criando, com isso, a categoria *sui generis* do enfermo mental que, podendo exprimir sua vontade, considera-

---

17 Capitant, *Introduction*, p. 145.

-se juridicamente capaz, mas, estando acometido de doença mental, pode ser posto sob curatela. Em qualquer caso, a curatela há de ser conferida segundo as "características pessoais do interdito, observando suas potencialidades, habilidades, vontades e preferências" (art. 755, II, do Código de Processo Civil) e apenas poderá dizer respeito aos atos de natureza patrimonial e negocial (art. 85 da Lei nº 13.146/2015). Isso implica a consequência, aparentemente radical, de que para os atos existenciais (*i.e.*, não patrimoniais) é juridicamente impossível a configuração de incapacidade ou a instituição de curatela em decorrência de estado psíquico, independentemente do nível de discernimento da pessoa.

Finalmente, vale destacar que, reputando-se plenamente capazes, os atos das pessoas com deficiência passam a ser considerados válidos independentemente de representação, ao menos nos casos em que não tenham essas pessoas sido submetidas à curatela e, quanto às curateladas, no que tange aos atos que não ostentem natureza patrimonial ou não se encontrem expressamente abrangidos pelos termos da curatela.

Lúcidos intervalos. Outra questão que convocava a atenção dos juristas era a que se referia aos casos de enfermidade intermitente, ou, noutros termos, a da validade dos atos praticados nos chamados *lúcidos intervalos*. O nosso direito pré--codificado considerava-os como de remissão da moléstia e atribuía eficácia aos negócios então efetuados.[18] A questão é antes do plano científico que do jurídico, discutindo os especialistas se um indivíduo portador de enfermidade mental pode considerar-se são naqueles momentos em que não ocorre a insanidade ostensiva. E já há muito se sabe que a questão deve ser posta nos termos de somente admitir--se como sadio se a moléstia está totalmente erradicada. Os intérpretes do Código de 1916, encarando o problema tal como lhes adveio do debate científico da época, assumiram a incapacidade por enfermidade mental como um estado permanente e contínuo, somente podendo levantar-se com a recuperação total do alienado. De fato, ainda na vigência do Código atual se considerava que não havia intermitências na incapacidade, sendo fulminados da mesma invalidade tanto os atos praticados nos momentos de crise psicopática quanto os celebrados nos intervalos de lucidez. A preocupação do legislador era estatuir a segurança social, e esta ficaria ameaçada se toda ação do indivíduo anormal se sujeitasse a uma verificação, a saber, se ocorreu quando estava mergulhado nas sombras da sua insanidade ou flutuava na superfície do discernimento. Funcionaria mal o sistema protetor se permitisse em cada caso a reabertura do debate, para recusar ou reconhecer validade ao ato, em atenção à maior ou menor intensidade da doença sobre o psiquismo do enfermo.

Senectude. A velhice, por si só, nunca foi considerada causa de restrição da capacidade de fato, porque não se deve considerar equivalente a um estado psicopatológico, por maior que seja a longevidade. Dava-se a interdição se a senectude viesse a gerar um estado patológico, como a arteriosclerose ou a doença de *Alzheimer*, de

---

18 *Ordenações*, Livro IV, tít. 103, § 3º.

que resultasse o prejuízo das faculdades mentais. Em tal caso, a incapacidade era o resultado do estado psíquico, e não da velhice.

Surdo-mudez. O Código de 1916 considerava absolutamente incapaz o surdo--mudo que não pudesse manifestar a sua vontade. A Clóvis Beviláqua não parecia necessário distinguir a surdo-mudez, pois que, se esta isola seu portador no meio social, impedindo-o de exprimir a sua vontade, implica um estado de todo equiparável à alienação mental, e, então, o paciente seria um incapaz abrangido na expressão genérica da alínea anterior.[19] O que levou o legislador de 1916 a proclamar a incapacidade absoluta do surdo-mudo foi, porém, uma ordem diversa de ideias. Sem cogitar da sanidade ou insanidade mental, atentou em que muitas vezes a surdo-mudez nada tem a ver com os centros cerebrais, provindo de haverem sido atingidos na primeira infância os órgãos da audição. Ainda nessa hipótese, o surdo-mudo podia ser um desligado do ambiente social, inapto a expressar a sua vontade e a recolher do meio em que vive os fatores que o habilitem à necessária integração jurídica. O seu problema é de educação, que só esta realiza a sua adaptação social e lhe permite expressar-se. Daí o Código Civil de 1916 ter atentado particularmente na surdo-mudez em função da *inaptidão para exprimir a vontade.* Enquanto deseducado, o surdo-mudo era absolutamente incapaz, independentemente de se indagar da sua integridade mental. Educado que fosse, de forma a exprimir a sua vontade, tornava-se capaz. Não mais pareceu aconselhável ao legislador de 2002 distinguir a hipótese. O problema foi resolvido, na redação original do Código atual, noutros termos: o que cabia indagar era o *discernimento.* Se o tinha, não se diria que o surdo-mudo era incapaz; se não o tivesse, sê-lo-ia por esse fato. Apto a manifestar a sua vontade, o surdo já se considerava capaz, porém era privado da prática dos atos que dependiam da audição, como ser testemunha quando a ciência do fato que se queria provar dependia do sentido que lhe faltava.

Com a mudança trazida pelo Estatuto da Pessoa com Deficiência, não mais se exige o discernimento como requisito de sua capacidade, que se considera plena, e nem mesmo a restrição quanto ao testemunho da pessoa com deficiência auditiva se impõe: revogado quase integralmente o art. 228, esclarece o seu § 2º que a pessoa com deficiência poderá testemunhar em igualdade de condições com as demais pessoas, sendo-lhe assegurados todos os *recursos de tecnologia assistiva.* Não esclareceu o legislador se a prova testemunhal será válida mesmo quando não se dispuser de tais recursos, ou, por qualquer razão, não tenham sido os mesmos utilizados. Mais uma vez, buscando uma postura inclusiva, olvidou de questão eminentemente prática: ausentes os recursos necessários para a compreensão do surdo-mudo, parece não haver outra solução senão a de considerá-lo inapto a testemunhar.

Impossibilidade, ainda que temporária, de expressão da própria vontade. O Código de 2002 contemplava, em sua redação original, a situação daqueles que não pudessem exprimir a sua vontade, ainda que por causa transitória (art. 3º, III). O que informava a hipótese era a *inaptidão* para manifestar a vontade independentemente

---

19 Clóvis Beviláqua, *Teoria Geral,* § 9º.

de causa orgânica. São as hipóteses de embriaguez episódica, sono hipnótico, traumatismos, além de outras, tais como um descontrole emocional significativo, estado de coma, transe mediúnico, efeito de drogas. A aplicação desse inciso sempre exigiu cautela, para não abrir porta à insegurança nas relações jurídicas. E os cuidados eram tanto maiores à medida que a ideia de incapacidade sugeria a "interdição", e esta pressupunha a existência de causa duradoura na incapacidade para exprimir a vontade (art. 1.767, II) em contradição com o enunciado do art. 3º, III, que compreendia a inaptidão transitória. O legislador adotara, na redação original do Código em vigor, o que a doutrina e a jurisprudência então sustentavam. A incapacidade por alienação era a que resultava de uma situação permanente. Os estados transitórios de obnubilação mental não privavam o paciente da capacidade, a não ser temporariamente. Podiam, por isso, ser atacados os atos praticados durante eles, porque não se podia admitir como emissão válida de vontade a que foi proferida em tais momentos.[20] Tratava-se de hipótese então nova na lei, de incapacidade absoluta, porém temporária. De modo que nulos eram, por força do inciso III, os atos praticados naqueles estados.

Sistema vigente para aqueles que, por causa transitória ou permanente, não puderem exprimir sua vontade. O inciso III do art. 3º do Código Civil também foi revogado pelo Estatuto da Pessoa com Deficiência, que transferiu essa hipótese para o rol de pessoas relativamente incapazes (art. 4º, III do Código Civil). A mudança causa ainda mais surpresa do que as modificações anteriores, na medida em que esse inciso não dizia respeito, na interpretação que lhe era normalmente conferida, a qualquer hipótese de deficiência (objeto central do Estatuto), mas, sim, a causas de outra natureza que impedissem a manifestação volitiva.

Participação de incapaz em sociedade. Aquele que se tornou incapaz por enfermidade mental, no sistema original do Código de 2002, dependendo de sua idade, poderia estar trabalhando e, eventualmente, ser sócio de alguma empresa. *Quid iuris*? Poderia o incapaz permanecer como sócio? Ou ainda, poderia o incapaz vir a suceder na empresa, por transmissão hereditária de seus pais ou de outrem? O Código Civil, no art. 974, responde positivamente a ambas as questões, tendo mantido a solução do direito anterior. Nesse caso, porém, a Lei nº 12.399/2011 acrescentou (por meio da inclusão do § 3º ao art. 974) alguns requisitos específicos para o registro das alterações contratuais na Junta Comercial, quais sejam: I – o sócio incapaz não pode exercer a administração da sociedade; II – o capital social deve ser totalmente integralizado; III – o sócio relativamente incapaz deve ser assistido e o absolutamente incapaz deve ser representado por seus representantes legais.

Curiosamente, o art. 974 manteve-se infenso à reforma promovida pelo Estatuto da Pessoa com Deficiência, ainda cogitando da hipótese de incapacidade absoluta superveniente (portanto, independente de idade, quadro que não mais subsiste no sistema atual).

51. OS RELATIVAMENTE INCAPAZES

Dentre os incapazes, destacam-se, do outro lado, aqueles que não são totalmente privados da capacidade de fato, em razão de não vigorarem as mesmas

---

20   Enneccerus, Kipp e Wolff, *Tratado*, § 85. Ver item *c*, *infra*.

razões predominantes na definição da incapacidade absoluta. Entende o ordenamento jurídico que, em razão de circunstâncias pessoais ou em função de uma imperfeita coordenação das faculdades psíquicas, deve colocar certas pessoas em um termo médio entre a incapacidade e o livre exercício dos direitos, que se efetiva por não lhes reconhecer a plenitude das atividades civis, nem privá-las totalmente de interferir nos atos jurídicos. A essa categoria de pessoas chamadas *relativamente incapazes*, e elas ocupando uma zona intermediária entre a capacidade plena e a incapacidade total, diz-se que são *incapazes relativamente à prática de certos atos ou ao modo de exercê-los* (art. 4º do Código Civil). Os relativamente incapazes não são privados de ingerência ou participação na vida jurídica. Ao contrário, o exercício de seus direitos somente se realiza com a sua presença. Mas, atendendo o ordenamento jurídico a que lhes faltam qualidades que lhes permitam liberdade de ação para procederem com completa autonomia, exige sejam eles *assistidos* por quem o direito positivo encarrega desse ofício – em razão do laço de parentesco ou em virtude de relação de ordem civil, ou ainda por designação judicial.

Nos seus efeitos, a incapacidade relativa gera a anulabilidade do ato jurídico (art. 171, I, do Código Civil), o que estudaremos no nº 110, *infra*.

A incapacidade relativa, na redação original do Código atual, provinha de causas diversas: idade (os menores entre 16 e 18 anos); os que tiverem discernimento reduzido; os excepcionais e os pródigos. A reforma promovida pelo Estatuto da Pessoa com Deficiência excluiu do rol de relativamente incapazes os excepcionais com desenvolvimento mental incompleto e transferiu para essa categoria, como já referido, as pessoas que, por causa transitória ou permanente, não possam exprimir sua vontade. A cada uma dessas categorias nos referiremos em seguida.

Incapacidade relativa dos menores. A primeira categoria de *incapazes* relativamente a certos direitos ou ao modo de exercê-los que o Código Civil considera é a dos maiores de 16 anos e menores de 18 anos (art. 4º, I). O nosso direito pré-codificado, tendo em linha de conta a puberdade, estatuía que os do sexo masculino, a partir dos 14, e os do sexo feminino, a contar dos 12 anos, já tinham participação na vida civil, devendo ser especialmente citados para as ações em que fossem partes etc.[21] O Código Civil cogitou apenas da idade e equiparou os menores de ambos os sexos. E entendeu que, se até os 16 anos a inexperiência e o insuficiente desenvolvimento desautorizam a participação na vida civil, a partir desse limite a pessoa já tem bastante discernimento para manifestar a sua vontade e influir nos atos em que estejam envolvidos os seus interesses, embora não ainda em grau suficiente para proceder com plena e total autonomia.

Os menores relativamente incapazes, por conseguinte, figuram nos atos jurídicos, mas a validade destes requer a assistência de seu pai ou de sua mãe, conforme estejam sob o poder familiar ou aos cuidados de um tutor, se em regime tutelar. Para as ações judiciais, devem ser citados juntamente com o respectivo assistente, e é

---

21 *Ordenações*, Livro III, tít. 41, § 87.

ainda juntamente com este que constituem procurador para demandar, como autores ou como réus.

Em alguns casos, o menor relativamente incapaz procede independentemente da presença de um assistente. Assim é que pode aceitar mandato (art. 666), fazer testamento (art. 1.860) e ser testemunha em atos jurídicos (art. 228).

Ressalvadas as normas de proteção relativas a horários de trabalho, à natureza insalubre da atividade e à faculdade de obstá-lo, conferida aos pais, tutor ou responsável, o menor relativamente incapaz pode ajustar contrato de trabalho.[22]

O estabelecimento de idade para o início de incapacidade relativa como para a aquisição de capacidade plena é resultado de puro arbítrio do legislador, que tem a liberdade de distinguir a atividade civil da atividade política e sujeitá-las a condições ou requisitos diferentes. Por essa razão, o menor até os 18 anos continua incapaz relativamente aos direitos na ordem civil, apesar de se lhe reconhecer aptidão para o exercício de atividade de votar. E não colhe argumentar que se o menor já tem a faculdade de escolher os dirigentes da nação é de se lhe reconhecer o poder de autodeterminação para os atos de seu particular interesse, porque a matéria é de política legislativa. Entendeu a lei de franquear ao menor que completa 16 anos o exercício do voto, ao mesmo passo que lhe restringiu a capacidade civil.

Incapacidade relativa dos ébrios habituais e dos viciados em tóxicos. O Código introduziu na sistemática das incapacidades essa nova espécie. Mais do que qualquer outra é sujeita a incertezas, porque não existe um parâmetro preciso para distinguir o dipsômano habitual e o toxicômano de pessoas que fazem uso da bebida e do tóxico sem perderem a consciência dos atos que praticam. Os vícios do tóxico e da bebida, se atingirem o estado de habitualidade que gera a fraqueza mental, estão abrangidos nesta hipótese; mas se não ultrapassarem aquele limiar, não devem macular a declaração de vontade. Trata-se de incapacidade que tem de ser aferida na Justiça com cautela, a fim de evitar distorções, e resguardar a incolumidade das relações jurídicas, máxime se não atingirem proporções de toxicomania ou dipsomania crônicas, geradoras de estado permanente de falta ou deficiência de discernimento.

Os portadores de deficiência e enfermidade mentais. O Código adotava critério analítico para designar as pessoas que não têm a mente íntegra, embora não entrassem na classe dos enfermos. A multiplicação de hipóteses, em vez de evitar incertezas, somente concorria para estabelecê-las. A respeito da redação original do Código em vigor, por esta razão, já se criticava que as situações, muito próximas, de separação tênue, poderiam provocar vacilação jurisprudencial, até que o tempo lograsse determinar cada caso. Cabia à ciência médica definir e distinguir em que consiste a deficiência mental e o desenvolvimento incompleto, e diferenciar esses estados em relação aos excepcionais. Somente em tal subsídio, o portador da deficiência mental

---

22 A Constituição Federal estabelece no art. 7º, XXXIII – "Proibição de trabalho noturno, perigoso ou insalubre a menores de dezoito e de qualquer trabalho a menores de dezesseis anos, salvo na condição de aprendiz, a partir de quatorze anos". Na Consolidação das Leis do Trabalho (CLT), v. arts. 402 e ss.

e o incompletamente desenvolvido seria incapaz relativamente aos atos que praticasse ou ao modo de exercê-los.

A reforma trazida pelo Estatuto da Pessoa com Deficiência, como já referido, resolveu, por via transversa, o problema, eliminando de vez as causas de incapacidade absoluta ou relativa baseadas no estado mental. A essa hipótese, assim, passa a se aplicar o mesmo que se referiu sobre as pessoas com deficiência ou enfermidade mental: reputam-se plenamente capazes, em princípio, embora possam ser colocadas sob curatela, apenas quanto aos atos de natureza patrimonial.

Incapacidade daqueles que, por causa transitória ou permanente, não puderem exprimir sua vontade (remissão). A hipótese, originalmente de incapacidade absoluta, foi trazida para o rol de causas de incapacidade relativa pelo Estatuto da Pessoa com Deficiência. A respeito, cf. nº 50, *supra*.

Incapacidade relativa dos pródigos. Muito discutida na doutrina é a questão da incapacidade dos pródigos, debatendo-se a conveniência de sua inscrição no direito positivo. Daí a diversidade de tratamento nos Códigos, pois, enquanto uns, como o brasileiro de 2002, conservam o instituto da interdição por prodigalidade, outros, como o francês e os que o tomaram por modelo, optaram por medida menos extrema. Nosso direito pré-codificado já restringia a capacidade daquele que dilapidava os seus bens, mandando que fosse apregoado o seu estado, para que dele ninguém comprasse ou com ele fizesse qualquer negócio. Na definição que se lê na *Ordenação* do Livro IV, tít. 103, § 6º, há uma ideia bem nítida do que é pródigo: aquele que desordenadamente gasta e destrói sua fazenda (isto é, o conjunto de seus bens). A origem desta *capitis deminutio*[23] vai prender-se ao direito romano, que, considerando o patrimônio individual uma copropriedade da família, capitulava como prejudicial ao interesse do grupo familiar a dilapidação da fortuna.

O individualismo extremado, que prosperou no tempo da Revolução Francesa, atingiu esse terreno e repercutiu no Código Napoleão, que eliminou a interdição do pródigo, sustentando Tronchet o desinteresse pela sua incapacidade em nome de princípios econômicos e psicológicos, sob alegação de que o empobrecimento do indivíduo não atinge a riqueza coletiva, de vez que seus gastos põem em giro haveres que não saem da circulação social. Por influência de Portalis, o Conselho de Estado opinou pela adoção de medidas quanto aos pródigos, consignando o Código francês originalmente, no art. 512, a nomeação de um "conselho judiciário" a que se vissem submetidos, proibindo-lhes demandar, transigir, emprestar, alienar, gravar bens etc. sem a assistência que lhes fosse nomeada pelo Tribunal.[24] A medida foi posteriormente substituída pela curatela (arts. 488 e 508-1, após reforma legislativa em 1968) e, após nova reforma no ano de 2007, a incapacidade por prodigalidade foi suprimida do Código Civil francês.

---

23   "Diminuição de capacidade".

24   Planiol, Ripert e Boulanger, *Traité*, nº 2.470.

Em contraposição, defende-se a interdição do pródigo, dizendo-se que o seu perdularismo é, em geral, fruto de um desequilíbrio psíquico, comumente ligado à prática do jogo e ao vício em bebidas alcoólicas, e mais, que não pode haver riqueza social onde falta a acumulação de fortuna nas mãos dos indivíduos.[25]

O sistema do nosso Código mantém-se em linha intermediária, inscrevendo o pródigo entre os relativamente incapazes (art. 4º), mas privando-o exclusivamente daqueles atos que possam comprometer a sua fortuna (emprestar, transigir, dar quitação, alienar, hipotecar, agir em Juízo como autor ou como réu), reservando-se-lhe a realização do que importa em simples administração (Código Civil, art. 1.782). Nem a abstenção total dos negócios da vida civil nem a liberdade de movimento que lhe dê espaço à tendência imoderada para o perdularismo. Espero que no futuro venha a ser eliminada, como já ocorreu no BGB (Código Civil alemão) e no Código Civil francês. Enquanto persistir, o texto legal tem de ser interpretado restritivamente, nos casos em que comprometa a fortuna.

Capacidade dos índios não aculturados. Os nossos aborígines, encontrados pelos descobridores, foram vítimas, no período colonial, de um processo quase sistemático de dizimação, expulsos da orla litorânea e pouco a pouco atingidos no interior em que residiam ou se refugiaram. Restam ainda, nos Estados centrais e nas regiões que pouco a pouco a civilização vai absorvendo, alguns pequenos grupos que em confronto com as pessoas cultas podem ser equiparados quase a crianças. Sua educação é muito lenta e é natural que o legislador crie um sistema de proteção que os defenda da má conduta de inescrupulosos. O Código deixa exclusivamente à legislação especial a tutela dos índios (art. 4º, parágrafo único).

Aí está, em suas linhas gerais, o sistema de incapacidades relativas, criado pelo Código Civil anterior e sensivelmente modificado, quer pelas leis subsequentes, quer pelo Código Civil de 2002 e pelo Estatuto da Pessoa com Deficiência. Não cogitou ele de estendê-las ao *cego*, que, sofrendo ausência de um sentido que não lhe permite contato completo com o mundo-ambiente, se adapta, no entanto, com grande facilidade, e, por uma compensação fisiológica de que é fértil a natureza, via de regra tem aguçados outros sentidos que lhe permitem trabalho eficiente e atividade socialmente proveitosa.

Não há, também, no direito brasileiro incapacidade decorrente da abertura de falência, que apenas impõe ao falido restrições à atividade mercantil.

A *condenação criminal* não implica incapacidade civil. O preso conserva todos os direitos não atingidos pela perda da liberdade (Código Penal, art. 38). Como efeito acessório da condenação, pode sofrer o condenado a perda de função pública ou do direito à investidura em função pública; a incapacidade para o exercício do poder familiar, da tutela ou da curatela; a inabilitação para dirigir veículos (Código Penal, art. 92); a proibição do exercício de profissão ou atividade dependente de habilitação especial ou autorização do Poder Público; a perda ou suspensão de direitos políticos

---

25   Clóvis Beviláqua, *Teoria Geral*, § 10.

(Constituição Federal, art. 15, III). Em outros sistemas legislativos, a situação do condenado importa em restrição e até em privação da capacidade civil.

O direito civil impõe a pessoas envolvidas em atos reprováveis a interdição de certos direitos, muito embora não as considere tecnicamente incapazes, uma vez que se trata de restrição limitada e específica. O pai que abusa de seu poder ou abandona o filho é destituído do poder familiar (Código Civil, art. 1.638). O doador tem o direito de revogar o benefício se o donatário incorre em ingratidão (Código Civil, art. 555). O herdeiro é excluído da sucessão se comete delito contra a integridade moral ou física do autor de herança (Código Civil, art. 1.814).

51-A. Tomada de decisão apoiada (remissão)

As já referidas alterações criadas pela Lei nº 13.146/2015 (Estatuto da Pessoa com Deficiência) abrangeram também a criação do instituto denominado *tomada de decisão apoiada,* ora previsto no art. 1.783-A do Código Civil, que será objeto de comentário mais minucioso no volume quinto destas *Instituições*. Nesta sede, vale esclarecer apenas que não se trata de modalidade de representação legal ou de assistência, vez que dirigido a pessoas portadoras de deficiência mental, as quais, no sistema atual, passaram a ser reputadas plenamente capazes. A rigor, a figura do apoiador, nos moldes concebidos pelo Estatuto, tende a permanecer inócua, já que a ausência de sua nomeação em nada compromete a validade dos atos celebrados pela pessoa portadora de deficiência mental, os quais, além disso, também se consideram hígidos mesmo quando praticados em divergência com o aconselhamento do apoiador.

52. Maioridade e emancipação

A plenitude da capacidade civil, advinda da cessação da menoridade, não vigorava em nosso direito pré-codificado.[26] No regime do Código de 1916, aos 21 anos completos, cessava a menoridade, tornando-se o indivíduo apto para todas as atividades da vida civil, o que se dá pelo tempo e independentemente de qualquer ato.

O legislador civil acolheu as críticas, no sentido de que a vida moderna proporciona aos jovens um volume de conhecimento muito maior do que no passado, justificando a cessação da menoridade aos 18 anos (art. 5º). Trata-se de matéria em que domina exclusivamente o arbítrio legislativo. Com bons argumentos e exemplos em outros Códigos, pode-se defender a fixação de uma ou de outra cifra. No

---

26 Naquele tempo, sob a influência dos princípios romanísticos, que mantinham o indivíduo sob tutela perpétua e assistência paterna, considerava-se que a maioridade, por si só, não era hábil a atribuir a plenitude do exercício dos direitos; o indivíduo, mesmo maior, continuava sob o pátrio poder, que vinha a cessar com o casamento, o estabelecimento com economia própria, a investidura em função pública, o recebimento de ordens sacras maiores, a colação de grau acadêmico, e ainda por sentença judicial. Assim, Lafayette, *Direitos de Família*, § 119.

nosso direito anterior, as *Ordenações* mantinham em 25 anos a idade para a cessação da menoridade. O Código alemão a alterou para 18 anos (art. 2º), assim como o Código argentino de 2014 (art. 25); na mesma idade se fixam o Código uruguaio (art. 280) e o Código suíço (art. 14). Do mesmo modo, o Código italiano fixou a maioridade aos 18 anos (art. 2º) e assim também os Códigos espanhol (art. 315), francês (art. 488), português (art. 130), venezuelano (art. 18) e chileno (art. 26), podendo-se dizer que essa é a cifra que se veio consolidando, ao menos nos países ocidentais. A tendência no Brasil, no sentido de antecipar para os 18 anos a maioridade, já era evidente: nessa idade, o cidadão pode ser eleito vereador, adquire a plena maioridade trabalhista, assume a imputabilidade criminal, pode habilitar-se para a condução de veículos automotores. Embora se trate de orientação de política legislativa, não é de desprezar que a ordem jurídica, em vários aspectos, enxerga no indivíduo, aos 18 anos, discernimento amplo e aptidões plenas.

Não há, também entre nós, assim como na generalidade dos Códigos modernos, diferença de tratamento em relação ao sexo, importando a maioridade civil, tanto para o homem quanto para a mulher, em aquisição automática da capacidade de fato.

Emancipação. Pode-se adquirir a plena capacidade civil, independentemente de se atingir a maioridade, pela emancipação (art. 5º, parágrafo único). No regime do Código atual, os menores, completando 16 anos, podem ser emancipados por escritura pública outorgada pelo pai e pela mãe que estiverem no exercício do *poder familiar*. Se estiver o menor sob tutela, a emancipação pode ser deferida por *sentença judicial*, depois de ouvido o tutor, a quem a lei não confere a faculdade de sua concessão, como a permite aos pais. A emancipação pode decorrer, ainda, de uma das causas estipuladas em lei. São, portanto, três as formas de emancipação previstas na lei civil:

Emancipação voluntária. É a concessão, em virtude da qual se atribui ao filho a condição de maioridade, antes de atingir os 18 anos (art. 5º, parágrafo único, I). O Código estabeleceu os seus extremos: a) É uma concessão, e, portanto, não cabe ser exigida ou reivindicada. Somente os genitores são os juízes de sua conveniência. Ato de vontade, insuprível judicialmente; b) É ato dos pais, conjuntamente, mas pode ser outorgada por um só, na falta do outro; c) O emancipado há de ter dezesseis anos completos; d) A emancipação exige instrumento público, *ad substantiam*, isto é, a forma pública integra a própria declaração de vontade, e não pode ser substituída ou completada por qualquer outra; e) Manifestação de vontade espontânea, vale por si mesma, independentemente de homologação judicial; f) Transladada a escritura, tem de ser averbada à margem do assento de nascimento (art. 9º, II, do Código Civil) para conhecimento de quantos tratem com o emancipado.

Emancipação judicial. Somente os menores sob poder familiar podem ser emancipados por simples declaração de vontade. Ao tutor não confere a lei o poder de emancipar o pupilo. Nesse caso, a emancipação resulta de procedimento judicial, de iniciativa do emancipando (art. 5º, parágrafo único, I, *in fine*). Depois de ouvido o tutor, e em seguida o Ministério Público, o juiz decidirá por sentença que, após passar em julgado, será igualmente levada ao registro civil (art. 9º, II, do Código Civil e art. 1.112, I, do Código de Processo Civil de 1973, art. 725, I do Código de Processo Civil de 2015). O requisito da idade é também exigido.

Emancipação legal. Afora os casos de emancipação voluntária e judicial, o Código considera emancipado o menor, independentemente da idade, em qualquer dos casos seguintes:

a) Pelo *casamento*, como ato da maior importância da vida civil. O *casamento* gera a cessação da incapacidade civil, como natural consequência da constituição da família. Aquele que assume a responsabilidade da direção do lar não deve, simultaneamente, achar-se submetido à autoridade alheia. Uma vez emancipado pelo casamento válido, a emancipação é definitiva, não mais retornando à sujeição do poder familiar ou da tutela, ainda que se dissolva a sociedade conjugal pela morte do outro cônjuge, pela separação ou pelo divórcio (art. 5º, parágrafo único, II).

b) Pelo *emprego público efetivo*, no pressuposto de que a investidura na função faz presumir a plena habilitação para a vida civil (art. 5º, parágrafo único, III). A despeito da redação da norma, consideram-se abrangidos por ela tanto o regime estatutário quanto o celetista. O emprego público temporário, por outro lado, não tem o mesmo efeito, não comportando a espécie interpretação analógica. A hipótese, contudo, é de raríssima eficácia, uma vez que a lei exige, para investidura em cargo público efetivo na esfera federal, o requisito da idade mínima de 18 anos (Lei nº 8.112/1990, art. 5º, V), regra que geralmente reproduzem os estatutos de servidores estaduais e municipais. Além disso, a Constituição Federal prevê, entre outras, a responsabilidade penal dos servidores públicos no seu art. 37, § 4º, de modo que a inimputabilidade criminal das pessoas menores de dezoito anos é geralmente apontada como óbice à investidura.

c) Pela *colação de grau em curso de ensino superior*. A definição do que seja estabelecimento de ensino superior é objeto de legislação especial. Não tem o mesmo efeito a conclusão de curso de outra natureza, em grau médio, técnico ou profissionalizante (art. 5º, parágrafo único, IV).

d) Pelo *estabelecimento civil ou comercial*, ou pela existência de relação de emprego, desde que, em função deles, o menor com 16 anos completos, tenha *economia própria*, independentemente de qualquer outra providência. A lei presume aptidão para a vida civil naquele que já está exercendo atividade autônoma, desde que haja completado dezesseis anos (art. 5º, parágrafo único, V).

Em qualquer caso, *a emancipação é irrevogável* e, uma vez concedida, habilita plenamente o beneficiado para todos os atos civis, com plena capacidade, como se tivesse atingido a maioridade.

Não se pode deixar de considerar o efeito da idade sobre o exercício de certos direitos, muito embora não importem as restrições existentes em leis especiais ou a concessão de direitos numa diminuição ou extensão de capacidade.

Na órbita dos direitos políticos, o direito de voto é obrigatório a partir dos 18 anos, porém facultativo aos maiores de 70 anos e aos maiores de 16 e menores de 18 anos (Constituição, art. 14, § 1º). Somente podem ser eleitos Presidente e

Vice-Presidente da República e para o Senado Federal os cidadãos maiores de 35 anos (Constituição, art. 14, § 3º, VI, *a*); com 30 anos, podem eleger-se Governador e Vice-Governador (Constituição, art. 14, § 3º, VI, *b*) e com 21 anos, o cidadão pode ser Deputado Federal, Deputado Estadual e Prefeito, dentre outros cargos (art. 14, § 3º, VI, *c*); enfim, a partir dos 18 anos completos, aqueles que detêm as condições de elegibilidade podem ser Vereadores (art. 14, § 3º, VI, *d*).

A capacidade para o casamento adquire-se aos 16 anos (art. 1.517 do Código Civil), exigindo-se, porém, até os 18 anos, a autorização dos pais (ou, em caso de injusta recusa, o suprimento judicial, nos termos do art. 1.519). Com o advento da Lei nº 13.811/2019, deixaram de existir as únicas hipóteses em que se admitia o casamento do menor de 16 anos, que eram previstas pela redação original do art. 1.520 (casamento para evitar imposição ou cumprimento de pena criminal, ou em caso de gravidez). A reforma manteve em vigor, porém, a disposição do art. 1.551, segundo a qual não se anulará, por motivo de idade, o casamento do qual resultou gravidez.

O regime de bens do casamento de pessoa maior de 70 anos será obrigatoriamente o regime de separação de bens (por força da Lei nº 12.344/2010, que modificou o art. 1.641, II, do Código Civil, o qual previa a idade de 60 anos).

No Estatuto da Pessoa Idosa (Lei nº 10.741/2003), criou-se um regime de "prioridade especial" aos maiores de 80 anos, que serão atendidos preferencialmente em relação aos demais idosos (a partir dos 60 anos), ressalvados os casos de emergência no atendimento à saúde. No âmbito judicial, dar-se-á prioridade especial de tramitação aos processos em que litigam pessoas maiores de 80 anos (art. 71, § 5º, com nova redação, dada pela Lei nº 13.466/2017).

Para efeito de serviço militar já se considerava, mesmo no regime anterior, cessada a menoridade aos 17 anos.[27]

---

27 Lei nº 4.375/1964, art. 73.

Capítulo XI
Pessoa Jurídica

Sumário

53. Noção de pessoa jurídica e seus requisitos. **54.** Natureza da pessoa jurídica. **55.** Capacidade e representação da pessoa jurídica. **56.** Classificação das pessoas jurídicas. **57.** Responsabilidade civil das pessoas jurídicas. **58.** Nacionalidade das pessoas jurídicas. **58-A.** Desconsideração da personalidade jurídica. **58-B.** Direitos da personalidade e a pessoa jurídica.

Bibliografia

Clóvis Beviláqua, *Teoria Geral de Direito Civil*, §§ 17 e ss.; Capitant, *Introduction à l'Étude du Droit Civil*, p. 149 e ss.; Planiol, Ripert e Boulanger, *Traité Élémentaire*, I, nᵒˢ 698 e ss.; De Page, *Traité Élémentaire*, I, nᵒˢ 459 e ss.; Colin e Capitant, *Cours,* I, nᵒˢ 703 e ss.; Enneccerus, Kipp e Wolff, *Tratado*, I, §§ 96 e ss.; Ruggiero e Maroi, *Istituzioni*, I, §§ 42 e ss.; Oertmann, *Introducción al Derecho Civil*, § 13; Rossel e Mentha, *Manuel de Droit Civil Suisse*, nᵒˢ 117 e ss.; von Tuhr, *Derecho Civil*, I, parte 2ª, §§ 31 e ss.; Giorgio Giorgi, *Persone Giuridiche*, vol. I; Michoud e Trotabas, *La Théorie de la Personnalité Morale*, vol. I; Vareilles-Sommières, *Personnes Morales*; Cunha Gonçalves, *Tratado de Direito Civil*, I, tomo II, nᵒˢ 117 e ss.; Orlando Gomes, *Introdução*, p. 117 e ss.; Mazeaud *et* Mazeaud, *Leçons*, I, nᵒˢ 591 e ss.; Vicente Ráo, *O Direito e a Vida dos Direitos*, II, nᵒˢ 110 e ss.; Serpa Lopes, *Curso*, I, nᵒˢ 157 e ss.; Francesco Ferrara, *Trattato*, I, p. 597; Lacerda de Almeida, *Pessoas Jurídicas*; Raymond Saleilles, *La Personnalité Juridique*; Lamartine Corrêa de Oliveira, *A Dupla Crise da Pessoa Jurídica*, Saraiva, São Paulo, 1949; Rolf Serick, *Forma e Realità della Persona Giuridica*, Giuffrè, 1966; Arnoldo Wald, "Algumas Considerações sobre as Sociedades Coligadas e os Grupos de Sociedades", *in Nova Lei das Sociedades Anônimas*, t. I, vol. 2, nº 591; Fabio Konder Comparato, *O Poder de Controle na Sociedade Anônima*, Revista dos Tribunais, 1976, p. 287; Carlos da Cunha Peixoto, voto no STF, *in Revista do Tribunal de Justiça de Minas Gerais*, vol. 93, 1980, p. 33 e ss.; Wellington Moreira Pimentel, "A Aplicação da Teoria do Superamento da Personalidade Jurídica", *in Revis-*

ta de Direito do Tribunal de Justiça do Estado do Rio de Janeiro, nº 2, 1981, p. 13 e ss.; Yussef Said Cahali, *Responsabilidade Civil do Estado*, 1982; João Casilio, "Desconsideração da Pessoa Jurídica", *in Revista dos Tribunais*, vol. 528, p. 24 e ss.; Gierci Giareta, "Teoria da Despersonalização da Pessoa Jurídica (*Disregard Doctrine*)", *in Revista de Direito Civil*, nº 48, 1989, p. 7 e ss.; Luiz Roldão de Freitas Gomes, "Desconsideração da Pessoa Jurídica", *in O Direito*, 1990, p. I e ss.; João Batista de Almeida, *A Proteção Jurídica do Consumidor*, p. 77; Guido Alpa, *Istituzioni di Diritto Privato*, p. 454; Clóvis Ramalhete, "Sistema de Legalidade na Desconsideração da Personalidade Jurídica", *in Revista de Direito Mercantil,* vol. 51, p. 127; Dominique Guihal, *Droit Répressif de l'Environnement*, 1997; Francisco José Marques Sampaio, *Responsabilidade Civil e Reparação aos Danos ao Meio Ambiente*, 1998, p. 19 e ss.; Caio Mário da Silva Pereira, *Responsabilidade Civil*, Forense; Luís F. Lenz. "Dano Moral Contra a Pessoa Jurídica", *in Revista dos Tribunais*, vol. 734, 1996, p. 56-65; Fausto Martins de Sanctis, *Responsabilidade Penal da Pessoa Jurídica*, 1999; Luís Flavio Gomes (coord.), *Responsabilidade penal da pessoa jurídica e medidas provisórias e Direito penal*, 1999; Yussef Said Cahali, *Dano Moral*, 2000; Jacob Dolinger, *Direito Internacional Privado. Parte Geral*, 2001, p. 475 e ss.; José Rubens Morato Leite, *Dano Ambiental: Do Individual ao Coletivo Extrapatrimonial*, 2003, *passim*.

53. Noção de pessoa jurídica e seus requisitos

Toda pessoa é dotada de capacidade jurídica, que a habilita a adquirir direitos. Todo ser humano é sujeito da relação jurídica. Mas não é somente a ele que o ordenamento legal reconhece esta faculdade. No capítulo anterior estudamos a pessoa natural e a sua aptidão genérica para ser sujeito ativo ou passivo de direito, o seu poder de exercê-lo ou obrigar-se. Mas a complexidade da vida civil e a necessidade da conjugação de esforços de vários indivíduos para a consecução de objetivos comuns ou de interesse social, ao mesmo passo que aconselham e estimulam a sua agregação e polarização de suas atividades, sugerem ao direito equiparar à própria pessoa natural certos agrupamentos de indivíduos e certas destinações patrimoniais e lhe aconselham atribuir personalidade e capacidade de ação aos entes abstratos assim gerados. Surgem, então, as pessoas jurídicas, que se compõem, ora de um conjunto de pessoas, ora de uma destinação patrimonial, com aptidão para adquirir e exercer direitos e contrair obrigações.

E vemos, então, em todos os povos, como assinala Enneccerus, que a necessidade sugeriu uniões e instituições permanentes, para a obtenção de fins comuns, desde as de raio de ação mais amplo, como o Estado, o Município, a Igreja, até as mais restritas como as associações particulares.[1]

O sentimento gregário do indivíduo permite afirmar que a associação é inerente à sua natureza, corrigindo-lhe as fraquezas e suprindo com a sua continuidade a brevidade da vida.[2] O espírito criador engendra então entidades coletivas, resultantes de um agregado de pessoas ou de um acervo de bens, por via dos quais logra a obtenção de resultados mais positivos e mais amplos do que consegue o esforço individual isolado. A possibilidade de mobilizar capitais mais vultosos, a necessidade de reunir para uma finalidade única atividades mais numerosas e especializadas do que o indivíduo isolado pode desenvolver, a continuidade de esforços através de órgãos que não envelhecem – tudo sugere a criação e a proliferação desses entes, que são úteis e também perigosos à sociedade, pelo poder econômico que vão concentrando, e, por isso mesmo, pedem a atenção do jurista e do direito positivo.[3]

Não basta, entretanto, que alguns indivíduos se reúnam para que tenha nascimento a personalidade jurídica do grupo. É preciso que, além do fato externo da sua aglomeração, se estabeleça uma vinculação jurídica específica, que lhe imprima *unidade orgânica*.[4] Em virtude desta unidade, como fator psíquico de sua constituição, assume a entidade criada um sentido de existência que a distingue dos elementos componentes, o que já fora pela agudeza romana assinalado, quando dizia que "*societas distat a singulis*".[5] Numa associação vê-se um conjunto de

---

1   Enneccerus, Kipp e Wolff, *Tratado*. I, § 96, p. 436.

2   Capitant, *Introduction*, p. 150.

3   Planiol, Ripert e Boulanger, *Traité*, I, p. 699.

4   Ruggiero e Maroi, *Istituzioni*, § 42.

5   "A sociedade tem existência distinta de seus sócios".

pessoas, unindo seus esforços e dirigindo suas vontades para a realização dos fins comuns. Mas a personificação do ente abstrato destaca a vontade coletiva do grupo, das vontades individuais dos participantes, de tal forma que o seu querer é uma "resultante" e não mera justaposição das manifestações volitivas isoladas.

Para a constituição ou o nascimento da pessoa jurídica é necessária a conjunção de três *requisitos*: a vontade humana criadora, a observância das condições legais de sua formação e a liceidade de seus propósitos.

Quando duas ou mais pessoas se congregam e desenvolvem as suas atividades ou reúnem os seus esforços, trabalhando em companhia ou conjugando suas aptidões para o mesmo fim, nem por isso dão nascimento a uma entidade personificada. Frequentemente indivíduos labutam de parceria. Mas não nasce daí uma personalidade jurídica *autônoma*. Para que isto ocorra é essencial a conversão das vontades dos participantes do grupo na direção integrativa deste em um organismo. Por outro lado, um indivíduo pode destacar bens de seu patrimônio para atividade filantrópica ou por qualquer motivo relevante e socialmente útil, sem a criação de entidade personificada. Para que a destinação patrimonial se converta em uma pessoa jurídica é necessária a intercorrência de uma expressão volitiva especificamente dirigida a este fim e, então, diz-se que a vontade aqui é *heterônoma*, isto é, determinada pela do fundador.[6] Sempre, pois, a pessoa jurídica como tal tem sua gênese na *vontade humana*, vontade eminentemente criadora que, para ser eficaz, deve emitir-se na conformidade do que prescreve o direito positivo.

O segundo requisito está na *observância das prescrições legais* relativas à sua constituição. É a lei que determina a forma a que obedece aquela declaração de vontade, franqueando aos indivíduos a adoção de instrumento particular ou exigindo o escrito público. É a lei que institui a necessidade de prévia autorização do Poder Executivo para certas categorias de entidades funcionarem. É ainda *a lei que estipula a inscrição do ato constitutivo no Registro Público como condição de aquisição da personalidade*. É a lei, em suma, que preside à conversão formal de um aglomerado de pessoas naturais em uma só pessoa jurídica.

Um terceiro requisito ainda é exigido, sem o qual não poderá haver pessoa jurídica, ainda que se agreguem pessoas naturais e se encontrem presas pelo encadeamento psíquico. Se a justificativa de existência da pessoa jurídica é a objetivação das finalidades a que visa o propósito de realizar mais eficientemente certos objetivos, a *liceidade* destes é imprescindível à vida do novo ente, pois não se compreende que a ordem jurídica vá franquear a formação de uma entidade, cuja existência é a projeção da vontade humana investida de poder criador pela ordem legal, a atuar e proceder em descompasso com o direito que lhe possibilitou o surgimento.

Não chegam os autores e os Códigos a um acordo quanto à designação destes entes. *Pessoa jurídica* é a denominação que lhes dá o Código Civil, em atenção à sua existência em função do direito, e mais, que somente no mundo jurídico podem ter

---

6   Oertmann, *Introduccion*, § 13.

expressão. Afirmam-se e produzem efeitos em razão do direito que lhes possibilita a criação. *Pessoa jurídica* é o seu nome no Código Civil alemão (§§ 21 a 89 do BGB). O Código Civil suíço (art. 53) as denomina *pessoas morais*, designação que é frequentemente usada pela doutrina francesa, muito embora ali se encontre igualmente referência a pessoas jurídicas. Adotou o Código italiano (arts. 11 e ss.), como o Código espanhol (arts. 35 e ss.), o apelido *pessoas jurídicas*. A denominação, sem ser perfeita, dá a ideia de como vivem e operam estas entidades, acentuando o ambiente jurídico que possibilita sua existência, enquanto aquela outra denominação (pessoa moral) tem menor força de expressão, por não encontrar sua razão de ordem no conteúdo de moralidade que as anima. *Pessoa coletiva* é outro nome usado, inaceitável, entretanto, por se impressionar apenas com a sua aparência externa, incidente no fato de frequentemente se originarem de um grupo ou uma coletividade de pessoas, mas inaceitável por excluir de sua abrangência todas as personalidades constituídas de maneira diversa de uma coletividade de indivíduos, o que se dá com as fundações, criadas mediante uma destinação patrimonial a um dado fim, como ainda o Estado, em cuja ontologia não tem predominância genética o agrupamento dos cidadãos. Das preferências de Teixeira de Freitas era a expressão *pessoas de existência ideal*,[7] em contraposição às *pessoas de existência visível*, com que batizava as pessoas naturais, nomenclatura que perfilhou o Código Civil argentino anterior (art. 32), onde, entretanto, a presença do nome *pessoas jurídicas* era a demonstração de que não foi aceita integralmente a técnica de Freitas, na qual somente as de *direito público* mereciam o nome de *pessoas jurídicas*.[8] Não cremos, porém, que ao grande jurista assistiria razão quando enxergava maior latitude na designação por ele adotada, e menos ainda nos parece que somente as pessoas de direito público mereçam a qualificação de pessoas jurídicas. Outras designações, e numerosas, são lembradas pelos autores, como da preferência de uns e de outros, todas, porém, passíveis de crítica: pessoas civis, pessoas místicas, fictícias, sociais, abstratas, intelectuais, universais, compostas, corpos morais, universalidade de pessoas e de bens.[9]

De todos os modos por que se podem designar, é a denominação *pessoas jurídicas* a menos imperfeita, e a que, pela conquista de campo na doutrina moderna, mais frequentemente se usa, e por isso mesmo a mais expressiva. Na verdade, se a sua personalidade é puramente obra de reconhecimento do ordenamento legal, e se somente na órbita jurídica é possível subordiná-las a critérios abstratos e reconhecer-lhes poder de ação e efeitos, o uso do nome deve obedecer a um critério hábil a sugerir de pronto estes fatores. Guardemos, portanto, fidelidade à nomenclatura para nós veramente tradicional: *pessoa jurídica*. Não podemos, porém, omitir que esta designação não é presente no direito romano como nos velhos romanistas. Somente o homem era *persona*. A entidade coletiva dizia-se *collegium, corpus, universitas*. Também não se atribuía personalidade senão excepcionalmente, como no caso de

---

7   *Esboço*, art. 272.

8   O Código atual unificou a denominação em *pessoas jurídicas* (art. 141).

9   Clóvis Beviláqua, *Teoria Geral*, § 17; Cunha Gonçalves, *Tratado*, I, tomo 2, n° 117.

herança ou do município, e mesmo assim não se falava que *era uma pessoa*, porém que fazia *as vezes dela: "Hereditas personae vice fungitur, sicuti municipium et decuria et societas".*[10] Com o tempo, a ideia da personificação dos entes coletivos ganhou extensão e, já na época clássica, podem ser apontadas duas categorias de *universitates* dotadas de personalidade: a *universitas personarum*, compreendendo os colégios, associações de publicanos,[11] agrupamentos artesanais; e a *universitas bonorum*,[12] verdadeiras fundações. A codificação justinianeia vem encontrar, como entidades corporificadas sob a inspiração cristã, conventos, hospitais, estabelecimentos pios.[13]

54. Natureza da pessoa jurídica

Se quanto ao nome não acordam os autores, mais acesa vai ainda a controvérsia no que diz respeito à sua caracterização jurídica. Tem, na verdade, profunda significação indagar como deve ser entendida a pessoa jurídica. Ao espírito de investigação científica do jurista moderno não satisfaz encontrá-la no exercício dos direitos subjetivos e verificar que lhe permite a lei atuar como se fosse uma pessoa natural, adquirindo direitos e contraindo obrigações. Daí aprofundar-se na pesquisa filosófica e precisar como se justifica a sua existência, explicando o porquê da personalidade que lhe reconhece o ordenamento legal e a razão por que é dotada de aptidão para exercer direitos.

Numerosas teorias imaginadas dividem os escritores de maior envergadura e dotados de maior acuidade filosófica e argumentação lógica. Não obstante a enorme variedade, é possível agrupá-las todas em quatro categorias: as teorias da *ficção*, a da *propriedade coletiva*, a da *realidade* e a *institucional*.

Teorias da ficção. Sob esta epígrafe podem ser agrupadas as que negam a existência real da pessoa jurídica procurando explicá-la como *ente fictício*. Não há uma única teoria ficcionista, porém várias, e, a nosso entender, para o campo da ficção devem ser deslocadas doutrinas que comumente são apresentadas como não compreendidas nesta categoria. Em resumos apertados passaremos em revista, em seguida, as mais importantes.

A primeira delas, a mais típica, é a que considera a pessoa jurídica mera criação legal, cuja existência só encontra explicação como ficção da lei,[14] ou da doutrina.[15]

---

10 *Digesto*, Livro 46, tít. I, § 22: "A herança faz as vezes da pessoa, bem como o Município, a decúria e a sociedade".

11 Cobradores de impostos durante o Império Romano.

12 Uma universalidade, ou complexo, de bens.

13 Girard, *Manuel du Droit Romain*, p. 255.

14 Savigny, *Droit Romain*, II, § 85; Duguit, *Traité*, I, § 46; Windscheid, *Pandette*, I, § 40.

15 Vareilles-Sommières, *Les Personnes Morales*, nº 31.

Segundo essa concepção doutrinária, a qualidade de sujeito da relação jurídica é prerrogativa exclusiva do ser humano e, fora dele, como ser do mundo real, o direito concebe a pessoa jurídica como uma *criação artificial*, engendrada pela mente humana, e cuja existência, por isso mesmo, é simplesmente uma ficção. Nas sociedades ou associações de pessoas, a lei abstrai-se dos membros componentes, e, fingindo que o seu conjunto é em si mesmo uma pessoa diferente deles, atribui-lhe a aparência de sujeito de direito. Nas fundações, o direito concede-lhes poder análogo ao atribuído à vontade humana, e admite, por ficção, que este ente pensa e quer. Não tendo a pessoa jurídica existência real, o legislador pode-lhe conceder ou recusar personalidade, segundo lhe pareça ou não conveniente, como pode retirar-lhe esse atributo, de vez que os entes morais não passam de um processo jurídico de realização de fins úteis ao ser humano.[16]

Uma concepção desta sorte nem explica satisfatoriamente nem soluciona o problema da existência da pessoa jurídica. Teixeira de Freitas já estranhava que ainda sobrevivesse na ciência jurídica,[17] e apontava a falsidade da premissa fundamental da doutrina: não há *realidade* apenas na matéria ou no que é perceptível pelos sentidos; o direito moderno não tem necessidade de usar os mesmos recursos do direito romano, no qual o pretor ia reformando o direito vigente fingindo que o conservava e respeitava. Por outro lado, se se parte da ideia de que somente o indivíduo pode ser sujeito de direito, nada se lucra com a ficção, pois que o ente abstrato continuaria sempre insuscetível daquele poder, e então seria fictício, igualmente, o direito, constituído sobre a ideia de que o sujeito é uma criação intelectual sem existência.[18] Acresce que a mais importante dessas pessoas é o Estado, e contraditória seria a doutrina que o tachasse como ficção, pois, na verdade, sendo a lei a expressão soberana do Estado, se este como pessoa jurídica é mera ficção, então a lei, que cria a pessoa jurídica como ficção, seria por sua vez a manifestação de um ente fictício, e o direito jamais conseguiria conciliação para esta abstrusa construção: a lei cria a pessoa jurídica como ente fictício; mas a lei emana do Estado, que é uma ficção; e, se à criação da pessoa jurídica deve preceder a vontade da lei, fica sem explicação a personalidade do Estado, que sendo fictício dependeria da preexistência de algo que a reconhecesse.[19]

Embora seja classificada por alguns escritores fora do campo ficcionista,20 a doutrina imaginada por Ihering parece-nos perfeitamente enquadrada nesta categoria. Parte Ihering do pressuposto de que o homem é o sujeito de direito, e isto sempre. Quando se encara o problema da natureza da pessoa jurídica, a sua personalidade

---

16 Savigny, *loc. cit.*; Vareilles-Sommières, *loc. cit.*; Capitant, *Introduction*, p. 164; Ruggiero, *Istituzioni*, § 42; Clóvis Beviláqua, *Teoria Geral*, § 17; Cunha Gonçalves, *Tratado*, vol. I, tomo II, p. 904.

17 Teixeira de Freitas, *Esboço*, nota ao art. 273.

18 Ruggiero, *loc. cit.*

19 Clóvis Beviláqua, *ob. cit.*, p. 139; Teixeira de Freitas, *Esboço*, nota ao art. 273.

20 Ruggiero e Maroi, *loc. cit.*

não residiria nela, mas iria repousar nos indivíduos que a compõem, os quais seriam os verdadeiros sujeitos de direito. Aquela não passaria de forma especial de apresentação das relações jurídicas. No caso das fundações, sujeitos de direito seriam as pessoas a que se destinam as finalidades do ente criado, como os doentes do hospital ou as crianças do orfanato.

Contra esta conceituação podemos de início objetar que, sendo possível um conflito entre a pessoa jurídica e um dos seus membros componentes, litígios que se esboçam com relativa frequência, dos quais resulta o reconhecimento de direito da sociedade ou associação contra o associado ou vice-versa, não explica a doutrina como se realizaria o exercício do direito da entidade contra o seu membro componente, se fosse verdade que ela não é o sujeito da relação jurídica, mas apenas um meio técnico pelo qual os seus componentes o exercitam. Analisando a situação em suas últimas consequências, atinge-se a um invencível paradoxo: a pessoa natural como efetivo sujeito de direito, de que a pessoa jurídica seria sujeito aparente, encontrar-se-ia numa condição de estar exercendo direitos contra si mesma.

De outro lado, como agudamente objeta Clóvis Beviláqua, não é a pessoa jurídica um aglomerado apenas de indivíduos, mas uma unidade orgânica, a qual seria negada, e se confundiria a pessoa jurídica com qualquer reunião, mesmo eventual, de pessoas naturais, se não recebesse do ordenamento jurídico personalidade, ou residisse esta nas pessoas físicas componentes.[21]

No caso das fundações, mais precária ainda é a teoria, ao considerar sujeitos de direito os indivíduos beneficiados pela vontade criadora, como os estudantes da escola ou os enfermos do hospital. A entidade age, adquire direitos e contrai obrigações, sem a menor participação de uns ou de outros, que são transitórios pela própria contingência de sua passagem, enquanto a atuação do ente moral é permanente e duradoura. Há mesmo fundações que, pela natureza das finalidades, nem chegam a identificar os destinatários, e seria sem dúvida contraditório afirmar que o sujeito das relações jurídicas é um agente anônimo, enquanto age no mundo jurídico a própria entidade. Se levarmos às últimas consequências a teoria, e imaginarmos uma fundação cujo objetivo seja a proteção e defesa de animais irracionais, ou teríamos de admitir que a sua existência é destituída de personalidade, ou que esta residiria naqueles, e em qualquer caso a doutrina conduziria ao absurdo.

Outra doutrina, tida como realista, mas que igualmente deve capitular-se de ficcionista, é a que situa a essência da pessoa jurídica na *vontade* (Zittelmann). Seria a vontade que cria a entidade moral, manifestada na conformidade do que determina o ordenamento jurídico. Seria a mesma vontade, erigida em força autônoma, o verdadeiro sujeito de direito, quer se encare a pessoa natural, quer a pessoa jurídica. Há, ao que se vê logo, um desvio de perspectiva: a pessoa natural é o sujeito de direito, e não a vontade, não só porque esta não se destaca do indivíduo como um ser independente, como também porque os indivíduos portadores de um estado incompatível

---

21   Clóvis Beviláqua, *ob. cit.*, p. 142.

com o reconhecimento de uma vontade livre (tais como os menores e, na tradição do direito civil, os alienados) não deixam de ser sujeitos de direito, não obstante a impossibilidade de emitir qualquer manifestação volitiva. A personificação da vontade, como elemento autônomo e destacado das pessoas componentes da pessoa jurídica, é um atentado contra a realidade das coisas.[22]

Propriedade coletiva. Dando combate à teoria da ficção, que não satisfaz, surgiu a teoria da propriedade coletiva, adotada por Planiol e por Berthélémy, o primeiro, no *Traité Élémentaire de Droit Civil*, o segundo, no *Traité de Droit Administratif*, e que, em linhas gerais, assim se pode resumir: ao lado da *propriedade individual* existe a *propriedade coletiva*, e, sob a aparência de uma pessoa civil, o que existe é a massa de bens possuída por um grupo mais ou menos numeroso de pessoas, subtraída ao regime da propriedade individual. Este patrimônio, criado em razão das finalidades a que se propõem os indivíduos que se associam, distingue-se do patrimônio de cada um dos aderentes, e a ideia da associação foi engendrada para explicar esta separação. Mas, a rigor, tal explicação é inútil, porque, sob a denominação de pessoa civil, o que há são os *bens coletivos* no estado de massas distintas. As pretendidas pessoas jurídicas são apenas coisas possuídas pelos homens, e se verificam no fato de terem todos os associados a propriedade sobre aqueles bens.[23]

Esta teoria é, entretanto, falha na sua origem e nos seus efeitos. Parte do pressuposto que dominou a doutrina por muito tempo, de que não pode haver pessoa jurídica na falta de um acervo de bens. Mas, desprezado pelo direito moderno, vemos hoje a lei reconhecer personalidade ao ente abstrato independentemente de toda a cogitação patrimonial, como podem ser as sociedades puramente recreativas e associações literárias. Assentada a ideia na propriedade coletiva dos associados sobre um acervo de bens, ficam desde logo excluídas as que não os possuem, e, portanto, a teoria é imperfeita por não abranger todos os tipos de entidades. A isto acrescente-se que esta concepção explica o regime da separação de bens da entidade criada, relativamente aos aderentes, mas não responde à indagação essencial, que se situa na pesquisa da natureza jurídica dos entes morais, da forma de sua atuação, de sua vontade, de sua responsabilidade civil. É, pois, igualmente falha em seus efeitos. E, demais disso, a pretensa propriedade coletiva não oferece nenhum dos caracteres do direito de propriedade, recusando àqueles que seriam seus titulares os poderes inerentes ao domínio.[24]

Teoria da Instituição. Institucionista, Hauriou transpôs para a caracterização da pessoa jurídica a ideia da *instituição* imaginando os entes morais como organizações sociais que, por se destinarem a preencher finalidades de cunho socialmente útil, são personificadas. Além de não oferecer um critério justificativo da atribuição de personalidade, que é precisamente o que constitui o ponto fundamental da controvérsia, a teoria institucionista não encontra explicação para a concessão de personalidade

---

22 Beviláqua, *loc. cit.*; Ruggiero, *loc. cit.*

23 Planiol, *Traité*, I, nº 1.967; Berthélémy, *Traité de Droit Administratif*, p. 24 e ss.

24 Planiol, Ripert e Boulanger, *Traité Élémentaire*, I, nº 705; Capitant, *Introduction*, p. 169; Clóvis Beviláqua, *Teoria Geral*, p. 147; Colin e Capitant, *Cours*, I, nº 708.

jurídica às sociedades que se organizam sem a finalidade de prestar um serviço ou preencher um ofício.[25]

Teorias realistas. Em contraposição a todas levanta-se a teoria da *personalidade real: são as chamadas teorias realistas* ou *teorias da realidade*, que reúnem a aceitação dos juristas modernos, ainda que inspirados em princípios, em conceitos ou técnicas diferentes. *Realista* foi o nosso Lacerda de Almeida, ao construir a sua doutrina do dualismo, segundo a qual na pessoa jurídica devem distinguir-se a *ideia* que se manifesta e os *órgãos* que a exprimem, em perfeita similitude com a pessoa natural, que também manifesta a sua vontade através de seus órgãos. Tanto as sociedades e associações como as fundações são envolvidas pela identidade de conceituação doutrinária, pois que numas e noutras existe um *corpus*, que administra e mantém a entidade em contato com o mundo, e um *animus* que é a ideia dominante, manifestada nas associações e nas sociedades pela vontade do grupo componente e nas fundações pela de seu criador.[26] Realista é o organicismo de Endemann, de Saleilles, de Michoud; realistas são Gény, Capitant, Josserand; profissão de fé realista encontra-se na atualização do tratado de Planiol por Ripert e Boulanger; realista é o nosso Beviláqua, como são Kohler, Oertmann, Gierke, De Page, Cunha Gonçalves.

Da leitura de tantos escritores vemos que não se repetem, desenvolvendo cada um as suas ideias próprias. O que os une, colocando-os em uma só linha, é a ideia da *realidade do ente coletivo*, que podemos expressar na exposição dos traços fundamentais da sua conceituação científica, abandonando a chamada *realidade objetiva* (organicismo) para abraçar a teoria da *realidade técnica* ou *realidade jurídica*.

Verifica o direito que, desde os tempos antigos, houve agrupamentos de indivíduos com a finalidade de realizar os seus interesses ou preencher as exigências sociais. O direito sempre encarou estes grupos destacadamente de seus membros, o que significa que a ordem jurídica considera estas entidades como seres dotados de *existência própria* ou *autônoma*, inconfundível com a vida das pessoas naturais que os criaram. Diante desta realidade objetivamente perceptível, a ordem legal atribuiu personalidade jurídica a qualquer agrupamento suscetível de ter uma vontade própria e de defender seus próprios interesses. Destacadamente das pessoas naturais que lhes deram vida própria ou que as compõem, e até em oposição a umas ou outras, o direito permite a estas entidades atuar no campo jurídico, reconhecendo-lhes existência; faculta-lhes adquirir direitos e contrair obrigações; assegura-lhes o exercício dos direitos subjetivos. Realizando os interesses humanos ou as finalidades sociais que se propõem, as pessoas jurídicas procedem, no campo do direito, como seres dotados de ostensiva autonomia. É preciso, então, reconhecer-lhes *vontade própria*, que se manifesta através das emissões volitivas das pessoas naturais, mas que não se confunde com a vontade individual de cada um, porém é a resultante das de todos. E se o direito assim trata os entes abstratos, permitindo-lhes atuar, assegurando-lhes usar, gozar e dispor de direitos, admitindo-as a contrair obrigações, aceitando as suas

---

25 Hauriou, *Précis de Droit Administratif*, p. 6 e ss.; Cunha Gonçalves, vol. I, tomo II, p. 914.
26 Lacerda de Almeida, *Pessoa Jurídica*, p. 48.

manifestações de vontade a que atribui força obrigatória da mesma maneira que as emitidas pelas pessoas físicas, é preciso então que a lei lhes reconheça personalidade e lhes atribua um patrimônio, que se distingue da personalidade e do patrimônio dos indivíduos integrantes ou aderentes.

A aceitação desta ideia parece, à primeira vista, negar aquele princípio que já se proclamava no direito romano, e ainda é afirmado: o direito se constitui por causa dos homens – *hominum causa*. O princípio é e continua verdadeiro, pois que o reconhecimento da personalidade jurídica aos entes morais só encontra justificativa nos interesses humanos que se lhes ligam. O que se nega, com a atribuição daquela personalidade, e nega-se com razão,[27] é que somente a pessoa possa ser sujeito de direito. O ser humano o é sempre. Contudo, além dele, estes seres criados pela vontade humana, para servir aos seus interesses e preencher finalidades sociais, também podem sê-lo. O que é preciso é admiti-lo francamente, sem artificiosidades inúteis.

Diante desta situação, advém a conveniência de aceitar o jurista a *personalidade real* destes seres criados para atuar no campo do direito, e admitir que são dotados de personalidade e providos de capacidade e de existência independente, em inteira semelhança com a pessoa natural, como esta vivendo e procedendo, como esta sujeito ativo ou passivo das relações jurídicas. Não há necessidade de criar artifícios nem de buscar alhures a sede de sua capacidade de direito. Ao revés, a pessoa jurídica tem em si, como tal a sua própria personalidade, exprime a sua própria vontade, é titular de seus próprios direitos, e, portanto, é uma realidade no mundo jurídico. Mas é preciso notar que, ao admitirmos a sua realidade jurídica, e ao assinalarmos a semelhança com a pessoa natural, não recorremos a uma personalização antropomórfica, pois que, já o dissemos, repudiamos a teoria da *realidade objetiva*. Atentamos, entretanto, em que, encarando a natureza da pessoa jurídica como *realidade técnica*, aceitamo-la e à sua personalidade sem qualquer artifício. E nem se poderá objetar que esta personalidade e capacidade são fictícias em razão de provirem da lei, porque ainda neste passo é de salientar-se que a própria personalidade jurídica do ser humano é uma criação do direito e não da natureza, reconhecida quando a ordem legal a concede, e negada quando (escravos) o ordenamento jurídico a recusa.[28]

O jurista moderno é levado, naturalmente, à aceitação da teoria da *realidade técnica*, reconhecendo a existência dos entes criados pela vontade humana, os quais operam no mundo jurídico adquirindo direitos, exercendo-os, contraindo obrigações, seja pela declaração de vontade, seja por imposição da lei. Sua vontade é distinta da vontade individual dos membros componentes; seu patrimônio, constituído pela afetação de bens, ou pelos esforços dos criadores ou associados, é diverso do patrimônio

---

27 Capitant, *Introduction*, p. 171.

28 Clóvis Beviláqua, *Teoria Geral*, § 18, p. 150; Planiol, Ripert e Boulanger, *Traité Élémentaire*, I, nº 706; Capitant, p. 170; Michoud e Trotabas, *La Théorie de la Personalité Morale*, I, nºs 31 e ss.; Josserand, *Cours*, I, nºs 662 e ss.; Oertmann, *Introducción*, § 13; Colin e Capitant, *Cours*, I, nº 709; De Page, *Traité Élémentaire*, I, nºs 499 e ss.; Cunha Gonçalves, *Tratado*, vol. I, tomo II, nº 118; Mazeaud *et* Mazeaud, *Leçons*, I, nº 594.

de uns e de outros; sua capacidade, limitada à consecução de seus fins pelo fenômeno da especialização, é admitida pelo direito positivo. E, diante de todos os fatores de sua autonomização, o jurista e o ordenamento jurídico não podem fugir da verdade inafastável: as pessoas jurídicas existem no mundo do direito e existem como seres dotados de vida própria, de uma vida real.

Em consonância com esses efeitos essenciais da personificação jurídica dos entes morais, a Lei nº 13.874/2019 (Declaração de Direitos da Liberdade Econômica) inseriu no Código Civil o art. 49-A, dispondo justamente que "a pessoa jurídica não se confunde com os seus sócios, associados, instituidores ou administradores". A previsão expressa da autonomia patrimonial das pessoas jurídicas traduz a intenção do legislador de conferir certa excepcionalidade à desconsideração da personalidade jurídica (ver nº 58-A, *infra*), o que resta ainda mais claro a partir da leitura do parágrafo único do mesmo art. 49-A, que atesta ser a autonomia patrimonial "um instrumento lícito de alocação e segregação de riscos".

55. Capacidade e representação da pessoa jurídica

A *capacidade* das pessoas jurídicas é uma consequência natural e lógica da personalidade que lhes reconhece o ordenamento legal. Se têm aptidão genérica para adquirir direitos e contrair obrigações, obviamente se lhes deve atribuir o poder necessário, e, mais ainda, a aptidão específica para exercê-los. No se lhes evidenciar a capacidade, costuma-se adotar por símile a das pessoas naturais, porém não é exata a aproximação em todos os seus termos. Enquanto a pessoa física encontra na sua capacidade a expansão plena de sua alteridade ou de seu poder de ação, com linhas de generalidades que lhe asseguram extensão ilimitada (em tese), as pessoas jurídicas, pela própria natureza, têm o poder jurídico limitado aos direitos de ordem patrimonial. Falta-lhes, portanto, a titularidade daqueles que a transcendem, como os de família ou de sucessão legítima, e outros que são inerentes à pessoa humana ou pressupõem a individualidade humana.[29]

Confrontando, ainda, a capacidade da pessoa jurídica com a da pessoa natural, os autores mostram que a desta é *ilimitada*, enquanto a daquela é *restrita*, em razão de sua personalidade ser reconhecida na medida dos fins perseguidos pela entidade. E, sendo assim, a pessoa jurídica deve ter sua capacidade *limitada* à órbita de sua atividade própria, ficando-lhe interdito atuar fora do campo de seus fins específicos. É a isto que se chama de *princípio da especialização*, imposto em virtude da própria natureza da personalidade moral.[30] Não se pode, contudo, levar a doutrina da especialização às últimas consequências, nem se concebe que uma pessoa jurídica tenha a sua capacidade delimitada especificamente aos fins que procura realizar. Podemos, então, aceitar o princípio com aquela mitigação que lhe trazem Rossel e Mentha, isto é, que a pessoa

---

29 Enneccerus, Kipp e Wolff, *Tratado*, I, nº 98, p. 447; Mazeaud *et* Mazeaud, *Leçons*, I, nºs 595 e 616; Ruggiero e Maroi, *Istituzioni*, I, § 43; Cunha Gonçalves, *Tratado*, vol. I, tomo II, nº 124.

30 De Page, *Traité Élémentaire*, I, nº 510; Mazeaud *et* Mazeaud, *loc. cit.*; Vareilles-Sommières, *Personnes Morales*, nº 85.

jurídica tem o gozo dos direitos civis que lhe são necessários à realização dos fins justificativos de sua existência.[31]

Mesmo no campo dos direitos patrimoniais, encontram-se restrições fundadas em motivos de segurança pública. Neste sentido, por exemplo, a autorização ou concessão para o aproveitamento dos recursos minerais somente pode ser dada a brasileiros ou a empresa constituída sob as leis brasileiras (Constituição Federal, art. 176, § 1º) e às pessoas jurídicas de direito público externo, estrangeiras, é vedada a participação direta ou indireta na assistência à saúde no País, salvo nos casos previstos em lei (Constituição Federal, art. 199, § 3º). Não implica, evidentemente, isto, incapacidade, porém restrições ao exercício de direitos.

Sob o aspecto do exercício dos direitos, é de notar-se a disparidade prática entre a pessoa natural e a pessoa jurídica. É que não sendo esta dotada de uma individualidade psicofísica,[32] tem sempre de se servir de órgãos de comunicação para os contatos jurídicos, seja com outras entidades da mesma natureza, seja com as pessoas naturais. Esta circunstância chegou mesmo a inspirar juristas de grande porte na sustentação de sua incapacidade, que defendiam dizendo que, se os entes morais não podem exercer diretamente os direitos, é porque lhes falta o atributo da capacidade.[33] Modernamente não se coloca mais a questão nestes termos. Reconhecem os doutrinadores e o direito positivo a capacidade das pessoas jurídicas, mas assinala-se que possuem aptidão para adquirir direitos, e, no momento de exercê-los, necessitam de aparelhamento técnico. Não é a ausência de vontade própria o bastante para se recusar capacidade à pessoa jurídica, pois que também a criança e o louco não têm vontade e são dotados de capacidade de direito ou de gozo. Exatamente porque as pessoas morais não dispõem de manifestação direta de vontade é que a lei, reconhecendo-lhes os atributos da personalidade, condiciona o exercício dos direitos aos seus órgãos de deliberação e representação.[34] Na verdade, se a pessoa jurídica não tem uma *vontade natural*, é certo também que nela a vontade humana opera condicionada ao fim da organização.[35]

A mesma preocupação antropomórfica, que havia levado à negação da capacidade das pessoas jurídicas, tem conduzido a outra observação igualmente inexata, qual seja, comparar-se a sua representação com a dos incapazes (menores sob poder familiar ou tutela) e a dos alienados (curatela). A equivocidade da analogia está em que a representação legal das pessoas naturais ocorre, em regra, quando há uma incapacidade ou, ainda que haja capacidade formal (hipótese dos alienados, como já analisado no Capítulo anterior), quando a situação concreta da pessoa também reclama o mesmo tipo de proteção e suprimento. A representação das pessoas jurídicas, por outro lado, nem tem em vista a proteção nem se destina a suprir incapacidade, porém

---

31 Rossel e Mentha, *Manuel de Droit Civil Suisse*, I, nº 183, p. 128.

32 Clóvis Beviláqua, *Teoria Geral*, § 22.

33 Savigny, *Droit Romain*, II, § 90; Laurent, *Principes*, I, nº 287.

34 Michoud e Trotabas, *La Théorie de la Personalité Morale*, II, nº 43; Colin e Capitant, *Cours*, I, nº 719.

35 Enneccerus, Kipp e Wolff, *Tratado*, § 96, p. 437.

se propõe a munir apenas um ser que é naturalmente abstrato, dos meios externos de realizar as faculdades jurídicas.[36]

É por isso que se diz ser a pessoa jurídica *representada* ativa e passivamente nos atos judiciais como nos extrajudiciais. Seus contatos com o mundo real exigem a presença de *órgãos* que os estabeleçam. Seu querer, que é resultante das vontades individuais de seus membros, exige a presença de um representante para que seja manifestado externamente. E, como estes órgãos são pessoas naturais, têm uma existência jurídica sob certo aspecto dupla, pois que agem como indivíduos e como órgãos da entidade de razão.[37]

Dispõe a lei que o instrumento ou ato constitutivo da pessoa jurídica, genericamente denominado seu *estatuto*, designará quem a representa, e confere, portanto, a esta forma de expressão volitiva individual o poder de vontade para criar o órgão representativo. Se for omisso, caberá aos seus diretores aquela representação (Código Civil, arts. 45 e 46). Em alguns tipos de pessoas jurídicas há coincidência entre os órgãos deliberativos e os de representação; em outros, o representante participa daquele; em outros ainda a lei distingue com toda nitidez o órgão deliberativo (assembleia geral) do órgão executivo ou de representação (diretoria), facultando que deste façam parte pessoas estranhas ao corpo de associados.[38] Moderna é a tendência de substituir a expressão *representantes*, que antes consagrava a doutrina e usavam os Códigos, pela expressão *órgãos*, atendendo a que as pessoas físicas não são meros *intermediários* da vontade da pessoa moral ou seus simples *representantes*, o que pressupõe duas vontades, a do mandante e a do procurador, mas uma só, que é a da entidade, emitida nos limites legais pelo seu elemento vivo de contato com o mundo jurídico, e constituem assim o aparelhamento técnico ou os *órgãos*, pelos quais manifestam a sua vontade ou exercem as suas atividades.[39] A substituição de uma por outra expressão tem a seu crédito a exatidão científica, pois que no *órgão* da pessoa jurídica não há representação técnica, porém *representação imprópria*, como veremos no nº 106, *infra*.

Foi o que fez o Código Civil (art. 43), na linha da tendência moderna. Como órgãos da pessoa jurídica, obriga-se esta pelos atos de seus administradores, subordinados, contudo, a se conterem nos limites traçados no ato constitutivo e suas subsequentes alterações (art. 47). Se exorbitarem, a pessoa jurídica não é obrigada, mas respondem eles pessoalmente pelos prejuízos causados a terceiros, em razão dos abusos cometidos, hipótese que não se confunde com o do abuso que pode gerar a desconsideração da própria personalidade jurídica, aspecto a ser ainda examinado (nº 58-A, *infra*).

Extracontratualmente, por outro lado, o conceito de responsabilidade da pessoa jurídica é mais amplo, tendo em vista que ela responde pelos atos danosos a tercei-

---

36 Ruggiero, loc. cit; Serpa Lopes, *Curso*, I, 163; Capitant, *Introduction*, p. 197.
37 Rossel e Mentha, *Manuel de Droit Civil Suisse*, I, nº 190, p. 130.
38 Cf. Lei das Sociedades por Ações (Lei nº 6.404/1976), arts. 143 e ss.
39 Planiol, Ripert e Boulanger, I, nº 724; Cunha Gonçalves, *Tratado*, vol. I, t. II, nº 122, p. 966.

ros, uma vez que se estabeleça que o agente ou preposto, independente da outorga específica de poderes, procedia nessa qualidade e no exercício de suas atividades regulares (nº 57, *infra*).

Agindo através de seus órgãos, as decisões serão tomadas na conformidade do que dispõe o estatuto. Sendo unipessoal a administração, cabe ao dirigente a deliberação. Se for coletiva, as decisões serão tomadas na forma do que vem disposto no ato constitutivo, quer na observância de quórum especial, quer na delegação de poderes a um ou mais administradores. É comum o estatuto exigir para certos atos a presença de mais de um, ou associar um deles a um procurador. No silêncio do ato constitutivo, o Código destacou, no art. 48, que as decisões coletivas da administração da pessoa jurídica, salvo disposição estatutária em contrário, são tomadas pela maioria dos votos dos presentes. Desde o advento da Lei 14.382/2022, que inseriu no Código Civil o art. 48-A, passou-se a admitir que as assembleias gerais possam ser realizadas por meio eletrônico, inclusive para fins de destituição de administradores ou alteração dos estatutos, ressalvadas eventuais disposições legais ou estatutárias em contrário e desde que respeitados os direitos de participação e manifestação.

A ação anulatória das deliberações tomadas ao arrepio da lei ou do estatuto está subordinada ao prazo decadencial de três anos (parágrafo único do art. 48 do Código Civil). Não proposta neste prazo, consolida-se o ato definitivamente. Sujeita ao mesmo prazo decadencial está a ação para anular os atos da pessoa jurídica inquinados de erro, dolo, simulação ou fraude, distinguindo-se, portanto, do prazo comum de quatro anos, previsto no art. 178.

No caso de ficar acéfala a pessoa jurídica, qualquer interessado poderá tomar as medidas assecuratórias e requerer ao juiz que designe administração provisória (art. 49 do Código Civil). Esta ocupará o lugar da faltosa, até que, na forma da lei ou do estatuto, seja nomeada a definitiva. No ato de designação, o juiz poderá fixar prazo ao administrador provisório, bem como estabelecer a extensão de seus poderes.

56. Classificação das pessoas jurídicas

Dentro da expressão genérica *pessoas jurídicas* têm cabida todas as espécies de entes abstratos a que o direito reconhece personalidade e atribui capacidade. O direito as distingue, atendendo aos objetivos a que se propõem originariamente, à natureza de sua atuação, à órbita de seu funcionamento. Os fins a que visam as pessoas jurídicas são uma circunstância preponderante no seu estudo e na incidência do impacto da lei sobre a sua existência e sua atividade. Enquanto, na verdade, como observa Oertmann, os fins perseguidos pelas pessoas naturais desprendem-se da sua individualidade, nas pessoas jurídicas estão intimamente ligados à sua essência de vez que elas se constituem para determinados fins, que são a prefixação de sua natureza.[40]

---

40 Oertmann, *Introducción*, p. 79.

Na distribuição das categorias das pessoas jurídicas, devemos primeiro de tudo atender à divisão maior, que as separa em dois grupos: as de *direito público* e as de *direito privado* (Código Civil, art. 40).

a) *Pessoas jurídicas de direito público*. Quer se atenda ao critério da *origem*, do *fim* ou do *funcionamento*, tanto em pura doutrina quanto no direito positivo, assinala-se a presença desta categoria de pessoas jurídicas que uma sistemática exposição aconselha subdividir de plano, tendo em vista a ordem interna e a ordem internacional. Seu paradigma é o *Estado*, por isso mesmo tido como pessoa jurídica *necessária*,[41] e quando a doutrina dicotomiza as pessoas jurídicas de direito público na órbita internacional e na interna tem-no especialmente como objeto de cogitação.

Na órbita internacional, as nações são dotadas de personalidade jurídica, reconhecem-se mutuamente esta faculdade, admitem reciprocamente em seus territórios a instalação das representações ou embaixadas das outras, e se reúnem em organismos internacionais e assembleias, a que comparecem seus delegados, debatendo os problemas de interesse das coletividades, como foi a Liga das Nações e é atualmente a Organização das Nações Unidas – ONU. Todos os Estados, internacionalmente organizados, são dotados dessa personalidade jurídica e universalmente reconhecidos como pessoas, surgindo às vezes problemas, afetos ao direito público internacional, especialmente em épocas conturbadas, quando uma revolução interna subverte a ordem constituída ou quando uma ocupação militar estrangeira anula a autodeterminação nacional.

A doutrina inquire e responde se é possível atribuir-se individualidade internacional a organismo sem as características de um país, e, focalizando especialmente a Igreja Católica, erige-a em uma pessoa jurídica de direito externo, sob a denominação de *Santa Sé*. Atendendo a que a Igreja tem um chefe universalmente reconhecido, e a que credencia ela representação diplomática junto às nações, que, por sua vez, lhe enviam embaixadores, conclui pelo reconhecimento de sua personalidade jurídica, que, aliás, é excepcional, pois é a única Igreja assim tratada. Para o direito brasileiro o assunto nunca padeceu dúvida. E na doutrina nacional, como na estrangeira, vigora este entendimento.[42]

Na órbita interna, são pessoas jurídicas de direito público as entidades que exercem finalidades de interesse imediato da coletividade, e, incorporadas ao organismo estatal, regem-se por princípios de direito público. São elas (Código Civil, art. 41): a Nação brasileira, na sua expressão interna de soberania, tal como constitucionalmente organizada, sob a denominação de *União*; as unidades federadas que a compõem, dotadas da autonomia que a Constituição lhes reconhece, que se chamam os *Estados*; as unidades político-administrativas, em que estes se subdividem, também investidos da autonomia que a Constituição lhes assegura, podendo autogovernar-se no plano executivo e legislativo, salvo exceções expressas, que são os Municípios (inc. III); o Distrito

---

41 Planiol, Ripert e Boulanger, *Traité*, I, nº 719.

42 Clóvis Beviláqua, *Teoria Geral*, § 20; Ruggiero, *Istituzioni*, § 43; Lafayette, *Direito Internacional*, § 40; Ribas, *Direito Civil*, II, p. 136; Savigny, *Droit Romain*.

Federal e os Territórios[43] (inc. II) e os organismos administrativos, resultantes da descentralização por serviço, investidos de atribuições de natureza pública e dotados de organização, personalidade jurídica e administração própria, conhecidos como *autarquias*. Incluem-se entre as autarquias as denominadas "associações públicas". Como estipulado pela Lei nº 11.107, de 6 de abril de 2005, para a realização de objetivos de interesse comum, podem a União, os Estados, o Distrito Federal e os Municípios firmar consórcios públicos que, quando não assumirem a forma de pessoa jurídica de direito privado, darão origem às chamadas associações públicas. O Decreto-Lei nº 200, de 25 de fevereiro de 1967, considera integrantes da Administração Indireta: as autarquias; as empresas públicas e as sociedades de economia mista. As fundações públicas foram inseridas por meio da Lei nº 7.596, de 10 de abril de 1987. Assim, atendendo à necessidade de prover a todos os seus serviços, a lei criou outras entidades, através das quais a Administração Pública preenche as suas finalidades. Elas são dotadas de personalidade jurídica e agem na conformidade das leis que as criam e organizam. Pondo termo às dúvidas sustentadas a respeito do regime jurídico que lhes é próprio – isto é, se permanecem sujeitas às normas de direito público ou se atraem os princípios privatistas –, o parágrafo único do art. 41 do Código estatui que, salvo disposição em contrário, as pessoas jurídicas de direito público a que se tenha dado estrutura de direito privado regem-se, no que couber, pelas normas do Código Civil.

b) *Pessoas jurídicas de direito privado*. As pessoas jurídicas de direito privado são entidades que se originam do poder criador da vontade individual, em conformidade com o direito positivo, e se propõem realizar objetivos de natureza particular, para benefício dos próprios instituidores, ou projetadas no interesse de uma parcela determinada ou indeterminada da coletividade.

Aqui se compreende toda a gama de entidades dotadas de personalidade jurídica, sem distinção se se trata das de fins lucrativos ou de finalidades não econômicas. Não há, também, qualquer restrição às de natureza espiritual ou temporal. Qualquer que seja a pessoa jurídica de direito privado está sujeita às normas do Código, ou de alguma lei especial que lhe seja aplicável, uma vez que preencha, para sua constituição e funcionamento, as exigências dele ou das leis que a ela especialmente se refiram.

As *associações* e *fundações* são tratadas na Parte Geral, e as *sociedades* são objeto do Livro II da Parte Especial, intitulado "Do Direito da Empresa", onde se cuida das atividades empresariais. Esta é, aliás, uma das maiores e mais relevantes inovações presentes no Código de 2002. Desapareceu neste a distinção estabelecida no Código de 1916 a respeito das sociedades civis e mercantis, o que especialmente é de enfatizar, uma vez que teve ele em mira a unificação do direito obrigacional. Assim, hoje, com o regramento jurídico dado pelo Código Civil ao Direito de Empresa, não

---

43 Não existem, atualmente, Territórios no Brasil: Amapá, Rondônia e Roraima tornaram-se Estados da Federação e Fernando de Noronha passou a fazer parte do Estado de Pernambuco. A Constituição Federal, porém, no art. 18, § 2º, permite sua criação por meio de lei complementar.

cabe mais a distinção de outrora entre sociedade civil e sociedade comercial, devendo prevalecer a denominação *sociedade empresária* (Código Civil, arts. 966 e ss.).

Dispensa-se o art. 44 do Código Civil de uma referência analítica às sociedades, como havia no Código de 1916. Aludindo às associações (inciso I) e às sociedades (inciso II), compreendem-se todas, sem necessidade de as enumerar por menor. O art. 44, II, ao mencionar as sociedades, compreende tanto as empresárias quanto as sociedades simples.[44]

Ressalva-se, contudo, no parágrafo segundo, que as disposições concernentes às associações se estendem às sociedades. Constituem-se ambas pelo agrupamento de indivíduos, que associam haveres ou congregam esforços num sentido comum, e, de acordo com a lei, integram uma entidade juridicamente autônoma e capaz. Podem ter ou deixar de ter bens, o que é uma conquista do direito moderno, por saber que não se afinava com as ideias, outrora dominantes, a existência de pessoa jurídica desprovida de bens. Merece atenção, porém, o fato de que o Código atual reserva a denominação "associações" para a reunião de pessoas sem fins econômicos (art. 53).

Cuida a Parte Geral, ainda, das fundações, que se constituem pela destinação de um patrimônio para determinado fim (art. 62). O seu instituidor, que pode ser uma pessoa natural ou uma pessoa jurídica, estabelece a sua criação mediante dotação patrimonial, a que a ordem jurídica atribui personalidade. Os fins a que visam tais entidades são sempre altruísticos, ora proporcionando ou estimulando a investigação e a cultura científica, artística ou literária, ora realizando finalidades filantrópicas, mantendo hospitais, asilos, creches etc.

A Lei nº 10.825, de 22 de dezembro de 2003, alterou o rol do art. 44 do Código Civil para incluir em itens apartados as organizações religiosas e os partidos políticos, em consideração às peculiaridades que os cercam. Grifou-se a autonomia das organizações religiosas no tocante à sua criação, organização, estruturação interna e funcionamento, sendo vedado ao Poder Público negar-lhes reconhecimento ou registro dos atos constitutivos e necessários ao seu funcionamento. Os partidos políticos também configuram pessoas jurídicas de direito privado, com a destinação especial de assegurar, no interesse do regime democrático, a autenticidade do regime representativo e a defesa dos direitos fundamentais definidos na Constituição Federal. Encontram-se regulados pela Lei nº 9.096, de 19 de setembro de 1995, que lhes assegura também autonomia para definir sua estrutura interna, organização e funcionamento e determina a igualdade de direitos e deveres entre os filiados.

A Lei nº 12.441, de 11 de julho de 2011, veio novamente a alterar o rol do art. 44 do Código Civil para acrescentar uma espécie nova de pessoa jurídica, denominada *empresa individual de responsabilidade limitada* (EIRELI). A mesma lei fez inserir no Livro da Empresa (II), Título I-A, o art. 980-A, que regulamentava a nova modalidade. Tratou-se de significativa inovação, porque até então, no direito brasileiro, o pressuposto de existência (constituição e permanência) de qualquer sociedade era o requisito da pluralidade de sócios (requisito este previsto no hoje já

---

44   V., para esta distinção, o art. 982 do Código Civil.

revogado inciso IV do art. 1.033, que estipulava a dissolução da sociedade quando ocorresse "a falta de pluralidade de sócios, não reconstituída no prazo de 180 dias", mas cuja incidência era expressamente afastada, em se tratando de EIRELI, pelo art. 2º da Lei nº 12.441/2011).

A redação do art. 980-A estabelecia que a empresa individual de responsabilidade limitada seria constituída *por uma única pessoa titular da totalidade do capital social*, devidamente integralizado, que não será inferior a 100 (cem) vezes o maior salário mínimo vigente no País. A propósito da nova modalidade empresarial dispunha-se ainda que o nome empresarial deveria ser formado pela inclusão da expressão "EIRELI" após a firma ou a denominação social da empresa individual de responsabilidade limitada (§ 1º); que a pessoa natural que constituísse tal empresa individual somente poderia figurar em uma única empresa dessa modalidade (§ 2º); que a empresa individual poderia resultar da concentração das quotas de outra modalidade societária num único sócio, independentemente das razões que motivaram tal concentração (§ 3º); que, enfim, poderia ser atribuída à empresa individual, constituída para a prestação de serviços de qualquer natureza, a remuneração decorrente da cessão de direitos patrimoniais de autor ou de imagem, nome, marca ou voz de que seja detentor o titular da pessoa jurídica, vinculados à atividade profissional (§ 5º).

Outra inovação relevante foi trazida pela Lei nº 13.874, de 20 de setembro de 2019 (dita Declaração de Direitos da Liberdade Econômica), a qual criou uma nova hipótese em que se admite que a pessoa jurídica seja constituída por um único sócio. Trata-se da *sociedade limitada unipessoal*, prevista pelo § 1º do art. 1.052 do Código, cuja instituição, diferentemente da EIRELI, independe de valor mínimo de capital social e não impede o sócio único de figurar em outras sociedades da mesma modalidade. O § 2º do art. 1.052 prevê que se aplicam, no que couber, à sociedade unipessoal as disposições sobre contrato social ao documento de constituição do sócio único.

Como se percebe, com a admissão da sociedade unipessoal desapareceu a utilidade da EIRELI no direito brasileiro, mesmo porque, como já mencionado, o art. 1.033, IV, do Código Civil, que determinava a dissolução da sociedade se faltasse a pluralidade de sócios, veio a ser revogado pela Lei nº 14.195/2021 – cujo art. 41 determinou a conversão automática e independente de alteração do ato constitutivo, de todas as EIRELI em sociedades unipessoais. Coerentemente, no mesmo ano, a Medida Provisória nº 1.085/2021, depois convertida na Lei nº 14.382/2022, revogou o inciso VI do art. 44 e o art. 980-A do Código Civil, retirando da codificação qualquer referência à EIRELI.

Um problema que muito preocupou a doutrina é o atinente à *personificação da herança*. No direito romano, reconhecia-se à *hereditas iacens*[45] personalidade, porque, com a morte do *de cuius* não passavam logo seus bens aos herdeiros, havendo uma fase intermediária, entre a abertura da sucessão e a adição da herança. Não podendo admitir que os direitos ficassem sem titular, naquele período em que já não eram do defunto e ainda não pertenciam aos sucessores, o rigor lógico dos jurisconsultos romanos personificou a herança jacente. Em nosso direito anterior, escritores

---

45 "Herança jacente".

de prol discutiram o fenômeno, desenhando-se duas correntes: enquanto, de um lado, havia quem sustentasse a sobrevivência da teoria romana (Teixeira de Freitas, Lacerda de Almeida); de outro lado, contra ela alguns se insurgiram (Melo Freire). Com o alvará de 9 de setembro de 1754, estabelecendo que a propriedade e a posse civil da herança, com efeitos de posse natural, transferiam-se logo aos herdeiros, nitidamente o nosso direito debandou da conceituação romana da *hereditas iacens*, caminhando no rumo do *droit de saisine*, construído na época feudal. Em face do disposto no Código Civil de 2002, assim como já ocorria no de 1916, com a abertura da sucessão, a propriedade da herança transmite-se desde logo aos herdeiros legítimos e testamentários, não havendo lugar para a atribuição de personalidade à herança, pois em nenhum momento os direitos ficam sem sujeito: até o momento da morte pertencem ao *de cuius* (o falecido), e, aberta a sucessão, passam aos sucessores. A herança pertence, pois, aos herdeiros, embora estes possam ser temporariamente incertos: será o instituído testamentariamente, ou o parente ou cônjuge convocado pela lei para tocar a sucessão, e, na falta de uns e outros, o Estado, mas sempre alguém haverá para adir à herança. Enquanto não se liquidar esta, e não houver partilha que individue os quinhões de cada sucessor, a *hereditas* é uma universalidade de bens, processualmente representada ativa e passivamente pelo inventariante (Código de Processo Civil de 2015, art. 75, VII), mas não é dotada de personalidade própria, não sendo, portanto, uma pessoa jurídica.[46] A matéria está desenvolvida no v. VI, nº 429.

Outra universalidade dotada de representação ativa e passiva é a *massa falida*, revestida de cunho unitário, mas desvestida de personalidade (Código de Processo Civil de 2015, art. 75; Lei de Falências – Lei nº 11.101/2005, arts. 21 e ss.).

Em torno da personificação do *grupo familiar* tem-se discutido, parecendo a alguns conveniente admiti-lo. Não obstante a existência de um acervo patrimonial, de um agrupamento de pessoas, de um órgão dirigente, faltam a individualidade e a unidade orgânica à família para ser admitida como pessoa jurídica.[47]

57. RESPONSABILIDADE CIVIL DAS PESSOAS JURÍDICAS

Dotadas de capacidade, as pessoas jurídicas agem, emitem declarações de vontade, adquirem direitos e contraem obrigações. Como qualquer pessoa natural, e aqui a invocação tem inteira procedência, o ente moral se obriga e, vinculado à emissão de vontade, responde pelos compromissos assumidos. O problema, portanto, da responsabilidade das pessoas jurídicas pelo inadimplemento das obrigações assumidas não oferece margem a discussões. O que se poderá cogitar é simplesmente da idoneidade

---

46 Clóvis Beviláqua, *Teoria Geral*, § 20; Ruggiero e Maroi, *Istituzioni*, I, § 43.

47 Orlando Gomes, *Introdução*, nº 120; Mazeaud *et* Mazeaud, *Leçons*, I, nº 620; Savatier, *"Une Personne Morale Méconnue: la Famille Sujet de Droit"*, *in* Dalloz, *Répertoire Hebdomadaire*, 1939, p. 49; Savatier, *Du Droit Civil au Droit Public*, p. 19 e ss., partindo da *personalidade interna*, situada na designação de um órgão representativo, sustenta a sua personificação. Ver o que vai exposto no vol. V, nº 368, *infra*.

da declaração volitiva, e isto condiz com a questão de sua representação. Desde que se tenha em vista um negócio jurídico realizado nos limites do poder conferido pela lei e pelo estatuto, deliberado pelo órgão competente e realizado por quem é legítimo representante, a pessoa jurídica é responsável, está adstrita ao cumprimento da palavra empenhada e responde com seus bens pela inobservância do compromisso. A regra tem cunho de absoluta generalidade e aplicação, não somente às pessoas jurídicas de direito privado, como também às de direito público. No tocante a estas, seja a União, sejam os Estados, sejam os Municípios, sejam as autarquias, estão sujeitas aos termos dos contratos que celebram em pé de absoluta igualdade com as associações, as sociedades e as fundações, sempre ressalvadas as peculiaridades dos contratos administrativos. E, na falta de execução fiel, respondem pelas consequências.

O campo da responsabilidade extracontratual já oferece aspectos mais ricos de conteúdo doutrinário. Quanto às pessoas jurídicas de direito privado, é assente que o órgão ou o preposto, procedendo contra direito, obriga a entidade preponente (isto é, a quem se vincula o órgão ou que é representada pelo preposto) a reparar o dano causado. Não comporta dúvida o princípio na moderna ciência civilista, e o que os especialistas vão pouco a pouco fazendo é alargar o conceito da responsabilidade indireta, seja pela maior amplitude da ideia de preposição que se não restringe à representação formal, seja pela maior solidez da objetivação da responsabilidade. Na verdade, e em diferença da responsabilidade contratual que tem limite nos termos da outorga de poderes, além da qual a pessoa jurídica deixa de ser responsável pelo ato praticado, no campo aquiliano (responsabilidade extracontratual) não cabe indagar se o agente do ato danoso é representante da entidade, no sentido estrito de uma concessão de poderes específicos.

Qualquer pessoa vinculada à pessoa jurídica por uma relação de representação estatutária, de comissão em forma, ou de simples preposição eventual objetivamente considerada, acarreta para aquela o dever de ressarcimento pelos atos ilícitos que pratique. Assim é que tanto responde o corpo moral pelo dano causado a terceiro por parte de um diretor seu, como o que decorre de uma transgressão legal cometida pelo motorista de seus veículos, como pelo faxineiro de suas dependências. Quando se fala em representante ou preposto, tem-se em vista o fato de, no *momento do dano*, estar o agente procedendo na qualidade de preposto para aquele ato. Sob o ângulo da presunção de culpa, a ampliação do conceito da responsabilidade provinha de que, respondendo o patrão, amo ou comitente pelos seus empregados, serviçais e prepostos, no exercício do trabalho que lhes competir ou por ocasião dele (Código Civil de 1916, art. 1.521, III), a doutrina e a jurisprudência modernas já entendiam, antes da promulgação do Código de 2002, que vigorava em favor da vítima uma presunção *absoluta* de culpa, pela qual o preponente era responsável, independentemente do fato de que a pudesse ilidir, a não ser que provasse que para o evento danoso concorreu a culpa exclusiva da vítima, de terceiro ou o caso fortuito. O Código, no art. 933, consolidou esta posição, determinando a inclusão da hipótese entre as que configuram responsabilidade objetiva.

Sempre sustentamos que as pessoas jurídicas não podiam ter *imputabilidade criminal*. Não estariam, portanto, sujeitas à responsabilidade penal. Alguns autores quiseram ver na imposição de pena pecuniária, de cassação de autorização para funcionamento, quando necessária, de suspensão ou extinção da pessoa jurídica, uma punição de caráter criminal. Não obstante a autoridade de quem o sustentava,[48] sempre pensamos em contrário.[49] Construído o princípio da imputabilidade criminal sobre o do livre-arbítrio ou liberdade moral, não há ensancha a que se estenda às pessoas jurídicas.[50] Se os agentes ou representantes desta tiverem pessoalmente cometido o delito ou forem coautores dele, merecem punição por estas circunstâncias, porque, sendo pessoalmente imputáveis, respondem pelo ato delituoso. Mas a pessoa jurídica, como entidade abstrata, não poderia ser criminalmente responsável. Todavia, e não obstante a coerência dogmática desta posição, há tanto consolidada, o legislador encontrou, no plano da práxis, um meio de imputar penalmente a pessoa jurídica.[51]

Responsabilidade civil do Estado. Mais aceso debate tem envolvido a responsabilidade civil das pessoas jurídicas de direito público. A doutrina, partindo do

---

48 Lacerda de Almeida, *Pessoas Jurídicas*, § 8º.

49 No mesmo sentido, Clóvis Beviláqua, *Teoria Geral*, § 20; Vairelles-Sommières, *Les Personnes Morales*, p. 478; Rossel e Mentha, *Manuel*, I, nº 191, p. 131.

50 A Constituição de 1988, porém, admitiu expressamente a responsabilização penal da pessoa jurídica (arts. 173, § 5º, e 225, § 3º), sem prejuízo da responsabilidade individual de seus dirigentes, pelos atos praticados contra a ordem econômica e financeira e contra a economia popular (v. Lei nº 12.529, de 30 de novembro de 2011, art. 31) e pelas condutas e atividades lesivas ao meio ambiente (v. Lei nº 9.605, de 12 de fevereiro de 1998, art. 3º).

51 No que tange às penas aplicáveis às pessoas jurídicas, a Lei nº 9.605/1998 estabeleceu, nos arts. 21 e ss. o modo de apenação: Art. 21. As penas aplicáveis isolada, cumulativa ou alternativamente às pessoas jurídicas, de acordo com o disposto no art. 3º, são: I – multa; II – restritivas de direitos; III – prestação de serviços à comunidade.
Art. 22. As penas restritivas de direitos da pessoa jurídica são: I – suspensão parcial ou total de atividades; II – interdição temporária de estabelecimento, obra ou atividade; III – proibição de contratar com o Poder Público, bem como dele obter subsídios, subvenções ou doações.
§ 1º A suspensão de atividades será aplicada quando estas não estiverem obedecendo às disposições legais ou regulamentares, relativas à proteção do meio ambiente.
§ 2º A interdição será aplicada quando o estabelecimento, obra ou atividade estiver funcionando sem a devida autorização, ou em desacordo com a concedida, ou com violação de disposição legal ou regulamentar.
§ 3º A proibição de contratar com o Poder Público e dele obter subsídios, subvenções ou doações não poderá exceder o prazo de dez anos.
Art. 23. A prestação de serviços à comunidade pela pessoa jurídica consistirá em: I – custeio de programas e de projetos ambientais; II – execução de obras de recuperação de áreas degradadas; III – manutenção de espaços públicos; IV – contribuições a entidades ambientais ou culturais públicas.
Art. 24. A pessoa jurídica constituída ou utilizada, preponderantemente, com o fim de permitir, facilitar ou ocultar a prática de crime definido nesta Lei terá decretada sua liquidação forçada, seu patrimônio será considerado instrumento do crime e como tal perdido em favor do Fundo Penitenciário Nacional.

princípio da *irresponsabilidade absoluta*, decorrente da ideia absolutista que apresentava o Estado como ente todo-poderoso, contra o qual não prevaleciam direitos individuais, virou de 180 graus, vindo ter hoje, tranquilamente, no postulado moral da responsabilidade. Na verdade, a valoração dos direitos não se compadece com a ideia de que a vítima de um procedimento injurídico não tenha contra o Estado o direito de reparação, devendo limitar-se a demandá-la daquele que diretamente causou o mal, embora procedendo em nome ou como representante do Estado. Esta postulação, na maioria dos casos, daria resultado frustro, além de importar na consagração de uma injustiça fundamental. Antes de alcançar os conceitos atuais, imaginou-se uma distinção em que se considerava a ação estatal, distribuindo os atos realizados pelo Estado em duas categorias, e dizia-se: ora age ele como uma pessoa privada, na *gestão* de seu patrimônio, ora procede no exercício da sua soberania e em razão do *império* a que esta se prende. No primeiro caso, é responsável, no segundo não. A teoria é sutil, e teve o mérito de encaminhar o problema para o rumo do reconhecimento do dever de reparar, mas não continha uma solução justa. Quer se focalize a matéria do ponto de vista moral, quer do ângulo prático, encaminha-se a condenação da teoria. Se a vítima se queixa de um dano causado pela pessoa jurídica de direito público em atuação contra direito, não satisfaz ao sentimento de justiça distinguir se o ato foi praticado *iure gestionis* ou realizado *iure imperii*, porque numa ou noutra hipótese o restabelecimento do equilíbrio exige a composição do bem jurídico ofendido. Praticamente, torna-se muitas vezes difícil caracterizar a atuação estatal, e dizer em cada espécie se o ato é de império ou de gestão, o que ainda concorre para desautorizar a doutrina que nesta diferenciação tem assento.

Posteriormente, estendeu-se, então, o princípio da responsabilidade civil *ex delicto* às pessoas jurídicas de direito público, exigindo-se como requisitos de seu estabelecimento (Código Civil de 1916, art. 15) a existência do dano causado pelo preposto ou representante que houvesse, nesta qualidade, procedido contra direito ou faltado a dever prescrito em lei (v. nº 116, *infra*). Em face deste princípio de responsabilização, que a Constituição Federal mais fundamente consagra, as pessoas jurídicas de direito público respondem pelos danos que seus funcionários causem a terceiro, sem distinção da categoria do ato. Mas tem ação regressiva contra o agente, quando tiver havido culpa deste, de forma a não ser o patrimônio público desfalcado pela sua conduta injurídica (Constituição Federal, art. 37, § 6º).

No fundamento da responsabilidade civil do Estado, três correntes disputavam as preferências: a da *culpa individual* do preposto, da falta impessoal do serviço público ou do *acidente administrativo*, e a do *risco administrativo*.[52] A primeira,

---

52 Para o detalhamento dessas teorias, v. Caio Mário da Silva Pereira, *Responsabilidade Civil*, Forense, nº 104. Lá se pode verificar que alguns autores equiparam a expressão "risco administrativo" a "risco integral" (nº 105), enquanto modernamente se considera que a última, ao contrário da primeira, não admite qualquer excludente. V., também, Yussef Said Cahali, *Responsabilidade Civil do Estado*, Revista dos Tribunais, 1982.

tradicional, se funda em que o Estado somente pode ser responsabilizado se tiver havido culpa do seu agente, preposto ou funcionário, de tal forma que a vítima terá de positivar o procedimento contrário ao direito, por parte do agente do Poder Público, para que seja a pessoa jurídica responsável. A segunda, formulada por Hauriou, parte de que os funcionários fazem um todo uno e indivisível com a própria administração, e, se na qualidade de órgãos desta, causarem dano a terceiro, por uma falta cometida nos limites psicológicos da função, a pessoa jurídica é responsável. Não cabe indagar quem procedeu com culpa, mas apurar se houve uma falha no serviço. Se o prejuízo emanou de um fato material, do funcionamento passivo do serviço público, embora sem culpa pessoal, de um mero acidente administrativo ou de uma irregularidade do funcionamento do serviço público, mas irregularidade de apuração objetiva, é o bastante para que tenha lugar a indenização. A terceira, defendida entre nós por Amaro Cavalcanti, Orosimbo Nonato, Aguiar Dias, com numerosos seguidores, é francamente objetivista: partindo do conceito da igualdade de todos perante a lei, entende esta teoria que entre todos devem ser os ônus equitativamente distribuídos. Não é justo que, para benefício da coletividade, somente um sofra os encargos. Se alguém é lesado pelo Estado, em consequência do funcionamento regular ou irregular de um serviço organizado no interesse de todos, a indenização é devida, em razão de que os efeitos da lesão ou encargos de sua reparação devem ser equitativamente repartidos por toda a coletividade, e, satisfazendo-os, o Estado restabelece o equilíbrio. Para que haja, pois, o dever de reparar, é suficiente que se demonstre o nexo de causalidade entre o ato danoso e o prejuízo causado, sem necessidade de cogitar da culpa do funcionário ou da falta anônima do serviço.[53]

A regra, ora consagrada no art. 43 do Código Civil, e que tem assento na sistemática constitucional brasileira, é a da responsabilidade com fundamento na teoria do risco administrativo ou risco social. Tal como redigido, compreende todas as pessoas jurídicas de direito público e as de direito privado prestadoras de serviço público, e os extremos são estes: a) comprovação do dano; b) demonstração de que este foi causado por um agente da pessoa jurídica. Cumpre esclarecer que o vocábulo "agente" designa qualquer pessoa que, no momento, esteja cumprindo uma atividade a ela atribuída, sem distinção quanto à natureza da função exercida. Não se cogita de verificar se o procedimento do agente foi contra direito. A apuração da culpa ou dolo somente tem cabida nas relações entre a pessoa jurídica e seu agente, servidor ou preposto, e para fundamentar a ação regressiva contra este.

Fiel à doutrina que perfilhamos, sempre sustentamos o princípio do risco administrativo, assentando que a pessoa jurídica de direito público responde sempre pelo dano causado. Foi o entendimento recebido pelo Código Civil, no art. 43. O princípio da respon-

---

53 Amaro Cavalcanti, *Responsabilidade Civil do Estado*, vol. I, *Introdução*, p. XIII; Aguiar Dias, *Da Responsabilidade Civil*, vol. II, nos 197 e ss.; Pedro Lessa, *Do Poder Judiciário*, p. 165; Caio Mário da Silva Pereira, "Responsabilidade Civil do Estado", *in Revista Forense*, vol. 101, p. 38; Paul Duez, "Introduction", *in Responsabilité de la Puissance Publique*; Washington de Barros Monteiro, *Curso*, I, p. 113; Caio Mário da Silva Pereira, *Responsabilidade Civil*, nos 101 a 108.

sabilidade do Estado por ato de seus agentes, causadores de dano a terceiros, consagrado já nas Constituições anteriores, foi ampliado na de 1988, para abranger todas as pessoas jurídicas, inclusive as de direito privado prestadoras de serviços públicos, ressalvado o direito de regresso contra o responsável nos casos de dolo ou culpa (CF, art. 37, § 6º).

A aceitação da teoria do risco administrativo não significa, entretanto, que o Estado seja responsável em qualquer circunstância. Não obstante a proclamação da responsabilidade pelo risco, aplicam-se, no que couber, todas as causas excludentes de responsabilidade que rompem o nexo de causalidade.[54]

58. NACIONALIDADE DAS PESSOAS JURÍDICAS

Da nacionalidade das pessoas jurídicas de *direito público* não há cogitar. Como entes de direito externo, são as nações mesmas, assim consideradas no concerto universal, e, como tais, atribuem nacionalidade às pessoas. Como é em função delas que os indivíduos são nacionais ou estrangeiros, não se há de questionar de sua nacionalidade. Internamente, as pessoas de direito público são unidades políticas ou administrativas, ou político-administrativas, que pela própria natureza não podem ter nacionalidade diversa da que emana do Estado, ou da nação de que são a expressão no seu conjunto ou nas subdivisões.[55]

A indagação merece ser ponderada quanto às pessoas jurídicas de *direito privado*, e é em torno delas que a doutrina controverte, em debates que chegam ao combate, tão inconciliáveis são as opiniões a respeito.

Quando procuramos, então, resposta à indagação sobre qual a nacionalidade das pessoas jurídicas verificamos que a escolha da teoria a respeito de sua natureza pesa sobremodo.

Os corifeus da doutrina *ficcionista*, logicamente, têm de concluir pela negativa total e dizer, como efetivamente dizem, que a pessoa jurídica não tem nacionalidade. Se ela é mera ficção, não existe em si, e, portanto, como nada que é, não pode ser nacional, como não pode ser estrangeira. Para esta corrente a questão não tem sentido, pois que, sustentando a inexistência real do ente, terá forçosamente de dizer que um ser fictício não pode ter tal ou qual nacionalidade. Somente as pessoas naturais podem tê-la, porque apenas os indivíduos são realidades que se vinculam ao Estado, e cultivam as tradições de seu povo.[56]

Para poder-se admitir, mesmo, o problema, é preciso, então, partir do reconhecimento da existência própria da pessoa jurídica. Só os que aceitam a *teoria da realidade* devem disto cogitar. Mas é preciso, antes da perquirição da nacionalidade, ou da fixação de critério atributivo, atentar em que não há uma similitude perfeita entre pessoa jurídica e a pessoa física, pois que, se esta se vincula a um Estado, e a sua nacionalidade é

---

54   Caio Mário da Silva Pereira, *ob. cit.*, nº 105.
55   De Page, *Traité Élémentaire*, I, nº 508, p. 565.
56   Laurent, *Principes*, I, p. 405; Vareilles-Sommières, *Les Personnes Morales*, p. 643.

o caráter de sua sujeição a ele, à pessoa jurídica não se deve atribuir o sentido nacional na mesma acepção geradora dos mesmos deveres do indivíduo para com o Estado, porém como princípio de "dependência originária a uma determinada ordem jurídica".[57]

Dentro, pois, da teoria da realidade técnica, que perfilhamos, é que é possível cogitar do problema, de vez que, se a pessoa jurídica é um ente real no mundo do direito, se é dotada de personalidade própria, a ela é atribuível o caráter de nacional ou estrangeira, e esta qualificação é útil para a determinação dos direitos que lhe pertencem, como para o estabelecimento da lei aplicável quanto aos requisitos impostos pela ordem legal à sua criação e à sua existência.[58] Na escolha do critério de estabelecimento de tal qualidade, os escritores e as escolas se desentendem. Uns aliam a nacionalidade à ideia de *domicílio* ou da *sede representativa*, considerando a pessoa jurídica nacional do país onde se reúnem as suas assembleias, onde têm assento seus órgãos de administração.[59] Outros fazem a ideia de nacionalidade acompanhar a do centro principal dos negócios.[60] Outros, não se desprendendo das pessoas dos membros componentes, ligam a nacionalidade da pessoa jurídica à dos indivíduos que a compõem, ou numa variante, fazendo predominar a daqueles sócios que têm o controle financeiro, ou, dito de outra maneira, determinando a nacionalidade da entidade, em vista do agrupamento que representa verdadeiramente os interesses nacionais.[61] Outros desprezam as pessoas componentes, sob fundamento de que, em *princípio*, a nacionalidade da pessoa jurídica independe da dos associados, e se inclinam pela atração do Estado, sob cuja legislação se tenham constituído.[62]

Todos esses critérios se nos afiguram especiosos e, principalmente, suscetíveis de conduzir a uma insegurança na ordem prática. O que é preciso ter em mente, ao cogitar do problema, é a adoção de uma linha de raciocínio que ofereça chão sólido onde assentar a solução dos problemas objetivos, surgidos da atuação dos entes morais no plano internacional.

Daí propendermos para a *teoria da constituição*: se a nacionalidade da pessoa moral traduz a sua subordinação a uma ordem jurídica determinada, ou a sua dependência originária a um ordenamento legal, o que se tem a examinar é a sua articulação com a ordem jurídica que presidiu à sua criação. Este critério, que pode não ser perfeito, sobreleva em estabilidade ao da nacionalidade dos membros componentes, não só porque tanto abrange as sociedades quanto as fundações, como ainda porque

---

57 Amílcar de Castro, *Direito Internacional Privado*, II, nº 140, que, por isso mesmo, considera *imprópria* a acepção do vocábulo *nacionalidade* em referência às pessoas jurídicas. Acerca do tema, v. Jacob Dolinger, *Direito Internacional Privado. Parte Geral*, p. 475 e ss.

58 Planiol, Ripert e Boulanger, I, nº 723.

59 Arminjon, *Précis de Droit International Privé*, II, nº 44; Oertmann, *Introducción*, § 15.

60 André Weiss, *Traité Théorique et Pratique de Droit International Privé*, II, p. 480.

61 Batiffol, *Traité Élémentaire de Droit International Privé*, nº 192; Planiol, Ripert e Boulanger, I, nº 723.

62 De Page, *Traité Élémentaire*, I, nº 508, p. 565.

não deixa a nacionalidade variar em razão da sub-rogação dos direitos dos membros atuais em outros, por atos entre vivos ou *causa mortis*.

Sendo predominante o critério do lugar da constituição, não tem influência a nacionalidade dos membros componentes, nem o controle financeiro, pois que, se indivíduos de nacionalidades diferentes associam-se para criar uma pessoa jurídica, com igualdade de participação nos bens sociais, o critério do local da constituição afasta o problema, totalmente insolúvel, da origem dos indivíduos ou da predominância daquele que detém a maioria do capital.

Avantaja-se à do centro principal dos negócios ou da sede social ou de sede administrativa em que a nacionalidade deve ter-se como uma qualidade permanente da entidade, insuscetível de variação, conforme, num dado momento, se desloque de um para outro Estado o centro dos interesses econômicos ou o local da reunião dos órgãos deliberativos.

A constituição de uma pessoa jurídica induz, desde logo, a sua subordinação originária ao meio social e à ordem pública que lhe possibilitou o nascimento, e, sem dependência de um fator contingente, imprime-lhe a marca de sua nacionalidade. É preciso, porém, não confundir a nacionalidade, como *dependência originária*, a um ordenamento jurídico determinado, com a subordinação a uma ordem legal *secundária*, que não altera a qualidade permanente da entidade, mas condiciona o seu funcionamento. A defesa nacional, do ponto de vista da soberania, ou do ângulo de proteção da economia interna, pode inspirar a instituição de controle das operações de uma pessoa jurídica estrangeira.

O direito brasileiro acolheu a teoria da constituição quando a LINDB, no art. 11, determina a "obediência" à lei do Estado em que as entidades se *constituem*. As que se constituem no estrangeiro subordinam a instalação de suas filiais, agências ou estabelecimentos no Brasil à prévia *autorização* do Governo brasileiro (LINDB, art. 11, § 1º). A defesa da integridade territorial inspira, por sua vez, a proibição aos governos estrangeiros ou às entidades que eles tenham constituído, dirijam ou hajam investido de funções públicas, de aqui adquirirem bens imóveis ou suscetíveis de desapropriação, ressalvada a propriedade dos edifícios-sede de seus representantes diplomáticos ou agentes consulares (LINDB, art. 11, §§ 2º e 3º). Embora sejam ideias inconfundíveis a soberania e o direito dominial, já acentuado isso por Hugo Grócio e repetido entre nós por Lafayette e Lacerda de Almeida, é inegável que nesse terreno é presente a *inspiração política*, sendo, portanto, bem travejada de razões a nossa doutrina legal, pois, a rigor, o exercício do direito de propriedade implica sujeição à ordem jurídica interna, e, de outro lado, a segurança pública nacional corre risco pelo fato de uma nação estrangeira, com aquisição ou alargamento de seus bens imobiliários, diretamente ou por via de uma entidade por ela criada ou subvencionada, enquistar-se no território pátrio.

Estes critérios têm um sentido protetor. A pessoa jurídica constituída no exterior obedece à lei nacional do seu Estado de origem. As agências ou filiais que constituírem no Brasil estão sob o império da lei brasileira, inclusive no que diz respeito à autorização do Governo brasileiro, para operarem no País.

Tais princípios vigoraram como doutrina legal brasileira por um largo período, até o advento da Constituição Federal de 1988. Novos rumos foram então traçados. No propósito de dar nova disciplina à "ordem econômica e financeira" o Texto de 1988 editou "princípios gerais da atividade econômica". Garantiu "tratamento favorecido para as empresas brasileiras de capital nacional de pequeno porte" (art. 170, IX). Mudando a anterior orientação, considerou "brasileira" a empresa constituída sob as leis brasileiras e com sede e administração no País (art. 171, I). Considerou, também, empresa brasileira de capital nacional aquela cujo controle efetivo estivesse em caráter permanente sob a titularidade direta ou indireta de pessoas físicas domiciliadas e residentes no País ou de entidades de direito público interno, entendendo-se por controle efetivo da empresa a titularidade da maioria de seu capital votante e o exercício, de fato e de direito, do poder decisório para gerir suas atividades (art. 171, II).

Passados alguns anos de vigência da Constituição, o Congresso Nacional, aprovando Mensagem do Executivo, editou a Emenda Constitucional nº 6, de 15 de agosto de 1995, dando nova redação ao inciso IX do art. 170 e revogando o art. 171 e seus incisos. Na mesma linha de conduta, alterou a política minerária, mediante nova redação atribuída ao § 1º do art. 176, como já se mencionou. A justificativa para essas significativas modificações, que convenceram o Congresso Nacional a aprovar a EC nº 6, foi a excessiva *xenofobia* da normativa constitucional de 1988, que se entendia criar uma espécie de cordão de isolamento, impedindo o livre trânsito comercial. Esta nova orientação da política econômica visou inaugurar um período desenvolvimentista, acreditando que o excessivo estatismo havia fechado as portas aos investimentos produtivos. Acenava-se para o capital estrangeiro construtivo e, para tanto, entendeu-se necessário abrir outras perspectivas.

58-A. Desconsideração da personalidade jurídica

Conforme vimos (nº 57, *supra*), o princípio da responsabilidade civil da pessoa jurídica ampliou-se com a conquista da teoria do risco, segundo a qual o dever indenizatório decorre da relação de causalidade entre o fato e o dano,[63] hoje expressamente prevista no parágrafo único do art. 927 do Código Civil, como cláusula geral a dizer que haverá obrigação de reparação "quando a atividade normalmente desenvolvida pelo autor do dano implicar, por sua natureza, risco para os direitos de outrem".

Distinguindo a responsabilidade do ente moral relativamente aos seus integrantes – *societas distat a singulis* –,[64] acobertavam-se eles (e muito particularmente os seus administradores) de todas as consequências, salvo nos casos de individualmente incorrerem em falta.

---

63   Caio Mário da Silva Pereira, *Responsabilidade Civil*, nº 231.
64   "A sociedade tem existência distinta de seus sócios".

Modernamente, entretanto, o desenvolvimento da sociedade de consumo, a coligação de sociedades mercantis e o controle individual de grupos econômicos têm mostrado que a distinção entre a sociedade e seus integrantes, em vez de consagrar regras de justiça social, tem servido de cobertura para a prática de atos ilícitos, de comportamentos fraudulentos, de absolvição de irregularidades, de aproveitamentos injustificáveis, de abusos de direito. Os integrantes da pessoa jurídica invocam o princípio da separação, como se se tratasse de um *véu protetor*. Era preciso criar um instrumento jurídico hábil a ilidir os efeitos daquela cobertura.

Sentindo os inconvenientes desta imunidade, o direito norte-americano engendrou a doutrina da *disregard of legal entity*, segundo a qual se deve desconsiderar a pessoa jurídica quando, em prejuízo de terceiros, houver por parte dos órgãos dirigentes a prática de ato ilícito, ou abuso de poder, ou violação de norma estatutária ou, genericamente, infração de disposição legal.

Não obstante subsistir o princípio da distinção entre a sociedade e seus integrantes, em determinadas circunstâncias opera-se como que levantando ou perfurando o véu – *lifting or piercing the veil* – para alcançar o sócio, o gerente, o diretor, o administrador, e trazê-lo à realidade objetiva da responsabilidade.[65] Em oposição, portanto, à velha regra *societas distat a singulis*, uma nova concepção foi construída. De fato, a desconsideração da pessoa jurídica consiste em que, nas circunstâncias previstas, o juiz deixa de aplicar a mencionada regra tradicional da separação entre a sociedade e seus sócios, segundo a qual é a pessoa jurídica que responde pelos danos e os sócios nada respondem.

O que neste sentido ocorreu foi que se elaborou uma doutrina de sustentação para, *levantando o véu* da pessoa jurídica, alcançar aquele que, em fraude à lei ou ao contrato, ou por abuso de direito, procurou eximir-se por trás da personalidade jurídica e escapar, fazendo dela uma simples fachada para ocultar uma situação danosa. A denominada *disregard doctrine* significa, na essência, que em determinada situação fática a Justiça despreza ou "desconsidera" a pessoa jurídica, visando a restaurar uma situação em que chama à responsabilidade e impõe punição a uma pessoa física, que seria o autêntico obrigado ou o verdadeiro responsável, em face da lei ou do contrato.

Cumpre observar, todavia, que não se trata de decretar a nulidade ou a desconstituição da pessoa jurídica, senão, em dadas circunstâncias, proclamar-lhe a ineficácia, continuando a personalidade jurídica a subsistir para todo e qualquer ato.

Merece atenção, também, o fato de que a doutrina da "desconsideração" não pode ser aplicada indistintamente, mas deve ser utilizada em circunstâncias especiais, como se verá em seguida. Para acentuar a sua excepcionalidade basta recordar que o tratadista italiano Guido Alpa (que parece demasiadamente restritivista) sustenta que somente em caso de "abuso do direito" é possível romper o véu – *lacerare il velo* – para sancionar o comportamento ilícito, ou sujeitar às normas do Código as pessoas que pretendem se ocultar sob a capa da pessoa jurídica.

---

65 Cf. Fábio Konder Comparato, *O Poder de Controle da Sociedade Anônima*, p. 284.

Surgimento da disregard doctrine. Como às vezes acontece, a mesma razão inspiradora de um instituto guarda consigo o germe de sua oposição. Em 1911, no Estado de New York, surgiu a ideia de conceder o privilégio de *self-incorporations*, "com o objetivo de estimular certas atividades produtivas". Ao mesmo tempo eclodiu a necessidade de "impedir a fraude ou abuso, na utilização da personalidade jurídica".

Partindo da análise de decisão da Corte americana, o Prof. Rolf Serick, com a habitual minúcia dos juristas alemães, enunciou que muitas vezes a estrutura formal da pessoa jurídica é utilizada como escudo protetor de comportamento abusivo ou irregular de uma pessoa, sob aparência de se valer da proteção da norma jurídica. Ilustrando a proposição, lembrou o caso *United States v. Lering Valley B. B. Co.*: uma sociedade ferroviária era impedida de transportar, de um Estado da Federação para outro Estado, carvão proveniente de minas de propriedade da Estrada de Ferro. Tendo em vista que o único acionista da sociedade proprietária era a própria Estrada de Ferro, a Corte entendeu que as duas sociedades eram "uma e mesma sociedade", e proibiu o transporte.

Em outro caso muito citado, um certo Sr. Trabein, devedor insolvente, organizou uma sociedade com pessoas de sua família (mulher, filho, genro e cunhada), à qual transferiu todo o seu patrimônio. Demandado pelos credores, procurou fugir ao pagamento, mas a Corte decidiu que o patrimônio da sociedade era, na verdade, do devedor Trabein, e que a transferência dos bens equivalia à mudança externa, sem eficácia para exini-lo de solver o seu débito pessoal.

A tese encontrou ampla acolhida não apenas nos Estados Unidos, de onde se expandiu, e alcançou a Alemanha com Serick, Drobnig, Muller-Freienfels, Rudorf Reinhordt, Peter Erlingshagen; a Itália com Tullio Ascarelli, Guido Alpa; a Argentina com Masnatta, Julio Dassen; e ainda a Inglaterra e a França.[66] Tal como nos outros sistemas jurídicos, a sua inspiração no princípio da equidade, e principalmente no da moralidade obrigacional, ingressou no Brasil.[67] A expansão na doutrina brasileira foi muito significativa, compreendendo artigos, estudos especializados, inserção em obras sistemáticas.

Requisitos de aplicação. Anteriormente ao ingresso da *disregard doctrine* em nosso direito positivo, já alguns provimentos legislativos prenunciavam a repressão de abusos e irregularidades cometidos por dirigentes de sociedades, em detrimento de sócios, acionistas ou o público em geral. A legislação especial reguladora da liquidação extrajudicial de instituições de crédito previa a indisponibilidade dos bens dos administradores (Lei nº 6.024/74, art. 36), apontados como responsáveis pela má condução dos negócios da entidade, causadoras da intervenção do Banco Central do Brasil e decretação da liquidação. Essa legislação especial, desconsiderando a pessoa jurídica do banco – *cracking open the corporate shell* –, rompendo a concha

---

66 Gierci Giabeta, *in Revista de Direito Civil*, nº 48, 1989, p. 76 e ss.

67 A voz pioneira foi a de Rubens Requião, em notável conferência proferida na Universidade do Paraná, publicada na *Revista dos Tribunais*, sob a epígrafe "Abuso de Direito e Fraude através da Personalidade Jurídica". Destaca-se, ainda, a obra de Lamartine Corrêa de Oliveira, *A Dupla Crise da Pessoa Jurídica*, que penetrou fundo no novo instituto, envolvendo todos os seus aspectos.

da pessoa jurídica, serve a atingir as pessoas físicas dos administradores ou representantes.

Foi o Código de Proteção e Defesa do Consumidor – Lei nº 8.078, de 11 de setembro de 1990 – que consagrou definitivamente a *disregard doctrine* no direito brasileiro, assentando no art. 28 o princípio geral, deduzindo os requisitos de aplicação e estabelecendo as consequências, autorizando o juiz a desconsiderar a personalidade jurídica da sociedade na defesa do consumidor, vítima de procedimento do produtor, nas hipóteses a que alude.

Ao legislador de 1990 pareceu desnecessário definir o que se entende por "desconsideração da personalidade jurídica", porque notoriamente perfilhou a respectiva doutrina, com a menção expressa na epígrafe da "Seção V". Assim procedendo adotou-lhe os extremos, os elementos etiológicos e os efeitos. Com a tese da desconsideração, como já visto, o juiz pode desprezar o princípio da separação patrimonial, impondo às pessoas físicas dos administradores ou representantes o dever ressarcitório.

O fundamento da desconsideração é o prejuízo causado, ou seja, nos termos do art. 28 – "ato ou fato em detrimento do consumidor". Para os efeitos da Lei nº 8.078, de 1990, "consumidor" é toda pessoa física ou jurídica que adquire ou utiliza produtos ou serviços como destinatário final (art. 2º). Cumpre, todavia, alertar na linguagem do art. 28. Começa por dizer que o "juiz poderá desconsiderar a personalidade jurídica...". Mas a segunda parte do mesmo artigo usa linguagem imperativa: "A desconsideração também será efetuada...". Assim estatuindo, parece dizer que, ocorrendo as circunstâncias previstas, a desconsideração é uma consequência obrigatória.

Em havendo prejuízo para o consumidor, o juiz, desconsiderando a cobertura criada pela personalidade jurídica, vai conseguir alcançar a pessoa física do produtor ou fornecedor, para sujeitá-lo às consequências. Como já mencionado, a "desconsideração" não implica anulação da pessoa jurídica. Esta subsiste. Somente os atos nocivos serão objeto de atenção, para atribuir os efeitos às pessoas físicas dos administradores.

O próprio art. 28 do CDC, que primeiro instituiu a *disregard doctrine* em nosso ordenamento, estabelece em que circunstâncias terá ela cabimento. A primeira hipótese é a ocorrência de "abuso do direito" ou de "excesso de poderes". Ao conceito de "abuso do direito" terei ensejo de voltar em momento oportuno (*infra*, nº 118). Deixo apenas consignado que, se o administrador, ou quem suas vezes faça, excede-se no exercício de seus poderes, contravindo à norma jurídica ou aos estatutos, cabe ao juiz desclassificar a barreira da sociedade e reprimir o comportamento lesivo. Todos devem respeitar a lei. Mais cauteloso deve ser quem procede em nome ou como órgão de uma sociedade. Se infringe a lei, ou o estatuto, ou o contrato social, não se pode eximir, invocando a personalidade jurídica da sociedade. Considera ainda o art. 28 a ocorrência de fato ou ato ilícito em detrimento do consumidor, o que credencia o juiz para transpor a fronteira, e alcançar o agente. O *administrador* está adstrito à observância do estatuto ou do contrato social, sob pena de, violando um ou outro, ficar a descoberto, sem que a personalidade jurídica do ente moral lhe sirva de cobertura ou de véu protetor. É um caso típico de desconsideração da personalidade jurídica, com ruptura da personalidade da entidade, para alcançar o infrator e proteger o lesado.

A *disregard doctrine of legal entity* ainda destaca situação especial de falência, estado de insolvência, encerramento ou inatividade da pessoa jurídica, provocados por má administração. Este detalhamento abrange um dos aspectos mais significativos de proteção do consumidor. Não é raro que uma empresa entre em falência, encerre suas atividades ou se torne insolvente, e, quando os credores se movimentam na defesa de seus direitos e interesses, tenham de se defrontar com a separação dos patrimônios, distanciando a sociedade de seus componentes ou de seus administradores. Sob o amparo do já aludido aforisma *societas distat a singulis*, as pessoas físicas se livram, atirando sobre a entidade a responsabilidade total, e desta sorte se eximem completamente, resguardando seus haveres. É esta segunda parte do disposto no art. 28 que especificamente autoriza desconsiderar a personalidade jurídica da entidade, para obter provimento jurisdicional que efetivamente proteja o consumidor (e os demais sócios, os acionistas, os clientes em suma).

Completando a sistemática, o § 5º do art. 28 acrescenta que "também poderá ser desconsiderada a pessoa jurídica sempre que sua personalidade for, de alguma forma, obstáculo ao ressarcimento de prejuízos causados ao consumidor". Com mais este parágrafo, fecha-se o círculo de proteção, assegurando-se ao consumidor alcançar os sócios ou administradores, diretos ou indiretos, com abstração da personalidade jurídica autônoma da entidade.

Entretanto, a amplitude do dispositivo consumerista na enumeração das hipóteses que ensejam a desconsideração, especialmente a generalidade constante do mencionado § 5º, foi alvo de severas críticas na doutrina.

O art. 4º da Lei nº 9.605/1998 prevê ainda outra hipótese de desconsideração da personalidade jurídica, dispondo que "poderá ser desconsiderada a pessoa jurídica sempre que sua personalidade for obstáculo ao ressarcimento de prejuízos causados à qualidade do meio ambiente".[68]

Corifeu que sou, posto que modesto, da responsabilidade sem culpa, embora não repudie inteiramente a teoria subjetiva,[69] sinto-me realizado, na convicção de haver adotado orientação segura em minha obra doutrinária. E, nessa mesma tendência, o Código Civil de 2002, em seu art. 50, perfilhou, embora em menor escala, também a doutrina que tantas fraudes pôde impedir.

A redação original do art. 50 do Código restringiu, talvez excessivamente, a desconsideração da personalidade jurídica aos casos de desvio de finalidade e confusão patrimonial, mediante requerimento da parte ou do Ministério Público quando lhe couber intervir no processo. O teor do mencionado artigo, segundo Fabio Konder Comparato, visa a deixar claro, de um lado, que os efeitos da desconsideração são meramente patrimoniais e sempre relativos a obrigações determinadas, não fazendo com que a pessoa jurídica entre em liquidação ou se "despersonalize"; de outro, ao

---

68   V. nota 46, *supra*.

69   Tal como proclamo na obra *Responsabilidade Civil*, nos 219 a 229.

especificar a "*extensão* dos efeitos aos bens particulares do sócio", permite superar a discussão sobre se a pessoa jurídica responde ou não conjuntamente com o sócio.

Importante inovação ao instituto da despersonalização foi criada pelo Código de Processo Civil de 2015, que previu a necessidade de instauração de um incidente processual específico para que se possa decretar judicialmente a desconsideração (CPC, arts. 133 a 137). A previsão voltou-se a exigir a formação do contraditório acerca do pedido de desconsideração, evitando-se, assim, que o sócio ou administrador prejudicados pela medida deixassem de ser ouvidos previamente – na esteira das diretrizes principiológicas que pautaram o diploma processual civil como um todo.

Posteriormente, optou o legislador, por meio da Lei nº 13.874/2019 (Declaração de Direitos de Liberdade Econômica), por especificar ainda mais os requisitos originalmente previstos para a desconsideração da personalidade jurídica. Adicionou, assim, uma parte final ao *caput* do art. 50 do Código Civil, esclarecendo que os sócios ou administradores que podem vir a ter seus patrimônios atingidos são somente aqueles "beneficiados direta ou indiretamente pelo abuso". Além disso, incluiu os §§ 1º e 2º ao art. 50, que definem, respectivamente, o desvio de finalidade como "a utilização da pessoa jurídica com o propósito de lesar credores e para a prática de atos ilícitos de qualquer natureza" e a confusão patrimonial como a ausência de "separação de fato" entre os patrimônios, caracterizada por um dos seguintes critérios: i) cumprimento repetitivo pela sociedade de obrigações do sócio ou do administrador ou vice-versa; ii) transferência de ativos ou de passivos sem efetivas contraprestações, exceto os de valor proporcionalmente insignificante; e iii) outros atos de descumprimento da autonomia patrimonial.

A reforma promovida pela Declaração de Direitos de Liberdade Econômica ainda acrescentou mais três parágrafos ao art. 50 do Código Civil. O § 3º admite expressamente a chamada desconsideração inversa, isto é, aquela em que o patrimônio da pessoa jurídica pode vir a ser atingido por obrigações contraídas em nome próprio por sócios e administradores (possibilidade que já havia sido reconhecida com a entrada em vigor do Código de Processo Civil de 2015, que a prevê em seu art. 133, § 2º). O parágrafo seguinte esclarece que a mera existência de grupo econômico, *per se*, não autoriza a desconsideração. Por fim, o último parágrafo incluído no art. 50 esclarece que não configura desvio de finalidade a mera expansão ou alteração da finalidade original da pessoa jurídica.

58-B. Direitos da personalidade e a pessoa jurídica

Os direitos da personalidade são atributos da pessoa física. A ela concede-se a proteção de sua integridade física e moral. Tendo em vista que a pessoa jurídica é uma criação do direito para a realização das finalidades humanas, o Código, no art. 52, estende-lhe as garantias que a ela são asseguradas, evidentemente naquilo em que houver cabimento.

Merece destaque a especial proteção ao nome empresarial, como elemento ativo do estabelecimento para a designação da empresa, sua difusão, a atração de clientela. Considera a lei nome empresarial a firma ou a denominação adotada para o exercício da empresa. Equipara-se ao nome empresarial, para os efeitos da proteção legal, a denominação das sociedades simples, associações e fundações (parágrafo único do art. 1.155 do Código Civil). É um direito autônomo do empresário, regulado pelos arts. 1.155 a 1.168 do Código Civil, que pode impedir seu uso por outrem, mas não é suscetível de alienação ou transferência de *per se*. O nome empresarial integra o estabelecimento e seu uso pode ser cedido em conjunto com este. A lei penal institui punição para quem o usurpe, tipificando tal conduta como crime de concorrência desleal.[70]

Cogita-se, também, do direito à honra e à imagem da pessoa jurídica. O Superior Tribunal de Justiça pacificou o entendimento de que, pela violação de tais direitos, as pessoas jurídicas podem ser sujeitos passivos de dano extrapatrimonial. Diz o enunciado da Súmula nº 227 do STJ que: "A pessoa jurídica pode sofrer dano moral".

Todavia, em virtude dos efeitos essencialmente econômicos da lesão a tais direitos, cabe ressaltar que não se confundem com os bens jurídicos traduzidos na personalidade humana, os quais recebem proteção especial da ordem jurídica, em razão da cláusula geral de tutela inserta no art. 1º, III, da Constituição Federal.

---

70   Lei nº 9.279/96, art. 195.

CAPÍTULO XII
SOCIEDADES, ASSOCIAÇÕES E FUNDAÇÕES

Sumário

59. Começo de existência das pessoas jurídicas. Registro. **60.** Sociedades (remissão). Associações. **61.** Fim da existência das associações. Destino de seus bens. **62.** Fundações.

Bibliografia

Planiol, Ripert e Boulanger, *Traité Élémentaire de Droit Civil*, I, n°s 718 e ss.; De Page, *Traité Élémentaire de Droit Civil*, I, n°s 507 e ss.; Colin e Capitant, *Cours Élémentaire de Droit Civil Français*, I, n°s 715 e ss.; Capitant, *Introduction à l'Étude du Droit Civil*, p. 178 e ss.; Clóvis Beviláqua, *Teoria Geral do Direito Civil*, §§ 21 e ss.; Oertmann, *Introducción al Derecho Civil*, §§ 14 e ss.; Ruggiero e Maroi, *Istituzioni*, § 42; Rosset e Mentha, *Manuel de Droit Civil Suisse*, n°s 202 e ss.; Cunha Gonçalves, *Tratado de Direito Civil*, vol. I, tomo II, n°s 117 e ss.; Enneccerus, Kipp e Wolff. *Tratado*, I, §§ 96 e ss.; Mazeaud *et* Mazeaud, *Leçons*, I, p. 607 e ss.; Francesco Ferrara, *Tratatto*, I, p. 607 e ss.; Francesco Ferrara, *Teoría de las Personas Jurídicas*, p. 30 e ss.; Cesare Vivante, *Tratatto di Diritto Comerciale*, vol. II, p. 500; Vicente Ráo, *O Direito e a Vida dos Direitos*, II, p. 125 e ss.; Serpa Lopes, *Curso*, I, n°s 160 e ss.; Washington de Barros Monteiro, *Curso*, I, p. 104 e ss.; Sílvio Venosa, *Direito Civil. Parte Geral*, 2003, p. 249 e ss.; Paulo Nader, *Curso de Direito Civil. Parte Geral*, 2003, p. 223 e ss.

59. Começo de existência das pessoas jurídicas. Registro

No trato comum da vida quotidiana, a pessoa jurídica adquire direitos e assume obrigações, entabula negócios com pessoas naturais ou com outras pessoas jurídicas. É então necessário fixar o momento inicial de sua existência e estabelecer um meio de verificação de suas condições de funcionamento, e identificar seus órgãos de atuação.

Não fica mal um confronto entre a pessoa natural e a jurídica, pois que numa e noutra há um momento em que surge a personalidade jurídica, muito embora a primeira o receba do ordenamento legal por um fato biológico e a segunda por um ato jurídico, o que condiz ao mesmo tempo com a aquisição da personalidade e com o sistema probatório: a pessoa física recebe a personalidade do fenômeno natural do nascimento, materialmente comprovável, e não necessita de provar que a tem; a pessoa jurídica origina-se da manifestação da vontade humana, e cumpre, a quem nisto tiver interesse, fazer a prova de que existe e preenche as condições legais de capacidade de direito. Qualquer que seja, pois, a modalidade da pessoa jurídica, e quaisquer que sejam as suas finalidades, subordina-se a sua existência à apuração de requisitos.

Há uma diferença essencial entre a verificação existencial das pessoas jurídicas de direito público e de direito privado.

A começar do *Estado*. Como pessoa jurídica de direito público, tem a sua organização, os seus poderes, bem como os limites de sua soberania fixados na Constituição, e, pela sua própria natureza, é uma pessoa jurídica que existe *a se stante*. Não há mister perquirir, aqui, quando se inicia e como se justifica a existência do Estado como pessoa jurídica. Não haverá necessidade de buscar os meios probatórios da personalidade jurídica do Estado. É uma questão cuja investigação desborda do plano desta obra. As unidades federadas, Estados-Membros que compõem a União, e que são, por sua vez, pessoas jurídicas de direito público, têm a sua existência reconhecida na Constituição Federal (art. 1º) e sua organização definida nas respectivas Constituições (Constituição Federal, art. 25). Os Municípios, dotados de personalidade e de autonomia, assegurada constitucionalmente (Constituição Federal, art. 29), encontram o seu marco inicial no provimento que os criou, e as suas normas de ação insertas nas Constituições estaduais e nas leis de organização municipal. As autarquias, criadas por lei federal, estadual ou municipal, encontram no respectivo diploma constitutivo o estabelecimento de sua origem, de seus objetivos, do seu campo de atuação, de seus órgãos representativos, etc. Numa palavra, e para brevidade do resumo, as pessoas jurídicas de direito público são organizadas por leis componentes do direito público, ao qual cabe estabelecer todas as condições de aquisição e exercício de direitos, a instituição de seus deveres e a definição das condições de sua capacidade.

O processo genético *das pessoas jurídicas de direito privado é muito diferente.* Em última análise, seu fato gerador vai alojar-se na vontade humana, seja autônoma ou heterônoma, em manifestação conforme às prescrições legais. Há três critérios, que o legislador pode adotar, para atribuição de sua personalidade: o da *livre formação*, o do *reconhecimento* e o das *disposições normativas*.[1] O primeiro admite a criação da pessoa jurídica pela simples elaboração do seu ato constitutivo. A mera emissão de vontade dos membros componentes é o bastante para dar existência à entidade. Falho e desaconselhável, não oferece a menor segurança e estabilidade.

O sistema do *reconhecimento* prende suas origens no direito romano, desde o tempo em que os *collegia* necessitavam de autorização confirmatória para atuar.[2] Sobreviveu por muito tempo no direito moderno, *e.g.,* no italiano, em cuja doutrina se debatia a necessidade de um decreto de reconhecimento, levantando-se alguns em defesa da liberdade de criação (Faggella), ou sustentando outros a imprescindibilidade da autorização (Ruggiero). Estava expresso no Código italiano de 1942 o princípio do reconhecimento, instituído no art. 12, como requisito de aquisição da personalidade jurídica; o dispositivo, contudo, foi revogado pelo Decreto Presidencial nº 361, de 10 de fevereiro de 2000, passando a viger desde então o começo da personalidade jurídica a partir do registro junto às prefeituras, com a satisfação das exigências legais. No direito francês, em que vigorava a teoria do reconhecimento, a jurisprudência tornou-se tão liberal a ponto de admitir, em muitos casos, a personificação sem aquela providência administrativa,[3] bastando, em regra, a declaração à autoridade competente ou o registro (em se tratando de sociedade comercial). No direito português, igualmente, vigia o sistema do reconhecimento,[4] embora hoje este se encontre restrito à criação de fundações, ao passo que as associações adquirem personalidade jurídica com a simples constituição por escritura pública ou outro meio legalmente admitido (art. 158º do Código Civil) e as sociedades comerciais, com o registro definitivo (art. 5º do Código das Sociedades Comerciais).

O terceiro critério, chamado das *disposições normativas*, preenche uma posição intermédia ou eclética. Outorga poder criador à vontade, ensejando à entidade por ela criada a faculdade de adquirir personalidade independentemente de qualquer ato administrativo de concessão. Mas exige, por outro lado, a observância de condições legais predeterminadas, e, desde que a elas atendam, vivem e operam sem constrangimento.[5] Outros sistemas existem.[6] Esquematicamente, porém, podem-se reduzir a estes três critérios.

O direito brasileiro, que pertencia ao primeiro sistema até o séc. XIX, filia-se atualmente ao das *disposições normati*vas. Não com absoluta rigidez, pois, na verdade, nenhum sistema contemporâneo guarda absoluta fidelidade a um só deles.[7] Por

---

1   Oertmann, *Introducción*, § 15; Enneccerus, Kipp e Wolff, *Tratado*, I, § 99.
2   Ruggiero e Maroi, *Istituzioni*, § 42.
3   Planiol, Ripert e Boulanger, *Traité Élémentaire*, I, nº 718.
4   Cunha Gonçalves, *Tratado*, I, tomo II, nº 121.
5   Rosset e Mentha, *Manuel*, I, nº 177, p. 123.
6   Vicente Ráo, *O Direito e a Vida dos Direitos*, II, nºs 125-130.
7   Vicente Ráo, *loc. cit.*

isto mesmo, tem sido classificado como *intermédio* ou *misto*.[8] Enquadramo-lo no das disposições normativas porque, salvo casos especiais de exigência de autorização, o princípio dominante é o de que a vontade dos indivíduos, obedecendo a requisitos predeterminados, é dotada do poder de criar a pessoa jurídica. Mas, personalidade *em formação*, permanece ela em estado potencial até que, preenchidas as exigências alinhadas na lei, converte-se em um *status* jurídico.

Na criação da pessoa jurídica, há, pois, *duas fases*: a do *ato constitutivo* e a da formalidade administrativa do *registro*.

Na primeira fase, ocorre a *constituição* da pessoa jurídica, por ato *inter vivos* nas associações e sociedades, e por ato *inter vivos* ou *causa mortis* nas fundações. É, sempre, uma declaração de vontade, para cuja validade devem ser presentes os requisitos de eficácia dos negócios jurídicos (cf. nº 84, *infra*). Em se tratando das sociedades ou associações, comumente se denomina de "*contrato constitutivo*", designação contra a qual se insurge alguns, sob fundamento de que não se verifica a oposição de interesses normal nos contratos, mas uma conjunção de vontades no mesmo sentido.[9] O ato constitutivo, que pode ser genericamente denominado *estatuto*, deve ser escrito. A emissão de vontade pode revestir a forma pública ou particular, salvo quanto às fundações, que estão sujeitas ao requisito formal específico: instrumento público ou testamento.

Ocorrendo defeito, formal ou substancial, no ato constitutivo, cabe a quem tenha legítimo interesse, o direito de promover a sua anulação. Convém, entretanto, que se estabeleça um tempo, dentro do qual é cabível intentar o procedimento anulativo. Neste sentido, o parágrafo único do art. 45 do Código estabelece o prazo decadêncial de três anos, dentro do qual deve ser exercido, sob pena de caducidade. Se não for intentada, dentro dele, consolida-se a existência e personificação do ente moral, em caráter definitivo.

A segunda fase configura-se no *registro*. Com o propósito de fixar os principais momentos da vida das pessoas, o direito institui o sistema de registro civil para as pessoas naturais, onde se assentam o seu nascimento, casamento e morte, onde se averbam as ocorrências acidentais como a interdição, o divórcio, a alteração do nome etc. Também para as pessoas jurídicas foi criado o sistema de registro, por via do qual ficam anotados e perpetuados os momentos fundamentais de sua existência (começo e fim), bem como as alterações que venham a sofrer no curso de sua vida.

Ontologicamente, porém, há uma diferença radical entre o registro das pessoas naturais e o das pessoas jurídicas. O das primeiras tem uma função exclusivamente probatória, de vez que simplesmente importa em anotar aqueles atos da vida civil, ligados ao estado (*status*), sem qualquer função atributiva, pois não decorrem do registro as diversas situações jurídicas dele constantes. Não é pelo fato do assento do nascimento que o ser humano é dotado de personalidade, nem é a averbação da

---

8   Serpa Lopes, *Curso*, I, nº 161.
9   Oertmann, *Introducción*, § 15.

interdição que implica a incapacidade. A personalidade, a capacidade, a restrição que esta sofre advêm de um acontecimento, que o registro patenteia. O das pessoas jurídicas, ao revés, tem força atributiva, pois que, além de vigorar *ad probationem*, recebe ainda o valor de providência complementar da aquisição da capacidade jurídica.

A *falta de registro* implica, como consequência, a ausência de personalidade jurídica. O direito, então, adota uma posição especial, em que defende a aplicação da condição instituída para a personalização e ao mesmo passo encara a situação real criada. A estas entidades deu-lhes o nome de *sociedades comuns*, para distingui-las das que observam os requisitos de constituição. Enquanto não inscrita no registro próprio, não pode proceder regularmente, regendo-se pelas normas dos arts. 986 e ss. do Código Civil. Assim é que, se vêm a atuar, a lei reconhece-se-lhes a existência e até as regulamenta, embora precariamente e com a finalidade de proteger terceiros que com elas estabeleçam relações, mas lhes nega a personificação (arts. 45 e 985 do Código Civil). A falta de registro tem por efeito a comunhão patrimonial e jurídica da sociedade e de seus membros, como um corolário natural do princípio que faz decorrer do registro a personificação, e desta a separação dos patrimônios.

Da conjugação das duas fases, volitiva e administrativa, é que resulta a aquisição de personalidade. O ato constitutivo é o instrumento continente da declaração da vontade criadora, e a bem dizer, é a causa geradora primária do ente jurídico, o qual permanece em estado potencial até o momento em que se realiza a formalidade do registro. O começo da existência jurídica está fixado no instante em que aquele ato de constituição é inscrito no Registro Público, seja para as sociedades ou associações, seja para as fundações. Este registro é também a fonte de informação dos dados característicos da entidade, motivo por que mencionará a sua denominação, as suas finalidades e a sua sede (Código Civil, art. 46, I). Tendo em vista que as conexões da entidade no mundo jurídico exigem um órgão encarnado em um ou mais indivíduos, referirá ele, ainda, em regra, a maneira como se administra e quem tem a função de representação, ativa e passiva, em Juízo e fora dele. Esclarecerá a possibilidade e a forma pela qual o ato constitutivo pode ser modificado. A fim de prevenir os que negociarem com a pessoa jurídica, dirá da extensão da responsabilidade de seus membros pelas obrigações sociais. E, finalmente, conterá a previsão das condições de sua extinção e o destino de seu patrimônio (Código Civil, art. 46, VI).

Como certas atividades estão ligadas a interesses de ordem coletiva, que o Estado precisa submeter a uma vigilância maior, as leis mencionam as entidades para cujo funcionamento é exigida *autorização* estatal ou *aprovação* governamental. Em princípio, pois, vigora no direito brasileiro o critério da liberdade de associação para fins lícitos,[10] tendo a exigência de autorização caráter excepcional, e alcançando apenas alguns tipos de atividades expressamente previstas em lei, como as finalidades securitárias, as atividades financeiras, a exploração de energia elétrica ou das ri-

---

10   Constituição Federal, art. 5º, XVII.

quezas minerais etc., e, nesses casos, a existência depende da aprovação prévia ao registro (Código Civil, art. 45, *in fine*).

A *falta de autorização*, nos casos em que é exigida, impede a constituição da sociedade. Há uma distinção essencial entre ela e a *ausência de registro* (Código Civil, arts. 986 e ss.), pois que se esta importa em que a sociedade constituída pela manifestação volitiva hábil não chega a adquirir personalidade própria (Código Civil, art. 985), a falta de autorização é obstáculo à constituição mesma da sociedade. A despeito da diferenciação, a lei atenta para a hipótese de ter-se constituído um ente, sem autorização, e ter atuado como sociedade, para cuja constituição a autorização era necessária (Código Civil, arts. 1.123 e ss.). E o faz para estender-lhe o princípio da responsabilidade (sobre ambos os temas, v. a detalhada regulamentação que ora consta do Livro da Parte Especial, que trata do Direito de Empresa).

Esses princípios, fixados no Código anterior, sobreviveram no Código de 2002, tanto no que diz respeito ao começo da existência, quanto no que se refere ao conteúdo do registro (arts. 45 e 46).

Disciplinado pela Lei nº 6.015/1973 (Lei dos Registros Públicos), que permanece em vigor, o Registro Civil das Pessoas Jurídicas deve obedecer às condições regulamentares prescritas, seja no Código seja na mencionada Lei, para a inscrição, modificações e extinção das pessoas jurídicas de direito privado (LRP, art. 114 e ss.).

60. Sociedades (remissão). Associações

As pessoas jurídicas de direito privado, especialmente consideradas pelo direito civil, podem ser agrupadas em três tipos fundamentais, em razão da sua constituição e, ao mesmo tempo, de suas finalidades: o primeiro tipo abrange as *associações*, a cujo exame ora procederemos; o segundo, as *fundações*, que serão estudadas no nº 62, *infra*; e o terceiro, as *sociedades*, as quais são disciplinadas no Livro próprio da Parte Especial – Do Direito de Empresa. O Código, a partir da Lei nº 10.825/2003, indica em apartado os *partidos políticos* e as *organizações religiosas*, em virtude de suas peculiaridades. A Lei nº 12.441/2011, por sua vez, havia acrescentado ao rol do art. 44 do Código Civil as chamadas *empresas individuais de responsabilidade limitada*, constituídas por uma só pessoa titular da totalidade do capital social, criando uma modalidade absolutamente inovadora no direito nacional – a qual, porém, veio a ser suprimida em 2022, sendo plenamente substituída pela modalidade unipessoal de sociedade limitada (ver nº 56).

Consagrou o Código de 2002 a distinção doutrinária entre sociedades e associações, denominação esta última que passou a designar unicamente a união de pessoas para *fins não econômicos* (art. 53). Ao contrário das sociedades, que via de regra se compõem (salvo as anônimas) de um grupo reduzido de pessoas, as associações em geral congregam grande número, perseguindo fins morais, caritativos, literários, artísticos, desportivos ou de lazer. Adotando tal critério, o Código permite inferir que não têm, elas próprias, qualquer finalidade lucrativa.

A propósito, cumpre dizer que sempre houve, em pura doutrina, distinção nas designações *sociedade* e *associação*, que servem para denominar, de um lado, as pessoas jurídicas formadas por um grupo de pessoas, visando a uma finalidade econômica (*sociedades*), e, de outro lado (*associações*), as constituídas de um número mais avantajado de indivíduos, tendo em vista objetivos não econômicos, ou ideais. O Código anterior, porém, deixou de se ater à distinção, e, se mais adequado era utilizar-se a designação "associações" para as pessoas jurídicas de fins não lucrativos, nenhuma obrigatoriedade havia neste sentido,[11] admitidas as expressões como sinônimas no mencionado Código.

Associação é aquela que se propõe a realizar atividades não destinadas a proporcionar interesse econômico aos *associados*; sociedade é a que oferece *vantagens pecuniárias aos seus componentes*. Com este critério, classificam-se ainda na categoria de associações aquelas que realizam negócios visando ao alargamento patrimonial da pessoa jurídica, sem proporcionar ganhos aos associados. Assim é que não perdem este caráter as associações recreativas que mantêm um serviço de venda de refeições aos associados, ou cooperativas que fornecem aos seus membros víveres e utilidades, muito embora instituam margem de lucro a benefício da própria entidade.

Caracteriza-se a associação sem fim econômico como a que se não dedica a operações industriais ou comerciais, nem proporciona aos membros uma vantagem pecuniária, tendo o cuidado de assinalar que a procura de vantagens *materiais*, indispensáveis a que a associação viva e atinja suas finalidades de ordem moral, não retira o caráter não lucrativo do fim social: a contribuição dos associados, a remuneração de certos serviços, a cobrança de ingresso a conferências ou concertos não são característicos do fim lucrativo, como não o é igualmente a verificação de superávit na apuração de balanços periódicos.[12] Não é incompatível com a gratuidade destes a formação de patrimônio, aquisição de sede própria ou de bens de capital.

Embora tenham na vontade gregária de seus componentes o princípio genético de sua constituição, podem eventualmente necessitar de autorização estatal para seu funcionamento. Num outro sentido, e para gozarem de benefícios fiscais, logram provimento reconhecendo-as como de utilidade pública.

As associações não geram obrigações e direitos recíprocos entre os associados, mas somente destes com a entidade, na forma das disposições estatutárias (Código Civil, art. 53, parágrafo único).

A matéria a ser contida no estatuto é explicitada em nosso direito positivo desde a Lei nº 173/1893, e vem ora indicada, taxativamente, no art. 54 do Código Civil, alterado pela Lei nº 11.127/2005: a) denominação, fins, sede; b) requisitos de admissão, demissão e exclusão de associados; c) direitos e deveres dos associados; d) fontes de recursos para sua manutenção; e) modo de constituição e funcionamento dos órgãos deliberativos; f) as condições para a alteração do estatuto e sua dissolução; g) a forma de gestão ad-

---

11   Clóvis Beviláqua, Comentário ao art. 16.
12   De Page, *Traité Élémentaire*, I, 518, p. 582.

ministrativa e de aprovação das respectivas contas. Há evidente interesse social em que a sua constituição e funcionamento sejam conhecidos, tornados públicos pelo registro.

Em princípio, não haverá discriminação entre os associados. Não é, porém, incompatível com essa equiparação a circunstância de distinguirem os estatutos, dentre os associados, categorias especiais como sejam os portadores de títulos patrimoniais em confronto com os sócios contribuintes, de associados remidos, sócios benfeitores e outros (art. 55). Deverão indicar as categorias dos que detêm o poder de voto nas assembleias ou dos que são elegíveis para funções de direção.

A admissão no quadro social é fundada em razões *personalíssimas*, e subordinada a requisitos estatutários (art. 54, II). Não adquire o associado um título negociável, como ocorre, por exemplo, com o portador de ações de uma sociedade anônima. A regra, tal como estabelecida no artigo 56 do Código Civil, é a da *intransmissibilidade* da qualidade societária, bem como a dissociação entre a propriedade da quota e a condição de sócio. Os estatutos podem, contudo, dispor diversamente, ora para considerar a transmissibilidade *causa mortis* em grau limitado (*e.g.,* cônjuge, filho), ora para subordinar a transferência entre vivos à prévia aprovação de órgão especial ou da assembleia. É lícita a instituição de taxa de transferência.

O parágrafo único do art. 56 veio pôr fim a querelas frequentes, quando ao ser criada uma associação, um dos instituidores reserva-se certo número de quotas, ou quando alguém adquire título patrimonial por ato entre vivos ou sucessão hereditária, e reivindica sua admissão no quadro social. O dispositivo dissociou as duas condições. Somente no caso de estabelecer o estatuto, expressamente, a atribuição de sócio à titularidade da fração ideal é que ocorre a conjugação. No silêncio dele, a propriedade da quota não confere a condição de sócio.

O Código Civil (art. 57), após as alterações da Lei nº 11.127/2005, passou a restringir a possibilidade de exclusão do associado à hipótese de "justa causa", assim reconhecida em procedimento que assegure direito de defesa e de recurso, nos termos previstos no estatuto.

O artigo 58, à primeira vista, consagraria verdadeiro truísmo. Se ao associado são conferidos, legitimamente, direitos e funções, constitui abuso condenável impedi-lo de exercer uns e outras. O dispositivo conforma, todavia, juntamente com o anterior, o poder disciplinar, não se admitindo a previsão de penalidades que atinjam direitos e funções dos associados, se não expressamente previstos nos estatutos ou em lei. Se vier a incorrer em causa justificativa de lhe serem obstados, o órgão competente tomará a deliberação *ad referendum* da assembleia.

Embora normalmente caiba à assembleia o poder de eleição, não é vedado que estabeleça o estatuto a eleição de um Conselho de Administração, ou órgão análogo, com o poder de designar os administradores. A destituição, pela gravidade que encerra, deve ser da competência exclusiva da assembleia (art. 59, I). Nada impede que, como medida cautelar e provisória, seja o administrador suspenso de funções até a decisão definitiva da assembleia. Havendo categorias diversas de associados, poderá o estatuto definir quem tem direito de voto na assembleia de destituição.

61. Fim da existência das associações. Destino de seus bens

Cabe ao direito internacional o estudo do fim da existência das pessoas jurídicas de direito público externo. Também exorbita do direito civil a cessação da existência das pessoas jurídicas de direito público interno, cumprindo ao direito constitucional prever e disciplinar o desaparecimento ou a fusão dos Estados-membros da Federação ou dos Municípios, e ao direito administrativo o das entidades autárquicas ou paraestatais. O direito civil cogita do término das pessoas jurídicas de direito privado, a ser analisado separadamente no que toca às associações, de um lado, e às fundações, de outro. Aqui cogitamos das primeiras; no nº 62 seguinte, das segundas.

Não subordinadas as pessoas jurídicas à fatalidade de um acontecimento (morte) que conduz as pessoas físicas ao seu fim, existe, todavia, certa simetria entre a criação e o desaparecimento das sociedades ou associações: causado o seu nascimento por um ato de *constituição*, seu perecimento advirá de um *ato de dissolução*, o qual, em razão da natureza e da procedência, pode assumir três formas distintas, a que correspondem três modalidades de extinção: *convencional, legal* e *administrativa*.

O Código anterior previa a dissolução das associações, voluntária ou compulsória. No silêncio do atual, aplicam-se as regras atinentes à dissolução de pessoas jurídicas em geral, e das sociedades, respeitado o disposto no estatuto (art. 54, VI).

Dissolução convencional é a que deliberam os seus membros componentes e encontra seu fundamento ético no mesmo poder criador que o ordenamento legal atribui à *vontade humana*. Hábil a gerar um ente distinto dos indivíduos que proferiram a emissão da vontade criadora, é dotada da capacidade de extingui-lo. Qualquer associação pelo só fato de ter nascido da declaração de vontade pode dissolver-se por uma declaração de vontade. Nem mesmo as associações constituídas para durarem *perpetuamente* escapam a esta forma de perecimento. Contra a opinião de Lacerda de Almeida, que sustentava a inaptidão da vontade extintiva diante das entidades de natureza perpétua e de utilidade pública com fundamento em razões espirituais,[13] argumentou Beviláqua com fundamento na lei, e aludiu à hipótese de cessação da existência da pessoa jurídica pela deliberação de seus membros sem fazer qualquer restrição à natureza perpétua da entidade.[14]

A deliberação hábil será tomada pelo quórum previsto nos estatutos ou na lei. Se não for unânime, a minoria tem ressalvados os seus direitos, quer para opor-se à dissolução, se para tal encontrar fundados motivos, quer para defender seus interesses, acaso feridos na eventualidade.

Ficam ressalvados, igualmente, os direitos de terceiros, que, evidentemente, não têm qualidade para se oporem à deliberação, limitado o seu poder à defesa de seus interesses contra qualquer prejuízo resultante da convenção extintiva.

---

13   Lacerda de Almeida, *Pessoas Jurídicas*, § 31.
14   Clóvis Beviláqua, em "Comentário ao art. 21".

Dar-se-á *dissolução legal* quando ocorrer em razão de um motivo determinado em lei. Devemos distinguir as sociedades das associações, de vez que a vontade legal atua diversamente, em um e outro caso. As primeiras encontram na lei motivos peculiares de dissolução, quando desaparece o seu capital, ou reduz-se sensivelmente, impossibilitando a sua persistência, pela falência, incapacidade ou morte de um dos sócios; pela renúncia de qualquer deles, se a sociedade for por prazo indeterminado. Já as associações não se extinguem pela redução ou desaparecimento do capital, pois que este não é requisito de sua existência; seu quadro social é normalmente indeterminado, e, por conseguinte, a morte ou a incapacidade de qualquer associado não atinge a existência da pessoa jurídica; não há cogitar de sua falência. A associação termina *ipso iure* pelo implemento da condição a que está subordinada a sua durabilidade, ou pela expiração do *prazo* de duração. As hipóteses se avizinham ontologicamente da dissolução convencional, pois que a elas preside a força da vontade criadora, determinante da condição resolutiva ou do termo extintivo. Dela diferem em que se não verifica a cessação originada de uma deliberação tomada pelos associados, mas opera-se automaticamente pela ocorrência do fato ou pelo decurso do tempo. Análogo é o caso da associação que se constitui para determinado fim, que se extingue se este é realizado integralmente, ou se se apura a sua inexequibilidade.

Dissolução administrativa é a que atinge as pessoas jurídicas que necessitam de aprovação ou autorização do Poder Público para funcionarem. Se praticam atos opostos aos seus fins, ou nocivos ao bem coletivo, a administração pública, que lhes dera autorização para o funcionamento, pode cassá-la, daí resultando a terminação da entidade, uma vez que a sua existência decorrera daquele pressuposto. Não pode, porém, proceder discricionariamente o Poder Executivo, revogando unilateralmente a autorização, sem causa justificativa, e, se o fizer procede contra direito, sujeitando o Estado ao ressarcimento do dano causado. Mas se a autorização é temporária, a recusa do Poder Público situa-se na órbita de seu poder discricionário, e, em consequência, a falta de renovação implica a terminação da sociedade, sem direito à indenização. Também ocorrerá cassação da autorização se a entidade proceder contra o direito ou a ordem pública.

Pode-se destacar a chamada *dissolução judicial*, em razão da sua subordinação ao processo contencioso *in iudicio*, porque decorrente de um ato jurisdicional quando se configura algum dos casos de dissolução prevista em lei ou no estatuto, e, não obstante, a sociedade continua operando, o juiz, por iniciativa de qualquer dos sócios, decreta a sua terminação. Quando for questionada a impossibilidade de sua sobrevivência, e a sentença que dirimir a contenda assim concluir; ou ainda, por ação direta, mediante denúncia de qualquer do povo ou do órgão do Ministério Público, em razão de promover atividade ilícita ou imoral, a dissolução assenta na *sentença judicial*. Em todos esses casos, é *judicial a extinção*, encarada sob o aspecto *formal*, porque o ato extintivo é de natureza judicial. Mas do ponto de vista *causal*, a *dissolução* vai encontrar classificação na sua razão determinante.

Podemos denominar *extinção natural* a que provém da morte dos membros da associação. Se os estatutos admitirem que subsista com os sobreviventes em caso de morte de algum deles, respeita-se a disposição por amor à vontade constitutiva, mas cumpre esclarecer até quando perdurará a pessoa jurídica, no desfalque de seus membros, ou na diminuição do número dos associados. Pelo direito romano, somente desaparecia a entidade no caso da morte de todos os seus membros componentes. Assim era, também, no nosso direito anterior.[15] Insurgindo-se contra esta concepção Clóvis Beviláqua inscreveu no seu Projeto, como condição de sobrevivência da sociedade ou associação, a exigência de existirem ao menos dois membros ou associados. Rejeitada a ideia, vigora o princípio tradicional, sustentando-se a continuação da sociedade, ainda que o número dos sócios fique reduzido a um apenas.[16] Lastreada embora no direito romano,[17] nunca nos pareceu lógica a doutrina: se à constituição da sociedade se considerava necessária a existência de uma pluralidade de pessoas, duas pelo menos, não deveria logicamente perdurar, se os membros ou associados ficam reduzidos a um só indivíduo, de vez que este fato importaria em confundir a pessoa jurídica com a pessoa natural. Não haveria razão para a separação dos patrimônios, nem se poderia distinguir a vontade orgânica da pessoa jurídica da vontade individual do único associado remanescente. Contudo, predominou o entendimento de que o fundamento da permanência da sociedade, com a morte de todos os associados, menos um, consagrada pelo Código Civil de 1916, estava em que seria possível, em torno dele, reconstituir-se a entidade – o que, repetimos, sempre criticamos, por nos parecer tão ilógico quanto a regra canônica que admite persistência do ente jurídico mesmo que morram todos os associados.

Essa lógica sobreviveu no Código de 2002, que, dispondo sobre as sociedades, determinava, na sua redação original, um prazo de 180 dias para que fosse reconstituída a pluralidade de sócios, sob pena de dissolução (art. 1.033, IV). A Lei nº 12.441/2011, como visto, criou uma importante exceção a esse princípio, ao constituir tipo de pessoa jurídica intitulado *empresa individual de responsabilidade limitada (EIRELI)*, admitindo, assim, como sua denominação indica, a pessoa jurídica com um único "sócio" (*rectius*, titular). Essa modalidade configurava uma alternativa para pessoas naturais que exercessem atividades empresárias, como também para aquelas que se dedicassem a atividades científicas, artísticas ou literárias (ver nº 56). Posteriormente, exceção ainda mais relevante foi criada pela Lei nº 13.874/2019 (dita Declaração de Direitos da Liberdade Econômica), que instituiu a sociedade limitada unipessoal, prevista pelo atual § 1º do art. 1.052 do Código Civil. Em seguida, a Lei nº 14.195/2021 viria a revogar o mencionado inciso IV do art. 1.033, afastando, assim, qualquer prazo para o restabelecimento da pluralidade de sócios. E, por fim, a existência jurídica da EIRELI foi revogada com a Lei nº 14.382/2022.

---

15 Lei nº 173, de 1893.

16 Clóvis Beviláqua, em "Comentário ao art. 21".

17 *Digesto*, Livro III, tít. IV, fr. 7, § 2º, "*Si universitas ad unum redit, magis admittitur posse eum et convenire et conveniri, cum ius omnium in unum reciderit, et stet nomen universitatis*". (Em tradução livre: A corporação ganha um sentido de unidade ideal, e essa unidade não se altera, nem se desfaz, ainda que mudem, ou se substituam os seus membros; e se estes se reduzem a um único, *universitas*, que é a expressão corporativa, subsiste, sem confundir-se com este último).

Essas mudanças se coadunam com as escolhas legislativas anteriores, no sentido de tornar habitual, e não mais apenas acidental, a existência de pessoas jurídicas compostas por um único membro.

A extinção da pessoa jurídica não se pode dar instantaneamente. Qualquer que seja a sua causa (convencional, legal, natural etc.), opera-se a terminação da entidade, mas existindo os bens de seu patrimônio, e havendo débitos a resgatar, ela continuará em *fase de liquidação*, durante a qual subsiste apenas para a realização do ativo e pagamento das dívidas, somente vindo a cessar de todo, ao ser dado ao acervo econômico o destino próprio, como adiante se verá.[18] Até o encerramento desta, por período mais ou menos longo, subsiste a entidade, fazendo-se constar do registro esta circunstância, e devendo configurar-se, em todos os atos, a cláusula *em liquidação* (art. 51 do Código Civil). Às pessoas jurídicas em geral aplicam-se as normas destinadas à liquidação das sociedades (Código Civil, arts. 1.102 e ss.). Encerrada a liquidação, o liquidante, ou, na sua omissão, qualquer interessado, promoverá o cancelamento do registro.

Cogita o artigo 61 do Código Civil, casuisticamente, do destino do patrimônio, e tem aplicação independentemente da natureza cultural, filantrópica, religiosa, temporária ou perpétua da associação.

O que de inovação contém o artigo é que, antes da destinação de seus bens à entidade congênere, podem os associados, por disposição estatutária ou deliberação em assembleia, deduzir os valores de seus títulos patrimoniais, por se considerar que lhes pertencem, estando na associação enquanto atender esta a seus fins. Poderão também receber em restituição as contribuições que houverem feito para o patrimônio social, corrigidos os valores em função do tempo e da depreciação monetária (art. 61, § 1º). Não cabe na restituição, em princípio, o que constituir participação nos encargos de manutenção.

Prevalecendo o respeito à finalidade social e à vontade estatutária, o remanescente é destinado à entidade congênere indicada no estatuto, ou, omisso este, a alguma entidade análoga existente.

Inexistindo no Município ou no Estado (também Distrito Federal, se for o caso) em que a associação tem sede, estabelecimento nas condições indicadas, o patrimônio reverterá à Fazenda do Estado, à do Distrito Federal ou à União (art. 61, § 2º). Verifica-se a devolução neste caso em paridade de situação com o que ocorre na hipótese da sucessão *causa mortis* atribuída à Fazenda Pública, na falta de parentes sucessíveis ou disposição testamentária,[19] muito embora não exista um vero e próprio direito hereditário do Estado, pois que de sucessão hereditária só se pode cogitar em caso de morte da pessoa natural. Daí procurar-se a justificativa para aquela de-

---

18 Ruggiero e Maroi, § 44; De Page, *Traité Élémentaire*, I, nº 511, p. 575; Planiol, Ripert e Boulanger, I, nº 719, p. 277.

19 Clóvis Beviláqua, em "Comentário ao art. 22".

volução bonitária em uma espécie de direito eminente do Estado, que se especializa em aquisição dominial.[20]

62. Fundações

A fundação espelha alta expressão do abstracionismo jurídico na sua capacidade de atribuir personalidade a um ente concebido pela vontade heterônoma. Análoga às sociedades e associações nos resultados da personalização, delas difere a fundação, essencialmente, na sua constituição, que não se origina, como aquelas, de uma aglomeração orgânica de pessoas naturais. O que se encontra, aqui, é a atribuição de personalidade jurídica a um patrimônio, que a vontade humana destina a uma finalidade social. É um pecúlio, ou um acervo de bens, que recebe da ordem legal a faculdade de agir no mundo jurídico e realizar as finalidades a que visou o seu instituidor. Não é qualquer dotação patrimonial, ainda que vinculada aos fins determinados, uma fundação; não constitui tal a entrega, por exemplo, de bens ou recursos financeiros a estabelecimento de ensino, com a destinação específica de outorgar "bolsas de estudos" a universitários ou colegiais. Não a pode constituir senão uma afetação de bens para um fim especial.[21] Para que uma destinação de bens passe a constituir fundação é necessária a personificação, isto é, a aquisição de personalidade jurídica própria, de que lhe advém a capacidade jurídica para atuar. Não se confunde com uma doação, porque esta envolve a transferência de bens de uma pessoa a outra, enquanto na fundação a dotação patrimonial é o elemento genético de uma pessoa jurídica.[22] Não há fundação nos patrimônios formados por subscrições para um fim determinado, como, por exemplo, socorrer flagelados. Precisamente em razão daquele abstracionismo que permite personificar um patrimônio em função do fim a que se destina, o direito romano somente veio a criar as *universitates bonorum* muito tarde, já numa fase em que a inspiração cristã da *pia causa* conduziu o pensamento do jurista à outorga de capacidade ao acervo patrimonial animado pela vontade vivificadora.[23] A personificação das fundações, realizada em visível paralelo com a das sociedades e associações, é, entretanto, muito mais *técnica*, porque, se nas associações de pessoas, a reunião de suas vontades vivas é o *substractum* da personalidade, na fundação ele está na *ideia* ou na *afetação patrimonial*, tomada em consideração para se destacar da vontade criadora e cumprir com autonomia a sua destinação.[24]

---

20 Ruggiero e Maroi, *loc. cit.*

21 Rosset e Mentha, *Manuel de Droit Civil Suisse*, I, nº 258, p. 171.

22 Enneccerus, Kipp e Wolff, *Tratado*, I, § 110, p. 522. Contra a teoria da "doação" ou da "liberalidade", que é bastante divulgada e aceita, Ferrara, na própria conceituação do ato de constituição da fundação como "negócio de destinação", sugere a configuração de sua natureza jurídica: *Tratado*, I, p. 643.

23 Ruggiero e Maroi, *Istituzioni*, § 42.

24 De Page, *Traité*, I, 528, p. 591.

SOCIEDADES, ASSOCIAÇÕES E FUNDAÇÕES   255

Como corpo moral, sem realidade psicofísica, a fundação procede, como as associações e sociedades, por intermédio de *órgãos*, a que é confiado o poder de deliberação e de representação. Mas, ainda aqui, diferença existe daquelas, porque nas sociedades e associações a vontade é a resultante das dos membros, ao passo que as fundações se desprendem da emissão volitiva dos instituidores, e, ainda que haja pluralidade destes, a vontade da pessoa jurídica é a do órgão deliberante, do qual nem sempre participa aquele que efetuou a dotação de bens.

A fundação nasce, como as sociedades e as associações, de um *ato constitutivo*, etiologicamente diverso, porém, do daquelas. A lei impõe uma série de requisitos intrínsecos e extrínsecos para a sua criação (Código Civil, art. 62).

Como é uma destinação patrimonial, é necessário que o instituidor faça uma *dotação de bens livres*. A existência de qualquer ônus ou encargo que pese sobre eles poria em risco a própria existência do ente, na eventualidade de virem a desaparecer, ou de se desfalcarem sensivelmente, frustrando desta sorte a realização dos objetivos.

Se os bens forem insuficientes para a finalidade desejada, respeitar-se-á a vontade do instituidor, no caso de haver ele determinado a maneira de com eles proceder. No seu silêncio, ou na inexequibilidade de sua determinação, a doutrina oferece três caminhos ao legislador:[25] a) *nulidade* do ato, pela impossibilidade material de se concretizar a vontade do agente; b) sua *conversão* em títulos da dívida pública, até que, aumentados com os rendimentos ou com novas dotações, perfaçam cabedal suficiente; c) sua *incorporação* a outra fundação já existente. A primeira solução, embora mais simples, peca pelo excessivo rigor, por deixar em inteiro desprezo a vontade do instituidor, já que a insuficiência de fundos não conduz à negação da vontade, mas alinha-se no plano da sua realização, que somente deverá atingir as raias da ineficácia da manifestação de vontade, quando atingir a própria seriedade desta, como no caso de existirem bens que o fundador enganosamente supunha lhe pertencerem.[26] A segunda solução, adotada entre nós pelo Código Civil de 1916 (art. 25), concilia o desejo do instituidor, para cuja realização há impossibilidade atual, com a praticabilidade futura da ideia fundamental. Peca, entretanto, por uma falha, e é que o cumprimento da vontade do fundador remanesce *sub conditione* dos acréscimos futuros, decorrente dos rendimentos e de novas dotações virem a compor um acervo suficiente. O Estado fica como fiduciário da aplicação daqueles bens, mas um fiduciário um tanto teórico, porque não lhe marcou a lei prazo, nem previu a hipótese de jamais atingir a dotação o necessário volume para a realização da vontade do fundador. A terceira solução, menos drástica, respeita a vontade do agente apenas naquela parte em que pretende uma finalidade socialmente útil para seus bens, mas desatende-a quando deixa de dar a dotação o destino previsto pelo instituidor, presumindo contra a declaração real de sua vontade um intento de beneficiar outra entidade já existente. Neste sentido dispõe o Código Civil (art. 63), determinando à autoridade fiscalizadora, na falta de cláusula expressa, a entrega dos bens a outra fundação

---

25   Clóvis Beviláqua, em "Comentário ao art. 24".

26   Oertmann, *Introducción*, § 22.

análoga. O Código, atendendo precipuamente à vontade do instituidor, determina, em tal caso, que se incorporem à instituição já existente, optando pela instantaneidade de sua utilização. Esta solução, todavia, somente prevalecerá se outra coisa não dispuser o instituidor, uma vez que é a sua vontade o elemento genético da fundação.

O ordenamento jurídico dá vida à fundação por amor ao ideal que o anima: necessário, então, que o instituidor declare o *fim* a que se destina, obrigatoriamente por uma das causas altruísticas previstas pelo parágrafo único do art. 62 do Código Civil, cuja redação foi ampliada para abranger novas hipóteses pela Lei nº 13.151/2015. Por esse meio, recebe a coletividade serviços desinteressados e proveitosos, e o Estado verifica a finalidade da dotação econômica. A *liceidade* do fim é evidentemente imprescindível. Além disso, há de ser coletiva, pois que a própria natureza da entidade repele a sua *individualidade*, e tem de ser *duradoura*, não significando isto a sua perpetuidade, porém a sua continuidade indefinida, ou ao menos estendida a um período de tempo relativamente longo.[27]

A lei condiciona, ainda, a validade da manifestação de vontade ao *requisito formal*. Pode nascer a fundação de um ato *causa mortis*, qualquer que seja a modalidade de testamento (público, cerrado, particular) usada pelo fundador. Produzindo efeitos após a abertura da sucessão somente depois da morte do testador é que se cogitará da instituição. Pode também a fundação nascer de um ato *inter vivos*, e, neste caso, somente terá validade se revestir a forma pública, seja um apenas o seu instituidor, sejam vários; quer sejam pessoas naturais, quer jurídicas. Alimentou, no passado, vivas controvérsias a questão da admissibilidade da *dotação direta*, quando o instituidor por ato *inter vivos* ou *causa mortis*, em vez de fazer doação ou legado a uma pessoa, com o encargo de criar a fundação, desde logo a designava como destinatária da liberalidade. E a dúvida provinha de que, não tendo ainda existência, não podia ser titular do direito. Modernamente, porém, desapareceu a questão, disciplinando o direito positivo, e nesta linha está o direito brasileiro, a criação direta da entidade pela vontade do instituidor: ficará o bem no patrimônio deste, até o momento em que se opera a constituição da pessoa jurídica da fundação. Aliás, a ideia não é estranha ao Código, que também aceita a doação feita ao nascituro ou à prole eventual de determinado casal, casos em que, igualmente, vigora uma condição suspensiva, de cujo implemento dependerá no futuro a aquisição da propriedade pelo destinatário.[28]

Indaga-se da *revogabilidade* da instituição, e responde-se que cabe sempre. Não obstante, é comum distinguir. A dotação em testamento é sujeita à mesma vontade ambulatória que preside à facção testamentária: como pode o testador revogar o testamento até o último momento da vida, somente com a sua morte pode considerar-se definitiva a instituição. A fundação criada por ato *inter vivos* é revogável até que se constitua definitivamente, com a aprovação dos seus estatutos, realizada pela autoridade competente, e o registro que lhe atribui personalidade jurídica. Até então, o bem continua no patrimônio do instituidor, de vez que não existe ainda a pessoa

---

27 Ruggiero e Maroi, *loc. cit.*

28 Clóvis Beviláqua, em "Comentário ao art. 25"; Ruggiero e Maroi, *loc. cit.*

Sociedades, Associações e Fundações 257

jurídica da fundação, e, como a sua destinação é ato unilateral do seu criador, pode este revogá-la unilateralmente. Criada em definitivo a entidade, torna-se proprietária do acervo, e já não mais se faculta a revogação por ato de vontade do fundador.[29]

Neste sentido, o artigo 64 do Código Civil prevê a possibilidade de arrependimento do instituidor, ou a demora na entrega dos bens, para refutá-los peremptoriamente. Uma vez constituída, adquire legitimação para efetivar a transferência do bem. Há uma impropriedade técnica na redação, pois a propriedade dos bens, por força do próprio negócio jurídico, já foi transferida a ela. O que cabe é compelir o instituidor à *tradição* (entrega) deles. Recusando ou retardando injustificadamente, a escritura é inscrita no registro, e determinada a entrega dos bens. Constituída por testamento, a ação será proposta contra o testamenteiro, o inventariante ou os herdeiros.

Devendo sujeitar-se a um *estatuto*, que será a sua lei interna, compete às pessoas encarregadas pelo instituidor de aplicar o patrimônio, o encargo de redigi-lo em obediência às linhas estruturais fixadas, ou ao menos com observância das bases deixadas no ato constitutivo, se o fundador não os tiver, desde logo deixado completamente redigidos (Código Civil, art. 65). Em seguida, deverão submetê-lo à aprovação da autoridade competente, que é o órgão do Ministério Público do Estado onde deverá ter sua sede a pessoa jurídica *em formação*. Obtida a aprovação proceder-se-á ao registro; negada, poderá dá-la o juiz, segundo a atribuição jurisdicional conferida pela legislação estadual, se se convencer da improcedência da recusa, de vez que o órgão do Ministério Público tem a faculdade de apreciar, mas não tem o poder discricionário de arbitrariamente opor-se à constituição da pessoa jurídica, nem o de rejeitar o projeto estatutário por mero capricho.

Se não tiver sido o estatuto elaborado pelo instituidor, e não o fizerem as pessoas incumbidas da aplicação do patrimônio, o órgão do Ministério Público os redigirá, judicial ou extrajudicialmente.[30] Se o instituidor não fixar prazo para a elaboração do estatuto, este será de 180 dias, para tal efeito.

Percorridos todos estes trâmites, que se completam pelo registro, a fundação está criada. Não pode ser atingida por ato revogatório e atuará no desenvolvimento de suas atividades, para cumprimento das finalidades objetivadas no ato fundacional. Envolvido que é um interesse social na sua atividade, compete ao órgão do Ministério Público do Estado fiscalizar-lhe a atuação e velar por ela (art. 66). Se se estender por mais de uma unidade da Federação a sua atividade, o representante do Ministério Público em cada localidade será sempre o seu órgão fiscalizador, a quem deverão ser submetidos os atos dos administradores e as contas das respectivas gestões, e facultado promover a anulação dos que forem praticados com inobservância das disposições estatutárias ou contrárias à lei.

Os estatutos podem ser *reformados* por deliberação de dois terços das pessoas que tenham o poder de gestão e representação da entidade, mas guardada fidelidade

---

29 Clóvis Beviláqua, em "Comentário ao art. 24"; Ferrara, *Tratatto*, I, p. 64.
30 Código Civil, art. 65.

aos fins primitivamente objetivados pelo instituidor, pois do contrário ter-se-ia, em verdade, a criação de outra fundação, sob color de reforma estatutária, e a tal não podem chegar os poderes das pessoas encarregadas de sua administração.[31] Realizada a reforma, por deliberação legítima, será submetida à aprovação do Ministério Público, da mesma forma que o estatuto originário, e averbada à margem do registro. Não logrando aprovação unânime, à minoria é reservado o direito de impugnar a alteração (Código Civil, arts. 67 e 68). A Lei nº 13.151/2015 passou a exigir que a aprovação pelo Ministério Público se dê no prazo máximo de 45 dias (art. 67, III), admitido o suprimento judicial a requerimento dos interessados em caso de denegação pelo *Parquet*.

Como toda pessoa jurídica, a fundação também se *extingue*: a) pelo decurso do *prazo* de sua existência, em obediência ao impulso da vontade criadora, que a lei respeita, se houver limitado a duração da entidade; b) não tendo sido constituída a termo, poderá o órgão do Ministério, ou qualquer interessado, inclusive a minoria dissidente, promover judicialmente a sua extinção, se a finalidade a que visa tornar--se *ilícita*, *inútil* ou *impossível* por qualquer motivo, seja de ordem econômica, seja de ordem material, seja de ordem moral, seja pela impraticabilidade de seus fins, seja pela contrariedade à ordem pública. Mas não pode a deliberação dos órgãos dirigentes ou de representação decidir da extinção da fundação, a símile da assembleia dos membros das sociedades ou associações, porque, no caso das fundações, a sua função é meramente administrativa, faltando-lhes o poder de disposição sobre um acervo que não é seu.[32]

Decretada a extinção por sentença, surge a questão do destino de seu patrimônio, a cuja solução não tem cabida a invocação estrita dos princípios reguladores do mesmo problema, no que tange às sociedades ou associações. Em primeiro lugar, manda a lei que se observe a vontade do instituidor, dando-se aos bens o destino que por ele tiver sido determinado no ato fundacional. Na falta de indicação precisa, recorre-se ao disposto no estatuto, que é a norma de conduta específica da entidade, e, elaborado segundo as prescrições legais, governa a vida do ente. No silêncio de um e de outro, o acervo patrimonial será incorporado a alguma outra fundação, designada pelo juiz, que se proponha a fins iguais ou semelhantes (art. 69). Nunca será possível a distribuição ou partilha do acervo em proveito particular, nem é facultado aos dirigentes ou à assembleia que deliberou a extinção resolver ao seu alvedrio o destino do patrimônio. Se não existir outra fundação em condições de recolher os bens da extinta, a invocação dos princípios gerais concluirá pela sua vacância, e, tornados então vagos, devolvem-se à Fazenda estadual como todos os desta natureza.[33]

---

31 Clóvis Beviláqua, em "Comentário ao art. 28".
32 Rossel e Mentha, I, nº 277, p. 181.
33 Clóvis Beviláqua, em "Comentário ao art. 30".

Capítulo XIII
DOMICÍLIO

Sumário

63. Domicílio e residência. **64.** Unidade, pluralidade e falta de domicílio. Mudança. **65.** Domicílio voluntário e domicílio necessário. Domicílio legal. Domicílio geral e especial. **66.** Domicílio das pessoas jurídicas.

Bibliografia

Enneccerus, Kipp e Wolff, *Tratado de Derecho Civil*, I, § 89; Clóvis Beviláqua, *Teoria Geral*, § 25; Planiol, Ripert e Boulanger, *Traité Élémentaire*, I, nos 532 e ss.; Ruggiero e Maroi, *Istituzioni*, § 39; Aubry e Rau, *Droit Civil*, I, § 140; Rossel e Mentha, *Manuel de Droit Civil Suisse*, I, nos 115 e ss.; Henri Capitant, *Introduction à l'Étude du Droit Civil*, p. 99 e ss.; Cunha Gonçalves, *Tratado de Direito Civil*, vol. II, tomo I, p. 11 e ss.; Colin e Capitant, *Cours*, I, nos 458 e ss.; De Page, *Traité* Élémentaire, vol. I, nos 305 e ss.; Mazeaud *et* Mazeaud, *Leçons*, I, nos 567 e ss.; Oertmann, *Introducción al Derecho Civil*, § 11; Salvi, "Il Domicilio", *in Enciclo*pedia Giuridica Italiana, vol. IV, p. 5; Vicente Ráo, *O Direito e a Vida dos Direitos*, II, nos 150 e ss.; Serpa Lopes, *Curso de Direito Civil*, I, nos 138 e ss.; Paulo Nader, *Curso de Direito Civil. Parte Geral*, nº 62; Sílvio Venosa, *Direito Civil. Parte Geral*, p. 225 e ss.

63. Domicílio e residência

O direito romano legou-nos uma noção bastante clara do domicílio, se bem que através de uma referência incompleta. Na verdade, a teoria romana partia da ideia de casa – *domus* – e fixava o conteúdo jurídico em razão do estabelecimento ou permanência do indivíduo naquele lugar *"ubi quis larem rerumque ac fortunarum suarum summan constituit"*.[1] A simplicidade do conceito é absoluta. Não imagina nenhuma relação ou vinculação entre o local e o indivíduo. Formula, tão somente, uma noção elementar, aliando a ideia de lar ou residência à de interesse ou fortuna. Como definição, é incompleta, por abranger tão somente o domicílio voluntário, deixando de lado o domicílio decorrente de determinação legal.[2] Mas é segura, por traduzir a concepção exata dos elementos que o constituem.[3]

O domicílio traduz, segundo a noção romana, um fato singelo na sua materialidade: estabelecimento do lar e constituição do centro dos interesses econômicos.

Mas o direito moderno embaraçou esta ideia tão clara, imaginando a escola francesa uma vinculação sutil e abstrata, que não se pôde jamais positivar, e que somente veio dificultar o entendimento: fundados em uma distinção bizantina de Zachariae, os autores Aubry e Rau firmaram a noção, segundo a qual o domicílio é uma *relação jurídica* existente entre uma pessoa e um lugar.[4] A sedução do raciocínio conquistou adeptos, e a doutrina francesa da escola exegética penetrou na Itália, onde se enxergou no domicílio um vínculo de direito entre o lugar e a pessoa.[5]

Coube, porém, à doutrina alemã restaurar o conceito na sua simplicidade originária e despi-lo daquela vestimenta inexata que é a relação de direito. Coube aos pandectistas reafirmar a ideia romana e, com assento nos textos, retomar a noção de centro das relações e atividades e moradia habitual.[6] O Código alemão, no § 7º, não cuidou de imaginar qualquer vinculação jurídica entre a pessoa e o lugar em que se encontra, por isso mesmo permite que se conceitue o domicílio como o centro das relações de uma pessoa.[7] Os modernos escritores franceses, porém, insurgem-se contra a concepção do *vinculum iuris* entre a pessoa e o lugar, para ficarem com a ideia do lugar ou da morada: domicílio não é uma noção abstrata, mas uma noção concreta.[8] Não existe uma relação entre a pessoa e um lugar na ideia de domicílio, porém este aponta *um lugar* que, segundo o art. 102 do Código Civil francês, é aquele onde a pessoa tem o seu principal estabelecimento.

---

1 "Onde alguém constituiu seu lar, bem como a sede de seus negócios e de seus interesses".

2 Enneccerus, *Tratado*, I, § 89.

3 Código, Livro X, tít. 39, Lei 7.

4 Aubry e Rau, *Droit Civil*, I, § 141.

5 Ruggiero e Maroi, *Istituzioni*, I, § 39.

6 Windscheid, *Pandette*, § 36; Dernburg, *Pandette*, § 46.

7 Enneccerus, *loc. cit.*

8 De Page, *Traité Élémentaire*, I, nº 305, p. 364; Mazeaud *et* Mazeaud, *Leçons*, I, nº 573; Planiol, Ripert e Boulanger, *Traité Élémentaire*, I, nº 532.

A doutrina suíça não tem a complexidade da francesa, nem a simplicidade da alemã. O Código Civil suíço, art. 23, traduz a aliança entre o lugar da residência e a intenção de aí se estabelecer; não cogita de uma relação jurídica entre a pessoa e o lugar, mas introduz um fator intencional.

O Código Civil brasileiro, assim como já o havia feito o de 1916, encontrando esta tríplice caracterização doutrinária, propendeu na conceituação para a concepção suíça e formulou uma definição (o que, aliás, habitualmente não faz), dizendo, no art. 70, que o *domicílio da pessoa natural é o lugar onde ela estabelece sua residência com ânimo definitivo*. Conjugou, portanto, dois elementos: um *material*, outro *psíquico*. Assim, para o direito brasileiro, o conceito de domicílio resulta da apuração de duas ordens de ideias: uma externa, a residência, e outra interna, a intenção de permanecer.

Que é, então, residência? É o lugar de *morada* normal, o local em que a pessoa estabelece uma habitação. Fazendo distinção que auxilia a compreender, Ruggiero instituiu uma gradação, *morada, residência, domicílio*.[9] Aproveitando em parte seu raciocínio, vemos na residência a morada de quem chega e fica; não é pousada eventual de quem se abriga em um lugar para partir de novo. O que aluga uma casa em uma zona de praia, para passar o verão, tem ali a morada, mas não tem residência. Esta pressupõe estabilidade, que pode ser maior ou menor. Estabilidade relativa. Na técnica de Ruggiero, como na dos irmãos Mazeaud, a residência se coloca a meio caminho entre a morada e o domicílio, mas não podemos perfilhar-lhes a doutrina, porque pressupõe a vinculação jurídica abstrata entre a pessoa e o lugar do estabelecimento principal dos negócios. Também Cunha Gonçalves distingue, nesta gradação, a *morada* como a casa da presença real ou habitual; e *domicílio* a residência permanente.[10]

A gradação é efetivamente de notar-se, não, porém, na conclusão final, de vez que, para o direito brasileiro, não é o fato material de ser permanente que faz da residência um domicílio, mas o fator *psicológico*, o ânimo definitivo. Aliás, o que é fundamental na distinção entre a escola francesa e a do Código brasileiro é que, para este, o domicílio assenta na ideia de residência, pois que é onde se situa a morada com ânimo definitivo. Para a escola francesa, residência e domicílio são ideias totalmente dissociadas: a residência é uma circunstância *de fato*, e o domicílio *de direito*; um indivíduo pode ter várias residências, mas possui, em princípio, um só domicílio; a residência, como habitação efetiva, perde-se desde que é deixada, enquanto o domicílio, como centro de atividades, pode subsistir, ainda que ali não resida nunca a pessoa.[11]

---

9   Ruggiero e Maroi, *Istituzioni*, I, § 39. Também, na doutrina francesa, Mazeaud *et* Mazeaud, *Leçons*, I, p. 533, encontra-se a mesma gradação: *demeure, résidence, domicile*.

10   Cunha Gonçalves, *Tratado*, II, tomo I, nº 136, p. 27.

11   De Page, nº 308.

Assentado, então, o fato externo, *residência*, como a morada habitual, a morada estável e certa, para convertê-la em domicílio será necessário introduzir-lhe o elemento psíquico: *intenção*. É o *propósito de permanecer*. Não é qualquer residência que faz o domicílio, porém a residência *definitiva*. O conceito de domicílio, para o direito brasileiro, seria de quase total insegurança, se dependesse da verificação do fator psíquico de uma apuração exclusivamente subjetiva, isto é, se a definitividade da residência ficasse na decorrência da manifestação anímica do indivíduo. Admitindo--se que a importância da intenção está nas suas repercussões exteriores, o fato interno é de apuração objetiva, pois se verifica do conjunto de circunstâncias.[12] Mas não se ausentam da noção as duas ideias fundamentais: a sede principal da morada e dos negócios.[13] O lar, o teto, a habitação do indivíduo e de sua família, o abrigo duradouro e estável – eis a residência; as relações sociais, e extensão das atividades profissionais, o desenvolvimento das faculdades de trabalho, a radicação no meio, a filiação às entidades locais, a aquisição de bens – eis algumas das circunstâncias que autorizam a concluir pela existência do ânimo definitivo de ficar. E da conjugação destes fatores, morada habitual ou residência e o *animus manendi*,[14] fez o legislador, repitamos, a noção de domicílio, compreendendo uma ideia simples e prática. É a aliança da residência e da intenção de tê-la como definitiva que autoriza a dizer que nem sempre a residência e o centro das atividades atuais compõem a ideia jurídica do domicílio: um estudante que passa um ano na Europa, recebendo bolsa de estudos, não tem ali seu domicílio, muito embora lá resida e faça o centro de suas atividades estudantis; um funcionário, enviado pelo serviço a que pertence, a uma outra localidade, para executar uma tarefa ainda que por largo tempo, tem uma residência, e dedica-se ao seu trabalho, mas nem por isso ali se domicilia. É que falta a intenção de permanecer, incompatível com a temporariedade da missão.[15]

A importância do domicílio é proclamada por todos. Dele decorrem certas consequências que atingem as relações jurídicas, projetando-se nos seus efeitos por diversos ramos do direito. Onde quer que se site a ideia do domicílio, liga-se-lhes sempre a necessidade *social* e simultaneamente *individual* de definir uma tendência do ser humano, que não traz consigo a inclinação ao nomadismo, mas com a civilização fixou-se e imprimiu à sua existência um caráter sedentário. O domicílio importa, então, em traduzir o elemento de *fixação espacial* do indivíduo, o fator de sua localização para efeito das relações jurídicas, a indicação de um lugar onde o indivíduo está, deve estar ou presume-se que esteja, dispensando aos que tenham interesse em encontrá-lo o esforço e a incerteza de andarem à sua procura por caminhos instáveis.[16]

---

12 Rossel e Mentha, *Manuel de Droit Civil Suisse*, I, nº 116, p. 94.
13 Pothier, Oeuvres, vol. I, p. 3, nº 8.
14 "A intenção de permanecer".
15 Rossel e Mentha, *Manuel de Droit Civil Suisse*, I, nº 123, p. 97.
16 De Page, nº 306.

No terreno puramente civilístico, diz-se que o domicílio é o lugar de exercício dos direitos e cumprimento das obrigações, no sentido da exigibilidade. Em princípio, a pessoa pode realizar, em qualquer lugar em que esteja, negócios jurídicos em geral, mas não se lhe pode, salvo o caso do domicílio de eleição, reclamar a execução das obrigações fora do seu próprio domicílio. É o domicílio que centraliza os interesses pecuniários da pessoa, fixando o lugar, portanto, da atuação relativa a esse *complexus* econômico.[17] É no último domicílio do *de cuius* que se considera aberta a sua sucessão *causa mortis* e se liquida a herança, ainda que o óbito ocorra em localidade diferente. É no lugar do domicílio que se publicam os editais relativos aos direitos de obrigação e de família. É em razão do domicílio que se verifica a ausência.[18] Interessando o direito processual civil, é o domicílio que fixa a regra geral da competência,[19] e determina a autoridade judiciária perante a qual o réu deve ser demandado.

O direito internacional privado o leva em consideração para escolher a lei reguladora do estado e da capacidade das pessoas, começo e fim da personalidade e direitos de família.[20] Nos chamados conflitos de leis no espaço, para os sistemas como o brasileiro, o anglo-saxão, os de vários países latino-americanos, a solução depende da determinação do domicílio. Mas a noção de domicílio no direito internacional privado não é a mesma do direito civil, pois que, para aquele, prende-se ao *país* em que o indivíduo tem sua residência com ânimo definitivo.

No direito administrativo, o domicílio importa na localização do exercício das atividades do funcionário ou órgão da administração pública, nem sempre havendo coincidência entre esta noção e a do domicílio civil, pois que um indivíduo que exerce certo cargo ou função tem o seu domicílio funcional no lugar em que se situa a sede do departamento ou do serviço a que presta a sua atividade, sem embargo de ser outro o local da sua residência definitiva e de seu centro de relações (art. 76).

Domicílio político é o lugar em que o cidadão, na sua qualidade de súdito do Estado, exerce os seus direitos de cidadania. Determinado por leis especiais, não há dependência entre ele e o estabelecimento civil, pois que o exercício dos direitos políticos é desligado do exercício das atividades privadas, mas normalmente o político corresponde ao civil, porque a qualificação eleitoral se faz perante o juiz do lugar de moradia ou residência do requerente.

Esta polivalência conceitual é que tem inspirado a atração da noção institucional do domicílio, ora para o direito público, ora para o direito privado, ou sugerido a sua localização dogmática em um ou outro ramo da ciência jurídica. Parece-nos que seu verdadeiro lugar é mesmo no direito civil, já que as influências de seu conceito em outras disciplinas não devem passar de projeções de uma noção centralizada.

---

17 Planiol, Ripert e Boulanger, *Traité*, I, nos 546 e 547.
18 Código Civil, art. 22; cf. Cunha Gonçalves, *Tratado*, II, tomo I, p. 13.
19 Código de Processo Civil de 1973, arts. 94 e ss.; Código de Processo Civil de 2015, arts. 46 e ss.
20 Lei de Introdução às Normas do Direito Brasileiro, art. 7º.

64. Unidade, pluralidade e falta de domicílio. Mudança

O direito romano, sem embargo de divergências entre jurisconsultos, admitiu a pluralidade de domicílios. É o que se vê proclamado por Ulpiano, que declara ter sido aceito pelos prudentes: *"Viris prudentibus placuit, duobus locis posse aliquem habere domicilium, si utrobique ita se instruxit, ut non ideo minus apud alteros se collocasse videatur"*.[21] A simplicidade da concepção que dele tinham os romanos não era incompatível com esta ideia; se era o domicílio o lugar onde o indivíduo fixava a sua residência e tinha seu centro de interesse,[22] dois seriam eles se em ambos se fixasse da mesma forma.

A doutrina franco-italiana tem de propender para o princípio da *unidade* domiciliar, porque, concebendo o domicílio como uma verdadeira abstração, não pode admitir que simultaneamente vigorem vários vínculos, entre uma pessoa e diversos lugares, todos eles considerados domicílios da pessoa,[23] conclusão a que igualmente se chega, partindo-se de que, para o Código Napoleão, o domicílio é o lugar de seu "principal estabelecimento" (art. 102), e se se tem vários, um há de ser o principal.[24] Também o direito suíço afirma a unidade,[25] muito embora exclua de sua aplicação o estabelecimento comercial ou industrial, pois aceita que um comerciante ou fabricante possa ter um domicílio pessoal e um ou vários domicílios de negócios.[26]

No direito inglês e no direito norte-americano, o domicílio é um só, mesmo que o indivíduo tenha mais de uma residência, pois que o primeiro adquirido tem precedência.[27]

O princípio da unidade, porém, foge à realidade das coisas. Se bem que comumente seja um só o lugar da residência definitiva, ou o centro das atividades de uma pessoa, muitas vezes acontece que os negócios se desdobrem e multipliquem-se por vários locais, convocando o indivíduo a prestar em todos eles a sua assistência em caráter permanente. Não há nenhuma impossibilidade material em que uma pessoa se desdobre por mais de uma residência e mais de um centro de atividades: um médico pode ter residência e centro de trabalho em uma cidade durante certa parte do ano, e em uma estação de águas durante a outra; um industrial pode ter o seu lar e a sua família em um lugar, onde passa parte do tempo, e viver outra parte junto ao seu estabelecimento fabril. E, se efetivamente tais pessoas podem fixar em um e outro

---

21 *Digesto*, Livro 50, tít. I, fr. 1, § 2º: "É do agrado dos homens prudentes que alguém possa ter domicílio em dois lugares, se de uma e outra parte se armou de tal maneira, que não pareça ter-se estabelecido na casa de outros".

22 Ver nº 63, *supra*.

23 Ruggiero, *Istituzioni*, § 39; Planiol, Ripert e Boulanger, *Traité Élémentaire*, I, nº 538, p. 219, onde criticam a solução.

24 Capitant, *Introduction*, p. 103; Colin e Capitant, *Cours*, I, nº 465; Mazeaud *et* Mazeaud, *Leçons*, I, p. 553. Ver no mesmo sentido o art. 43 do Código italiano.

25 Código Civil suíço, art. 23, II.

26 Código Civil suíço, art. 23, III. Rossel e Mentha, *Manuel de Droit Civil Suisse*, I, nº 117, p. 94.

27 George L. Clark, *Summary of American Law*, I, §§ 17 e 18, p. 421-422.

residência definitiva, espelhando aquela conjugação da morada normal e *animus manendi*, nenhuma incompatibilidade pode existir na caracterização jurídica da pluralidade domiciliar. Aquele desdobramento sugere, na verdade, a ideia da multiplicidade dos domicílios. Aceitando, então, esta realidade concreta, o direito alemão (BGB, § 7º) assenta o princípio da *pluralidade de domicílios*, escola a que se manteve fiel o Código atual, no art. 71, retomando a tradição romana. Quando uma pessoa natural tem diversas residências, onde alternadamente viva, ou vários centros de ocupações habituais, cada um destes ou daqueles será considerado o seu domicílio. A doutrina da unidade, animada do propósito de simplificar a construção teórica do instituto, não o consegue, porque as exigências práticas impõem constantes concessões, que se infiltram e quebram a harmonia do sistema. Mais conforme aos fatos é a corrente pluralista, e mais fiel à noção conceitual, pois que, se o centro de atividades (definição alemã) ou a residência definitiva (definição brasileira) é domicílio, não é possível reduzi-lo à unidade, se são plúrimos.

Inovando sobre o direito anterior, o Código de 2002 associou, sob certo aspecto, o conceito de residência definitiva com o centro de interesses, criando o *domicílio profissional* (art. 72). Tendo em vista, então, as atividades profissionais, considera-se domicílio, para efeito destas, o lugar onde são exercidas. Não rejeitou a conceituação genérica. Perfilhou a ideia de domicílio plúrimo e projetou-a no campo das atividades profissionais, admitindo que o indivíduo as exerça regularmente em mais de uma localidade, independentemente da morada habitual. Num desdobramento lógico do conceito pluralista, define como domicílio qualquer dos lugares onde são exercidas as atividades profissionais, mas apenas para as respectivas relações.

A doutrina, e do mesmo modo a jurisprudência francesa, a italiana, a suíça, e em geral, a maioria dos autores sustenta a necessidade de se ter *obrigatoriamente* um domicílio, lutando às vezes com as maiores dificuldades para explicar os casos em que efetivamente ele falte.[28] Há, todavia, mister que o jurista se curve às exigências da vida, sem se prender demasiadamente às teorias, sacrificando-lhes a realidade. Há povos nômades, em constantes deslocamentos, como os ciganos, incapazes de se fixarem em um lugar; há indivíduos que passam a existência sem se estabelecerem; uns e outros não têm residência definitiva. São os "vagabundos", de vida errante, que por uma tendência do espírito se movem de uma a outra terra, sem plantar raízes. Ao contrário dos que se estabelecem em uma localidade com ânimo definitivo, e diferentemente dos que em várias assentam suas sedes de negócios, estes outros não têm onde se devam considerar estabelecidos. Enfrentando a situação concreta de sua existência, o direito romano concebia a total ausência de domicílio, dizendo Juliano que, raros embora, os considerava sem domicílio: "*nam hunc puto sine domicilio esse*".[29]

Retomando a tradição romana, o Código alemão e, na sua esteira, o Código brasileiro – tanto o de 1916 quanto o de 2002 – admitem que, excepcionalmente, uma pessoa não tenha domicílio certo: aquele que não tenha residência habitual ou

---

28   Ruggiero, *loc. cit.*; Mazeaud *et* Mazeaud, *loc. cit.*
29   *Digesto*, Livro 50, tít. I, fr. 27, § 2º: "Considero, de fato, que este está sem domicílio".

empregue a vida em viagens, sem ponto central de negócios, terá por domicílio o lugar onde for encontrado (art. 73).

A pessoa natural, no curso da vida, é muitas vezes atraída para lugares diferentes, seduzida pelo gosto das novidades, impelida pela necessidade ou pelas conveniências a procurar, noutras terras, melhores condições de subsistência ou de fortuna. Pode fazê-lo em caráter eventual ou duradouro, e, então, cumpre ao direito cogitar da *mudança do domicílio*, que pode ser voluntária ou compulsória: é *voluntária* quando o indivíduo a efetua por seu arbítrio próprio; e *compulsória* quando decorre de imposição legal, como no caso dos funcionários a quem a lei prescreve o dever de terem domicílio no lugar para onde são transferidos.[30] A mudança de domicílio compulsória ou legal não exige maior atenção, pois que decorre da remoção da pessoa, e em razão dela, seja no que diz respeito à oportunidade, como ao local, como ainda à intenção, que no caso é presumida da aceitação da transferência.

A *mudança voluntária* é que reclama maior cuidado, e é por isso mesmo que a lei prevê a hipótese, entendendo que há mudança de domicílio quando ocorre transferência de residência com intenção de mudar (art. 74 do Código Civil). São, portanto, dois requisitos: um objetivo e outro subjetivo. O primeiro consiste na transferência material do centro dos negócios de um a outro lugar; o segundo está na intenção de fixar neste a própria sede jurídica. A prova do primeiro se faz pela materialidade do transferimento; a do segundo pela comunicação às autoridades de onde sai, e para onde vai ou, na falta de uma ou outra, como inferência da própria mudança com as circunstâncias que a acompanharem: montagem de casa, aquisição de bens, estabelecimento profissional, liquidação de negócios e interesses no local que deixa etc. E, se de um lado é imprescindível a *mudança efetiva* de habitação, pois que os preparativos não importam em transferência, de outro lado é ela bastante, razão por que já existe a mudança do domicílio antes da transferência da fortuna.[31] Problema correlato ao da mudança é o do *abandono* do domicílio. O Direito francês como o suíço[32] somente admitem que alguém abandone seu domicílio pela constituição de outro, e o inglês automaticamente restaura o antigo, se não houver a criação de novo. Mas, para o direito brasileiro que, como o alemão, admite a falta de domicílio, alguém pode abandonar o seu, se neste sentido for inequívoca a sua atitude, independentemente de se fixar em outro.[33]

65. DOMICÍLIO VOLUNTÁRIO E DOMICÍLIO NECESSÁRIO. DOMICÍLIO LEGAL. DOMICÍLIO GERAL E ESPECIAL

Cronologicamente, o primeiro domicílio da pessoa é o que se prende ao seu nascimento, e se chama *domicílio de origem*, o qual não é o lugar em que o indiví-

---

30 Cunha Gonçalves, *Tratado*, II, tomo I, nº 138.

31 Planiol, Ripert e Boulanger, *Traité*, I, nº 554, p. 223.

32 Código Civil francês, art. 103; Código Civil suíço, art. 24.

33 Enneccerus, Kipp e Wolff, *Tratado*, § 89.

duo vem ao mundo, porém o de seus pais, seus representantes legais. Por um desvio de conceito, há quem se refira a isto, e o ligue à *origo* do direito romano, parecendo significar a sua confusão com um possível *domicilium originis*. Mas a noção seria inexata porque *origo*, naquele direito, era a atribuição de nacionalidade, em razão do nascimento.[34] Mais tarde, seja com a maioridade, por um ato de escolha, seja antes dela por uma decorrência do *status* (passagem do poder familiar para tutela, mudança de tutor etc.), a pessoa pode mudar de domicílio. Ou então pode conservar o de origem.[35]

Sendo, por definição legal, domicílio o lugar onde a pessoa física estabelece residência com ânimo definitivo, como diz o Código, a tendência induz a uma franca manifestação psíquica. Resulta de um ato de vontade. A noção mais singela, portanto, é a do *domicílio voluntário*, ou de livre escolha, pouco importando que seja o mesmo originário, ou outro adquirido. Na sua fixação está uma afirmativa, independente de qualquer declaração, porém proveniente de livre autodeterminação. E é por isso mesmo que alguns autores enunciam que a regra é o domicílio voluntário,[36] não apenas no sentido de que as demais formas por que se apresenta são excepcionais ou derrogatórias da regra geral, como ainda na acepção de ser em princípio livre ao indivíduo fixar-se onde lhe apraza, e exercer suas atividades onde lhe convenha.

Contudo, nem sempre assim se deve considerar. Às vezes o domicílio não traduz esta liberdade de ação do indivíduo, mas provém da sua condição individual, em razão da dependência em que se encontre relativamente a outra pessoa. Vigorando uma tal situação, não se tem o domicílio como consequência de uma atitude voluntária, mas, ao revés, a condição de dependência ou estado impõe-se necessariamente e é por isso que se qualifica de *domicílio necessário* (Código Civil, art. 76). Estão neste caso: o menor sob poder familiar, cujo domicílio é o do genitor sob cujo poder se encontra; assim também o tutelado, quanto ao tutor. Evidentemente, o filho adotivo, se a adoção se der na sua menoridade, passa a ter o domicílio do adotante. Em todos aqueles casos, a obrigatoriedade do domicílio decorre da situação de dependência, cuja cessação importa na terminação do domicílio necessário: o do menor cessa com a maioridade ou emancipação, o do interdito com o levantamento da curatela.

O art. 76 do Código Civil dispõe que o domicílio necessário do *incapaz* é o do seu representante ou assistente, sem fazer referência específica às pessoas sob curatela. Sempre interpretamos essa disposição no sentido de que o domicílio do curatelado era necessariamente o do curador, sendo certo, por outro lado, que algumas categorias de incapazes nunca contaram com representante legal (pense-se, por exemplo, nas pessoas que temporariamente não podem manifestar vontade). Após o advento do Estatuto da Pessoa com Deficiência, a distinção tornou-se muito mais relevante, pois, como visto no Capítulo X, todas as pessoas com deficiência intelectual ou psíquica (justamente aquelas que podem sofrer o processo de interdição e se

---

34 Savigny, *Droit Romain*, VIII, § 350; Ruggiero, *Istituzioni*, § 39.
35 Planiol, Ripert e Boulanger, *Traité Élémentaire*, I, n° 534.
36 Enneccerus, Kipp e Wolff, *Tratado*, § 89.

sujeitar à curatela) passaram a ser consideradas formalmente capazes, ainda quando curateladas. Silente a lei sobre essa peculiaridade, e, sendo o domicílio voluntário a regra e o necessário a exceção, a conclusão possível é a de que as pessoas com deficiência intelectual ou psíquica, ainda quando sob curatela, têm domicílio voluntário – mesmo porque a fixação de domicílio, como ato de natureza predominantemente existencial, não poderia entrar no escopo da curatela (art. 85 do Estatuto). Subsidiariamente, nos casos em que o grau de deficiência ou enfermidade prive a pessoa totalmente da razão, inviabilizando o aspecto intencional da fixação de domicílio, razoável considerá-la domiciliada no local em que estiver (Código Civil, art. 73). A questão tem importante repercussão sobre a aplicação do próprio Estatuto, que, em várias disposições, dispensa tutela especial à pessoa com deficiência com base precisamente no seu domicílio ou na sua residência.

Modalidade específica de domicílio necessário é o chamado *domicílio legal*, o daquele que, por profissão ou atividade, tem uma sede obrigatória, e, em consequência, tem aí um domicílio igualmente obrigatório. Nos sistemas da unidade domiciliar, o indivíduo perde instantaneamente o domicílio que antes tinha, e recebe por imposição legal o novo, que durará enquanto persistir a situação que o gerou.[37] Mas, no nosso sistema, da pluralidade, não se verifica a perda automática do anterior. Pode verificar-se, no caso de o indivíduo estabelecer-se com residência definitiva no local do domicílio legal; mas pode não se verificar se a pessoa conserva ainda o antigo, o que terá como consequência a instituição de domicílio plúrimo: o legal, decorrente do fato que o impõe, e aquele onde se aloja a residência com ânimo definitivo. São condições que, contrariando embora a ideia da unidade, assentada alhures, parecem inevitáveis na prática. O funcionário público, com função permanente, reputa-se domiciliado onde a exerce desde a data da posse, e removido em serviço, sujeita-se às consequentes mudanças domiciliares. Pela mesma razão, o militar em serviço ativo tem por domicílio o lugar onde servir, e, se for da Marinha ou da Aeronáutica, onde o navio estiver matriculado ou o local da sede do comando a que se encontrar subordinado, respectivamente (art. 76). O ministro ou agente diplomático do Brasil é aqui domiciliado, embora viva no estrangeiro, e se lá for citado, e alegar extraterritorialidade, sem indicar seu domicílio no país, poderá ser demandado no Distrito Federal, ou no último ponto do território brasileiro, onde o teve (art. 77).[38]

Legal é, ainda, o domicílio do condenado. Abolida a pena de banimento (salvo casos excepcionais de extradição – Constituição, art. 5º, LI), o condenado tem por domicílio o lugar onde cumpre a sentença (Código Civil, art. 76). Mas esta situação não se estende a sua família, de vez que ao outro cônjuge compete, se encarcerado por mais de cento e oitenta dias (Código Civil, art. 1.570), a direção da família e a administração dos bens do casal, e, quanto aos filhos, efeito análogo verifica-se, não tendo estes o domicílio do sentenciado, porque a pena superior a dois anos sus-

---

37 Cf. Planiol, Ripert e Boulanger, I, nº 557.

38 O Código de Bustamante, no art. 23, consigna o princípio, mas apenas em referência ao último domicílio no território nacional, antes da partida para o estrangeiro.

pende o poder familiar (Código Civil, art. 1.637, parágrafo único). Não é idêntico o tratamento pelos vários sistemas legislativos. No direito alemão o condenado à reclusão não tem por domicílio o lugar de cumprimento da pena, porém conserva o seu primitivo.[39]

Alguns Códigos expressamente determinavam a atração do domicílio do patrão sobre o dos seus empregados domésticos. O Código brasileiro, como o alemão, o suíço, o italiano não cuidam do assunto, e com razão, pois que se deve, pura e simplesmente, aplicar a regra geral da determinação domiciliar, considerando-se que o empregado tenha o domicílio dos patrões, em virtude da regra geral, e em caso contrário, não. É, porém, de se assinalar que o problema ocorre quando o empregado trabalha *habitualmente* em casa dos patrões, pois que se for um empregado eventual (trabalhador *diarista*) guardará seu próprio domicílio.[40] A matéria é de interesse, especialmente para a fixação do Juízo perante o qual correrá qualquer processo em que o empregado seja interessado, como reclamante ou como reclamado, de vez que a regra é que se considera competente o Juízo da localidade onde é prestado o serviço (Consolidação das Leis do Trabalho, art. 651).

Finalmente, há cogitar do domicílio *geral* e *especial*. *Domicílio geral*, que tanto pode ser voluntário quanto necessário, isto é, tanto pode ser de livre escolha quanto legalmente imposto, é o que centraliza os negócios e interesses da pessoa, sem qualquer distinção ou classificação. Contrapõe-se-lhe o domicílio *especial*, que é estabelecido para sede jurídica de cumprimento de uma determinada obrigação. E, como resulta de um ajuste, diz-se, também, domicílio *contratual*. O Código Civil se lhe refere (art. 78), ao facultar às partes contratantes especificar domicílio onde se exercitem e cumpram os direitos e obrigações resultantes do contrato. Como da mais franca intuição, somente pode provir de ajuste escrito no qual as partes expressamente determinam o lugar da execução, e há de resultar inequívoco do fato, por importar em derrogação de regra geral, em renúncia de direito das partes, ou de uma delas. Não pode valer, portanto, a eleição de domicílio fixada por um dos contratantes, ainda que da maneira mais clara e expressa, se não for aceita por ambos: não vale, e, pois, não obriga ao passageiro a cláusula inserta em bilhete de passagem, declarando competente o foro de determinado lugar, porque a outra parte não o assinou.[41] O domicílio *contratual* ou *especial*, pela sua própria natureza, é restrito ao cumprimento de obrigações contratuais, e não pode estender-se além daquelas oriundas do negócio jurídico a que adere, o que, noutros termos, significa que não prejudica ele o geral, que subsiste para toda relação jurídica afora aquela para a qual foi contratado o especial, o que é resumido pelos escritores sob a epígrafe de "princípio da especialização".[42] Há, mesmo, quem sustente não haver propriamente

---

39 Oertmann, *Introducción*, § 11.
40 Cunha Gonçalves, *Tratado*, II, t. I, nº 139.
41 Clóvis Beviláqua, em "Comentário ao art. 42".
42 Clóvis Beviláqua, *Teoria Geral*, § 27, p. 199, nota; De Page, *Traité*, nº 333, p. 392; Planiol, Ripert e Boulanger, *Traité*, I, nº 585.

domicílio de eleição, visto como não passa ele de uma derrogação convencional dos efeitos normais do domicílio real,[43] doutrina que, entretanto, nosso direito positivo não acolhe, configurando-o mesmo como um *domicílio especial* (Código Civil, art. 78). Com este caráter, é preciso, entretanto, assinalar a sua distinção do domicílio comum. Este, pelas próprias circunstâncias efetivas de sua instituição, como pela sua caracterização jurídica em razão da definição legal, apresenta-se com caráter de nítida *realidade*: é *real* porque objetivamente se situa em determinado lugar, como *real* é ainda porque ostensivamente decorre da fixação residencial do indivíduo. O domicílio de eleição, ao contrário, nega esta realidade, de vez que, sem importar em estabelecimento de residência, nem ater-se ao lugar de estacionamento do indivíduo, é limitado à escolha de um ponto em que certas obrigações têm de ser cumpridas. É por isto que se costuma, para distinguir um de outro, dizer que o domicílio comum é *real*, enquanto o domicílio de eleição é *fictício*.

A liberdade de eleger foro para cumprimento das obrigações, já instituída no Código Civil de 1916, foi posta em dúvida quando entrou em vigor o Código de Processo Civil de 1939, porque as regras de competência jurisdicional assentadas na lei processual eram totalmente omissas quanto ao foro da eleição, e houve quem entendesse que o assunto implicava modificação da competência dos juízes, matéria que, por envolver interesse de ordem pública, não pode ser deixada ao aprazimento das partes.[44] Foi, porém, um desvio de perspectiva que se corrigiu pelo esclarecimento dos doutos, lançando luz sobre a matéria: não cabe ao Código Processual determinar o domicílio, que é uma projeção da personalidade, e sim limitar-se a definir a competência dos juízes: estabelecendo, como fez, que o réu é demandado no seu domicílio, tomou este conceito tal qual assentado no direito civil; e, como no direito civil há um domicílio real, um domicílio geral, um domicílio legal, um domicílio "contratual ou de eleição", a lei processual respeita a regra civilística e, acolhendo o princípio da escolha do domicílio de execução das obrigações, admite que o réu seja nele demandado (Código de Processo Civil de 1973, art. 111; Código de Processo Civil de 2015, art. 63).

Não pode, hoje, sofrer mais dúvida de que a eleição de domicílio autorizada pelo Código Civil no art. 78 prevalece em toda a sua eficácia, tendo como consequência atrair para a faculdade de ali ver-se o réu demandado, por ser, em função daquelas relações contratuais, o domicílio do réu.[45] Neste rumo fixou-se a doutrina e encaminhou-se a jurisprudência. A regra permissiva da eleição de foro não pode, entretanto, alterar a competência *ex ratione materiae* dos juízes, nem atingir princípios de ordem pública. Assim, por exemplo, não vale a cláusula, em pacto antenupcial,

---

43 Planiol, Ripert e Boulanger, nº 582; Cunha Gonçalves, *Tratado*, II, tomo I, nº 137; Aubry e Rau, *Droit Civil*, I, § 142.

44 Pedro Batista Martins, Pontes de Miranda, Carvalho Santos.

45 Orosimbo Nonato, "O Foro do Contrato", *in Revista Forense*, v. 87, p. 517; Amílcar de Castro, voto na *Revista Forense*, v. 85, p. 108; Luís Marinho, "Dificuldades do Código de Processo Civil", *in Revista Forense*, v. 85, p. 282; L. C. de Miranda Lima, "Foro Contratual e Código de Processo Civil", *in Revista Forense*, v. 88, p. 369; Jorge Americano, Comentário ao art. 134 do Código de Processo Civil; Vicente Ráo, *O Direito e a Vida dos Direitos*, II, n. 157.

que a estabeleça, porque o foro competente para a ação de divórcio ou de anulação de casamento é estipulado por norma cogente: no regime anterior, correspondia ao foro da residência da mulher (Código de Processo Civil de 1973, art. 100, I), e, na vigência do Código de Processo Civil de 2015 (art. 53, I), consiste no de residência do guardião de filho incapaz, no último domicílio do casal caso não haja filho incapaz, no domicílio do réu caso nenhum dos ex-cônjuges resida no último domicílio do casal ou, ainda, no domicílio da vítima de violência doméstica e familiar, se for o caso, nos termos da Lei nº 11.340/2006 (Lei Maria da Penha). Analogamente, não valerá o foro pactuado no contrato de trabalho, porque a Consolidação das Leis do Trabalho atribui competência ao local da prestação do serviço (CLT, art. 651).

66. Domicílio das pessoas jurídicas

A fixação do domicílio das pessoas jurídicas obedece a critério diverso do que preside à determinação do da pessoa natural. Esta, segundo o Código (art. 70), tem o seu domicílio decorrente do estabelecimento da residência com ânimo definitivo. A pessoa jurídica, como ente abstrato que é, não pode ter residência. Mas tem sede, que é o centro de sua atividade dirigente.[46] A pessoa jurídica tem um estabelecimento, e é necessário que este se prenda a determinado lugar, onde os interessados a procurem, onde os credores possam demandar o cumprimento das obrigações. Se nos ativermos à ideia originária de domicílio, decorrente do étimo *domus*, a rigor não podemos falar em domicílio da pessoa jurídica, e é por isso mesmo que é muitas vezes empregada, em substituição, a expressão *sede social*.[47] Acontece que, na sistemática legal, há perfeita analogia de efeitos entre um e outro conceito, e, daí, a extensão doutrinária da ideia de domicílio à pessoa jurídica. A sede social da pessoa jurídica de direito privado, que é o seu domicílio, pode ser livremente escolhida no ato constitutivo e deve constar do Registro Público (Código Civil, art. 46, I). Normalmente coincide a sede da administração com o domicílio, razão por que se diz que este é o lugar onde a pessoa jurídica tem a sua direção. Se o estatuto dispuser diferentemente, assim será, porque é respeitada a disposição da carta normativa da entidade, tal como constante do Registro.[48] Mas é possível que a entidade tenha vários estabelecimentos, dotados de relativa autonomia, cada um deles praticando atos jurídicos, agindo pela entidade e assumindo compromissos. Regra é, então, que para os atos neles realizados, cada um dos estabelecimentos é atributivo de domicílio, facultando, então, às pessoas com quem a entidade contrate, a faculdade de considerar sede social para o negócio realizado o estabelecimento (departamento, filial, agência) que nele tiver tomado parte (Código Civil, art. 75, § 1º). A pessoa jurídica cuja administração ou diretoria for sediada no estrangeiro terá como domicílio legal e, portanto, obrigatório o lugar

---

46   Clóvis Beviláqua, em "Comentário ao art. 35".
47   Savigny, *Droit Romain*, vol. VIII, § 354.
48   Clóvis Beviláqua, *Teoria Geral*, § 28, p. 203.

DOMICÍLIO 273

do estabelecimento sito no Brasil, no tocante às obrigações aqui contraídas por qualquer agência sua (art. 75, § 2º).

As pessoas jurídicas de direito público têm por domicílio a sede dos respectivos governos: da União, o Distrito Federal; dos Estados e Territórios, as capitais; do Município, o local onde funciona a administração (art. 75, *caput*). Em Juízo, a União aforará as causas na seção judiciária em que tiver domicílio a outra parte, e será demandada, na seção judiciária em que for domiciliado o autor, naquela onde houver ocorrido o ato ou fato que deu origem à demanda, ou onde esteja situada a coisa, ou, ainda, no Distrito Federal – Constituição de 1988, art. 109, §§ 1º e 2º. Às autarquias, como serviços descentralizados, aplicam-se as regras relativas à fixação do domicílio da pessoa jurídica de direito público interno de que se desmembram.

Capítulo XIV
Objeto dos Direitos

Sumário

67. Patrimônio. **68.** Objeto dos direitos: coisas e bens. **69.** Bens corpóreos e incorpóreos.

Bibliografia

De Page, *Traité Élémentaire*, V, nos 555 e ss.; Planiol, Ripert e Boulanger, I, nos 2.514 e ss.; Clóvis Beviláqua, *Teoria Geral*, § 29; Ruggiero e Maroi, *Istituzioni*, § 67; Oertmann, *Introducción al Derecho Civil*, § 24; Enneccerus, Kipp e Wolff, *Tratado*, I, § 114; Cunha Gonçalves, *Tratado*, vol. III, tomo I, nos 29 e ss.; Colin e Capitant, *Cours*, I, nos 723 e ss.; Mazeaud *et* Mazeaud, *Leçons de droit civil*, I, nos 280 e ss.; Ferrara, *Trattato*, nos 165 e ss.; Von Tuhr, *Derecho Civil*, I, § 18; Barassi, *Il diritto reale nel nuovo codice*, nos 39 e ss.;Vicente Ráo, *O Direito e a Vida dos Direitos*, II, nos 168 e ss.; Serpa Lopes, *Curso*, I, nos 166 e ss.; Orlando Gomes, *Introdução*, nos 122 e ss.; Paulo Nader, *Curso de Direito Civil. Parte Geral*, nos 79 e ss.

67. Patrimônio

A ideia de patrimônio não está perfeitamente aclarada entre os modernos juristas. Segundo a noção corrente, patrimônio seria o complexo das relações jurídicas de uma pessoa, apreciáveis economicamente.[1] Esta definição, que não recolhe a aprovação unânime dos escritores, tem, porém, o duplo mérito de abranger todos os bens e direitos na expressão *conjunto das relações jurídicas*, sem, contudo, se dispersar numa abstração exagerada. No comércio social, os indivíduos travam relações que produzem efeitos econômicos, ora adquirindo a faculdade de exigir uma prestação, ora assumindo, a seu turno, o compromisso de prestar. Qualquer destas operações, de uma ou de outra categoria, tem o que se pode chamar reflexo patrimonial, por implicar uma determinada projeção de natureza econômica: quando uma pessoa entra em relação com outra e realiza um negócio jurídico, gera-se um fenômeno econômico ou de natureza patrimonial, mesmo que não se saiba de antemão se o resultado será positivo ou negativo. Mas, de uma ou de outra forma, este resultado afetará o patrimônio da pessoa.

Daí dizer-se que patrimônio não é apenas o conjunto de bens. Se assim fosse, o resultado negativo daquela operação estaria fora do patrimônio e não o atingiria, o que não é verdade. Para bem compreendermos a ideia de patrimônio, é indispensável que observemos a incidência dos resultados positivo e negativo sobre o complexo econômico da pessoa, e aceitando que ele os receba a ambos, concluímos que, num dado momento, tanto os direitos quanto os compromissos o integram.

Noutros termos, o patrimônio se compõe de um lado positivo e de outro lado negativo. A ideia geral é que a noção jurídica do patrimônio não importa em balancear a situação, e apurar qual é o preponderante. Por não se terem desprendido desta preocupação de verificar o ativo, alguns se referem ao patrimônio líquido, que exprime o saldo positivo, uma subtração dos valores passivos dos ativos. Ao economista interessa a verificação. Também o jurista tem de cogitar dela às vezes, quando necessita apurar a solvência de um devedor, isto é, a aptidão econômica de resgatar seus compromissos com os próprios bens. Mas, em qualquer hipótese, o patrimônio abraça todo um conjunto de valores, ativos e passivos, sem indagação de uma eventual subtração ou de um balanço.[2] Se admitíssemos a ideia de verificação de um saldo positivo como característica do patrimônio, iríamos abatendo do ativo os valores negativos, e, no caso de os dois lados se representarem por cifras equivalentes, não haveria saldo, e então chegar-se-ia à inexistência ou negação do patrimônio. Não obstante a simplicidade do raciocínio e a realidade prática que encerra, modernamente procura-se abalar a sua estrutura, para reduzir o patrimônio apenas ao lado *ativo*. Para os autores que o defendem, o patrimônio é apenas o conjunto dos bens penhoráveis de uma pessoa, sejam eles corpóreos, sejam incorpóreos, bastando que sejam bens sobre que possa incidir a ação dos credores. E as dívidas? Não integram

---

1   Clóvis Beviláqua, *Teoria Geral*, p. 210.
2   Windscheid, *Pandette*, I, § 42.

o patrimônio, dizem os defensores desta teoria, pois constituem encargo exterior, gravando aqueles bens.[3]

O que a técnica moderna busca é a simplicidade. Mas cremos que, nesta linha de raciocínio, sacrifica-se a pureza de noção conceitual, sem se alcançar a encarecida simplicidade. Somente por enorme esforço de abstração seria possível destacar os bens dos débitos, pois que uma pessoa, natural ou jurídica, em nenhum momento, tem a possibilidade de os distinguir em unidades separáveis. Insurgindo-se contra a doutrina tradicional, principalmente em razão dos exageros a que conduz a teoria de Aubry e Rau, exposta em seguida, essa doutrina erige em complexo autônomo o aspecto ativo do patrimônio, deixando do lado de fora o passivo, como se fosse possível considerar, em qualquer tempo, o primeiro desligado do segundo. A tese é insustentável, principalmente se chegarmos ao extremo de admitir, dentro desta corrente de pensamento, que a ausência de um conjunto de bens suscetíveis de penhora implica a negação do patrimônio. Se, como vimos, toda pessoa em sociedade efetua negócios e participa de relações jurídicas de expressão econômica, todo indivíduo há de ter patrimônio, que traduz aquelas relações jurídicas. Só em estado de natureza, com abstração da vida social, é possível conceber-se o indivíduo sem patrimônio. Em sociedade, não. Por isso, e em consequência de não se admitir a *pessoa sem patrimônio*, é que não é possível dissociar as duas ideias, e é neste sentido que ele foi definido como a projeção econômica da personalidade civil.[4]

Projeção da personalidade é um complexo de relações jurídicas. Por se deterem apenas naquele aspecto, alguns autores foram levados a concebê-lo como uma *unidade abstrata*, distinta dos elementos que o compõem, ideia da qual não soube fugir o nosso Código Civil de 1916, cujo art. 57 o definia como uma universalidade subsistente por si mesma, e independente dos objetos materiais que o compõem.[5] O dispositivo não foi reproduzido no Código de 2002, no que agiu bem o legislador. Não podemos, na verdade, erigir os valores patrimoniais da pessoa em unidade autônoma relativamente aos seus fatores componentes, sob pena de virmos a aceitar que, em certas condições, seria possível tornar as relações jurídicas do indivíduo desintegradas de sua pessoa, ou, noutros termos, o patrimônio se apresentaria com a caracterização de uma entidade de existência própria e distinta dos valores componentes.

Há, sem dúvida, uma relação necessária entre a existência do indivíduo em sociedade e o seu patrimônio,[6] sem, contudo, autorizar aquela construção abstrata que encontrou em Aubry e Rau a sua expressão mais apurada, e que criou o artificialismo da concepção do patrimônio como a personalidade mesma do homem, considerada em suas relações com os objetos exteriores.[7] Neste sentido, deixaria de ser um conjunto de valores econômicos e se configuraria como o poder jurídico do homem,

---

3   De Page, *Traité Élémentaire*, V, nº 572, p. 550.

4   Clóvis Beviláqua, *loc. cit.*

5   Clóvis Beviláqua, *loc. cit.*

6   Planiol, Ripert e Boulanger, *Traité Élémentaire*, I, nº 2.515.

7   Aubry e Rau, *Droit Civil*, vol. IX, § 573 e nota 6.

abstração incompatível com a sua realidade concreta. Aliás, a doutrina de Aubry e Rau, que fez escola, conduziu a consequências extremadas, as quais levariam Josserand a desfigurar a ideia de patrimônio, que, segundo ele, deixaria de ser complexo econômico, e passaria a ser um *receptáculo ideal*, pronto para recolher valores positivos e negativos.[8] De uma ideia simples inicialmente, cujo concretismo evidente se explica por si mesmo, chegou-se a distinguir o patrimônio quanto ao que o compõe, ao ponto de imaginá-lo, não como o complexo dos valores, mas como uma espécie de recipiente no qual aquelas relações jurídicas se encaixariam.

Afigura-se-nos exato que se possa, em determinadas condições, encarar o patrimônio como ideia preponderante. Na herança, todo o conjunto de valores se apura e se transmite aos sucessores, sem que se dê personalidade ao acervo de bens. O patrimônio é aqui considerado na sua linha mais pura, abrangente do *complexo* das relações jurídicas de cunho patrimonial do defunto. Na falência, como no concurso de credores, liquidam-se os elementos ativos do patrimônio, para solver o passivo, com abstração da pessoa do devedor. Mas há sempre a aliança entre a ideia de patrimônio, a noção dos seus valores integrantes, e a pessoa, sem que aquele se erija em uma unidade abstrata.

A doutrina tradicional sustenta que o patrimônio é *uno* e *indivisível*, no sentido de que não é possível conceber a sua pluralidade na mesma pessoa. Partindo da noção de que é uma decorrência da personalidade, todo indivíduo tem um patrimônio. Um só.[9] Abrangendo todo o conjunto das relações jurídicas, não se pode imaginar que a mesma pessoa tenha mais de um, porque, em qualquer circunstância, ainda que se procure teoricamente destacar mais de um acervo ativo-passivo de valores jurídicos, sempre há de exprimir a noção de patrimônio a ideia de conjunto, de reunião, e esta, segundo a própria razão natural, é una.

Há casos, entretanto, em que parece ocorrer a multiplicidade de patrimônios de uma mesma pessoa. De Page aponta e defende como hipóteses de divisibilidade de patrimônio a comunhão parcial, as substituições fideicomissárias, as sucessões anômalas, a falência etc.[10] Não há, porém, nesses casos, pluralidade ou divisibilidade de patrimônio. O que há é a distinção de bens de procedência diversa no mesmo patrimônio (Clóvis Beviláqua). No mesmo patrimônio, haverá acervos distintos pela origem ou pela destinação. Costuma-se dizer que o herdeiro, até a liquidação da herança, tem o seu patrimônio distinto do que fora o patrimônio do *de cuius*. Não há, porém, dualidade de patrimônios, senão o fato de se integrarem no do herdeiro os valores transmitidos, que compõem uma potencialidade econômica até o momento da liquidação. Quando a aceitação da herança se dá *a benefício de inventário*, seja por declaração de vontade, como ocorria em nosso direito pré-codificado, seja presumidamente *ex vi legis*,[11] como é no regime do Código Civil,[12] verifica-se a imposição de uma condição, em

---

8 Josserand, *Cours de Droit Positif Français*, I, nº 649.
9 Clóvis Beviláqua, *loc. cit.*; Planiol, Ripert e Boulanger, I, nº 2.515; Windscheid, § 42.
10 De Page, V, nos 579 e 580.
11 "Por força da lei".
12 Código Civil, art. 1.792.

virtude da qual a integração dos bens hereditários no patrimônio dos herdeiros fica na dependência de não o absorverem os débitos. Os bens da herança não formam um patrimônio estanque do herdeiro, porém constituem massa distinta de bens, assim temporariamente mantida, até operar-se a liquidação do acervo hereditário.[13] Mais típico é o caso da sucessão provisória em bens de ausente: o valor ativo vem para o patrimônio do sucessor com o encargo correlato da restituição ao ausente no caso de retorno ao domicílio.[14] Não há, entretanto, patrimônios diversos, mas separação de bens, que ficam na dependência de uma condição, cujo implemento obrigará a sua reversão a um destino previsto. Os bens recebidos em fideicomisso, igualmente, não são um patrimônio, mas conservam-se no do fiduciário, gravados na condição de sua transferência ao fideicomissário.[15] Na própria noção do patrimônio, como complexo de valores ativos e passivos, está a explicação do fenômeno. Os bens existem no patrimônio do titular, ora com o encargo de serem transferidos a outrem, ora sob a condição de o serem em determinadas circunstâncias, e, então, poderão, ou não, ser transmitidos ou permanecer em definitivo. Mas sempre como massa de bens e não como um patrimônio distinto do seu sujeito. Por uma questão de linguagem, às vezes são estes acervos bonitários apelidados de "patrimônios separados", em atenção aos fins a que se destinam certos bens, ou às circunstâncias de se impor ao sujeito a sua discriminação, ou pela necessidade de se administrarem de maneira especial. Não obstante, porém, a separação de tais acervos ou massas, o patrimônio do indivíduo há de ser tratado como *unidade*, em razão da unidade subjetiva das relações jurídicas.[16]

Que direitos integram o patrimônio? Começando este capítulo pela noção de patrimônio, nós o entendemos como o conjunto das relações jurídicas de uma pessoa, apreciáveis economicamente. Daí extraímos que não compreende todos os direitos. Somente aquelas relações jurídicas que tenham expressão pecuniária, isto é, que se possam converter em crédito financeiro, para alguém, se já o não forem desde o início. Há, por conseguinte, os que escapam a tais estimativas. Os direitos pessoais de família, por exemplo, o poder familiar, o estado de filho, não comportam, em si mesmos, apreciação econômica. Igualmente os de ordem política, ou ainda os direitos sobre a própria pessoa (à existência, à honra, à liberdade), não são economicamente apreciáveis. Por isto mesmo dizem-se direitos *não patrimoniais*, relações jurídicas que não

---

13　Planiol, Ripert e Boulanger, I, nº 2.516os; Ferrara, *Trattato*, p. 875, fala em *núcleos patrimoniais* autônomos, compostos de massas de bens capazes de relações próprias. Não obstante seu poder de argumentação, a expressão *patrimônios separados* na verdade é eufemismo para designar massas ou acervos patrimoniais, integrantes do patrimônio do indivíduo, suscetíveis de responsabilidades por certos compromissos, exclusivos ou preferenciais.

14　Código Civil, art. 30.

15　Código Civil, arts. 1.951 e ss.

16　A propósito dos chamados patrimônios separados, Enneccerus, Kipp e Wolff, *Tratado*, I, § 125. Por seu lado Oertmann, *Introducción*, § 24, distingue o *patrimônio geral*, em que os diversos elementos se unem por uma relação subjetiva comum com o titular, e o *patrimônio especial* ou para um fim determinado, no qual a coesão dos valores se apresenta *objetivamente*, em razão da unidade do fim a cujo serviço se coloca um conjunto de direitos. Ver a *separatio bonorum*, nº 485, vol. VI.

entram no patrimônio do indivíduo.[17] A diferença entre uns e outros não é puramente acadêmica, porém traz consequências práticas de todo alcance, e a ela se reporta a lei quando estabelece, por exemplo, que somente quanto a direitos patrimoniais de caráter privado é lícito aos interessados transigir (Código Civil, art. 841) e assim considera os direitos não patrimoniais insuscetíveis de transação. É preciso, entretanto, observar que a violação de um direito de caráter não patrimonial pode fazer nascer para o lesado uma ação de indenização, que pode converter-se em um valor pecuniário, o qual entra então no seu patrimônio,[18] sem com isto converter aquele em direito patrimonial.

Não se podem, porém, considerar no patrimônio do indivíduo as meras expectativas, ainda que tragam a probabilidade de se converterem em direitos (perspectivas de uma herança futura, por exemplo), as probabilidades de êxito de um empreendimento, a capacidade de trabalho. São interesses que se resguardam, mas não se contam como direitos patrimoniais.[19]

Os bens e direitos integrantes do patrimônio podem ser objeto de *transferência* de uma a outra pessoa. Mas o patrimônio, em si, não pode ser transmitido por ato *inter vivos*. Por causa de morte opera-se a transmissão a título universal, da pessoa do hereditando para a dos herdeiros; transfere-se todo o patrimônio do *de cuius* para os sucessores, tendo por pressuposto a extinção da personalidade com a morte. Toda transmissão *inter vivos* é a *título particular*, operando-se a transferência do bem, mas conservando o indivíduo seu patrimônio, ainda que aliene, um a um, todos eles.[20] *Causa mortis*, os sucessores continuam a pessoa do defunto, e dá-se a transmissão do patrimônio deste para aqueles, não importando que a cada um venha a tocar uma fração do todo. O nosso direito, contudo, disciplina algumas hipóteses de transmissão universal, por ato *inter vivos*. Uma é a *incorporação* de uma sociedade anônima por outra (Lei das Sociedades por Ações – Lei nº 6.404/1976, art. 227), na qual a incorporadora sucede à incorporada em todos os direitos e obrigações. Há, nisto, uma situação análoga à sucessão *mortis causa*,[21] e é possível conceber-se a absorção do patrimônio na sua integralidade, porque a incorporação importa em extinção total de uma. O mesmo ocorre com a *fusão* de duas sociedades, prevista no art. 228 da mesma lei, momento em que as duas se extinguem para criar uma terceira, que lhes sucede em todo o acervo patrimonial.[22] Na comunicação dos bens, em consequência ao regime da comunhão universal, opera-se uma espécie de transmissão a título

---

17 Clóvis Bevilãqua, *loc. cit.*; Enneccerus, Kipp e Wolff, *Tratado*, I, § 124, que distinguem os direitos em três categorias: os chamados *direitos pessoais*, os *direitos de família* e os *patrimoniais*, excluindo, com efeito, desta última os das duas primeiras. Todos os outros, que têm expressão econômica, são patrimoniais: os direitos de crédito, os direitos reais sobre coisa própria ou alheia, os direitos intelectuais etc.

18 Capitant, *Introduction*, p. 229.

19 Enneccerus, Kipp e Wolff, *loc. cit.*

20 Planiol, Ripert e Boulanger, nº 2.517.

21 Miranda Valverde, *Sociedades por Ações*, II, nº 792.

22 Lei 6.404/1976: "Art. 227. A incorporação é a operação pela qual uma ou mais sociedades são absorvidas por outra, que lhes sucede em todos os direitos e obrigações (...); Art. 228. A fusão é a

universal *inter vivos*,[23] porque os bens passam a constituir a propriedade comum dos cônjuges sem que tenha havido a transferência individuada de um a outro.

Teoria da afetação. Os escritores modernos imaginaram a construção de uma teoria chamada da *afetação*, através da qual se concebe uma espécie de separação ou divisão do patrimônio pelo *encargo* imposto a certos bens, que são postos a serviço de um fim determinado. Não importa a *afetação* na disposição do bem, e, portanto, na sua saída do patrimônio do sujeito, mas na sua imobilização em função de uma *finalidade*. Tendo sua fonte essencial na lei, pois não é ela possível senão quando imposta ou autorizada pelo direito positivo, aparece toda vez que certa massa de bens é sujeita a uma *restrição* em benefício de um fim específico. Surgida a doutrina no fim do século XIX (Brinz), generalizou-se, para compreender as garantias reais, as rendas vitalícias, as substituições, os bens enfitêuticos etc. Em todos esses casos, existem *bens* destacados do patrimônio do seu titular, e *vinculados* a uma destinação, que pode ser de garantia, de transferência ou de utilização. Apurada a sua ocorrência, pode-se localizar a ação dos credores sobre eles, com exclusão de outros, ou apenas preferencialmente, ou verificar-se a perda da liberdade de disposição dos bens afetados, sob pena de nulidade do ato que a realize, ou afirmação do direito de sequela do beneficiário, na hipótese de serem transferidos para o patrimônio de outrem.[24]

Com a construção da teoria da afetação, uma corrente de juristas pretendeu atingir a doutrina tradicional da unidade do patrimônio, sustentando que aqueles bens constituem patrimônios de afetação, distintos e separados. Operar-se-ia, assim, a cisão do complexo bonitário, sustentando-se que, afora o *patrimônio geral*, haveria os especiais, destacados pela afetação. Desta sorte, abrir-se-ia uma brecha na noção da unidade e indivisibilidade, pois que, enquanto a doutrina tradicional considera o patrimônio como uma relação *subjetiva* ("cada pessoa tem um patrimônio"), a teoria da afetação entende que existem bens a compor os patrimônios da pessoa (natural ou jurídica), objetivamente vinculados pela ideia de uma afetação a um fim determinado (De Page, Brinz). A nosso ver, os bens, objeto de afetação, acham-se, sem dúvida, vinculados ao fim e encontram-se gravados de encargo ou são objeto de restrição. Separados do patrimônio, e afetados a um fim, são tratados como bens independentes do patrimônio geral do indivíduo. A afetação, porém, apenas implicará composição de um patrimônio se se verificar a criação de uma nova personalidade, como se dá com as fundações. Caso contrário, eles se prendem ao fim, porém *continuam encravados* no patrimônio do sujeito. Não há, pois, razão para romper com a concepção tradicional da *unidade do patrimônio*,[25] com a qual se concilia a ideia de poderem existir, no patrimônio, massas de bens objetivamente considerados: bens de ausentes, bens da herança, bem de família etc.

---

operação pela qual se unem duas ou mais sociedades para formar sociedade nova, que lhes sucederá em todos os direitos e obrigações".

23   Oertmann, § 26.

24   De Page, *Traité Élémentaire*, V, n°s 585 e ss.

25   Planiol, Ripert e Boulanger, I, nº 2.520.

Não obstante as investidas contra a teoria tradicional da unidade do patrimônio, ela subsiste e oferece um duplo interesse prático. O primeiro é o princípio da *garantia*: os credores têm, no patrimônio do devedor, independentemente da época de aquisição dos bens, a garantia para os seus créditos, o que lhes permite penhorar e levar à pública arrematação bens bastantes para se fazerem pagar; e, no caso de o ativo patrimonial ser insuficiente para solver o passivo, instaura-se o concurso de preferências, rateando-se o líquido apurado. O segundo é a *fixação* do estado patrimonial do *de cuius* no momento da abertura da sucessão, devolvendo-se a herança, como uma universalidade, aos herdeiros legítimos e testamentários.[26] É o princípio da fixação que informa a noção de reparação do dano causado por fato ilícito, ao falar-se na restauração do patrimônio desfalcado ou diminuído pelo dano causado.

68. Objeto dos direitos: coisas e bens

Na análise do direito subjetivo focalizamos em primeiro lugar o sujeito, nos seus vários aspectos, dedicando-nos ao seu estudo, até o capítulo anterior. Agora cuidamos do objeto, começando por enunciar o conceito fundamental: são objeto dos direitos os bens jurídicos. *Bem* é tudo que nos agrada: o dinheiro é um bem, como o é a casa, a herança de um parente, a faculdade de exigir uma prestação; *bem* é ainda a alegria de viver o espetáculo de um pôr-do-sol, um trecho musical; *bem* é o nome do indivíduo, sua qualidade de filho, o direito à sua integridade física e moral. Se todos são bens, *nem todos são* bens jurídicos. Nesta categoria inscrevemos a satisfação de nossas exigências e de nossos desejos, quando amparados pela ordem jurídica. Escapam à sua configuração os bens morais, as solicitações estéticas, os anseios espirituais.[27]

São *bens jurídicos*, antes de tudo, os de natureza patrimonial. Tudo que se pode integrar no nosso patrimônio é um bem, e é objeto de direito subjetivo. São os bens econômicos. Mas não somente estes são objeto de direito. A ordem jurídica envolve ainda outros bens inestimáveis economicamente, ou insuscetíveis de se traduzirem por um valor pecuniário. Não recebendo, embora, esta valoração financeira, e por isso mesmo não integrando o patrimônio do sujeito, são suscetíveis de proteção legal. Bens jurídicos sem expressão patrimonial estão portas adentro do campo jurídico; o estado de filiação, em si mesmo, não tem expressão econômica; o direito ao nome, o poder sobre os filhos não são suscetíveis de avaliação. Mas são bens jurídicos, embora não patrimoniais. Podem ser, e são, objeto de direito. Sobre eles se exerce, dentro dos limites traçados pelo direito positivo, o poder jurídico da vontade, e se retiram da incidência do poder jurídico da vontade alheia.[28]

Dizendo que são objeto dos direitos os *bens* jurídicos, empregamos a expressão em sentido amplo ou genérico, para compreender tudo que pode ser objeto da

---

26   Capitant, *loc. cit.*

27   Clóvis Beviláqua, *Teoria Geral*, § 29; Orlando Gomes, *Introdução*, nº 123.

28   Oertmann, *Introducción al Derecho Civil*, 24.

relação jurídica, sem distinção da materialidade ou da patrimonialidade. Cuidando especificamente dos bens como o *ativo* do patrimônio, podemos defini-los como *elementos* de riqueza suscetível de apropriação.[29]

Em sentido estrito, porém, o *objeto da relação jurídica*, o bem jurídico, pode e deve, por sua vez, suportar uma distinção, que separa os *bens* propriamente ditos das *coisas*. Os bens, especificamente considerados, distinguem-se das *coisas*, em razão da materialidade destas: as *coisas* são materiais ou concretas, enquanto que se reserva para designar os imateriais ou abstratos o nome *bens*, em sentido estrito. Uma casa, um animal de tração são *coisas*, porque concretizado cada um em uma unidade material e objetiva, distinta de qualquer outra. Um direito de crédito, uma faculdade, embora defensável pelos remédios jurídicos postos à disposição do sujeito em caso de lesão, diz-se, com maior precisão, ser um *bem*. Sob o aspecto de sua materialidade é que se faz a distinção entre a coisa e o bem.[30] Mas nem tudo que é corpóreo e material é coisa: o corpo humano não é, apesar de sua materialidade, porque o ser humano é sujeito dos direitos, e não é possível separar a pessoa humana, dotada do requisito da personalidade, de seu próprio corpo. Depois da morte, porém, o cadáver é uma coisa, da mesma forma que são coisas as partes destacadas do corpo sem vida, como os ossos, as peças anatômicas preparadas, as quais, por isto mesmo, podem ser objeto de alguma relação jurídica,[31] ou ser objeto de negócios jurídicos restritos.[32] Neste sentido é que o Código alemão, § 90, obedecendo à precisão técnica de sua doutrina, limita às corpóreas o sentido da palavra *coisas*, reservando para as incorpóreas uma expressão pouco precisa, pois que as denomina genericamente *objetos*.[33] No nosso ordenamento, como na generalidade dos direitos estrangeiros, falta a exatidão científica à nomenclatura legal, e nem os Códigos mais modernos têm podido escapar ao defeito. É bem verdade que no direito brasileiro houve a tentativa de se fixar em termos legislativos a distinção que a ciência aconselha: Teixeira de Freitas, no art. 317 do *Esboço*, reserva para a palavra *coisas* a acepção limitativa a todos os objetos materiais suscetíveis de uma medida de valor, e no comentário que o acompanha, esclarece seu pensamento, dizendo que se entende por coisas somente os objetos corpóreos. Pecando de uma excessiva tecnicidade, que o levou a repudiar a distinção romana das *res corporales et incorporales*,[34] lançou Freitas, e antes do Código germânico, a precisão linguística no vocabulário legal. O nosso Código Civil de 1916, porém, não a observou ao destinar o Livro II da Parte Especial ao "Direito das Coisas", muito embora o seu conteúdo abranja tanto as coisas, no sentido técnico, quanto os direitos, a que falta, para capitulação nesta categoria, o requisito material. O Código de 2002 persistiu no equívoco, reproduzindo-o no atual Livro III. Na Parte Geral, contudo, corrigiu o Código de 1916, adotando unicamente o vocábulo "bem".

---

29   Planiol, Ripert e Boulanger, I, n° 2.581.

30   Ruggiero, Teixeira de Freitas, Windscheid, Endemann.

31   Enneccerus, Kipp e Wolff, *Tratado*, § 114.

32   Oertmann, *Introducción*, § 30.

33   Oertmann, *Introducción*, § 24; Enneccerus, Kipp e Wolff, *loc. cit.*; Ferrara, *Trattato*, p. 731.

34   "Coisas corpóreas e incorpóreas".

Toda relação jurídica tem um objeto (v. nº 6, *supra*), seja este um bem ou uma coisa. E, inversamente, toda coisa, como objeto de direito, sofre a *dominação* do sujeito. Mas há coisas que não são objeto de uma relação jurídica, ou porque são insuscetíveis de apropriação, ou porque ainda não foram apropriadas.

As primeiras são as chamadas *coisas comuns*,[35] porque podem ser utilizadas por qualquer pessoa, embora não dominadas. Estão nesta categoria o ar atmosférico, o mar, as águas correntes dos rios públicos. Ninguém pode fazê-las objeto de uma relação jurídica. Mas podem ser captadas porções ou quantidades limitadas delas, e então passam a ser objeto de direito; por processos químicos, comprimem-se, em recipientes fechados, gases separados do ar ou obtém-se ar liquefeito; a água dos mananciais é captada pela Administração e fornecida para serviço doméstico pelas municipalidades; em lugares não abastecidos por serviço público de água, particulares recolhem-na e vendem-na. Existe nesta apropriação de parcelas do todo comum uma transformação sua em bem jurídico, e, portanto, conversão em objeto da relação de direito. No estado de coisas comuns, o ar, o mar, embora não pertençam a ninguém, podem ser subordinados à regulamentação no seu uso, de forma que a utilização por cada um não embarace o tráfego aéreo, fluvial ou marítimo, o que significa que a coisa comum, utilizável por todos, nem por isto deixa de ter seu uso limitado ou disciplinado.

Há coisas que, embora suscetíveis de dominação, se acham em dado momento não assenhoreadas, ou porque nunca foram objeto de apropriação ou porque foram abandonadas pelo dono. A coisa sem dono – *res nullius* – não pertence a quem quer que seja, mas acha-se à disposição do primeiro que a tomar: assim a caça solta, o peixe na água, é apropriado por quem abate ou pesca, tornando-se objeto de relação jurídica, cujo sujeito é o caçador ou pescador que a uma ou outro conquistou. Mas o animal domesticado e preso e o peixe do tanque não são *res nullius*.[36] A coisa móvel abandonada – *res derelicta* – é aquela que era objeto de relação de direito, mas deixou de sê-lo, porque seu dono a jogou fora com a intenção de renunciar. Também esta, tal qual a *res nullius*, pode ser apropriada pelo primeiro que chegar, salvo se a sua ocupação for proibida em lei (Código Civil, art. 1.263). Mas o mesmo não ocorre com a *coisa perdida*, porque o elemento característico do abandono é a *intenção* (v. vol. IV, nº 309).

Não são apenas as *coisas* que o Direito considera suscetíveis de constituir objeto de relação jurídica. Também podem sê-lo os *fatos humanos*, sob a denominação específica de "prestação". Já o romano punha na linha de objeto da obrigação *dare, facere, praestare*, ideia que neste passo nos enseja fixar a prestação como resultado da atividade humana. Certo que não é o ser humano objeto de direito, como não permite a ordem jurídica atual seja-o a energia humana em si mesma. Pode, contudo, sê-lo o *resultado* desta (*trabalho*), qualquer que seja a sua modalidade: a confecção de algo, a prestação

---

35 Planiol, Ripert e Boulanger, I, nº 2.537; Oertmann, *loc. cit.*
36 Cunha Gonçalves, *Tratado*, III, tomo I, p. 72; Planiol, Ripert e Boulanger, *loc. cit.*

INSTITUIÇÕES DE DIREITO CIVIL • VOL. I • INTRODUÇÃO E TEORIA GERAL DE DIREITO CIVIL

de um fato, constitua este uma atividade mais ou menos complexa, de ordem física ou intelectual, contanto que seja *lícita, possível, e determinável*.[37]

Discute, finalmente, a doutrina se pode um *direito* ser objeto de outra relação jurídica, e o faz em termos de grande riqueza de conteúdo como bibliografia. Já o direito romano consagrava a expressão, e aludia ao *ususfructus nominis*, à *servitus servitutis* ou ao *pignor nudae proprietatis*, o que levou os pandectistas a mencioná--lo, se bem que subordinando a algumas regras restritivas, especialmente negatórias da possibilidade de se constituir direito sobre o próprio direito.[38] Já outros alargam a noção para defender o princípio,[39] enquanto alguns civilistas recusam-no.[40] No direito brasileiro a ideia é aceita,[41] e nem podia deixar de ser, especialmente se se levar em conta que o direito positivo o consagra expressamente, como no penhor de títulos de crédito (Código Civil, arts. 1.451 e ss.). Pode, pois, a relação jurídica ter por objeto um direito, quando a faculdade de agir se exercita sobre um bem que, por sua vez, é outra relação jurídica, como o usufruto de um crédito. Mas é preciso acentuar que, em princípio, somente devem ser objeto de outro os direitos suscetíveis de alienação ou transferência.

69. BENS CORPÓREOS E INCORPÓREOS

A doutrina classifica os bens sob vários critérios, não para a satisfação pura de uma tendência lógica do espírito, mas em razão das relações jurídicas que suscitam. O fato de se colocar um bem numa determinada categoria por si só lhe atrai certos princípios que permitem fixar, de maneira genérica, a forma como a lei o trata e quais as relações jurídicas que desperta. O espírito de sistema que anima o direito codificado recebe da doutrina aqueles ensinamentos teóricos e os converte em princípios legais. Daí o Código brasileiro se referir, para discipliná-los, a bens que se classificam segundo a mobilidade, a fungibilidade, a consumibilidade, a divisibilidade, a disponibilidade, a reciprocidade e a natureza pública ou privada de sua apropriação.

Não são, porém, somente estas as maneiras de classificá-los; serão as mais úteis, por conciliarem o espírito lógico com a repercussão prática.

Do direito romano nos vem uma grande divisão, que distribui todos os bens em dois grandes grupos, o das chamadas *coisas corpóreas* e *coisas incorpóreas*, tendo em vista, segundo Gaio, a possibilidade de serem ou não tocadas.[42] O critério distin-

---

37　Orlando Gomes, *Introdução*, nº 124; Vicente Ráo, *O Direito e a Vida dos Direitos*, II, nº 173.

38　Windscheid, *Pandette*, I, § 48-A.

39　Fadda e Bensa, em nota sobre o Livro II das *Pandette*, de Windscheid, I, p. 707; Ruggiero e Maroi, *Istituzioni*, § 67; Enneccerus, Kipp e Wolff, *Tratado*, I, § 70

40　Carnelutti, *Teoria Geral*, p. 236; Barassi, *Diritti Reali*, p. 143.

41　Vicente Ráo, *ob. cit.*, nº 174; Orlando Gomes, *ob. cit.*, nº 125.

42　Gaius, *Institutiones*, II, nºs 13 e 14: "*corporales hae quae tangi possunt, velut fundus, homo, vestis, aurum, argentum et denique aliae res innumerabiles. Incorporales quae tangi non possunt, qualia sunt ea quae iure consistunt, sicut hereditas, usus fructus, obligationes quoquo modo contractae.*

tivo básico era a tangibilidade ou possibilidade de serem tocadas, o que, no estado atual da ciência, seria inexato, por excluir coisas perceptíveis por outros sentidos, como os gases, que não podem ser atingidos materialmente com as mãos, e nem por isso deixam de ser coisas corpóreas.[43] Das coisas corpóreas ou tangíveis distinguem-se as incorpóreas ou intangíveis, consistentes nos direitos.

Este critério de classificação, embora tradicional e mencionado com visos de generalidade na doutrina civilista, é criticado por desatender a uma orientação lógica. Já o nosso Teixeira de Freitas apontava o ilogismo, ao dizer que separar, de um lado, a coisa, como objeto material sobre que recai o direito, fazendo-se abstração do próprio direito (*res corporales*), e, do outro lado, colocar os direitos, prescindindo-se do objeto dos direitos reais, é inexato.[44]

Não obstante a lei ter deixado de destinar às *res corporales* e às *res incorporales* preceitos específicos, é certo que a relação jurídica pode ter por objeto uma coisa de existência material ou um bem de existência abstrata. Sobrevive, então, a classificação tradicional dos bens jurídicos em coisas corpóreas e coisas incorpóreas, muito embora o critério distintivo seja diverso do romano. Não é a *tangibilidade*, em si, que oferece o elemento diferenciador, pois há coisas corpóreas naturalmente intangíveis, e há coisas incorpóreas que abrangem bens tangíveis, como é o caso da herança ou do fundo de comércio, considerados em seu conjunto como bens incorpóreos, apesar de se poderem integrar de coisas corpóreas, como nota Enneccerus.

Não podemos, também, ater-nos a um critério *físico*, e considerando corpo toda porção limitada de matéria, dar como sendo coisa corpórea tudo quanto constitua um corpo, nessa acepção. O direito não pode cogitar de todo e qualquer corpo ou objeto que ocupe lugar no espaço, mas a ele só interessam os que entram no comércio social.

A precisa conceituação do objeto, quanto à corporalidade, encontra certas dificuldades se se desprende o observador do imediatismo da relação jurídica, para perquirir seu escopo mais remoto. Assim é que os direitos reais podem ter por objeto mediato uma coisa corpórea, mas podem visar imediatamente a uma coisa incorpórea, e só por via indireta atingir a corpórea: a servidão é um direito real, mas a servidão negativa não tem por objeto imediato uma coisa, porém uma abstenção. Por outro lado, os direitos de crédito têm por objeto imediato uma prestação, mas às vezes traduzem obrigações que representam, indiretamente, uma coisa corpórea, como nas obrigações de dar coisa certa.

Em tradução livre: "Corporais são as coisas que podem ser tocadas, como a propriedade, o homem, a roupa, o ouro, a prata e, enfim, outras coisas inumeráveis. Incorporais são as que não podem ser tocadas: tais são as que consistem num direito, como a herança, o usufruto, as obrigações de qualquer maneira que tenham sido contraídas".

43 Enneccerus, Kipp e Wolff, *Tratado*, I, nº 114; Ruggiero e Maroi, *Istituzioni*, § 67; Oertmann, *loc. cit.*

44 Teixeira de Freitas, *Esboço*, observações ao art. 317.

O interesse prático da distinção das coisas em corpóreas e incorpóreas, que no direito romano se situava na forma de transmissão, de vez que as *corporales res* deviam obedecer ao ritual da *mancipatio* ou da *traditio*, enquanto as *res incorporales* eram transferidas por outras formas, como a *in iure cessio*, no direito moderno reduziu-se, embora ainda se possa indicar. Assim é que as coisas corpóreas se transferem pela compra e venda, pela doação etc., desde que válidas e seguidas da tradição (bens móveis) ou do registro (bens imóveis), enquanto que as incorpóreas se transferem pela cessão. Para certos direitos, que se aproximam do de propriedade, mas que não se podem, com rigor, definir como direitos dominiais, a técnica moderna reserva a expressão *propriedade*, a que acrescenta o qualificativo *incorpórea*, e refere-se, tanto em doutrina como na lei, à *propriedade incorpórea*. É assim que se qualifica de *propriedade literária, científica e artística* ao direito do autor sobre sua obra; *propriedade industrial* ao direito de explorar uma patente de invenção ou uma marca de fábrica; *propriedade de um estabelecimento* ao direito de explorar os elementos corpóreos e incorpóreos a ele ligados.[45][46]

Afora, pois, alguns pontos de menor relevância, a importância da distinção clássica das coisas em corpóreas e incorpóreas é reduzida, especialmente em razão de não ser possível ao direito positivo, pelas razões que acima se apontaram, dedicar uma normativa específica para as *corporales res*, em separado das *incorporales res*.

Sem cogitar da dicotomização em corpóreas e incorpóreas, a construção dogmática tem de tratar das várias relações em que as coisas se encontram como objeto do direito subjetivo. Mas como não há conveniência em destacar, naquelas relações, as corpóreas das incorpóreas, melhor é, então, que sob a denominação genérica de *bens*, tenha o doutrinador em vista os vários critérios de classificação. É o de que cuidaremos, por miúdo, no capítulo seguinte, desenvolvendo um esquema que os distribui em três grupos:

a) bens considerados "em si mesmos", abrangendo a classificação em *móveis* e *imóveis; fungíveis* e *infungíveis; consumíveis* e *inconsumíveis; divisíveis* e *indivisíveis; singulares* e *coletivos*;

b) bens "reciprocamente considerados", ou seja, os *principais* e *acessórios*;

c) bens "em relação com as pessoas seus titulares", compreendendo os bens *públicos* e *privados*; os *disponíveis* e *indisponíveis*.

---

45   Planiol, Ripert e Boulanger, I, nº 2.585.
46   Planiol, Ripert e Boulanger, I, nº 2.585.

Capítulo XV
Classificação dos Bens

Sumário

70. Móveis e imóveis. **71.** Bens fungíveis e infungíveis. **72.** Bens consumíveis e não consumíveis. **73.** Bens divisíveis e indivisíveis. **74.** Bens singulares e coletivos. **75.** Bens principais e acessórios. **76.** Bens públicos e privados. Regime das minas. **77.** Bens disponíveis e indisponíveis. Bem de família. Tombamento artístico e histórico.

Bibliografia

De Page, *Traité Élémentaire*, V, nᵒˢ 555 e ss.; Planiol, Ripert e Boulanger, I, nᵒˢ 2.514 e ss.; Clóvis Beviláqua, *Teoria Geral*, § 29; Ruggiero e Maroi, *Istituzioni*, § 67; Oertmann, *Introducción al Derecho Civil*, § 24; Enneccerus, Kipp e Wolff, *Tratado*, I, § 114; Cunha Gonçalves, *Tratado*, vol. III, tomo I, nᵒˢ 29 e ss.; Colin e Capitant, *Cours*, I, nᵒˢ 723 e ss.; Mazeaud *et* Mazeaud, *Leçons de droit civil*, I, nᵒˢ 280 e ss.; Ferrara, *Trattato*, nᵒˢ 165 e ss.; Von Tuhr, *Derecho Civil*, I, § 18; Barassi, *Il diritto reale nel nuovo codice*, nᵒˢ 39 e ss.;Vicente Ráo, *O Direito e a Vida dos Direitos*, II, nᵒˢ 168 e ss.; Serpa Lopes, *Curso*, I, nᵒˢ 166 e ss.; Orlando Gomes, *Introdução*, nᵒˢ 122 e ss.; Paulo Nader, *Curso de Direito Civil. Parte Geral*, nᵒˢ 79 e ss.

CLASSIFICAÇÃO DOS BENS 291

70. MÓVEIS E IMÓVEIS

De todas as classificações, a que parece mais natural é a que separa os bens em *móveis* e *imóveis*, por ser a mobilidade o fator que mais visivelmente ressalta à primeira observação. Não obstante isto, a repercussão jurídica desta distinção só muito tardiamente gerou a separação dos bens nestas categorias, não porque faltasse a atenção para a existência de coisas que são fixas e de outras que se movem. A razão está em que primitivamente não se deu maior importância ao fato. O homem, num estágio de civilização anterior, tratava com tão grande cuidado as suas armas, os seus utensílios aratórios, os animais de tração, como a terra que cultivava, e exigia por isso mesmo um ritual mais imponente para o ato de sua disposição, erigindo-os em categoria especial. Foi assim que o romano colocou a coisa móvel ao lado da coisa imóvel, segundo a sua natureza específica, e instituiu o cerimonial da *mancipatio* para a sua transmissão. Não é que desprezasse o imóvel. Mas dava-lhe o mesmo valor que algumas coisas móveis, tratando, no mesmo pé de igualdade, a terra cultivada e as servidões que a beneficiavam, os animais de montaria e de tração, e até mesmo os escravos (*res mancipi*); do outro lado (*res nec mancipi*), os bens que não tinham este mesmo interesse econômico e social.[1] Só muito mais tarde foi que o direito romano consagrou a divisão dos bens em *imóveis* e *móveis*, a qual no Baixo Império veio a ganhar foros de predominância. Já na Idade Média, com o regime feudal, deu-se maior realce ao elemento imobiliário em razão do poder político ligado à terra. E quando se formou o direito moderno todos os sistemas legislativos viram-se imbuídos da classificação dos bens em função da mobilidade, porque a ideia da construção da riqueza era assente na propriedade imóvel, o que põe em relevo e no primeiro plano, em todos os atuais Códigos, a divisão dos bens em móveis e imóveis.

Hoje em dia, porém, a importância do bem móvel cresce extraordinariamente. Veículos, máquinas, ações, instrumentos de alto poder e de elevado valor são móveis. Direitos expressos em títulos de sociedade são móveis e representam enorme papel na economia. O efeito móvel, o bem móvel, a coisa móvel conquistam o poder econômico e reclamam o prestígio jurídico do imóvel, insurgindo-se contra o desfavor tão grande que os atingia na Idade Média e ainda no começo da Era Moderna, que se refletia no desprezo com que era tratado. Não se pode mais considerar vil o bem móvel – "*res mobilis res vilis*"[2] – e é fácil prognosticar que no futuro a tendência será para lhes atribuir relevância cada vez maior.

No estado atual do direito, muito embora não se despreze o bem móvel, sente-se ainda a simpatia do legislador pela nobreza legal do imóvel. O Código Civil brasileiro, cogitando, como todos os Códigos, da distinção dos bens em móveis e imóveis, institui um rol de princípios de que ressalta a importância jurídica do imóvel. Sua transmissão obedece ao critério dotado de segurança e de solenidade, e requer a outorga expressa do outro cônjuge (Código Civil, art. 1.647, I). A prescrição aquisitiva é mais

---

1   Girad, *Manuel Élémentaire de Droit Romain*, p. 242 e ss.

2   "Coisa móvel, coisa sem valor."

prolongada para os imóveis do que para os móveis (Código Civil, arts. 1.238 e 1.260). No patrimônio dos incapazes tem preferência o imóvel cuja alienação só excepcionalmente pode ser autorizada (Código Civil, art. 1.750). Em princípio, a hipoteca é reservada ao bem imóvel (Código Civil, art. 1.473, I). Fora do direito civil, o *situs* (lugar) da coisa define a competência nas ações que versam sobre imóveis ou direitos a eles relativos (Código de Processo Civil de 1973, art. 95; Código de Processo Civil de 2015, art. 47). Para litigar sobre imóveis é necessária anuência do outro cônjuge e indispensável a citação do marido e da mulher (Código de Processo Civil de 1973, art. 10 e Código de Processo Civil de 2015, art. 73, que exclui essa exigência quando o regime de bens for o da separação absoluta). A todo momento, pois, essa distinção dos bens convoca a atenção do jurista, e a importância atribuída ao imóvel ainda ressalta a todos os exames. Como observação genérica, pode-se dizer que a classificação dos bens em móveis e imóveis tem sentido universal na acepção de que absorve todo objeto de qualquer relação jurídica. Todos os bens têm lugar nela, porque, ou são móveis, ou são imóveis.[3]

Vejamos então a disciplina jurídica dos imóveis e dos móveis.

Bens imóveis. Definem-se os *imóveis* como sendo as coisas que não se podem transportar, sem destruição, de um para outro lugar,[4] calcada num critério distintivo natural; não basta, entretanto, a uma noção perfeita. Afora o que, por natureza, é fixo como a "*terra quae in aeternum stat*",[5] é pouco abrangente, por deixar que fujam de seus termos outros bens a que se liga o atributo da imobilidade, sob o aspecto jurídico, apesar de não se lhes aplicar a fórmula da insuscetibilidade de transporte invulnerável.

O Código de 2002 conhece três categorias de imóveis: 1º) por natureza; 2º) por acessão física; 3º) por determinação legal.

Em primeiro lugar, pois, estão os *imóveis por natureza*. Esta classe abrange o solo, e tudo aquilo que a ele é aderente em estado de natureza, independentemente de qualquer artifício ou engenho humano. A árvore, o arbusto, a planta rasteira, fixos ao solo pelas raízes, são imóveis por natureza. A condição é sua fixação ao solo pela raiz. Assim, não são imóveis as plantas cultivadas em vasos ou recipientes removíveis,[6] ainda que atinjam grandes proporções. As massas minerais ou fósseis, existentes no subsolo, que no regime do Código de 1916 eram parte integrante deste e pertencentes ao proprietário do solo, passaram a constituir propriedade distinta, integrada no patrimônio da União Federal, que outorga ao particular mera concessão para sua exploração.[7] Aliás, o Código de Mineração as considera imóveis e o são por natureza, até que se opere, pela indústria humana, a sua separação da jazida que as

---

3 V. Orlando Gomes, *Introdução*, n. 137; Caio Mário da Silva Pereira, *Propriedade Horizontal*, cap. I; Caio Mário da Silva Pereira, *Condomínio e Incorporações*, "Introdução".

4 Ruggiero e Maroi, *Istituzioni*, § 67; Clóvis Beviláqua, *Teoria Geral*, § 32.

5 "Terra que permanece para sempre."

6 Planiol, Ripert e Boulanger, I, nº 2.636.

7 Constituição Federal, art. 20, IX.

CLASSIFICAÇÃO DOS BENS   293

conserva.[8] O curso d'água é imóvel, como conjunto ou massa líquida, sem se cogitar da água que por si mesma corre.

A rigor, imóvel por natureza é apenas o solo, pois que as árvores e tudo o mais que ao terreno é aderente só permanecem imóveis porque normalmente se lhe ligam, e é esta *normalidade* que serve de base à sua classificação, já que a própria terra é removível pelo esforço humano como pelo fenômeno natural, como removíveis pela técnica moderna são até os próprios edifícios. Mas, tendo em vista que, *em estado normal*, determinados bens são fixos, consideram-se por isto mesmo imóveis.[9]

Em segundo lugar estão os *imóveis por acessão física*, compreendendo tudo quanto se incorpora permanentemente ao solo, natural ou artificialmente. Aí estão as construções, os edifícios, que não podem ser removidos sem dano, as pontes, viadutos, obras pesadas aderentes à terra, bem como seus acessórios, tais sejam para-raios, balcões, platibandas etc. Não são consideradas nesta classe as construções ligeiras, que se levantam no solo ou se ligam a edifícios permanentes, e que se destinam à remoção ou retirada, como as barracas de feira, os pavilhões de circos, os parques de diversões que se prendem ao chão por estacas, mas que para própria utilização devem ser retirados e conduzidos para outro local.[10] Desta classe de que tratamos, os imóveis por acessão física são, contudo, os pavilhões construídos para *exposição*, porque se identificam com as demais edificações que se incorporam permanentemente ao solo, muito embora tenham de ser demolidos.[11] É que a permanência não significa perpetuidade, mas duração, não importando que esta seja definida ou indefinida. Não tem significação também a qualidade do material de que seja feita a construção: pedra, tijolos, concreto armado, madeira, matéria plástica. O que releva é a sua aderência ao solo, por escavações, alicerces, colunas, pilastras ou qualquer outro modo que traduza permanência, o que não exclui a simples justaposição, quando a massa colocada na superfície impõe uma adesão permanente, sem necessidade de amarração ou outros meios de fixação.[12]

As sementes, bens móveis, são consideradas imóveis desta categoria desde que lançadas à terra, porque se destinam a germinar e a fixar-se, acedendo ao solo, a que aderirão. A técnica moderna de construções, como os edifícios de vários andares, sugeriu ao legislador a adoção da divisão por planos horizontais (cf. nº 72, *infra*), admitindo a consideração de que cada apartamento constitui uma unidade autônoma, ou um bem, e não apenas uma parte do prédio. Embora os pavimentos acima do térreo não sejam diretamente aderentes ao solo, não podem deixar de categorizar-se como imóveis, e nós disciplinamos como condomínio especial e dele o Código Civil hoje trata, sob a denominação de *condomínio edilício* (art. 1.331). O princípio

---

8   Decreto-Lei nº 227, de 28 de fevereiro de 1967.

9   De Page, *Traité*, V, nº 628.

10   Planiol, Ripert e Boulanger, I, nº 2.639.

11   Planiol, Ripert e Boulanger, nº 2.638

12   De Page, *Traité*, V, nº 641, ao referir-se aos monumentos de pedra, construções antigas, por mera suposição de blocos graníticos, dólmens, menires etc.

da acessão física é suspenso, por outro lado, pelo tradicional instituto da superfície, reintroduzido na ordem jurídica pátria pelo Código Civil de 2002, em seus arts. 1.369 a 1.377, bem como pela inovadora figura do direito de laje, disciplinada pelos arts. 1.510-A a 1.510-E.

A acessão também pode dar-se naturalmente, sem a intervenção humana, como ocorre com a aluvião, que é o acrescentamento lento de terrenos à margem de rios, resultante do desvio das águas desses rios, de enxurradas etc., bem como através das demais hipóteses previstas nos incisos I a IV do art. 1.248 do Código Civil, quais sejam a avulsão, a formação de ilhas e o abandono de álveo.

O Código inovou com o acréscimo do inciso I ao art. 81, ao dispor que as edificações separadas do solo, se removidas para outro local conservando a sua unidade, não perdem seu caráter de coisa imóvel. Atende-se com isto ao progresso técnico que tem permitido transportarem-se de um lugar para outro edificações de valor artístico ou histórico, cuja preservação é necessária. Não importa se a remoção se faça por deslocamento do conjunto arquitetônico inteiro, por processo de congelamento, por exemplo, ou mediante a demolição, transporte e reedificação peça por peça no lugar de destino. O que predomina é a ideia, por amor à qual o bem é conservado na sua individualidade.

Em alguns sistemas jurídicos, exige-se como condição para que se verifique a imobilização de uma coisa móvel a circunstância de pertencer ao dono do imóvel. É o que reza o Código Civil francês (arts. 522 e ss.), e é explicado em razão de a imobilização não ser possível senão na medida em que as coisas móveis são suscetíveis de seguir a sorte do imóvel.[13] O princípio não prevalece no nosso direito. Embora habitualmente a imobilização se faça pelo proprietário, ela ocorre mesmo na hipótese de serem diferentes, e, neste caso, preponderando a importância do imóvel sobre o móvel, opera-se a perda da propriedade móvel em favor do proprietário do imóvel, com direito à indenização pelo valor da coisa móvel imobilizada, se quem plantou, semeou ou construiu em terreno alheio estava de boa-fé, e sem nenhum direito em caso contrário (Código Civil, arts. 1.255 e 1.256).

Convém, contudo, notar que não basta que a coisa móvel esteja aderente ao solo, ou mesmo encravada no subsolo, para que se configure uma acessão imobiliária. O *tesouro*, mesmo quando enterrado, não perde as características de bem móvel, visto que não é parte do imóvel (v. art. 1.264 do Código Civil).[14]

Reversamente, os materiais *provisoriamente* separados de um prédio, para nele mesmo serem reempregados, não perdem o caráter de imóveis, em razão da ideia que os mantém vinculados a ele (art. 81, II, do Código Civil). Mas os que são destacados do prédio, sem a mesma destinação, vão recuperando a sua natural mobilidade na medida em que se desprendem, da mesma forma que os materiais destinados a serem empre-

---

13 De Page, *Traité*, V, nº 658; Planiol, Ripert e Boulanger, I, nº 2.647.
14 Clóvis Beviláqua, *Teoria Geral*, *loc. cit.*; cf. nº 309, *infra*, vol. IV destas Instituições.

CLASSIFICAÇÃO DOS BENS   295

gados em uma edificação se conservam como coisas móveis até que sejam utilizados (art. 84).[15]

Finalmente, há os *imóveis por determinação legal*, que são os bens que a lei trata como imóveis, independentemente de toda ideia de relação, na decorrência de uma imposição da ordem jurídica, inderrogável pelos pactos privados. São os direitos reais sobre imóveis, mencionados no art. 1.225 do Código Civil, bem como as ações destinadas a assegurá-los, muito embora alguns autores se insurjam contra a sua classificação como bens. Por uma razão de ordem prática, contudo, o Código (art. 80, I) as inclui entre os bens imóveis, mantendo com isto a tradição em nosso direito. O direito à *sucessão aberta*, como complexo patrimonial transmitido do defunto aos seus herdeiros, continua a considerar-se, *ex vi legis*, como um todo, imóvel, ainda que o acervo hereditário se componha de bens móveis e imóveis, ou mesmo exclusivamente de móveis (Código Civil, art. 80, II). A lei não cogita das coisas que estão na herança, mas do direito a esta. Somente depois da partilha é que se poderá cuidar dos bens individuadamente.

Nosso sistema, como tantos outros, define, portanto, alguns *direitos imobiliários*, que constituem então a classe dos *imóveis incorpóreos*, contra a qual se insurge De Page, tachando-a de contrassenso, porém, inevitável, porque imposta pelo legislador mesmo.[16]

Assim apresentada a classificação dos bens imóveis, segundo o nosso direito, resta uma palavra de referência às suas linhas estruturais. O sistema brasileiro é peculiar, é próprio. Não ficamos, como alguns Códigos latino-americanos, com a técnica da enumeração, a qual, por mais extensa e cuidadosa que se faça, sempre poderá deixar de abranger alguma hipótese. Não seguiu o sistema francês, que compreende os imóveis por declaração do proprietário[17] e foi adotado por vários sistemas legislativos mais antigos. Não acompanhou o suíço, que conceitua como imóveis os que o são pela natureza, as minas e os direitos distintos e permanentes inscritos no Registro Imobiliário, deixando de lado, por conseguinte, os imóveis por acessão, isto é, os bens que se incorporam natural ou artificialmente ao solo. Tal como o alemão (o BGB), que considera os imóveis por natureza e por acessão, pode orgulhar-se de ter atendido a um critério sistemático mais apurado.

Bens móveis. Depois de ter definido os imóveis, tal como procedera o Código revogado, cuidou o atual de conceituar os bens móveis (art. 82). O legislador italiano preferiu agir diferentemente, mencionando quais são os imóveis, e acrescentando que todos os outros são móveis (art. 812). A diferença teórica é grande, de vez que importa, no direito italiano, em erigir como regra a mobilidade, salvo quanto àqueles bens que foram tachados de imóveis, e no brasileiro declarou o legislador quais os imóveis e quais os móveis, incutindo no espírito a dúvida na caracterização de algum

---

15   Planiol, Ripert e Boulanger, I, nº 2.677.
16   De Page, *Traité*, V, nº 688.
17   Colin e Capitant, *Cours*, I, nos 732 e ss.

que não comportasse enquadramento em uma ou outra espécie. Praticamente, entretanto, atinge-se o mesmo resultado, se se atentar para o fato de que a lei definiu como móveis todas as coisas suscetíveis de deslocamento sem alteração de substância ou de destinação econômico-social, com exceção daquelas, como se viu, que acedem às imóveis, e adquirem a natureza destas.

Levando em conta a qualidade própria ou alheia do impulso, chamam-se *semoventes* aqueles dotados de movimento por sua força própria, e simplesmente *móveis* os demais, distinção sem qualquer efeito prático. Cresce, nos últimos anos, na experiência estrangeira, o debate quanto à conveniência de se inserirem *os animais* em uma categoria à parte, distinta dos bens, como prevê, por exemplo, o art. 201-B do Código Civil português, que passou a reputá-los "seres vivos dotados de sensibilidade e objeto de proteção jurídica em virtude da sua natureza" após reforma legislativa ocorrida em 2017. Idêntica designação passou a adotar o Código Civil francês em 2015 (art. 515-14), embora ainda mantenha os animais submetidos ao regime dos bens.

O Código associa dois elementos na caracterização do bem móvel: a) serem suscetíveis de remoção por força própria (semoventes) ou por força alheia; b) conservarem a própria substância ou destinação econômico-social.

Na sua classificação jurídica, os bens móveis se agrupam em duas classes: a dos que o são por *natureza*, e a dos que assim se consideram por *determinação legal*.

Na primeira, a de *móveis por natureza*, incluem-se todas as coisas corpóreas que se podem remover sem dano (entenda-se, sem alteração da substância ou da destinação econômico-social), de um para outro lugar, com exceção, evidentemente, das que acedem aos imóveis. É por esta razão que os materiais destinados a uma construção permanecem como coisa móvel enquanto não são nela empregados e readquirem a sua primitiva natureza os provenientes de demolição, a não ser os provisoriamente separados para novamente serem reempregados no mesmo imóvel, tal como vimos anteriormente (arts. 84 e 81, I, respectivamente). Para melhor compreensão da característica mobiliária, convém acrescentar que não adquirem o caráter de coisa imóvel os móveis que seu proprietário conserva no mesmo lugar indefinidamente.[18] Somente a sua acessão (incorporação natural ou artificial, segundo a sucinta terminologia adotada pelo art. 79 do Código Civil) lhes transforma a natureza.

O desenvolvimento técnico e o progresso vieram levantar uma indagação quanto à caracterização do *gás* e da *corrente elétrica*. Quanto ao primeiro, que, sob o critério da removibilidade, se configura como coisa corpórea (cf. nº 69, *supra*), não pode haver dúvida na sua definição como coisa móvel, dada a sua transportabilidade em espécie por via de tubulação ou de embotijamento. A corrente elétrica, porém, não tem a mesma corporalidade. A doutrina e jurisprudência brasileiras, conceituando o

---

18   Planiol, Ripert e Boulanger, nº 2.676.

seu desvio irregular como furto,[19] levaram à sua caracterização como *coisa móvel*, e o Código Penal brasileiro encerrou qualquer controvérsia equiparando a energia elétrica, ou qualquer outra dotada de valor econômico, a coisa móvel (art. 155, § 3º). No direito moderno qualquer energia natural ou elétrica que tenha valor econômico considera-se bem móvel. O Código pronunciou-se a propósito desta controvérsia, ao mencionar, no art. 83, I, as energias que tenham valor econômico entre as coisas que cabem na classe dos móveis por força ou autoridade da lei – *ex vi legis*. A energia atômica ainda não estava perfeitamente esclarecida, mas, no amplo disposto no referido artigo, assim também se deve classificar. O mesmo se dá com as conexões feitas para a comunicação pela *Internet*. Diferentemente de sistemas de comunicação mais antigos, os protocolos da Internet foram desenvolvidos para independerem do meio físico de transmissão: qualquer rede de comunicação, seja por meio de cabos coaxiais, fibra ótica, ou de redes sem fio ou por satélite, que seja capaz de transportar dados digitais de duas vias, é capaz de transportar o tráfego da Internet.

O Código deixou de positivar os *móveis por antecipação*, perdendo assim a oportunidade de explicitar categoria aceita pacificamente pela doutrina nacional.[20] Trata-se daqueles bens que são naturalmente incorporados ao imóvel, e, portanto, imóveis, mas que se destinam a ser proximamente destacados e mobilizados, como a mata destinada ao corte, a casa destinada à demolição. Parece razoável que, em simetria com o disposto no inciso II do artigo 81 acerca da imobilização decorrente da futura destinação, devamos admitir os móveis por antecipação. O mesmo raciocínio lógico que tem o condão de imobilizar bens móveis, quando destinados a retornar à composição do bem imóvel, deve ter o poder de mobilizar bens imóveis, em razão de sua destinação e finalidade econômica. Não faz falta esta categorização, no tocante às safras não colhidas ou aos frutos pendentes, porquanto acessórios do imóvel. Mas o industrial que adquire do proprietário de um fundo a madeira existente no mesmo, para recebê-la cortada ou para ele próprio encarregar-se da derrubada, não está efetivamente negociando uma coisa imóvel, pois que as árvores de nada lhe servirão enquanto presas pelas raízes. O objeto do contrato é a madeira a ser cortada; o que tem interesse econômico são as árvores destacadas do solo. Igualmente forçoso será considerar compra e venda imobiliária a alienação antecipada de safra não colhida ou o contrato pelo qual o agricultor transfere ao revendedor o direito de levar ao mercado as frutas de seu pomar, em dada estação. Portanto, em decorrência da destinação e do interesse econômico, os bens, embora aderentes aos imóveis, mas na iminência da mobilização, devem ser considerados *coisa móvel por antecipação*, quando tratados como objetos autônomos.[21]

---

19 Sebastião José de Sousa, "Furto de Energia Elétrica", *in Revista Forense*, vol. 68, p. 274; Rego Barros, "Furto de Energia Elétrica", *in Revista Forense*, vol. 81, p. 706; Walter T. Alvares, *Direito de Eletricidade*, vol. I, nos 90 e ss.

20 Washington de Barros Monteiro, *Curso*, p. 142; Serpa Lopes, *Curso*, p. 388.

21 Sobre a classe dos "móveis por antecipação", v. Planiol, Ripert e Boulanger, I, nos 2.680 e ss.; De Page, *Traité*, V, nº 723.

Os *navios*, sobre que em direito anterior se discutia se eram móveis ou imóveis, foram, há muito, caracterizados como coisa *móvel*, não tendo mais qualquer interesse a discussão. Toda a dúvida estava em que eles são suscetíveis de hipoteca, mas por exceção à regra de que a hipoteca é, em princípio, ônus real sobre imóvel. O mesmo se poderá dizer das *aeronaves*, também suscetíveis de hipoteca (v. art. 1.473, VI e VII, do Código Civil).

Móveis por *determinação legal* são aqueles bens incorpóreos que a lei expressamente trata como móveis (Código Civil, art. 83). Estão nesta classe as energias com valor econômico, de que já tratamos. Também aí se encontram os direitos reais e as ações sobre objetos móveis, por uma razão lógica elementar: os direitos reais, sobre bens imóveis, são imóveis; *a contrario sensu*, se pesam sobre coisas móveis, devem ser considerados, como são, bens móveis. As ações que os asseguram, pelo nosso direito positivo, são também tratadas como bens móveis, e não apenas elementos tutelares dos direitos. Móveis, *ex vi legis*, são ainda os direitos de crédito com caráter patrimonial, assim como as ações respectivas.

Os *direitos autorais* são também reputados bens móveis para efeitos legais (art. 3º da Lei nº 9.610/1998). Bem móvel da mesma categoria são ainda os direitos decorrentes da *propriedade industrial* (art. 5º da Lei nº 9.279/1996),[22] como os direitos originados do poder de criação, de organização e de invenção do indivíduo, assegurando a lei ao seu autor as garantias expressas nas patentes de invenção, na utilização exclusiva das marcas de indústria e comércio e nome empresarial, e protegendo os direitos assentados na capacidade da imaginação criadora contra a utilização alheia e a concorrência desleal.

O *estabelecimento*, composto dos elementos incorpóreos formadores do aviamento do empresário ou da sociedade empresária, é erigido pelo direito moderno em objeto de um direito de propriedade, e é com o propósito de lhe oferecer proteção no conflito com o proprietário do imóvel que se lhe concede ação renovatória da locação, assegurada nos arts. 51 e ss. da Lei do Inquilinato (Lei nº 8.245/1991).

Estão, ainda, na classe dos *móveis incorpóreos*, as quotas de capital ou ações que tenha o indivíduo em uma sociedade, seja esta de que natureza for (simples, em nome coletivo ou por quotas de responsabilidade limitada, em comandita, anônima ou cooperativa), os títulos patrimoniais de associações, os títulos de crédito – são todos valores mobiliários que se distinguem dos bens que compõem o acervo patrimonial da pessoa jurídica. O interesse, a quota-parte no capital, a ação da sociedade anônima representam para o tomador um valor mobiliário e incorpóreo, que se traduz na faculdade de participar nas deliberações ou de influir na constituição dos órgãos de direção, bem como perceber, enquanto durar a sociedade, as vantagens que esta persegue, e a embolsar, quando de sua liquidação, uma parte proporcional no seu ativo líquido. Qualquer que seja o acervo do ente coletivo, a parte no capital,

---

22 Lei nº 9.279/96: "Art. 5º Consideram-se bens móveis, para os efeitos legais, os direitos de propriedade industrial".

CLASSIFICAÇÃO DOS BENS 299

representada por uma quota ou uma ação, é um efeito móvel, e, como tal, deve ser tratada.

71. BENS FUNGÍVEIS E INFUNGÍVEIS

Diz-se que são fungíveis os bens que podem ser substituídos por outros da mesma espécie, qualidade e quantidade, e *infungíveis* ou *não fungíveis* os que não o podem ser. A fungibilidade é própria dos *móveis*, porque normalmente são eles suscetíveis de se caracterizarem pela quantidade, pelo peso ou pela medida – *numero, pondere, mensurave constant* –,[23] e é por isso que o Código Civil (art. 85) restringe a definição aos bens móveis. As coisas fungíveis guardam entre si uma relação de equivalência, o que lhes atribui um mesmo *poder liberatório*, e significa que o devedor tem a faculdade de se quitar da obrigação, entregando ao credor uma coisa em substituição a outra, desde que do mesmo gênero, da mesma qualidade e na mesma quantidade. Bem fungível por excelência é o dinheiro. As coisas infungíveis, ao revés, caracterizam-se pelos requisitos próprios, que as individuam como corpo certo, o que impede ao devedor entregar uma por outra em solução do obrigado.

Há escritores que fazem a fungibilidade decorrer da manifestação de vontade das partes. Não há, porém, total verdade no conceito. A vontade atua dentro de certos limites, para fazer infungíveis coisas naturalmente fungíveis, ou vice-versa. Mas não pode ir ao extremo de considerar fungíveis bens individualmente caracterizados, ao arrepio da definição legal. Não é, realmente, a substituição do objeto da obrigação o fator distintivo da fungibilidade, mas a circunstância de se caracterizar ele pelo *gênero, qualidade* e *quantidade*, pois nas obrigações alternativas existe uma *coisa devida* entre duas ou mais coisas, que são especialmente diferenciadas, sem que exista entre elas relação de fungibilidade. O que é verdade é que a intenção das partes pode caracterizar por seus fatores diferenciais coisas naturalmente fungíveis, e torná-las infungíveis: a moeda é coisa fungível, mas é possível considerar-se não fungível em atenção a caracteres individuais e peculiares. Ao revés, e o exemplo é dos escritores franceses, *títulos da bolsa de valores* são coisas naturalmente infungíveis porque se distinguem pela numeração de ordem, pela emissão, pelo valor etc.; mas se prestam a serem negociados como coisas fungíveis, se se abandonam os seus elementos individuais para serem tratados como quantidades de títulos não determinados isoladamente.[24]

Segundo noção aceita em doutrina e na legislação, os imóveis são sempre infungíveis.[25] Mas o desenvolvimento dos negócios imobiliários veio criar, com certas situações especiais, a extensão da ideia de fungibilidade aos imóveis, como no caso de vários proprietários comuns de um loteamento ajustarem partilhar entre si os lotes ao desfazerem a sociedade: um que se retire receberá *certa quantidade de lotes*, que são havidos como coisas fungíveis, até o momento da lavratura do instrumento, pois

---

23 *Digesto*, Livro XII, tít. 1º, fr. 2, § 1º: "Constam de quantidade, peso ou medida".
24 Planiol, Ripert e Boulanger, *loc. cit.*
25 Cunha Gonçalves, *Tratado*, vol. III, tomo I, nº 295.

que o credor não o é de corpo certo, mas de coisas determinadas tão somente pelo gênero, pela qualidade e pela quantidade.

Por extensão, leva-se a ideia de fungibilidade ou infungibilidade às prestações das obrigações de fazer, dizendo-se que é fungível o serviço que pode ser prestado por outrem, que não o devedor, e infungível o que, em caso de inadimplemento, não pode ser mandado executar por ninguém mais, às expensas do devedor.[26]

A importância desta distinção em razão da fungibilidade não é mero capricho da doutrina. Antes, representa sensível importância. É a fungibilidade do objeto que serve para distinguir uma de outra, certas figuras contratuais, como o mútuo (arts. 586 e ss.) e o comodato (arts. 579 e ss.). Mas sua maior relevância está na fixação do poder liberatório da coisa entregue em solução da obrigação: se a dívida é de *corpo certo*, o devedor não se libera senão com a entrega daquele objeto específico; se se tratar, ao contrário, de uma *dívida de gênero*, solve a obrigação entregando quaisquer unidades submetidas ao critério da qualidade e da quantidade, e pode, mesmo, consignar em Juízo, na recusa do credor. Se a prestação é de *serviço fungível*, desobriga--se o devedor com a sua execução por si mesmo ou por outrem; se de *serviço não fungível*, a sua realização deve efetuar-se pelo devedor pessoalmente, e nunca por um substituto.

72. Bens consumíveis e não consumíveis

Dizem-se *consumíveis* os bens que são destruídos na sua substância pelo uso normal, e *não consumíveis* aqueles cuja utilização não atinge a sua integridade. A noção originária da consumibilidade é, pois, ligada à ideia de destruição da própria coisa. É o que se denomina a *consumibilidade (ou consuntibilidade) material* ou *natural*, compreendendo os bens que por serem *usados desaparecem* imediatamente, como, e.g., *os alimentos*, que são ingeridos (utilização natural) e por isto mesmo são destruídos: *usu consumuntur* (o uso consome). Não se deve, porém, confundir com a *deteriorabilidade* a que as coisas estão sujeitas,[27] inclusive as que na melhor técnica e dentro dos melhores conceitos, são, e devem considerar-se, como inconsumíveis.

Além das coisas materialmente consumíveis, consideram-se ainda *juridicamente consumíveis* os bens que não são destruídos pelo uso, mas cuja utilização não pode ser renovada, porque implica a sua alienação (Código Civil, art. 86). A consumibilidade jurídica pode abranger bens materialmente consumíveis, como se dá com víveres nos armazéns, que são destinados à venda e, portanto, juridicamente consumidos no ato de disposição pelo vendedor, embora não destruídos, o que ocorrerá no momento em que recebem a destruição decorrente do uso natural de quem os adquirir. Por outro lado, podem ser juridicamente consumíveis bens que são materialmente não consumíveis, como os livros em uma livraria, onde a disponibilidade em que se encontram traduz a

---

26 Orlando Gomes, Introdução, n° 143; Serpa Lopes, *Curso*, I, n° 170.
27 Ruggiero e Maroi, *Istituzioni*, § 67.

CLASSIFICAÇÃO DOS BENS **301**

sua consumibilidade jurídica, muito embora não sejam coisas que se destroem pelo uso natural (leitura ou consulta).

Além destes aspectos, devem ser examinados os efeitos da vontade humana sobre a consumibilidade, para assentar que a intenção das partes pode tornar não consumíveis coisas naturalmente consumíveis, como se dá com o comerciante que empresta, a outro, gêneros mercantis para finalidade de exibição apenas (*"ad pompam vel ostentationis causam"*)[28] devendo os mesmos lhe ser devolvidos individualmente, e, portanto, não consumíveis até a sua devolução.

O Código Civil mencionou sob a mesma epígrafe os "bens fungíveis e consumíveis", mas definiu-os bem, separando as noções, porque não se confundem os conceitos. É verdade que, normalmente, as coisas materialmente consumíveis são também fungíveis, como os víveres, as moedas, os materiais de construção etc. Mas não existe uma correlação absoluta entre uma e outra ideia. Pode haver coisa consumível, mas não fungível, por exemplo: o livreiro que expõe à venda os manuscritos de uma obra de autor reputado oferece uma coisa *consumível*, mas *infungível*, por ser a única do seu gênero. É que a consumibilidade é um atributo da própria coisa, independente de qualquer ideia de relação, enquanto a fungibilidade implica sempre uma comparação de que resultará a possibilidade de sua substituição por outra, respeitada a identidade de gênero, qualidade e quantidade.[29]

73. BENS DIVISÍVEIS E INDIVISÍVEIS

A divisibilidade, como qualidade física, é própria de qualquer corpo e de toda matéria, orgânica ou inorgânica, havendo os progressos da ciência alcançado até a mais ínfima parcela, e atingido, com a divisão do átomo, o máximo em teor de divisibilidade. Partindo-se desta ideia, puramente determinada no campo da ciência física, pode-se dizer que todo corpo é suscetível de divisão. No terreno da ciência jurídica não se pode assentar a mesma regra, porque o critério da divisibilidade, em direito, é outro. Não importa, para definir a divisibilidade, admitir que materialmente tudo seja disto suscetível. Exige a ciência jurídica, então, a ingerência de um outro requisito: que a fragmentação respeite as qualidades essenciais do todo. O direito romano considerava divisíveis as coisas que podiam ser divididas sem dano (*"quae sine damno dividi possunt"*),[30] critério que satisfazia ao nosso direito pré-codificado[31] e prevaleceu no Código Civil de 1916. Atualmente, tal critério é considerado insuficiente, pois a divisão, mesmo que se faça sem dano, não pode ter lugar juridicamente se as frações perderem conteúdo econômico, deixando de formar cada qual um todo homogêneo, o que faz associar duas ideias inspiradoras da divisibilidade jurídica,

---

28 "Para a pompa ou ostentação".
29 Sobre a nítida distinção entre fungibilidade e consumibilidade: Planiol, Ripert e Boulanger, *Traité*, I, nº 2.593; Ruggiero, *loc. cit.*
30 *Digesto*, Livro XXX, tít. 26, fr. 2: "As coisas que podem ser divididas sem dano".
31 Ordenações, Livro IV, tít. 96, § 5º.

quais sejam, de um lado, o econômico, e, de outro lado, a conservação, nas frações resultantes, das qualidades essenciais do todo.[32]

Modernamente, é de se considerar a economicidade. Não basta que as partes resultantes sejam porções reais e distintas. É de mister que, pela fragmentação, não sofram diminuição considerável no seu valor, nem prejuízo no uso a que se destinem (Código Civil, art. 87). Para proclamar a divisibilidade de um bem, o jurista se vale de um critério utilitarista, e assenta que ele será *indivisível* se o fracionamento resultar em sua desvalia *patrimonial*, isto é, se as partes resultantes perderem substância *econômica*.

Tendo presente este princípio, podem os bens ser indivisíveis por *natureza*, por *determinação legal* ou por *vontade das partes*. É *naturalmente indivisível* tudo que não se pode partir sem alteração na sua substância, o que tanto afeta os móveis como os imóveis. Mas coisas há que, por natureza, são suscetíveis de divisão, e, contudo, a imposição da ordem legal ou a convenção tornam indivisíveis (Código Civil, art. 88).

Dentre os casos de *indivisibilidade jurídica* merece consideração especial a questão da repartição dos edifícios. O direito anterior só admitia o fracionamento de uma casa, por plano vertical, e o Código Civil de 1916 foi fiel à tradição romana, que a tolerava distribuindo a fração do solo com a construção sobre ela erigida.[33] A divisibilidade horizontal tem sido disciplinada no direito ocidental, com a criação das propriedades superpostas, mais ou menos uniformemente. Veio reconhecer-lhe foros de legitimidade o direito brasileiro com o Decreto nº 5.481/1928, seguido do Decreto nº 5.234/1943, que, por seu turno, foi revogado e substituído pela Lei nº 285/1948.

A Lei nº 4.591/1964 disciplinava a divisibilidade dos prédios por planos horizontais, independentemente do número de andares e do material da construção, associada a unidade autônoma à fração ideal do solo e coisas comuns, doutrina desenvolvida em nosso livro *Condomínio e Incorporações*, e resumida nestas *Instituições*, nº 319, vol. IV. O Código cuida de regular a divisão dos prédios por planos horizontais, ao tratar do "condomínio edilício", nos artigos 1.331 e seguintes, prevendo, ainda, a nova modalidade do "condomínio de lotes" em um mesmo terreno (art. 1.358-A), à qual se aplicam as mesmas regras do condomínio edilício onde couber (inclusive no que diz respeito à divisão). Já o imóvel objeto da multipropriedade, por expressa determinação legal, é indivisível, não se sujeitando à ação de divisão (art. 1.358-D).

De regra, a divisibilidade é própria dos bens corpóreos; mas o direito estende a ideia aos incorpóreos, admitindo que haja *obrigações divisíveis e indivisíveis* (Código Civil, art. 257), as quais serão objeto de estudo no nº 137, vol. II. É no campo dos bens incorpóreos que mais repercute a noção da indivisibilidade por determinação da lei. A *hipoteca*, como direito real sobre coisa alheia, é um bem incorpóreo a que se atri-

---

32   Clóvis Beviláqua, *Teoria Geral*, § 36; Ruggiero, § 67; Orlando Gomes, *Introdução*, nº 146; Caio Mário da Silva Pereira, *Propriedade Horizontal*.

33   Dernburg, *Pandette*, § 76.

bui a condição legal da indivisibilidade (Código Civil, art. 1.420, § 2º). As *servidões prediais* são igualmente mantidas como bens indivisíveis (Código Civil, art. 1.386). Embora uma *ação de sociedade anônima* possa pertencer a mais de uma pessoa, o que frequentemente ocorre em caso de sucessão hereditária, a cada ação ordinária corresponde um voto nas assembleias gerais.[34] Em todos os casos de indivisibilidade imposta por lei, não há cogitar da possibilidade natural de o bem ser fracionado, porque a razão de política legislativa sobreleva.

Indivisibilidade *convencional* é a que resulta da vontade das partes, que tornam indivisíveis bens naturalmente divisíveis, e a que não imponha a lei a indivisibilidade coativa, ajustando conservá-la, *pro indiviso*, por tempo determinado ou não.

74. Bens singulares e coletivos

Reminiscência de intermináveis discussões dos glosadores, herdadas pelo direito moderno, é a distinção dos bens em singulares e coletivos, de quase nenhum interesse prático. Dizem-se *singulares* os bens quando, embora reunidos, consideram-se de *per si*, independentemente dos demais (Código Civil, art. 89), e coletivos ou *universais*, quando se encaram agregados em um todo. Não é o mesmo que os distinguir em *simples* ou *compostos*, pois que os critérios diferenciadores são diversos, vigorando, nesta última classificação, a coesão natural de suas partes, ou o fato de estarem artificialmente unidos. Uma árvore é um bem simples, um navio um bem composto, mas um e outro são bens singulares. Uma floresta ou uma frota, como um agregado no seu conjunto, têm-se como bens coletivos, que os glosadores chamavam de *universalidades de fato e universalidades de direito*. A *universitas facti* é a que se compõe de bens corpóreos, e a *universitas iuris* a que se forma de bens e direitos. O Código (art. 90) conceitua a universalidade de fato como pluralidade de bens singulares, pertencentes à mesma pessoa ou a ela vinculadas, porém dotadas de uma só destinação econômica ou jurídica (uma biblioteca, um rebanho, um pomar). Em contraposição, universalidade jurídica é um conjunto de direitos ou de bens e direitos, ou um complexo de relações jurídicas, economicamente apreciáveis, pertinentes a uma pessoa (art. 91). A herança e o patrimônio são casos típicos de universalidades jurídicas, que subsistem ainda que não contenham objetos materiais (como declarava expressamente o Código de 1916, art. 57), porque a ideia fundamental da universalidade jurídica é um conjunto de relações jurídicas, e não propriamente os bens sobre que recaem.

Podem ser objeto de direitos e obrigações a universalidade como um todo, ou, isoladamente, os bens que a constituem. A universalidade não é um estado natural e obrigatório dos bens singulares. Pode, então, o proprietário destacar alguns deles, como objeto de determinada relação jurídica, sem que os demais percam o caráter coletivo.

---

34 Lei nº 6.404/1976, art. 110. Sobre a extensão da distinção das noções de divisibilidade e indivisibilidade aos direitos e obrigações, cf. o que vai exposto no nº 137, vol. II destas *Instituições*.

Resolvendo a questão do momento em que termina a universalidade, necessário será que desapareçam todos os componentes menos um, para que a universalidade se tenha como extinta, procurando conciliar a norma jurídica com a realidade prática. Extingue-se também por ato de vontade do titular, seja quando os separa, seja quando, conservando-os reunidos, retira-lhes a destinação comum.

O Código de 2002 omitiu preceito importante, contido no de 1916 (art. 56), relativo à sub-rogação. Consiste esta na ideia de substituição de um bem por outro, especialmente quando ao bem sub-roga-se o seu valor, ou vice-versa. Generalizando a regra enunciada pelos glosadores – *pretium succedit in loco rei*[35] e vice-versa – *res succedit in loco pretii*, que os autores repetem com a ressalva de que era apenas verdadeira em alguns casos de universalidades jurídicas, o Código Civil de 1916 declarava que na coletividade se sub-rogava ao bem individual o respectivo valor e vice-versa. A regra, embora perigosa em razão da generalização,[36] tinha uma repercussão prática útil, em alguns casos em que a doutrina se mostra rica de debates. Não obstante a omissão, o princípio persiste.

Para a perfeita compreensão do princípio, cumpre de início distinguir a sub-rogação *pessoal* da sub-rogação *real*. Dá-se a sub-rogação *pessoal* quando uma pessoa, natural ou jurídica, substitui outra na relação jurídica, segundo a disciplina dos arts. 346 e ss. do Código Civil, matéria que examinaremos no nº 159, vol. II. A *sub-rogação real*, em que subsiste a mesma ideia de substituição, tem lugar quando um bem toma o lugar de outro bem como objeto da relação jurídica. A causa da sub-rogação não altera o efeito: seja por alienação voluntária (p. ex., compra e venda), seja compulsória (p. ex., desapropriação), seja ainda em consequência de culpa (p. ex., as perdas e danos em que se converte o bem destruído por outrem, ou o inadimplemento de obrigação), o princípio se aplica toda vez que um bem vai tomar lugar de outro. Onde se verifica mais frequentemente o fenômeno é na sucessão indivisa, da qual são vendidos alguns bens, caso em que o preço se sub-roga *in loco rei*.

O efeito principal da regra enunciada está na *sobrevivência do regime jurídico* do *bem sub-rogado*. Assim, por exemplo, o bem sub-rogado em um imóvel inalienável conserva o gravame da inalienabilidade.

75. Bens principais e acessórios

Muito embora a ideia de relação ou de comparação envolva outras classes de bens, o Código Civil focaliza e disciplina, sob a epígrafe específica da reciprocidade, esta classe, e diz: reciprocamente considerados, os bens são *principais* ou *acessórios*, conforme existam sobre si, abstrata ou concretamente, ou suponham a existência de outro para serem objetivados (Código Civil, art. 92). Em razão de seu caráter subsidiário, a coisa *acessória*, por via de regra, segue a principal: *accessorium se-*

---

35 "O pagamento faz as vezes da coisa".
36 Clóvis Beviláqua, em "Comentário ao art. 56 do Código Civil".

quitur principale, segundo o aforismo de origem romana, hoje conhecido como o "princípio da *gravitação jurídica*", porque faz com que um bem atraia um outro para sua órbita e lhe comunique o seu regime jurídico. Dizemos por via de regra, porque se admite que o contrário resulte da lei ou de um ajuste, não podendo o princípio enunciar-se com caráter absoluto. O bem acessório, pela sua própria existência subordinada, não tem, nesta qualidade, uma valoração autônoma, mas liga-se-lhe o objetivo de completar, como subsidiário, a finalidade econômica da coisa principal de modo que o dono da coisa principal é, via de regra, também do acessório. É bem de ver, não são somente os objetos corpóreos que recebem o impacto da ideia de reciprocidade. Ao contrário, desbordando esta no rumo de maior generalização, vai alcançar ainda os incorpóreos. É por isto que procedentemente se diz haver, além dos bens, também direitos e obrigações *principais* e *acessórios*, sob o influxo da mesma noção de independência e de subordinação.

Para que se configure a existência do *bem acessório* é necessário, portanto, que se caracterize a sua *existência jurídica*, e que ela não tenha *autonomia*. Mas não basta a relação de dependência para formar a coisa acessória, já que esta se distingue naturalmente das *partes integrantes* da própria coisa. Neste particular, o BGB é preciso, quando diferencia do acessório *as partes constitutivas do próprio bem (partes integrantes)*, pois, na verdade, se este é composto, as várias partes que o integram não se podem erigir na categoria de bens acessórios. Em essência, pode-se dizer que as *partes* integrantes de um bem composto são aquelas que se acham em conexão corporal com ele, erigindo-se em complemento do próprio bem, participando de sua natureza.[37] Parece-nos que um critério discriminativo seguro haveria de ser aquele que reputasse acessório o bem cuja existência jurídica estivesse na dependência do principal, mas que nele não se chegasse a integrar em uma unidade indissociável.

Excluem-se da ideia de acessoriedade a criação devida à atividade humana, geradora diversa daquela que foi trabalhada. Neste sentido, o art. 62 do Código de 1916 mencionava as obras de arte (pintura em relação à tela, escultura em relação à matéria-prima), e bem assim toda produção gráfica em relação ao material utilizado na sua confecção. Embora não reproduzido o dispositivo no Código atual, o princípio subsiste amparado na doutrina.

Em função do processo de ligação com a coisa principal, os acessórios podem ser *naturais, industriais e civis*.[38] O Código de 2002 não cogitou dessas classificações, entrando na disciplina dos frutos e das benfeitorias. O sistema do Código de 1916 era melhor.

São acessórios *naturais* os que aderem espontaneamente ao principal sem a intervenção do engenho humano, como os frutos da árvore ou as ilhas formadas nos rios, ou nos casos em geral em que a vinculação com o principal se opera pela força

---

37 Enneccerus, Kipp e Wolff, *Tratado*, I, § 118; Oertmann, *Introducción*, § 28; Vicente Ráo, *O Direito e a Vida dos Direitos*, II, nº 195.

38 Clóvis Beviláqua, *Teoria Geral*, § 38.

orgânica ou pelo fenômeno físico. Dispensou-se, igualmente, o Código de discriminar os acessórios do solo, que o artigo 61 do antigo mencionava, como os produtos orgânicos da superfície, as obras de aderência permanente feitas acima ou abaixo da superfície. A estes aditava ainda os minerais contidos no subsolo. No tocante a estes, o critério legal alterou-se, perdendo as reservas minerais a categorização de bens acessórios do solo, para constituírem domínio da União federal, reservando-se ao dono superficiário apenas o direito preferencial de exploração (Constituição Federal, art. 176; Código Civil, art. 1.230).

São acessórios *industriais* os que nascem do esforço humano, compreendidas nesta classe as obras de aderência permanente feitas acima ou abaixo da superfície, como a casa, em relação ao terreno. Não podemos, neste passo, deixar de ressalvar que, para a nossa concepção, havia um desvio de perspectiva da parte do legislador de 1916 (não mais constante do Código atual), de que resultava classificar ele como benfeitorias as partes integrantes indissociáveis e, portanto, constitutivas do próprio bem, ou técnicas de criação que dão origem a bens principais diferentes (a pintura em relação à tela; a escultura em relação à matéria-prima; o trabalho gráfico em relação ao material que o recebe).

Acessórios *civis* são os que resultam de uma relação abstrata de direito, e não de uma vinculação material, como o juro, em relação ao capital; os ônus reais, em relação à coisa gravada; e, de modo geral, tudo aquilo que se apresenta ou pode considerar-se na definição acima enunciada, como acessório de um bem incorpóreo.

Dentre os bens acessórios, os autores destacam, por merecerem consideração especial, as *pertenças*, as *benfeitorias,* os *frutos* e os *produtos*. Não procederemos diferentemente.

a) *Pertenças*. No tocante aos bens reciprocamente considerados, a doutrina alude às pertenças e às partes integrantes. Estas se distinguem dos acessórios pelo fato de serem partes constitutivas da própria coisa e estarem em conexão íntima com ela, participando de sua natureza, vinculadas materialmente à ela. Distinguem-se, portanto, as *pertenças* das *partes integrantes* em que estas compõem permanentemente a própria coisa (*e.g.,* as telhas, janelas e portas em relação à casa), enquanto as pertenças não completam a coisa, mantendo sua autonomia e podendo ser separadas sem que haja qualquer alteração na coisa (*e.g.* utensílios aratórios em relação à propriedade rural), estando vinculadas econômica ou juridicamente a ela. Podem estar ligadas à sua utilização por fato natural, ou intencionalmente destinadas à sua exploração, aformoseamento ou comodidade (art. 93).[39]

Rompendo com a sistemática dos demais bens acessórios, bem como das partes integrantes, determinou o Código Civil (art. 94) que as pertenças não seguem a sorte da coisa principal. Assim, os negócios jurídicos que tenham por objeto o bem principal não abrangem, em regra, as pertenças. Não, porém, obrigatoriamente. Podem ser

---

39   José Carlos Moreira Alves, *A Parte Geral*, p. 42.

incluídas por determinação legal ou manifestação de vontade dos interessados, como ainda por força das circunstâncias que se apurem em cada caso.

b) *Benfeitorias*. Chamam-se *benfeitorias* as obras ou despesas feitas na coisa, com o fim de conservá-la, melhorá-la ou embelezá-la. Mas excluem-se de sua conceituação os *incrementos naturais*, independentes da ação humana (Código Civil, art. 97). Não restringimos a ideia apenas às *obras*, como na definição dada por Clóvis Beviláqua, seguido de outros, porque o conceito deve estender-se também às *despesas*, que não se materializem em obras, e que igualmente concorrem para a conservação, melhoria ou aformoseamento, e tanto podem realizar-se na coisa móvel quanto na imóvel. Este tríplice objetivo das benfeitorias conduz à sua classificação em três categorias distintas, que a doutrina especializou e a lei adota (Código Civil, art. 96), atribuindo-lhes efeitos diferentes (arts. 1.219 e 1.220): i) São *benfeitorias necessárias* as que têm por fim conservar a coisa ou evitar que se deteriore. Devem ser indenizadas pelo proprietário, independentemente da boa ou má-fé do possuidor que as realize, assegurando-se, contudo, direito de retenção até o reembolso, somente ao de boa-fé; ii) *Benfeitorias úteis* são as que aumentam ou facilitam o uso da coisa. Como apenas melhoram as suas qualidades ou sua capacidade de utilização, devem ser indenizadas apenas ao possuidor de boa-fé, com direito de retenção. Não se reconhece ao de má-fé a faculdade de reembolsar o seu valor; iii) *Voluptuárias* são as benfeitorias de mero deleite ou recreio, que não aumentam o uso habitual da coisa ainda que a tornem mais agradável ou sejam de elevado valor. Não são indenizáveis ao possuidor que as tenha realizado, permitindo-se-lhe, porém, *levantá-las* sem detrimento da coisa, apenas no caso de estar de boa-fé (*ius tollendi*, i. e., o direito de retirar).

Avalia-se a benfeitoria em função do acréscimo de utilidade ou de valor que tiver trazido à coisa.[40] Quando não são feitas pelo proprietário e tiver este, como reivindicante, de indenizar o seu autor, pode optar entre o preço de custo e o valor atual, mas, se se positivar a boa-fé do possuidor, indenizará pelo valor atual (Código Civil, art. 1.222).

c) *Frutos*. Atendo-se originariamente à ideia de que eram apenas os produtos orgânicos das coisas vivas, e só mais tarde integrando nela a noção de frutos civis,[41] deu-nos o direito romano uma noção de fruto: é tudo o que normalmente nasce e renasce de uma coisa. Não é diverso o conceito moderno, que considera *frutos as utilidades que a coisa periodicamente produz, sem desfalque da sua substância.*[42] Sua inclusão na categoria de bens acessórios é uma decorrência da ideia de relação que com o bem principal mantêm, e somente como tais se consideram em razão daquela

---

40 Clóvis Beviláqua, *Teoria Geral*, 40.
41 *Digesto*, Livro L, tít. XVI, fr. 121.
42 Clóvis Beviláqua, § 39.

condição de dependência. Na verdade, muito embora gerados pelo principal, podem vir, e comumente vêm a adquirir autonomia, quando assumem a posição de bens de existência sobre si mesmos. Os frutos são acessórios em relação à árvore, mas deixam de sê-lo no quiosque do vendedor. Os juros são frutos, em função do capital, mas a importância em dinheiro que representam deixa de o ser desde que adquira a disponibilidade natural. Enquanto consideradas em relação ao bem gerador, as suas utilidades são denominadas e consideradas frutos, em atenção à periodicidade de seu surgimento,[43] e nisto se situa o elemento fundamental de sua caracterização. Nada impede, entretanto, que sejam objeto de relação jurídica independente da coisa principal (art. 95 do Código Civil).

A doutrina cuida de classificá-los *quanto à sua natureza*, em razão de sua *vinculação com o bem principal*, e em função do *seu estado*.

Pela natureza, dizem-se: i) *frutos naturais* aqueles que estritamente se contêm na definição romana, isto é, tudo aquilo que a coisa gera por si mesma, independentemente do esforço ou do engenho humano; mas não perdem esta qualidade pelo fato de a pessoa concorrer apenas com processos técnicos para a melhoria de sua qualidade ou aumento de sua produção; ii) *frutos industriais* são as utilidades que provêm da coisa, porém com a contribuição necessária do trabalho humano; iii) *frutos civis* são, por uma extensão gerada pela capacidade humana de abstração, os rendimentos e benefícios que alguém tira de uma coisa utilizada por outrem.

Por motivo de sua ligação com o bem principal, são: i) *pendentes,* enquanto aderem naturalmente ao bem; ii) *percebidos* ou *colhidos*, aqueles que já foram destacados; iii) *percipiendos*, os que deviam ser, mas não foram colhidos.

Em função de seu estado, são frutos *estantes* os já colhidos que, porém, jazem ainda armazenados ou guardados; e *consumidos* os que não mais existem, ou porque lhes foi dado destino normal, ou por terem perecido.

A distinção dos frutos nestas várias categorias não é apenas um luxo da doutrina, mas oferece importância prática, em atenção ao tratamento jurídico dispensado ao possuidor, conforme as situações em que sua responsabilidade se estende aos frutos da coisa. Assim é que o possuidor de má-fé responde pelos frutos percebidos bem como pelos que, por culpa sua, deixou de perceber, desde o momento em que se constituiu de má-fé. O de boa-fé tem direito aos percebidos e aos pendentes até o momento em que ela cessar. A matéria vem tratada nos *Efeitos da Posse*, porque aí é que se situa a importância prática a ela ligada (nº 295, vol. IV).

d) *Produtos*. Na boa técnica, devem-se distinguir os frutos dos produtos da coisa, muito embora sejam empregadas, com certa imprecisão, as duas expressões como sinônimas. O elemento diferenciador é a presença ou ausência da periodicidade da reprodução. Enquanto os frutos nascem e renascem periodicamente da coisa sem se desfalcar a sua substância, os *produtos* dela se retiram ao mesmo passo que

---

43 Capitant, *Introduction*, p. 224.

diminuem de quantidade. Quem tem um pomar, colhe os *frutos* das árvores, os quais periodicamente se renovam, sem diminuir a sua substância; quem tem uma plantação de cereais, colhe os *produtos*, que não renascem periodicamente. O mineral extraído de uma jazida é *produto*, e não fruto, porque ele não se recompõe, e a exploração conduz ao seu fatal esgotamento. O que deve servir de elemento de informação básica é a ausência de um ciclo reprodutivo da jazida ou do depósito mineral, que existe no estado de natureza, e não comporta reconstituição que permita a periodicidade da colheita de utilidades.

Também os produtos podem ser objeto de relação jurídica autônoma, independentemente de não estarem ainda separados da coisa, ou de serem abrangidos na mesma relação jurídica que a tenha por objeto (Código Civil, art. 95).

76. Bens públicos e privados. Regime das minas

Para o Código Civil, a classificação dos bens em *públicos* e *privados* assentou-se no critério subjetivo da titularidade, e, ao adotá-lo, teve em vista a simplicidade doutrinária e a necessidade de um sistema prático de disciplina.

O Código de 1916 era mais preciso. Declarava públicos os bens do domínio nacional, ao mesmo tempo que esclarecia a pertinência à União, aos Estados ou aos Municípios, o que foi explicado por Beviláqua, ao justificar que esta classificação não era feita "do ponto de vista dos proprietários, mas do ponto de vista do modo pelo qual se exerce o domínio sobre os bens".

Na orientação do Código atual, prevaleceu um critério teórico que pode suscitar dúvidas, principalmente em face da segunda parte do artigo 98, que declara particulares todos os outros, "seja qual for a pessoa a que pertencem". Elas se desfazem quando se entende que na expressão "domínio nacional" não estão excluídos os bens que pertencem aos Estados e aos Municípios. *Públicos* serão, então, os pertencentes à União, aos Estados e aos Municípios. *Particulares* os demais. Assim interpretado, concilia-se uma redação especiosa com a realidade prática.

Teria feito melhor o legislador civilista ao não cogitar dessa classificação, e nada mencionar quanto aos bens públicos, procurando abster-se de consignar matéria estranha ao direito privado. No estudo a que aqui procedemos, portanto, é objeto de cogitações a *teoria dos bens públicos*, não propriamente uma divisão dos bens em públicos e privados, tanto mais que o regime destes últimos ocupará todo o volume IV desta obra. Mas, limitada a matéria a essa referência, cumpre salientar que nos restringimos aos elementos essenciais de sua caracterização, já que a sua disciplina escapa ao direito civil, para pertencer ao direito constitucional e ao direito administrativo.

Referindo-nos ao regime dos *bens públicos*, não podemos omitir uma incursão, se bem que ligeira, pelo campo histórico.

O direito romano distinguia os bens do domínio público do Estado, a que os jurisconsultos do período clássico se referiam com frequência (*res publicae* ou *res in usu publico*), dos bens do príncipe, os chamados *res fisci*, que se tinham, não como da sua propriedade individual, porém em decorrência de sua qualidade de príncipe. Esta distinção, que vingou até a dissolução do Império, sobreviveu na Idade Média, com características peculiares: o feudalismo, tendo em vista especialmente os imóveis, agrupou as *res publicae* e as *res fisci*, e, quando lhe sucedeu o poder absoluto dos reis, nada mais natural do que sustentar que todos os bens que não constituíssem patrimônio privado, fossem eles quais fossem, considerar-se-iam *bens do domínio real* ou *bens da coroa*. Quando o movimento democrático se tornou vitorioso, uma simples substituição de palavra adveio: colocada a nação no lugar do rei, está readaptada a teoria dos bens públicos, com a sustentação de que o povo soberano, ou a nação, reúne a titularidade do que foram as *res publicae* e as *res fisci*.

Daí encontrarmos na doutrina francesa, como na belga, a base da teoria da distinção do que os autores chamam de *bens do domínio público* do Estado (correspondentes às *res quorum commercium non sit* ou *res publicae* ou *loca publica*), e os *bens do seu domínio privado*, substitutos das *res fisci*.[44]

Esta forma de distinção, aparentemente simples, na realidade não o é, antes provoca dos especialistas discussões e controvérsias intermináveis.[45] Dela soube escapar o direito brasileiro, com a adoção de outro critério, de melhores resultados.

Nosso direito conhece, na verdade, três classes de bens públicos (Código Civil, art. 99), classificação que tem em vista o modo como são eles utilizados:

a) *Bens de uso comum do povo*, que, pertencentes embora a uma pessoa jurídica de direito público, estão franqueados a todos, como os mares, rios, estradas, ruas, praças. Estes bens são por natureza *inalienáveis, impenhoráveis e imprescritíveis*, e, via de regra, sua utilização é permitida ao povo, sem restrições e sem ônus. Mas não se desfigura a sua natureza, nem perdem eles a sua categoria, se os regulamentos administrativos condicionarem a sua utilização a requisitos peculiares, ou restringirem o seu uso em determinadas condições, ou instituírem o pagamento de retribuição (Código Civil, art. 103), como é o caso do pedágio nas estradas, ou a venda de ingresso em museus, como compensação pelo capital investido ou contribuição para o custeio ou manutenção. No direito atual, o que é franqueado é o seu *uso*, e não o seu domínio, sendo eles, portanto, objeto de uma relação jurídica especial, na qual o proprietário é a entidade de direito público (União, Estado, Município) e usuário todo o povo, o que aconselha cogitar ao direito sobre eles, tendo em vista este sentido peculiar do direito público de propriedade que os informa, no qual faltam elementos essenciais ao direito privado de propriedade, e se apresentam outros em caráter excepcional. Assim é que a propriedade é um direito exclusivo, no sentido de que o *dominus* tem o poder de impedir que qualquer pessoa, que não ele, se utilize da coisa, ao passo que, nos *bens de uso comum do povo*, o uso por toda a gente não só se concilia com o domínio público da coisa, como constitui mesmo o fator de sua caracterização. Não obstante, tem o ente público a faculdade de reivindicação, no caso

---

44 De Page, *Traité*, V, nº 746; Planiol, Ripert e Boulanger, *Traité*, I, nº 2.545.

45 Ruggiero e Maroi, *Istituzioni*, § 69.

de alguma pessoa natural ou jurídica arrogar-se o uso exclusivo da coisa comum, e impedir, desta forma, a continuidade de seu franqueio ao grande público. Subordinada a sua utilização a provimentos administrativos, o Poder Público tem a faculdade de regulamentar a sua utilização, ou mesmo suspendê-la temporariamente sob a inspiração de motivos de segurança nacional ou do próprio povo usuário (interdição do porto, barragem do rio, proibição de tráfego etc.), sem que por isso percam eles a sua natureza de bens comuns. Em razão destas características peculiares e estranhas à noção da propriedade privada, numerosos escritores negam o caráter dominial à relação jurídica do Estado sobre os bens de uso comum, preferindo antes conceituá-lo como uma relação de guarda, de gestão e superintendência,[46] e afirmando que eles não entram no patrimônio do Estado.[47] O direito de propriedade sobre tais bens é, entretanto, defendido, embora se reconheça tratar-se de um domínio diferente ou *sui generis*.[48]

b) *Bens de uso especial*, que as entidades respectivas destinam aos seus serviços ou a fins determinados, como os edifícios ou terrenos aplicados ao seu funcionamento. O regime dominial destes bens difere dos anteriores, pois que aqui o *dominus* (entidade de direito público) reúne à sua titularidade a utilização. Mas esta não significa a proibição de frequência ou de penetração do público. As entidades públicas podem permitir que os interessados ingressem nas dependências dos estabelecimentos dedicados aos serviços públicos, como lhes é lícito proibi-lo, sem desnaturar a qualidade do bem. O que é fundamental na sua classificação é a *destinação especial*. O dispositivo do Código (art. 99, II) teve o cuidado de acrescentar que nesta categoria se incluem os estabelecimentos ou serviços das autarquias como órgãos da administração indireta. Também os bens públicos de uso especial são inalienáveis, impenhoráveis e imprescritíveis. E, quando não mais se prestem à finalidade a que se destinam, é facultado ao Poder Público proprietário levantar a sua condição de inalienabilidade, e expô-los à aquisição, na oportunidade e pela forma que a lei prescrever.

c) *Bens dominicais (ou dominiais)*, que compõem o patrimônio da União, dos Estados, do Distrito Federal ou dos Municípios, como objeto de direito pessoal ou real de qualquer dessas entidades. Seu regime jurídico aparenta sensível analogia com o regime da propriedade privada. Tais bens são, por natureza, alienáveis, por se encontrarem na composição do patrimônio da pessoa jurídica, subordinada, porém, a sua disposição aos requisitos constantes das leis especiais. Estão nesta classe os bens produzidos em estabelecimentos públicos industriais, os terrenos patrimoniais dos Municípios e, em especial, as novas zonas urbanas abertas à expansão citadina, as terras devolutas etc. O Código desfez dúvida quanto à natureza dos bens das pessoas

---

46 Colin e Capitant, *Cours*, I, n° 764.
47 Aubry e Rau, *Droit Civil*, II, § 169.
48 Hauriou, *Précis de Droit Administratif*, p. 530 e ss.; Cunha Gonçalves, *Tratado*, vol. III, tomo I, n°
     308.

jurídicas de direito público estruturadas no modelo das de direito privado. Com o parágrafo único do art. 99 ficou definido que são públicos dominicais ou patrimoniais, ainda que a entidade titular se apresente ou organize como de direito privado. Ressalva-se, contudo, disposição de lei que estabeleça o contrário, quer na fase de constituição, quer ulteriormente.

São, pois, bens que se integram no acervo da riqueza da entidade, e se destinam à aquisição pelos interessados. Mas a oportunidade e a forma de alienação subordinam-se às disposições disciplinares específicas, incorrendo na sanção de ineficácia se não se observam. Por outro lado, a lei ou o mero ato administrativo podem transformar o bem em coisa de uso comum do povo ou de uso especial, como no caso de o Estado abrir estrada através de terrenos devolutos ou o Município edificar para estabelecimento de serviço seu, em terras dominiais, o que automaticamente acarreta a condição de inalienabilidade.

O Código limita-se a apresentar as linhas gerais desta classificação, deixando para a legislação especial a disciplina dos bens públicos, na sua estrutura, organização, destino, utilização e requisitos de disponibilidade.

O Código Civil anterior proclamava a inalienabilidade de todos os bens públicos. O atual estabelece uma distinção, aludindo no art. 100 aos de uso comum do povo e aos de uso especial, e no art. 101 aos dominicais. A inalienabilidade dos bens de uso comum do povo e de uso especial é um pressuposto de sua própria caracterização. Franqueados ao grande público ou destinados ao serviço público ou ao estabelecimento da administração pública não podem sair do domínio da entidade titular. A sua inalienabilidade é requisito de sua destinação. Somente perdem a qualificação que os identifica se houver *motivos de conveniência da entidade pública*. Neste caso, não havendo mais cabimento em que permaneçam como tais, serão convertidos em bens dominicais, passando a se sujeitarem ao regime destes. Mas somente por disposição expressa de lei que estatua a conversão, sendo entretanto lícito que a mesma lei autorize, desde logo, a sua alienação, na forma e sob as condições que forem estabelecidas.

Problema que ocupava os nossos juristas na vigência do Código de 1916 era o da *usucapião* dos bens públicos. Clóvis Beviláqua sempre sustentou que são insuscetíveis de prescrição aquisitiva. Em contraposição, argumentara Spencer Vampré que, sendo eles alienáveis, em razão de dispor o art. 67 do Código Civil de 1916 (art. 100 do Código atual) que os bens públicos podem perder a inalienabilidade que lhes é peculiar, nos casos e forma que a lei prescrever, podem ser adquiridos por usucapião, porque esta é uma das modalidades de aquisição do domínio prescrita em lei.[49] Os nossos tribunais vacilaram entre as duas correntes, sendo, entretanto, numerosos os arestos que se amparavam na doutrina exegética de Spencer Vampré. Diante da incerteza na interpretação, e dos riscos a que se acham expostos bens públicos, sujeitos ao apossamento privado, que as dificuldades de fiscalização não conseguiam

---

49 Spencer Vampré, *in Revista dos Tribunais*, vol. 34, p. 385 e ss.

CLASSIFICAÇÃO DOS BENS 313

evitar, o legislador cogitou especialmente do problema, afirmando a imprescritibilidade através dos Decretos nºˢ 19.924/1931 e 22.785/1933 (este último revogado em 1991), ficando expresso que os bens públicos, qualquer que seja a sua natureza, não são passíveis de usucapião.[50] Quando foi elaborado o Anteprojeto de Código Civil de 1972, seu art. 101 admitia a aquisição dos bens públicos patrimoniais por usucapião. Entre as numerosas críticas que lhe opus, apontei os inconvenientes desta franquia.[51] Do seu acolhimento resultou a disposição do art. 102 do Código Civil de 2002. Os bens públicos dominicais, e bem assim aqueles que por lei se converterem em bens desta espécie, poderão ser alienados nos casos e na forma que a lei estabelecer, mas na sua alienabilidade não se insere a usucapião, por maior que seja o tempo durante o qual estejam na posse de particular. No meio tempo, aliás, já a Constituição Federal, em seus arts. 183, § 3º, e 191, parágrafo único, havia disposto que os bens públicos não se podem adquirir por usucapião.

Não é possível apresentar-se uma completa relação dos bens públicos da União, do Estado, do Distrito Federal e do Município. Embora exorbitante a matéria do campo civilístico, aludimos, apenas como ilustração, àqueles que mais francamente se destacam, frisando que, na Constituição e leis especialmente alusivas ao objeto, sua enumeração é simplesmente exemplificativa. A Constituição Federal de 1988 relacionou no art. 20 e suas alíneas os bens da União.

São bens da União: I – os que atualmente lhe pertencem e os que lhe vierem a ser atribuídos; II – as terras devolutas indispensáveis à defesa das fronteiras, das fortificações e construções militares, das vias federais de comunicação e à preservação ambiental, definidas em lei; III – os lagos, rios e quaisquer correntes de água em terrenos de seu domínio, ou que banhem mais de um Estado, sirvam de limites com outros países, ou se estendam a território estrangeiro ou dele provenham, bem como os terrenos marginais e as praias fluviais; IV – as ilhas fluviais e lacustres nas zonas limítrofes com outros países; as praias marítimas; as ilhas oceânicas e as costeiras, excluídas, destas, as que contenham a sede de Municípios, exceto aquelas áreas afetadas ao serviço público e a unidade ambiental federal, e as referidas no art. 26, II; V – os recursos naturais da plataforma continental e da zona econômica exclusiva; VI – o mar territorial; VII – os terrenos de marinha e seus acrescidos; VIII – os potenciais de energia hidráulica; IX – os recursos minerais, inclusive os do subsolo; X – as cavidades naturais subterrâneas e os sítios arqueológicos e pré-históricos; XI – as terras tradicionalmente ocupadas pelos índios.

Os bens públicos federais que não forem efetivamente utilizados pela União para o funcionamento de seus serviços, ou que não se alinharem entre os de uso comum do povo, poderão ser usados pelos particulares mediante *locação, aforamento* ou *cessão*, com observância das normas peculiares à celebração destes negócios

---

50 Sobre a imprescritibilidade dos bens públicos dominiais, v. Coelho da Rocha, *Instituições*, § 464; Pereira Braga, *in Revista Crítica Judiciária*, vol. III, p. 125; Temístocles Cavalcânti, *in Revista Forense*, vol. 92, p. 166; Luís Gallotti, *in Revista Forense*, vol. 93, p. 102.

51 Caio Mário da Silva Pereira, *Reformulação da ordem jurídica e outros temas*, Ed. Forense, 1980, p. 142.

jurídicos, em atenção à natureza pública do objeto (Decreto-Lei nº 9.760, de 5 de setembro de 1946, arts. 64 e ss.).

Regime das Minas. Consideração especial merece aqui o regime das minas e reservas minerais, e fontes de energia elétrica.

O problema da exploração de jazidas minerais despertou muito cedo na vida brasileira a atenção do legislador, que instituiu ao tempo da colônia um sistema fundado no princípio de sua publicização. As Ordenações do Reino inscreviam entre os bens e direitos do príncipe (direitos reais) os *veeiros e minas de ouro ou prata ou qualquer outro metal*.[52] Com a proclamação da independência, subsistiu a regra, considerando-se do *domínio nacional*, entre outros bens, as minas e terrenos diamantinos, que podiam ser, contudo, explorados por particulares, súditos do Império ou por estrangeiros mediante permissão especial.[53] Proclamada a República, a lembrança talvez da amarga experiência herdada do período colonial, relativamente à cobrança de tributos pesados aos mineradores, sugeriu a desclassificação da natureza das reservas minerais, que, na Constituição de 1891, entraram no regime da propriedade privada, na categoria de mero acessório do solo (Constituição de 1891, art. 72, § 17), com o reconhecimento expresso de que as minas pertenciam aos proprietários da superfície, ressalvando-se apenas as limitações que fossem estabelecidas em lei a bem de sua exploração, tanto no que dissesse respeito à regulamentação de sua lavra como dos direitos de proprietários confrontantes sobre os veios que se prolongassem pelo interior de terrenos pertencentes a vários donos.[54]

Mais modernamente o enorme interesse econômico ligado à exploração das jazidas minerais, a que se aliam razões determinadas pela segurança nacional e pela defesa da riqueza coletiva, conduziu a ordem legal a uma radical mutação de rumos. Inaugurado o regime das "Águas" e das "Minas e jazidas minerais" pelos Decretos nⁱˢ 24.642 e 24.643, ambos de 10 de julho de 1934, encontraram na Constituição de 1934 (art. 118), na Carta Constitucional de 1937 (art. 143), na Constituição de 1946 (art. 152), na Reforma Constitucional de 1967 (art. 161), na Emenda Constitucional nº 1 de 1969 (art. 168) e na Constituição de 1988 (art. 20, VIII e IX) sucedâneo constitucional, podendo-se, na atualidade, traçar em linhas gerais a estrutura do nosso direito minerário. As minas e demais riquezas do subsolo, bem como as quedas-d'água, constituem propriedade distinta da do solo, para o efeito de exploração ou aproveitamento industrial. Este aproveitamento se fará mediante autorização ou concessão, através de decretos expedidos pelo Presidente da República, e somente pode ser conferido a cidadão brasileiro ou a sociedades organizadas no país. Ao proprietário do solo, cujo domínio não se estende às reservas minerais do subsolo e às quedas-d'água, é reconhecido um direito preferencial para a exploração, ressalvada apenas a livre utilização das quedas d'água

---

52 *Ordenações*, Livro II, tít. 26, § 16.

53 Teixeira de Freitas, *Consolidação*, arts. 52, § 2º, e 902; Ribas, *Curso de Direito Civil Brasileiro*, II, p. 310.

54 João Barbalho, *Comentários*, p. 438.

de potência reduzida. O Código de Mineração (Decreto-Lei nº 227/1967) assenta o princípio e disciplina a forma da concessão ou autorização, estabelece os requisitos de obtenção, estatui as exigências técnicas e administrativas e submete os concessionários ao permanente controle dos órgãos técnicos respectivos, de forma a conciliar o direito individual com os interesses nacionais.

A exploração e participação de petróleo e recursos hídricos é prevista na Constituição Federal de 1988, arts. 20, § 1º, e 21; pesquisa, lavra e refinação de petróleo constituem monopólio da União (art. 177). São ainda monopólio da União a pesquisa, lavra, enriquecimento, reprocessamento, industrialização e comércio de minérios e minerais nucleares (art. 177, V).

As jazidas de petróleo e gases naturais subordinam-se a regime especial, constituindo bens do domínio da União, insuscetíveis de alienação e de exploração por empresa particular, mesmo sob regime de concessão.[55]

77. Bens disponíveis e indisponíveis. Bem de família. Tombamento artístico e histórico

No vocabulário jurídico que nos legou o direito romano, a palavra *comércio* tem o sentido técnico de aptidão para comprar e vender.[56] Sob este aspecto, isto é, focalizados quanto à suscetibilidade de alienação, havia bens que podiam, e outros que não podiam ser alienados, dizendo-se dos primeiros que estavam *in commercio*, e dos outros que eram *extra commercium*, e compreendiam: as *res communes omnium* (o ar, a água corrente, o mar e as costas marítimas); as *res divini iuris* (coisas consagradas aos deuses, *res sacrae*, e, na época cristã, ao serviço de Deus, e as *res religiosae*); e finalmente as *res publicae*, destinadas ao uso de todos (as estradas, os rios públicos, as praças, etc.).[57]

O direito moderno, desprezadas as peculiaridades romanas, constrói a teoria da indisponibilidade dos bens sobre raízes que vão prender-se à discriminação do direito quiritário.[58]

Pelo nosso direito há três categorias de bens inalienáveis:

a) Há os *naturalmente* indisponíveis, e são aqueles que, pela própria natureza, são inábeis à apropriação particular. O ar atmosférico, considerado na qualidade de massa gasosa, é em si mesmo insuscetível de dominação humana, e conseguintemente não pode ser objeto de alienação. Mas o resultado material da captação de

---

55 Lei nº 9.478/1997.

56 "Commercium est emendi vendendique invicem ius" (Comércio é o direito de comprar e vender reciprocamente).

57 Enneccerus, Kipp e Wolff, *Tratado*, I, § 122.

58 O direito quiritário representa o período inicial do direito romano, desde a fundação de Roma (753 a.C) até a Lei das XII Tábuas (450 a.C.).

uma porção dele sob forma líquida, ou o acondicionamento de gases dele extraídos, escapa à definição de coisa *naturaliter extra commercium*, porque a sua apropriabilidade autoriza a comercialização. O mar, como massa líquida, não é subordinado à dominação humana, e, pois, é inalienável. Mas esta qualidade não se estende a uma porção recolhida de água ou à energia acaso captada por processos técnicos concebidos pelo engenho humano.

b) Há bens que são *legalmente* indisponíveis, e são aqueles que, apropriáveis por natureza, não podem ser objeto de comércio em razão da pendência de uma prescrição de lei, que proíbe sua alienação. Podem ser apontados nesta categoria os bens públicos de uso comum e de uso especial, como ainda aqueles que sofrem restrições à sua disponibilidade (bens de incapazes) e todos os que, em razão de uma prescrição especial de lei, se acham gravados na inaptidão para o comércio. Não é despiciendo recordar aqui o que deixamos antes mencionado em relação ao que não pode ser objeto da relação jurídica (cf. n° 6, *supra*), e, portanto, são bens inalienáveis o próprio corpo, a vida, o cadáver, a liberdade etc., na defesa da dignidade humana e da integridade física individual, e em atenção ao respeito devido aos preceitos constitucionais.

c) Há, finalmente, os bens que são inalienáveis pela *vontade humana*, em razão de atribuir a lei este efeito à declaração do agente, que lhes imponha a cláusula de inalienabilidade, temporária ou vitalícia. Esta faculdade não é arbitrariamente concedida ao indivíduo, no sentido de autorizá-lo a pôr fora do comércio qualquer bem, à sua absoluta discrição. Ao contrário: somente nos casos previstos expressamente é possível onerar-se o bem de uma indisponibilidade. E, quando a doutrina se refere à *inalienabilidade voluntária*, não quer significar que esta indisponibilidade é fruto exclusivo da manifestação de vontade. A sua causa próxima é o impulso volitivo, mas prende-se a uma causa remota, que é o mandamento da lei, e, portanto, a inalienabilidade voluntária quer dizer resultante da declaração de vontade, realizada nos casos e na forma que a lei prevê.[59]

Por força de negócio jurídico, a inalienabilidade resulta de *doação*, de *testamento* ou da instituição do *bem de família*. As duas primeiras hipóteses serão objeto de cogitação ao tratarmos daquele contrato e daquele ato unilateral de disposição de bens *causa mortis*.

Bem de família. Do bem de família cuidamos no vol. V, uma vez que o instituto foi transferido, na topografia do Código Civil de 2002, para o Livro IV da Parte Especial, que trata do direito de família. É de se fazer, aqui, porém, alusão à Lei n° 8.009/1990, que cuida da impenhorabilidade do bem de família. Dispõe o art. 1° da lei que "o imóvel residencial próprio do casal, ou da entidade familiar, é impenhorável e não responderá por qualquer tipo de dívida civil, comercial, fiscal,

---

59 Sobre bens fora do comércio, v. Clóvis Bevilâqua, *Teoria Geral*, § 47; Serpa Lopes, *Curso*, vol. I, n° 173.

previdenciária ou de outra natureza, contraída pelos cônjuges ou pelos pais ou filhos que sejam seus proprietários e nele residam, salvo nas hipóteses previstas nesta Lei". A impenhorabilidade, além das benfeitorias, estende-se a todos os equipamentos, inclusive os de uso profissional, ou móveis que guarnecem a casa, desde que quitados.

Com tal lei especial, o legislador criou outra modalidade de "bem de família", que se estabelece sem a observância das formalidades previstas no Código Civil, nos arts. 1.711 a 1.722, e subordinada a requisitos bem mais simples, extraídos do art. 1º, transcrito.

É de se ressaltar que a evolução jurisprudencial do Superior Tribunal de Justiça acabou por reconhecer a impenhorabilidade do bem residencial até mesmo ao devedor solteiro, como aquele que provavelmente ainda participará de uma família, sendo de se entender o instituto hoje como um desdobramento do direito à moradia, previsto constitucionalmente (art. 6º, *caput*). Daí o enunciado da Súmula 364 (2008) do STJ: "O conceito de impenhorabilidade de bem de família abrange também o imóvel pertencente a pessoas solteiras, separadas e viúvas". Do mesmo modo, passou-se, com o tempo, a proteger também o imóvel dado em locação por seu proprietário, desde que nas circunstâncias previstas pela Súmula 486 (2012) do STJ, a saber: "é impenhorável o único imóvel residencial do devedor que esteja locado a terceiros, desde que a renda obtida com a locação seja revertida para a subsistência ou a moradia da sua família". Após viva controvérsia, o Supremo Tribunal de Justiça reconheceu, em 2006, a constitucionalidade da previsão legal de penhorabilidade do bem de família do fiador, entendimento que posteriormente seria também esposado pelo STJ em sua Súmula 549 (2015): "É válida a penhora de bem de família pertencente a fiador de contrato de locação".

Tombamento artístico e histórico. Foi instituído e disciplinado pelo Decreto-Lei nº 25/1937 o tombamento dos bens móveis ou imóveis, existentes no país, cuja conservação seja de interesse público, quer por sua vinculação a fatos memoráveis da história do Brasil, quer por seu excepcional valor arqueológico ou etnográfico, bibliográfico ou artístico (art. 1º). Estão também sujeitos a tombamento os monumentos naturais, bem como os sítios e paisagens que, por sua feição notável, importe conservar e proteger (art. 1º, § 2º).

Uma vez inscrito o bem no Livro do Tombo pertinente, passa a sofrer uma série de restrições na sua circulação. Não que seja posto fora de comércio. Não vai a tal ponto. Mas sua alienabilidade é restrita. Não podem ser livremente deslocados de um a outro ponto do território nacional, nem transferidos de uma a outra pessoa, seja *inter vivos*, seja *causa mortis*, sem que se proceda a um expediente administrativo de autorização e inscrição. Segundo dispõe o art. 11, os bens públicos tombados, que pertençam à União, aos Estados ou aos Municípios, inalienáveis por natureza, só poderão ser transferidos de uma à outra das referidas entidades. Não podem, por outro lado, sair do país, nem ser destruídos, demolidos ou mudados, nem sequer reparados, pintados ou restaurados sem autorização do órgão responsável (arts. 13 a 17).

O tombamento de bem pertencente à pessoa natural ou pessoa física de direito privado se fará voluntária ou compulsoriamente. Os proprietários não perdem o domínio, em razão da inscrição em Livro do Tombo, mas têm o seu exercício subordinado a um regime de restrição, em que o bem pode ser catalogado entre os indisponíveis, no sentido de que não há para eles plena liberdade de alienação (art. 12). O tombamento atinge até mesmo a vizinhança: prevê o art. 18 do mencionado decreto que, sem prévia autorização, não se poderá, na vizinhança da coisa tombada, fazer construção que lhe impeça ou reduza a visibilidade.

Capítulo XVI
Aquisição, Modificação e Extinção dos Direitos Subjetivos

Sumário

78. Fato jurídico. **79.** Nascimento e aquisição dos direitos. **80.** Modificação dos direitos. **81.** Extinção e perda dos direitos. Renúncia.

Bibliografia

Von Tuhr, *Derecho Civil*, II, parte 1ª, §§ 43 e ss.; Carlo Fadda, *Teoria del Negozio Giuridico*; Oertmann, *Introducción al Derecho Civil*, §§ 31 e ss.; Enneccerus, Kipp e Wolff, *Tratado*, I, §§ 26 e ss.; Capitant, *Introduction à l'Étude du Droit Civil*, p. 234 e ss.; Clóvis Beviláqua, *Teoria Geral*, § 48; Colin e Capitant, *Cours*, I, nos 54 e ss.; Ruggiero e Maroi, *Istituzioni*, § 23; Orlando Gomes, *Introdução*, nos 168 e ss.; Serpa Lopes, *Curso*, I, nos 176 e ss.; Salvatore Pugliatti, *Introducción al Estudio del Derecho Civil*, p. 218 e ss.

AQUISIÇÃO, MODIFICAÇÃO E EXTINÇÃO DOS DIREITOS SUBJETIVOS

78. Fato jurídico

O direito origina-se do *fato*, como na parêmia se dizia: *ex facto ius oritur*. O fato é o elemento gerador da relação jurídica mesmo quando se apresenta tão singelo que mal se perceba, mesmo quando ocorra dentro do ciclo rotineiro das eventualidades quotidianas, de que todos participam sem darem atenção. A lei comumente define uma possibilidade, um vir a ser, que se transformará em direito subjetivo mediante a ocorrência de um acontecimento que converte a potencialidade de um interesse em direito individual.

Todo direito subjetivo tem os seus *pressupostos materiais* a que o ordenamento jurídico condiciona as fases de existência (nascimento, modificação ou extinção) de uma relação jurídica, e nesta expressão – *pressupostos materiais* – vamos situar uma criação da sistemática alemã, que no vocábulo *Tatbestand*, usado primeiramente pela ciência penal para centralizar os pressupostos fáticos do delito, depois utilizou-o no direito privado, para mencionar aquelas condições materiais que a ordem legal considera como determinantes dos efeitos jurídicos.[1]

Dos pressupostos materiais, o mais importante é o *fato jurídico*, o acontecimento que impulsiona a criação da relação jurídica. Sua base é um *fato*. Mas nem todo fato tem essa força jurígena. Alguns se situam no domínio dos acontecimentos naturais, sem repercussão na órbita jurídica, e não produzem efeitos sensíveis ao direito: a chuva que cai é um fato, que ocorre e continua a ocorrer, dentro da normal indiferença da vida jurídica, o que não quer dizer que, algumas vezes, este mesmo fato não repercuta no campo do direito, para estabelecer ou alterar situações jurídicas. Outros se passam no domínio das ações humanas, também indiferentes ao direito: o indivíduo veste-se, alimenta-se, sai de casa, e a vida jurídica se mostra alheia a estas ações, a não ser quando a locomoção, a alimentação, o vestuário provoquem a atenção do ordenamento legal.

Quando o fato percute no campo do direito, qualquer que seja a sua origem, é que toma o conteúdo e a denominação de *fato jurídico*, definido por Savigny na forma usualmente registrada e frequentemente repetida nos tratados e compêndios: *fato jurídico é o acontecimento em virtude do qual começam ou terminam os direitos subjetivos*.[2] Nem por ser geralmente adotado o conceito é imune à crítica: é que nem sempre o fato faz nascer ou perecer o direito. Às vezes atua sobre a relação jurídica já existente, para modificá-la. Mais completa seria, então, a definição de Savigny com este acréscimo. E se enunciaria: *fatos jurídicos são os acontecimentos em virtude dos quais começam, se modificam ou se extinguem as relações jurídicas*.

A denominação tradicional *fato jurídico* é combatida, tendo proposto Edmond Picard, com relativa aceitação, o substitutivo *fato jurígeno*, que melhor lhe parece dar ideia da capacidade criadora de relações jurídicas.[3] A expressão consagrada

---

1 Enneccerus, Kipp e Wolff, *Tratado*, I, § 127.
2 Savigny, *Droit Romain*, vol. III, § 103.
3 Edmond Picard, *Le Droit Pur*, § 103.

pelo uso traz, porém, cunho de geral aceitação, e, se a decomposição semântica do vocábulo aponta a imperfeição indigitada por Picard, a expressão sugerida por este é igualmente incompleta, se atentarmos em que, se a palavra *jurígeno* é na verdade mais precisa para indicar a força criadora de um direito, todavia é menos exata quando o fato é modificativo da relação jurídica, e chega a ser inadequada para significar a sua extinção. A denominação *fato jurídico* associa-se pelo uso frequente à ideia universalmente acolhida da criação, da alteração ou do perecimento do direito, e o qualificativo *jurídico* deve ser mantido em razão da natureza dos seus efeitos. Pois conservemo-lo então: *fato jurídico*.

Ontologicamente considerado, o fato jurídico se biparte em dois fatores constitutivos: de um lado, *um fato*, ou seja, uma eventualidade de qualquer espécie, que se erige em causa atuante sobre a relação jurídica, quer gerando-a, quer modificando-a, quer extinguindo-a; de outro lado, uma *declaração do ordenamento jurídico*, atributiva de efeito àquele acontecimento. Sem esta última, o fato não gera a relação jurídica nem tampouco o direito subjetivo; sem o acontecimento, a declaração da lei permanece em estado de mera potencialidade. A conjugação de ambos, *eventualidade* e *preceito legal*, é que compõe o fato jurídico (Oertmann).

Os fatos jurídicos na sua acepção técnica podem desenrolar-se no campo da atividade humana, ou desta serem independentes, e, por tal razão, os escritores os classificam em duas ordens: *fatos jurídicos voluntários* e *fatos jurídicos naturais*.

Os *naturais*, independentes da vontade humana, não são, porém, a ela estranhos, uma vez que atingem as relações jurídicas, e, como é o indivíduo o seu sujeito, a ele interessam evidentemente. O nascimento ou a morte do indivíduo, o crescimento das plantas, a aluvião da terra acontecem com a fatalidade da fenomenologia natural, mas têm efeito sobre a vida dos direitos subjetivos.

Os *voluntários* resultam da atuação humana, positiva ou negativa, e, de uma ou de outra espécie, isto é, comissivos ou omissivos, influem sobre as relações de direito, variando as consequências em razão da qualidade da conduta e da intensidade da vontade. Sob esse aspecto, e tendo em vista que a conduta humana, numa eventualidade qualquer, pode subordinar-se às normas preestabelecidas pelo ordenamento jurídico, e neste caso a vontade atua de acordo com o direito positivo; ou, ao revés, isolar-se um procedimento individual contraveniente ao comando da lei, em insurreição mais ou menos profunda contra a ordem jurídica – é costume dividirem-se os fatos voluntários em duas classes: *atos jurídicos* (*lato sensu*) e *atos ilícitos*.

A primeira dessas ordens de proceder, que tem a garantia da lei, subdivide-se nas categorias do *ato jurídico lícito* (*stricto sensu*) e, mais relevante, a categoria fática dos *negócios* jurídicos, que resultam de uma atuação da vontade em combinação com o preceito legal. Por isto, o ordenamento jurídico lhes reconhece, como efeito, o poder criador de direitos, atribuindo-lhes a consequência de gerar para o agente uma faculdade ou um poder de ação. Deles nascem benefícios ou encargos, na conformidade do fator psíquico ou volitivo, isto é: o efeito do negócio jurídico ou da conduta lícita obedece ao comando da vontade do agente. Nisso vem contido o princípio da liberdade individual, que a Constituição de 1988 proclama no art. 5º, II. "Ninguém será obrigado a fazer ou deixar de fazer alguma coisa senão em virtude de lei". A vontade livre tem o poder de escolha das consequências jurídicas de sua manifestação na conformidade do que a lei tolera. Mas isto não significa a soberania da vontade, pois é preciso salientar a sua limitação aos preceitos condizentes com a ordem pública, cuja noção vem consagrada no nº 3, *supra*, os bons costumes, a boa-fé objetiva e a função social.[4]

Em contraposição, o direito toma conhecimento do ato insurrecional contra a ordem jurídica, resultante de uma atuação psíquica em desobediência ao imperativo da lei ou com inobservância de suas recomendações, e, catalogando-o como *ato ilícito (lato sensu)*, prevê os seus efeitos para sujeitar o agente aos seus rigores. Mas, diversamente do negócio jurídico, que pode, segundo a manifestação da vontade do agente, criar para ele direitos ou deveres, o ato ilícito *stricto sensu* e o ato abusivo jamais originam um direito para quem os comete, porém sempre deveres, que podem variar de graduação na proporção da intensidade da infração ou da profundidade da lesão a outrem.

A teoria do *negócio jurídico*, e do ato jurídico *stricto sensu*, será desenvolvida no capítulo seguinte, e a do ato ilícito *stricto sensu* e do ato abusivo, no Capítulo XXII, *infra*.

Além destas classificações dos fatos jurídicos, que são as mais importantes, podem ainda distribuir-se em simples e complexos, de execução momentânea ou diferida, de efeito imediato, futuro ou pretérito.[5]

São *fatos simples* os que consistem em um acontecimento que se esgota numa só eventualidade. O indivíduo que detona uma arma, ou assina um título de crédito, pratica um fato simples. *Complexo* é aquele para cujo desenlace é necessária a intercorrência simultânea ou sucessiva de mais de um fato simples, e não se tem por completo e acabado, gerador, portanto, de efeitos regulares, senão quando se realizam todos os seus elementos componentes. Um contrato é um fato complexo, visto que necessita de mais de uma emissão de vontade; a aquisição por usucapião é outro fato complexo, requerendo a posse prolongada, resultante de uma atitude ostensiva do prescribente para com a coisa usucapida.[6]

Diz-se de execução *imediata* ou de execução *diferida*, conforme o resultado do acontecimento se verifique ao mesmo tempo que este, ou se retarde. O efeito é imediato quando implica resultado imediatamente subsequente ao próprio fato, sem solução de continuidade. Diz-se de *efeito futuro* o fato, quando não produz consequências no momento em que acontece, mas somente em tempo remoto: a facção testamentária é de efeito futuro, porque pela própria natureza fica na dependência da morte do testador. Pode ainda o fato produzir *efeito pretérito*, quando suas consequências retroagem a um

---

4   Colin e Capitant, *Cours*, I, nº 59.

5   Ruggiero e Maroi, *Istituzioni*, § 24.

6   Capitant, *Introduction*, p. 238.

INSTITUIÇÕES DE DIREITO CIVIL • VOL. I • INTRODUÇÃO E TEORIA GERAL DE DIREITO CIVIL

período anterior à sua realização: a confirmação, como veremos (Capítulo XXIII), tem também a consequência retro-operante de convalidar o ato defeituoso.

79. Nascimento e aquisição dos direitos

Quando o legislador vota uma norma, define o direito *in abstracto*. Não nasce nenhum direito subjetivo, que somente vem a surgir de um fato, ao qual se possa atribuir a criação de uma relação entre a potencialidade definida pelo direito positivo e um titular. Como o destinatário da norma jurídica é a pessoa, somente se tem como existente um direito, a partir de quando se vem a estabelecer a relação jurídica com todos os seus elementos fundamentais definidos.

Alguns autores distinguem, entretanto, o *nascimento* e a *aquisição* de um direito. Podem os dois fenômenos coincidir, e, neste caso, é indiferente designar-se o fato como aquisitivo ou gerador do direito; é a hipótese da constituição de uma servidão, que é adquirida no mesmo instante em que tem nascimento como relação jurídica. Mas aquela coincidência nem sempre se verifica, e cabe então distinguir: o *nascimento* é o surgimento da relação jurídica em decorrência de um fato hábil a constituí-la; a *aquisição* é a conjunção do direito com seu titular atual. A *aquisição* do direito é uma configuração subjetiva, e está na adesão da relação jurídica ao seu sujeito: a propriedade é adquirida pelo seu titular no momento em que a coisa se subordina ao atual *dominus*, como reconhecimento de um dever geral negativo de todas as pessoas. Mas o nascimento de um direito é objetivo, no sentido de que se deve verificar a relação jurídica em si mesma, no instante em que aparecem os seus elementos integrantes: nasce a propriedade quando uma coisa se sujeita a um *dominus*. A alma da distinção está em que, com o nascimento, surge um direito do nada; com a aquisição funde-se no sujeito um direito que pode ou não preexistir, havendo coincidência entre o nascimento e a aquisição, conforme aquela fusão se opere no direito que começa a existir, ou se verifique no direito que preexista.[7]

Melhor se entende a diferenciação conceitual, quando se distingue a *aquisição originária* da *aquisição derivada*. Diz-se *originária*, quando há coincidência com o fenômeno do nascimento: a relação jurídica surge pela primeira vez no atual titular do direito, como ocorre na apropriação de uma concha que o mar atira à praia (*res nullius*), na ocupação de uma coisa que o dono abandonou (*res derelicta*): o direito origina-se do fato aquisitivo, isto é, *nasce* no mesmo instante em que o titular o adquire. E, como a aquisição coincide com a criação da relação jurídica, chama-se *originária* ou *absoluta*.

Ao revés, se o direito que se adquire já antes pertencera a outrem, integrando-se no patrimônio do atual titular por via de uma sub-rogação de faculdades, a aquisição é *derivada* ou *relativa*, e se opera sem variação no conteúdo objetivo do direito.

---

7   Oertmann, *Introducción*, § 32; Ruggiero, *Istituzioni*, § 23; Serpa Lopes, *Curso*, nº 178.

AQUISIÇÃO, MODIFICAÇÃO E EXTINÇÃO DOS DIREITOS SUBJETIVOS

Aqui o direito não nasce com o atual titular. Preexiste a ele, e ocorre a fusão *por derivação.*[8]

A derivação, algumas vezes, limita-se a operar uma alteração subjetiva ou mutação na pessoa do sujeito da relação jurídica, e por esta razão pode designar-se como *aquisição derivada translatícia* (por exemplo, numa cessão de crédito), em que o fato jurídico tem como resultado transportar intacto um direito de um titular anterior para um sujeito atual. A esta aquisição, que se realiza por via de transmissão, dá-se o nome de *sucessão*, que pode ser a título universal ou particular, conforme já visto no nº 67, *supra*.[9] A aquisição originária tem por objeto a criação de um direito, mas não exige que o bem jurídico seja virgem de sujeição à vontade humana. É originária a *ocupação*, ainda mesmo que a coisa já tenha sido antes objeto de relação jurídica, desde que no momento não mais o seja (*res derelicta*). Ao revés, a aquisição derivada, que normalmente se faz por via sucessória particular e comumente assenta em manifestação de vontade (cessão de crédito, contrato etc.), nem sempre assim se apresenta: não deixa de ser derivada a aquisição hereditária causada pela *vontade legal* e não individual (sucessão legítima), como também a aquisição por usucapião, que se faz sem o concurso, e até mesmo contra a vontade do antecessor, e que nem por isso deixa de ser derivada, conforme estudaremos oportunamente.[10] Outras vezes a derivação se realiza mediante a constituição de um direito com base em outro preexistente, e não sob forma de mera transferência, e toma o nome de *aquisição derivada constitutiva* na qual o adquirente recebe um direito de menor extensão, em concorrência ou não com o transmitente, como na instituição de um usufruto, na constituição de uma servidão etc.[11]

Saber se a aquisição é originária ou derivada oferece sensível interesse prático. Quando se discute a validade de um direito, é necessário à apuração de suas qualidades indagar como nasceu para o sujeito. Se por aquisição originária, problema é apenas a investigação do fato da aquisição, sem se cogitar de fase anterior ao instante em que a relação jurídica surgiu para o titular. Desde que assentada a justaposição do sujeito ao direito, em virtude do fato aquisitivo hábil, e a observância das prescrições legais, conclui-se pela sua pureza. Se, ao revés, é derivada, será preciso cogitar se o fenômeno da aquisição foi regular, e, também, da integridade do direito preexistente, de vez que, se não era escorreito no antecessor, vicioso passou ao atual titular, pois ninguém pode transferir mais direitos do que tem ("*nemo plus iuris ad alium transferre potest quam ipse habet*").[12] E, sucessivamente, assim se procederá, até alcançar

---

8   Oertmann, *loc. cit.*, faz uma distinção um tanto sutil entre aquisição *absoluta* e *originária*, como entre a *relativa* e a *derivada*: absoluta, para ele, é aquela na qual o direito surge pela primeira vez na pessoa do adquirente, e originária a que se não funda em um direito já existente. Cf., ainda, sobre aquisição originária e derivada, Carlo Fadda, *Negozio Giuridico*, § 27.

9   Capitant, *Introduction*, p. 235; Enneccerus, Kipp e Wolff, *Tratado*, I, § 130.

10 Em sentido diverso, porém, Orlando Gomes, dentre outros.

11 Ruggiero e Maroi, *loc. cit.*; Oertmann, *loc. cit.*; Enneccerus, Kipp e Wolff, *loc. cit.*

12 *Digesto*, Livro 50, tít. XVII, fr. 54.

INSTITUIÇÕES DE DIREITO CIVIL • VOL. I • INTRODUÇÃO E TEORIA GERAL DE DIREITO CIVIL

o momento do nascimento do direito ou aquisição originária, salvo se antes disso tiver decorrido tempo que o ordenamento jurídico entende suficiente para consolidar definitivamente qualquer situação (prescrição aquisitiva para o atual titular, ou extintiva do direito do oponente).

80. MODIFICAÇÃO DOS DIREITOS

Nem sempre uma relação jurídica permanece intacta durante sua existência. Sofre frequentes alterações quantitativas e qualitativas no seu objeto; passa por transformações quanto à pessoa do sujeito, e, ainda, atuam às vezes razões complexas que simultaneamente atingem o sujeito e o objeto. Tudo são *modificações* da relação jurídica, que às vezes se limitam a alterar a sua fisionomia sem outro efeito mais que simples mudança superficial com respeito ao conteúdo, e outras vezes atingem a sua estrutura mesma, com a criação de um direito novo, ou a marcha para a sua extinção, ou supressão de algumas consequências. Chega, em certos casos, a ser difícil precisar bem se ocorre propriamente a modificação do direito, ou se o fato ocorrente conduz à sua extinção e criação de uma relação jurídica nova, e isto se dá quando a causa é verdadeiramente extintiva, e apenas aparentemente modificativa. O que é fundamental para que se defina se houve *perda* ou *modificação* do direito é que, no caso de modificação, as alterações podem atingir a forma ou o conteúdo da relação jurídica, mas respeitam a sua *identidade*.[13]

A variedade das alterações por que pode passar um direito comporta classificação genérica em duas categorias, sendo outras eventualidades secundárias. E é dentro deste critério dicotômico que examinaremos o assunto, cogitando das modificações *subjetivas* e *objetivas*.

a) Diz-se *subjetiva* a modificação do direito atinente à pessoa do titular. O direito se transforma em razão de se alterar o sujeito, não obstante subsistir a relação jurídica primitiva. Verifica-se quando o poder jurídico de que é expressão passa a ser exercido por outra pessoa, diferente daquela em favor da qual se havia constituído. Seu efeito é a transferência das faculdades jurídicas para o novo titular, e recebe, encarado o fenômeno do ângulo do antigo sujeito, o nome específico de *alienação*.[14] Na verdade, o titular do direito aliena de si mesmo a situação jurídica que a relação subjetiva contém, e passa-o para uma outra pessoa, até então estranha à vida daquele direito. Examinando o fenômeno em função do afastamento do primitivo titular, que por aliená-las perde as faculdades jurídicas, parece, a um exame inicial, que ocorre a extinção do direito. Efetivamente, para o alienante, não há mais nenhuma faculdade jurídica; o alienante *perde* o direito por via da modificação subjetiva, e é dentro deste critério que o Código Civil alinha entre os casos de *perda da propriedade* a alienação (art. 1.275, I). Focalizado, entretanto, o direito em si mesmo, verifica-se sua sobrevivência, e não sua extinção, pois enquanto o titular abdica das suas faculdades, reali-

---

13   Enneccerus, *loc. cit.*
14   Ruggiero e Maroi, § 23.

zando mutação referente à pessoa titular da relação jurídica, esta remanesce (no caso, a propriedade continua sendo o mesmo direito) com sub-rogação, em outra pessoa, dos poderes de que o primitivo *dominus* gozava. É, então, procedente a advertência de que a modificação subjetiva, por transferência de um a outro sujeito, não implica extinção do primitivo direito e constituição de novo.[15] O direito não perde substância pelo fato da transferência, apenas ocorre o deslocamento de titularidades, sem cessação da relação jurídica.

O problema oferece aspecto mais curioso na sucessão *mortis causa*, em que se verifica o desaparecimento do titular em razão da morte. Mas não implica a extinção do direito, considerado em si mesmo, porque com a abertura da sucessão se transporta *incontinenti* para os herdeiros legítimos e testamentários, e de tal forma que em nenhum momento ficam os direitos sem sujeito. Até o instante do óbito era o *de cuius* e logo em seguida são os herdeiros legítimos e testamentários. Aquela relação jurídica existente passa por uma transformação profunda, sem dúvida, e junto às raias da extinção, pelo fato do desaparecimento do titular, mas a sua continuidade é assegurada pelo princípio sucessório, que faz do herdeiro um continuador da pessoa do defunto e não o sujeito de relações jurídicas que se originem com a abertura da sucessão. A própria denominação do evento dá ideia do que ocorre, pois que se lhe chama *transmissão hereditária* ou *sucessão causa mortis*, ambas as expressões continentes da ideia de persistência das relações jurídicas com sub-rogação do novo titular nas faculdades do sucedendo, ou substituição do sujeito anterior pelo sujeito atual.

Há direitos, contudo, insuscetíveis de modificação subjetiva. Não é o que normalmente acontece, pois, em princípio, os direitos são transmissíveis. Alguns, porém, pela própria natureza, como são os direitos pessoais de família, os direitos da personalidade e outros que se tenham constituído *intuitu personae*, não podem sofrer substituição do sujeito. São por isso mesmo qualificados de *personalíssimos*, e se extinguem com a morte do titular ou se alteram estruturalmente com a substituição do sujeito.

Modificação subjetiva é, ainda, a que se dá no lado passivo da relação jurídica: o devedor é substituído por outro em ato voluntário (assunção de dívida, arts. 299 e ss. do Código Civil) ou involuntário (responsabilidade do herdeiro dentro das forças da herança, art. 1.792 do Código Civil), sem que altere a sua substância.

Não é, porém, a transferência das faculdades jurídicas a única forma de modificação subjetiva. Pode ocorrer ainda por multiplicação ou concentração de sujeitos.[16] Dá-se a *multiplicação* quando ao titular do direito outros se associam, passando a exercer em conjunto as faculdades jurídicas, como na alienação de quota ideal de um imóvel, caso em que o primitivo *dominus* não deixa de sê-lo, porém perde a exclusividade dos direitos dominiais, que passam a ter, como titulares, os condôminos

---

15 Enneccerus, Kipp e Wolff, *Tratado*, I, § 126.
16 Ruggiero e Maroi, *loc. cit.*

(Código Civil, arts. 1.314 e ss.); ou ainda o desdobramento da relação jurídica, por via da qual o sujeito demite de si uma parte de seus poderes em favor de outrem, sem perder o direito (*p. ex.,* constituição de renda vitalícia, arts. 803 e ss. do Código Civil). A concentração verifica-se quando um direito tem vários sujeitos, que se reduzem a menor número, como no usufruto indivisível instituído em favor de vários indivíduos, que vão diminuindo de número, seja pela morte de alguns dos usufrutuários, seja por atingirem limite de idade eventualmente estipulado no ato de sua constituição, e, conseguintemente, o mesmo direito (usufruto) vai tendo cada vez menos titulares.

b) *Modificações objetivas* são aquelas que atingem o objeto da relação jurídica, podendo variar no mais alto grau, ora alcançando as qualidades, ora a quantidade. No primeiro caso (modificações *qualitativas*), o objeto do direito altera-se sem que aumentem ou diminuam as faculdades do sujeito, como no caso do credor por aluguéis que recebe do devedor um título cambial *pro soluto*, e, assim, modifica-se a natureza do direito creditório, sem alteração quantitativa no crédito. No segundo caso (modificações *quantitativas*), o objeto do direito aumenta ou diminui no volume, sem que se alterem as qualidades do direito: o proprietário de um terreno ribeirinho vê estender-se ou reduzir-se a extensão de suas terras marginais ao curso d'água, em razão do fenômeno aluvional (Código Civil, art. 1.250). Em uma ou outra hipótese, o direito de propriedade não se altera na sua qualidade, mas seu objeto modifica-se na sua quantidade.[17]

Além das modificações subjetivas e objetivas, outras há que incidem sobre a *intensidade* do vínculo jurídico, que sofre atenuação sem perecimento: o locador a quem é oposto direito de retenção por benfeitorias (Código Civil, art. 1.219), embora não perca a faculdade de recuperação da coisa locada, tem-na suspensa enquanto não indenizar o locatário das despesas efetuadas na coisa. Outras vezes, o direito passa por um período de *repouso* ou *quiescência* e volta a revigorar-se ulteriormente em toda a plenitude: o dono do prédio dominante, que adquire o serviente, não pode exercer o direito de servidão, pois que "*nemine res sua servit*",[18] mas se sofre a evicção do fundo adquirido vê restaurar-se aquele direito. É que a servidão, enquanto os dois prédios (dominante e serviente) eram do mesmo dono, ficou em estado de quiescência, sofrendo, assim, uma alteração. Pode ainda haver modificação na ação protetora do direito, não se alterando este subjetiva nem objetivamente, e, nesse caso, a modificação ocorre tão somente na forma de fazê-lo valer: o possuidor que deixa tranquilo o esbulhador da coisa por mais de ano e dia não sofre a perda definitiva da posse, mas apenas se lhe recusa a restituição *in limine litis*[19] (Código de Processo Civil de 1973, art. 924; Código de Processo Civil de 2015, art. 558).

---

17 Ruggiero, *loc. cit.*
18 "Não há servidão sobre imóvel que lhe pertença."
19 "No início da lide."

81. Extinção e perda dos direitos. Renúncia

Por extinção de um direito deve-se entender o seu fim, a sua morte, o seu desaparecimento. Por focalizar a relação jurídica apenas no seu estado atual e em atenção aos seus elementos concretamente, há escritores que veem a sua extinção no só fato da desvinculação ou desligamento do sujeito, relativamente às faculdades, e englobam a *perda* e a *extinção* em um fenômeno único.[20] Com outros autores (Oertmann, Ruggiero, Enneccerus etc.) consideramos que se tem de distinguir a *extinção* e a *perda* dos direitos, como fenômenos etiologicamente diversos e de efeitos diferentes. Dá-se a *perda* do direito, quando ele se separa do titular atual, e passa a subsistir com outro sujeito. Na perda há uma ideia de *relatividade*, de vez que o sujeito não pode mais exercer as faculdades jurídicas. A *extinção*, porém, é um conceito *absoluto*, supondo a destruição da relação jurídica. As faculdades jurídicas não podem ser exercidas pelo sujeito atual, nem por outro qualquer.

A extinção dos direitos subordina-se a três ordens de causas: em razão do sujeito, do objeto e do vínculo jurídico. Dá-se a *extinção subjetiva* quando o titular do direito não o pode mais exercer, *e.g.*, quando morre o filho sem ter iniciado a ação de investigação parental, perece o direito à declaração judicial da paternidade porque a iniciativa desta ação é do filho, e com a sua morte opera-se a destruição do próprio direito. *Extinção objetiva* decorre do perecimento do objeto sobre que versa o direito, como na hipótese de morte do animal, ou a queda da coisa no fundo do mar. É certo, porém, que nem sempre a destruição do objeto implica a extinção do direito, pois que às vezes se dá uma substituição de incidência da relação jurídica sobre outro objeto, e, então, ocorre a modificação e não a extinção da relação jurídica, por exemplo, no perecimento da coisa causado por fato culposo de outrem, em que a relação jurídica se transforma, sub-rogandose a coisa destruída no *id quod interest* (indenização); ou ainda no caso de a sub-rogação verificar-se por via contratual, como na hipótese de o seguro da coisa destruída gerar a sua sub-rogação no respectivo valor (por exemplo, Código Civil, art. 1.407, § 2º). A extinção será em *razão do vínculo jurídico* naqueles casos em que sobrevive o sujeito e subsiste o objeto, mas passa a faltar ao titular ou o próprio direito (que se extingue) ou o poder de ação para exercer as respectivas faculdades jurídicas (sem a efetiva extinção do direito). Desta classe extintiva são, respectivamente, a decadência e a prescrição, que estudaremos no Capítulo XXIV, *infra*.

Cumpre acentuar, entretanto, que grande número de direitos traz ínsita a causa de sua própria extinção, e podem por isso mesmo tachar-se de *direitos transitórios*. Estão neste caso os que se constituem a termo (Código Civil, art. 131), e desaparecem com o escoamento do prazo; os direitos subordinados à condição *resolutiva* (Código Civil, arts. 127 e 128), cujo implemento importa no seu perecimento; os direitos que se prendem indissoluvelmente à pessoa do sujeito; e ainda aqueles que

---

20 Cf., com este pensamento, Capitant, *Introduction*, p. 238, ao catalogar a transmissão como causa extintiva, quando, ao contrário, ela é uma razão modificativa, conforme vimos no nº 80.

se constituem como meios de obtenção de um fim determinado, os quais deixam de existir quando este é conseguido.[21]

Renúncia. Autores há que aproximam da modificação a figura especial da renúncia.[22] Outros, porém, entre os quais nos alinhamos, entendem que se caracteriza ela como modalidade particularizada de *extinção* subjetiva. Dá-se a *renúncia* com a abdicação que o titular faz do seu direito, sem transferi-lo a quem quer que seja. É o abandono voluntário do direito. É ato unilateral, independente de suas consequências. Estas, contudo, podem variar, conforme tragam ou não a outrem benefício ou vantagem. O caso mais típico é o que implica destruição pura e simples da relação jurídica, sem que se verifique uma correlata aquisição de direito por outrem. Mas não é o único, pois que frequentemente a renúncia tem uma consequência aquisitiva para alguém. Da primeira espécie é a renúncia às garantias, por via da qual se opera a extinção do direito de perseguir determinada coisa ou acionar uma terceira pessoa. Da segunda é, por exemplo, a renúncia à herança, cujos efeitos são dúplices: de um lado, a extinção do direito hereditário do renunciante, e, de outro, a sua aquisição correlata pelos demais da mesma classe ou pelo herdeiro colocado na classe imediata, na ordem de vocação hereditária (Ruggiero). Em qualquer caso, porém, toda renúncia repercute na esfera jurídica de outrem, o que nem sempre os escritores assinalam, mas é de franca obviedade: o fiador, liberado pela renúncia do credor à garantia fidejussória, não adquire um direito, mas alarga a sua esfera de interesse, aliviando-se do encargo de solver o débito garantido.

Existe alguma confusão em torno da renúncia por parte de quem inscreve como tal a *abdicação* de direito em favor de outrem, sob a rubrica de renúncia *translatícia*. É uma inexatidão técnica. Em rigor, não se trata de renúncia. O que existe é, aí, uma transferência de direitos, pois que o pseudorrenunciante, pelo fato mesmo de abdicar em favor de outrem, opera uma transmissão de faculdades jurídicas e executa uma alteração da relação jurídica, e não a sua extinção. Para bem se ver a exatidão deste conceito, é bastante assinalar que aqueles autores que se referem à renúncia translatícia exigem para a sua eficácia a vontade de alienar por parte do renunciante, e a de adquirir por parte do beneficiário, isto é, a impropriamente denominada renúncia translatícia pressupõe a aceitação do favorecido.[23] Embora a tecnicamente denominada renúncia translatícia seja verdadeira transferência, considerações de ordem prática aconselham sua utilização.

São, em regra, renunciáveis os direitos que envolvem um interesse meramente privado de seu titular, salvo proibição legal. Ao revés, são irrenunciáveis os direitos públicos, como ainda aqueles direitos que envolvem um interesse de ordem pública, como os de família puros (poder familiar etc.), os de proteção aos economicamente fracos ou contratualmente vulneráveis (garantias asseguradas ao consumidor etc.).

---

21 Oertmann, *Introducción*, § 33.

22 Ruggiero, *loc. cit.*

23 Oertmann, *loc. cit.*

A renúncia é ato unilateral e independente de concurso de outrem, quando o direito renunciado não se opõe a um indivíduo pessoalmente obrigado. Nesse caso, é válida e perfeita em si mesma, sem necessidade da anuência de quem quer que seja, mesmo na parte daquele em cujo patrimônio indiretamente repercuta. Os direitos, frente aos quais existe um sujeito passivo determinado, não podem ser objeto de renúncia sem a participação do obrigado, porque este tem um interesse jurídico ou moral de recusar o benefício, e não é jurídico impor-se-lhe um favor contra a vontade: *invito non datur beneficium.*[24]

De qualquer maneira, a manifestação do renunciante há de ser inequívoca, e tanto pode ter por objeto direitos atuais como situações jurídicas futuras. Mas esta liberdade desaparece, quando se choca com interdições legais. Assim, é inválida a renúncia a uma herança futura, a uma prescrição não consumada etc.

É preciso jamais confundir *renúncia* com a *inércia* do titular. Pode este, segundo repute de sua conveniência, deixar de exercer um direito, sem que sua atitude negativa possa traduzir-se em abdicação de suas faculdades. Embora não utilizado, o direito persiste íntegro, de vez que o não exercício é uma forma de utilização, que pode ser retomada oportunamente. Ao revés, aquele que renuncia perde essa faculdade, porque seu direito se extingue. Se, contudo, a inércia conduzir à prescrição da pretensão ou à decadência do direito, dá-se, em alguma medida, o seu perecimento, mas por outra causa, que estudaremos nos n°s 121 e 122, *infra.*

---

24 *Digesto*, Livro 50. tít. XVII. fr. 69: "Não se dá benefício a quem não quer receber".

Capítulo XVII
Negócio Jurídico

Sumário

82. Negócio jurídico e ato jurídico. Ato jurídico *stricto sensu*. **83.** Manifestação e declaração de vontade. **84.** Requisitos de validade do negócio jurídico. **84-A.** Forma do negócio jurídico. **85.** Classificação dos negócios jurídicos. **86.** Interpretação do negócio jurídico. **87.** Causa do negócio jurídico.

Bibliografia

Enneccerus, Kipp e Wolff, *Tratado*, I, § 136; Oertmann, *Introducción al Derecho Civil*, § 35; Capitant, *Introduction à l'Étude du Droit Civil*, p. 241; Clóvis Beviláqua, *Teoria Geral*, §§ 48 e 49; Ruggiero e Maroi, *Istituzioni*, § 25; De Page, *Traité Élémentaire*, I, nos 17 e ss.; Planiol, Ripert e Boulanger, *Traité Élémentaire*, I, nos 274 e ss.; Colin e Capitant, *Cours*, nos 54 e ss.; Raymond Saleilles, *De la Déclaration de Volonté*, ed. 1929; Jean Dabin, *La Teoría de la Causa, passim*; Serpa Lopes, *Curso*, I, nos 180 e ss.; Orlando Gomes, *Introdução*, nos 184 e ss.; Emilio Betti, *Interpretazione della Legge e degli Atti Giuridici*; Mazeaud *et* Mazeaud, *Leçons*, I, nos 258 e ss.; Salvatore Pugliatti, *Introducción al Estudio del Derecho Civil*, p. 238 e ss.; Windscheid, *Pandette*, I, § 69; Emilio Betti, *Teoria Generale del Negozio Giuridico*; Washington de Barros Monteiro, *Curso*, I, p. 185 e ss.; Carlo Fadda, *Teoria del Negozio Giuridico*; Matteo Ferrante, *Negozio Giuridico*; von Tuhr, *Derecho Civil*, II, parte 1ª, § 50; Scialoja, *Negozi Giuridici*; Giuseppe Stolfi, *Teoria del Negozio Giuridico*; Serpa Lopes, *O Silêncio como Manifestação de Vontade*; Cariotta Ferrara, *Il Negozio Giuridico*; Antonio Junqueira de Azevedo, *Negócio Jurídico e Declaração Negocial*, 1988; Maria Celina Bodin de Moraes, "A Causa dos Contratos", *in Na Medida da Pessoa Humana*, 2010, p. 289 e ss.; Ruy Rosado de Aguiar Jr., "A Boa-fé na Relação de Consumo", *in Revista de Direito do Consumidor*, nº 14, 1995, p. 20 e ss.; Judith Martins-Costa, *A boa-fé no direito privado*, 1999; Teresa Negreiros, *Teoria do Contrato: Novos Paradigmas*, 2002, p. 105 e ss.

82. Negócio jurídico e ato jurídico. Ato jurídico *stricto sensu*

No campo dos fatos humanos, há os que são voluntários e os que independem do querer individual. Os primeiros, caracterizando-se por serem ações resultantes da vontade, vão constituir a classe dos atos jurídicos, quando revestirem certas condições impostas pelo direito positivo. Não são todas as ações humanas que constituem atos jurídicos, porém apenas as que traduzem conformidades com a ordem jurídica, uma vez que as contravenientes às determinações legais vão integrar a categoria dos atos ilícitos, de que o direito toma conhecimento, tanto quanto dos atos lícitos, para regular-lhes os efeitos, que divergem, entretanto, dos destes, em que os atos jurídicos produzem resultados consoantes com a vontade do agente, e os atos ilícitos sujeitam a pessoa que os comete a consequências que a ordem legal lhes impõe (deveres ou penalidades). Na mesma valoração ontológica da lei, como dos atos jurisdicionais, a vontade individual tem o poder de instituir resultados ou gerar efeitos jurídicos, e, então, a manifestação volitiva humana, com o nome genérico de *ato jurídico*, enquadra-se entre as fontes criadoras de direitos, conforme vimos na parte final do nº 9, *supra*. É a noção do ato jurídico *lato sensu* que abrange as ações humanas, tanto aquelas que são meramente obedientes à ordem constituída, determinantes de consequências jurídicas *ex lege*, independentemente de serem ou não queridas[1] como aquelas outras declarações de vontade, polarizadas no sentido de uma finalidade, hábeis a produzir efeitos jurídicos queridos.

A esta segunda categoria, constituída de uma declaração de vontade dirigida no sentido da obtenção de um resultado, é que a doutrina tradicional e o Código de 1916 denominavam ato jurídico (*stricto sensu*); e a doutrina moderna e o Código de 2002 denominam *negócio jurídico*.

Observa-se, então, que se distinguem o "negócio jurídico" e o "ato jurídico". Aquele é a declaração de vontade, em que o agente persegue o efeito jurídico (*Rechtsgeschäft*); no ato jurídico *stricto sensu* ocorre manifestação volitiva também, mas os efeitos jurídicos são gerados independentemente de serem perseguidos diretamente pelo agente.[2] Todos eles são fatos humanos voluntários. Os "negócios jurídicos" são, portanto, declarações de vontade destinadas à produção de efeitos jurídicos queridos pelo agente; os "atos jurídicos *stricto sensu*" são manifestações de vontade, obedientes à lei, porém geradoras de efeitos que nascem da própria lei. Dentre os atos lícitos estão os atos que não são negócios jurídicos, bem como os negócios jurídicos. Todos, porém, compreendidos na categoria mais ampla de "atos lícitos", que se distinguem, na sua causa e nos seus efeitos, dos "atos ilícitos".

Aos atos jurídicos que não sejam negócios jurídicos (atos jurídicos lícitos ou atos jurídicos *stricto sensu*) são aplicáveis, no que couber, o disposto acerca dos negócios

---

1   Serpa Lopes, *Curso*, I, nº 180; Matteo Ferrante, *Negozio Giuridico*, p. 10.

2   Sobre esta distinção, lembram-se, entre outros, Windscheid, Stolfi, Trabucchi, Scognamiglio, Santoro-Passarelli, Serpa Lopes, Silvio Rodrigues, Vicente Ráo, Torquato Castro, Soriano Neto, Paulo Barbosa de Campos Filho, Alberto Muniz da Rocha Barros e Fabio Maria de Mattia.

jurídicos (Código Civil, art. 185). Havendo o Código perfilhado a noção de negócio jurídico, considerou desnecessário repetir os mesmos conceitos em relação aos atos jurídicos que não constituam negócios jurídicos. Vale dizer: por extensão analógica, os requisitos de validade, as modalidades, os defeitos e a teoria das nulidades, construídas em torno do negócio jurídico, aplicam-se aos atos jurídicos em geral.

Foi a doutrina alemã que elaborou o conceito do *negócio jurídico* (*Rechtsgeschäft*), encarecido pelos escritores alemães como dos mais importantes da moderna ciência do direito, e imaginou-o como um *pressuposto de fato, querido ou posto em jogo pela vontade, e reconhecido como base dos efeitos jurídicos perseguidos*.[3] O fundamento e os efeitos do negócio jurídico assentam então na vontade, não uma vontade qualquer, mas aquela que atua em conformidade com os preceitos ditados pela ordem legal.[4] E tão relevante é o papel da vontade na etiologia do negócio jurídico, que se procura identificar a sua própria ideia conceitual com a declaração de vontade,[5] constituindo-se desta forma a sua definição.

O Código Civil anterior construía a noção de obrigação voluntária sobre a base do *ato jurídico*, que definiu no art. 81. O ato jurídico, tal como era entendido e estruturado, também conceitualmente se fundava na declaração de vontade, uma vez que, analisado em seus elementos, acusava a existência de uma emissão volitiva, em conformidade com a ordem legal, e tendente à produção de efeitos jurídicos.[6] Como, porém, a expressão *ato jurídico* é um valor semântico abrangente de um conceito jurídico mais amplo, compreensivo de qualquer declaração de vontade, individual ou coletiva, do particular ou do Estado, destinada à produção de efeitos, o *negócio jurídico* deve ser compreendido como uma espécie dentro do gênero *ato jurídico*. Por isso é de salientar-se a riqueza de abstração dogmática da ciência pandectista germânica, ao fixar as linhas determinantes e os extremos da teoria do *negócio jurídico*.

O negócio jurídico, no dizer de Enneccerus, é um pressuposto de fato, que contém uma ou várias declarações de vontade, como base para a produção de efeitos jurídicos desejados. No dizer de Oertmann, é o fato produzido dentro do ordenamento jurídico, que, com relação à vontade dos interessados nele manifestada, deve provocar determinados efeitos jurídicos.[7] Ruggiero e Maroi conceituam-no como *uma declaração de vontade do indivíduo, tendente a um fim protegido pelo ordenamento jurídico*.[8] Salvatore Pugliatti denomina-o um *ato livre de vontade, tendente a um fim prático tutelado pelo ordenamento jurídico, e que produz, em razão deste, determinados efeitos jurídicos*.[9]

---

3   Enneccerus, Kipp e Wolff, *Tratado*, I, § 136.

4   Oertmann, *Introducción*, § 35.

5   Enneccerus, *loc. cit.*

6   Clóvis Beviláqua, *Teoria Geral*, p. 143; Orosimbo Nonato, *Da Coação como Defeito dos Atos Jurídicos*, p. 10.

7   Oertmann, *Introducción*, § 35.

8   Ruggiero e Maroi, *Istituzioni*, § 25.

9   Salvatore Pugliatti, *Introducción*, p. 242.

Em todo ato jurídico, sem dúvida, existe uma emissão de vontade. Mas a doutrina contemporânea manifesta certo cuidado na distinção das duas noções, admitindo a manifestação volitiva como gênero, e o negócio jurídico como espécie, porque, existindo declarações de vontade que têm em vista realizar uma finalidade jurídica, e outras não, somente as primeiras compõem o extremo do negócio jurídico.[10] Todo negócio jurídico, portanto, se origina de uma emissão de vontade, mas nem toda declaração de vontade constitui um negócio jurídico.

Quando fui incumbido de elaborar o Anteprojeto de Código de Obrigações, propendi para a doutrina alemã do *negócio jurídico*, que o Código de 2002 acolheu e pode resumir-se como *toda declaração de vontade, emitida de acordo com o ordenamento legal, e geradora de efeitos jurídicos pretendidos*.

Analisando as definições acima apresentadas, salientamos de princípio a base volitiva, consistente na declaração de vontade, através da qual se concretiza uma ação ou um ato, e que é vinculada a uma intenção. Mas é preciso que este ato seja *lícito*, requisito resultante de sua conformidade com o ordenamento jurídico, e consequente subordinação do agente às imposições da lei. No negócio jurídico há de estar presente uma *finalidade jurídica*, que o distingue do ato indiferente ou de mera submissão passiva ao preceito legal, e que é encarecido como um dos seus extremos, *assente na obtenção de um resultado efetivamente querido pelo agente*.

Detendo-nos um instante mais sobre o elemento *vontade*, frisamos que o princípio pelo qual se lhe reconhece o poder criador de efeitos jurídicos denomina-se *autonomia da vontade*, que se enuncia por dizer que o indivíduo é livre para, pela declaração de sua própria vontade, em conformidade com a lei, criar direitos e contrair obrigações. Mas, por amor à regra da convivência social, este princípio da autonomia da vontade subordina-se às imposições da ordem pública, que têm primazia sobre o primeiro, de forma tal que todo reforço da ordem pública implica restrição na autonomia da vontade, sendo de assinalar-se que, em nossos dias, vem-se observando, no mundo inteiro, uma cada vez maior expansão do domínio da ordem pública, e um cada vez mais acentuado estreitamento da participação da autonomia da vontade.[11]

No que diz respeito ao fim, ao objetivo do negócio jurídico, destacam-se os momentos fundamentais da vida do direito subjetivo, relativamente ao agente: a aquisição, modificação e extinção, ou seja, aquele em que o direito se funde no sujeito atual, as alterações por que passa, e aquele em que se perde, seja por via de uma trasladação de faculdades jurídicas (transferência), seja coincidentemente com a cessação da relação de direito (extinção). Mas acrescenta-se, ainda, a *conservação* do direito, como finalidade do ato negocial. Embora controvertido, pois que escritores há que não admitem possa o negócio jurídico visar ao resguardo do direito,[12]

---

10 Windscheid, *Pandette*, § 69.

11 Mazeaud *et* Mazeaud, *Leçons*, I, nº 263.

12 Savigny, *Droit Romain*, § 104, nota, *b*.

é certo que muitas vezes a *declaração* de vontade se limita a manter o direito, tal como preexistente, sem qualquer alteração, e nem por isso seria razoável recusar-lhe a característica de um negócio jurídico.[13]

A presença da emissão de vontade no negócio jurídico, e sua conformidade com a lei, sugere uma investigação de predominância, não estranha à doutrina, a saber qual dessas elementares deve prelevar, se a vontade ou a lei, ora argumentando-se que a vontade, sem a lei, não é geradora de efeitos, pois que estes se encontram na dependência do reconhecimento por parte da ordem legal; ora percebendo que a lei, sem a vontade do indivíduo endereçada no rumo dos efeitos queridos, apenas define possibilidades abstratas, sem a criação de direitos subjetivos. A questão, porém, é ociosa na prática, como aquela que os compêndios de filosofia enunciam na indagação das causalidades, com a pergunta "se o homem passa quando a pedra cai ou a pedra cai quando o homem passa". É que, se ninguém pode recusar a inanidade da emissão de vontade sem a força da lei, e ninguém pode negar a falta de objetividade da faculdade abstratamente definida enquanto não surge no mundo real a emissão volitiva, descabe indagar das preponderâncias essenciais, pois que no terreno fático ou no âmbito dos efeitos, desenha-se uma *nítida pluralidade causal*: o negócio jurídico é uma função da vontade e da lei, que procedem na sua *criação*, completando-se reciprocamente.[14]

No negócio jurídico há, pois, a convergência da atuação da vontade e do ordenamento jurídico. Uma vontade orientada no sentido de uma finalidade jurídica, em respeito à qual atribui efeito ao negócio, e em razão de que se diz que aquele efeito decorre diretamente da vontade. Mas não são somente os efeitos previstos ou limitados pela vontade, pois que, muitas vezes, as consequências vão além da previsão do agente. Podemos dizer que a vontade desfecha o negócio no rumo dos efeitos queridos, mas tem de suportar o agente as consequências ligadas pelo ordenamento jurídico à disciplina do próprio ato.

83. Manifestação e declaração de vontade

Para se compreender bem a atuação da vontade do negócio jurídico, não é despiciendo fixar o mecanismo da atividade psíquica. Filho da vontade humana, o negócio jurídico é a mais alta expressão do subjetivismo, se atentarmos em que o ordenamento jurídico reconhece à atividade volitiva humana o poder criador de efeitos no mundo do direito. É preciso, então, evidenciar de que maneira atua a *vontade jurígena*. No campo puramente psíquico distinguem-se três momentos: o da solicitação, o da deliberação e o da ação. Primeiramente os centros cerebrais recebem o estímulo do meio exterior; em seguida, mais ou menos rapidamente, ponderam nas

---

13   Clóvis Beviláqua, *Teoria Geral*, § 48.

14   Filosoficamente é de reconhecer-se a sobrelevância da lei, como força de atuação constante, enquanto a emissão de vontade é contingente, e pode ou não ocorrer: igualmente, no exemplo da pedra, seria certo responder que a sua queda é um fenômeno físico e, portanto, dar-se-ia obrigatoriamente no momento em que as condições naturais a determinassem, ao passo que a presença do ser humano é eventual.

Negócio Jurídico 339

conveniências e resolvem como proceder; e finalmente reage a vontade à solicitação, levando ao mundo exterior o resultado deliberado. O primeiro é a atuação exógena sobre o psiquismo; o segundo, a elaboração interior; o terceiro é a exteriorização do trabalho mental, pela ação.

O negócio jurídico, como fenômeno de fundo volitivo, atravessa as mesmas fases. Mas o ordenamento entende cogitar apenas da última, e é por isso que muitos identificam o negócio jurídico com a *declaração de vontade*, o que tem despertado controvérsias e discussões. De um lado, há quem ressalve que não basta uma *declaração volitiva* para gerá-lo, pois que às vezes a ordem jurídica requer uma pluralidade de emissões, como também outras vezes impõe procedimentos complementares (remessa, consentimento de um terceiro etc.) para a sua constituição.[15] De outro lado, e neste passo, a controvérsia é mais acirrada, debatendo-se em torno da *apuração* do fator volitivo. Duas correntes se formaram, especialmente na Alemanha. Enquanto os componentes da *teoria da vontade* (*Willenstheorie*) entendem que se deve perquirir a vontade interna do agente, sua vontade real;[16] de outro lado, os partidários da *teoria de declaração* (*Erklärungstheorie*) entendem que não se precisa cogitar do querer interior do agente, bastando deter-se na declaração (Zittelmann). Para estes, qualquer declaração obriga, ainda que por mero gracejo; para os primeiros, cumpre pesquisar a realidade e a seriedade da *verdadeira* vontade. A controvérsia repercute amplamente na questão da interpretação do negócio jurídico (nº 86, *infra*), como na teoria dos defeitos dos negócios jurídicos (nº 88, *infra*).

Assentado, pois, que a vontade é o pressuposto do negócio jurídico, é imprescindível que ela se *exteriorize* e se divulgue por uma *emissão*, de forma a levar a deliberação interior ao mundo exterior. A vontade interna ou real é que traz a força jurígena, mas é a sua exteriorização pela declaração que a torna conhecida, o que permite dizer que a produção de efeitos é um resultado da vontade, mas que esta não basta sem a manifestação exterior.[17]

Quando se fala em *declaração* de vontade, emprega-se a palavra em sentido lato. Não é mister que o agente faça uma declaração formal, através da palavra escrita ou falada. Basta que traduza o seu querer por uma atitude inequívoca, seja esta efetuada através do veículo habitual de expressão, seja até mesmo por um gesto. Casos há mesmo em que a manifestação de vontade se verifica por uma atitude, em que não há uma expressão declaratória, como no do indivíduo que recolhe a concha atirada pelo mar à praia, e que constitui um negócio de aquisição por ocupação[18].

A riqueza do entendimento admite, então, grande variedade de formas para a manifestação da vontade. A primeira, a mais comum, é a declaração pela palavra falada ou

---

15 Oertmann, *loc. cit.*

16 Nesse sentido: Savigny, Windscheid, Dernburg, Unger, Oertmann, Enneccerus, entre outros.

17 Saleilles, *Déclaration de la Volonté*, nº 1.

18 A ocupação, a rigor, não tem natureza de negócio jurídico, como ficará claro da análise específica dessa figura no volume IV destas *Instituições* (§309). O exemplo, portanto, deve ser tomado como simples ilustração das formas pelas quais a vontade pode se manifestar na prática de atos jurídicos.

escrita, como veículo da manifestação do pensamento, e traduz a expressão intelectiva superior do ser humano. Emite-se também a vontade por gestos ou sinais, que revelam ao mundo exterior a intenção interna. Quando a vontade é assim manifestada, por uma positiva modalidade de tradução, diz-se que o foi *expressamente*, ou que existe *manifestação expressa de vontade*, que tanto pode ser a escrita, como a falada, como a mímica.

Em contraposição, chama-se *manifestação tácita de vontade* aquela que resulta de um comportamento do agente, traduzindo a exteriorização por uma dada atitude. Para o ordenamento, tem eficácia a manifestação tácita de vontade, tanto quanto a expressa, salvo nos casos em que a lei exige esta última forma, e muitas vezes é o próprio direito positivo que traduz em emissão volitiva um mencionado comportamento. Assim é que se interpretam como aceitação da herança os atos de uma pessoa, compatíveis com a qualidade hereditária. É um caso legal de manifestação tácita de vontade. Houve aí manifestação de vontade, embora não declarada, e emissão geradora de efeitos jurídicos.

Neste passo, cabe indagar se o *silêncio* pode ser compreendido como manifestação de vontade, e, pois, gerador de ato negocial. E a resposta é afirmativa. Normalmente, o silêncio é nada, e significa a abstenção de pronunciamento da pessoa em face de uma solicitação ambiente. Por via de regra, o silêncio é a ausência de manifestação de vontade, e, como tal, não produz efeitos. Mas, em determinadas circunstâncias, pode significar uma atitude ou um comportamento, e, consequentemente, produzir efeitos jurídicos.[19] Neste caso, deverá ser interpretado como anuência à declaração de vontade. Não se lhe pode atribuir efeito de uma declaração volitiva, pelo simples fato de nada declarar a pessoa. Popularmente costuma-se dizer que "quem cala consente", com isto significando que a falta de recusa explícita equivale a consentimento. Não é, todavia, correta a dedução. O direito romano já se referia ao assunto ao enunciar "*qui tacet consentire videtur, si loqui debuisset et potuisset*".[20] Com efeito, há situações em que a pessoa não pode ou não deve falar, como no caso de sigilo profissional ou dever de consciência. Ou, ainda, quando o negócio jurídico tenha de resultar de manifestação expressa do querer do agente. Em tais situações, o silêncio não induz anuência, porém somente quando a lei o estabeleça, ou o autorizarem os usos ou circunstâncias do caso. Ao juiz caberá, em cada caso, apreciar a validade do silêncio como expressão volitiva de quem se cala.

Assim, quando o Código Civil, ocorrendo falta de declaração no prazo fixado, conclui pela aceitação da doação pura (art. 539), atribui efeitos ao mero silêncio do donatário. Em circunstâncias desta ordem, o silêncio implica manifestação de vontade, e dá nascimento ao negócio jurídico, como agora consignado no art. 111 do Código Civil (v. nº 102, *infra*).

---

19 Serpa Lopes, *O Silêncio como Manifestação de Vontade nas Obrigações*, Livraria Suíça, Rio, 1944; Gaetano Dona, *Il Silenzio nella Teoria delle Prove Giudiziali*, Fratelli Bocca, Torino, 1929.

20 "Quem cala parece consentir, se devesse ou pudesse falar".

A declaração de vontade pode emitir-se às vezes dirigida a uma *pessoa determinada*, seja com o propósito de levar-lhe ao conhecimento a intenção do agente, seja com a finalidade de se ajustar a outra declaração de vontade oposta, necessária à perfeição do negócio jurídico. Chama-lhe a doutrina *declaração receptícia de vontade* a que foi endereçada e se destina a ser recebida por pessoa determinada. Estão nesses casos a proposta de contrato, a revogação do mandato etc. Mas, outras vezes, a emissão se faz sem aquele caráter, e mesmo assim o negócio jurídico se completa, dizendo-se então que há uma *declaração não receptícia de vontade*, de que se podem invocar como exemplos o testamento, a revogação de testamento, a promessa ao público etc. A distinção entre uma e outra se faz, esclarecendo-se que, tanto *receptícia* quanto *não receptícia*, influi a declaração de vontade na esfera jurídica de outrem; porém, na primeira hipótese o ato exige, para completar-se, uma *parte* e outra *parte*, com sentido *direcional*, enquanto que, na segunda, o negócio jurídico se completa com a só vontade do declarante, seja este uma pessoa natural, uma pessoa jurídica ou uma coletividade, não sendo necessário que seja endereçada ou recebida por alguém.[21] Mas é preciso esclarecer que a declaração receptícia de vontade não se dá apenas nos negócios jurídicos bilaterais. Às vezes, em unilaterais, ela o é: sempre quando *dirigida* determinadamente a alguém.

84. Requisitos de validade do negócio jurídico

Se, como vimos (n° 82, *supra*), o negócio jurídico é uma emissão volitiva dirigida a um determinado fim, existe destinado a produzir seus efeitos. Mas estes não se lhes seguem, e aquela se frustra, se o ordenamento jurídico lhe denega as consequências naturais, atingindo-se então um resultado negativo, caso em que se tacha o negócio jurídico de inválido (cf. cap. XXII, *infra*). Para que receba do ordenamento jurídico reconhecimento pleno, e produza todos os efeitos, é de mister que o negócio jurídico revista certos requisitos que dizem respeito à pessoa do agente, ao objeto da relação e à forma da emissão de vontade. É o que deflui do art. 104 do Código Civil, segundo o qual a validade do negócio requer agente capaz, objeto lícito, possível, determinado ou determinável, e forma adequada.

Quanto às *condições subjetivas*, devemos salientar que a capacidade do agente é indispensável à sua perfeita participação no mundo jurídico. O Código Civil define quais as pessoas absoluta e relativamente incapazes (Código Civil, arts. 3° e 4°), e alicerça, destarte, a teoria geral da incapacidade de agir. Transportando os princípios para o assunto ora ventilado, lembramos que os absolutamente incapazes não podem praticar negócio nenhum válido, e são representados, naqueles em que têm interesse, pelos pais ou tutores, conforme sejam menores sob poder familiar ou menores sob tutela. Embora, com o advento da Lei n° 13.146/2015, o legislador tenha posto fim à incapacidade absoluta por deficiência ou enfermidade mental, passando tais pessoas a ser consideradas plenamente ca-

---

21   Enneccerus, Kipp e Wolff, *Tratado*, § 136; Oertmann, *Introducción*, § 35.

pazes independentemente de seu grau de discernimento, manteve a legislação diversas formas de proteção das pessoas portadoras de deficiência ou enfermidade mental, inclusive a possibilidade de sua "submissão à curatela" (V. cap X, *infra*).

Os menores relativamente incapazes, participando pessoalmente dos negócios jurídicos, recebem a assistência das pessoas que a lei determinar, a não ser aquelas hipóteses em que expressamente lhes reconhece a ordem legal a faculdade de ação independente de tal proteção, como é o caso da facção testamentária (Código Civil, art. 1.860, parágrafo único), para cuja eficácia não exige a lei a anuência ou autorização de outrem.

Mas, além da incapacidade genérica (cf. nº 49, *supra*), a lei prevê ainda motivos específicos, que obstam a que o agente, sem quebra de sua capacidade civil, realize determinados negócios jurídicos. A fim de não colidirem tais *restrições* com a teoria da incapacidade, é preferível designá-las como "impedimentos". Com o nome, pois, de *impedimentos* ou de *incapacidades especiais*,[22] é positiva a *restrição* que a lei impõe a uma pessoa, em dadas circunstâncias, quanto à realização de certos atos, vigorantes apenas para aquele caso específico, enquanto o agente guarda a sua liberdade de agir em tudo o mais. O requisito subjetivo de validade dos negócios jurídicos envolve, pois, além da capacidade geral para a vida civil, a ausência de *impedimento* ou de *restrição* para o negócio em foco: é necessário, portanto, que o agente, além de capaz, não sofra ainda diminuição instituída especificamente para o caso. Quando a lei diz que o tutor não pode, mesmo em hasta pública, adquirir bens do pupilo, cria um *impedimento* para o tutor que não importa em incapacidade, mas que atinge apenas o ato de aquisição *ex ratione personarum*.[23]

Como assinalamos no cap. X, quando a lei define as incapacidades, tem em vista proteger os seus portadores. Conseguintemente, a incapacidade de uma das partes não pode ser invocada pela outra, em proveito próprio (Código Civil, art. 105). Quem trata com um incapaz, está adstrito a aceitar a eficácia do ato, salvo se for indivisível o objeto do direito ou da obrigação comum. A redação atual do Código embaraça a interpretação da ressalva final, parecendo dizer que somente tem cabida se for indivisível o objeto do direito ou da obrigação comum. A rigor, tal ressalva não tem aplicação apenas no caso de aproveitar aos cointeressados capazes. Deve, em verdade, compreender todo caso de indivisibilidade do direito ou da obrigação, dada a impossibilidade de se separar o interesse do incapaz e o da outra parte.

Condição *objetiva* de validade do negócio jurídico é bem definida no mesmo dispositivo legal (art. 104): o objeto há de ser *lícito*. Se é fundamental na sua caracterização a conformidade com o ordenamento da lei, a *liceidade* do objeto ostenta-se como elemento substancial, essencial à sua validade e confina com a *possibilidade jurídica*, já que são correlatas as ideias que se expõem ao dizer do ato que é possível frente à lei, ou que é lícito. Se o negócio for ilícito, descamba para o terreno daqueles

---

22 Clóvis Beviláqua, *Teoria Geral*, § 49; Capitant, *Introduction*, p. 277.
23 "Em razão da pessoa."

Negócio Jurídico 343

fatos humanos insuscetíveis de criar direitos para o agente, sujeitando-o, porém, conforme a profundidade do ilícito, a ver apenas desfeito o negócio, ou ainda a reparar o dano que venha a atingir a esfera jurídica alheia. Quer isto dizer que a iliceidade do objeto ora conduz à invalidade do negócio, ora vai além, e impõe ao agente uma penalidade maior. No campo da invalidade, gradua-se ainda o efeito, para atingir o negócio, *pleno iure,*[24] *de nulidade* ou para sujeitá-lo à *anulabilidade*, a ser declarada por provocação do interessado (cf. nºs 109 e 110, *infra*).

Além da liceidade, é condição objetiva de validade a *possibilidade*. A impossibilidade jurídica condiz com a ausência de liceidade. Fisicamente impossível é o objeto, se for insuscetível de realizar-se materialmente. Se o objeto for *impossível*, é frustro o negócio, em razão de não se poder configurar a relação jurídica, que, na verdade, reclama a existência do elemento objetivo para armar-se (cf. cap. II, *supra*) e ser impossível o objeto, o mesmo é que não haver. Mas a impossibilidade há de ser *absoluta*, que se define quando a prestação for irrealizável por qualquer pessoa, ou insuscetível de determinação. Sendo *relativa*, a saber, prestação que seja realizável por outrem, embora não o seja pelo devedor, ou não determinada, porém determinável, não constitui obstáculo ao negócio jurídico. A impossibilidade simultânea ao nascimento do negócio jurídico não o prejudica, se vem a cessar antes de realizada a condição (Código Civil, art. 106). A que seja superveniente não anula o ato, mas poderá conduzir à sua resolução, sujeitando o devedor a perdas e danos, se estiver de má-fé.

O terceiro elemento, legalmente imposto para a validade do negócio jurídico, é o que diz respeito à *forma* da manifestação de vontade. A este elemento dedicamos o nº 84-A, a seguir.

84-A. Forma do negócio jurídico

Como declaração de vontade, o ato negocial se processa em dois momentos, um interno e outro externo. A mente *delibera*, e depois *exterioriza* a sua deliberação (ver nº 83, *supra*).

A *forma* do negócio jurídico é o meio técnico, que o direito institui, para a exteriorização da vontade. É a projeção ambiental da elaboração volitiva, a expressão exterior do querer do agente. À primeira vista, parece que não cabe ao direito civil cogitar do exame da forma. Se se atentar, porém, em que não existe ato jurídico sem exteriorização, essa matéria assume o aspecto de correlação profunda com a essência do negócio jurídico. Não há, pois, razão para omitir da lei civil a disciplina da forma, e neste passo melhor andou o Código Civil brasileiro de 1916 do que outros monumentos congêneres, ao formular uma teoria geral da forma dos atos jurídicos. Já o Código de 2002 optou por dedicar um capítulo exclusivamente à prova, transferindo os dispositivos pertinentes à forma para as disposições gerais acerca do negócio jurídico.

---

24 "De pleno direito."

Ligada à declaração de vontade, confunde-se muitas vezes a eficácia do ato com a sua manifestação externa, e neste sentido diz-se que constitui o conjunto de solenidades e requisitos materiais, de que decorre a validade do negócio jurídico.

O ordenamento considera, então, a forma do negócio em dois sentidos: num primeiro é a própria "manifestação" da vontade, expressão exterior da elaboração psíquica; num segundo, é o conjunto de requisitos materiais ou extrínsecos, de que a lei entende deva o ato negocial se revestir para ter validade ou para ser apurada a sua existência. Daí a divisão dos atos em *solenes* ou *formais*, e *não solenes* ou *consensuais*. Os primeiros são os que obrigatoriamente têm de revestir uma determinada forma, sob pena de não serem válidos; os segundos, aqueles para cuja validade é indiferente o veículo de que se utilize o agente para a declaração de vontade.

Os sistemas numa fase primitiva são sumamente formais, de que não escapou, neste particular, o direito romano, apesar de seu elevado teor cultural, seguido de perto pelo germânico, cujo simbolismo dominante haveria de influir no sentido de retardar o movimento de libertação da forma, iniciada naquele. Sem perderem de vista o poder individual da vontade, atribuíam preponderância ao formalismo, por cuja via os atos se destacavam plasticamente no mundo dos sentidos.[25] A declaração de vontade, emitida escrita ou oralmente, era inábil, por si só, a criar uma relação jurídica. Quando adotada a forma verbal de celebração, exigia-se a repetição literal de fórmulas e ritos; e, quando revestia aspecto gráfico, não era um escrito qualquer, senão um determinado contexto que lhe dava existência.

Com o tempo e o progresso da cultura, e por imposição das necessidades comerciais, foram perdendo prestígio tais exigências, que se repetiam sem convicção, até que o ordenamento se capacitou de que a vontade, em princípio, tem o condão criador do negócio jurídico, e aptidão para produzir consequências em tão viva eficácia quanto a solenidade concreta e material de que antes era necessário rodeá-lo. Por isso pode-se dizer que, na história da forma, a tendência tem sido da sacramentalidade para o consensualismo, isto é, a libertação cada vez maior do negócio, relativamente às solenidades envolventes, o que não significa que o direito moderno se tenha delas desprendido totalmente. Ao revés, umas vezes por amor à tradição, outras por necessidade imposta pelo desejo de segurança e de publicidade do tráfego jurídico, o direito moderno consagra a exigência formal, não obstante aquela linha de evolução constante. E não pode, mesmo, deixar o jurista que passe despercebida uma como que onda de retorno ao formalismo. A vida moderna torna-se cada vez mais intensa, a civilização cada vez mais rica de relações complexas, que reclamam do legislador a tomada de precauções e de medidas cautelares dos participantes do ato negocial,

---

25 Oertmann, *Introducción*, § 40. Em páginas de acentuada profundeza científica, aliada ao encantamento quase poético da descrição, Ihering assinala – em *L'Esprit du Droit Romain*, III, p. 164 – a necessidade deste rijo sistema sacramental do direito romano, ao mesmo tempo em que acentua como ele se erigia em processo defensivo das liberdades públicas, e preservação contra o arbítrio dos soberanos, mostrando a coincidência da decadência do formalismo com a prepotência dos príncipes.

contra a má-fé e a fraude.[26] Surgem então exigências no sentido de imprimir maior autenticidade aos atos, aumentam de atividade os registros públicos, e atos que eram puramente consensuais passam a ser formais.[27]

O direito brasileiro, como a generalidade dos direitos modernos, é inspirado pelo princípio da *forma livre*, segundo o qual a validade da declaração de vontade só dependerá de forma determinada quando a lei expressamente o exigir (Código Civil, art. 107). A regra geral é, pois, esta: qualquer que seja a forma, a emissão de vontade, em princípio, é dotada de poder criador ou de força jurígena, salvo quando a solenidade integrar a substância do ato. Por exceção, prevalece então a forma especial, cuja inobservância pelo agente terá como consequência a ineficácia do negócio, a não ser que a lei comine sanção diferente. A ordem jurídica ainda conserva manifestações de formalismo de vontade, em certos negócios que não podem ser praticados sem a sua estrita observância. Está neste caso o casamento, sempre rodeado de um ritual específico, e que no direito moderno exige a celebração sacramental, sob pena de lhe faltar o pressuposto fático indispensável à sua existência,[28] o que traduz sanção mais grave do que a cominação mesma de nulidade (ver o nº 112, *infra*).

Dentro do princípio da liberdade de forma, admite-se que a vontade se manifeste por todos os meios, seja pela linguagem falada ou escrita, seja pela linguagem mímica, gestos, acenos, atitudes, seja ainda pela utilização de caracteres convencionais gráficos. Sempre que não for exigida forma especial, o negócio perfaz-se através de um meio qualquer, por que se apure a emissão volitiva. Um gesto é forma de manifestação de vontade. Às vezes, menos do que isto, o silêncio, uma atitude negativa, a falta de oposição, podem traduzir-se em *declarações tácitas de vontade*, as quais, conforme o caso, têm o mesmo valor jurídico das manifestações *expressas* (Código Civil, art. 111).

A forma especial tanto pode ser o instrumento público, como o privado, pois às vezes a lei exige que o negócio revista certas formalidades, e até certos rituais, sem impor a forma de instrumento lavrado por notário público. Outras vezes, a forma especial confunde-se com o instrumento público. Noutros casos prescreve-se um complexo de exigências, deixando livre a escolha do instrumento público ou particular (como é o caso dos testamentos).

A forma pública pode resultar da vontade das partes – *forma convencional* – ou imposição de lei – *forma legal*. Se as partes tiverem ajustado que o negócio não vale sem que revista a forma pública, esta passa a ser da substância do negócio (Código Civil, art. 109). Cabe, então, aos interessados adotar o instrumento público, sem o qual não terá havido emissão volitiva útil, em razão de reconhecer a lei ao princípio de

---

26 Planiol, Ripert e Boulanger, *Traité Élémentaire*, I, nº 296.

27 Os contratos com reserva de domínio têm de ser registrados no domicílio do comprador (art. 522 do Código Civil); os de alienação fiduciária só se constituem pelo registro no domicílio do devedor (art. 1.361, § 1º, do Código Civil); o contrato preliminar deverá ser levado ao registro competente (art. 463, parágrafo único) etc.

28 De Page, *Traité Élémentaire*, I, nº 28.

autonomia da vontade a faculdade de integrar no negócio a solenidade. É conveniente ressaltar que se a forma se convencionar *depois* de concluído o negócio, vale este independentemente daquela, não sendo de se supor que, em virtude de se pactuar a forma, fique sem validade ou tenha de repetir-se o negócio celebrado.[29]

Quando é a lei que exige, para certos atos, forma especial, integrativa ou substancial, não é possível utilizarem-se de outra as partes. Estão neste caso o pacto antenupcial (Código Civil, art. 1.653), os contratos que tenham por objeto a transferência de propriedade imóvel de valor superior a certo limite ou a constituição de ônus reais (Código Civil, art. 108), bem como todos aqueles outros casos em que a lei institui a mesma exigência. Em qualquer dessas hipóteses, a emissão de vontade se vincula à forma, e não pode ser realizada diferentemente: a vontade, por si só e independentemente da vestimenta exterior, é inoperante para a produção válida do efeito desejado. É que, nestes casos, a forma é estabelecida *ad substantiam*[30] ou *ad solemnitatem*.[31] O efeito da sua inobservância é a nulidade do ato (Código Civil, art. 166, IV), salvo prescrição expressa de outra sanção. Quando, porém, o negócio principal é válido e uma estipulação acessória ou desnecessária deixa de revestir a forma prescrita em lei, seu defeito não contamina o primeiro, porque *"utile per inutile non vitiatur"*[32] (art. 184 do Código Civil).

Outros atos jurídicos requerem a presença de um órgão do Estado, cuja participação não tem caráter puramente publicitário, mas é integrativa do ato em si, como condição de sua eficácia.[33] Está neste caso o casamento, que não chega a ter existência jurídica, se não for oficiado pela autoridade competente.

No tocante à exigência de instrumento público para os negócios constitutivos ou translativos de direitos reais sobre imóveis acima de determinada cifra, o Código trouxe duas inovações sobre o direito anterior (art. 108). A primeira é a dispensa da escritura pública, quando a lei assim estabelecer, independentemente do valor do imóvel. Já existem várias situações legais, que a disposição respeita, como outras haverá, em que a liberdade da forma corre parelha com necessidade de se facilitarem certas operações.

A segunda atende às condições do mercado monetário. A fixação de cifra exata (como consignava o art. 134, II, do Código de 1916) gerou certas perplexidades hermenêuticas em face de modificações no padrão monetário (conversão de mil réis em cruzeiro, cruzeiro novo, cruzado, cruzado novo, cruzeiro, real...), como ainda da redução do valor da moeda. O critério do art. 108 do Código de 2002 é baseado na escala móvel dos salários, e vinculado ao que estiver vigendo no momento em que se constitui o negócio jurídico. Variações subsequentes não podem ser levadas em consideração, pois instalariam insegurança nos negócios.

---

29 Enneccerus, Kipp e Wolff, *Tratado*, I, § 148.
30 Para a substância do ato.
31 Para o cumprimento de uma formalidade.
32 "O útil não é viciado pelo inútil".
33 Enneccerus, Kipp e Wolff, *Tratado*, § 136.

O rigor da lei no tocante ao *requisito formal* gradua-se ainda em atenção ao motivo que inspirou o legislador.

Conforme o caso, ora é reclamado *ad solemnitatem*, e, então, diz-se que predomina sobre o fundo, não tendo nenhum valor a vontade que deixa de revestir a forma de emissão imposta pelo ordenamento jurídico (*"forma dat esse rei"*[34]); ora é adotada *ad probationem*,[35] e estabelece-se a necessidade dela para prova do negócio jurídico. De forma *ad solemnitatem* temos exemplos em todas as espécies em que o negócio jurídico é nulo quando desvestido dela (testamento, transmissão de bens imóveis etc.): se o ato ostenta forma diversa daquela determinada, não vale, não produz efeitos, ainda que a vontade do agente se tenha inequivocamente produzido para aquele fim, porque o requisito formal domina o conteúdo do negócio jurídico, criando a integração deste com aquele, de maneira indissolúvel.

Pode acontecer, entretanto, que a forma se institua apenas como veículo probatório – *ad probationem* – e então a declaração de vontade existe e é válida, mas a produção de seus efeitos pode vir a depender do requisito formal. Ela é eficaz, mas, como a comprovação do negócio está na dependência da forma, ficará sem consequências, por falta de exigibilidade.

De forma adotada *ad probationem*, temos exemplos nos casos em que o resultado do negócio jurídico pode ser atingido por outro meio. Ilustrativamente, dispunha o Código Civil atual, em sua redação original, que a obrigação de valor superior a dez salários-mínimos não podia ser provada exclusivamente por testemunhas, exigindo-se ao menos um começo de prova por escrito (art. 227). Mas se o sujeito passivo da obrigação fosse chamado a cumpri-la, e não opusesse a exceção, era válido o pagamento efetuado, porque aqui a forma não sobrelevava ao fundo, nem se integrava na constituição do ato, sendo requerida como meio de evidenciação tão somente. O negócio jurídico era válido em si mesmo, mas não podia ser provado senão pela confissão da parte a quem era oposto,[36] ou por sua execução espontânea, que é uma espécie de confissão extrajudicial.[37] O Código de Processo Civil de 2015, vale observar, revogou a restrição legal, suprimindo o *caput* do art. 227 do Código Civil e não reproduzindo a antiga norma processual em seu próprio texto.

Como não é a eficácia do negócio que se atinge, interessa indagar se o cumprimento espontâneo da obrigação sana a falta da forma,[38] e na sua resposta temos uma distinção a fazer: se o requisito formal é instituído apenas *ad probationem*, a execução espontânea é plenamente eficaz, o que não ocorre se *ad solemnitatem*.

Casos há, ainda, em que o formalismo assume feição diferente, condizendo com a necessidade de divulgação do negócio para conhecimento de terceiras pes-

---

34 "A formalidade dá existência à coisa".
35 Para prova. Como prova. A título de prova.
36 Colin e Capitant, *Cours*, I, n° 64.
37 De Page, *Traité Élémentaire*, I, n° 30.
38 Enneccerus, § 145.

soas que nele não tomaram parte. É o chamado *formalismo de publicidade*, que não alcança a celebração do negócio, porém, diz respeito à técnica de sua publicação. Consequentemente, a preterição dela não atinge a validade do negócio jurídico, mas afeta a sua oponibilidade a quem dele não tenha participado.

São os casos em que o legislador submete o negócio jurídico a condições de *publicidade*, através do sistema dos Registros Públicos, instituindo uma relativa produção de efeitos em função da ausência do registro, ou então condicionando-lhe totalmente as consequências do ato negocial, cuja validade jurídica depende daquela formalidade. No primeiro caso, cita-se o documento que serve de prova à obrigação, e é válido para esse efeito quando assinado por quem está na livre administração de seus bens, mas suas consequências são inoponíveis a terceiros, se não tiver sido levado ao Registro Público: há uma produção *relativa de efeitos* (*inter partes*) na ausência de inscrição, já que somente esta a torna absoluta (*erga omnes*).[39] No segundo caso está, por exemplo, o título translativo de domínio de coisa imóvel, que embora revista a forma exigida e contenha os requisitos subjetivos e objetivos, não produz o efeito translatício da propriedade enquanto não for inscrito no Registro Imobiliário.[40]

A diferença entre uns e outros é flagrante. Quando a publicidade é essencial à produção de efeitos, estes não existem sem que se opere a prática do sistema publicitário rigorosamente. Outras consequências poderão advir para o agente, indiretas ou oblíquas, mas não as que normalmente decorreriam do ato. Quando, ao revés, a publicidade é um meio de estender-lhe os efeitos a terceiros que dele não participaram, mas a quem devam ou possam alcançar, o negócio jurídico é válido e produz suas consequências relativamente às pessoas que dele participaram, e é quanto a elas plenamente eficaz, porém em princípio não atinge terceiros, quanto aos quais é como se nunca tivesse existido.[41]

Cumpre, finalmente, observar que, em princípio, a qualquer das partes é lícito invocar a nulidade por defeito de forma quando seja consequência de tal preterição, pois que este requisito compartilha das necessidades e exigências da ordem pública. Mas a declaração nula por defeito de forma pode produzir outros efeitos, desde que, para estes, não falte o requisito legal, como, por exemplo, uma hipoteca ineficaz como tal pode valer, entretanto, como confissão de dívida (Código Civil, art. 170).

Como a lei, em alguns casos, impõe certa forma, e em outros limita-se a proibir que o negócio revista uma determinada, a validade do negócio jurídico estará na contingência de se sujeitar o agente à forma que a lei prescreve, ou evitar a que é

---

39 O registro faz prova das obrigações de qualquer valor, dando publicidade e valor em relação a terceiros a contratos como *leasing* (arrendamento mercantil), fiança, locação, caução de títulos, penhor, cessões de direitos ou de créditos etc.

40 Código Civil, art. 1.227. Os direitos reais sobre imóveis constituídos, ou transmitidos por atos entre vivos, só se adquirem com o registro no Cartório de Registro de Imóveis dos referidos títulos (arts. 1.245 a 1.247), salvo os casos expressos neste Código.

41 "*Res inter alios acta aliis nec prodest nec nocet* (Negócio realizado entre uns nem prejudica, nem beneficia a outros)".

proibida. Na falta de uma ou outra imposição, o interessado tem ampla liberdade de adotar a que quiser; ao revés, a inobservância da exigida ou a adoção da proscrita gera a invalidade do ato (Código Civil, art. 166, IV).

O negócio jurídico deve, pois, e em resumo, conter os requisitos sem os quais não prevalece. São eles chamados *elementos essenciais* (*essentialia negotii*), porque a sua presença é fundamental. Afora eles, outros podem surgir eventualmente, os quais, por sua natureza, alinham-se como elementos acidentais, não determinados pela lei, mas introduzidos pela vontade das partes, com o objetivo de modificar o tipo abstrato de negócio jurídico, e compor a espécie concreta.[42]

85. Classificação dos negócios jurídicos

A doutrina agrupa os negócios jurídicos em certas categorias, tendo em vista elementos comuns, que permitem a sua aproximação, e elementos diferenciais, que os estremam uns dos outros, e assim cria classificações sob variados critérios, as quais não oferecem interesse exclusivamente teórico, porém facilitam a aplicação da norma legal.

De início, distribuem-se em dois grupos, o dos *unilaterais* e o dos *bilaterais*. É negócio jurídico *unilateral* o que se perfaz com uma só declaração de vontade (por exemplo: testamento, codicilo), enquanto bilateral se diz aquele para cuja constituição é necessária a existência de duas declarações de vontade coincidentes (contrato). No negócio jurídico unilateral, uma *parte* como tal, e mediante a formulação de uma declaração de vontade, realiza o fato jurídico gerador de efeitos. Ao revés, o negócio jurídico *bilateral* pressupõe duas declarações de vontade e não uma, e requer a sua coincidência sobre o objeto. Não basta, sendo bilateral, que duas pessoas, conjunta ou separadamente, manifestem sua vontade, porque até aí inexiste negócio jurídico. Surge este, quando as emissões volitivas se *ajustam* ou *coincidem*, porque neste momento se diz que já há o *consentimento* (de *cum + sentire*). A falta de consentimento ou de coincidência das vontades, impede a formação do negócio jurídico; a emissão aparente de vontades sem o acordo real sobre o objeto do negócio, permite o seu surgimento, mas inquina-o de defeito, em virtude do qual poderá advir o seu desfazimento.[43]

Às vezes, a noção de *parte* coincide com a de *pessoa* (um indivíduo aluga sua casa a outro); mas não há sinonímia, porque pode haver pluralidade de indivíduos e unidade de parte no negócio jurídico. O conceito exato de parte pode-se dizer *direcional*, e traduz o sentido da declaração de vontade.[44] Distingue-se, desta sorte, o ato conjunto do ato bilateral. Quando uma pessoa emite manifestação de vontade em uma direção, e outra pessoa declara sua anuência, forma-se o negócio jurídico

---

42 Ruggiero, *Istituzioni*, § 26.
43 Oertmann, *Introducción*, § 36.
44 Ruggiero e Maroi, *loc. cit.*

bilateral. Mas quando duas pessoas fazem uma declaração volitiva em direção única, constituem uma só parte (ato unilateral conjunto), e o negócio não é, pelo só fato da participação plural ou coletiva de agentes, bilateral. Assim, duas ou mais pessoas, instituindo uma fundação, integram-se em uma só *parte* do ato constitutivo, que é, por isso, unilateral, e essas pessoas são consideradas juridicamente uma só parte. Outras vezes, ainda, duas ou mais pessoas fazem uma oferta, e na direção oposta uma ou mais declaram aceitá-la: há um negócio jurídico bilateral, em que de um lado há uma parte (plural ou coletiva) e de outro lado outra parte (que também pode ser plural ou coletiva),[45] o que, pela pluralidade de agentes, se diz "ato pluripessoal".

O negócio jurídico se diz *oneroso* ou *gratuito*. Aqui, não se leva em consideração, como critério de classificação, as declarações de vontade geradoras, mas o efeito do negócio. É *oneroso* o que proporciona ao agente uma vantagem econômica, à qual corresponde uma prestação correspectiva, e *gratuito* aquele no qual uma pessoa proporciona a outra um enriquecimento, sem contraprestação por parte do beneficiado. O negócio a *título oneroso* configura a produção de consequências jurídicas concretizadas na criação de vantagens e encargos para ambos, como a compra e venda, em que a prestação de cada parte se contrapõe à da outra parte. O negócio jurídico a *título gratuito* traz benefício ou enriquecimento patrimonial para uma parte, à custa da diminuição do patrimônio da outra parte, sem que exista correspectivo dado ou prometido, como na doação pura, em que o doador transfere bens de seu patrimônio para o do donatário, que se enriquece sem se sujeitar a nenhuma prestação. Os negócios onerosos podem assumir variadas espécies, conforme as prestações sejam equivalentes ou não, conforme a vantagem se configure na percepção de soma determinada ou de participação no lucro da outra parte etc.

Chama-se negócio jurídico *inter vivos* aquele que é destinado, naturalmente, a produzir as suas consequências durante a vida das partes; e negócio jurídico *causa mortis* o que tem adiados os seus *efeitos* para depois da morte do agente. O que caracteriza a sua diferenciação é o fato de dependerem as consequências dos atos *mortis causa* do acontecimento morte, sem o qual nenhum efeito produzem, enquanto o ato *inter vivos* os gera desde logo, o que significa não perder a natureza do negócio jurídico entre vivos a circunstância de se estenderem os efeitos além da morte do agente: assim, a promessa de compra e venda é um ato *inter vivos*, não obstante

---

45 Cf. Enneccerus, Kipp e Wolff, *Tratado*, § 137. Foi, por certo, baseado nesta distinção que Kuntze imaginou o tipo de negócio jurídico *complexo* (*Vereinbarung*), no qual há duas ou mais pessoas que emitem declarações de vontade *não opostas*, porém encaminhadas numa só direção, distinguindo-se, de um lado, dos atos negociais comuns, e, de outro, dos coletivos, porque daquelas emissões volitivas resulta uma congregação de vontades encaminhadas num mesmo sentido, verdadeiramente paralelas: duas ou mais vontades, visando a um mesmo objetivo, e tendo igual conteúdo, fundem-se em uma vontade unitária. Exemplo lembrado é o da constituição de uma sociedade, cujo ato institucional, diversificando-se do contrato (Oertmann), traduz a conjunção das declarações de vontade sem interesses opostos. Messineo, *Manuale di Diritto Civile e Commerciale*, vol. I, p. 454; Orosimbo Nonato, *Da Coação como Defeito do Ato Jurídico*, nº 11, p. 20; Serpa Lopes, *Curso*, I, nº 183.

o promitente-comprador ter a faculdade de reclamar dos herdeiros do promitente-vendedor a execução da obrigação; já o testamento tem os seus efeitos *suspensos* durante a vida do testador.

Chama-se negócio jurídico *principal* o que existe por si mesmo, e independentemente de qualquer outro e, em contraposição, *acessório* aquele cuja existência é subordinada à do principal. Da mesma forma que os bens acessórios, cuja dogmática foi exposta no nº 75, *supra*, o negócio jurídico acessório segue a sorte do principal (*accessorium sequitur principale*) e, não tendo existência autônoma, perde a eficácia e cessa a sua produção de efeitos, se se extingue ou invalida o principal.

Do ponto de vista da forma, ora os negócios jurídicos revestem-na especial e solene, ora têm validade, qualquer que seja a modalidade sob a qual se manifeste a vontade. Sob este aspecto, dizem-se *solenes* ou *formais* os primeiros, e *não solenes* ou *consensuais* os demais, assunto sobre o qual nos reportamos ao exposto no nº 84, *supra*, ao tratarmos do requisito formal de validade dos atos jurídicos.

Em desenvolvimento da moderna teoria das fontes de direito, reflete na teoria dos negócios jurídicos a classificação dos atos jurídicos empreendida por Duguit e Jèze, já apresentada no nº 9, *supra*, a que nos reportamos.

86. Interpretação do negócio jurídico

Há certo paralelismo entre a interpretação do negócio jurídico e a interpretação da lei, porque um e outra são expressões de vontade, ambos estatuem uma normativa, que repercutirá praticamente nos efeitos jurídicos produzidos. O negócio jurídico se destina à realização de um fim, e o seu resultado implica a perseguição de uma faculdade humana, polarizada no sentido de um efeito econômico ou social, a criar direito subjetivo e impor obrigações jurídicas. Difere da lei em que esta é a expressão volitiva do Estado, enquanto no negócio jurídico o supedâneo fático é a vontade do indivíduo. Mas dela diversifica-se mais ainda, em que a vontade estatal cria um comando abstrato, dirigido à generalidade dos súditos, enquanto a atuação da vontade da constituição do negócio jurídico é limitada às pessoas que nele participam, e somente se pode dizer da extensão dos efeitos a terceiros, em circunstâncias especiais, para a criação de vantagens, mas não para a imposição de deveres.

O negócio jurídico, como vimos (nº 83, *supra*), origina-se da vontade, e esta, no mecanismo que descrevemos, passa por três fases, das quais a terceira apenas, ou seja, a da manifestação, é objeto da cogitação do ordenamento legal, pois que é inábil a produzir consequências jurídicas, enquanto encerrada no íntimo da consciência do indivíduo.

O problema da interpretação do negócio jurídico pressupõe o da análise das condições de exteriorização da vontade, e é simultaneamente psíquico e jurídico-processual. Quando se cogita de pesquisar a vontade no negócio jurídico, tem-se de mergulhar no psiquismo do agente, porque é ali que nasce o seu pressuposto de fato, isto é, a emissão de vontade. Mas, em geral, a interpretação do negócio jurídico é pedida na oportunidade de se desatar uma controvérsia ou resolver um litígio, e então é assunto da indagação do juiz, no exercício de sua atividade jurisdicional.

Não basta, porém, ao julgador fixar os elementos materiais externos do negócio jurídico, para a solução do problema hermenêutico. E, por outro lado, não pode entrar no âmago da consciência do agente para buscar a expressão íntima da vontade.

Esta, na verdade, se manifesta por um veículo, que é a declaração da vontade, traduzida na linguagem reveladora. A interpretação do negócio jurídico vai, então, situar-se no campo da fixação do conteúdo da declaração de vontade, e, para isto, regras empíricas, mais de lógica prática do que de normativa legal, se vêm repetindo nos autores e até nas leis, com o grave inconveniente de importar o seu manuseio na utilização de princípios que não oferecem segura solidez científica, e, de outro lado, prestar-se a um desvirtuamento do conteúdo material do negócio jurídico. Sem dúvida, a consulta a certas regras práticas pode servir ao juiz no seu trabalho interpretativo. É preciso, contudo, não se deixar dominar por elas, e, para isso, cumpre focalizar a espécie concreta em função das circunstâncias que a envolvem especificamente.

De quantos princípios se possam encontrar repetidos na prática judiciária, o Código Civil de 1916 cuidou de isolar um, que permanece no Código de 2002. Esta sobriedade normativa, em matéria de interpretação do negócio jurídico, merece tanto maiores aplausos quanto mais certo é que nos sistemas em que o legislador se derramou por luxo de regras hermenêuticas, como se deu com o Código Civil francês, arts. 1.156 a 1.164, (na redação atual, arts. 1.188 a 1.192) os tribunais têm julgado que as disposições relativas à interpretação das convenções não passam de *conselhos* oferecidos ao juiz sem caráter imperativo.[46] O princípio geral a que nos estamos referindo é o do art. 112, repetição quase literal do art. 85 do Código Civil de 1916, o qual estabelece que nas declarações de vontade se atenderá mais à sua intenção do que ao sentido literal da linguagem, e neste passo aproxima-se do direito alemão, que institui regra semelhante no § 133 do BGB[47] e adotou a regra hermenêutica, considerando-a como a própria integração do negócio jurídico, já que a essência deste é a manifestação da vontade.[48] A nova redação aditou o apêndice inútil "nelas consubstanciada". É óbvio que não se cogita de intenção que não se contenha na declaração. Assim sempre se entendeu.

O princípio traduz, de plano, a repulsa do legislador ao exorcismo da forma, do ritual, do formalismo sem entranhas. O intérprete do negócio jurídico não pode ficar adstrito à expressão gramatical, e seu trabalho hermenêutico não consistirá apenas no exame filológico do teor linguístico da declaração de vontade. Este é o ponto nuclear do negócio jurídico, e cumpre, então, inquirir onde efetivamente se situa.

---

46 De Page, *Traité Élémentaire*, I, nº 25.

47 Aqui se reportou o legislador à velha parêmia "potentior est quam vox mens dicentis", isto é, "a intenção de quem fala tem mais força do que sua voz".

48 Clóvis Beviláqua, em "Comentário ao art. 85"; ver, ainda, von Tuhr, *Derecho Civil*, II, parte 2ª, § 64.

Reserva mental. Não quer dizer, entretanto, que o intérprete do ato negocial deve desprezar a sua expressão vocabular, para recompor a *mens declarantis*, que se poderia mesmo ocultar em reserva mental maliciosa. A reserva mental, ou *reticência*, ocorre quando o agente faz a ressalva de não querer o negócio que é objeto da declaração. A regra é que, se a reserva é comunicada à outra parte, é válida; mas, se a pessoa a quem o negócio se dirige a ignora, não pode ter o efeito de anular a declaração, prevalecendo então o negócio jurídico, como se reserva nenhuma existisse.[49] O Código de 1916 não cogitara do assunto; a doutrina, porém, já aceitava a construção da *reticência*, por extensão da simulação (v. nº 109-A, *infra*), a que é, na verdade, muito próxima, naquilo em que o agente aparenta querer um negócio, que não está no seu desígnio realizar: se a reserva é comunicada à outra parte, não prejudica, mas se é mantida em segredo pelo agente, não pode valer, e o negócio se cumpre como se nenhuma reticência lhe tivesse sido imposta pelo agente, sob pena de se dar prestígio a um mascaramento análogo à simulação em benefício do simulador. Esta a doutrina fixada no Código Civil, art. 110. O dispositivo, todavia, encontra-se deslocado, pois, sendo a reserva mental modalidade especial de simulação, deveria estar a ela ligado. Equivalente conceitual da reticência é a declaração de vontade feita por pilhéria: produz efeitos se é emitida para que a outra parte a tome a sério, e não produz nenhum quando a intenção é conhecida.[50]

Na sua interpretação o que se procura é a fixação da vontade, e como esta deve exprimir-se por uma forma de exteriorização, o ponto de partida é a declaração da vontade. O hermeneuta não pode desprezar a *declaração de vontade* sob o pretexto de aclarar uma intenção interior do agente. Deve partir, então, da declaração da vontade, e procurar seus efeitos jurídicos, sem se vincular ao teor gramatical do ato, porém indagando da verdadeira intenção. Esta pesquisa não pode situar-se no desejo subjetivo do agente, pois este nem sempre coincide com a produção das consequências jurídicas do negócio. As circunstâncias que envolvem a realização do ato, os elementos econômicos e sociais que circundam a emissão de vontade são outros tantos fatores úteis à condução do trabalho daquele que se encontra no mister de, em dado momento, esclarecer o sentido da declaração de vontade, para determinar quais são os verdadeiros efeitos jurídicos.[51]

Sem as demasias do Código Napoleão, o Código Civil de 2002 não foi tão avaro como o Código de 1916. Além de explicitar a possibilidade de o silêncio traduzir manifestação de vontade (art. 111), consignou, ainda, a regra *Treu und Glauben* do BGB, ao mandar que a declaração de vontade se interprete de acordo com a boa-fé e os usos dos negócios (art. 113, *caput*). O Código Civil alemão é unanimemente elogiado quando consagra este princípio (§ 157). Os negócios jurídicos devem ser inspirados na boa-fé, na lealdade e na confiança das partes. Na sua

---

49 Oertmann, *Introducción*, p. 234.

50 Enneccerus, Kipp e Wolff, *Tratado*, § 156.

51 Erich Danz, *A Interpretação do Negócio Jurídico*, *passim*; Emilio Betti, *Interpretazione della Legge e degli Atti Guiridici*, §§ 69 e ss.

execução devem guardar-lhes fidelidade, e, portanto, assim devem ser interpretados. A regra não é nova no direito pátrio, pois que o Código Comercial de 1850 já a consagrava no art. 131, 1°, como regra de hermenêutica nos negócios por ele regidos. Cumpre, pois, ao intérprete da vontade negocial dar ênfase ao respeito ao princípio da boa-fé, como elemento ético da relação.

Na etiologia do negócio jurídico, assinalamos bem a presença de uma finalidade, de um objetivo a que o agente visa, e que se resume na produção dos seus efeitos jurídicos, os quais às vezes exorbitam do resultado imediato e estendem-se às consequências que o legislador previu, e que as partes não tiveram em mente. A boa-fé, em sua concepção objetiva, como conduta ética entre as partes que negociam, impõe correção e lealdade. Nesse contexto, ela sobrepaira como "princípio orientador da interpretação".[52] No entanto, o princípio da boa-fé objetiva, segundo a moderna doutrina, também possui o condão de criar deveres jurídicos anexos, como deveres de correção, cuidado, cooperação, sigilo, prestação de contas, e mesmo de limitação do exercício de direitos subjetivos, como ocorre nas proibições de *venire contra factum proprium*, do *inciviliter agere* e na invocação do *tu quoque*, cláusulas desenvolvidas no vol. III, n° 185-A, *infra*. Relevante será, também, invocar os usos vigentes no lugar da celebração do negócio jurídico, no pressuposto de que as partes, de maneira geral, a eles se submetem implicitamente. Na divergência ao tempo da execução, invocá-los é bom adminículo hermenêutico.

Com a edição da Lei n° 13.874/2019 (Declaração de Direitos de Liberdade Econômica), foram adicionados dois parágrafos à redação original do art. 113 do Código Civil. O atual § 1° determina que a interpretação do negócio "deve lhe atribuir o sentido" indicado por uma série de parâmetros. Além da boa-fé, que já fora mencionada no *caput* do dispositivo, são elencados outros critérios, como o do sentido que "for confirmado pelo comportamento das partes posterior à celebração do negócio" ou corresponder aos usos, costumes e práticas do mercado. A norma determina, ainda, que o negócio seja interpretado de forma mais benéfica à parte que não redigiu suas cláusulas. O § 1° também alude ao sentido do negócio que "corresponder a qual seria a razoável negociação das partes sobre a questão discutida, inferida das demais disposições do negócio e da racionalidade econômica das partes, consideradas as informações disponíveis no momento de sua celebração". A expressão, a despeito de sua literalidade, não parece justificar um retorno ao subjetivismo ou à pesquisa da vontade psíquica das partes (interpretação que contrariaria a própria lógica geral da codificação, que privilegiou uma análise mais objetiva dos negócios jurídicos).

O § 2° do art. 113, por sua vez, passou a prever expressamente a possibilidade de as partes pactuarem "regras de interpretação, de preenchimento de lacunas e de integração dos negócios jurídicos diversas daquelas previstas em lei", o que sempre se admitiu, devendo-se ressalvar, neste ponto, apenas as eventuais normas de ordem pública, que não podem, evidentemente, ser modificadas pelo alvedrio das partes. A

---

52 Ruy Rosado de Aguiar Jr., *A boa-fé na relação de consumo*, p. 20 e ss.

norma ainda foi parcialmente reproduzida pelo art. 421-A, I, do Código Civil, também criado pela Lei nº 13.874/2019, segundo o qual "as partes negociantes poderão estabelecer parâmetros objetivos para a interpretação das cláusulas negociais e de seus pressupostos de revisão ou de resolução".

O Código transpôs para a Parte Geral (art. 114) o disposto no art. 1.090 do Código Civil de 1916, que mandava que se interpretassem estritamente os contratos benéficos. Generalizou para todo negócio jurídico o princípio que recomenda não dar interpretação ampliativa a quaisquer atos liberais. E, com a mesma orientação, abrangeu na mesma regra a renúncia.

No primeiro plano, aludindo aos negócios jurídicos benéficos, o Código enfatiza o fundamento ético do preceito, assentando que a declaração de vontade benéfica deve ser contida no limite do que o agente especificamente pretendeu. O beneficiado não pode obter mais do que se contém no texto da declaração. E o intérprete encontra barreira a todo propósito ampliativo.

No mesmo propósito restritivista colocou a renúncia, como ato pelo qual o sujeito abre mão de um direito, de uma faculdade ou de uma vantagem. Conjugando o artigo 114 com o artigo 112, resulta a filosofia hermenêutica da vontade liberal ou abdicativa: o intérprete, através da declaração, tem de fixar o querer do agente, não permitindo que a liberalidade e a renúncia exorbitem da intenção pura do agente.[53]

87. CAUSA DO NEGÓCIO JURÍDICO

Toda ação humana se prende a uma razão. Todo ato é precedido de motivação mais ou menos complexa. Toda declaração de vontade decorre de um motivo, que ora pode ser puramente interior e psíquico, ora exterior e objetivo. É na pesquisa da determinação do ato que vai assentar o problema da *causa do negócio jurídico*.

Na verdade, os motivos que levam o agente a praticá-lo podem ser vários, todos interligados, mais ou menos indissoluvelmente: o médico aconselha uma pessoa a mudar de clima em benefício de sua saúde; o cliente planeja passar suas férias numa estância hidromineral; delibera vender um terreno para obter numerário; realiza um contrato de compra e venda. Há uma corrente de motivos, todos tendentes a um mesmo fim, ligados por uma causação subjetiva, de que a declaração de vontade é o desfecho. Quando o jurista focaliza o negócio jurídico – *contrato de compra e venda* – e empreende investigar a sua *causa*, onde irá situá-la? Naquele motivo primário, constitutivo do primeiro elo na cadeia? Evidentemente, não. Mas por quê? Na pesquisa das razões determinantes do negócio jurídico é necessário fazer uma distinção fundamental, que consiste em destacar a *causa do ato*, dos *motivos* que levaram o agente a praticá-lo. Tais *motivos* se apresentam como uma razão ocasional ou acidental do negócio, e nunca faltam como impulso originário, mas não têm nenhuma

---

53 Sobre interpretação, ver ainda o vol. III, nº 189.

importância jurídica.[54] Por isso, o jurista deve relegá-los para o plano psicológico, a que seria então afeta a indagação da deliberação consciente. E detém-se apenas na investigação da *causa* propriamente dita, que se deve caracterizar na última das razões determinantes do ato.

Na venda do terreno, figurada no nosso exemplo, a causa seria a obtenção do dinheiro, e, como esta constitui a prestação do vendedor, pode-se dizer que a *causa* do negócio jurídico praticado por quem realiza uma venda se situa na obrigação da outra parte, e se configura então como o motivo próximo, *determinante* dele, desprezada toda a motivação individual ou razão subjetiva. Nos negócios jurídicos bilaterais, esta pesquisa se apresenta com maior simplicidade e é de resultado mais fácil. Mas às vezes é menos ostensiva a razão determinante, especialmente nas declarações de vontade que conduzem a um enriquecimento, sem bilateralidade de prestações: o pai deseja auxiliar o filho que vai se casar; sabe que é difícil conseguir moradia; separa de seu patrimônio uma parcela de dinheiro; compra uma casa; faz doação dela ao filho. Não havendo contraprestação, onde se situa a *causa* da doação, que é o ato final ou o desfecho da cadeia de motivos individuais? Na liberalidade realizada pelo doador, porque esta é a razão determinante próxima, motivadora da declaração de vontade.[55]

Na caracterização da *causa*, portanto, é preciso expurgá-la do que sejam meros *motivos*, e isolar o que constitui a *razão jurídica* do fenômeno, para abandonar aqueles e atentar nesta. Na causa há, pois, um fim econômico ou social reconhecido e garantido pelo direito,[56] uma finalidade objetiva e determinante do negócio que o agente busca além da realização do ato em si mesmo. Como este fim se vincula ao elemento psíquico motivador da declaração de vontade, pode ser caracterizado, sob outro aspecto, como a intenção dirigida no sentido de realizar as consequências jurídicas do negócio.[57] Mas sempre haverá distinguir da *causa* a *motivação*, pois que esta, mesmo ilícita, não chega a afetar o ato, desde que àquela não se possa irrogar a mesma falha.[58]

Assim caracterizada, a causa tanto pode ser investigada nos negócios jurídicos bilaterais, e neles o é bilateralmente (na compra e venda, a causa da declaração de vontade do vendedor é trocar a coisa pela prestação pecuniária do comprador e, *vice-versa*, a deste receber do vendedor a coisa), quanto o pode ser unilateralmente, nos negócios jurídicos unilaterais (no testamento a causa da declaração de vontade do testador é a liberalidade ou o benefício para o legatário).

---

54 Ruggiero e Maroi, *Istituzioni*, § 29.
55 Dabin, *La Teoría de la Causa*, n° 298.
56 Ruggiero, *loc. cit.*; Oertmann, *Introducción*, § 41.
57 Ennecccerus, Kipp e Wolff, *Tratado*, § 139, onde se distingue a existência da causa apenas no negócio jurídico de enriquecimento, e ausente dos demais, assunto que não é pacífico, pois outros autores, como Oertmann, dispensam distinção.
58 Dabin, *ob. cit.*, n° 334.

Há, porém, negócios jurídicos em que não se cogita da causa, que deixa então de integrar a sua etiologia, enquanto em outros o fim determinante deve concorrer na verificação da validade da emissão de vontade, que se reputa articulada com ele. Considera-se, portanto, dispensável a indagação causal, quando o fim se situa fora de seus requisitos materiais, e, ao revés, é fundamental quando os integra.

Tendo em vista essas considerações, os autores distinguem os negócios *causais*, também chamados *materiais*, que comportam a investigação da causa, daqueles outros negócios *abstratos*, também denominados *formais*, nos quais a declaração de vontade produz suas consequências jurídicas independentemente de se cogitar da razão determinante ou do fim a que visa o agente. Quase todos os contratos são causais, neste sentido de que se realizam em razão de um fim objetivo perseguido. Mas nem sempre o negócio jurídico, mesmo de enriquecimento, é vinculado a uma causa. Os de mera disposição, os de reconhecimento de dívida, como a emissão de um título ao portador, a emissão de nota promissória, a aceitação de letra de câmbio, são negócios jurídicos abstratos, porque neles o efeito patrimonial ocorre em razão da circunstância de atribuir o direito positivo plena eficácia à declaração de vontade, em decorrência apenas de se terem observado os requisitos externos do ato.

Não quer dizer, porém, que tais atos não tenham causa, ou que se realizem totalmente indiferentes ao fim. Apenas significa que a lei atribui efeito à declaração de vontade, independentemente da indagação causal, ou que a sua validade independe do fim determinante (Oertmann). Nos títulos cambiais, *e.g.*, a produção de consequências jurídicas é alheia à causa, estabelecendo o direito positivo que a emissão de vontade gera seus efeitos, por amor aos requisitos extrínsecos. Mas nem por isso se deve dizer que o negócio jurídico abstrato não tem causa.

Diante do problema relacionado com a indagação causal, a doutrina se divide. Uns escritores dão-lhe grande importância sustentando a sua unidade conceitual, embora admitam a variedade de aspectos que pode revestir. Outros, porém, negam-lhe relevância, e ainda outros vão mais longe, desprezando-a, por entenderem que a distinção causal nada mais é do que uma desnecessária duplicação dos elementos integrantes do negócio jurídico. Nos onerosos, argumentam os *não causalistas*, se a causa está na contraprestação dada ou prometida ao agente, ela coincide com o objeto do ato, sendo mera sutileza argumentar que não se confunde propriamente com a prestação da outra parte, porém, prende-se à bilateralidade da obrigação; nos gratuitos, se se situa na liberalidade ou no benefício proporcionado pelo agente, confunde-se então com a sua intenção, e em última análise com a própria vontade, não passando de preciosismo sustentar que a *causa donandi* difere da vontade geradora do ato.[59]

---

59 Esta controvérsia tormentosa e infindável não se resolve na leitura dos escritores que ocupam posição de combate, seja no campo causalista, com Domat, Pothier, Aubry e Rau, Demolombe, Colin e Capitant, Venzi, Cariota-Ferrara, Ruggiero, Mirabelli, Bonfante, Stolfi, Messineo e tantos outros, como entre nós Amaro Cavalcânti e Torquato Castro; seja nas hostes anticausalistas, com Planiol,

Não é uníssono, a seu turno, o grupo causalista, já que se subdivide nas escolas *subjetivista* e *objetivista*. Contrariando a concepção tradicional (*subjetivista*) a *escola objetivista*, com Cariota-Ferrara, Emilio Betti, e muitos mais, projetando-se entre nós Torquato Castro, embora sem unidade de vistas dos seus expositores, sustenta que a investigação da causa nada tem que ver com a motivação subjetiva do ato, mas vai confinar com o *fim econômico* e *social* do negócio jurídico.

Se em doutrina não chegam os escritores a acordo, no campo normativo desentendem-se as legislações, que também se podem alinhar em dois grupos adversos. O primeiro, *causalista*, teve origem no Código Napoleão, que perfilhou as ideias de Jean Domat e Robert Pothier; daí irradiou-se para numerosos outros, como o italiano de 1865, o espanhol, o holandês, o uruguaio, o chileno, sobrevivendo nos modernos, como o italiano de 1942, muito embora o movimento anticausalista se tenha iniciado em 1896, quando, na Bélgica, Ernest, na oportunidade de reforma do Código Civil, propôs a sua supressão.

O segundo grupo, *anticausalista*, pode ser sintetizado no BGB, a que se filiaram os códigos suíço e austríaco, e posteriormente o brasileiro, como já antes ao Código português era estranha a investigação da causa.

O direito brasileiro, nesta discussão sem fim, tomou partido na fileira anticausalista, e o Código Civil não cogitou da *sistemática da causa*, parecendo ao legislador desnecessária a sua indagação, na integração dos requisitos dos negócios jurídicos, *in genere*, preferindo cogitar dela em circunstâncias especiais, como, por exemplo, na teoria do contrato aleatório, quando autoriza a sua anulação sob fundamento de que a parte não ignorava o desaparecimento da álea (art. 461); na exceção de contrato não cumprido (art. 476); na estrutura da repetição do indébito (arts. 876 e ss.); na nomeação do herdeiro ou legatário, que se pode fazer por certo motivo (art. 1.897) etc. Não considerou, porém, a causa como requisito do negócio jurídico. Assim é que, se no direito francês o ato é inválido por iliceidade de causa, no direito brasileiro a mesma invalidade o atinge por iliceidade do objeto. Assim procedendo, o nosso direito procurou simplificar a solução das questões, instilando maior segurança nos negócios, e recusando que, a pretexto de investigar a causa, alguém se exacerbe na busca dos motivos. Neste particular, a redação dada ao atual art. 140 veio corrigir o antigo art. 90 do Código de 1916, substituindo-se o termo errôneo – "causa" – pelo correto, ao dizer que o falso *motivo* só vicia o ato se for expresso como sua razão determinante.

Uma posição de transigência com a noção de causa seria, contudo, aconselhável. É bom que se mantenha a categoria dos negócios jurídicos abstratos, em que se põe de lado toda consideração causal, para ater-se a ordem legal exclusivamente aos requisitos extrínsecos. A necessidade do comércio aconselha a livre circulação dos títulos cambiais, ao portador etc. Mas não se pode desconhecer a

---

Laurent, Demogue, Dabin, Windscheid e, entre nós, J. M. Carvalho de Mendonça e Clóvis Bevilá-qua.

significação moralizadora da perquirição da causa em numerosos negócios jurídicos. A solução transacional com a teoria da causa estaria em que, admitida ela, nunca assumiria as proporções de elemento constitutivo do negócio jurídico, ou seu requisito a ser provado por quem tem interesse na eficácia do ato. Ficaria, então, reservado o seu papel como fator de alta significação moral, que faculta ao juiz apreciador a liceidade sob o aspecto social do negócio.[60]

Nesta linha inscreveu-se o Projeto de Código de Obrigações por nós elaborado, que não consignava o requisito causal como extremo do negócio jurídico, porém situava na ausência de causa a obrigação de indenizar por enriquecimento indevido.

O Código de 2002 manteve-se na mesma linha de orientação não causalista bem como perfilhou aquela indicação, por nós projetada. Nele predominou o caráter não causalista em princípio, havendo mantido entre os requisitos de validade do negócio jurídico os que para nós já são tradicionais, a saber – capacidade das partes, liceidade do objeto e forma. A falta de causa vai fundamentar a ação de enriquecimento, ainda que venha a faltar após a celebração do ato, como preveem os arts. 884 e 885.

---

60 De Page, *Traité Élémentaire*, I, nº 21, e II, nᵒˢ 471 e ss.; Lino Leme, *in Revista da Faculdade de Direito de São Paulo*, nº LII, 1957.

CAPÍTULO XVIII
DEFEITOS DO NEGÓCIO JURÍDICO

Sumário

88. Manifestação de vontade defeituosa. **89.** Erro de fato e erro de direito. **90.** Dolo. **91.** Coação. **92.** Simulação (remissão). **93.** Fraude contra credores. **94.** Lesão e estado de perigo.

Bibliografia

Enneccerus, Kipp e Wolff, *Tratado*, I, § 136; Oertmann, *Introducción al Derecho Civil*, § 35; Capitant, *Introduction à l'Étude du Droit Civil*, p. 241; Clóvis Beviláqua, *Teoria Geral*, §§ 48 e 49; Ruggiero e Maroi, *Istituzioni*, § 25; De Page, *Traité Élémentaire*, I, nos 17 e ss.; Planiol, Ripert e Boulanger, *Traité Élémentaire*, I, nos 274 e ss.; Colin e Capitant, *Cours*, nos 54 e ss.; Raymond Saleilles, *De la Déclaration de Volonté*, ed. 1929; Jean Dabin, *La Teoría de la Causa, passim*; Serpa Lopes, *Curso*, I, nos 180 e ss.; Orlando Gomes, *Introdução*, nos 184 e ss.; Emilio Betti, *Interpretazione della Legge e degli Atti Giuridici*; Mazeaud *et* Mazeaud, *Leçons*, I, nos 258 e ss.; Salvatore Pugliatti, *Introducción al Estudio del Derecho Civil*, p. 238 e ss.; Windscheid, *Pandette*, I, § 69; Emilio Betti, *Teoria Generale del Negozio Giuridico*; Washington de Barros Monteiro, *Curso*, I, p. 185 e ss.; Carlo Fadda, *Teoria del Negozio Giuridico*; Matteo Ferrante, *Negozio Giuridico*; von Tuhr, *Derecho Civil*, II, parte 1ª, § 50; Scialoja, *Negozi Giuridici*; Giuseppe Stolfi, *Teoria del Negozio Giuridico*; Serpa Lopes, *O Silêncio como Manifestação de Vontade*; Cariotta Ferrara, *Il Negozio Giuridico*; Antonio Junqueira de Azevedo, *Negócio Jurídico e Declaração Negocial*, 1988; Maria Celina Bodin de Moraes, "A Causa dos Contratos", *in Revista Trimestral de Direito Civil*, nº 21, 2005; Ruy Rosado de Aguiar Jr., "A Boa-fé na Relação de Consumo", *in Revista de Direito do Consumidor*, nº 14, 1995; p. 20 e ss.; Judith Martins-Costa, *A boa-fé no direito privado*, 1999; Teresa Negreiros, *Teoria do Contrato: Novos Paradigmas*, 2002; p. 105 e ss.

88. Manifestação de vontade defeituosa

O pressuposto do negócio jurídico é a declaração da vontade do agente, em conformidade com a norma legal, e visando a uma produção de efeitos jurídicos. Elemento específico é, então, a emissão de vontade. Se falta, ele não se constitui. Ao revés, se existe, origina o negócio jurídico. Mas o direito não cogita de uma declaração de vontade qualquer. Cuida de sua realidade, de sua consonância com o verdadeiro e íntimo querer do agente, e de sua submissão ao ordenamento jurídico. Na verificação do negócio jurídico, cumpre de início apurar se houve uma declaração de vontade. E, depois, indagar se ela foi escorreita. Desde que tenha feito uma emissão de vontade, o agente desfechou com ela a criação de um negócio jurídico. Mas o resultado, ou seja, a produção de seus efeitos jurídicos, ainda se acha na dependência da verificação das circunstâncias que a envolveram. É que pode ter ocorrido uma declaração de vontade, mas em circunstâncias tais que não traduza a verdadeira atitude volitiva do agente, ou persiga um resultado em divórcio das prescrições legais. Nesses casos, não se nega a sua existência, pois que a vontade se manifestou e o negócio jurídico chegou a constituir-se. Recusa-lhe, porém, efeitos o ordenamento jurídico. Pode-se dizer então que há negócio jurídico, porém *defeituoso*, e nisto difere de todo daquelas hipóteses em que há ausência de vontade relativamente ao resultado, casos nos quais o negócio jurídico inexiste como tal, o que ocorre quando o agente apenas parece ter realizado uma emissão de vontade sem tê-la feito ou sem ter capacidade para fazê-la, e nesses casos há um ato aparente e não verdadeiro.[1]

São, na verdade, de duas categorias os *defeitos* que podem inquinar o ato negocial. Uns atingem a própria manifestação da vontade, perturbando a sua elaboração, e atuam sobre o consentimento. Por motivos vários, perturbam a própria declaração volitiva, e influem no momento em que se exterioriza a deliberação do agente. Denominam-se *vícios de consentimento* (ou *da vontade*), em razão de se caracterizarem por influências exógenas sobre a vontade exteriorizada ou declarada, e aquilo que é ou devia ser a vontade real, se não tivessem intervindo as circunstâncias que sobre ela atuaram, provocando a distorção. Outros afetam o ato negocial, salientando a desconformidade do resultado com o imperativo da lei, e, nesses casos, o negócio reflete a vontade real do agente, canalizada, entretanto, e desde a origem, em direção oposta ao mandamento legal. Nenhuma oposição se apresenta entre a vontade íntima e a vontade externada, porém entre a vontade do agente e a ordem legal. Há, portanto, um negócio jurídico, existe uma declaração de vontade, mas esta, por fatores endógenos, traduz uma volição que visa a resultados condenados ou condenáveis. Com razão, Clóvis Beviláqua os denomina *vícios sociais*, em oposição aos outros que são *vícios do consentimento*, por não estabelecerem, como estes, uma desarmonia entre

---

1   Planiol, Ripert e Boulanger, *Traité Élémentaire*, nº 280.

o querer do agente e sua manifestação externa, mas uma insubordinação da vontade às exigências legais, no que diz respeito ao resultado querido.[2]

Todos, no entanto, sejam os vícios do consentimento, sejam os vícios sociais, formam um conjunto de *defeitos dos atos jurídicos*, que conduzem a consequências próximas ou análogas, e vão dar na invalidade do negócio realizado, assunto que versaremos nos n°s 108 e ss., *infra*.

Tradicionalmente, considerava o nosso direito como *vícios do consentimento* o erro, o dolo e a coação e como *vícios sociais* a simulação e a fraude contra credores. Vizinha dos vícios do consentimento é a *lesão,* que por isso encontra perfeita localização topográfica entre os defeitos do negócio jurídico, assim como o negócio praticado em *estado de perigo*, ambos introduzidos pelo Código Civil de 2002.

Embora em doutrina distingam-se os vícios do consentimento dos vícios sociais, o Código os compreendeu a todos na mesma abrangência, e subdividiu o capítulo nas várias seções, englobando o erro e a ignorância; o dolo; a coação; o estado de perigo; a lesão; e a fraude contra credores (art. 171, II). Deixou de considerar a simulação como defeito que conduz à *anulabilidade* do negócio jurídico (como fazia o Código anterior), erigindo-a em fundamento de sua *nulidade* (art. 167), embora incida em deformação conceitual, ao admitir a subsistência daquilo que foi dissimulado.[3] Abrigando a lesão, preencheu lacuna aberta em nosso ordenamento, alinhando-se entre os códigos modernos que deram ao antigo instituto da lesão feição mais compatível com a validade das declarações de vontade.[4]

Antes, porém, de entrarmos no estudo específico de cada um deles, cumpre-nos salientar o que existe de comum a todos, ou seja, o fundamento ontológico da teoria dos defeitos dos negócios jurídicos. Tal teoria irá deduzir-se como corolário natural do fundamento ético do negócio jurídico. Este, já vimos, e mal não há em repetir, é um fenômeno de dupla causação, pois que se origina da atuação conjunta da vontade e da lei. Quando falta a vontade, ou falta o preceito autorizador das consequências, o negócio não chega a formar-se. Quando existe a vontade manifestada e o *placet*[5] legal, constitui-se e produz seus efeitos regulares e queridos. Mas, quando é rompido o binômio vontade-norma legal, o negócio se forma, porém maculado ou inquinado de um defeito. O traço de comunicação entre todos os vícios (do consentimento e sociais), que atingem o ato negocial, situa-se na ruptura do equilíbrio de seus elementos essenciais.

Com efeito, é uma questão que atrai a atenção do jurista esta que se refere à valorização do elemento volitivo no negócio jurídico, e que se formula na indagação se deve prevalecer a teoria da vontade ou a da declaração, questão tanto mais séria quanto diversas têm sido as respostas que no correr do tempo tem recebido (cf. nº 83,

---

2   Clóvis Beviláqua, *Teoria Geral*, § 50.
3   Sobre a simulação, remete-se para o nº 109-A, *infra*, neste volume.
4   Cf. meu livro *Lesão nos Contratos*, Forense, em que desenvolvo o tema sob todos os seus aspectos.
5   Concordância, autorização.

supra). O direito romano primitivo, impressionado com a materialização externa dos atos, e dominado pelo formalismo verdadeiramente sacramental ou ritual, atentou para a declaração, e cogitou da eficácia e produção de efeitos dos atos em razão da verificação objetiva da declaração. Valia, como fenômeno causador do ato, a exteriorização material da vontade e não propriamente a vontade interna do agente. Mas o mesmo direito romano, no período clássico, já quase se desvencilhou do fetichismo da forma e condicionou a validade e a produção de efeitos dos negócios jurídicos à verdadeira vontade do agente.[6] O direito brasileiro afirma a predominância da vontade sobre a declaração (Código Civil, art. 112), sem, contudo, deixar de admitir os casos em que prevalece a declaração sobre a vontade real (negócios abstratos), regulando-se a produção das consequências jurídicas do negócio sem se permitir a indagação da realidade psíquica.

Por outro lado, a atuação da vontade não é e não pode ser soberana, de vez que a própria convivência humana é condicionada à restrição do princípio da autonomia à regra da disciplina social. Se o negócio jurídico é o efeito de uma emissão volitiva no sentido da produção de consequências queridas, estas hão de subordinar-se ao imperativo da obediência à ordem legal e, conseguintemente, o negócio tornar-se-á impuro se o resultado a que visou a declaração de vontade ofender as exigências do ordenamento jurídico.

Conformidade da declaração de vontade com a vontade real e com o ordenamento jurídico produz o negócio escorreito; desconformidade com uma ou com outro gera o negócio defeituoso. A teoria dos defeitos dos negócios jurídicos tem, então, por fundamento o desequilíbrio na atuação da vontade relativamente à sua própria declaração ou a exigências da ordem legal.

89. Erro de fato e erro de direito

O mais elementar dos vícios do consentimento é o erro. Quando o agente, por desconhecimento ou falso conhecimento das circunstâncias fáticas, age de um modo que não seria a sua vontade, se conhecesse a verdadeira situação, diz-se que procede com erro. Há, então, na base do negócio jurídico realizado, um estado psíquico decorrente da falsa percepção dos fatos, conduzindo a uma declaração de vontade desconforme com o que deveria ser, se o agente tivesse conhecimento dos seus verdadeiros pressupostos fáticos. Importa o erro na falta de concordância entre a vontade real e a vontade declarada.[7]

O Código de 2002, reproduzindo o anterior, cogita, sob a mesma epígrafe, do erro e da ignorância. Ontologicamente não se confundem. No *erro* existe uma deformação do conhecimento relativamente às circunstâncias que revestem a manifestação de vontade. A *ignorância* importa no desconhecimento do que determina a declaração

---

6   Enneccerus, Kipp e Wolff, *Tratado*, § 155.
7   Saleilles, *La Déclaration de Volonté*, p. 12.

de vontade. Juridicamente, entretanto, não há cogitar da distinção. Quando o agente, por falso conhecimento das circunstâncias, age de um modo que não seria a sua vontade real, realiza um ato negocial defeituoso. Para efeito da validade da declaração de vontade é irrelevante indagar se o agente procedeu por erro ou por ignorância. E, em consequência, trata-se, na teoria do negócio jurídico, do mesmo defeito. Mas deixa de ser escusável a ignorância, e, pois, de constituir defeito do negócio jurídico, quando o agente emite *conscientemente* uma declaração de vontade sem completo conhecimento do seu alcance.

No negócio jurídico inquinado de erro há uma vontade declarada, porém defeituosa. Há um descompasso entre o querer manifestado e o que deveria ser o querer efetivo, no que difere o erro, de um lado, da ausência de vontade; de outro lado, da vontade declarada sob coação, em que o agente manifesta o que não é aquilo que efetivamente quer, porém em virtude de uma violência psíquica que o leva a externar uma emissão volitiva em divergência de deliberação interior (ver nº 91, *infra*). Costuma a doutrina, principalmente estrangeira, distinguir o erro vício do consentimento do chamado *erro obstativo* ou erro impróprio (*erreur obstacle, errore ostativo*), que se verifica quando recai sobre a natureza jurídica do contrato (quero *alugar* e escrevo *vender*) ou seu objeto (compro por 100 e escrevo 1000) ou sobre a transmissão errônea da vontade (peço a alguém que escreva 10 e ela transmite 1000), o qual se diz impedir ou obstar a formação do negócio jurídico porque não existiria propriamente vontade de emitir aquela declaração: por isto, o § 119 do BGB (Código Civil alemão) atribui-lhe o efeito de tornar nulo o ato. Em nosso direito positivo não constitui, contudo, figura específica de defeito, sendo, por isso, de se aplicar a teoria do erro vício da vontade.[8] A doutrina legal brasileira, desacolhendo a distinção, equipara-os, por lhe parecer que o erro sobre a natureza do negócio ou sobre a identidade do objeto traduz, em última análise, uma declaração volitiva, cujo resultado jurídico difere do efetivo querer do agente, mas que nem por isto deixa de ser uma declaração de vontade.

Partindo de que o agente não faria a declaração de vontade que realizou, se lhe fosse dado, no momento, conhecer a realidade material, pensa Ruggiero que, quando ocorre o erro, há duas vontades, uma, formada sob a falsa influência da representação, e desta maneira manifestada, e uma outra, que não foi declarada por se não ter constituído, e que seria a vontade efetiva do agente.[9] Não nos parece satisfatória a explicação, pois que a única vontade elaborada é a que se exterioriza – defeituosa, entretanto, e não espelhante do que seria a volição real, se o agente conhecesse perfeitamente os fatos. Exatamente nisto difere, aliás, da teoria do erro a coação, pois que nesta há duas vontades, uma real e interior e outra extorquida e externada.

---

8   Enneccerus, Kipp e Wolff, *Tratado*, § 157; Oertmann, *Introducción*, § 43; Guillermo A. Borba, *Error de Hecho y Error de Derecho*, nº 70; Ruggiero e Maroi, *Istituzioni*, § 26; Mazeaud *et* Mazeaud, *Leçons*, II, nº 161; De Page, I, nº 35.

9   Ruggiero, *Istituzioni*, § 27. Este modo de ver parece, entretanto, ter sido refutado, pois na 8ª edição da obra já não aparece. Cf. Ruggiero e Maroi, p. 117.

O problema do erro constitui, ao ver de De Page, um dos mais delicados que o direito procura resolver, principalmente porque envolve um conflito entre dois princípios superiores e graves, informativos da conduta humana ao comércio jurídico: um, *individualista*, assente no respeito à vontade real do agente; e outro, *social*, determinado pela necessidade da segurança dos negócios. Assegurar o primeiro, nas suas extremas consequências, pode constituir estímulo à imprudência, à imperícia, ao descuido, à negligência ou à preguiça, e a consequência seria a anulação de qualquer negócio em que o agente se enganasse. O extremo oposto, prevalecente na teoria romana, sacrificando a vontade individual, fazia sobrelevar a segurança social. No meio-termo está a virtude, conciliando os dois princípios, e para isto levando em conta a vontade (tendência individualista), mas apenas quando o erro envolve o *elemento principal* da convenção.[10] É o princípio que informa os Códigos modernos, entre os quais o brasileiro.

Para que torne então defeituoso o ato negocial, e, pois, anulável, o erro há de ser, primeiro, a sua *causa determinante* e, segundo, alcançar a declaração de vontade na sua substância, e não em pontos acidentais (Código Civil, art. 138). É o que se denomina *erro essencial* ou *substancial* (definido pelo art. 139), em contraposição ao *erro acidental*.

Causa *determinante* do ato, conduz a elaboração psíquica do agente e influencia na sua deliberação de maneira imediata, falseando a verdade volitiva.

Substancial é o erro que diz respeito à natureza do ato, ao objeto principal da declaração, ou a algumas qualidades a ele essenciais (art. 139, I). É o que se dizia nas fontes em expressões até hoje consagradas: *error in negotio*, quando é afetada a própria natureza do ato, por exemplo, se alguém faz doação supondo estar vendendo; *error in corpore*, quando versa sobre a identidade do objeto, por exemplo, se alguém adquire um quadro de um troca-tintas vulgar, supondo tratar-se de tela de um pintor famoso; *error in substantia*, quando diz respeito às qualidades essenciais da coisa, como se dá no fato de uma pessoa supor que está comprando uma estatueta de marfim e, na verdade, adquire uma escultura em osso; *error in persona*, quando afeta a identidade física ou moral da pessoa ou suas qualidades essenciais, no caso em que a consideração relativa à pessoa tenha sido principal e determinante,[11] como se uma jovem de boa formação moral desposa um indivíduo que vem a saber depois ser um desclassificado (art. 139, II). Em suma, para ser considerado como defeito viciador da vontade, o erro há de constituir uma opinião errada sobre condições essenciais determinantes da manifestação de vontade, cujas consequências não são realmente queridas pelo agente.[12] É claro que vigora franca relatividade na apreciação das circunstâncias que o envolvem, embora não se possa reduzir a uma apuração meramente subjetiva. Deve ser, em cada caso, verificado que a declaração de vontade foi determinada pela falsa opinião relativamente às qualidades que, para o

---

10 De Page, *Traité Élémentaire*, I, nº 38.
11 Capitant, *Introduction*, p. 257.
12 Clóvis Beviláqua, *Teoria Geral*, § 51; Ruggiero, *loc. cit.*; Enneccerus, *loc. cit.*

negócio jurídico em foco, são fundamentais, ainda que pudessem em outras circunstâncias de ordem pessoal ou material ser diferentes.[13] A dificuldade aqui se situa na apuração do em que consiste a substância da coisa. Na sua definição pode atuar um critério puramente *objetivo* (conjunto dos elementos materiais de sua composição) ou puramente *subjetivo* (qualidades dependentes da intenção dos interessados), mais habitualmente considerado.[14] Na apuração do defeito em cada espécie, opinamos que ambos os critérios são úteis, ora prevalecendo um, ora outro, conforme o negócio atacado. Como se trata de defeito do consentimento, predomina o subjetivo, que, entretanto, não é o único sempre.

Acidental é o erro que recai sobre motivos ou sobre qualidades secundárias do objeto ou da pessoa, e não altera a validade do negócio, porque não seria de presumir que o agente procedesse diferentemente se os pressupostos circunstanciais fossem diversos. Do erro acidental são classes: o *error in qualitate*, propriamente dito, quando estão em jogo qualidades secundárias, como se uma pessoa adquire um carro de marca diferente daquela que supunha; *error in quantitate*, quando existe diferença entre o que recebe e o que tenciona adquirir. Se, porém, a qualidade e a quantidade são tomadas como razão determinante do ato, o erro sobre elas passa à categoria de substancial.[15]

O *erro de cálculo* também é erro acidental, que não anula o ato; apenas sugere ratificação (art. 143).

O erro sobre os *motivos* da declaração de vontade é em regra inábil a afetar a sua validade, e somente passa a influir na sua eficácia quando assume a categoria de motivo erigido em razão determinante (Código Civil, art. 140). O princípio vem do direito romano: *"falsa causa non nocet. Sed si conditionaliter enunciata fuerit causa, aliud iuris est"*.[16] Representações psíquicas internas ou razões subjetivas que aconselham a realização do negócio jurídico, não chegam, na verdade, a viciar a vontade, a não ser que se articulem determinadamente na constituição do ato. Ao erro sobre os motivos equipara-se o que incide sobre as consequências jurídicas da declaração, como se dá com o indivíduo que adquire uma coisa na crença de que o vendedor responde pelos seus vícios. Mas este erro somente será tido como defeito do negócio jurídico quando aquelas consequências forem o objeto da própria manifestação da vontade.[17]

---

13 Oertmann, *Introducción*, § 43.

14 Capitant, *ob. cit.*, p. 256; Serpa Lopes, *Curso*, I, nº 206.

15 Enneccerus, *loc. cit.*; Ruggiero, *loc. cit.*

16 *Institutas*, Livro II, tít. XX, § 31: "A causa falsa não prejudica, mas, se tiver sido enunciada sob condições, é outro o direito".

17 Cf., a respeito do erro sobre os motivos: Enneccerus, *loc. cit.*; Colin e Capitant, *Cours*, I, nº 66; De Page, *Traité*, I, nº 41.

DEFEITOS DO NEGÓCIO JURÍDICO 369

Além de versar sobre pontos substanciais, o erro há de ser real,[18] não viciando o negócio quando, pelo contexto deste e pelas circunstâncias, seja possível identificar a pessoa ou coisa indicada (Código Civil, art. 142).

A doutrina acrescenta ainda que somente é de se considerar o *erro escusável*, não afetando o negócio, quando o agente procede sem as cautelas normais, ou seja tal que não o cometeria um indivíduo de inteligência comum. Já o direito romano o consagrava: *"ignorantia emptori prodest quae non in supinum hominem cadit"*.[19] A esculpabilidade (ou excusabilidade) do erro, que não é requisito harmonicamente admitido, pois há escritores, como Oertmann, que a consideram despicienda, deve ser apreciada em cada caso, mas submetida sempre a um critério abstrato orientador, que consiste em perquirir se seria suscetível de ser evitado se o agente houvesse procedido com cautela e prudência razoáveis em um indivíduo de inteligência e conhecimento normais, relativamente ao objeto do negócio jurídico. Com aplicação desta teoria assinala De Page que a jurisprudência tem equiparado o erro inescusável à culpa, de que o seu autor (o declarante) corre os riscos, e, em consequência, não leva à ineficácia do ato.[20]

O Código de 2002 perfilhou uma distinção que a doutrina admitia, embora sem visos de generalidade. Tendo em vista a situação de uma pessoa de diligência normal, ou de menor capacidade de observação, qualifica o erro grave e o erro leve, para assentar que o passível de consideração é o que pode ser percebido por aquele, e que é despiciendo o segundo. Erigido em critério legal, exige cautela do julgador, porque as pessoas não são submetidas a um critério objetivo de aplicação. Todo juízo de valor decorrente de dados assentados no subjetivismo do juiz pode conduzir a falhas, se não houver grande cautela no julgamento. O elemento concreto, contido no artigo 138 do Código, são as circunstâncias do próprio negócio. Mas estas não se devem influenciar pela motivação do ato, conforme comentado (art. 140).

A doutrina mais moderna tem interpretado o expresso teor do art. 138 com base na *teoria da confiança*, assentando que a pessoa de diligência normal a que se refere o Código, a quem o erro deve ser perceptível para que possa haver a anulação do contrato, não é o declarante, mas o destinatário da declaração, nos mesmos moldes do art. 1.428 do Código italiano. Acrescentou, pois, o Código outro requisito na configuração do erro que leva à anulação do negócio: sua *recognoscibilidade* pelo outro contratante.

Segundo o nosso Direito, equipara-se ao erro a transmissão defeituosa da vontade, seja quando o agente se serve de mensageiro, e este comunica com infidelidade a sua intenção; seja quando o instrumento de que se vale lhe trunca a declaração, como se dá com a mensagem telegráfica transmitida com defeito (Código Civil, art. 141). A nova redação do dispositivo, contudo, não é feliz. O que é atacável é o

---

18 Dernburg, *Pandette*, § 101.

19 *Digesto*, Livro XVII, tít. I, fr. 15, § 1º: "A ignorância que recai sobre um homem astuto favorece o comprador". Sobre a doutrina romana, Dernburg, *loc. cit.*

20 De Page, *Traité*, I, nº 46.

negócio jurídico, quando ocorre a transmissão errônea da vontade. Dizendo anulável esta última, pode parecer que ela se desfaz, preservando o ato. E isto não é verdade.

A existência do erro, como defeito do negócio jurídico, torna-o anulável judicialmente, o que será estudado no nº 110, *infra*, inexistindo em nosso direito como condição legal da anulabilidade (exigida no direito alemão pelo § 121 do BGB), a "declaração de impugnação" do ato, dirigida "sem demora" e extrajudicialmente pelo prejudicado à outra parte.[21]

O Código Civil (art. 144) consignou o convalescimento do negócio eivado de erro, se o interessado, antes que o negócio possa causar prejuízo, oferece executá-lo na conformidade da vontade real. O interesse social está assentado em que as declarações de vontade produzam suas consequências normais, e somente se anulam por erro, quando ocorre o divórcio entre o que foi manifestado e o que efetivamente quer o agente. Emitida vontade eivada de erro, convalesce e deve ser tratada como se escorreita, se a pessoa a quem é dirigida, ao contrário de se prevalecer do defeito, propõe executá-la com observância da vontade real do declarante e, desta maneira, sana a desconformidade entre o mencionado e o querido. Este convalescimento estará subordinado, entretanto, a que seja preservada a vontade real do manifestante.

Erro de direito. Cogitando, até aqui, do *erro de fato*, mencionamos agora o *erro de direito*, que se dá quando o agente emite a declaração de vontade no pressuposto falso de que procede segundo um preceito legal. Verificado o engano, poder-se-á escusar sob esta alegação? A doutrina alemã como a francesa e a belga vigoram no sentido de que não deve haver distinção entre *erro de fato* e *erro de direito*.[22] Já vimos (nº 23, *supra*) que a segurança da ordem jurídica assenta no princípio da obrigatoriedade da lei, segundo a qual ninguém pode escusar-se sob a alegação de sua ignorância. A teoria do *error iuris* alicerça-se, entretanto, no pressuposto de que ele se define na circunstância de haver o agente efetuado uma declaração de vontade fundado na ignorância da norma de direito positivo ou baseado em sua falsa interpretação, e que não realizaria o negócio se estivesse perfeitamente informado. Ora, sendo certo que o homem do povo desconhece o direito, pois mesmo os técnicos às vezes não o podem dominar completamente, o fundamento da escusabilidade estaria em que o falso pressuposto jurídico conduz o agente à declaração errônea de vontade, da mesma forma que o falso pressuposto fático, e então, se o *error facti* conduz à impugnabilidade do negócio, igual consequência deveria ter o *error iuris*. Em contraposição a tal doutrina, há um raciocínio de elevado teor social. É que a invocação do erro de direito se baseia no *fato* individual do mau conhecimento da norma jurídica, que pode ser, e na verdade é, uma realidade palpável. Mas a obrigatoriedade do direito legislado é um princípio normativo da *segurança social* e da paz coletiva. Entre o risco de um indivíduo ser sacrificado nos seus interesses por se lhe recusar a escusativa fundada no desconhecimento da regra jurídica, e o sacrifício da

---

21 Enneccerus, *loc. cit.*

22 Oertmann, *loc. cit.*; Enneccerus, *loc. cit.*; Planiol, Ripert e Boulanger, *loc. cit.*; Capitant, *loc. cit.*; Colin e Capitant, *loc. cit.*; De Page, nº 42.

tranquilidade pública decorrente da incerteza de quando o preceito legal tem aplicação e quando pode ser afastado pela alegação do *error iuris*, é preferível prestigiar o princípio da obrigatoriedade, e recusar guarida à teoria que defende a contestação do negócio jurídico com fundamento no *error iuris*. Não obstante o que possa haver de sedutor na doutrina, definiu-se o direito pátrio pela regra de política legislativa a ela adversa (LINDB, art. 3º).

No estado atual da ciência jurídica, ganhou amplo terreno a aceitação do erro de direito, como causa de anulação do negócio. O jurista moderno sente-se constrangido entre dois planos: de um lado, a sensível realidade da vida, que aconselha acolhimento do erro de direito; e, de outro lado, o princípio da obrigatoriedade da lei, que é fundamental elemento de segurança social. Mas, numa tentativa de conciliação, ora a doutrina do *error iuris* vem espiritualizada com o elemento boa-fé, ora se lhe faz aderir a ressalva de ser admissível a defesa fundada no erro de direito, desde que não vise à recusa de aplicação de uma norma de ordem pública.

O Código Civil dele cogitou expressamente (art. 139, III), atendendo a que foge à realidade objetiva da vida a presunção absoluta de conhecimento da lei. O erro de direito é aceito como gerador da anulação do ato negocial quando tenha sido determinante da declaração de vontade, no sentido de que o declarante não a emitiria se tivesse real conhecimento do que dispõe a norma legal. E, ao mesmo tempo, desde que não implique recusa à aplicação da lei.[23]

90. Dolo[24]

Inscrito entre os vícios do consentimento, que levam à anulação do negócio, o dolo consiste nas práticas ou manobras maliciosamente levadas a efeito por uma parte, a fim de conseguir da outra uma emissão de vontade que lhe traga proveito, ou a terceiro. Repete-se em todas as obras a definição que Ulpiano atribui a Labeão: *"dolum malum esse omnem calliditatem, fallaciam, machinationem ad circunveniendum, fallendum, decipiendum alterum adhibitam".*[25] Esse dolo, aludido nas fontes, e erigido em defeito subjetivo do negócio jurídico pelo direito moderno, é o *dolus malus* caracterizado pela perversidade de propósito, e não o *dolus bonus ou inocente*, que consiste em adulações e blandícias no apregoamento publicitário de qualidades, desde que não "enganosa" na utilização de artifícios menos graves que uma parte adote para levar a outra a contratar, ou para obter melhores proveitos do ajuste.[26]

---

23 Sobre o erro de direito: Rossel e Mentha, *Droit Civil Suisse*, I, nº 44; Espínola, *Tratado de Direito Civil Brasileiro*, I, p. 87; Serpa Lopes, *Lei de Introdução*, I, nº 38; Ruggiero e Maroi, *Istituzioni*, 27; Aubry e Rau, *Droit Civil*, IV, p. 495; Mazeaud *et* Mazeaud, II, nº 172; Guilhermo Borda, *Error de Hecho y Error de Derecho*.

24 Do latim *dòlus*, adaptado do grego *dólos* ("logro, ardil"), etimologia que marca até hoje a pronúncia da palavra na língua portuguesa (/dólo/).

25 *Digesto*, Livro IV, tít. III, fr. I, § 2º: "Dolo mau é toda astúcia, enganação, maquinação empregada para iludir, enganar, burlar a outrem".

26 Ruggiero, *Istituzioni*, § 27; De Page, *Traité*, nº 50.

A malícia humana encontra meios variadíssimos de obrar, a fim de conseguir seus objetivos. Pode alguém proceder de maneira ativa, falseando a verdade, e se diz que procede por *ação* ou *omissão*. Mas é igualmente doloso, nos negócios bilaterais, o silêncio a respeito de fato ou qualidade que a outra parte haja ignorado, a sonegação da verdade, quando, por comissão de circunstâncias, alguém conduz outrem a uma declaração proveitosa a suas conveniências, *sub conditione*, porém, de se provar que sem ela o contrato não se teria celebrado (Código Civil, art. 147).[27]

O mecanismo psíquico do dolo, por *ação* ou *omissão*, é o mesmo, e se verifica na utilização de um processo malicioso de convencimento, que produza na vítima um estado de erro ou de ignorância, determinante de uma declaração de vontade que não seria obtida de outra maneira.[28] Em todo dolo há, então, uma emissão volitiva enganosa ou eivada de erro, na qual, porém, é este relegado a segundo plano, como defeito em si, uma vez que sobreleva aqui a causa geradora do negócio jurídico, e é por isso que o procedimento doloso de uma parte leva à ineficácia do ato, ainda que atinja seus elementos não essenciais ou a motivação interna.[29] Não se pode, pois, confundir o *erro vício do consentimento*, que somente atinge a eficácia do negócio quando revestido das circunstâncias estudadas no nº 89, *supra, com o erro gerado pela manobra* do interessado, o qual é causa eficiente da anulação sob condição apenas de ser *determinante* do negócio.[30]

Não importa, repetimos, seja o procedimento doloso uma *ação* ou *omissão*. O que se tem de indagar é se o dolo foi a causa determinante do ato (*dolus causam dans*), chamado dolo *principal*, que conduz o agente à declaração de vontade, fundado naquelas injunções maliciosas,[31] o que de outra maneira dito significa que o dolo só tem o efeito de anular o negócio jurídico quando chegue a viciar e desnaturar a declaração de vontade. Reversamente, pode o dolo ser *acidental* (*dolus incidens*), quando não influi diretamente na realização do ato, que se teria praticado independentemente da malícia do interessado, porém em condições para este menos vantajosas, e é por isso que somente o *dolo principal* conduz à anulação do negócio, obrigando o *dolo acidental* exclusivamente à satisfação de perdas e danos (Código Civil, arts. 145 e 146). A distinção entre o dolo principal e o dolo incidente é sutil, e às vezes difícil de se conseguir na prática. A questão deverá ser solvida assentando-se que é de ser deixado ao prudente arbítrio do juiz fixar quando ocorre o *dolo principal*, conducente à anulação do ato, ou quando *incidente* o dolo, impositivo de perdas e danos apenas, e aplicá-los, flexível e humanamente, sob a inspiração de uma exigência de correção para os negócios.[32]

---

27   Enneccerus, Kipp e Wolff, *Tratado*, I, § 162.

28   Oertmann, *Introducción*, § 44.

29   Ruggiero, *loc. cit.*; Colin e Capitant, *Cours*, I, nº 67.

30   Capitant, *Introduction*, p. 263; De Page, *Traité*, I, nº 49.

31   Clóvis Beviláqua, *Teoria Geral*, § 52.

32   De Page, *Traité*, I, nº 51.

De regra, o dolo que pode conduzir à invalidação do negócio é o que provém da *outra parte* (o destinatário da declaração), e *não de terceiro*, cujo procedimento fundamentará apenas a obrigação de indenizar o prejudicado. Mas se um dos contratantes o conheceu (ou deveria, pelas circunstâncias, conhecê-lo) e dele se beneficiou, constitui motivo de anulação (Código Civil, art. 148). A redação do dispositivo no Código peca pela extensão e casuísmo desnecessários. A regra é singela. A manobra dolosa que parte de *terceiro* anula o ato negocial apenas no caso de ser ou poder ser conhecida da parte beneficiada. Se esta não preveniu a outra, compactuou de malícia, e assumiu as consequências. Sendo ignorado de ambos, o negócio jurídico prevalece, sujeitando-se o terceiro, autor do dolo, ao ressarcimento das perdas e danos a quem foi enganado.

Nos atos e negócios unilaterais, porém, o dolo de terceiro afeta-lhes a validade em qualquer circunstância,[33] como se vê, por exemplo, na aceitação e renúncia de herança e na validade das disposições testamentárias. Aquela doutrina, que nos vem do direito romano, baseia-se em que ali o dolo não era fundamentalmente um vício do consentimento, mas um delito, e por isso não inquinava de nulidade o negócio senão quando vinha da outra parte. Modernamente sofre críticas, sob o raciocínio de que a vontade tanto é viciada quando o dolo emana da outra parte, quanto de terceiro.[34]

Não pode, porém, ser considerado terceiro o *representante de uma das partes*, que tenha agido dolosamente, pois, em razão desta qualidade, ele procede como se fosse o próprio representado,[35] e sujeita-o às consequências, limitada contudo a responsabilidade à importância do proveito que advém do negócio (Código Civil, art. 149), com ação regressiva contra o representante.[36] Esta solução é exata, e resolve uma velha controvérsia, notadamente no que diz respeito à representação dos incapazes, na qual a doutrina tradicionalmente pende para a inadmissibilidade da anulação do negócio por dolo do representante.[37] Guardada fidelidade à tradição, não fica impune a malícia do representante, nem dela tira proveito o representado. Novamente, o casuísmo do dispositivo do Código prejudica o seu entendimento. O que estabelece é que o representado só é obrigado a responder pelo dolo do representante, na medida do proveito auferido. Em se tratando de representação voluntária, o representado responde solidariamente com o representante, se este houver procedido dentro dos limites da outorga recebida. Agindo com excesso de poderes, não produz efeitos em relação ao representado (art. 116). Ignorando este as manobras e maquinações maliciosas do representante, não pode ser acusado de

---

33   Ruggiero, *loc. cit.*; Capitant, *loc. cit.*; Colin e Capitant, *loc. cit.*

34   De Page, *Traité*, I, n° 51.

35   Cf. Clóvis Beviláqua, *loc. cit.*, que esclarece ter o Código Civil feito aplicação da teoria da representação voluntária e necessária, já antes consignada no *Esboço*, de Teixeira de Freitas, art. 481, e no Projeto Coelho Rodrigues, art. 332.

36   Enneccerus, *loc. cit.*

37   De Page, *loc. cit.* Se o representado se acumpliciar com o representante, ou podendo opor-se às manobras dolosas, não o fizer, deve responder solidariamente com este, sem a limitação do art. 149. V. Serpa Lopes, I, n° 219.

má-fé, e, desta sorte, descaberá a responsabilidade solidária. Seu dever ressarcitório não poderá, portanto, ultrapassar a importância do proveito obtido.

Se ambas as partes se houverem reciprocamente enganado, compensam-se os dolos respectivos (Código Civil, art. 150), a nenhuma delas sendo permitido alegá-lo, para anular o ato, ou reclamar indenização, pois, do contrário, beneficiar-se-ia da própria torpeza, o que o direito não tolera: *"nemo de improbitate sua consequitur actionem"*.[38]

Por fim, vale destacar que importante exceção à normativa geral do dolo foi prevista, no âmbito das relações de consumo, pela Lei nº 14.181/2021, que reformou o Código de Defesa do Consumidor para tratar da prevenção ao superendividamento. Dentre outras disposições, a lei criou o art. 54-D do CDC, que prevê ao fornecedor ou intermediário deveres específicos de informação no momento da oferta de crédito ao consumidor (por exemplo, sobre a natureza e a modalidade de crédito oferecido e todos os custos incidentes), devendo adequar a informação prestada de acordo, inclusive, com a idade do contratante. O parágrafo único do dispositivo não prevê a anulabilidade do negócio praticado mediante dolo omissivo nesses casos, mas sim diversos remédios específicos, tais como a redução judicial dos juros, dos encargos ou de qualquer acréscimo ao principal e a dilação do prazo de pagamento previsto no contrato original, conforme a gravidade da conduta do fornecedor e as possibilidades financeiras do consumidor, sem prejuízo de outras sanções e do eventual direito à satisfação de perdas e danos, materiais ou morais.

91. Coação

Em vez de usar manobras e maquinações, pode alguém proceder com violência, forçando a declaração de vontade. De dois processos valer-se-á, e então diz-se que de duas maneiras pode o agente ser compelido ao negócio jurídico: ou pela violência física, que exclui completamente a vontade (a chamada *vis absoluta*), que implica a ausência total de consentimento; ou pela violência moral (*vis compulsiva*), que atua sobre o ânimo do paciente, levando-o a uma declaração de vontade viciada. No primeiro caso, da violência física, não se pode dizer que houve uma emissão volitiva do agente, como se daria na hipótese de ser ele levado, contra a vontade e pela força, a assinar documento, ou de que se despojou de seus bens sob a ameaça de uma arma apontada à cabeça. Não há uma declaração de vontade, nem mesmo qualquer vontade na vítima, e esta falta completa de consentimento deve implicar a nulidade total do ato.[39] No outro caso, da violência moral ou *vis compulsiva*, há uma declaração volitiva, embora imperfeita, porque ela não aniquila o consentimento do agente; apenas lhe rouba a liberdade.[40]

---

38   Ulpiano, D. 47.2.12.1: "Ninguém consegue ação com base na própria improbidade"; ou D. 4.3.12: *"Nemo ex dolo suo lucretur"* (Ninguém tire vantagem de seu dolo).

39   Oertmann, *Introducción*, § 42; Savigny, *Droit Romain*, III, § 114; Colin e Capitant, *Cours*, I, nº 68; De Page, *Traité Élémentaire*, I, nº 58.

40   Planiol, Ripert e Boulanger, *Traité Élémentaire*, I, nº 283.

Agora tratando da *violência* como defeito do negócio jurídico, cogitamos da *coação* como vício do consentimento. Enquanto uma, a *violência física*, anula totalmente a vontade, e impede a formação do ato negocial, a outra, *violência moral*, perturba o querer sem aniquilá-lo, permitindo que o coato formule uma emissão de vontade, se bem que maculada. Há aqui uma atuação sobre o psiquismo, por via de processo de intimidação, que impõe ao agente uma declaração não querida, porém existe certa manifestação de vontade. Daí dizer o direito romano *"quamvis coactus tamen voluit"*,[41] isto é, que a pessoa coagida pronuncia uma declaração de vontade. Mas, na sua análise psíquica, verifica-se a existência de *duas vontades*: a vontade íntima do paciente, que ele emitiria se conservasse a liberdade, e a vontade exteriorizada, que não é a sua própria, porém a do coator, a ele imposta pelo mecanismo da intimidação. Esta diversidade de atuações volitivas é que macula o negócio jurídico e conduz à sua anulabilidade, pois se o agente houvesse feito uma declaração de vontade na conformidade do querer interior teria obrado validamente, mas como ocorreu um divórcio entre a intenção e a exteriorização, o negócio pode ser anulado.

Implica sempre a coação ameaça, cuja apreciação se reveste de certas características, que são outros tantos requisitos de verificação por quem deve apreciá-la, e que, concorrendo, levam à conclusão da manifestação defeituosa da vontade, e, portanto, à anulação do negócio jurídico. Pode a coação manifestar-se por *ação* ou *omissão*, desde que por uma atuação positiva ou por uma abstenção qualificada obtenha o interessado a pressão anormal e injusta no sentido de extorquir o consentimento.[42]

Não é mister que a coação se dirija diretamente à pessoa do paciente. Pode este ser ameaçado, indiretamente, de um dano que atinja o seu patrimônio, ou a uma pessoa de sua família (Código Civil, art. 151). No direito brasileiro, acompanhando os ensinamentos doutrinários mais recentes, estende-se o conceito de coação a pessoas estranhas à família do paciente, como um amigo íntimo ou alguém a ele ligado por vínculo afetivo estreito, tendo o cuidado de relegar ao prudente arbítrio do juiz a apreciação da ameaça, em face das circunstâncias.

A ameaça deve ser *séria* e *injusta*, e de tal monta que coloque o paciente numa alternativa entre o mal iminente e o negócio extorquido, levando-o razoavelmente a suportar este último com todas as suas consequências. Não é necessário, porém, que a ameaça seja de mal atual. Pode ser futuro, desde que em termos da mesma inevitabilidade que o atual.[43] O receio, entretanto, deve ser fundado e sério, tendo como objeto um mal que o agente razoavelmente tema sofrer. Não constitui, portanto, coação o exercício regular de um direito (Código Civil, art. 153); se existe a ameaça de praticar um ato amparado pela lei, não há coação, como na hipótese de o credor acenar ao devedor com a execução judicial ou o pedido de falência. Mas, se esta ameaça é erigida em motivo para obtenção de vantagens excessivas, teria

---

41 "O coato também quer"; quer porque é constrito, mas quer.

42 Orosimbo Nonato, *Da Coação como Defeito do Ato Jurídico*, nº 58.

43 Ruggiero e Maroi, *Istituzioni*, § 27.

ocorrido um excesso que lhe retiraria a característica de regular exercício de um direito, constituindo então esta transposição do limite da legalidade um extremo de intimidação que se traduz em processo coativo. A isto acrescenta a doutrina que a antijuridicidade do meio empregado pode conduzir à impugnação do negócio realizado, ainda que o coator tenha em princípio direito a ele, porque a ordem jurídica não reconhece eficácia à vontade manifestada por intimidação, de modo contrário ao direito.[44]

Não constitui defeito do consentimento a ameaça de um mal impossível ou remoto, como de mal evitável ou menor do que o negócio extorquido,[45] porque, então, não se desenha aquela *alternativa* entre o mal em perspectiva e a declaração de vontade capaz de impor ao paciente a escolha deste sem possibilidade de resistência. É o que no direito romano se dizia *timor maioris malitatis*.[46] Entre os dois sacrifícios, a vítima razoavelmente opta pela declaração de vontade, como mal menor.[47] A lei o quer considerável, isto é, de proporções ponderáveis, não consistindo em coação a ameaça de um dano irrelevante. O Código Civil de 1916 oferecia o parâmetro, comparando-o ao ato extorquido, e exigindo que fosse, ao menos, igual a este. Mas, mesmo então, a apreciação desta característica não se submete a critérios *a priori*, por ver que a sensibilidade moral do coator pode conduzi-lo a escolher o negócio incriminado ante o receio de um atentado à sua honra, à sua dignidade pessoal ou a um membro de sua família.

Não constitui também coação o *temor reverencial*, o receio de desagradar aos pais, aos mestres ou qualquer pessoa por quem o paciente tenha respeito, ou a quem se ligue por uma relação de dependência ou subordinação hierárquica, salvo se o *timor reventialis*, pela sua gravidade e pela determinação que imponha à vítima, possa converter-se em verdadeira força de intimidação, geradora da declaração de vontade nas mesmas condições que a coação específica (Código Civil, art. 153).[48]

Para que se considere defeituoso o consentimento é ainda necessário se estabeleça uma relação entre a intimidação ou ameaça e a declaração de vontade. Se esta ocorreu, ou teria de ocorrer, ainda que não houvesse o processo de intimidação, é válido o ato, porque falta o divórcio entre a vontade íntima e a vontade declarada, que não se deve, então, atribuir à atitude injusta do coator. Daí dizerem alguns escritores que não será defeituoso senão o *negócio determinado* pela ameaça.[49]

A apreciação da *vis compulsiva* é feita, no direito moderno, em termos diversos do direito romano. Aferia a este em razão de um *padrão abstrato* de homem forte (*vir constantissimus*)[50] para concluir que o ato jurídico era atacável somente quando a ameaça fosse de molde a intimidá-lo. Nosso direito, como a generalidade dos sis-

---

44 Enneccerus, Kipp e Wolff, *loc. cit.*
45 Teixeira de Freitas, *Esboço*, arts. 494 e 495.
46 "O temor de um mal maior".
47 Ruggiero e Maroi, *loc. cit.*
48 Ruggiero, *loc. cit.*; Orosimbo Nonato, *ob. cit.* nº 85.
49 Enneccerus, Kipp e Wolff, *Tratado*, I, § 161; De Page, *loc. cit.*
50 *Digesto*, Livro IV, tít. II, fr. 6.

temas legislativos modernos, não adota este paradigma, nem, ao contrário, coloca a intimidação em condições de traduzir sempre a atuação sobre o psiquismo do agente, como se todo indivíduo fosse suscetível de facilmente sofrê-la. Determina que se aprecie subjetivamente a violência moral, levando-se em conta a idade do paciente, seu sexo, seu estado de saúde, seu temperamento, sua educação, como qualquer circunstância, de natureza temporária ou permanente, que possa graduar a sua gravidade; a mesma ameaça que um homem ponderado repele, cala no ânimo de uma tímida donzela; o mesmo indivíduo que, em circunstâncias normais de saúde, se ri de um fato a ele dirigido como veículo de intimidação, pode sentir-se atemorizado quando debilitado por uma enfermidade. O princípio é mantido no Código de 2002, art. 152.

No caracterizar a coação, se bem que frequentemente provenha daquele a quem a declaração de vontade beneficia, admite-se que possa partir de um *terceiro*, independentemente de ser ou não do conhecimento da parte a quem beneficia (Código Civil, art. 154). Se tiver conhecimento do processo intimidativo, ou devesse ter por qualquer motivo, responde solidariamente com o coator pelas perdas e danos que sofrer a vítima. Se, ao revés, o desconhece, somente o coator as suporta, e o artigo 155, rompendo com a sistemática das nulidades, manda que o negócio subsista, não obstante viciada a vontade do declarante, o que não é boa solução.

A doutrina muito controverte ao caracterizar a situação daquele que se encontre em perigo iminente e faz promessa de premiar a quem o livre ou o salve. É o indivíduo acometido por ladrões, que oferece uma recompensa ao seu libertador; é a pessoa em risco de afogamento, que promete uma soma vultosa a quem a ponha a salvo; é o dono da embarcação fazendo água, que se compromete a remunerar desarrazoadamente a quem o leve ao porto. Nesses casos indagava a doutrina se havia coação. Entendemos que não se pode conceituar aqui a *vis compulsiva*. Se é certo que não se considera livre a vontade da pessoa que age sob a premência de tais circunstâncias, que a levam a prometer aquilo que razoavelmente não pode ou não deve fazer,[51] não admitimos que se possa enquadrá-la na etiologia da violência moral, pois que a declaração de vontade não foi motivada pela ameaça de quem dela se beneficiaria, mas teria emanado do imponderável ou do fato das coisas. O favorecido não extorquiu a emissão de vontade sob ameaça de um dano, porém aproveitou-se do risco a que a vida ou a fazenda do agente estava exposta, para obter uma vantagem. Não realizou um processo de intimidação, mas auferiu o benefício por via de um dolo de aproveitamento, que entra na composição de outro defeito do negócio jurídico, objeto de estudo no nº 94, *infra*. Parece-nos que não há aqui coação, como ao *direito* romano também se não afigurava tal,[52] e neste sentido, de que não há os requisitos da violência, milita aquela doutrina que caracteriza esta situação como um "estado de perigo", como analisaremos.[53]

---

51 Clóvis Beviláqua, *Teoria Geral*, § 43.

52 *Digesto*, Livro IV, tít. II, § 9.

53 De Page, nº 62.

378 INSTITUIÇÕES DE DIREITO CIVIL • VOL. I • INTRODUÇÃO E TEORIA GERAL DE DIREITO CIVIL

Alguns autores entendem que a aferição da violência relativamente aos atos a título gratuito (testamento, doação) dever-se-á fazer sem que se tenha de exigir que as ameaças apresentem a mesma gravidade que para os atos onerosos.[54] Não vemos, no direito brasileiro, razão para esta distinção, já que o legislador estruturou a dogmática da coação como defeito dos negócios jurídicos em geral, abrangendo-os todos, sem distinção, portanto.

92. SIMULAÇÃO (REMISSÃO)

Não há na simulação um vício do consentimento, porque o querer do agente tem em mira, efetivamente, o resultado que a declaração procura realizar ou conseguir. Mas há um defeito do ato, ou um daqueles que a doutrina apelida de *vícios sociais* (cf. nº 88, *supra*), positivado na conformidade entre a declaração de vontade e a ordem legal, em relação ao resultado daquela, ou em razão da técnica de sua realização. Consiste a simulação em celebrar-se um ato, que tem aparência normal, mas que, na verdade, não visa ao efeito que juridicamente devia produzir.

Tradicionalmente, o direito brasileiro abrangia a simulação como defeito ligado ao interesse das partes, e tratava-a, portanto, como geradora da anulabilidade do ato. O Código de 2002 propendeu para o direito alemão (BGB, § 117), considerando-a como causa de nulidade (art. 167). Em respeito à nova sistemática, remetemos ao nº 109-A, *infra*, onde restam aprofundadas as reflexões acerca da matéria.

93. FRAUDE CONTRA CREDORES

Vício social que é, a fraude contra credores é um defeito que não se caracteriza como falha no consentimento. Este se conserva sem distúrbios de ordem interna ou externa, formulando-se a declaração de vontade em consonância com o desígnio do agente. Onde, então, há o elemento que a categoriza como defeito do negócio jurídico é na desconformidade que se apresenta entre a declaração de vontade e a ordem jurídica, ou, mais precisamente, no *resultado antijurídico* da emissão volitiva.

A denominação do defeito – *fraude* – é uma especialização semântica do direito moderno. Pelo romano *fraus* designava procedimento malicioso, quer se apresentasse sob a modalidade do dolo, quer da fraude propriamente dita. Esta confusão atingiu no passado o nosso direito positivo, visto como o Código Comercial de 1850 empregava o vocábulo como sinônimo de simulação.[55] Teixeira de Freitas com precisão delimitou o conceito de fraude e estremou-a dos demais defeitos dos negócios jurídicos, de sorte que ao ser elaborado o Projeto e votado o Código Civil de 1916, já

---

54   Capitant, *loc. cit.*
55   Clóvis Beviláqua, *Teoria Geral*, § 55.

nossa doutrina sabia destacar com clareza as falhas da declaração de vontade, o que a doutrina francesa nem sempre fez com precisão científica.[56]

Fraude é, pois, segundo os princípios assentados em nosso direito, em consonância com as ideias mais certas, a manobra engendrada com o fito de prejudicar terceiro; e tanto se insere no negócio unilateral (caso em que macula o negócio ainda que dela não participe outra pessoa), como se imiscui no negócio bilateral (caso em que a maquinação é concertada entre as partes). Distingue-se dos demais defeitos dos negócios jurídicos. Difere do *erro*, em que o agente procede com pleno conhecimento dos fatos: do *dolo*, em que, neste, o agente é induzido a engano de que resulta a declaração de vontade; da *coação* se distancia pela inexistência do processo de intimidação, que é elemento desta; com a *simulação* não se confunde porque não há, em sua etiologia, o disfarce para o negócio jurídico, que se apresenta caracterizado nos seus extremos normais. Na *fraude*, o que estará presente é o propósito de levar aos credores um prejuízo, em benefício próprio ou alheio, furtando-lhes a garantia geral que devem encontrar no patrimônio do devedor. Seus requisitos são a má-fé ou malícia do devedor, e a intenção de impor um prejuízo a terceiro. Mais modernamente, e, digamos, com mais acuidade científica, não se exige que o devedor traga a *intenção deliberada* de causar prejuízo (*animus nocendi*); basta que tenha a *consciência* de produzir o dano.[57] Há, sem dúvida, certa semelhança entre a fraude e a simulação, porque em ambas o agente procede maliciosamente e do negócio pode *resultar* (*simulação*), ou *resultará sempre* (*fraude*) um dano a terceiro. Mas não se confundem os dois institutos, porque pela simulação a declaração de vontade se disfarça na consecução de um resultado que tem a aparência de um ato negocial determinado, enquanto na fraude o ato é real, a declaração de vontade está na conformidade do querer íntimo do agente, tendo como efeito um resultado prejudicial a terceiro.

Ocorre frequentemente a fraude quando, achando-se um devedor assoberbado de compromissos, com o ativo reduzido e o passivo elevado, procura subtrair aos credores uma parte daquele ativo, e neste propósito faz uma liberalidade a um amigo ou parente, ou vende a vil preço um bem qualquer, ou concede privilégio a um credor mediante a outorga de garantia real, ou realiza qualquer ato, que a má-fé engendra com grande riqueza de imaginação.[58] Afirmamos que inexiste aqui um vício do consentimento, porque o agente assim procede, porque assim quer, sem que a declaração de vontade sofra uma distorção que a coloque em divergência com o querer interior. Mas, não podendo a ordem jurídica compadecer-se de um processo desleal, acusa esta emissão volitiva de imperfeição, e, estremando o processo defraudatório como figura específica de defeito no negócio jurídico, concede ao prejudicado ação para revogá-lo.

---

56 Teixeira de Freitas, *Consolidação*, art. 358 e nota.

57 Ruggiero e Maroi, *Istituzioni*, II, § 98.

58 Colin e Capitant, *Cours*, II, nº 256; Planiol, Ripert e Boulanger, *Traité*, II, nº 1.417.

Em razão do princípio da responsabilidade, todo indivíduo oferece aos credores, como garantia genérica, os valores que compõem o seu lado ativo, de sorte que, a todo tempo, possam eles pagar-se mediante a excussão de um bem que dali retira, por intermédio da justiça. Constitui *fraude* contra credores toda *diminuição maliciosa* levada a efeito pelo devedor, com o propósito de desfalcar aquela garantia, em detrimento dos direitos creditórios alheios. Não constitui fraude, portanto, o fato em si de reduzir o devedor o seu ativo patrimonial, seja pela alienação de um bem, seja pela constituição de garantia em benefício de certo credor, seja pela solução de débito preexistente. O devedor, pelo fato de o ser, não perde a liberdade de disposição de seus bens. O que se caracteriza como defeito, e sofre a repressão da ordem legal, é a *diminuição maliciosa do patrimônio*, empreendida pelo devedor com *ânimo de prejudicar* os demais credores,[59] ou com a consciência de causar dano.

Procede fraudulentamente o devedor que gratuitamente aliena bens ou remite dívida, quando o faz em estado de insolvência, ou a ele se reduz em consequência do ato. Desde que ao tempo da declaração de vontade os valores ativos do seu patrimônio sejam ou se tornem inferiores aos valores passivos, não tem o devedor a faculdade de fazer liberalidade, e incorre na acusação de procedimento fraudulento se as realiza. Não há, por isto, indagar na alienação gratuita se o beneficiado conhecia o real estado do agente. O Código atual eliminou toda indagação de cunho subjetivo, incorporando, no contexto do artigo 158, a cláusula segundo a qual não há cogitar se o agente conhece ou ignora o estado de insolvência. O que cumpre apurar, exclusivamente, é se o patrimônio do devedor é ou se tornou insuficiente para atender aos seus débitos. E não há mister provar que o alienante estava de má-fé. Basta precisar este estado de insolvência, situar o negócio dentro dele e apurar que o credor prejudicado já o era àquele tempo, pois é evidente que aquele que se tornou credor posteriormente à alienação gratuita já encontra o patrimônio desfalcado, e não tem de que se queixar.

Se o negócio incriminado é oneroso, será de mister verificar-se, além do dano e da insolvência, o conhecimento de tal estado pelo coparticipante no ato, seja este conhecimento especialmente evidenciado, seja presumido em virtude da notoriedade da insolvência (Código Civil, art. 159). A diferença entre uma situação e outra é sensível; se o negócio é gratuito, sempre traz diminuição patrimonial e redução de garantias, somente podendo praticá-lo quem com isto não impõe prejuízo aos credores por manter íntegra a sua capacidade de solução das obrigações: *nemo liberalis nisi liberatus*;[60] se o negócio é oneroso, pode importar, ou não, em redução patrimonial e restrição de garantias, mas em todo caso o coparticipante do negócio não recebeu um benefício, porém ofereceu uma contraprestação à vantagem que auferiu. Além destes argumentos, os escritores acrescentam ainda que, no conflito entre o interesse do credor e do donatário, deve prevalecer o primeiro, porque o credor luta para evitar um prejuízo, enquanto o segundo defende apenas a manutenção do lucro percebido; mas, se a alienação foi onerosa, a aquisição custou ao adquirente uma prestação

---

59 Clóvis Beviláqua, *loc. cit.*

60 "Ninguém pode ser generoso, se não estiver livre de dívidas".

DEFEITOS DO NEGÓCIO JURÍDICO 381

ou sacrifício patrimonial, e a sua posição é idêntica à do credor, pois *certant ambo de damno vitando*,[61] e, nestas condições, somente deve ceder seu direito e perder o bem o adquirente que seja convencido de cumplicidade na manobra fraudulenta do devedor.[62]

Equipara-se à alienação, para efeito de se reputar *in fraudem creditorum*, o pagamento ao credor quirografário[63] de dívida não vencida (Código Civil, art. 162). O artigo refere-se ao pagamento em dinheiro. Não cogita de uma dação em pagamento, que deve ser colocada no plano da alienação onerosa de bens, e, como tal, tratada.

Na mesma linha de ataque devem inscrever-se as garantias que o devedor insolvente dê a algum credor (art. 163), destacando bens que seriam privilégio geral de todos para assegurar os direitos de um só, bem como as reduções indiretas no acervo patrimonial, tais como a renúncia a direitos ou a recusa de herança, que, se não importam em retirar do patrimônio bens nele existentes, significam impedir que para ali se encarreirem valores ativos que os credores encontrariam para garantia de recebimento.

Os atos fraudulentos são atacáveis pela ação denominada *pauliana* ou *revocatória* (às vezes chamada rescisória), que nos vem do direito romano, onde foi criada pela atividade do pretor. A princípio tinha caráter penal e era dirigida contra o terceiro que se houvesse prestado às manobras fraudulentas do devedor; depois veio a ser contra o donatário que tivesse tirado proveito do delito cometido pelo devedor. No início, o réu era condenado a uma pena pecuniária, cuja execução não se cumpria se o bem indevidamente desviado fosse restituído ao patrimônio do devedor e mais tarde, não obstante a sua natureza pessoal, a ação pauliana apresentava-se como uma *actio in rem*, tendo por objeto a nulidade do negócio fraudulento e a recuperação da coisa para o patrimônio do devedor.[64] Deve ela revestir os seguintes requisitos: a) deve ser proposta pelo credor prejudicado, que já o fosse contemporaneamente ao negócio incriminado, pois o posterior não tem de que se queixar, por encontrar desfalcado o patrimônio ao assumir a qualidade creditória; b) pode ser intentada contra o devedor insolvente, a pessoa que tiver com ele celebrado a estipulação incriminada, ou terceiros adquirentes que hajam procedido de má-fé (Código Civil, art. 161); c) tem o autor de provar o *eventus damni*, isto é, o prejuízo que o negócio considerado fraudulento lhe tenha causado, pois que a anulação do negócio não tem por objeto punir o que a aliena, porém reparar o prejuízo dos que são indiretamente atingidos pela disposição, e, assim, para ter a *legitimação para agir* é mister que o credor, autor na *ação revocatória*, prove ter sofrido um prejuízo efetivo, e não que o negócio poderia, em tese, ser-lhe danoso; d) tem de provar o *estado de insolvência* e, se for oneroso o ato, o conhecimento real ou presumido dessa situação pela outra parte, o que requer, como

---

61 "Ambos disputam sobre o dano a evitar".

62 Ruggiero, *loc. cit.*; Planiol, Ripert e Boulanger, nos 1.433 e ss.; Colin e Capitant, *Cours*, no 260.

63 Quirografário é o credor que não goza de preferências ou garantias, sendo pago após todos os demais.

64 Colin e Capitant, *loc. cit.*; Planiol, Ripert e Boulanger, *loc. cit.*

condição de admissibilidade da ação revocatória, a verificação daquele estado, pois se o autor encontrar outros bens, no patrimônio do devedor, suscetíveis de penhora, poderá pagar-se pela excussão deles, sem necessidade de revogar o ato; e) o *consilium fraudis*, quando oneroso o negócio jurídico, ou seja, o concerto realizado entre os que dele participaram na ciência do estado de insolvência, circunstância que, repitamos, é dispensada se o negócio fraudulento é gratuito, porque então traz em si a presunção de má-fé.[65]

O efeito natural da anulação seria repor o bem no patrimônio do devedor ou cancelar a garantia especial concedida, de sorte que, retornando ao patrimônio do devedor, voltassem os credores a ter, sobre o bem restituído, o caráter de garantia genérica. O alienante seria compelido a repor o que houvesse recebido. Todavia, não foi esta a decisão do legislador. Havendo o Código de Processo Civil de 1973 substituído o processo de concurso de credores pelo instituto da insolvência, a restituição do indébito far-se-á em benefício da massa sobre a qual recai a execução contra devedor insolvente (Código de Processo Civil de 1973, arts. 748 e ss., que permanecem vigentes por expressa determinação do art. 1.052 do Código de Processo Civil de 2015). Surgiu, assim, a híbrida figura prevista no art. 165 do Código Civil: embora anulados os negócios fraudulentos, a vantagem resultante "reverterá em proveito do acervo sobre que se tenha de efetuar o concurso". Os bens, portanto, não retornam ao *status quo ante*, como seria normal, mas irão diretamente compor a massa sobre a qual recairá a execução.

Mas, não tendo ainda o adquirente pago o preço, desobriga-se e evita a rescisão do negócio, mediante o seu depósito em Juízo e convocação de todos os interessados, desde que o valor de aquisição seja aproximadamente correspondente ao da coisa alienada. Caso contrário o depósito é insuficiente. Convalidará, todavia, o negócio jurídico se depositar o valor real do bem, ainda que o preço pago seja inferior. Tendo-se como *real* o que lhe corresponda no mercado ou em confronto com outros análogos. O Código Civil anterior exigia que, feito o depósito, fossem citados todos os interessados por edital. O Código deixa agora ao processo a escolha do modo de citação, que pode ser pessoal se todos forem conhecidos (art. 160). Não basta, entretanto, que o adquirente ofereça o preço da coisa. É mister que o *deposite* efetivamente (art. 160, parágrafo único, do Código Civil).

Via de regra, somente os credores quirografários podem intentar ação pauliana, pois os privilegiados já encontram, para garantia especial de seus créditos, bens destacados e individuados, sobre os quais incidirá a execução.[66] Mas, se normalmente não necessita o credor privilegiado de revogar o negócio praticado *in fraudem creditorum*, não está impedido de fazê-lo se militam em seu favor os requisitos da ação pauliana, entre os quais a existência do prejuízo, pois bem pode acontecer que as suas garantias sejam insuficientes, e o crédito, no que exceder delas, achar-se desguarnecido.

---

65 Sobre os requisitos da ação pauliana: Clóvis Beviláqua, *loc. cit.*; Caio Mário da Silva Pereira, *Ação Revocatória*, p. 9; Colin e Capitant, *loc. cit.*; Planiol, Ripert e Boulanger, *loc. cit.*

66 Teixeira de Freitas, *Doutrina das Ações*, § 54; Clóvis Beviláqua, *loc. cit.*

Deve-se, ainda, considerar que os *negócios ordinários*, indispensáveis à manutenção da atividade regular do devedor, têm por si a presunção da boa-fé. A inserção do artigo 164 no Código, reproduzindo o correspondente de 1916, era desnecessária. O estado de insolvência não converte o devedor em um incapaz. Continua ele com a sua vida normal. Assim, o pagamento de dívida já vencida ou a constituição de novos débitos, ainda que revestidos de garantias, são insuscetíveis de anulação, salvo se provado, em ilusão da boa-fé presumida, que se celebraram fraudulentamente.

Vale destacar, ainda, que não configura insolvência, no rigor técnico do termo, o estado de superendividamento que, no âmbito das relações de consumo, pode deflagrar o procedimento especial de repactuação de dívidas de que trata o art. 104-A do Código de Defesa do Consumidor, criado pela Lei nº 14.181/2021. Tanto aquele procedimento, instaurado a requerimento do devedor, quanto o processo por superendividamento para revisão e integração dos contratos e repactuação das dívidas remanescentes mediante plano judicial compulsório, concebido pelo art. 105-A do mesmo diploma, não importam em insolvência civil (como dispõe expressamente, acerca do primeiro procedimento, o art. 104-A, § 5º). De fato, a noção de superendividamento não parte da comparação entre ativo e passivo patrimonial, como a insolvência, e sim de um critério valorativo mais amplo, nos termos do art. 54-A, § 1º, do CDC, que define superendividamento como "a impossibilidade manifesta de a pessoa natural, de boa-fé, pagar a totalidade de suas dívidas de consumo, exigíveis e vincendas, sem comprometer seu mínimo existencial". O conceito também exclui as dívidas contraídas mediante fraude ou má-fé, sejam elas oriundas de contratos celebrados dolosamente com o propósito de não realizar o pagamento ou decorrentes da aquisição ou contratação de produtos e serviços de luxo de alto valor (art. 54, § 3º, do CDC).

No direito empresarial há maior *rigor* no tocante ao devedor que procede em fraude contra credores, porque a atividade empresarial repousa essencialmente no princípio da boa-fé, e é razoável que a lei persiga mais ativamente o empresário que desvia, do giro dos negócios, bens que são garantia de seu crédito, ou que rompe a igualdade de condições entre os credores (*par conditio creditorum*) por via da concessão de garantias ou antecipação de pagamento a um credor. A Lei de Falências (Lei nº 11.101/2005, arts. 130 e ss.) disciplina a ação revocatória que deve ser proposta pelo administrador judicial em benefício do conjunto dos credores, por qualquer credor ou pelo Ministério Público no prazo de três anos contado da decretação da falência (art. 132). A agravação das condições da ação revocatória na falência está em que se dispensam para alguns atos os extremos da *ação pauliana*: assim é que, se a anulação dos contratos onerosos subordina-se aos requisitos normais da ação rescisória por fraude contra credores, a revogação de outros atos praticados pelo falido é determinada, tenha ou não o contraente conhecimento do estado do devedor, seja ou não intenção deste fraudar os credores, tais como, pagamento de dívida não vencida realizado dentro no período suspeito da falência; a constituição de direitos reais de garantia dentro desse termo, se a dívida foi contraída antes; os atos de liberalidade, salvo quanto a donativos de pequeno valor; a renúncia à herança ou legado até dois anos antes da declaração da falência; a restituição antecipada do dote; a venda ou transferência de estabelecimento feita sem expresso consentimento ou pagamento de todos os credores.[67]

Fraude à execução. Da fraude contra credores distingue-se a *fraude à execução.* Diversamente da fraude contra credores, que torna o negócio anulável, com as peculiaridades que acabam de ser vistas, a alienação em fraude à execução é *nula,*[68] ficando os bens sujeitos à execução (Código de Processo Civil de 2015, art. 790, V). Considera-se *fraude à execução* (Código de Processo Civil de 2015, art. 792): I – quando sobre os bens for movida a ação real ou reipersecutória; II – quando, ao tempo da alienação, já pendia contra o alienante demanda capaz de alterar-lhe o patrimônio, reduzindo-o à insolvência; III – quando transcrita a alienação depois de decretada a falência; e IV – nos casos expressos em lei.

94. Lesão e estado de perigo

Originário de uma interpolação levada a efeito quando da codificação justinianeia sobre os textos de duas "constituições" dos imperadores Diocleciano e Maximiliano,[69] o instituto da lesão tem passado pelas mais variadas vicissitudes desde seu aparecimento até os nossos dias.

Pode-se genericamente definir lesão como o prejuízo que uma pessoa sofre na conclusão de um ato negocial, resultante da desproporção existente entre as prestações das duas partes.[70]

Nosso direito pré-codificado concebeu o instituto da lesão com base numa distinção, caracterizando-se a *lesão enorme* como defeito objetivo do contrato: o seu fundamento não era nenhum vício presumido do consentimento, mas assentava na injustiça do contrato em si; já a *lesão enormíssima* fundava-se no dolo com que se conduzia aquele que do negócio tirava o proveito desarrazoado, porém *dolo presumido* ou dolo *ex re ipsa (em si mesmo)*, que não precisava ser perquirido na intenção do agente.

O Código Civil de 1916 abolira a rescisão por lesão, não obstante ter sobrevivido ela na generalidade dos Códigos ocidentais, nos quais sofreu certa restrição, que lhe reduzia o campo de atuação ao contrato de compra e venda e à partilha.

---

67 Cf. sobre a ação revocatória no regime falimentar: Miranda Valverde, *Comentários à Lei de Falência*, I, nos 361 e ss.; Bonelli, *Del Falimento*, I, nos 370 e ss.; Ripert, *Traité Élémentaire de Droit Commercial*, nos 2.726 e ss. da edição de 1951; Bento de Faria, *Direito Comercial*, vol. IV, 2ª parte, nos 86 e ss.

68 Clóvis Beviláqua, *Comentários ao Código Civil*, v. I, ao art. 106, Observação 7; Amílcar de Castro, *Comentários ao Código de Processo Civil*, v. X, n. 81; Orosimbo Nonato, *Fraude contra Credores*, p. 203.

69 Os textos são do Código, Livro IV, tít. XLIV, frs. II e VIII, de onde veio para o primeiro, mais importante na criação da rescisão lesionária, o nome de "Lei Segunda".

70 De Page, *Traité Élémentaire*, I, nº 67.

O Código Civil de 2002 considera a lesão como defeito do negócio jurídico, assinalando a presença de *dolo presumido* de aproveitamento como elemento subjetivo;[71] e, como elemento objetivo, o fato de uma das partes *auferir um lucro exagerado* porque a outra parte assumiu obrigação manifestamente desproporcional ao valor da prestação oposta (art. 157, *caput*). Com efeito, segundo a noção corrente, a lesão ocorre quando o agente, premido pela necessidade, induzido pela inexperiência ou conduzido pela insensatez, realiza um negócio jurídico que proporciona à outra parte um lucro patrimonial desarrazoado ou exorbitante da normalidade.

Não é a lesão puramente um vício do consentimento, de vez que o desfazimento do negócio não tem por fundamento uma desconformidade entre a vontade real e a vontade declarada. Difere a lesão do erro em que o agente no momento da declaração de vontade tem a consciência da realidade material das circunstâncias; não há nele o emprego de artifícios por parte de alguém que procure induzir o agente a realizar o negócio jurídico; difere da coação, em que falta o processo de intimidação sobre o ânimo do agente para compeli-lo ao negócio jurídico; e tanto se distancia da fraude que nem há mister salientar a diferença. Residindo, pois, a lesão na zona limítrofe dos vícios do consentimento, por aproveitar-se o beneficiário da distorção volitiva, para lograr um lucro patrimonial excessivo, é sem dúvida um defeito do negócio jurídico, embora diferente, na sua estrutura, dos até agora examinados, razão por que é chamado por alguns de *vício excepcional.*[72]

Na sua caracterização devem ser apurados dois requisitos: um *objetivo* e outro *subjetivo*. O primeiro, *objetivo*, situa-se na desproporção evidente e anormal das prestações, quando uma das partes aufere ou tem possibilidade de auferir do negócio um lucro desabusadamente maior do que a prestação que pagou ou prometeu, aferida ao tempo mesmo do contrato.

O Código abandonou o critério do tarifamento, que sempre nos pareceu inconveniente, pois mais aconselhável é deixar ao prudente arbítrio do juiz verificar se o *iustum contrapassum*[73] entre as prestações recíprocas foi sacrificado. Exige, contudo, que a prestação a que se tenha obrigado o declarante seja *manifestamente desproporcional ao valor da contraprestação recebida ou prometida*. Não cabe, obviamente, colocar as questões em termos de se apurar o justo preço, pois que os valores das coisas oscilam ao sabor de um conjunto de circunstâncias. Desprezou, igualmente, o conceito de *valor corrente*, que constitui um conceito sem a necessária rigidez. Oferece, todavia, um elemento de relativa objetividade, ao estabelecer que à lesão há de concorrer a prestação *manifestamente desproporcional*, isto é, uma prestação cujo valor se distancia grandemente, evidentemente, da contraprestação.

---

71 Mais do que presumi-lo, a doutrina costuma afirmar simplesmente que não se exige o dolo de aproveitamento para a configuração da lesão no Código Civil de 2002 (nesse sentido, por exemplo, o enunciado n. 150 da III Jornada de Direito Civil do CEJ/CJF, de 2004). Assim, o elemento subjetivo da lesão resume-se à inexperiência ou premente necessidade do lesado (nesta obra referidos como indícios de dolo de aproveitamento presumido do beneficiado).

72 Mazeaud *et* Mazeaud, *Leçons*, II, n° 159.

73 "Justo contrapeso".

O segundo requisito, *subjetivo*, é o que a doutrina denomina dolo de aproveitamento pela parte beneficiada, e se presume a partir do fato de a outra parte agir por inexperiência, insensatez ou em estado de premente necessidade, no momento de contratar. A necessidade, tal como a inexperiência apuram-se no momento e em face da natureza do negócio jurídico realizado, independentemente de não se verificarem em outras circunstâncias e para os negócios em geral. A aferição do aproveitamento, oriunda da necessidade contratual (e não necessidade no sentido de miséria, penúria, insuficiência de meios de subsistência ou manutenção), ou da inexperiência, bem como da desproporção das prestações, hão de ser contemporâneas da celebração do ato. Se em outro momento e em circunstâncias diferentes o agente não é necessitado ou inexperiente, ou se o valor da prestação recebida se distancia da prestação paga, ou prometida, por força de outras circunstâncias (depreciação do valor da moeda, realização de obras ou melhoramentos beneficiando a coisa), e venha a ocorrer desproporção manifesta, não há falar em lesão (Código Civil, art. 157, § 1º).

Não há propriamente dolo no aproveitamento, ao contrário do que ocorre no estado de perigo, pois não há mister que o beneficiado induza o agente a praticar o ato, levando-o à emissão de vontade por algum processo de convencimento, nem que tenha a intenção de explorá-lo. Basta que *daquela situação de inferioridade,* ainda que momentânea do agente, resulte lucro anormal para o beneficiado. Assim, por exemplo, o advogado que, se valendo de situação de desespero da parte, firma contrato *quota litis* no qual fixa sua remuneração de êxito em 50% do benefício econômico gerado pela causa.[74-75]

Verificada a existência destes dois extremos, o ato negocial é defeituoso, e, como tal, suscetível de desfazimento. A lesão, como defeito do negócio jurídico, conduz à sua anulabilidade, e não à sua nulidade. Em consequência, pode ele ser convalidado. Partindo de que o fundamento da invalidação é o atentado à justiça comutativa, pode o beneficiado restabelecê-la de duas maneiras: oferecendo suplemento que desfaça a desproporção das prestações ou acordando com a redução do proveito (art. 157, § 2º). Tendo em vista que numa ou noutra hipótese a anulação do negócio não será pronunciada, entende-se que, mesmo depois de instaurada a instância processual, caberá ao demandado oferecer suplemento suficiente ou aceitar a redução do proveito, e, com isto, ilidir a prestação anulatória do lesado.

O problema da *renúncia* à faculdade de pleitear o desfazimento de negócio, que atormentou os juristas medievais, encontra solução na ressalva de que somente é válida, e apta a restituir eficácia ao ato, quando realizada fora totalmente das circunstâncias que induziram o agente ao ato lesivo.[76] A matéria, que constituía

---

74   STJ, 3ª T., REsp 1.155.200, Rel. p/ ac. Min. Nancy Andrighi, j. 22.02.2011.

75   STJ, 3ª T., REsp 1.155.200, Rel. p/ ac. Min. Nancy Andrighi, j. 22.02.2011.

76   Cf., a respeito da lesão nos seus diversos aspectos: Caio Mário da Silva Pereira, *Lesão nos Contratos*; De Page, *Le Problème de la Lésion dans les Contrats*; Alberto Candian, *Contributo alla dottrina della usura e della lesione nel diritto positivo italiano*; René Dekkers, *La lésion enorme;*

questão aberta no regime da legislação anterior, em que se indagava se o ato lesivo era nulo ou anulável, passou a pacífica, pelo fato de o Código caracterizar a lesão como defeito que conduz à anulabilidade, e não à nulidade de pleno direito (art. 178, II).

O Código de Proteção e Defesa do Consumidor (Lei nº 8.078, de 11 de setembro de 1990), embora não se lhe refira nominalmente, também absorveu o instituto da lesão, embora preveja para ela um remédio mais específico, autorizando a modificação das cláusulas contratuais que estabeleçam prestações desproporcionais (art. 6º, V, do CDC).[7778]

Estado de Perigo. O Código aceitou a inovação que introduzi ao redigir o Anteprojeto de Obrigações, e ora se encontra consignada no art. 156. É defeituosa a declaração de vontade quando uma pessoa a emite premida pela necessidade de salvar-se, ou a seu cônjuge, descendente, ascendente, ou mesmo alguém a ela ligada por laços de extrema afetividade, assumindo obrigação excessivamente onerosa. É elementar, nesta espécie, o fato de ter a outra parte conhecimento do estado de perigo, fazendo-se presente o requisito do *dolo de aproveitamento.*

O defeito assemelha-se à coação, uma vez que a vontade não se manifesta livremente, porém influenciada pelas circunstâncias. Da coação se distingue, todavia, em que ocorre não uma ameaça, senão que alguém, conhecendo a existência do perigo, aproveita-se para extrair benefício excessivamente oneroso para o declarante. É o caso de quem promete quantia vultosa a quem o salve de naufrágio ou afogamento, ou a quem se ofereça para realizar uma cirurgia de urgência. O instituto é disciplinado no Código italiano, art. 1.447, que legitima o promitente a postular a rescisão do contrato, mas admite, conforme as circunstâncias, que o juiz, ao pronunciá-la, assegure compensação equitativa à outra parte, pelo serviço prestado. O prejudicado decai do direito de pleitear a anulação em quatro anos a contar da realização do negócio (art. 178, II).

E. Demontès, *De la lésion dans les contrats entre majeurs*; Oertmann, *Introducción*, p. 276; Mazeaud *et* Mazeaud, *Leçons*, II, nᵒˢ 209 e ss.; Wilson Andrade Brandão, *Lesão e Contrato.*

77 V. o nosso *Lesão nos Contratos*, nº 112.

78 V. o nosso *Lesão nos Contratos*, nº 112.

CAPÍTULO XIX
MODALIDADES DO NEGÓCIO JURÍDICO

Sumário

95. Elementos acidentais do negócio jurídico. **96.** Condição: noção, classificação e efeitos. **97.** Condição suspensiva e condição resolutiva. **98.** Condição impossível e condição proibida. **99.** Termo e prazo. **100.** Encargo. **101.** Pressuposição.

Bibliografia

Clóvis Beviláqua, *Teoria Geral*, §§ 58 e ss. e *Código dos Estados Unidos do Brasil Comentado*, 1948, v. 1; De Page, *Traité Élémentaire*, I, n°s 134 e ss.; Oertmann, *Introducción*, § 52; Planiol, Ripert e Boulanger, *Traité Élémentaire*, I, n°s 316 e ss.; Enneccerus, Kipp e Wolff, *Tratado*, I, §§ 180 e ss.; Ruggiero e Maroi, *Istituzioni*, § 30; Mazeaud *et* Mazeaud, *Leçons*, I, n°s 254 e ss.; Etienne Bartin, *Théorie des Conditions Impossibles, Illicites, Contraires aux Moeurs*, 1887; A. Leloutre, "Étude sur la Retroactivité de la Condition", *in Rev. Trimestrielle de Droit Civil*, 1907, p. 753; Salvatore Pugliatti, *Introducción*, p. 284 e ss.; Domenico Barbero, *Contributo alla Teoria della Condizione*, 1937; Angelo Falzea, *La Condizione e gli Elementi dell'Atto Giuridico*, 1941; Vicente Ráo, *Ato Jurídico*, 1981, n°s 104-A e ss.; Washington de Barros Monteiro, *Curso*, vol. 1, p. 215 e ss.; Serpa Lopes, *Curso*, I, n°s 334 e ss.; Orlando Gomes, *Introdução*, n°s 225 e ss.; José Carlos Moreira Alves, *A Parte Geral do Projeto de Código Civil Brasileiro*, 1986, p. 96 e ss.; Antônio Junqueira de Azevedo, *Negócio Jurídico: Existência, Validade e Eficácia*, 1974; Francisco Amaral, *Da Irretroatividade da Condição Suspensiva no Direito Brasileiro*, 1989.

95. Elementos acidentais do negócio jurídico

A fora os requisitos essenciais, sem os quais não se configura a existência dos negócios jurídicos, ou a sua eficácia, outros elementos podem estar presentes, modificando-os, imprimindo-lhes *modalidades* especiais. Diz-se que o negócio é *puro e simples*, quando a declaração de vontade se formula sem a interferência de circunstâncias modificativas, operando seus efeitos, como decorrência natural do impulso volitivo. É o que predomina nas civilizações pouco desenvolvidas, ao revés do que ocorre nos grupos sociais mais adiantados, em que a complexidade das relações sociais e a diversidade dos interesses envolvem os negócios jurídicos de determinações modificativas que retardam o nascimento ou a exigibilidade dos direitos, ou restringem seus efeitos no tempo.[1]

Permite, pois, a lei que a emissão de vontade apareça limitada pelo próprio agente estabelecendo-se uma volição complexa, em tais termos que o efeito do negócio jurídico se encontra na dependência de fatores exógenos. A vontade, em vez de se emitir apenas com os *elementos essenciais* do negócio – *essentialia negotii* – acrescenta-lhe modalidades secundárias, que não obstante isto subordinam ora a própria criação do direito, ora a produção das consequências jurídicas ao seu implemento. Como não integram o esquema natural do negócio, dizem-se *acidentais – accidentalia negotii –*, não no sentido de que concretamente o negócio se desenvolva sem elas, pois que na verdade o vinculam para sempre, mas na acepção de que a figura abstrata do ato negocial se constrói sem a sua presença. Considerado, porém, um dado negócio jurídico *in concreto*, a vontade, modificada pelo elemento acidental, não se liberta dele, ficando, ora a sua existência mesma, ora os seus efeitos, dependentes de sua incidência. Daí assinalar-se que os elementos acidentais atuam decisivamente sobre a vontade declarada, desde que com ela se exteriorizem. Em teoria pode-se, então, ver no negócio jurídico uma determinação do agente, seca e desacompanhada de toda modalidade – negócio jurídico puro ou declaração pura e simples de vontade. Mas pode-se encontrar também a *determinação acessória*, que o é, porque o negócio pode realizar-se em tese sem ela, porém, uma vez aderente, não mais consegue desprender-se.

Por várias maneiras atuam as modalidades sobre o negócio jurídico. Ora constituem barreira à aquisição do direito, ora lhe subordinam o efeito à sua ocorrência, e tanto num quanto noutro caso, a vontade determina a sua projeção no mundo externo em dependência de uma *eventualidade futura*, e, como eventualidade, *incerta*. É o que se chama *condição*. Ora o agente fixa no *tempo* o início ou a cessação dos efeitos originários do negócio jurídico, e é o que se denomina *termo*. Ora institui uma imposição ao titular do direito, sem impedir que a emissão volitiva produza as suas consequências naturais, e constitui-se o encargo (ou *modus*). *Condição, termo* e *encargo* são as principais modalidades dos atos negociais, cada uma delas

---

1   De Page, *Traité Élémentaire*, nº 134.

INSTITUIÇÕES DE DIREITO CIVIL • VOL. I • INTRODUÇÃO E TEORIA GERAL DE DIREITO CIVIL

erigindo-se em modificação específica ou determinação acessória especial da vontade, com a sua própria etiologia, com a sua própria doutrina.

Como determinação acessória da vontade, poder-se-ia dizer que as modificações dos negócios jurídicos, em princípio, podem aceder a todos eles, e há mesmo escritores que o afirmam.[2] Bem ponderada, contudo, é de restringir-se a afirmativa. Sua presença normal é nos atos que reflitam um interesse econômico, pois os que dizem respeito ao estado das pessoas, os direitos de família puros, e outros, são insuscetíveis de sofrer modalidades. Ninguém admite a adoção de um filho, o reconhecimento de paternidade, a celebração do casamento, subordinados a condição ou termo. Os negócios jurídicos patrimoniais às vezes são também incompatíveis com a imposição de elementos acidentais, como é o caso da aceitação ou renúncia de uma herança,[3] mas afora esses excepcionais, seja no campo dos direitos de crédito, seja na órbita dos direitos das coisas, tranquilamente aceitam tais negócios jurídicos determinações acessórias.

96. CONDIÇÃO: NOÇÃO, CLASSIFICAÇÃO E EFEITOS

Chama-se *condição* a cláusula acessória que subordina a eficácia do negócio jurídico a um acontecimento futuro e incerto (Código Civil, art. 121), mediante limitação da vontade, imposta pelas partes que nele intervêm. Para que seja condição, é indispensável que a cláusula derive exclusivamente da vontade das partes. Noutros termos, quiçá mais precisos, é o acontecimento futuro e incerto, de cuja verificação a vontade das partes faz depender o nascimento ou a extinção das obrigações e direitos.

Procedendo na conformidade do Código Civil anterior, o Código de 2002 define a condição, o que a rigor seria dispensável. É de boa política legislativa estabelecer tão somente comandos, deixando à doutrina a formulação dos conceitos. Transige-se com esta orientação quando necessário, em face de imprecisão conceitual ou conflituosa doutrina. Não é o caso, pois que o conceito de condição é de extrema pacificidade.

A palavra *condição* é empregada em direito em três sentidos. No primeiro, técnico próprio ou específico, traduz a determinação acessória, que se origina da vontade dos interessados, e é neste sentido que neste capítulo a estudamos. Numa segunda acepção, é tomada como requisito do negócio, e é neste sentido que aparece em expressões como estas: "condição de validade do negócio jurídico", "condição de capacidade para contratar", "condição de forma do testamento". Não há em qualquer desses casos, em verdade, uma condição, mas um requisito do negócio jurídico. Numa terceira variação de significado, alia-se a palavra condição a um pressuposto do negócio, ou uma cláusula que ao direito acede naturalmente, e que é dele inseparável. É o que os autores denominam de condição legal (*conditio iuris*), a que se dá também o nome de *condição imprópria*, porque ainda que aposta ao negócio

---

2   Oertmann, *Introducción*, § 52.

3   De Page, *loc. cit.*

sob a forma condicional, implica repetir apenas a exigência da lei, não passando a declaração de vontade de pura e simples. Se o adquirente declara que faz o contrato de compra e venda sob a condição de o alienante ser maior, não se cogita de condição, mas de requisito do negócio; se o testador institui o legado sob a condição de o legatário sobreviver-lhe, não realiza nenhum negócio condicional, pois que a cláusula é uma exigência natural de eficácia da deixa testamentária. Mas condição há, com seu contorno bem definido, quando alguém estipula que fará o aluguel da casa, se transferir sua residência para outra localidade, porque aqui subordina o negócio a um acontecimento que é futuro e é incerto; derivada a cláusula da vontade do agente, não é uma decorrência necessária do direito respectivo. Os autores esclarecem, e o artigo 121 do Código deixou sublinhado, que somente se considera condição a cláusula que deriva "exclusivamente da vontade das partes". Não constitui, em suma, condição o requisito que provém da lei ou da própria natureza do direito a que acede.

Por definição se costuma dizer que a condição importa em uma *determinação acessória*. Repete-se a noção, por amor à autoridade de quem a engendrou (Savigny), bem como porque explica o mecanismo da condição. Mas a aceitação deste conceito requer um esclarecimento, que constitui observação de Enneccerus: não é possível dissociar, na declaração condicionada, a determinação principal da determinação acessória; a verdade certa é que a emissão de vontade já nasce sujeita à modalidade, que é dela inseparável.[4]

É essencial, na caracterização da condição, que o evento de cujo implemento a eficácia da vontade depende seja *futuro* e seja *incerto*. A incerteza há de ser *objetiva*, e não subjetiva, o que significa que a eventualidade poderá ou não acontecer. Não há incerteza, e, pois, não há condição, se o agente estiver em dúvida sobre a ocorrência, mas esta for objetivamente certa. A *futuridade é indispensável*. Se o acontecimento já estiver concretizado no momento em que se realiza a declaração de vontade ou for apenas desconhecido do agente (incerteza subjetiva), não há negócio condicional, por lhes faltarem os requisitos integrativos: ou o acontecimento já se verificou, e o negócio é plenamente desenvolvido, ou a sua verificação é frustra, e o negócio se não chegou a formar.[5]

A incerteza pode variar de sentido, de conteúdo ou de intensidade, e, por esta razão, diz-se que as declarações de vontade, quanto à incidência da certeza, podem ser de quatro espécies, a que correspondem outros tantos tipos de negócios jurídicos: a) *incertus an incertus quando*: não se sabe se acontecerá nem quando poderá acontecer (venderei minha casa se Fulano for Presidente da República), isto é, o fato pode vir a concretizar-se, ou não, e num tempo totalmente indeterminado; b) *incertus an certus quando*: não se sabe se acontecerá, mas, se acontecer, será dentro de um tempo determinado (venderei minha casa a Fulano, se ele se casar até o fim do ano), ou seja, o fato pode vir a realizar-se ou não, mas dentro de um tempo determinado e preciso; c) *certus an incertus quando*: sabe-se que o fato acontecerá, mas ignora-se o momento (venderei minha casa quando Fulano morrer), isto é, o acontecimento é

---

4   Enneccerus, Kipp e Wolff, *Tratado*, I, § 181.
5   Oertmann, *Introducción*, § 53; Von Tuhr, *Derecho Civil*, III, parte 1ª, § 80.

certo que ocorrerá, mas a sua situação no tempo é indeterminada; d) *certus an certus quando*: sabe-se que o evento sobrevirá e determina-se o momento (venderei minha casa no fim da primavera), isto é, o acontecimento é uma decorrência necessária da lei natural, bem como a determinação de sua oportunidade.

Somente as duas primeiras traduzem condição, pois que às duas últimas hipóteses falta o que lhes é indispensável, a incerteza do evento. É, entretanto, possível que um acontecimento certo seja erigido em condição, desde que se lhe aponha uma circunstância adicional como é a limitação no tempo. A morte, por exemplo, é certa na sua fatalidade inevitável, mas, como incerta é a hora, será condicional o negócio cujo efeito se subordine à superveniência dela em determinado lapso de tempo (venderei minha casa se Fulano morrer até o fim do ano), pois que, se o acontecimento tem de ocorrer, porém, em momento indeterminado, a incerteza de sua verificação no tempo limitado é compatível com a sua imposição na qualidade de condição.

Há um sem-número de condições, que os autores *classificam* em várias categorias, algumas das quais de importância maior, enquanto outras não passam de luxo de doutrinadores.

a) Dizem-se *casuais*, quando o acontecimento é totalmente independente da vontade humana, e a realização do evento uma imposição dos fatos naturais, para os quais não pode concorrer a atuação das pessoas; *potestativas*, ao invés, quando a eventualidade decorre da vontade humana, que tem a faculdade de orientar-se em um ou outro sentido; a maior ou menor participação da vontade obriga distinguir a condição *simplesmente potestativa* daquela outra que se diz *potestativa pura*, que põe inteiramente ao arbítrio de uma das partes o próprio negócio jurídico (e, por isso mesmo, o Código a trata como ilícita no art. 122); *mistas*, quando derivam em parte da vontade e em parte não.

b) A condição é *possível*, quando o acontecimento é realizável física e juridicamente; *impossível* quando não pode ocorrer, pela própria natureza das coisas ou do direito.

c) Quando a eficácia do negócio jurídico está suspensa até o implemento da condição, ela se diz *suspensiva*; e, ao revés, quando o negócio produz logo seus efeitos, que cessarão em consequência da realização dela, denomina-se *resolutiva*.

d) Lícita é a condição, quando o fato que a constitui não é contrário ao direito; *ilícita*, se implica a prática do que a lei proíbe ou condena.

Além destas espécies, que são as mais importantes, outras são alinhadas pelos autores, numerosas outras, aliás, de menor interesse, razão por que não as deduziremos em minúcia, como as *positivas* e *negativas, divisíveis* e *indivisíveis, verdadeiras* e *falsas* etc.[6]

---

6 Cf., a propósito das classificações dos vários tipos de condição: Clóvis Beviláqua, *Teoria Geral*, § 58; Ruggiero e Maroi, *Istituzioni*, § 30; De Page, *Traité*, I, nº 155; Capitant, *Introduction*, p. 311; Salvatore Pugliatti, *Introducción*, p. 285; Von Tuhr, *Derecho Civil*, III, parte 1ª, § 80.

O *efeito* da condição, e, pois, do negócio condicional, varia segundo a sua natureza ou espécie. Assim, o implemento de uma condição suspensiva dá um resultado oposto ao da resolutiva do mesmo modo que a aposição de uma condição impossível gera consequências diferentes, conforme seja a condição suspensiva ou resolutiva. Daí haver necessidade de serem estudados os *efeitos das condições* na oportunidade do exame das espécies mais importantes. Há, porém, alguns princípios gerais, de aplicação aos negócios condicionais *in genere*, e, por isto mesmo, esta epígrafe genérica os comporta razoavelmente.

Celebrado o negócio condicional, a relação do direito criado considera-se determinada pela eventualidade futura, e, *pendente conditione*, é absolutamente indissociável a determinação acessória da determinação principal: a declaração de vontade nasce acompanhada da modalidade, e dela se não livra senão com a realização do evento ou com a verificação cabal de sua falta. Se a condição é suspensiva, o negócio jurídico está aparelhado para a produção dos resultados, mas estes não se efetivam, porque a vontade criadora lhes impôs um obstáculo, e, enquanto subsistir, o negócio não se desenvolve inteiramente. Há algo mais do que a ausência de uma declaração de vontade, e algo menos do que um negócio jurídico gerador de consequências plenas e naturais, pois que o direito, na pendência da condição suspensiva, não é adquirido pelo titular, e, se é resolutiva, o negócio existe, mas fica na expectativa de cessarem os seus resultados se o evento vier a ocorrer. O negócio condicional tem, pois, toda a aparência de negócio puro, mas subordina-se ao evento, que atingirá a produção de seus efeitos plenos, seja no tocante à aquisição do direito (suspensiva), seja no que diz respeito à sua perda (resolutiva). Enquanto pendente a condição, reina *incerteza* sobre a sorte do negócio ou *provisoriedade* quanto aos seus resultados.[7]

No estado de *pendência* da condição, o direito já é, contudo, objeto de tutela jurídica, que pode variar em razão da natureza do negócio e da qualidade da condição, indo desde a ação para garantir a existência jurídica da prestação, até a indenização por perdas e danos contra quem tiver atingido a esfera do titular, embora o seja este de uma *spes* (expectativa) e não de um direito subjetivo.[8] O sujeito de um negócio jurídico sob condição suspensiva, ainda que não adquira o direito a que visa o negócio, pode efetuar as medidas conservatórias. Embora não incorporado ao seu patrimônio, o efeito do negócio jurídico é uma expectativa sua, em nome da qual é lícito ao titular evitar a sua perda. A regra tem aplicação no caso da condição suspensiva, e somente a ela se referia o Código revogado (art. 121). A referência à condição resolutiva no Código atual (art. 130) é uma impropriedade, porque ociosa. Se o titular adquire o direito desde logo, somente vindo a extinguir-se na ocorrência da condição, pode ele, obviamente, exercer os atos conservatórios. Seu direito não é eventual, porém adquirido desde logo, eventual é a sua perda.

---

7   Colin e Capitant, *Cours*, I, n° 84.

8   Oertmann, *loc. cit.*

Mas, *pendente conditione*, o titular do direito *suspenso* não pode praticar os atos que interfiram propriamente em seu exercício.[9] Há, é bem de notar-se, sensível diferença entre a pendência da condição suspensiva e da resolutiva. Se é *suspensiva*, o direito ainda *não se adquire*, ou não *nasce*, enquanto o evento não se realiza: aquele que alienou continua proprietário; o que adquiriu não tem ainda nenhum direito nascido e atual; não se constitui senão uma *obligatio incerta*, mas como algo existe mais do que o nada, pois que a eventualidade futura converterá de plano este estado de incerteza em uma *obligatio pura*, considera-se a situação imanente como um direito e obrigação em *germe*, uma situação em que no momento nada é devido, mas vigora a esperança de vir a ser: "*nihil adhuc debetur, sed spes debitum iri*".[10] Se é *resolutiva*, e como esta subordina ao evento a extinção do direito, este nasce desde logo e produz seus efeitos, o adquirente torna-se proprietário e o alienante deixa de o ser; constitui-se desde logo uma obrigação como se fosse pura e simples, porém sujeita a morrer: "*obligatio pura est, sed sub conditione resolvitur*".[11]

O estado de pendência da condição cessa de duas maneiras: pela *verificação* (realização) ou pela *falta*.

Realizada ou *verificada*, muitos escritores sustentam que tudo se passa como se o negócio fosse puro e simples, e como se o tempo intermediário, entre o momento da declaração de vontade e o do implemento da *conditio* não existisse. Essa ficção é chamada de *retroatividade* da condição ou seu *efeito retroativo*. Levada ainda mais longe, consideram como se se tratasse desde o início de uma emissão de vontade não subordinada a qualquer eventualidade, ou não sujeita a qualquer modalidade. O direito suspenso adquire-se, e se tem como adquirido *ex tunc*,[12] isto é, desde o momento da declaração de vontade; o negócio resolúvel desfaz-se como se desde o começo não houvesse iniciado a cadeia de consequências, e alcança a sua queda toda repercussão na esfera jurídica dos terceiros, cujos direitos igualmente se resolvem. No extremo oposto há os que sustentam o contrário, isto é, que à condição não adere esta consequência retro-operante, a qual constitui mera explicação técnica do direito condicional.

A controvérsia, que ainda separa os doutrinadores, e pôs de um lado, na corrente da retroatividade, Planiol e Ripert, e na oposta Colin e Capitant,[13] remonta ao direito romano, em que há textos que autorizam a admiti-la, enquanto outros a repelem, embora os jurisconsultos romanos jamais houvessem proclamado com visos de generalidade uma tal consequência,[14] e repercute no campo normativo, dividindo a orientação dos sistemas. De um lado, a escola que enuncia como regra a retroatividade das condições:

---

9   Enneccerus, *loc. cit.*; Capitant, *Introduction*, p. 317.
10 "Nada ainda é devido, mas a esperança é que se deverá".
11 De Page, *Traité*, I, nº 158: "É uma obrigação pura, mas se dissolve sob condições".
12 *Ex tunc* significa "desde então" ou "a partir daquele momento" e opõe-se a *ex nunc* que significa "a partir de agora".
13 Planiol, Ripert e Boulanger, *Traité Élémentaire*, I, nº 323; Colin e Capitant, II, nº 400.
14 Pothier, *Obligations*, nº 220; Girard, *Manuel de Droit Romain*, p. 485.

o Código espanhol (art. 1.120) e o italiano (art. 1.360). De outro lado a corrente contrária: o Código alemão (§ 158), o suíço das Obrigações (arts. 151 a 154), o polonês das Obrigações (arts. 46 e 47) não consignam a regra da retroatividade, que assim não passa de um processo explicativo de alguns efeitos produzidos pelo negócio condicional, e não uma regra imperativa, que muitas vezes se choca com a realidade dos fatos.[15] O Código Civil francês, que, originalmente (antigo art. 1.179), previa a retroatividade da condição sem distinguir entre as espécies suspensiva e resolutiva, passou a dispor, a partir de 2016, no art. 1304-6, que o implemento da condição suspensiva apenas torna o negócio puro e simples, cabendo às partes, se desejarem, estipular sua retroatividade; a condição resolutiva, por outro lado, nos termos do art. 1340-7, tem sua retroatividade expressamente prevista, preservando-se, porém, os atos conservatórios e as prestações recíprocas que tenham esgotado sua utilidade na execução do contrato.

De Page procedeu à análise do fenômeno, desde a origem histórica até a explicação casuística, e mostrou que não se pode falar em "princípio da retroatividade das condições", como regra geral, senão que o direito condicional já, desde o nascimento, apresenta um enfraquecimento, que justifica a destruição de efeitos operados *pendente conditione*, e, mesmo nos sistemas que proclamam aquela consequência, ela não tem alcance geral, pois deixa de abranger a percepção de frutos, os atos de administração, os riscos. E conclui que, em verdade, não pode haver uma *regra da retroatividade*, dadas as numerosas exceções que comporta, negatórias de sua generalização.[16]

O Código Civil de 2002, na esteira do Código anterior, tampouco enuncia o princípio da retroatividade, e, pois, pelo nosso sistema, não se pode dizer que o implemento da condição tenha todo efeito retro-operante. Daí extrairmos as seguintes conclusões: a) será retroativo o efeito, quando assim for convencionado pelos interessados; b) retroagirá, em princípio, para se atribuir à declaração de vontade o efeito de um negócio puro e simples, naqueles casos em que a lei o admite; c) destruirá as consequências produzidas *medio tempore*, quando assim estiver disposto, como no caso da propriedade resolúvel; d) não tem efeito retroativo quanto aos direitos que a lei ou a vontade reconhece eficazes na pendência da condição, e subsistentes não obstante o seu implemento (por exemplo, os atos de administração; nem o alienante é obrigado, salvo convenção em contrário, a restituir os frutos da coisa etc.). A doutrina brasileira encontra-se, portanto, na linha das teorias mais modernas, que *contestam* esse efeito retro-operante como *regra geral*, admitindo que ele se entenda como uma forma de *construção jurídica*, que explica e torna mais claros os efeitos do direito condicional, fixando de que maneira atua o evento na aquisição ou na resolução do direito, na maioria dos casos.[17]

Diz-se que a condição *falta*, quando o evento a que o negócio jurídico está subordinado, deixa de se verificar ou é certo que não mais se verificará, seja porque

---

15 Capitant, *Introduction*, p. 319.
16 De Page, *Traité Élémentaire*, I, nº 165.
17 De Page, *ob. cit.*, nº 165; Colin e Capitant, *loc. cit.*

materialmente o acontecimento frustrou-se, seja porque passou a sua oportunidade, ou ainda porque juridicamente deixou de operar-se. Em qualquer das hipóteses, a declaração de vontade se *liberta* da determinação acessória, e o negócio jurídico ou produz todos os seus efeitos como se fosse puro e simples, o que se dá no caso de estar a sua resolução dependente de um acontecimento que não houve e não haverá; ou nenhum efeito produz, como se inexistisse declaração de vontade, no caso de estar a aquisição do direito na dependência de um acontecimento que não mais virá.[18]

Qualquer, porém, que seja a consequência da cláusula acessória, a lei quer que o acontecimento se realize ou deixe de realizar-se naturalmente. Não tem a parte, a quem beneficie, o direito de *provocar* ou *impedir* o seu implemento. Se proceder contrariamente a isto, a lei reprime a sua malícia, e reputa verificada, quanto aos efeitos, a condição cuja realização tiver sido obstada por aquele que tinha interesse em que não ocorresse; bem como considera não verificada aquela cujo implemento foi provocado de má-fé por quem dela se aproveite (Código Civil, art. 129). Não é, então, sempre que se tem por não realizada (ou, ao revés, por verificada) a condição quando provoque (ou impeça) o interessado a realização do evento, pois é bem de ver que, em alguns casos, pode a parte concorrer para o seu implemento, sem sofrer a impositiva sentença da lei; o que se deve ter como determinante dela é a má-fé, e somente presente esta é que tem lugar a ficção do implemento ou do não implemento.[19]

97. Condição suspensiva e condição resolutiva

No seu mecanismo, nos seus efeitos e em razão da incidência frequente na vida dos negócios, merecem especial referência as condições *suspensivas* e *resolutivas*, pois toda condição ou suspende o direito ou implica a resolução do negócio. Opera a *conditio*, pois, ou no sentido de se erigir em obstáculo a que a declaração de vontade desde logo produza todos os seus resultados jurídicos, ou, ao revés, naquele outro de impor a cessação deles, até então livremente desenvolvidos.

Condição suspensiva. Quando a eficácia do negócio depende de condição suspensiva, a autolimitação da vontade trabalha no rumo de estatuir a inoperância da manifestação volitiva, até que o acontecimento se realize. Enquanto não se verifica, não se adquire o direito a que o negócio visa (Código Civil, art. 125). A obrigação não terá existência enquanto o evento não se verificar. Permanece em suspenso a sua incorporação ao patrimônio do titular, na categoria de uma *expectativa de direito* (*spes debitum iri*), ou de um direito meramente virtual. Insuscetível, embora, de aquisição *pendente conditione*, aquela expectativa tem certa consistência, pois que

---

18 Cf., sobre os efeitos das condições, Ruggiero, *Istituzioni*, I, § 30; Enneccerus, § 184; De Page, I, nº 164; Francisco Amaral, *Da Irretroatividade da Condição Suspensiva*.

19 Oertmann, *loc. cit.*; Enneccerus, § 183. Mais rigoroso, De Page, nº 163, faz este efeito resultar simplesmente da *culpa*, contentando-se em que o interessado prove que a condição se teria realizado se a outra parte não tivesse levantado obstáculo, mas seu parecer descabe no direito brasileiro, que institui como requisito deste a apuração da má-fé do interessado.

permite desde logo ao sujeito tomar as medidas destinadas à sua conservação, tais como a inscrição do título no Registro ou a interrupção da prescrição etc. (art. 130).[20]

Inábil a gerar os seus naturais efeitos, o negócio sob condição suspensiva está, entretanto, formado e a relação jurídica está criada. Não cabe mais às partes a faculdade de se retratarem, porque o vínculo jurídico, em razão da vontade das partes, acha-se estabelecido, e elas ligadas reciprocamente.[21] O direito condicional é, então, *transmissível*, por ato *inter vivos* ou *causa mortis*, mas transmissível com os caracteres de direito condicional, suscetível, sim, de transferência a outrem, porque, embora não incorporado ao patrimônio do sujeito como direito adquirido, constitui uma virtualidade jurídica em perspectiva de se converter em *facultas*, e, nesta qualidade, é um elemento ativo *in fieri* (em formação) do patrimônio. Cumpre, porém, frisar que a transmissibilidade só é possível com a conservação da modalidade inseparável do negócio condicionado, pois ninguém podendo transmitir maior soma de direitos do que ele próprio tem ("*nemo ad alium plus iuris transferre potest quam ipse habet*"), é despida de eficácia uma cessão de poderes jurídicos livres e operantes, se o seu titular não tem, ele mesmo, aqueles poderes.[22]

Não pode o titular do direito subordinado a uma condição suspensiva penetrar na órbita propriamente do seu exercício. O negócio condicional está constituído, mas o direito não é adquirido, e, por esta razão, falta ao sujeito o poder de intentar qualquer ação, fundada no direito suspenso. Se o devedor antecipar a prestação, e a condição faltar, está sujeito o credor a restituir a coisa recebida,[23] o que leva ainda à afirmativa de caber a mesma repetição do pagamento aos credores fraudados, ao administrador em benefício da massa, ou a quem tenha legítimo interesse em recuperar o objeto indevidamente transferido ao sujeito da relação de direito condicional.

Realizada a condição, os seus efeitos frequentemente recuam até o momento da perfeição do negócio, de forma a gerar a aquisição do direito na data da declaração de vontade. É o fenômeno da *retroatividade da condição*, a que já nos referimos no nº 96, *supra*, e a cujas consequências no particular da condição suspensiva agora retornamos, começando por assinalar que o princípio da retroatividade não é nem pode ser absoluto, conforme já vimos. Nosso Código não o enunciou como preceito, e mesmo naqueles sistemas em que vem consignado como direito positivo (ver *supra*, nº 96) não pode ter aplicação sem restrições. Há, na verdade, de um lado, um efeito retro-operante que não pode ser negado. Mas, de outro lado, há situações que escapam à retroatividade, como é o caso daqueles direitos que se não consideram concluídos sem a tradição da coisa.[24] Em relação a terceiros não retroage no tocante aos bens fungíveis, nem sobre móveis adquiridos de boa-fé, nem quanto a imóveis, se não constar do Registro Público.[25]

---

20 Capitant, *Introduction*, p. 316.

21 Enneccerus, Kipp e Wolff, *Tratado*, I, § 184; Capitant, *ob. cit.*, p. 319.

22 Planiol, Ripert e Boulanger, *Traité*, I, nº 325; Enneccerus, *loc. cit.*

23 Enneccerus, *ob. cit.*, § 184.

24 Lacerda de Almeida, *Obrigações*, § 34; Clóvis Beviláqua, *Teoria Geral*, § 58.

25 Clóvis Beviláqua, *loc. cit.*

A data da declaração de vontade, ou seja, a da celebração do negócio, é que importa para a constituição do direito condicional, muito embora a sua incorporação ao patrimônio do titular (*direito adquirido*) se dê somente no dia do implemento da condição. O princípio tem a maior importância quando houver necessidade de se apurar a qualidade do direito em referência à localização no tempo (*prior in tempore melior in iure*).[26] A anterioridade é computada pela data da celebração do negócio: assim é que a aquisição do domínio, a alienação da propriedade, a constituição de obrigação etc., reputam-se realizadas contemporaneamente à declaração de vontade, não obstante a condição somente verificar-se ulteriormente,[27] o que tem grande importância prática em caso de litígio sobre a propriedade, qualidades do crédito em concurso de preferências, eficácia do direito em caso de falência etc.

Perecendo a coisa, pendente condição suspensiva, sofre-lhe as consequências o alienante[28] porque até a verificação dela não ocorre a aquisição do direito, e *"res perit domino"* – a coisa perece para o dono. Mas, se impossibilita ou lesa culposamente o direito, embora condicional, destruindo, alienando ou danificando a coisa, o titular da expectativa poderá ressarcir-se dos prejuízos: a expectativa é, portanto, tratada como uma situação jurídica subjetiva tutelável e a sua violação equivale à de um direito. À primeira vista pareceria insustentável, pois que o sujeito não tem ainda adquirido o direito, e, consequentemente, não haveria falar em lesão a ele; o titular não pode exercê-lo, não pode acionar fundado nele. Como, pois, compreender-se um direito de ação visando ao ressarcimento do dano causado ao que na pendência da condição não passa de mera expectativa? O direito do titular, já vimos, acha-se constituído, e a verificação da condição importa em recuar a sua aquisição à data da celebração do negócio. O sujeito lesado tem então direito à indenização, e a violação da expectativa equivale à lesão de um direito *quando a condição se verificar*. O *id quod interest*,[29] em que se converte o direito do titular lesado, permanece no mesmo estado de *virtualidade* ou de *potencialidade*, até o implemento da condição, e, nesse instante, pode acionar o culpado pelo mesmo motivo que poderia exercer o direito correspondente.[30]

Condição resolutiva. No negócio sob condição resolutiva, inversamente, dá-se desde logo a aquisição do direito, e produz o negócio jurídico todos os seus efeitos. Importa a sua verificação na resolução do próprio negócio e desfazimento do negócio. Pendente a condição, vigora a declaração de vontade desde o momento de sua emissão, e pode o titular exercer na sua plenitude o direito criado, que se incorpora, desta sorte, e desde logo, ao seu patrimônio (*direito adquirido*). Realizada a condição, porém, *extingue-se o direito*, resolvem-se as faculdades que o compõem, inclu-

---

26 "Quem é primeiro no tempo, tem preferência no direito".

27 Enneccerus, § 185.

28 Lacerda de Almeida, *loc. cit.*; Clóvis Beviláqua, *loc. cit.*

29 Literalmente: "Aquilo que é afetado, aquilo que interessa". Refere-se à quantia devida ao credor pelo inadimplemento ou à vítima pela reparação do dano.

30 Enneccerus, *loc. cit.*

sive aquelas que foram instituídas em benefício de terceiros. A obrigação é, desde logo, exigível, mas, verificada a condição, restituem-se as partes ao *status quo ante* (ao estado anterior).

A retroatividade da resolutiva é mais franca e mais frequente do que a da suspensiva: os direitos reais constituídos sobre a coisa desaparecem porque o domínio era limitado pela cláusula adjeta, e não seria ao titular possível transferir direitos mais latos do que os próprios.[31] Vindo, pois, a realização da *conditio* resolutiva, apagam-se, pela sua mesma força, os efeitos já produzidos e a propriedade transferida reverte ao alienante, com revogação das disposições feitas em favor de terceiros.[32] Para operar este efeito, com tal extensão a terceiros, deve a condição resolutiva constar de Registro Público, pois do contrário é *res inter alios*, que aos terceiros *neque nocet neque prodest*,[33] mas os atos de administração, a percepção dos frutos etc. não são atingidos.

Ressalvam-se, ainda, os negócios de execução continuada ou periódica, que vão gerando as suas consequências paulatinamente, e não podem desfazer-se sem grave risco para a segurança do mundo jurídico. Uma das inovações do Código de 2002 foi, justamente, a consignação expressa, no art. 128, dessas exceções. Um contrato de locação, por exemplo, subordinado à condição resolutiva, assegura ao locador o direito aos rendimentos percebidos *medio tempore* (no meio tempo). Desfeito pelo implemento da condição, resolve-se o contrato, mas o locador não tem de restituir o que recebeu. Se o fizesse, proporcionaria ao locatário um enriquecimento sem causa, consistente em ter usufruído a utilização da coisa, sem contraprestação.

Só não serão respeitados os atos já praticados, em duas hipóteses. A primeira é o obstáculo legal: havendo disposição que determine a reposição ao *status quo ante* (estado anterior), não obstante a execução continuada ou periódica, há que se respeitar. A segunda, na decorrência das circunstâncias de cada caso, é a compatibilidade entre os efeitos produzidos e o implemento da condição. Se houver incompatibilidade entre a condição pendente e os atos praticados pelo titular do direito condicional, a realização da condição não tolera sejam mantidos. Ressalva-se, ainda, a boa-fé, que deve estar presente em todo negócio jurídico e, como princípio geral que é (art. 422), não pode ser sacrificada O mesmo prevê expressamente o mencionado art. 128 do Código Civil.

Na parte geral do Código anterior havia um dispositivo (art. 119, parágrafo único), que foi transplantado para a Parte Especial do Código de 2002, art. 474. Trata o preceito das consequências das então denominadas condições resolutivas, tácita e expressa. Esta alteração topográfica é devida à solução de antiga controvérsia doutrinária acerca da natureza jurídica da cláusula resolutiva tácita. Como se sabe, de

---

31   Clóvis Beviláqua, *loc. cit.*

32   Planiol, Ripert e Boulanger, nº 330; Enneccerus, § 187; Código Civil brasileiro, art. 1.359.

33   "Negócio realizado entre uns nem prejudica nem beneficia outros". Trata-se do princípio da relatividade, que rege o direito contratual, e determina que os efeitos buscados pelas partes contratantes não atinjam terceiros.

acordo com a previsão legal, quando a condição resolutiva vem *expressa* no negócio, ela *opera de pleno direito*, independentemente de interpelação, vale dizer, verificada a condição (seja *positiva*, seja *negativa*), atua automaticamente sobre o vínculo jurídico, resolvendo-o e apanhando nos seus efeitos a revogação dos atos consequentes, ocorridos *medio tempore*. A cláusula resolutiva expressa, sendo do conhecimento da parte e constando do título em que se funda o direito, vale por si só e dispensa a intervenção do Judiciário.

Já a cláusula resolutiva *tácita* não opera de pleno direito, fazendo-se mister a interpelação judicial. Mas nem todo negócio jurídico comporta a presunção de uma cláusula resolutiva. É, normalmente, presente nos bilaterais. No antigo direito romano era desconhecida, facultando-se ao credor tão somente exigir o implemento da obrigação, e não a resolução do ato na falta de execução do que ao devedor cumpria. Admitia-se, entretanto, na compra e venda, a existência de uma cláusula (*lex commissoria*) segundo a qual se operava de pleno direito a resolução pela falta de pagamento do preço. Nos contratos inominados, por outro lado, veio o direito pretoriano a instituir uma *condictio* contra o inadimplente, pela qual se eximia a outra parte de executar o que lhe cumpria. Coube, porém, ao direito canônico, sob a inspiração da regra moral mais elevada, sugerir, como punição à quebra da boa-fé, que se desse como resolvido o contrato por infração de obrigação por uma das partes. Daí nasceu o princípio da resolução em decorrência do que seria a vontade presumida dos interessados, ou pelo descumprimento de qualquer de suas cláusulas, e generalizou-se, consagrada em numerosos sistemas legislativos, a *cláusula resolutiva tácita*, imaginando-se em todo negócio jurídico bilateral a adoção de uma condição presumida, que opera a resolução do negócio, na falta de observância do obrigado (Código Civil, art. 476). Esta condição, presumida pela lei, não pode ser considerada verdadeira condição, configurando mais propriamente o chamado *pacto comissório*. No entanto, como esta cláusula é presumida ou tácita, e não ajustada, somente produz o efeito resolutivo mediante interpelação do prejudicado à outra parte.[34]

Diz-se, às vezes, que a condição resolutiva não passa de uma variedade da suspensiva,[35] o que não pode ser aceito. Uma e outra têm pontos de aproximação, e nem podiam deixar de ter, pois ambas são condições e, como tais, envolvidas nas mesmas noções conceituais genéricas. Mas têm também seus pontos diferenciais nítidos. É certo que na resolutiva há ínsita a ideia de *reaquisição*, que se opera com o implemento da condição, em paridade de situação com a *aquisição* do direito na suspensiva.[36] Mas, enquanto na suspensiva o adquirente tem a expectativa de direito, na resolutiva opera-se desde logo a aquisição, militando em favor do alienante a expectativa de reaquisição; enquanto na suspensiva a verificação opera como se o

---

34 Sobre a natureza da condição resolutiva tácita e sua assimilação ou não ao pacto comissório, v. Ruggiero, *Istituzioni*, II, § 139; Clóvis Beviláqua, Comentário aos arts. 119 e 1.092 do Código Civil, p. 209; Serpa Lopes, nº 347, Vicente Ráo, nº 108-G.

35 Capitant, p. 326.

36 Ennecerus, *loc. cit.*

MODALIDADES DO NEGÓCIO JURÍDICO 403

direito houvesse sido adquirido desde a data do negócio, com abstração do tempo intermédio, na resolutiva a verificação importa na perda do direito desde a data da declaração de vontade.[37]

98. CONDIÇÃO IMPOSSÍVEL E CONDIÇÃO PROIBIDA

O acontecimento, de que depende a eficácia do negócio, há de ser possível, do contrário ele se invalida pela própria natureza, e é por isso que todos os autores, sem necessidade de citação individuada, declaram que, em princípio, a aposição de uma condição impossível a um ato negocial, qualquer que seja a natureza da impossibilidade, devia ter como consequência a ineficácia da declaração de vontade. Na realidade, não é isto que se passa. Ao revés, há distinções marcantes no assunto, que imprimem ao direito positivo orientações diversas criadoras de soluções variadas, às questões que se suscitam. No direito romano, onde se destacavam uns de outros atos, embora a matéria não tenha encontrado sistematização imune à crítica, dava-se resposta à indagação da validade do negócio sujeito à *conditio impossibilis* em função da natureza do ato: se este era *causa mortis*, vigorava em toda a plenitude, como se não estivesse sujeito a nenhuma condição (*conditio impossibilis pro non scripta habetur*).[38] Ao contrário, o ato *inter vivos* era por ela atingido.

O Código de 2002 optou por diferenciar os efeitos das condições impossíveis conforme a espécie de condição. Quando se trata de condição *suspensiva*, equipara nos seus efeitos as condições impossíveis, quer física quer juridicamente (art. 123, I). Apostas ao negócio jurídico, é frustra a declaração de vontade. Vale dizer, a condição impossível, sendo *suspensiva*, sempre invalida o negócio jurídico. Em se tratando, porém, de condição *resolutiva*, sua impossibilidade, seja física ou jurídica, deixa incólume a declaração de vontade, e o ato negocial opera como se fosse puro e simples (art. 124).

O Código anterior, ao contrário do atual, não diferenciava as condições juridicamente impossíveis das condições ilícitas, nem tampouco das condições incompreensíveis ou contraditórias (conhecidas por condições *perplexas*). O Código atual, partindo de que a subordinação da obrigação ao impossível, tanto físico como jurídico, no caso das *condições suspensivas*, atentará contra o fato mesmo da declaração de vontade, declarou inválida a obrigação, isto é, o negócio jurídico, tanto no caso de qualquer impossibilidade, quanto nas hipóteses de iliceidade, de ininteligibilidade e de contradição (art. 123, I, II e III). Nestas últimas três hipóteses, porém, ao contrário da hipótese de impossibilidade, a invalidade do negócio dar-se-á também em relação às *condições resolutivas*.

Quando a condição é ilícita, o evento, em si, é uma verdadeira condição, e sempre de natureza potestativa por conduzir alguém a realizar certo fato, fato que é

---

37 Lacerda de Almeida, *Obrigações*, § 34.
38 "Considera-se como não escrita uma condição impossível".

materialmente suscetível de verificar-se, mas sofre a condenação inspirada na contrariedade à lei.[39] Dependente de um ilícito a eficácia do negócio, macula-se da iliceidade da condição, e por isso a lei considera inválido o próprio negócio (art. 123, II). O negócio jurídico é inválido, pois não se compreenderia que a ordem jurídica emprestasse validade a uma declaração de vontade, na dependência de um evento que atentasse contra a própria ordem jurídica. Tão vedada é a condição ilícita, quanto a de não fazer coisa ilícita. É tão repugnante ao direito dizer "dar-te-ei 1000 se matares" como falar "dar-te-ei 1000 se não matares". Tão contrária à lei é sujeitar o negócio a um delito (*si homicidium feceris*), como a não o cometer (*si homicidium non feceris*), pois que a abstenção de proceder ilicitamente é um dever primário. Não se coaduna com a ordem jurídica que o negócio jurídico esteja subordinado a não cometer alguém um crime.

Equipara-se juridicamente à condição impossível a chamada *condição captatória*, pela qual se tenha uma instituição testamentária, por envolver insinuação contra a liberdade de dispor.[40] É muito frequente também a referência, como impossível ou ofensiva aos bons costumes, à condição que restringe a liberdade individual, ou atenta contra a dignidade da pessoa, casos que podem envolver fatos que em si mesmos não constituem ilícito. Há, com efeito, uma profunda diferença entre dizer "dar-te-ei 1000 se matares" e falar "dar-te-ei 1000 se não casares", pois matar é, em si, um delito, e não casar é uma atitude em si legítima. Mas a segunda é equiparada à primeira como condição proibida, por atentar contra a liberdade individual.[41] Cumpre observar que a interdição atinge o fato ilícito ou imoral quando emanado de – ou praticado por – uma das partes, porque se realizado por um terceiro nada tem de proibida a condição, como, aliás, se verifica, e é corrente, no seguro contra fatos ilícitos cometidos por terceiros etc.[42]

Coisa diversa, na sua essência e nos seus efeitos, é a concessão de benefício subordinada à manutenção de uma determinada situação ou de certo *status* (*e.g.,* pagar-te-ei 1000 enquanto viveres nesta cidade; receberás 1000 enquanto te conservares viúva), porque não há aqui o propósito de atentar contra a liberdade da pessoa, ou de obstar a que exerça uma faculdade, porém e tão somente proporcionar uma vantagem em razão de circunstância estabelecida.

Quando a impossibilidade diz respeito apenas a uma determinada pessoa (*impossibilidade relativa*), deve ser tratada como se fosse absoluta, pois é claro que o agente subordinou a declaração de vontade a uma determinação acessória que se poderia cumprir relativamente a outrem, mas que, quanto a determinado indivíduo, não tem suscetibilidade de realização; seu efeito equipara-se, naquele negócio jurídico, e quanto àquele indivíduo, à condição absolutamente impossível. No caso de a condição referir-se à impossibilidade de casar-se alguém com determinada pessoa: dar-

---

39   Capitant, p. 324; Bartin, *Théorie des Conditions Impossibles*, p. 15.
40   Ruggiero, *loc. cit.*
41   Capitant, p. 325.
42   De Page, *Traité Élémentaire*, I, n° 156.

-te-ei 1000 se não casares com Fulano, ocorria forte divergência doutrinária, sendo atualmente de se considerar tal cláusula como atentatória da liberdade individual de escolha, integrante, portanto, a cláusula geral da dignidade humana e, nestes termos, ilícita.[43] O mesmo se não dirá da *quase impossibilidade*, que ocorre quando uma condição é possível, mas não estritamente nos termos em que imposta. Neste caso, deve-se atender à vontade do estipulante, tentando vencer a dificuldade, e assim, trazer a *conditio quase impossibilis* para o campo da plena possibilidade.[44]

O Código Civil revogado omitia-se em relação às *condições perplexas*, que não chegam a subordinar o negócio a um fato impossível, mas criam uma situação contraditória nos seus próprios termos, e, por isto mesmo, levam à irrealizabilidade do negócio. Duas situações incompatíveis, resultando da mesma declaração de vontade, negam o próprio negócio (*"Si Titus heres erit, Seius heres esto; si Seius heres erit, Titus heres esto"*)[45] e, conseguintemente, a *condição perplexa* enquadra-se entre as que privam o negócio de toda eficácia, porque numa situação desta sorte a impossibilidade de realização é intrínseca à declaração mesma de vontade, reduzida ao absurdo pela contradição interna.[46] O Código atual delas tratou expressamente (art. 123, III).

A lei destaca dentre as condições que invalidam o negócio aquela que o sujeita ao arbítrio exclusivo de uma das partes (art. 122). É a chamada *condição potestativa pura*, que põe todo o efeito da declaração de vontade na dependência do exclusivo arbítrio daquele a quem o negócio interessa: o *si volam*, ou *si volueris*, dos exemplos clássicos ("dar-te-ei 1000 se eu quiser" ou "dar-me-ás 1000 se quiseres"), é uma cláusula que nega o próprio negócio. Não há, com efeito, emissão válida de vontade, e a rigor não há mesmo emissão nenhuma, desde que fique o negócio na dependência de lhe atribuir ou não o interessado qualquer eficácia.

Tem o mesmo sentido e o mesmo efeito frustratório, podendo ser capitulada como condição potestativa pura, a *indeterminação potestativa da prestação*, por ver que, neste caso, a potestatividade do negócio se desloca da sua realização para a estimativa da coisa devida, equivalendo nos seus efeitos ao *si volam*. Ao inquinar a lei de nulidade o contrato de compra e venda, quando se deixa ao arbítrio exclusivo de uma das partes a taxação do preço (Código Civil, art. 489), está coibindo uma declaração de vontade que é espécie do gênero "condição potestativa pura", pois dizer o agente que paga *quantum volam* é apenas a especificidade do *si volam*. Na verdade, "pagarei quanto quiser" é o mesmo que "pagarei se quiser", pois o arbítrio do devedor poderá restringir a soma devida a proporções tão irrisórias que a solução da obrigação ficaria no limite do quase nada (*sestertio nummo uno*).[47]

Igualmente defesa será a condição que, aposta ao negócio, rouba todo efeito à declaração de vontade (art. 122).

---

43 Em sentido contrário, Washington de Barros Monteiro, p. 229.
44 Clóvis Beviláqua, *Teoria Geral*, § 58.
45 "Se Tito for herdeiro, Seio será herdeiro; se Seio for herdeiro, Tito será herdeiro".
46 Ruggiero, *loc. cit.*; Enneccerus, Kipp e Wolff, *Tratado*, § 188.
47 "Numa única moeda de sestércio".

É preciso não confundir: a condição "potestativa pura" invalida o negócio, porque o deixa ao arbítrio exclusivo de uma das partes (o art. 122 menciona justamente o *puro* arbítrio de uma das partes). O mesmo não ocorre com a condição (simplesmente) "potestativa" (nº 96, *supra*) que envolve distinção das condições casuais.

99. TERMO E PRAZO

A eficácia do negócio jurídico pode ser temporalmente determinada, ficando a declaração de vontade subordinada ao curso de tempo. Fixam as partes ou estipula o agente um momento em que começa ou cessa a produção de seus efeitos. A esse dia dá-se o nome de *termo*, que pode assim ser *inicial* ou *final*. É *inicial* ou *suspensivo* (*dies a quo*), quando é a partir dele que se pode exercer o direito; é *final* ou *extintivo* (*dies ad quem*), quando nele encontra fim a produção de efeitos do negócio jurídico.

Como modalidade que é, encontra o termo pontos de semelhança e de diferença com a condição. Dela difere radicalmente pela *certeza do evento*, que na condição, ao revés, é obrigatoriamente incerto. A ela se assemelha, porque o negócio a que adere não é puro e simples, porém modificada a declaração de vontade por uma cláusula acessória. Na dupla modalidade de atuação há, também, um ponto de semelhança, equivalendo o termo inicial à condição suspensiva e o termo final à condição resolutiva. Mas, ainda nisto, diferem um e outra porque a condição suspensiva impede a *aquisição do direito*, enquanto o termo inicial lhe suspende *tão somente o exercício* (Código Civil, art. 131), operando-se, portanto, a aquisição desde a data do negócio, que existe constituído concomitantemente à declaração de vontade. Da mesma forma que o titular de um direito sob condição suspensiva, o de um a termo inicial pode praticar os atos destinados a assegurá-lo. Divergindo um do outro, porém, e em consequência de se considerar adquirido desde logo o direito a termo inicial, o devedor que solve antes de escoado o prazo não tem o direito de repetir o pagamento, o qual somente por exceção é atacável.[48] Da condição resolutiva aproxima-se o termo final, em que o seu advento resolve as disposições feitas pelo titular anterior, se forem incompatíveis com o direito que se adquirir, mas difere um da outra, e sensivelmente, em que o termo final não destrói propriamente a relação jurídica, mas põe fim aos seus efeitos. A estas diversidades conceituais é de acrescentar-se a circunstância de *não haver retroatividade* nos efeitos de qualquer termo.[49]

Diz-se que o tempo, como fator constitutivo do termo, pode ser *certo* ou *incerto*. É tempo *certo*, e o negócio se diz a termo certo, quando existe uma data fixada, ou se tenha determinado um lapso de tempo. Assim, é certo o termo, quando se diz "no dia 31 de dezembro deste ano", ou se fala "de hoje a 10 dias". É *incerto*, e o negócio

---

48   Em razão do rompimento da *par conditio creditorum*, a lei falimentar considera revogável o pagamento de dívida não vencida, realizada pelo devedor dentro no período suspeito da falência (Lei de Falências, art. 129, I) – e o Código Civil, art. 162, trata como fraudulento o pagamento antecipado, feito a benefício de credor quirografário, pelo devedor insolvente.

49   Clóvis Beviláqua, *Teoria Geral*, § 59; Ruggiero, *Istituzioni*, § 31; Capitant, *Introduction*, p. 328.

se diz a termo incerto, quando ao tempo falta determinação, não se estabelecendo por algum meio o momento do começo de exercício ou da extinção do direito (*dies incertus quando*, *e.g.,* o dia da morte de Tito). Se, todavia, a indeterminação for absoluta (*dies incertus an, incertus quando*), tratar-se-á de condição e não de termo, da mesma forma que na incerteza do evento, embora haja determinação temporal (*dies incertus an certus quando*),[50] o que, aliás, já foi examinado no nº 96, *supra*.

É importante verificar a certeza do tempo, porque o inadimplemento de obrigação a termo certo constitui o devedor de pleno direito em mora, enquanto na de termo incerto é necessária interpelação (Código Civil, art. 397). Convém, contudo, assinalar que a expressão *termo incerto*, se bem que herdada do direito romano (*dies incertus*) e amplamente vulgarizada, é imprópria, pois que na fatalidade de seu acontecimento a termo é sempre uma *eventualidade certa*, ao contrário da condição sempre incerta. O dia do evento pode ser indeterminado, e nisto é que reside a equivalência da incerteza para o termo. Não obstante esta crítica, a expressão é aceita como traduzindo a circunstância de não se poder precisar o momento em que se verificará.[51]

Ordinariamente, a aposição de termo resulta da vontade das partes; menos frequentemente decorre de uma disposição legal; e mais raramente pode *provir* de uma decisão judicial. Ao primeiro se dá o nome de *termo convencional*, o segundo se chama *termo de direito*, e o terceiro diz-se *termo judicial* ou *termo de graça*.[52]

Chama-se *prazo* o tempo que decorre entre a declaração de vontade e o termo, ou entre este e um dado acontecimento, ou entre a constituição do negócio e o dia em que começarão ou cessarão os seus efeitos. Fala-se em *prazo certo* se o negócio é a termo certo, e vice-versa, *prazo incerto* quando o negócio é a termo incerto.

Os prazos se contam por unidade de tempo (hora, dia, mês, ano), segundo regras peculiares. No seu cômputo, salvo disposição em contrário, exclui-se o dia do começo e inclui-se o do vencimento (Código Civil, art. 132), regra que a tradição repete desde o direito romano: "*dies a quo non computatur in termino; computatur autem dies ad quem*".[53] Se cair em feriado o último dia, prorrogar-se-á o prazo até o primeiro dia útil subsequente (art. 132, § 1º). O 15º dia é considerado o *meado* do mês, qualquer que seja o número de dias que o componham (art. 132, § 2º). Se o prazo estipulado é estabelecido por mês, este é contado do dia do início ao dia correspondente do mês seguinte. Nos prazos que se fixam por horas, a contagem se faz de minuto a minuto (art. 132, § 4º).

Quando não havia na lei referência à técnica de contagem dos prazos ânuos, a doutrina estabelecia que ela se faria de data a data como critério racional; se se computasse cada ano como o período abrangente de 12 meses civis, ao fim de algum

---

50 Oertmann, *loc. cit.*; Salvatore Pugliatti, *Introducción*, p. 290.

51 Planiol, Ripert e Boulanger, *Traité*, nº 322; De Page, *Traité*, I, nº 136.

52 De Page, *loc. cit.*

53 "O dia do começo não é computado no prazo; o dia do término, porém, é computado".

tempo haveria discordância significativa entre o cômputo legal e o tempo astronômico, porque o mês civil, pelo Código revogado, era o período de 30 dias; depois a lei placitou a opinião doutrinária e determinou que o ano é o período de 12 meses contados do dia do início ao dia e mês correspondentes do ano seguinte, posição consagrada no Código de 2002. Quando, no ano ou no mês do vencimento, não houver o dia correspondente ao do prazo, este findará no primeiro dia subsequente (art. 132, § 3º).

Na falta de prazo fixado relativamente aos negócios *inter vivos*, consideram-se exequíveis desde logo, salvo se naturalmente dependerem do tempo ou de circunstâncias que exijam lapso intermédio entre a declaração de vontade e a execução, ou se esta tiver de ser feita em lugar diverso (Código Civil, art. 134). Esta disposição terá de compatibilizar-se com o art. 331, referente à época do pagamento, e com o art. 592, no caso de mútuo.

Se, embora determinado, houver embaraço na caracterização do termo os prazos são interpretados favoravelmente ao herdeiro nos negócios *causa mortis*, ou ao devedor nos *inter vivos*. Neste último caso, a presunção pode ser ilidida, se as circunstâncias ou o teor do instrumento convencerem de que se estabeleceu a benefício do credor ou de ambas as partes. A regra, que para nós é de direito positivo (Código Civil, art. 133), é definida em doutrina sob o fundamento de que na dúvida a obrigação se interpreta contra o que estipula em favor de quem promete, e encontra receptividade em outros sistemas legislativos.[54] Consequência é que o devedor pode renunciar ao termo instituído a seu favor, e solver a obrigação antes de escoado o prazo, salvo se procedeu em fraude contra credores, mas não tem a faculdade de pagar por antecipação se o termo é instituído a favor do credor ou de ambas as partes, porque ninguém tem o poder de renunciar a um direito ou benefício alheio. Mas inversamente, em razão de permanecer não exigível a obrigação a prazo, enquanto este não vencer, permanece suspensa a prescrição.

Também quanto ao termo, vigora o requisito da *possibilidade*, que está na mesma situação da condição, porém diz respeito apenas à *determinabilidade*. Se a circunstância temporal é lógica ou astronomicamente indeterminável, o termo é *impossível*. Desta espécie seria a fixação de um dia inexistente (o 30º de fevereiro ou 367º do ano), ou contrário à natureza (data da maioridade de pessoa que tenha morrido antes de atingi-la), ou atentatória de pressuposto jurídico (cessação do contrato antenupcial na data do casamento). Em tais casos, há de se apurar do contexto ou das circunstâncias se a determinação pode ou não ser obtida indiretamente (como se daria, se, por outra via, fosse admissível estabelecer que o 30º dia de fevereiro ou 367º do ano poderia ser traduzido como o 1º de março ou o 1º ou 2º do ano subsequente). Se houver tal oportunidade, por ser a indeterminação meramente aparente, salva-se o negócio. Mas se não houver, e o termo for efetivamente *impossível* porque irremovível a indeterminação, anula-se.[55]

---

54 De Page, nº 138.
55 Ruggiero, *loc. cit.*

MODALIDADES DO NEGÓCIO JURÍDICO 409

Não podemos deixar de nos referir aqui às *moratórias*, que ocorrem como medidas de caráter legislativo, tomadas em benefício de certas classes atingidas eventualmente por grave crise, que exponha os seus componentes ao risco de execução em massa, capaz de prejudicar a economia de uma região ou da própria nação. Foi o que se fez entre nós para salvar a lavoura cafeeira em face da incapacidade de sua manutenção resultante do desequilíbrio do comércio internacional do café; foi o que se realizou para salvação dos criadores e recriadores de gado bovino; ainda o que se programou em benefício dos devedores habitantes do polígono da seca. A *moratória* é um favor, concedido pela lei, e deve entender-se na forma da concessão. Em doutrina, se discute se é um *termo de direito* ou *termo judicial*,[56] mas no nosso ordenamento jurídico não comporta dúvida que é *de direito*, porque, quando o julgamento dos requisitos compete ao juiz, é no sentido apenas de verificar quem os preenche, segundo a *disposição da lei*, e, em caso afirmativo, vigora a concessão do prazo legalmente instituído.

Sobre a renúncia ao benefício do termo, e quem pode fazê-la, ver vol. II, n° 156.

100. ENCARGO

Entre as limitações da vontade, na categoria de elemento acessório, está o encargo, também chamado modo (*modus*), que se apresenta como restrição à vantagem criada para o beneficiário de um negócio jurídico gratuito, quer estabelecendo o fim a que se destina a coisa adquirida, quer impondo uma obrigação ao favorecido em benefício do próprio instituidor, ou de terceiro, ou da coletividade anônima. Mas não constitui, nem pode constituir uma contraprestação; não é nem pode ser uma *contrapartida* da prestação recebida, e, quando se institui em um contrato bilateral, e a obrigação se configura como correlata da prestação devida pela outra parte, estará *descaracterizado o encargo*.[57] Menos, portanto, do que um correspectivo do recebido, é mais do que uma recomendação ou um conselho ao beneficiado, porque feito com caráter impositivo, e sancionado pela exigibilidade a que o obrigado se sujeita. Ninguém pode ser compelido a aceitar uma liberalidade (*doação ou legado*), mas indo esta acompanhada de um encargo, a sua aceitação implica subordinação do benefício recebido ao dever imposto sob a forma do *modus*.

Por outro lado, não se confunde o *encargo* com a *condição suspensiva*, visto que o direito se adquire e se exerce desde logo; nem com a *condição resolutiva*, uma vez que não opera por si a revogação do negócio, porém limita-se a facultar ao instituidor o direito de resolver, e mesmo assim sem efeito retro-operante. De outra forma dito, o *encargo* distingue-se da *condição* em que depende da eficácia do negócio, ao passo que, se este é condicional, a sua eficácia é que fica na dependência da determinação acessória,[58] isto é: o encargo, ao contrário da condição, não torna

---

56 De Page, *loc. cit.*
57 Oertmann, *Introducción*, § 55.
58 Oertmann, *loc. cit.*; Salvatore Pugliatti, *Introducción*, p. 296.

incerta a disposição, mas obriga o beneficiado ao seu cumprimento.[59] Embora não chegue a ser condição, ou fique na categorização de modalidade que se aproxima dela a ponto de exigir explicações distintivas, não faltam escritores que aí enxergam uma condição atípica, ou condição que não chega a se desenvolver perfeitamente, mas que muitas vezes encontra na dogmática do negócio condicional muito do seu regime.[60] No direito brasileiro, que se referiu ao encargo entre os elementos acessórios do negócio jurídico, distingue-se da condição nos seus efeitos, mas se imposto ao negócio, expressamente, como condição suspensiva, neste caso, evidentemente, suspende a aquisição e o exercício do direito a que acede (Código Civil, art. 136).

Mais frequentemente adere aos negócios de liberalidade, sejam realizados estes *inter vivos* ou por disposição de última vontade, não sendo, porém, incompatível com as promessas de recompensa e outros atos unilaterais.[61]

Não existe limitação quantitativa ao *modus*, que pode deixar intacto o valor patrimonial da liberalidade (exemplo, alguém doa à Municipalidade uma casa com o encargo de se manter aberta à visitação pública); ou pode abranger uma parte (o legatário que recebe a deixa com o encargo de fazer com que se celebrem missas em sufrágio da alma do testador); ou esgotar todo o valor recebido (e.g., legado como encargo de ser construído para o testador um túmulo, cujo custo absorva a deixa inteira). É preciso, porém, distinguir o encargo da contraprestação, pois se assume este aspecto, perde aquela significação, e passa o contrato a oneroso.

Tal qual a condição, o *modo* tem de ser lícito e possível, aplicando-se-lhe, segundo a melhor doutrina,[62] os princípios respectivos das condições. O Código determina expressamente que a *iliceidade* ou *impossibilidade do encargo* leva a considerá-lo não escrito (art. 137), e nisto difere da condição *suspensiva*, que, quando impossível, ou sendo ilícita ou imoral (art. 122), invalida o próprio negócio: como modificação ou cláusula acessória da vontade, a irrealizabilidade (física ou jurídica) do *modus* liberta a declaração de toda restrição, a não ser que se apure ter sido o motivo determinante da liberalidade e, neste caso, a consequência será a invalidação do negócio, mas, fora disto, este se aproveita como puro e simples.[63] Referindo-se especificamente aos negócios liberais, o art. 137 do Código Civil não tem cabimento entre as regras atinentes aos negócios jurídicos em geral. Ficaria mais bem situado na Parte Especial, e na sequência das disposições relativas às liberalidades.

Nos seus *efeitos*, o encargo impõe obrigação e pode ser exigido seu cumprimento pelo próprio instituidor ou seus herdeiros, ou pelas pessoas beneficiadas, ou ainda pelo representante do Ministério Público, se se contiver em disposição testamentária, ou for de interesse público. Ao agente é lícito estabelecer a exigência

---

59   Enneccerus, Kipp e Wolff, *Tratado*, § 181.
60   Ruggiero e Maroi, *Istituzioni*, § 31.
61   Clóvis Beviláqua, *Teoria Geral*, § 59.
62   Clóvis Beviláqua, *loc. cit.*
63   Oertmann, *Introducción*, § 55; Antunes Varela, *Direito das Obrigações*, vol. 2, p. 90.

de uma garantia a ser prestada pelo beneficiário da liberalidade, no sentido de que cumprirá a imposição.

Como gera uma declaração de vontade qualificada ou modificada, não se pode destacar do negócio. Seu descumprimento sujeita o infrator à revogação deste (art. 555 do Código Civil). Já que a vantagem foi recebida com aquela limitação, não poderá prevalecer se o beneficiado se furta a realizar o encargo. Aos terceiros favorecidos, não cabe, porém, a ação revocatória, visto como seu interesse se situa, pura e simplesmente, na exigência do favor através de execução do *modus*. Pode-se, então, dizer que o descumprimento do encargo faz nascer, com caráter alternativo, duas ações: uma primeira, tendo por finalidade a exigência do seu cumprimento, e a outra visando à revogação do negócio modal. Mas o exercício dessas ações variará em razão da pessoa do autor: o instituidor pode exercer qualquer delas, alternativamente, competindo-lhe o direito de escolher; os seus herdeiros têm qualidade para dar-lhe seguimento. Mas os terceiros beneficiados e o representante do Ministério Público só têm ação para exigir o cumprimento do encargo.

101. Pressuposição

A declaração de vontade, como elementar do negócio jurídico, não se emite em vão. Tem sempre uma finalidade e uma razão de ser. Uma e outra se apresentam como razões determinantes dele, que se realiza para um preciso fim e por certo motivo. Sempre se cogitou do primeiro, sempre o direito tratou de pensar na finalidade: se é lícita, se é possível, se é contrariada pela atuação culposa de alguém etc. O resultado jurídico do negócio, em suma, interessou sempre ao direito, que polariza no estudo dos efeitos um sem-número de regras especiais, de princípios. Com a *teoria da pressuposição*, vem o "pensado" encontrar-se com a razão do negócio jurídico ou o "porquê" da declaração de vontade.

A ciência pandectista alemã, especialmente com Windscheid, imaginou a *pressuposição* no campo dos elementos acessórios da vontade, sob a forma de uma *modalidade*, que participa um tanto da *condição*, mas dela se diversifica racionalmente. Pode configurar-se quando as partes manifestam a sua vontade, limitada pela razão determinante, que não chega a constituir propriamente uma condição, mas eleva-se acima da simples *motivação*. Diz-se, então, que ela representa um meio-termo entre o motivo e a condição,[64] ou melhor, seria um motivo elevado a categoria de determinação do negócio jurídico. Constitui, portanto, na linguagem do criador de sua teoria, uma *condição não desenvolvida*.[65] Em tal caso, o negócio jurídico somente terá eficácia de se realizar nos limites de sua *pressuposição*, que passa, portanto, a integrar a interpretação de vontade, realizada pelos próprios interessados, por uma cláusula modificativa da vontade, inserta no próprio negócio.

---

64 Oertmann, *Introducción*, § 55; Antunes Varela, *Direito das Obrigações,* vol. 2, p. 90.

65 Windscheid, *Pandette*, § 97.

E é por isto que alguns autores articulam a pressuposição na dogmática da interpretação da vontade.[66] A pressuposição configura-se como designação da intenção das partes no negócio mesmo, e de tal sorte que, se se frustrar, faltará correspondência entre a declaração volitiva e a vontade íntima e real dos interessados. Assim, se num contrato de execução futura ficar previsto o emprego de material de importação, e as partes vinculam o preço a uma certa taxa de conversão cambial, ela se erige em pressuposição do negócio que não prevalecerá se aquela faltar, ou no sentido de que o contraente pode rescindir o negócio, ou no de que a outra parte está sujeita à revisão do pagamento.

Não obstante o engenho de sua criação, a *pressuposição* não encontrou acolhida no Código Civil brasileiro como em nenhum outro, inclusive o alemão. Aliás, na doutrina, fazem-lhe séria oposição uns (Dernburg, Regelsberger etc.), enquanto outros (especialmente os franceses) não lhe fazem referência.

Mitigados os seus efeitos, entretanto, é de admitir-se a sua aplicação, e, para fixar-lhe o limite, convém distinguir a *bilateral* da *unilateral*. Esta última, desconhecida da outra parte, e, portanto, não aprovada por ela, é *inaceitável* como determinação acessória da vontade, pela sua manutenção em termos vizinhos da motivação interna, e pelo clima de insegurança que instilaria na vida civil, se o agente pudesse prevalecer-se de uma razão que intimamente considerou determinante do negócio jurídico, mas que conservou neste estado, sem comunicá-la à outra parte. É evidente que uma tal pressuposição não poderá ter qualquer atuação no desenvolvimento ulterior do negócio, nem atingir a produção dos seus efeitos.[67]

Mas, se ocorre uma *pressuposição bilateral*, que os interessados integram *expressa* ou *tacitamente* no ato negocial, e que é conhecida, portanto, e aprovada como sua razão determinante, deverá influir na produção ulterior de suas consequências jurídicas. Opera a pressuposição, neste caso, como se fosse uma verdadeira e própria condição, e, com efeito, distancia-se da mera motivação interior, para subordinar a eficácia do negócio jurídico à base fática por ela representada. Assim entendida, a pressuposição é um elemento modificador da declaração de vontade, e domina a validade futura do negócio jurídico.[68]

Situa-se, pois, no intento do negócio, e, formado ele, o efeito jurídico querido fica na dependência da pressuposição, de tal maneira que, se ela se frustrar, deixa o negócio de corresponder à declaração de vontade, pois que ninguém a emite desguarnecida de uma razão.[69]

À teoria da pressuposição pode aplicar-se a da condição, pelo fato de sua configuração jurídica avizinhar-se desta, seja na sua caracterização mesma, seja nas suas espécies (de fato ou de direito, positiva ou negativa, possível ou impossível), seja

---

66 Enneccerus, Kipp e Wolff, *Tratado*, I, § 192.

67 Oertmann, *loc. cit.*

68 Oertmann, *loc. cit.*

69 Windscheid, *loc. cit.*

nos seus efeitos. Dentre esses, destaca Windscheid o que se refere à pressuposição impossível ou ilícita, que atrai as mesmas regras de atuação da condição impossível e da condição ilícita ou imoral,[70] que não repetiremos aqui por já terem sido deduzidas no nº 98, *supra*.

---

70 Windscheid, § 100.

Capítulo XX
PROVA

Sumário

102. Forma do negócio jurídico (remissão). **103.** Da prova. **104.** Prova documental, testemunhal e pericial. **105.** Confissão. Presunção. Autoridade da coisa julgada.Provas técnicas.

Bibliografia

Clóvis Beviláqua, *Teoria Geral*, §§ 62 e 63; Oertmann, *Introducción*, § 40; Henri Capitant, *Introduction*, p. 345; Enneccerus, Kipp e Wolff, *Tratado*, I, § 154; Carlo Lessona, *Trattato delle Prove in Materia Civile*; Gaston Roussel, *Traité Complet de l'Expertise Judiciaire*; François Gorphe, *L'Appréciation des Preuves en Justice*; Roger Decottignies, *Les Présomptions en Droit Privé*; Mazeaud *et* Mazeaud, *Leçons*, I, n.os 370 e ss.; Edoard Bonnier, *Traité Théorique et Pratique des Preuves*; Francesco Carnelutti, *La Prova Civile*; Cesare Baldi, *Le Prove Civili*; Planiol, Ripert e Boulanger, *Traité Élémentaire*, I, n.os 295 e ss.; Colin e Capitant, *Cours*, I, n.os 88 e ss.; Lamberto Ramponi, *Teoria delle Presunzioni*; De Page, *Traité Élémentaire*, I, n.os 26 e ss.; Gaetan Doná, *Il Silenzio nella Teoria delle Prove Giudiziali*; Washington de Barros Monteiro, *Curso*, I, p. 251; Serpa Lopes, *Curso*, I, n.os 252 e ss.

PROVA 417

102. FORMA DO NEGÓCIO JURÍDICO (REMISSÃO)

Como declaração de vontade, o ato negocial se processa em dois momentos, um interno e outro externo. A mente *delibera*, e depois *exterioriza* a sua deliberação (v. nº 83, *supra*).

A *forma* do negócio jurídico é o meio técnico, que o direito institui para a externação da vontade. É a projeção ambiental da elaboração volitiva, a expressão exterior do querer do agente. À primeira vista, parece que não cabe ao direito civil cogitar do exame da forma. Se se atentar, porém, em que não existe ato jurídico sem exteriorização, essa matéria assume o aspecto de correlação profunda com a essência do negócio jurídico. Não há, pois, razão, para omitir a lei civil a disciplina da forma, e neste passo melhor andou o Código Civil brasileiro de 1916 do que outros monumentos congêneres, ao formular uma teoria geral da forma dos atos jurídicos em capítulo que intitulou "*Da forma dos atos jurídicos e da sua prova*". Já o Código atual dedicou um Título (V) exclusivamente à prova, transferindo os dispositivos pertinentes à forma para as disposições gerais acerca do negócio jurídico.

Atendendo, portanto, à sistemática do Código de 2002, remetemos para as observações traçadas no nº 84-A, *supra*.

103. DA PROVA

Esta matéria situa-se numa zona fronteiriça entre o direito material e o direito formal, razão por que, entre nós, o Código Civil traça-lhe princípios, ao mesmo passo que se encontram regras, a ela relativas, no Código de Processo Civil. Não merece, porém, críticas o legislador por esta duplicidade de conceituações para o mesmo assunto. A prova é, na verdade, objeto de disciplina pela lei civil, como pela processual. O direito civil define os "meios de prova", enuncia os lineamentos do regime a que se submeterá a comprovação do fato jurídico, natural ou voluntário, e especialmente a declaração de vontade. O direito processual afirma os preceitos que presidem à apreciação da prova em Juízo e à técnica de trazê-la à consciência do julgador. Assim, não cabe ao processo, porém ao direito civil, determinar o requisito formal para a emissão de vontade visando a certo efeito, e via de consequência a condição legal de sua comprovação. Mas não compete ao direito civil, e sim ao processual, adotar ou rejeitar o princípio da liberdade do juiz para decidir segundo a sua convicção íntima, *ex informata conscientia*,[1] ou segundo o que no correr do litígio for produzido pelos interessados, *secundum allegatum et probatum iudex iudicare debet*.[2] Ao direito civil cabe dizer o valor de certo meio de prova e os requisitos de que se deve revestir (*e.g., documental*), ou que atos podem ser evidenciados por uma determinada prova (por exemplo, a *testemunhal*), mas cabe ao direito processual

---

1 "Com conhecimento de causa."
2 "O juiz deve julgar de acordo com o que foi alegado e provado."

estatuir que o juiz não pode suprir a iniciativa da parte na coleta dos elementos probatórios (*ne procedat iudex ex officio*)[3] ou em que oportunidade o documento deve ser oferecido. Em resumo: quando se trava um litígio, cabe ao direito processual disciplinar a técnica de que se devem valer os contendores que demonstram ou tentam demonstrar ao juiz o valor de suas pretensões, e ao direito civil determinar o valor intrínseco dos meios probatórios. Fora do ambiente judicial, e independentemente de qualquer demanda, compete ao direito civil precisar quais são os meios de prova que os interessados devem empregar para qualquer fato jurídico.[4]

Bem anda, então, o Código ao alinhar regras relativas à prova dos negócios jurídicos, dada a sua íntima correlação com o conteúdo ou substância da declaração de vontade. Um direito é útil na medida em que se possa fazer a prova da sua existência, e, na impossibilidade desta, é como se não existisse.[5] Na verdade, os preceitos genéticos das provas são tanto de invocar quanto aos contratos como aos atos unilaterais; a teoria das provas tanto tem lugar em matéria obrigacional, quanto no que se refere aos atos insulados no direito de família, ou às declarações de última vontade, salvo naquilo em que se estatuem preceitos especiais, de aplicação estrita.

Dominando toda a matéria da prova, pode-se dizer da existência de normas cardeais, sobranceiras à sua teoria. Vigora, antes de tudo, o princípio da sua *unidade*, em virtude do qual é assente que a evidência do fato é a favor ou contra quem a oferece, isto é, existe uma e só uma verdade, e, quando é esta demonstrada, não se poderá excluir das suas consequências qualquer das partes, em cuja esfera jurídica percuta.

Fala-se muito comumente na "prova de um direito", mas a expressão é de receber-se com certa reserva, e entender-se como sendo pura metonímia. O que se prova é o *fato*, e com *ex facto oritur ius*, dele se extraem as consequências jurídicas. Nasce o direito, para o seu titular, seja de um fato volitivo (declaração de vontade como pressuposto do negócio jurídico), seja de um acontecimento. Em qualquer caso há um *fato*, e é este que deve ser provado por quem invoca a existência do direito. Daí a procedência do brocardo "*da mihi factum, dabo tibi ius*".[6] Mesmo em juízo, quando a parte se esforça para convencer do seu direito, o que faz é salientar *a evidência do fato*, e auxiliar o juiz a chegar ao direito por via de um processo mental de raciocínio.[7] Muito especialmente quando se inicia um litígio, o que os adversários procuram é o reconhecimento de uma relação jurídica. Mas isto não compete à parte, e sim ao juiz, pois que a este incumbe encontrar a regra abstrata aplicável à relação de fato e a dedução das consequências de direito.[8]

A pessoa que sustenta a existência da relação jurídica, ou que pretende tenha havido um dado negócio jurídico, ou simplesmente a ocorrência de certo fato, tem o

---

3   "Que o juiz não proceda de ofício."

4   Clóvis Beviláqua, *Teoria Geral*, § 63; Capitant, *Introduction*, p. 346.

5   Colin e Capitant, *Cours*, I, nº 88.

6   "Dá-me o fato, eu te darei o direito."

7   Colin e Capitant, *Cours*, nº 89; Clóvis Beviláqua, *Teoria Geral*, § 63.

8   Capitant, p. 347.

encargo de dar a sua prova, como tradicionalmente se repete na sentença de Paulus: *"Ei incumbit probatio qui dicit, non qui negat"*.[9] O fundamento lógico do princípio é que deve dar a prova aquele que pretende introduzir uma alteração ou mudança em uma situação existente. Se alguém alega ser dono de um objeto que está em poder de outrem, quer alterar a situação concreta da detenção. O devedor deve ser convencido de que o é, e, enquanto não for dada a prova, considera-se não obrigado a pagar. A regra é mais própria do direito processual, pois que é ao que se defende que reconhece a lei a vantagem da situação.[10] Mas, nem por isto se admite princípio diferente no campo juscivilístico, sendo curial que tem o ônus de produzir a prova aquele que pretende a constituição de uma relação jurídica decorrente de uma declaração de vontade ou de um fato natural.

Também no tocante à prova é de se distinguir a *geral* ou *livre*, da *especial*. O princípio genético é o da liberdade ou da *livre admissibilidade da prova*. Os fatos jurídicos, inclusive a declaração de vontade, provam-se por qualquer meio, o que permite deduzi-lo noutros termos, esclarecendo: a pessoa, a quem interessar, tem a liberdade de provar o negócio jurídico de qualquer maneira. Às vezes, e já em caráter excepcional, a lei exige determinada prova para certo fato, e, então, a pessoa que dele pretende extrair consequências jurídicas terá de fornecer a *prova especial* dele. É por isso que o nascimento se prova pelo assento respectivo; o pacto antenupcial por escritura pública; a obrigação de valor superior à taxa legal por escrito público ou particular. Por exceção, a ordem legal institui a *prova especial*, e deixa, nos casos previstos, de ser livre ao interessado produzir a que quiser. Neste regime da prova especial, umas vezes a lei não tolera seja suprida, outras vezes o admite, e então é lícito recorrer a outros veículos probatórios, em substituição ou em complemento às deficiências do específico. É assim que o pacto antenupcial não pode ser provado senão com a exibição do instrumento público; mas o nascimento evidencia-se por outras provas, se não existir assento; a obrigação de valor superior à taxa legal não pode ser provada pelo credor senão por escrito, mas vale o pagamento espontâneo do devedor, ou então consolida-se pela confissão. *Especial* é a prova da anuência ou autorização necessária para a validade do ato (Código Civil, art. 220), no sentido de que deve acompanhar a deste último: se for ela livre, sê-lo-á também aquela outra; mas se a lei exigir forma especial para o ato principal, a anuência ou autorização somente pode dar-se pelo mesmo meio especial.

Dentro da classe da especial, reside a chamada *prova pré-constituída*, que surge todas as vezes em que se cria de antemão para produzir efeito futuro.[11] Num momento em que não se pode pôr em dúvida a obrigação, já as partes a perpetuam em um escrito. Com o fim de premunir o interessado dos meios de evidenciar um *status* pessoal, a lei determina se lavrem os assentos de nascimento, casamento e óbito;

---

9   *Digesto*, Livro XXII, tít. III, fr. 2: "A prova incumbe a quem afirma, não a quem nega". Cf. Lessona, *Delle Prove*, I, nº 96.

10   Colin e Capitant, nº 91; Capitant, p. 350.

11   Colin e Capitant, nº 90; Planiol e Boulanger, nº 297.

com o propósito de demonstrar a existência da relação obrigacional, o credor toma do devedor o título de confissão da dívida etc.

Antes de se adotar o princípio da liberdade da prova, vigorou nos antigos ordenamentos a denominada *prova legal*: a lei indicava os meios de prova, e, então, o fato era tido como não provado, se fosse produzida uma diferente da que a lei determinasse. Abolido o sistema, e vigorante o da liberdade, não significa, entretanto, que o juiz possa buscar elementos de convicção fora dos fatos evidenciados pela partes, mas apenas que estas são livres (salvo nos casos de prova especial) de fornecê-la por qualquer meio, circunscrevendo, contudo, o juiz seu julgamento à apreciação dos fatos demonstrados no processo.[12]

Em atenção à natureza do fato, à condição do ato, ou às circunstâncias específicas, a lei cogita de estruturar as várias modalidades de provas, tais como a documental, a pericial, a testemunhal, a indiciária etc. Serão objeto de estudo nos parágrafos seguintes.

104. Prova documental, testemunhal e pericial

A mais nobre das provas é a *documental*. Por via do escrito perpetua-se o ato, enunciando-se a declaração de vontade de modo a não depender sua reconstituição da falibilidade de fatores precários. No escrito (*scriptum*) é vazada a própria declaração de vontade, tal como as partes a conceberam. O préstimo do documento vem de longe, e é em razão de sua maior valia que se presumem verdadeiras em relação aos signatários as declarações constantes de documentos assinados (Código Civil, art. 219), sujeito, porém, o interessado ao ônus de prová-las se não tiverem relação com as disposições principais ou com a legitimidade das partes (parágrafo único do art. 219).

Os documentos, também chamados *instrumentos*, podem ser *públicos* ou *privados*. Constituem *documentos públicos* os que constam dos livros e notas oficiais, ostentando igual força pública as certidões e os traslados que o oficial público extrai dos instrumentos e documentos lançados em suas notas (art. 217), bem como as certidões fornecidas pelas autoridades competentes, de atos ou fatos existentes nas repartições e departamentos administrativos. O mesmo vigor de documento público conservam as certidões passadas pelos escrivães judiciais, dos documentos e atos processuais existentes ou ocorridos nos processos que lhes são afetos, se os originais se houverem produzido em Juízo, como prova de algum ato (arts. 216 e 218). O conserto ou a conferência, realizada por outro escrivão, é praxe tabelioa que o Código anterior consagrava, e que o Código de 2002 deveria ter eliminado. A autenticidade do documento decorre da fé pública do serventuário que o subscreve. Não aumenta com a assinatura de um colega, e não desmerece pela ausência dela.

Os requisitos do instrumento público estão mencionados em detalhes no art. 215 do Código Civil.

---

12 Capitant, p. 357; Bonnier, *Traité des Preuves*, p. 655 e ss.; Lessona, *Delle Prove*, I, n⁰ˢ 62 e ss.

PROVA 421

Documentos particulares são aqueles elaborados pelos próprios interessados, totalmente escritos e por estes assinados, ou somente assinados, sendo escritos por outrem ou datilografados, digitados ou impressos. Neste caso do documento particular, e quando a lei exige o escrito como prova do ato, deve o instrumento ser firmado pela própria mão do agente ou seu representante, voluntário, legal ou judicial, que apõe sua assinatura e a declaração de que o faz na representação do outorgante.[13] Quando a lei exige que o documento seja assinado pela parte, requer com isto que o instrumento em concreto venha diretamente subscrito. Não vale, portanto, como firma ou assinatura, a aposição de *carimbo*, ainda que registre em fac-símile o espécime original nem a reprodução mecânica ou fotocopiada do documento assinado,[14] salvo naqueles casos em que, por lei especial, é admitida a forma impressa.

O Código, ao reproduzir o modelo anterior, omitiu a necessidade de duas testemunhas (art. 221). Andou bem, porque a praxe era exigir apenas a aposição formal de assinaturas de testemunhas, consideradas meramente instrumentárias, não se exigindo conhecessem o conteúdo do documento. Vale observar a diversidade de orientação: enquanto para o instrumento particular dispensa as testemunhas instrumentárias, exige-as para a escritura pública, não obstante a presença notarial (art. 215, § 1º, II).

Em regra, os instrumentos particulares devem ser exibidos no original, para que se apreciem devidamente. Se estiver em jogo a sua autenticidade, aquela exibição é obrigatória. Farão, porém, a mesma prova do original as certidões textuais de qualquer peça judicial, do protocolo das audiências ou de outro qualquer livro a cargo do escrivão, sendo extraídas por ele ou sob a sua vigilância e por ele subscritas.

A *força probante* do documento é uma decorrência de duas séries de requisitos: uns *intrínsecos*, dizem respeito à legitimidade e capacidade do agente para a declaração de vontade e sua conformidade com o conteúdo dela; outros, *extrínsecos*, referem-se à observância das circunstâncias materiais que envolvem o ato. No tocante a estas, que merecem exame especial neste passo, já que os intrínsecos foram objeto de indagação nos capítulos X e XVII, *supra*, devem-se distinguir os instrumentos *públicos dos particulares*.

Os documentos públicos provam materialmente os negócios jurídicos de que são a forma exterior. E, pela sua própria natureza, são oponíveis relativamente às pessoas que neles intervêm, como a terceiros, salvo nos casos em que a lei exige, ainda, o registro. Realizado perante notário, faz a lei decorrer da sua *fé pública* a autenticidade do ato, no que diz respeito às formalidades exigidas, e se alguém as nega, tem de dar prova cabal da postergação. No que diz respeito ao conteúdo da declaração, vigora a presunção de autenticidade, no sentido de que se tem como exata a circunstância de que o agente a fez, nos termos constantes do texto. Mas é de se distinguir a inexatidão ou *falsidade material*, incompatível com a autenticidade do ato notarial, como a *falsidade ideológica* ou *intelectual*, pela qual não responde o oficial público, e que se positiva no descompasso entre o conteúdo do ato e a verda-

---

13 Oertmann, *Introducción*, § 40.
14 Enneccerus, Kipp e Wolff, *Tratado*, I, § 146.

de. A *falsidade material*, quando alegada, atenta contra a honorabilidade do oficial; a falsidade *ideológica* tange às pessoas que participam do ato, poupando, em regra, de acusação o notário.[15]

Quando o instrumento público não for obrigatoriamente exigido, por lei ou convenção, vale o instrumento particular para a prova das obrigações convencionais de qualquer valor. São dele requisitos que o documento esteja assinado pelo declarante capaz. Assim composto, tem todo valor entre as partes, mas, para ser oponível, nos seus efeitos, a terceiros, terá de ser registrado no Registro Público (Código Civil, art. 221). Esta providência não constitui mera formalidade subsidiária, porém se ergue como verdadeira condição legal de validade em relação a terceiros. O documento obriga as partes, mas em relação a terceiros é como se não tivesse sido passado, dizendo-se que é o registro que lhe dá eficácia *erga omnes*.

Chama-se *autenticação* do ato o reconhecimento da firma, ou da letra e firma do subscritor, realizado por tabelião. Esta providência é aconselhável, porém não necessária, para o fim de garantir o interessado quanto à assinatura. É obrigatória, quando a lei a exigir como formalidade integrativa do ato.

A cópia fotográfica de documento pode ser exibida quando, conferida com o original assinado e, autenticada pelo tabelião de notas, não for contestada. Impugnada a autenticidade, deverá ser exibido o original (Código Civil, art. 223). Mas fica ressalvado que não supre a ausência do título de crédito, nem do original, em qualquer caso em que deva ser exibido este (art. 223, parágrafo único).

Para os atos passados no estrangeiro, vale o que obedecer à lei do lugar, em observância é regra *locus regit actum*,[16] competindo sua autenticação à autoridade consular, cuja firma, a seu turno, é reconhecida no Ministério das Relações Exteriores, nas Mesas de Alfândega, ou nas Delegacias Fiscais das capitais dos Estados. Mas os documentos passados em língua estrangeira não poderão ser invocados no Brasil nem terão valor como prova, se não forem vertidos para a língua portuguesa por tradutor oficial, onde houver, ou por tradutor juramentado em Juízo, ou, ainda, se não estiverem acompanhados da versão em língua portuguesa que tenha tramitado pela via diplomática (Código de Processo Civil de 1973, art. 157; Código de Processo Civil de 2015, art. 192, parágrafo único; e Código Civil, art. 224).

Os livros e fichas dos empresários e sociedades provam contra as pessoas a que pertencem, e, em seu favor, quando, escriturados sem vício extrínseco ou intrínseco, forem confirmados por outros subsídios (Código Civil, art. 226). A disposição vem pôr termo à velha dúvida que se levantava em torno do valor probante das provas resultantes de lançamento em livros comerciais. A questão oriunda da substituição dos livros previamente encadernados pelos de folhas soltas foi totalmente superada. Desde que a escrituração seja regular e a sua conservação obedeça a critérios de segurança, tem a ficha e o livro de folhas soltas o mesmo valor dos que se utilizavam antes de se adotarem as técnicas modernas de contabilidade mecânica e eletrônica.

---

15 Colin e Capitant, *Cours*, I, nº 94. Sobre a prova documental, v., ainda, François Gorphe, *L'Appréciation des Preuves en Justice*, p. 176 e ss.

16 "A lei do lugar regula o ato".

PROVA 423

O princípio capital é que o livro (e obviamente a ficha) prova contra a empresa, seja esta o empresário individual ou configure uma sociedade. As pessoas a que pertencem não podem recusar a sua validade, sem repetir os efeitos probatórios do respectivo conteúdo, salvo demonstração de que os lançamentos não correspondem à verdade dos fatos (Código de Processo Civil de 1973, art. 378; Código de Processo Civil de 2015, art. 417).

Não fazem os lançamentos prova plena em favor do proprietário que pode ser ilidida pela comprovação da falsidade ou inexatidão dos lançamentos. Mas, se revestirem os requisitos intrínsecos e extrínsecos impostos por lei, e não contiverem vícios ou defeitos, podem ser invocados como evidência, e seu valor probante será admitido na conformidade de sua harmonia com o conjunto das demais provas (Código Civil, art. 226; Código de Processo Civil de 1973, art. 379; Código de Processo Civil de 2015, art. 435).

A prova decorrente dos livros da empresa vale como comprovação das operações, dos fatos, das obrigações e demais circunstâncias ligadas à atividade empresarial. Não supre, entretanto, qualquer prova especial, tal como a escritura pública ou o escrito particular revestido das formalidades legais (Código Civil, art. 226, parágrafo único). Não supre, por maioria de razão, as obrigações resultantes de títulos abstratos.

O meio probatório regular de apuração de provas resultantes da escrita empresarial é a sua exibição em juízo, no correr do litígio ou como medida cautelar. O juiz pode, a requerimento da parte ou de ofício, determinar a exibição limitada às operações entre os litigantes (exibição parcial), tal como resulta do art. 382 do Código de Processo Civil de 1973, do art. 421 do Código de Processo Civil de 2015 e do verbete 260 da Súmula do Supremo Tribunal Federal. Não pode ser determinada a exibição integral, a não ser em casos de liquidação de sociedade, sucessão por morte de sócio ou nas demais hipóteses e situações que a lei determinar (Código de Processo Civil de 1973, art. 381; Código de Processo Civil de 2015, art. 420).

No particular da contabilidade bancária, a exibição é restrita às partes em litígio, e não pode ser ordenada com quebra do sigilo estatuído na legislação especial.

Fatos podem ser provados por *testemunhas*, quando são perceptíveis pelos sentidos. O que é visto e ouvido principalmente pode ser relatado por quem o presenciou (*testemunha*). Dependendo da agudeza de percepção de cada um, como da retenção mnemônica, os seus ditos devem sempre ser recebidos com as naturais reservas. É por isso que a redação original do Código Civil não admitia prova exclusivamente testemunhal senão para obrigações convencionais de pequeno valor. Admitia-se a prova exclusivamente testemunhal nos negócios jurídicos de valor até dez vezes o maior salário mínimo vigente no país (Código Civil, art. 227), norma que também se extraía do art. 401 do Código de Processo Civil de 1973. Adotando o critério flexível da escala móvel dos salários, ambos os Códigos buscaram evitar os problemas advindos do regime legal anterior, em torno do valor das obrigações, diante de mutações por que passou o padrão monetário nacional na sua vigência.

O Código de Processo Civil de 2015, no entanto, revogou a restrição legal, suprimindo o caput do art. 227 do Código Civil e não reproduzindo a antiga norma processual em seu próprio texto. No direito atual, portanto, cabe ao julgador, sem o amparo de qualquer parâmetro legal, ponderar se a prova exclusivamente testemunhal mostrou-se suficiente, ainda que relativa a negócios de grande vulto financeiro.

Como subsidiária ou complementar, ou como modalidade probatória de fatos cuja evidência dependerá da percepção sensorial, ainda assim os escritores dela cogitam com ressalvas, tanto no que se refere ao seu valor jurídico, pois que especialistas têm demonstrado que o mesmo fenômeno observado por várias pessoas é relatado diferentemente por elas,[17] como ainda em razão das qualidades morais, intelectuais, individuais, em suma, das próprias testemunhas. Para a prova de fatos, já era admitida com *exclusividade* (ou para completar outras provas), como, por exemplo, nas ações de separação ou divórcio, nas possessórias etc., em que a convicção do julgador assenta nos depoimentos tomados em Juízo. Para a de obrigações convencionais de valor superior à taxa determinada, a lei ia requer ao menos um começo de prova por escrito, ainda que sem formalidades maiores, tais como cartas, documentos incompletos etc. Atualmente, nos termos do parágrafo único do art. 227 do Código Civil e do art. 444 do Código de Processo Civil de 2015, apenas nos casos específicos em que a lei expressamente exigir a forma escrita *ad probationem* dependerá a prova testemunhal de início de prova documental. Nos demais casos, independentemente do valor do negócio jurídico *sub judice*, poderá o magistrado admitir a prova testemunhal exclusiva.

Rezava a tradição de nosso direito que uma só testemunha era insuficiente para fazer prova de um fato (*testis unus, testis nullus*),[18] por maior que fosse a sua idoneidade. A regra entrou, porém, em desprestígio, sendo hoje despida de valor. A prova testemunhal depende da qualidade do depoente, e assim deve ser apreciada, e despicienda a indagação do seu número: um só testemunho pode ser suficiente a que cumpridamente se prove o fato, desde que esteja revestido de circunstâncias subjetivas e objetivas conducentes à sua credibilidade.

Não podiam ser testemunhas, de acordo com a redação original do art. 228 do Código Civil, os menores de 16 anos e os que, por enfermidade ou retardamento mental, não tivessem discernimento para a prática dos atos da vida civil em razão da incapacidade absoluta de que eram atingidos. Os portadores de cegueira, surdo-mudez ou surdez não podiam ser admitidos a depor a respeito de fatos cuja prova dependesse dos sentidos que lhes faltam. Todas essas disposições foram alteradas pelo Estatuto da Pessoa com Deficiência (Lei nº 13.146/2015), que revogou quase integralmente o art. 228, esclarecendo, no § 2º do dispositivo, que a pessoa com deficiência poderá testemunhar em igualdade de condições com as demais pessoas, sendo-lhe assegurados todos os recursos de tecnologia assistida. A norma, todavia, parece ter sido revogada tacitamente pela superveniente entrada em vigor do art. 447 do Código de Processo Civil de 2015, que estabeleceu que "podem depor como testemunhas todas as pessoas, *exceto as incapazes*, impedidas ou suspeitas". O § 1º do dispositivo esclarece quem são os *incapazes* para depor: o interdito por enfermidade ou deficiência mental; o que, acometido por enfermidade ou retardamento mental, ao

---

17 Afrânio Peixoto, *Novos Rumos da Medicina Legal*, p. 139.
18 "Uma testemunha, nenhuma testemunha".

tempo em que ocorreram os fatos, não podia discerni-los, ou, ao tempo em que deva depor, não está habilitado a transmitir as percepções; o que tiver menos de 16 anos; e, finalmente, o cego e o surdo, quando a ciência do fato depender dos sentidos que lhes faltam.

Consideram-se interessados e, por isso mesmo, impedidos, o cônjuge, quanto à prova que interessa ao outro cônjuge, as pessoas ligadas por vínculo de parentesco na linha colateral até o 3º grau civil (os irmãos, os tios e sobrinhos), e na linha reta *in infinitum* (pais, avós, filhos, netos etc.). O Código Civil, contudo, permite que o juiz aceite o depoimento de tais pessoas para a prova de fatos *que só elas conhecem* (art. 228, § 1º). A lei processual, no § 2º, I, do art. 447 supracitado, regulou o impedimento de modo mais detalhado, ao incluir nele o companheiro e ressalvar a exigência do interesse público. Além disso, no § 4º abriu-se uma regra genérica, para determinar que "sendo necessário, pode o juiz admitir o depoimento das testemunhas menores, impedidas ou suspeitas". Consideram-se testemunhas suspeitas o inimigo da parte ou seu amigo íntimo, bem como aquele que tiver interesse na causa (§ 5º).

Em princípio, a testemunha deve ser isenta e desinteressada. Quando admitida a depor qualquer das pessoas cujo impedimento é mencionado nos arts. 228 do Código Civil e 447 do Código de Processo Civil de 2015, o juiz receberá seu depoimento com cautela maior do que na apreciação de qualquer outro, levando especialmente em conta as circunstâncias de ser verossímil e estar em harmonia com as demais provas. A cautela faz-se ainda mais imperativa diante da previsão, pelo art. 447, § 5º, do Código de Processo Civil de 2015, que, quando admitidos a depor o menor, o impedido ou o suspeito, estarão isentos de prestar compromisso, devendo o juiz atribuir aos seus depoimentos "o valor que possam merecer".

De acordo com a redação original do Código Civil, podiam recusar-se a depor as pessoas que, por estado ou profissão, como advogados, médicos, sacerdotes, parteiras, etc. devessem guardar sigilo, quanto aos fatos de que tenham conhecimento em função de seu ofício ou ministério (Código Civil, art. 229, I). Algumas delas estão mesmo sujeitas a sigilo profissional, por imposição do regulamento de suas atividades profissionais, como é o caso dos advogados[19] e dos médicos.[20] Outras vezes, são disposições especiais que instituem sigilo quanto a certas circunstâncias, como ocorre com os funcionários dos serviços de Imposto sobre a Renda, que são obrigados a guardá-lo rigorosamente sobre a situação de riqueza dos contribuintes.

O Código aditava à regra vinda do regime anterior duas outras escusas. Uma, no resguardo da honra e boa fama própria, e das que lhe são próximas (art. 229, II): não é razoável que, chamado como testemunha, o indivíduo incrimine-os, ou os exponha à execração no ambiente social em que vivem. Outra, na defesa do patrimônio próprio ou das mesmas pessoas, sujeitas que poderão ser aos riscos de litígio ou prejuízo em razão do depoimento (art. 229, III). Os que gozam das escusas são os únicos juízes de seu procedimento, salvo nos casos em que o sigilo é legalmente estabelecido.

---

19   Estatuto da Advocacia (Lei nº 8.906/1994), art. 7º, XIX.
20   Código de Ética Médica (Resolução CFM nº 2.217/2018), arts. 73 e ss.

O Código de Processo Civil de 2015 revogou o inteiro teor do art. 229 do Código Civil para, em seu lugar, dispor no art. 448 que não pode a testemunha ser obrigada a depor sobre fatos que lhe acarretem grave dano, bem como ao seu cônjuge ou companheiro e aos seus parentes (inciso I), ou, ainda, sobre matérias a respeito das quais, por estado ou profissão, deva guardar sigilo (inciso II).

Os instrumentos públicos ou particulares deviam ser, normalmente, subscritos por duas *testemunhas*. Esta última expressão não designa aqui as pessoas que devem depor sobre o que é do seu conhecimento, para a evidência de fatos em Juízo, mas de estranhos ao negócio jurídico que assinam o instrumento juntamente com as partes, em garantia de que houve o ato tal como redigido, e que foi efetivamente por elas firmado. Denominam-se, por isto mesmo, *testemunhas instrumentárias*. Comumente bastam duas testemunhas, seja nos atos notariais, seja nos de cunho privado. Excepcionalmente, a lei reclama-os em maior número, como no casamento nuncupativo, que deve ser celebrado ante seis testemunhas. Na maioria das vezes, a testemunha instrumentária limita-se a integrar formalmente o ato, somente sendo convocada a depor quando em litígio entre as partes se torne necessário o esclarecimento de alguma circunstância ligada à celebração do ato. Há casos em que o seu comparecimento a Juízo e a sua confirmação do que ocorreu são indispensáveis à validade dele (*e.g.:* testamento particular, Código Civil, art. 1.876; casamento nuncupativo, art. 1.540). Atendendo, entretanto, a que, na maioria das vezes, as testemunhas instrumentárias não refletem nem ao menos a sua presença ao ato, o Código Civil mencionando os requisitos do instrumento particular dispensou esta formalidade, como já foi observado (art. 221).

Aqueles fatos que dependem de conhecimento especial, escapando à percepção comum, deverão ser provados por exame *pericial*, efetuado por técnico que procederá na forma do que prescrevem as normas próprias e regulamentares de sua especialidade. A prova pericial em Juízo deve obedecer às disposições do Código de Processo Civil, quer quanto à indicação dos *peritos* ou assistentes técnicos, quer quanto ao modo e tempo de realização do laudo respectivo. É também a lei processual que alinha os motivos de impedimento dos peritos.[21]

Considera-se *direta* a prova pericial, porque a justiça, através dos que são tidos como seus auxiliares, faz a apuração imediata dos fatos, perpetuando-a no laudo técnico. A verificação direta pode ainda ser mais concretamente realizada, quando é o próprio juiz que, oficialmente, dirige-se ao local, e ali ocularmente observa a situação em torno da qual se fere o pleito. No nosso direito a matéria já é regulada expressamente no Código de Processo Civil de 1973, por cujo art. 420 (equivalente ao art. 464 do Código de Processo Civil de 2015) é possível, e não será muito raro, se realize.

Quando a prova pericial tem por finalidade uma estimativa, seja do valor da coisa, seja de uma quantidade outra, seja da fixação de uma indenização etc., toma o

---

21   Cf., a respeito da prova pericial, os arts. 420 e ss. do Código de Processo Civil de 1973 e 464 e ss. do Código de Processo Civil de 2015.

nome de *arbitramento*, e o perito é um *árbitro*, que procede nas mesmas condições e em observância às mesmas exigências formais que os demais peritos.

105. Confissão. Presunção. Autoridade da coisa julgada. Provas técnicas

Chama-se *confissão* o reconhecimento que uma pessoa faz, quanto ao fato alegado pela outra, e em benefício desta. Pode ser *judicial* ou *extrajudicial*, conforme se realize no curso do processo ou fora dele. No primeiro caso, constitui prova plena, para todos os atos cuja validade não seja dependente de requisito formal. É a mais convincente das provas,[22] pois que a adesão da parte à veracidade do fato invocado contra ela própria é em si mesma a negação da contradita e da controvérsia. Deve ser pronunciada pela própria parte, mas vale a que é efetuada por procurador desde que munido este de poderes especiais.

A confissão *extrajudicial*, se reduzida a escrito, tem o mesmo valor probante da que se faz em Juízo, mas é atacável com fundamento nos mesmos motivos que conduzem à ineficácia dos atos jurídicos, pois que na sua exteriorização e nos seus elementos se equipara à declaração de vontade. Se, entretanto, deixa de ser reduzida a escrito, está sujeita às condições de validade da prova testemunhal, se por este meio se reconstituir. Qualquer que seja a forma que revista, somente prevalece quando o confitente está na plenitude de sua capacidade civil.

Além do requisito formal, a eficácia da confissão depende da capacidade do confitente. Não apenas a capacidade genérica para os atos da vida civil, porém a aptidão específica para o que constitui o seu objeto (Código Civil, art. 213). Ao confessar, a pessoa está, a rigor, procedendo em termos equivalentes à disposição de um direito. Somente tem força probante quando emanada de quem tem essa disponibilidade.

Pode a confissão ser efetuada pelo próprio disponente ou por um representante. Neste último caso, como aliás é da essência da teoria da representação, sua validade é subordinada a conter-se nos limites dos poderes outorgados. A validade da confissão judicial, por procurador, está sujeita a receber estes poderes expressos (Código de Processo Civil de 1973, art. 349, parágrafo único; Código de Processo Civil de 2015, art. 390, § 1º).

Feita em Juízo, deve reputar-se *indivisível*, no sentido de que a parte que invoca a confissão do adversário tem de aceitá-la por inteiro. Não lhe é lícito cindi-la, e aproveitar o que lhe convém, repudiando-a na parte que lhe seja desfavorável.[23]

A lei processual admite ainda como prova a *confissão ficta*, decorrente da alegação não contestada pela outra parte, se o contrário não resulta do conjunto das provas (Código de Processo Civil de 1973, art. 302; Código de Processo Civil de 2015, art. 341).

---

22 Colin e Capitant, *Cours*, I, nº 94. Sobre a confissão, cf., ainda, Lessona, *Delle Prove*, I, nos 370 e ss.

23 Capitant, *Introduction*, p. 376.

Erigida em primeira das provas, porque contém o reconhecimento da existência do fato que é, ou pode vir a ser controvertido, a confissão é irretratável. Uma vez pronunciada a declaração de vontade que a exprime, adquire eficácia plena. Não pode o confitente desfazê-la ou recusar-lhe efeito mediante emissão de vontade contrária. Mas como declaração de vontade que é, pode padecer de defeitos que a maculem. O Código menciona apenas o erro de fato e a coação (art. 214). Apurada a existência de outro vício que possa inquiná-la, é por tal fundamento atacável. A disposição compreende a confissão judicial como a extrajudicial. Além da anulabilidade por defeito da vontade, pode a confissão ser anulada por vício formal, por falta de capacidade de disposição do direito ou por ausência de poderes do representante.

Não obstante reputar-se outrora *probatio probantissima*, há fatos de que a lei não admite se provem por confissão. Assim, nas ações de divórcio e anulação de casamento, como nas de nulidade de testamento, não pode o juiz proferir sentença baseado em confissão *real* ou *ficta* do fato alegado, porque há aí interesse público em jogo, insuscetível de transação privada. Nestes casos o juiz não pode decidir com base na confissão, real ou ficta, sendo mister a produção da prova cabível.

Ao lado da confissão, admitia o direito o *juramento*, como meio probatório solene, consistente em proferir a parte a afirmação solene da veracidade do fato invocado. Existente em nosso direito positivo pré-codificado,[24] guardava o juramento reminiscência da época medieval, quando a ele se recorria com frequência e proveito, em decorrência do fervor religioso acentuado, e podia realizar-se em Juízo, sempre com caráter supletório, isto é, como meio adminicular, sem validade para infirmar a prova quando plena, ou para evidenciar por si, quando faltasse totalmente a prova. Devido, todavia, a este mesmo caráter religioso, perdeu sua razão de ser com a laicização do direito.

Presunção é a ilação que se tira de um fato certo, para prova de um fato desconhecido.[25] Ao relacionar os meios de prova, o art. 212 do Código menciona a presunção. Não é, propriamente, uma prova, porém um processo lógico, por via do qual a mente atinge a uma *verdade legal*. Na sua base há de estar sempre um fato, provado e certo; não tolera o direito que se *presuma o fato*, e dele se induza a presunção, nem admite que se deduza *presunção de presunção*.

Segundo as noções tradicionais, as presunções são divididas em duas classes: de um lado, a chamada presunção *comum* (*praesumptio hominis*), aquela que a lei não estabelece, mas funda-se no que ordinariamente acontece;[26] de outro lado, as presunções *legais*, criadas, portanto, pelo direito positivo, para valerem como prova do fato ou da situação assim anunciada. São as presunções legais – postas pelo legislador – resultado da experiência e correspondem àquilo que normalmente acontece, e assim erigido em técnica legal probatória. As presunções legais podem ser invocadas sempre que o fato possa ou deva ser provado por via deste processo. A presunção

---

24 Regulamento nº 737/1850, arts. 166 e ss.

25 Clóvis Beviláqua, *Teoria Geral*, § 64; Mazeaud *et* Mazeaud, *Leçons*, I, nº 378; Roger Decottingnies, *Les présomptions en Droit Privé*, p. 9 e ss.

26 Código de Processo Civil de 1973, art. 335; Código de Processo Civil de 2015, art. 375.

comum costumava ser admitida somente nos casos em que a prova testemunhal fosse permitida (Código Civil, art. 230). A norma codificada, porém, foi revogada pelo Código de Processo Civil de 2015, que não impõe semelhante restrição.

Subdividem-se as presunções legais, a seu turno, em *absoluta* (*praesumptio iuris et de iure*) e *relativa* (*praesumptio iuris tantum*). Diz-se *iuris et de iure* ou *legis et de lege* aquela que não admite prova em contrário. É uma dedução que a lei extrai, *necessariamente*, de um fato certo, e que não comporta contradita, ainda mesmo no caso de não corresponder à verdade. Há um interesse de ordem pública em que seja tido *pro veritate,* e impede apareça o interesse fundado na prova de que não é verdade.

Chama-se *iuris tantum* (ou relativa) a presunção que pode ser ilidida. É, pois, uma ilação que a lei tira de um fato certo, e que prevalece *enquanto não contraditada* por outra prova. Uma vez produzida esta, fica demonstrada a desvalia daquela ou sua falta de correspondência com a realidade. Vigora frequentemente a presunção *iuris tantum* em matéria de direito civil (e.g.: presunção de prorrogação do contrato de locação, se o locatário continuar, sem oposição, na posse da coisa alugada (art. 574); presunção de comoriência (art. 8º)). Mas pode, também, existir em matéria de direito público.

Deslocado o já abordado problema relativo ao direito à integridade física (nº 47-A, *supra*) para o campo probatório, poderá ocorrer que o juiz determine a realização de um exame médico. Senhor de seu próprio corpo, o indivíduo tem o direito de recusar a se submeter. Não pode, nesse caso, aproveitar-se de sua oposição (Código Civil, art. 231). São duas situações que se contrapõem: de um lado a preservação do direito individual, de outro lado o interesse social. A primeira é digna de acatamento e respeito. Ninguém pode ser compelido a um exame médico. Se não der o seu consentimento, é de se respeitar a recusa. Nesse caso, cabe ao juiz apreciá-la, não para extrair uma condenação peremptória, mas para considerar que a oposição não aproveita ao recusante. Não lhe cabe tirar partido da oposição. O julgador a interpretará no conjunto das provas ou em face das circunstâncias.

O litigante, sob amparo do direito à sua intimidade, poderá recusar-se a submeter-se a perícia médica que o juiz ordenar. O fato de se reconhecer grande préstimo às provas científicas não permite, todavia, olvidar que o ser humano não constitui uma realidade exclusivamente biológica ou mecanicista (Anton Palazzo). Ele deve ser tratado também no seu aspecto espiritual e na sua configuração moral. A realização da perícia médica é um elemento que pode conduzir à afirmação da verdade judicial. Mas não pode ser levada ao abuso.

Todo o problema está na dosagem do comportamento do litigante que se lhe opõe. Nem a recusa vale como se inexistisse a decisão judicial determinante, nem pode induzir a presunção de que o fato alegado pelo contendor é de se reputar provado pela simples oposição do recusante. A prova recusada poderá suprir o resultado de sua realização (Código Civil, art. 232). Não se interpreta com efeito maior do que poderia ser a conclusão pericial. Tão somente considera o juiz o que seria o alcance de seu resultado, para admitir que o fato a ser provado encontra confirmação na ausência do exame pericial, como se este houvesse sido efetuado, e dentro do que seria de esperar de sua realização.

Coisa julgada. Entre as presunções irrefragáveis, inscreve-se a *coisa julgada*, que, na definição do art. 6º, § 3º, da LINDB, é a decisão judiciária de que já não caiba recurso. Compete ao processo civil formular os requisitos da *res iudicata*; cabe, ainda, à ciência jurídica processual definir o que é coisa julgada material e coisa julgada formal; é do campo do direito judiciário a incumbência de precisar as condições subjetivas e objetivas da *res iudicata*; é ainda da lei processual estabelecer quando a sentença não é mais atacável. Tomando, então, a coisa julgada, o civilista estuda o seu valor dentro da escala das provas, e estatui que importa numa *presunção de verdade*. O fato afirmado, ou a relação jurídica declarada pela decisão definitiva, não *comporta contradita*. Não pode ser alterada por uma norma legislativa, porque em nossa sistemática é defeso ao legislador votar leis retroativas, e a Constituição de 1988, art. 5º, XXXVI, assenta que a lei não prejudicará a coisa julgada. Não pode ser alterada por outra sentença, porque a *exceptio rei iudicatae*, levantada como prejudicial, requer a apreciação liminar do juiz e constitui obstáculo a novo juízo de mérito. E não pode ser negada pela parte a quem é oponível, porque é uma garantia oferecida pela ordem jurídica ao indivíduo, no sentido de facultar--lhe a dispensa de comprovar, em Juízo ou fora dele, aquilo que constitui objeto da parte dispositiva do julgado. Esta autoridade da coisa julgada, que entre as mesmas partes ou seus sucessores, quanto ao mesmo objeto, e pela mesma *causa petendi* traduz a presunção de verdade irrefragável, significa que o que foi decidido é verdade – *res iudicata pro veritate habetur*.[27] Não colhe argumentar com o erro judiciário, com a falibilidade do juiz que sentenciou, porque, não podendo ambicionar-se a consecução da verdade absoluta ou verdade ideal, há de contentar-se com a *verdade legal* ou a *verdade judicial*, que é a resultante do que ficou apurado no processo e proclamado pelo juiz, e é esta verdade que é tida como insuscetível de alterada, acrescentando-se que "a coisa julgada faz, do branco, preto, e do quadrado, redondo", para acentuar-se a ineficácia de qualquer tentativa de contraditá-la, dispensado de dar outra prova aquele em cujo favor milita.[28]

Provas técnicas. Questão que tem sido aflorada modernamente e reflete no pretório é a que se vincula à apreciação de processos técnicos como meio probatório. Estão neste caso a reprodução da voz por gravadores eletrônicos, a exibição de película cinematográfica, a fotografia, o videoteipe, o videocassete, *o videolaser* e as mídias digitais.

Não se pode, em princípio, negar o seu valor probante. Mas, no estado atual do direito e do desenvolvimento desses processos técnicos, são de receber-se com reservas. A gravação do som, feita diretamente ou pela conjugação do instrumento com aparelho telefônico, tem o poder de fixar as conversas e depois reproduzi-las na vivacidade dos diálogos; presta-se, entretanto, a deturpações, supressão de trechos, enxertia de declarações etc., que se podem produzir sem deixar vestígio. Por isso mesmo é possível aceitar-se esse tipo probatório, mas com cautela. A fotografia, se bem que suscetível de alterações, arranjos fotográficos, é um adminículo da evidência judiciária. As películas cinematográficas, igualmente sujeitas a manuseios, como

---

27 D. 50.17.207. "Tem-se por verdade a coisa julgada."

28 Cf., sobre a autoridade da coisa julgada, Mazeaud *et* Mazeaud, *Leçons*, I, nᵒˢ 384 e ss.; Lopes da Costa, *Direito Processual Civil Brasileiro*, III, nᵒˢ 430 e ss.; Capitant, *Introduction*, p. 353.

cortes, inversão de sequências etc., também têm seus préstimos no moderno sistema de provas. O Código Civil, de fato, admite que as reproduções fotográficas, cinematográficas, os registros fonográficos e, em geral, quaisquer outras reproduções mecânicas ou eletrônicas de fatos ou coisas, fazem prova plena se a parte não lhes impugnar a exatidão (art. 225). O Código de Processo Civil de 1973 referiu-se ao assunto, admitindo a reprodução mecânica da imagem e do som, ressalvando que, se for impugnada a autenticidade, o juiz ordenará perícia (art. 383, parágrafo único, parcialmente reproduzido pela parte final do art. 422 do Código de Processo Civil de 2015, o qual, no entanto, não esclarece que a prova pericial deve ser determinada nesses casos).

Valendo-se dos progressos científicos, o jurista se utiliza também das suas conquistas e descobertas. Assim é que foi utilizado, nas ações de investigação de paternidade como nas de contestação de legitimidade, o exame prosopográfico (Bertillon), o confronto das papilas digitais (Locard), ou da cor dos olhos (Galton), o exame comparativo dos grupos sanguíneos (HLA) sem, contudo, deduzir afirmativas aceitáveis. Hoje o exame de DNA permite aceitar o resultado com valor praticamente absoluto (99,98%). Mais minuciosamente trataremos desse problema ao cogitarmos das ações de estado,[29] e ao assunto voltaremos no nº 413, volume V.

---

29 Caio Mário da Silva Pereira, *La Preuve de la Paternité des Progrès de la Science*, p. 7 e ss.

Capítulo XXI
REPRESENTAÇÃO

Sumário

106. Poder de representação: legal e convencional. **107.** Efeitos da representação.

Bibliografia

Clóvis Beviláqua, *Teoria Geral,* § 61; Colin e Capitant, *Cours*, I, n°s 85 e ss.; Ruggiero e Maroi, *Istituzioni*, § 28; Planiol, Ripert e Boulanger, *Traité Élémentaire*, I, n°s 303 e ss.; Henri Capitant, *Introduction à l'Étude du Droit Civil*, p. 329 e ss.; Oertmann, *Introducción al Derecho Civil*, §§ 56 e ss.; Enneccerus, Kipp e Wolff, *Tratado*, I, §§ 166 e ss.; De Page, *Traité Élémentaire*, I, n°s 31 e ss.; Salvatore Pugliatti, *Introducción al Estudio del Derecho Civil*, p. 245 e ss.; René Popesco-Ramniceano, *De la Représentation dans les Actes Juridiques en Droit Comparé*; Andreas von Tuhr, *Derecho Civil*, III, 2ª parte, § 84; Orlando Gomes, *Introdução*, n°s 223 e ss.

REPRESENTAÇÃO 435

106. PODER DE REPRESENTAÇÃO: LEGAL E CONVENCIONAL

O ato negocial, assentado no pressuposto fático da declaração de vontade, exige que o agente faça emissão volitiva, o que sugere, de pronto, a sua participação direta e pessoal. No direito romano assim era com exclusividade a princípio, já que o caráter personalíssimo e solene dos atos não se compadecia com a ideia de alguém proceder e agir em nome de outrem. Quando um ato era exercido por uma pessoa em lugar de outra, os efeitos respectivos pertenciam a quem o realizava, e não atingiam o interessado, que era terceiro, e, como tal, estranho ao negócio.[1] Nos casos, entretanto, em que se tornava necessária a mediação (tutela, gerência de negócios, mandato etc.), atingia-se o resultado almejado, imaginando-se que o participante do ato adquiria o direito, tornando-se ele mesmo proprietário ou credor, e, depois, por uma segunda operação, transferia ao *dominus* o bem jurídico, e assim fechava-se o ciclo.

Além de complicado, o sistema era arriscado, porque o pupilo ou o mandante (*e.g.*) ficava na dependência do estado de solvência do tutor ou do mandatário. Por outro lado, eram estas pessoas, que no ato intervinham, titulares das verdadeiras ações contra o terceiro, ou vice-versa; ao interessado não se reconhecia senão uma *actio utilis*. Percebendo todos esses inconvenientes, o romano veio a subentender aquela segunda operação, sustentando que, independentemente dela, o ato realizado por intermédio de outrem era suficiente a abrir-lhe uma ação direta.[2] A evolução não se completou senão mais tarde, quando ficou assentado que o efeito do ato realizado por conta de outrem passa por sobre a cabeça do intermediário, para atingir a pessoa do verdadeiro interessado.[3]

Do tipo romano de representação resta ainda, no direito moderno, uma reminiscência em certos negócios jurídicos, como na comissão (arts. 693 e ss.), em que o participante de um ato procede em nome próprio, mas por conta alheia. Esta modalidade recebe a denominação de *representação indireta*. Tal concepção, porém, não se compadece com a noção de representação em sua essência, que pressupõe mais do que a participação econômica do representado no negócio jurídico, exigindo não só a repercussão do ato na sua esfera jurídica, mas ainda que proceda o representante em seu nome. Os efeitos da chamada representação indireta aproximam-se da representação originária do direito romano, pois, tal como naquela fonte, o representante indireto adquire para si os direitos, já que procede em seu próprio nome (*nomine suo*), e somente virá mais tarde a recebê-los o representado, se intervier uma segunda operação pela qual se realize a sua cessão ao interessado que ficara oculto.[4]

---

1 É a máxima: *Res inter alios acta aliis nec nocet nec prodest* (Negócio realizado entre uns nem prejudica, nem beneficia outros).

2 Girard, *Manuel de Droit Romain*, p. 723 e ss.

3 Planiol, Ripert e Boulanger, *Traité*, I, n° 305; Colin e Capitant, I, n° 85.

4 Oertmann, *Introducción*, § 56; Enneccerus, *Tratado*, I, § 166.

INSTITUIÇÕES DE DIREITO CIVIL • VOL. I • INTRODUÇÃO E TEORIA GERAL DE DIREITO CIVIL

No direito moderno, tomou o maior incremento a ideia da atuação jurídica em nome alheio (*nomine alieno*), seja em razão da complexidade e do dinamismo de desenvolvimento da vida social, seja em razão da necessidade de se instituir o aparelhamento complementar do instituto de proteção dos incapazes. A rigor, a representação é um instituto moderno, consequente ao fenômeno econômico da cooperação, que não recebeu desenvolvimento maior na sociedade romana, e por isto mesmo não permitiu que os seus jurisconsultos houvessem estruturado um sistema de princípios genéricos, mas antes se contentassem com o enunciado de algumas regras referentes a casos específicos,[5] o que tem levado os escritores, numa classificação sistemática, a sustentar que no direito romano vigorava o *princípio da não representação*.[6]

Em todos os casos de procedimento em nome de outrem, ou declaração de vontade por outrem, existe uma representação, objetivada em uma emissão volitiva, por via da qual a vontade *manifestada* é a do *representante, mas o direito ou a obrigação é do representado* (Código Civil, art. 116), em quem repercutirá o efeito do negócio, como se fosse, ele próprio, o agente direto do negócio jurídico.[7]

Daí já se pode, numa ressalva indispensável, excluir da representação a figura do *mensageiro* ou *núncio*, que não emite uma declaração de vontade própria, porém, se limita a ser o portador da manifestação volitiva de outrem, que transmite como recebe, e não comparece no negócio jurídico, mas é mero porta-voz do interessado.[8] É bem de ver, portanto, que neste caso, do mensageiro, nem há representação, nem pode ocorrer como suprimento de vontade do agente, sendo incompatível a figura do núncio com a realização de negócio jurídico, quando o agente é inapto a fazer, ele mesmo, uma emissão volitiva pessoal e imediata. Mas, pelo fato de não ser o mensageiro participante do negócio jurídico, porém simples medianeiro ou portador da declaração de vontade do agente (em transmissão oral, ou por carta, ou por outra forma de comunicação), não há cogitar da sua capacidade. Na verdade, desde que não interpõe sua vontade, pode o núncio ser um incapaz. Basta que possa transmitir a declaração volitiva alheia.[9] Mas não quer isto dizer que o papel do mensageiro seja indiferente ao desenvolvimento do negócio. Ao contrário, se transmite com infidelidade a declaração, dará causa à anulação do negócio (v. o n° 89, *supra*), respondendo, ainda, por perdas e danos se o fizer em procedimento ilícito.

A doutrina tem debatido a *natureza jurídica* da representação. De um lado, Savigny explicava-a como intermediação a bem dizer material, obrando o representante como instrumento do representado. De outro lado, a escola tradicional tem preferido a concepção ficcionista, em virtude da qual o representante procede como se fosse o representado, e em consequência a vontade deste é presumida na que aquele

---

5   Salvatore Pugliatti, *Introducción,* p. 245.

6   Popesco-Ramniceano, *De la Représentation*, p. 25.

7   Andreas von Tuhr, § 84.

8   Clóvis Beviláqua, *Teoria Geral,* § 61; Ruggiero e Maroi, *Istituzioni*, § 28; Enneccerus, *loc. cit.*; Oertmann, *loc. cit.*

9   Orlando Gomes, *Introdução*, n° 224.

emitir. Por esta doutrina, o representante é veículo da vontade do representado (*qui mandat, ipse fecisse videtur*).[10] Embora simples, a segunda teoria tem sido, com razão, criticada, por não cobrir toda a extensão da representação, deixando de fora a gestão de negócios,[11] em que o gestor procede na insciência do dono, como ainda deixa de satisfazer na representação legal, naqueles casos em que o representado não tem vontade nenhuma (menor ou, na perspectiva tradicional do direito civil – hoje contraditada pela escolha legislativa –, também o maior curatelado), pois repugna admitir que se explique por uma ficção, na qual o representante aparece como portador de uma declaração volitiva de quem não tem nenhuma aptidão para proferi--la. Mesmo na representação voluntária, a teoria da ficção tem o inconveniente de reduzir o representante a uma condição de quase núncio, totalmente desfigurante de sua verdadeira participação no negócio.[12] Uma terceira doutrina (com Laband, Brinz, Wachter, Ihering, Windscheid) nem considera o representante mero instrumento da vontade do representado, nem abraça a teoria da ficção, mas entende que o representante conclui um negócio cujo efeito reflete no representado.

O instituto da representação não fora sistematizado no Código Civil de 1916. A representação legal dispersava-se pelas disposições relativas à incapacidade, ao poder familiar, à tutela; e a representação convencional concentrava-se na dogmática do mandato. No Projeto de Código de Obrigações de 1965 ordenei os princípios gerais referentes ao assunto, os quais foram quase literalmente transpostos para este capítulo do Código Civil de 2002 (arts. 115 e ss.).

Na representação, é presente uma ideia essencial: desde que o representante procede, atua, emite vontade em nome do representado, que é quem se torna obrigado ou adquire direitos, necessita, para assim proceder, e, com tais consequências, de estar investido de um *poder*. É o *poder de representação*, pois, a alma do instituto, e é nele que repousa a sua fundamental valia e a explicação do desbordamento dos efeitos do negócio jurídico da pessoa de quem o pratica, e sua repercussão na esfera jurídica de quem nele não é parte direta.

Este *poder*, em última análise, vem da lei, pois somente o tem o representante para proceder *nomine alieno*, naqueles ordenamentos jurídicos em que é admitida, e nos limites em que é tolerada tal atuação. Mas, tendo em vista a sua causa próxima, diz-se que a representação pode ser *legal* ou *convencional*.

Dá-se a representação *legal* ou *de ofício*, quando o poder emana diretamente da determinação legislativa. Está neste caso a dos incapazes, que não podem emitir validamente sua vontade nem intervir pessoalmente nos negócios jurídicos: os menores de 16 anos são representados pelo pai ou pelo tutor. Os deficientes e enfermos mentais o eram pelos respectivos curadores; com a reforma promovida pelo Estatuto

---

10   "Quem manda considera-se como se tivesse feito pessoalmente".

11   Art. 861. Aquele que, sem autorização do interessado, intervém na gestão de negócio alheio, dirigi--lo-á segundo o interesse e a vontade presumível de seu dono, ficando responsável a este e às pessoas com que tratar.

12   Colin e Capitant, *loc. cit.*; Capitant, *Introduction*, p. 334.

da Pessoa com Deficiência (Lei nº 13.146/2015), passaram a ser considerados plenamente capazes, embora não se afaste a possibilidade de serem submetidos à curatela (art. 84, § 1º, do Estatuto). Uns e outros – pais, tutores e curadores – procedem em nome dos filhos, pupilos, curatelados, e, representando-os, emitem a própria vontade, no lugar daqueles que não a podem declarar, adquirindo direitos que acrescem ao patrimônio dos representados, ou contraem obrigações pelas quais estes respondem. Pela própria natureza, a representação legal dos incapazes confere ao representante atribuições de conservação e administração, mas, via de regra, nunca de *disposição*, investido que fica o representante do poder de gerir, e especialmente de zelar pelo patrimônio do representado, o que justifica à maravilha a designação qualitativa de *representação de proteção*.[13]

Ao referir-se às pessoas jurídicas, dizia o Código Civil de 1916 (art. 17) que são elas representadas, ativa e passivamente, por quem os estatutos designarem. Embora definida na lei civil a atuação dos órgãos estatutários como sendo representação, e como tal explicada por alguns escritores, a análise do fenômeno evidencia a ausência de caracteres elementares da representação típica. Não existe duplicidade de vontade; falta uma declaração volitiva do representante em lugar da do representado, pela razão simples de que este, como ente abstrato, não pode ter outra vontade senão a do próprio órgão, dito de representação. Não se confunde, pois, esta com a figura que neste capítulo estudamos, antes se diversifica. Propomos denominá-la *representação imprópria*, com seus limites definidos na lei, bem como a configuração de suas atribuições.[14] Não importa a natureza pública ou privada, civil ou empresarial, da entidade. Qualquer que seja, procede por via de alguém portador da incumbência de falar e agir em seu nome. O Código Civil de 2002 substituiu a expressão inadequada (representantes) pela correta menção aos "órgãos" de deliberação e execução da pessoa jurídica (*e.g.,* art. 54).

Representação *imprópria* é ainda a do espólio pelo inventariante, muito embora não seja aquele uma pessoa jurídica, mas uma universalidade de bens (cf. nº 74, *supra*). Enquanto pende o estado de indivisão da herança até a partilha, é mister que exista alguém dotado da aptidão de representar os interesses daquela *universitas*, e este alguém é o inventariante (Código de Processo Civil de 1973, art. 12; Código de Processo Civil de 2015, art. 75). Outros casos há de representação da mesma espécie, como são o da massa falida pelo administrador judicial ou "síndico" (Código de Processo Civil de 1973, art. 12; Código de Processo Civil de 2015, art. 75; Lei de Falências, arts. 22 e 76, parágrafo único); o da herança jacente pelo curador (Código de Processo Civil de 1973, art. 12; Código de Processo Civil de 2015, art. 75); e do testamenteiro e do liquidante de sociedade. Classificamo-los de *representação imprópria,* porque a eles a lei se refere como hipóteses de "representação", mas que não podem merecer a qualificação, porque refogem de seus extremos.

---

13 Popesco-Ramniceano, *De la Représentation,* p. 403.

14 Sobre a tese de que não há, nesta espécie, representação, v. Salvatore Pugliatti, p. 250; Orlando Gomes, p. 230.

Dá-se a representação *convencional* ou *voluntária*, quando uma pessoa encarrega outra de praticar em seu nome negócios jurídicos ou administrar interesses, sendo normal para este efeito a constituição do mandato (Código Civil, art. 653 e ss.). A voluntariedade reside no fato de originar-se o poder de representação em um ato volitivo do representado. Como deve agir, até onde podem chegar os poderes e requisitos do instrumento de mandato (procuração), tudo é assunto que diz respeito à dogmática do mandato, que é um contrato nominado, o qual estudaremos na respectiva oportunidade (v. nº 252, vol. III).

No campo da representação encontra lugar a *gestão de negócios*, que se configura na atuação oficiosa do gestor, em nome de outrem, sem ter recebido a incumbência de assim proceder. Classificá-la, como voluntária ou como legal, é problema que reclama atenção, pois que é evidente a aproximação entre a gestão de negócios e o mandato. É uma figura especial, porque o gestor procede inicialmente sem o recebimento ou a outorga do poder, e arroga-se, não obstante, a representação de outrem, em cujo nome atua, e para quem adquire direitos ou contrai obrigações. A ratificação do dono tem o efeito de converter a oficiosidade da representação em mandato (*"ratihabitio mandato aequiparatur"*)[15], e atrair assim a representação para o campo da voluntária: a conduta *ex post facto* do dono equivale a uma outorga de poderes, o que significa que até este momento havia uma representação *quase voluntária*, na qual os atos do pseudorrepresentante, *ad referendum* do dono, permaneciam na expectativa da aprovação para valerem como emanados de uma representação regular. Há, contudo, também uma parcela de *representação legal* na gestão de negócios, não só se se encarar a sua origem, a ver que lhe falta a concessão de poder por parte do dono – concessão que é fundamental na representação voluntária ou convencional – como também em razão de estabelecer a ordem jurídica que, em certos casos, o dono não tem a faculdade de recusar aprovação à interferência do gestor (quando a gestão se proponha a acudir prejuízos iminentes, ou redunde em proveito do dono do negócio ou da coisa: art. 870). Atentando para tal circunstância, acentua-se que não é a outorga de poder, nem a ratificação da essência da representação, e por isso mesmo é lógico retirar a gestão de negócios da categoria da representação voluntária. Como não encontra lugar perfeitamente definido em uma ou outra, parece-nos melhor admiti-la como *representação especial*, que de ambas se aproxima.

O representante há de proceder dentro dos limites de seus poderes, quer venham estes da lei, quer sejam outorgados pelo representado. Emitida assim a vontade, projeta os seus efeitos na pessoa este, que se torna obrigado como se a declaração fosse por ele pessoalmente enunciada, ou adquirindo o direito oriundo do negócio jurídico. *A contrario sensu*, se o representante exorbita dos poderes que lhe são conferidos, não obriga o representado, salvo se este vem a ratificar ou confirmar o ato praticado. Poderá, contudo, o representante ser tratado como gestor de negócios (art. 861), operando a ratificação retroativamente ao dia em que o ato foi praticado, como se se tratasse de representação regular (art. 873). Não aprovado o comportamento

---

15 "A ratificação equivale ao mandato".

do representante, que tenha procedido com abuso de poderes, responde ele pessoalmente pelo excesso praticado (art. 118).

Além do *poder de representação*, examinado *supra*, costumam os autores descrever que integram a etiologia da representação: a) a *contemplatio domini*, isto é, o *animus* do representante que, por agir em nome do representado, procede com a intenção de adquirir direitos e contrair obrigações para este e não para si mesmo; b) a manifestação da própria vontade do representante, em substituição à do representado; c) conter-se a declaração de vontade do representante emitida em lugar da do representado, dentro do *poder de representação*, recebido da lei ou da convenção.[16] Por esta razão, o terceiro com quem trata tem direito e dever de inteirar-se da qualidade do representante e da extensão de seus poderes, a ver e discernir que esfera jurídica suportará o impacto da declaração de vontade. No caso de representação convencional, a comprovação se fará exibindo ele o instrumento respectivo, que os terceiros podem exigir, sendo lícita a recusa de qualquer negociação em não comprovando o representante a sua qualidade e a extensão de seus poderes. Na hipótese de representação legal, como decorre ela da própria situação jurídica em que se encontra investido o representante, poderá bastar a comprovação dela, uma vez que os poderes emanam diretamente da lei. Naquilo em que o representante exceder os seus poderes, responde pessoalmente, perante o terceiro com quem trate, e bem assim perante o representado. A responsabilidade, normalmente, é adstrita ao campo civil, coberta pelos bens do representante. Tal seja a natureza do abuso cometido, pode atingir as raias da responsabilidade criminal.

Podemos mencionar ainda outra espécie de representação – a *representação mista* – quando os poderes vêm da lei, mas a designação do representante vem dos interessados. É o caso do síndico e do conselho fiscal do condomínio edilício (arts. 1.331 e ss. do Código Civil).[17]

107. Efeitos da representação

Assentado ser o *poder* a essência da representação, ideia que não obstante encontrar opositores parece-nos correta, pois naqueles casos da chamada "representação sem poder" este sempre existe plantado na força da norma, toda a questão dos efeitos gira inicialmente em torno da sua verificação. Realizado o negócio pelo representante, os direitos são adquiridos pelo representado, a cujo patrimônio se incorporam, cumprindo àquele transferir a este as vantagens e benefícios. As obrigações assumidas em nome do representado devem receber estrito cumprimento, e pela sua execução responde o seu patrimônio, em termos idênticos aos que se verificariam, se não tivesse havido a mediação do representante. Como, porém, tudo se constrói em consequência do poder de representação, seja proveniente de outorga convencional, seja de instituição legal, toda pessoa que tratar com o representante tem o direito de exigir que prove ele a sua qualidade (art. 118).

---

16 Colin e Capitant, nº 86; Salvatore Pugliatti, p. 258; Serpa Lopes, p. 196.

17 V. o nosso *Condomínio e Incorporações*.

Quando esta compõe a *representação legal*, a autorização para agir em nome do representado está definida no comando da lei: o pai na representação do filho, o tutor na do pupilo, o curador na do curatelado têm a faculdade de exercer atos de administração, e no interesse do representado. Falta-lhes, em princípio, poder de disposição, pelo que qualquer negócio de alienação deve ser precedido de autorização judicial, em cuja ausência é ineficaz. Para os negócios constitutivos de obrigações vigora o mesmo princípio. Mas não ocorre tal para aqueles que importam aquisição ou benefício porque, sendo esta representação instituída com *finalidade de proteção*, mal se compreenderia se, em seu desenvolvimento, fosse afirmada a vulnerabilidade do negócio jurídico benéfico ao representado.

Na *representação voluntária*, os poderes do representante devem conter-se nas lindes da outorga recebida, distinguindo a lei civil a extensão do poder de simples administração da que envolve alienação, constituição de ônus real, transação, quitação, renúncia, contração de obrigações. Sendo o representado apto a exercer direitos e contrair obrigações, não cabe recorrer à autoridade judiciária para suprir poderes exorbitantes da administração ordinária: ou o representante os recebe do representado ou não os possui, e não pode validamente praticar o ato.

O problema da *capacidade* do agente encontra, dentro do instituto da representação, tratamento especial. Se a representação é *legal*, é evidente que o representado será por si inapto a praticar o ato, seja por incapacidade decorrente de idade, seja por deficiência mental, e, por via de consequência, o que se há de cogitar será apenas do poder de representação em si mesmo. Não ocorre também incapacidade do representante, porque ele o é em virtude de uma investidura legal, que afasta o problema, fazendo sobressair exclusivamente a indagação da regularidade da própria investidura, e isto é, em verdade, a aferição do *poder de representação*.

Se a representação é *voluntária*, princípio dominante será não necessitar o representante da capacidade de obrigar-se, *bastando-lhe a capacidade de querer*, o que é claro em nosso direito, ao permitir que o menor de 18 anos e maior de 16 receba poderes de mandatário (Código Civil, art. 666), muito embora não tenha ainda aptidão para realizar por si, e sem assistência, os atos de sua própria vida civil (art. 4º, I). Os absolutamente incapazes não podem, evidentemente, receber poderes de representação.

Reversamente, como o representante age em nome do representado, e nos termos da outorga de poderes, não pode o incapaz constituir representante voluntário, nem lhe falta representante que é o legal, como também não podia romper a barreira da própria incapacidade, para munir alguém de poderes para agir em seu nome. Todavia, o Estatuto da Criança e do Adolescente (Lei nº 8.069/1990) passou a garantir às crianças e aos adolescentes, nomeadamente quando em conflito com seus representantes, pleno acesso à Defensoria Pública, ao Ministério Público e ao Poder Judiciário, por qualquer de seus órgãos, assegurando ainda que a assistência judiciária será gratuita e prestada aos que dela necessitarem, através de defensor público ou advogado nomeado (ECA, art. 141).

Vale ainda acrescentar que o instituto da tomada de decisão apoiada, criado pela Lei nº 13.146/2015 e disciplinado pelo art. 1.783-A do Código Civil, não corresponde a uma hipótese de representação voluntária, pois o apoiador nada faz em nome ou por conta do apoiado, que age sempre pessoalmente. A figura aproxima-se, portanto, mais da assistência dos relativamente incapazes do que da representação (embora, surpreendentemente, sem que a lei preveja quaisquer consequências sobre a validade do ato praticado sem o concurso ou à revelia da vontade do apoiador).

Se se indagar se o representante legal pode constituir, *nesta qualidade*, um representante voluntário, a resposta é afirmativa, com exceção apenas dos atos que, por sua natureza, são personalíssimos e indelegáveis. Mas é inadmissível que o representante legal transfira a outrem a representação que lhe cabe. Pode constituir representante para ato determinado, mas não tem o direito de delegar o cumprimento de seu ofício (*munus*) ou a representação em si mesma.

Na linha dos efeitos da representação, cabe o exame da *autocontratação*, que se configura no caso de o representante celebrar negócio consigo mesmo, procedendo como representante de outrem, dentro de esquema de raciocínio que seguiria esta linha: se o representante pode emitir a declaração de vontade em nome do representado, dirigida a terceiros, nada impede, abstratamente, que faça a emissão dirigida a si próprio, e assim, o representante proceda, sendo simultaneamente emissor e receptor da declaração volitiva. Contra essa situação se alinham várias razões de ordem prática, de ordem teórica e de ordem moral. Salienta-se a inconveniência prática do autocontrato, com a circunstância de proceder o representante em termos de confundir na sua pessoa a diversidade de interesses, normal no negócio jurídico bilateral. No plano puramente teórico, objeta-se com a falta de duas vontades distintas, requisito da formação do contrato. Na órbita moral, é de todo desaconselhável, pelo fato de ser o representante tentado a sobrepor o seu interesse ao do representado, sacrificando este último. Por estas razões, na sistemática do Código Civil, a autocontratação ou o *contrato consigo mesmo*, em princípio, é vedado (art. 117). O representante deve proceder em proveito do representado. Se celebra consigo mesmo o negócio para o qual foi investido de poderes, estará traindo o representado e, desta sorte, o negócio jurídico é passível de anulação. O Código define a sua invalidade, dizendo-o anulável, não nulo de pleno direito, porque se deixa a critério do interessado atacá-lo, ou mantê-lo.

Casos há, contudo, em que a autocontratação é lícita. Em primeiro lugar quando a lei a permitir. Em segundo lugar quando for autorizada pelo representado. Neste caso, considera-se que o ato negocial contém duas manifestações de vontade: a do representante, contida no negócio, e a do representado, expressa na autorização. O negócio jurídico celebrado consigo mesmo não é ato unilateral. É bilateral, uma vez que nele estão presentes duas declarações de vontade.

O parágrafo único do art. 117 envolve na mesma condenação o ato, quando o representante transfere a outrem os poderes para figurar no ato, como se fosse o representado, e nele comparece pessoalmente como se se tratasse de outra parte. O negócio jurídico resultante contém dupla emissão volitiva apenas formalmente, pois na essência, o representante comparece duas vezes, como parte interessada, e na pessoa de terceiro, em quem sub-roga os poderes recebidos.

A alusão ao substabelecimento contida no parágrafo pode dar a impressão de esta proibição se aplicar tão somente à representação convencional. Na verdade, ela se estende à representação legal, abrangendo assim os poderes convencionais substabelecidos, como qualquer outro caso de transmissão a outrem de poderes de representação.

Ao tratarmos da formação do contrato, retornamos ao assunto, desenvolvendo--o (v. vol. III).

O representante tem o dever de proceder no interesse exclusivo do representado, sobrepondo-o aos seus. Desde que se esboce um conflito, cumpre-lhe renunciar a representação se esta for convencional, ou pedir a substituição se vier da lei. Poderá, ainda, ocorrer que, sem abdicar da representação, o representante peça a designação de outro, especificamente, para determinado negócio. Não procedendo de uma ou de outra maneira, cabe-lhe levar o fato ao conhecimento da pessoa com quem esteja tratando, presumindo-se de má-fé se se omitir. Realizado o ato negocial, dentro desse conflito de interesses, é anulável, seja no caso de ter o terceiro conhecimento do fato, à vista da comunicação do representante, ou por outras vias, seja no de convencerem as circunstâncias de que ele não o ignorava. A legitimação ativa para a ação anulatória é do representado pessoalmente, ou de quem o venha a representar, e pode ser intentada após a cessação da incapacidade. Para a segurança da vida negocial, fica estabelecido prazo decadencial de seis meses, a contar da conclusão do negócio ou da cessação da incapacidade (Código Civil, art. 119 e parágrafo único).

Se a pessoa com quem tratar o representante ignorava o conflito de interesses, prevalecerá o negócio praticado, por amor à sua boa-fé, mas o representante responderá perante o representado, ou seus herdeiros, pelos danos que daí provierem.

Neste capítulo, o Código estabelece as disposições genéricas da representação. Relega, assim, para a Parte Especial, como para a legislação própria, o estabelecimento dos requisitos para a unificação da representação e os respectivos efeitos (art. 120). Os princípios especiais atinentes à representação legal encontram-se na disciplina do poder familiar, da tutela, da curatela, como de outros institutos em que os estabeleça lei especial; os da representação voluntária, na dogmática do mandato.

CAPÍTULO XXII
INVALIDADE
DO NEGÓCIO JURÍDICO

Sumário

108. Negócio jurídico ineficaz, em geral. Ineficácia *stricto sensu*. **109.** Nulidade. **109-A.** Simulação. **110.** Anulabilidade. **111.** Efeitos da nulidade e da anulabilidade. **112.** Atos inexistentes.

Bibliografia

Clóvis Beviláqua, *Teoria Geral*, § 65; Capitant, *Introduction à l'Étude du Droit Civil*, p. 281 e ss.; Planiol, Ripert e Boulanger, *Traité Élémentaire*, I, n°s 332 e ss.; Aubry e Rau, *Cours*, I, § 37, p. 229 e ss.; Colin e Capitant, *Cours*, n°s 72 e ss.; Oertmann, *Introducción*, §§ 49 e ss.; Enneccerus, Kipp e Wolff, *Tratado*, §§ 189 e ss.; De Page, *Traité Élémentaire*, I, n°s 95 e ss.; Japiot, *Les Nullités en Matière d'Actes Juridiques*; Ruggiero e Maroi, *Istituzioni*, I, § 32; Serpa Lopes, *Curso*, I, n°s 186 e ss.; Salvatore Pugliatti, *Introducción al Estudio del Derecho Civil*, p. 310 e ss.; Orlando Gomes, *Introdução*, n°s 243 e ss.; Mazeaud *et* Mazeaud, *Leçons*, I, n°s 348 e ss.; Washington de Barros Monteiro, *Curso*, I, p. 274 e ss.; Martinho Garcez, *Nulidade dos Atos Jurídicos*; Gondim Filho, *Nulidade Relativa*; Georges Lutzesco, *Théorie et Pratique des Nullités*; M. V. H. Solon, "Teoria da Nulidade das Convenções e Atos de toda Espécie em Matéria Civil", *in Revista Forense*, vols. I a XIII; Antonio Junqueira de Azevedo, "Inexistência, Invalidade, Ineficácia", *in Enciclopédia Saraiva*, vol. 44, V.

108. Negócio jurídico ineficaz, em geral. Ineficácia
STRICTO SENSU[1]

As legislações não têm disciplinado, com perfeição, a teoria das nulidades, certamente porque a doutrina não conseguiu ainda assentar com exatidão e uniformidade as suas linhas-mestras. Ao contrário, a matéria é muito obscurecida, carece de boa exposição dogmática, e alimenta acentuada desarmonia entre os escritores, não somente no que se refere à fixação dos conceitos, como ainda no que diz respeito à terminologia, que é algo desencontrada e imprecisa. Pode-se dizer que coube ao direito moderno elaborar a sua doutrina, pois que o romano, em tantos passos modelar no traçado das instituições, não havia dominado o assunto inteiramente. Instituíra, em verdade, uma regra de início demasiado rígida segundo a qual: "aquelas coisas que por lei são proibidas de se fazer, se forem feitas, não só são consideradas inúteis, como também não feitas",[2] regra que mais tarde, por influência do direito pretoriano, haveria de amenizar-se, com a criação de numerosas distinções e exceções, que contribuíram, sem dúvida, para a elaboração do critério diferenciador das figuras da nulidade e da anulabilidade.[3]

Coube, ainda, ao direito moderno introduzir um conceito novo, o dos *atos inexistentes*, que, se bem nada tenha de misterioso, concorreu para uma certa distorção das ideias, em razão de ter deixado uma linha por demais tênue, separando-o das noções tradicionais de negócios jurídicos ineficazes. Por outro lado, embora não se possa, quer na definição, quer nos efeitos, confundir atos nulos e atos anuláveis, um menor cuidado no emprego da terminologia suscita insegurança quanto à caracterização da nulidade e da anulabilidade, ou às ações respectivas. O Código Civil de 2002, assim como o de 1916, levou em boa conta os conceitos e procurou fixar a distinção entre uns e outros, mas não logrou fugir à confusão dominante, e mencionou, uns por outros, casos de nulidade e anulabilidade. Não cogitou, entretanto, dos inexistentes, cuja aceitação pela doutrina ainda se conserva no plano das controvérsias, e assim procedeu como seus congêneres.[4]

Uma palavra é fácil sobre a invalidade do negócio jurídico, como tema genérico, eis que a sua configuração vai prender-se à sua estrutura. Conforme acentuado anteriormente (cap. XVII), a validade do negócio jurídico é uma decorrência da emissão volitiva e de sua submissão às determinações legais. São os extremos fundamentais para que a declaração de vontade se concretize no negócio jurídico. Mas, à sua vez,

---

1 Empregamos os vocábulos *ineficaz* e *ineficácia* com sentido genérico, reservando as palavras nulidade e nulo, anulabilidade e anulável, inexistência e inexistente para a designação de tipos específicos de ineficácia. A ineficácia é gênero, porque pode atingir os efeitos de ato válido.

2 Eis o brocardo: *"Ea quae lege fieri prohibentur si fuerint facta, non solo inutilia, sed pro infectis etiam habentur"*

3 Clóvis Bevilaqua, *Teoria Geral*, § 65; De Page, *Traité Élémentaire,* I, nº 95.

4 No Anteprojeto de Código de Obrigações, de nossa autoria, tratavam os arts. 66 e ss. da insubsistência do negócio jurídico, compreendendo: nulidade, anulabilidade, rescisão por lesão e revogação por fraude contra credores.

não se pode olvidar nenhuma das imposições da lei – subjetivas, objetivas ou formais. Podemos, assim, resumir em esquema as noções, dizendo que a eficácia do negócio jurídico deflui de sua sujeição às exigências legais. Inversamente, se o agente não se conformou com elas, falta à declaração a condição *a priori*, para que atinja o resultado querido. Inválida, *lato sensu*, quando é contrariada a norma, isto é, quando foram deixados sem observância os requisitos indispensáveis à sua produção de efeitos, seja por ter o agente afrontado a lei, seja por não reunir as condições legais de uma emissão útil de vontade.

Variando as determinações e exigências da lei, com elas varia o grau de ineficácia, que pode atingir a imperfeição, ou não, como pode abraçar a integridade do ato ou apenas uma parte dele.

Segundo estas oscilações há três categorias de atos inválidos, que serão objeto de nossas imediatas ponderações: uma primeira, referente à sua *nulidade*, quando em grau mais sensível o ordenamento jurídico é ferido, sendo maior e, *ipso facto*,[5] mais violenta, a reação; uma segunda, *anulabilidade*,[6] cuja estrutura se prende a uma desconformidade que a própria lei considera menos grave, motivadora de uma reação menos extrema; e a terceira, *inexistência*, em que se verifica a ausência de elementos constitutivos do negócio jurídico, de tal forma que não se chega a formar. É o que se qualifica como ineficácia *lato sensu*.

Incompleta seria a referência à ineficácia, se omitíssemos outras modalidades de condução a um resultado frustro, embora sob inspiração ontológica diversa. A primeira é a *rescisão*, que não se funda em defeito análogo à nulidade ou à anulabilidade. No Código de 2002 o termo é usado, por exemplo, no caso de evicção parcial considerável, em que o evicto poderá optar pela rescisão do contrato, com fundamento no inadimplemento da outra parte (art. 455). A segunda é a *revogação*, faculdade que acompanha certos negócios jurídicos, e que ora vem subordinada ao mero arbítrio do agente, como se dá essencialmente com os testamentos, ora condicionada a alguma causação, como ocorre com a doação por descumprimento do encargo ou ingratidão do donatário (Código Civil, art. 555). A terceira é a *resolubilidade* do ato, em consequência de atingir-se o termo final, ou de realizar-se o implemento da condição, a que desde o momento de sua constituição vem subordinada a declaração

---

5   Pelo próprio fato, por isso mesmo, consequentemente.

6   A nomenclatura das invalidades é variável. Escritores há que mencionam a "nulidade absoluta" e a "nulidade relativa", sob fundamento de que a primeira conduz à ineficácia completa do ato, é arguível por qualquer interessado ou pelo órgão do Ministério Público, e produz efeitos *ex tunc*; enquanto a segunda pode ser alegada pelos participantes do negócio jurídico, e não leva à ineficácia total, pois que, produzindo efeitos *ex nunc*, respeitam-se as consequências do ato até o momento de sua decretação. Preferimos adotar uma técnica uniforme, referindo-nos de um lado à *nulidade* sem necessidade de qualificá-la de absoluta ou de pleno direito, porque o é por natureza; e, de outro lado, à *anulabilidade*. Negócio jurídico *nulo* e negócio jurídico *anulável*, tão somente.

de vontade, produzindo o efeito de restituir as partes ao *status quo* simultâneo à formação[7] (cf. nº 212, vol. III).[8]

E há ainda a ineficácia *stricto sensu*. Em sentido estrito, considera-se ineficácia a recusa de efeitos quando, observados embora os requisitos legais, intercorre obstáculo extrínseco, que impede se complete o ciclo de perfeição do ato, como, por exemplo, a falta de registro quando indispensável. Pode ser originária ou superveniente, conforme o fato impeditivo de produção de efeitos, seja simultâneo à constituição do ato ou ocorra posteriormente, operando contudo retroativamente (v. nº 187-A, vol. III). Pode dar-se, ainda, que a ineficácia originária venha a cessar como é o caso do negócio subordinado a uma condição suspensiva: o negócio está completo, dependendo sua eficácia, porém, do implemento da mesma.

109. NULIDADE

É *nulo* o negócio jurídico, quando, em razão do defeito grave que o atinge, não pode produzir os almejados efeitos. É a nulidade a sanção para a ofensa à predeterminação legal. Nem sempre, contudo, se acha declarada na própria lei. Às vezes, esta enuncia o princípio, imperativo ou proibitivo, cominando a pena específica ao transgressor, e, então, diz-se que a nulidade é expressa ou *textual* (*e.g.*, Código Civil, art. 166, I); outras vezes, a lei proíbe o ato ou estipula a sua validade na dependência de certos requisitos, e, se é ofendida, existe igualmente nulidade, que se dirá *implícita* ou *virtual*[9] (*e.g.*, art. 466).

Na construção da teoria da *nulidade*, desprezou o legislador brasileiro o critério do *prejuízo*, recusando o princípio que o velho direito francês enunciava: "*pas de nullité sans grief*".[10] Inspirou-se, ao revés, no princípio do *respeito à ordem pública*, assentando as regras definidoras da nulidade na infração de leis que têm este caráter cogente, e, por esta mesma razão, legitimou, para argui-la, qualquer interessado, em seu próprio nome, ou o representante do Ministério Público em nome da sociedade que *ex officio* representa. E mais longe foi, ainda, na recusa de efeitos, determinando a sua declaração por via indireta, de vez que, mesmo sem a propositura de ação cujo objetivo seja o seu decreto, deve o juiz pronunciá-la quando tiver oportunidade de tomar conhecimento do ato ou de seus efeitos (Código Civil, art. 168). Em razão de sua abrangência, e de defluir a nulidade de uma imposição da lei, é que ela se diz de

---

7   Cf., sobre esses casos especiais, Ruggiero, *Istituzioni*, § 32; Oertmann, *Introducción*, p. 278; Mazeaud *et* Mazeaud, *Leçons*, I, nº 358.

8   Emilio Betti, *Teoria Geral do Negócio Jurídico*, trad. portuguesa, vol. III, p. 11; Messineo, *Dottrina Generale del Contratto*, p. 468; Galvão Telles, *Manual dos Contratos em Geral*, p. 345; Daisy Cogliano, Ineficácia dos Atos e Negócios Jurídicos, *Enciclopédia Saraiva*, vol. 44, V; Antonio Junqueira de Azevedo, Inexistência, Invalidade, Ineficácia, *Enciclopédia Saraiva*, vol. 44, V.

9   Ruggiero, *loc. cit.*; Planiol, Ripert e Boulanger, *Traité Élémentaire*, I, nº 345; Aubry e Rau, *Cours*, I, § 37.

10 "Não há nulidade sem prejuízo".

pleno direito (*pleno iure*) ou *absoluta*. Atendendo a estas considerações, há quem sustente que a nulidade é obra da lei, e somente da lei, nunca da sentença judicial que a proclama e, portanto, paralisa o ato no momento mesmo do nascimento.[11] A noção não pode ser aceita como absoluta, pois que, se é certo que toda nulidade há de provir da lei, expressa ou virtualmente, certo é, também, que se faz mister seja *declarada* pelo juiz. O Código Civil de 2002, na esteira do anterior, procurou, a propósito, adotar uma sistemática simples, inscrevendo, de um lado, a *nulidade*, que é sempre *pleno iure*, e suscetível de proclamação por iniciativa de qualquer interessado ou do órgão do Ministério Público, e, de outro lado, a *anulabilidade*, que é a decretação de ineficácia sob inspiração de um interesse *privado*. No sistema do Código Civil, portanto, o vocábulo *nulidade* já por si tem o sentido de *absoluto*, e é de *pleno direito*; a expressão *nulidade relativa* deve dar lugar à *anulabilidade*.

Inspirada no respeito à ordem pública, a lei encara o negócio no seu tríplice aspecto, subjetivo, objetivo e formal, e, assim, considera-o *nulo* quando praticado por pessoa absolutamente incapaz (condição subjetiva), quando for ilícito, impossível ou indeterminável o seu objeto (condição objetiva), quando não revestir a forma prescrita ou for preterida alguma solenidade que a lei considere essencial à sua validade (condição formal). A *motivação*, via de regra, não atinge a declaração de vontade. *Falsa causa non nocet*.[12] Quando, porém, ambas as partes são conduzidas por motivo ilícito, o negócio não pode produzir efeitos, por contrariedade à ordem jurídica (art. 166, III). Cabe ao juiz apreciar com cautela até onde a motivação ilícita determina a declaração de vontade. Igualmente, se o agente *contraria* o imperativo da lei, não pode encontrar amparo para o ato praticado. O dispositivo (art. 166, VI) usa o vocábulo *fraudar* em sentido genérico, de usar subterfúgio para contrariar a lei por via travessa. Como já dito, destaca-se a *nulidade textual*, quando a *lei* declara nulo o negócio jurídico (art. 166, VII). O Código Civil de 1916 aludia, ainda, ao fato de a lei taxativamente negar efeito ao ato. A hipótese está compreendida neste caso. O apêndice final do inciso VII do artigo 166 ("sem cominar sanção") ficou sem sentido. Se a lei o declara nulo, impõe a nulidade como sanção. Se proíbe a prática do ato, ele já é nulo, por contrariedade à lei proibitiva, dispensando obviamente que a lei que o proíbe mencione a nulidade como sanção.

A nulidade é insuprível pelo juiz, seja de ofício, seja a requerimento de algum interessado. Nem pode o ato ser *confirmado*. Ao dizer que o negócio jurídico nulo não convalesce pelo decurso do tempo, o Código (art. 169) seguiu a doutrina tradicional que tem sustentado que, além de insanável, a nulidade é *imprescritível*, o que daria em que, por maior que fosse o tempo decorrido, sempre seria possível atacar o negócio jurídico.[13] É frequente a sustentação deste princípio, tanto em doutrina estrangeira, quanto nacional. Modernamente, entretanto, depois de assentar-se que

---

11 Capitant, *Introduction*, p. 289.
12 "O falso motivo não prejudica".
13 "*Quod nullum est nullo lapsu temporis convalescere potest*" (O que é nulo não pode ganhar força com o decurso do tempo).

INVALIDADE DO NEGÓCIO JURÍDICO   451

a prescritibilidade é a regra, e a imprescritibilidade, a exceção (v. nº 121, *infra*), alguns admitem que entre o interesse social do resguardo da ordem legal, contido na vulnerabilidade do negócio jurídico, constituído com infração de norma de ordem pública, e a paz social, também procurada pelo ordenamento jurídico, sobreleva esta última, e deve dar-se como suscetível de prescrição a faculdade de atingir o ato nulo. O princípio reza às testilhas com o artigo 189. Dispõe este que, violado o direito, nasce para o titular a pretensão, mas esta extingue-se nos prazos previstos no Código (arts. 205 e 206). Vale dizer: o direito pátrio, tal como vigorava no Código de 1916, não conhece direitos patrimoniais imprescritíveis. Sendo a prescrição instituída em benefício da paz social, não se compadece esta em que se ressuscite a pretensão, para fulminar o ato.

Estão, pois, um contra o outro, dois princípios de igual relevância social: o não convalescimento do ato nulo *tractu temporis*,[14] e o perpétuo silêncio que se estende sobre os efeitos do negócio jurídico, também *tractu temporis*. E, do confronte entre estas duas normas, igualmente apoiadas no interesse da ordem pública, continuo sustentando que não há direitos imprescritíveis, e, portanto, também perante o Código de 2002, a declaração de nulidade prescreve em dez anos (art. 205).

Não é absoluta a regra da invalidade total do ato nulo. O Código entendeu o princípio do aproveitamento da declaração de vontade, por amor à intenção do agente. Inquinado o ato de qualquer dos vícios que determinam a sua nulidade, deixa de ser pronunciada esta se for possível determinar que o objetivo que os interessados tinham em vista pode ser atingido por via de outro negócio jurídico, que não foi celebrado, mas é de se supor que o teria sido se os interessados houvessem previsto a nulidade do que praticavam – é a chamada *conversão substancial do negócio jurídico* (art. 170).

Em primeiro plano situa-se, obviamente, o defeito de forma, que permite o aproveitamento do ato, se para esta concorrem os outros requisitos da lei. Igualmente são suscetíveis de validade as declarações de vontade, quando não atentem contra os princípios que as maculam de maneira absoluta e total, uma vez que somente são suscetíveis de prevalecimento os negócios jurídicos que são nulos mas que podem ter validade sem quebrar os requisitos do outro ato negocial que o substituirá.

109-A. SIMULAÇÃO

Consiste a simulação em celebrar-se um ato que tem aparência normal, mas que, na verdade, não visa ao efeito que juridicamente devia produzir. O Código, ao incluir a simulação como determinante da nulidade, rompeu com a teoria desta. Se inocente a simulação, por não ferir nenhum interesse social, estará a coberto da declaração de nulidade *ex officio*, tanto mais que o próprio art. 167 ressalva o ato que se dissimulou, bem como os interesses de terceiros (§ 2º). Não se acompanha,

---

14 "Com o passar do tempo".

452 INSTITUIÇÕES DE DIREITO CIVIL • VOL. I • INTRODUÇÃO E TEORIA GERAL DE DIREITO CIVIL

assim, o entendimento de parte da doutrina, que, com o advento do Código Civil de 2002, passou a entender que a simulação inocente teria também se tornado causa de nulidade do negócio jurídico.

Não há na simulação um vício do consentimento porque o querer do agente tem em mira, efetivamente, o resultado que a declaração procura realizar ou conseguir. Mas há um vício grave no ato, positivado na desconformidade entre a declaração de vontade e a ordem legal, em relação ao resultado daquela ou em razão da técnica de sua realização. Consiste a simulação em celebrar-se um ato, que tem aparência normal, mas que, na verdade, não visa ao efeito que juridicamente devia produzir. Como em todo negócio jurídico, há aqui uma declaração de vontade, mas enganosa. E difere a simulação dos defeitos dos negócios jurídicos: do *erro* se distingue em que o agente tem a consciência da distorção entre a vontade declarada e o resultado; do *dolo* difere, porque não se usam maquinações com o fito de levar o agente a realizar o que normalmente não faria, porém o agente procede na forma como o faz porque quer; da *coação* é diferente, em que inexiste qualquer processo de intimidação para compelir o agente a emitir a declaração de vontade; da *fraude contra credores* é distinta porque nesta a declaração de vontade está na conformidade do querer íntimo do agente, tendo como efeito um resultado prejudicial a terceiro, credor.

Tradicionalmente, o direito brasileiro entendia a simulação como defeito ligado ao interesse das partes, e tratava-a como causa de anulabilidade do ato. Assim se conceituava na Consolidação das Leis Civis de Teixeira de Freitas (art. 358), e assim subsistiu no Código Civil de 1916, sob a autoridade de Clóvis Beviláqua. O Código de 2002, à semelhança do Código alemão (BGB, § 117), considerou-a como causa de *nulidade* do negócio (art. 167).

Pode a simulação ser absoluta ou relativa. Será *absoluta* quando o negócio encerra confissão, declaração, condição ou cláusula não verdadeira, realizando-se para não ter qualquer eficácia. Diz-se aqui *absoluta*, porque há uma declaração de vontade que se destina a não produzir resultado. O agente *aparentemente* quer, mas na realidade não quer; a declaração de vontade deveria produzir um resultado, mas o agente não pretende resultado algum. A simulação se diz *relativa*, também chamada *dissimulação*, quando o negócio tem por objeto encobrir outro de natureza diversa (*e.g.*, uma compra e venda para dissimular uma doação), ou quando aparenta conferir ou transmitir direitos a pessoas diversas daquelas às quais realmente se conferem ou transmitem (*e.g.*, a venda realizada a um terceiro para que este transmita a coisa a um descendente do alienante, a quem este, na verdade, tencionava desde logo transferi-la). E é *relativa* em tais hipóteses, porque à declaração de vontade deve seguir-se um resultado, efetivamente querido pelo agente, porém diferente do que é o resultado normal do negócio jurídico. O agente faz a emissão de vontade, e quer que produza efeitos; mas é uma declaração enganosa, porque a consequência jurídica em mira é diversa daquela que seria a regularmente consequente ao ato. A estes casos de simulação, absoluta e relativa, acrescentam-se, ainda, a hipótese de instrumento particular ser antedatado ou pós-datado, e a de figurar como beneficiária do negócio pessoa determinada, porém, na realidade, inexistente. Na dogmática do Código de

2002, somente é nulo o negócio jurídico em sendo *absoluta* a simulação. Se for *relativa* subsiste o negócio que se dissimulou, salvo se este padecer de outro defeito, na forma ou na própria substância (art. 167, *caput*).

Encarada de um outro ângulo, ou seja, em razão da boa ou da má-fé do agente (ou dos agentes), pode haver *simulação inocente* ou *simulação maliciosa*. Na primeira, faz-se uma declaração que não traz prejuízo a quem quer que seja, e, por isto mesmo, é chamada inocente e sempre se entendeu tolerada pelo direito (por exemplo, num contrato de compra e venda, as partes declaram haver sido pago o preço no ato, e em dinheiro, mas, na realidade, o comprador emite título de dívida em favor do alienante): a simulação é inocente porque a menção do pagamento do negócio não prejudica nem beneficia outrem.[15] Na segunda, há intenção de prejudicar a terceiros ou de violar disposição de lei, e, como expressão da malícia ou da má-fé do agente, inquina o ato negocial. Mas não existe padrão apriorístico para se determinar quando é inocente ou maliciosa a simulação, senão na apuração da finalidade, do *animus* do agente. Daí concluir-se que o mesmo ato ou a mesma declaração de vontade pode constituir simulação inocente ou maliciosa, conforme seja desacompanhada ou revestida de um propósito danoso: um marido que disfarça sob a forma de compra e venda um donativo a um parente, para que não o apoquente a mulher, faz uma simulação inocente, mas o mesmo processo será simulação maliciosa se o propósito é desfalcar o patrimônio conjugal e prejudicá-la.

A simulação inocente, porque o é e enquanto o for, não leva à nulidade do negócio, muito embora parte da doutrina tenha passado a entender diversamente à luz do Código Civil atual, que deixou de fazer referência expressa a essa classificação.[16] A maliciosa pode ter como consequência a nulidade do negócio. *Pode ter*, repetimos, este efeito, mas não o tem forçosamente, uma vez que o legislador ressalva a validade do negócio dissimulado quando for este conforme à lei.

Visto que, na simulação maliciosa, as pessoas que participam do negócio estão movidas pelo propósito de violar a lei ou prejudicar alguém, não podem arguir o vício, ou alegá-lo em litígio de uma contra a outra, pois o direito não tolera que alguém seja ouvido quando alega a própria má-fé: "*nemo auditur propriam turpitudinem allegans*".[17] Se o negócio é bilateral, e foi simuladamente realizado, ambas as partes procederam de má-fé, e nele coniventes ambas, a nenhuma é lícito invocá-lo contra a eficácia da declaração de vontade. Se o negócio é unilateral, foi o próprio agente quem procedeu contra direito, e não tem qualidade para, alegando a própria torpeza, pleitear a sua ineficácia.[18] Mas o terceiro lesado, o representante do Poder Público,

---

15 "*Aliis neque nocet neque prodest*".

16 Nessa direção, foi aprovado, na III Jornada de Direito Civil, organizada pelo Centro de Estudos Judiciários do Conselho da Justiça Federal, em 2004, o Enunciado n. 152, segundo o qual "toda simulação, inclusive a inocente, é invalidante".

17 "Ninguém é ouvido ao alegar a própria torpeza", isto é, ninguém pode se beneficiar da própria torpeza.

18 Clóvis Beviláqua, *Teoria Geral*, § 54.

ou qualquer legítimo interessado poderão postular a nulidade do negócio simulado (art. 168).

Se a ninguém causa dano, é descabida a invalidação do ato. Se fraudulenta, falta aos partícipes da fraude condições morais para alegá-la. Não obstante deslocar a simulação do campo da anulabilidade para o da nulidade do negócio jurídico, não podem vigorar conceitos diversos.

Em face do princípio, atinente aos efeitos da simulação, podem-se deduzir os respectivos corolários: a) realizado simuladamente o negócio, a proibição a que os próprios agentes de má-fé pleiteiem a sua ineficácia terá como consequência interditar-lhes a ação de nulidade; se o negócio não for danoso a terceiros, os agentes serão compelidos a sofrer o resultado de uma declaração enganosa de vontade, ainda que a eles nociva ou divorciada de suas conveniências, e desta forma recebem a punição pela sua malícia; b) mas se o efeito do negócio é prejudicial, podem os prejudicados promover a declaração judicial de invalidade.[19]

Melhor teria sido que o Código de 2002 mantivesse a doutrina consagrada no de 1916. Assim procedesse, e evitaria a incongruência de catalogar como nulo o negócio simulado, ressalvando, entretanto, o negócio dissimulado (art. 167, *caput*), bem como os direitos dos terceiros de boa-fé (art. 167, § 2º). Aliás, o parágrafo segundo é bom subsídio para sustentar que os simuladores fraudulentos não têm a ação de anular o negócio jurídico simulado, tendo em vista que mesmo os terceiros somente terão ressalvados os seus direitos se estiverem de boa-fé, em face dos participantes do negócio jurídico simulado.

A prova da simulação nem sempre se poderá fazer diretamente; ao revés, frequentemente tem o juiz de se valer de indícios e presunções para chegar à convicção de sua existência.

110. ANULABILIDADE

Não tem o mesmo alcance da nulidade, nem traz o mesmo fundamento a *anulabilidade* do negócio jurídico. Nela não se vislumbra o interesse público, porém a mera conveniência das partes, já que na sua instituição o legislador visa à proteção de interesses privados.[20] O ato é imperfeito, mas não tão grave nem profundamente defeituoso, como nos casos de nulidade, razão pela qual a lei oferece ao interessado a alternativa de pleitear a obtenção de sua ineficácia, ou deixar que os seus efeitos decorram normalmente, como se não houvesse irregularidade, o que se reflete no problema dos efeitos, e veremos no nº 111, *infra*. Daí ficar restrita a legitimação para postulação do decreto anulatório às pessoas que intervêm originariamente no ato, ou ainda em certos casos às que lhes sucedam em direitos, quer por sub-rogação *inter*

---

19 Ruggiero e Maroi, *Istituzioni*, § 27.

20 De Page, *Traité*, nº 98.

vivos, quer por sucessão *causa mortis*, ou também a determinados terceiros que lhes sofram as consequências (como o credor prejudicado pela alienação fraudulenta).

Diz-se em doutrina que a anulabilidade visa à proteção do consentimento ou refere-se à incapacidade do agente.[21] Segundo o direito codificado (Código Civil, art. 171), temo-la, em primeiro lugar, nas hipóteses previstas expressamente em lei, declarando anuláveis os atos praticados ao arrepio de seu mandamento. Especificamente, declara os atos anuláveis em razão da incapacidade relativa do agente ou em decorrência de algum dos defeitos que inquinam o negócio (erro, dolo, coação, fraude contra credores, lesão ou os praticados em estado de perigo), assunto sobre o qual nos estendemos no Capítulo XVIII.

Quanto, porém, à incapacidade relativa, merece consideração especial a necessidade de autorização do assistente ou intervenção do curador, para a validade do negócio, e então é este passível de desfazimento, se faltar. O Código de 2002 dispensou-se de repetir esta regra, contida no art. 154 do Código de 1916. Reportando-se ao menor relativamente incapaz, deixou implícito o princípio. Mas, se o menor houver diretamente realizado o negócio jurídico, ocultando a circunstância da sua menoridade, ou falsamente se houver inculcado como maior, perde a legitimidade para postular a ineficácia (Código Civil, art. 180). Costuma-se dizer, neste caso, que a malícia supre a idade,[22] o que não é precisamente verdadeiro, pois a idade não pode considerar-se suprida pela má-fé; tem-se, contudo, convalescido o ato por via transversa, em razão de recusar a ordem jurídica proteção àquele que se conduziu maliciosamente, e assim deixando de vir em seu socorro, como punição por haver procedido de má-fé.

O negócio jurídico anulável convalesce por três razões, tornando-se eficaz. A primeira é o decurso do tempo que, extinguindo o direito de anulação, torna-o plenamente válido. O prazo decadencial é a curto tempo, em razão do interesse social em que não perdure a incerteza dos direitos e da conveniência de sua consolidação. Ocorre como que uma ratificação presumida: o interessado, que podia atacar o ato, deixa de fazê-lo sem declarar que o ratifica, e perde com o tempo a faculdade de invalidá-lo, em paridade de situação com aquele que a isto *renuncia*.

O Código anterior reunia em um único dispositivo os prazos de decadência e os de prescrição, sob esta última epígrafe, deixando para a doutrina e para a jurisprudência especificar uns e outros. Nem sempre isto se fazia com segurança. O Código de 2002 reservou para o art. 206 a menção dos lapsos prescricionais, descendo à menção da decadência em cada caso. Assim procedendo quanto à ação anulatória do negócio jurídico, fixou em quatro anos o limite do tempo, dentro do qual pode ser admitida. Ultrapassado, deixará de sê-lo.

O art. 178 do Código determina o termo inicial do prazo decadencial para cada caso. No caso de coação, de quando ela cessar, pois enquanto a vítima permanece coacta, não tem, ou presume-se não tenha, liberdade para pleitear a invalidação. Ce-

---

21 Planiol, Ripert e Boulanger, nº 351.

22 *"Malitia supplet aetantem"*.

lebrado o negócio inquinado de erro, dolo, fraude contra credores, estado de perigo ou lesão, conta-se o prazo da data em que o negócio se realizou. O incapaz não tem aptidão para postular, pessoalmente, a anulação do negócio jurídico, o que somente pode fazer após sua cessação, quando começa a correr o prazo decadencial. Quando a lei, ao arrolar outro caso de anulabilidade do negócio jurídico e não estabelecer prazo certo, este será de dois anos, contados do dia em que tiver sido realizado (art. 179). Não se deve, entretanto, dissociar o princípio de que também será decadencial.

A segunda causa de convalescimento é a *confirmação*, que implica uma atitude inequívoca de quem tinha qualidade para atacá-lo, no sentido de atribuir-lhe validade, e efetiva-se mediante a repetição do próprio ato, ou reiteração da declaração de vontade, ou atitude inequívoca de validá-lo, o que de uma forma ou outra implica renúncia ao seu desfazimento (Código Civil, arts. 172 e 173).

A confirmação será *expressa* ou *tácita*. *Expressa*, quando há uma declaração de vontade que contenha a substância da obrigação ratificada, acompanhada da intenção manifesta de convalidá-la e opera retroativamente, apanhando o negócio anulável no momento em que se teria constituído, como se desde então fosse isento de falhas, ressalvados, apenas, os direitos de terceiros que se tenham adquirido com fundamento na faculdade de postular a invalidade. Traduz *confirmação tácita* (Código Civil, art. 174) o começo de execução da obrigação, levada a efeito pela parte na ciência do vício que inquinava o negócio, pois não pode conceber o direito uma dualidade de atitudes prejudicial à ordem social: no seu desfazimento estaria a intenção de lhe recusar valia, em contradição com o começo de execução, que significa o propósito de lhe reconhecer eficácia.

Seja, porém, expressa ou tácita, a confirmação induz renúncia definitiva à faculdade de atacar o ato.

A terceira causa de convalescimento do ato é o suprimento da autorização, nos casos em que a sua ausência torna o ato anulável (Código Civil, art. 176). O princípio era já admitido em doutrina. A anulabilidade é instituída em proveito dos interessados. Mormente, em se tratando de pessoa relativamente incapaz, não se deve jamais compreender com o propósito de prejudicá-la. Partindo de que a autorização prévia ou simultânea é suficiente para a perfeição jurídica do ato negocial, estatui que, vindo *a posteriori* tem a força de afastar o motivo de anulabilidade.

111. Efeitos da nulidade e da anulabilidade

A nulidade e a anulabilidade, uma vez pronunciadas, implicam recusa dos efeitos da declaração de vontade, que encontra na infração da lei barreira ao resultado a que o agente visava. Desfaz-se, então, o negócio, com reposição das partes ao estado anterior. Não sendo isto possível, por não existir mais a coisa ou por ser inviável a reconstituição da situação jurídica, o prejudicado será indenizado com o equivalente. O devedor exonerado da obrigação e aquele que já tiver feito alguma prestação têm a faculdade de reclamar da outra parte a devolução, a não ser que se prove ter a importância paga revertido em seu proveito.

Quando a nulidade não abrange a totalidade do ato, por ter deixado de atingir seu ponto substancial, ou alcançado apenas uma parte e for possível distinguir e separar a parte válida, a declaração de nulidade somente fulminará a parte defeituosa, respeitando a outra – *utile per inutile non vitiatur*[23] (Código Civil, art. 184). A redação do artigo faz uma invocação ociosa, ao iniciar-se com a declaração de respeito à intenção das partes, que condiz sempre com a interpretação do negócio jurídico, tal como expresso no art. 112.

A mesma possibilidade de aproveitamento existe quando faltem as condições de validade de um dado negócio jurídico, mas estejam presentes as que são necessárias a um tipo diferente. Ele será nulo e não produzirá efeitos, relativamente ao negócio que exigia os requisitos ausentes, mas aproveita-se quanto ao que os dispensava. Trata-se da hipótese de *conversão substancial* (art. 170). A constituição de uma hipoteca, por exemplo, se for ineficaz por falta da autorização da mulher, é, entretanto, aproveitável como confissão da obrigação, e, se não pode prevalecer como ônus real, o reconhecimento do débito subsiste, por não requerer aquele requisito.

A questão da *invalidade do instrumento* encontra tratamento específico (Código Civil, art. 183), cumprindo distinguir: sendo a forma da própria *substância* do ato, ele só valerá se revesti-la; se for, porém, exigida como prova apenas, a nulidade do instrumento não induz a do ato, e o instrumento ineficaz pode ser tido como começo de prova a ser completada por outros meios, ou o ato será aproveitado, *convertido em outro*.[24]

Quando uma obrigação é dependente de outra, a nulidade da principal fulmina a acessória, mas a recíproca não é verdadeira, pois a ineficácia da acessória não macula a principal, que continua produzindo os seus efeitos, como seria o caso da obrigação garantida por fiança, em que a nulidade da obrigação principal extingue a garantia, mas, se for nula a fiança, subsiste o débito (art. 184).

O ato *nulo* de pleno direito é frustro nos seus resultados, nenhum efeito produzindo: "*quod nullum est nullum producit effectum*".[25] Quando se diz, contudo, que é destituído de efeitos, quer-se referir aos que normalmente lhe pertencem, pois que às vezes algumas consequências dele emanam, como é o caso do casamento putativo; outras vezes, há efeitos indiretos, como se dá com o negócio jurídico translatício do domínio, que, anulado, é inábil à sua transmissão, mas vale não obstante como causa justificativa da posse; outras vezes, ainda, ocorre o aproveitamento do ato para outro fim, como, *e.g.,* a nulidade do instrumento que deixa subsistir a obrigação. Em outros casos, o ato nulo produz alguns efeitos do válido, como é, no direito processual, a citação nula por incompetência do juiz, que é apta a interromper a prescrição e constituir o devedor em mora, tal qual a válida (Código Civil, art. 202, I).

---

23 "A parte útil não é viciada pela parte inútil".
24 Clóvis Beviláqua, *Teoria Geral*, § 68; Salvatore Pugliatti, *Introdución*, p. 313.
25 "O que é nulo não produz nenhum efeito".

O decreto judicial de nulidade produz efeitos retroativos (*ex tunc*), indo alcançar a declaração de vontade no momento mesmo da emissão. E nem a vontade das partes nem o decurso do tempo podem sanar a irregularidade. A primeira, para tanto, é ineficaz, por não ser o ato nulo passível de confirmação (art. 169). O segundo não opera o convalescimento, senão *longi temporis*, porque o defeito de origem subsiste, até que a autoridade judiciária pronuncie a ineficácia: *quod ab initio vitiosum est non potest tractu temporis convalescere*.[26] O problema da ação de nulidade já foi aflorado no nº 109, e a matéria da prescrição será exposta no cap. XXIV.

O ato *anulável*, por não ser originário de tão grave defeito, produz as suas consequências, até que seja decretada a sua invalidade. Daí dizer Ruggiero que o negócio jurídico anulável tem eficácia plena, e produz os resultados queridos, condicionados ao não exercício do direito à invocação de sua ineficácia.[27] A razão está em que, ao contrário da nulidade, que é de interesse público, e deve ser pronunciada mesmo *ex officio*, quando o juiz a encontrar provada, ao conhecer do negócio ou de seus efeitos, a anulabilidade, por ser de interesse privado, não pode ser pronunciada senão a pedido da pessoa atingida, e a sentença produz efeitos não retroativos (*ex nunc*), respeitando as consequências geradas anteriormente.

Construída a chamada "teoria das nulidades", que é a sistematização dos princípios que presidem a matéria da invalidade do negócio jurídico, com o tempo foram aparecendo diversidades de entendimento e de aplicação, que lhe desfiguraram a aparência de organismo uno. É bem verdade que algumas obras, tidas por clássicas, têm exercido influência enorme, como ocorreu com a de Solon, que foi traduzida e divulgada no Brasil, chegando a exercer papel de relevo na elaboração da doutrina legal própria.[28] Não obstante isto, apura-se a ausência de uniformidade nos conceitos e nas classificações, tanto de um para outro sistema, quanto dentro de um mesmo ordenamento. Para não irmos longe demais, as expressões *nulidade absoluta* e *nulidade relativa*, que para uns correspondem às ideias de nulidade e anulabilidade, para outros não têm o mesmo sentido e igual correspondência, uma vez que entendem "relativa" aquela que não pode ser alegada por qualquer terceiro.[29] As regras gerais que estruturam a teoria da ineficácia do negócio jurídico, não só pelo caráter genérico de sua normatividade, como ainda por se situarem na Parte Geral do Código Civil, devendo, naturalmente, projetar-se por todas as províncias civilísticas, teriam de compor um sistema de princípios sempre certos. No entanto, isto não ocorre. Ao contrário, vigora largo ilogismo na aplicação, bastando recordar que em matéria de *casamento* são tantas as exceções consagradas que quase diríamos haver uma *teoria especial de nulidade* neste terreno.[30] Assim é que a incapacidade absoluta do agente,

---

26 "O que desde o princípio é viciado não pode convalescer com o decurso do tempo".

27 Ruggiero e Maroi, *Istituzioni*, § 32.

28 M. V. H. Solon, "Teoria da Nulidade das Convenções e Atos de toda Espécie em Matéria Civil, *in Revista Forense*, vols. I a XIII.

29 Gondim Filho, *Nulidade Relativa*, p. 7.

30 Sá Pereira, *Lições de Direito de Família*, cap. XVI.

de que provém a nulidade, leva à anulabilidade do matrimônio; a declaração de nulidade do negócio jurídico pode ser pronunciada pelo juiz quando conhecer do ato ou de seus efeitos, ao passo que a nulidade do casamento somente pode ser postulada por ação direta, na qual será nomeado curador que o defenda. Por outro lado, aceita em doutrina e admitida pelos tribunais, embora não consagrada na lei, a teoria do ato inexistente é uma quebra de sistemática.

Por tudo isto, no começo do século XX levantaram-se vozes de oposição à teoria tradicional das nulidades,[31] que foi atacada principalmente por sua falta de aplicação genérica, e acusada de certa ausência de conteúdo prático.

As críticas, até certo ponto, são razoáveis, pois, como acabamos de ver, e mais extensivamente se provaria a ausência de unidade se mais longe levássemos a investigação, a ineficácia do negócio jurídico longe está de se disciplinar por princípios que componham uma doutrina de aceitação harmônica pelos escritores e pelos sistemas de direito positivo. Mas é preciso assinalar que não é este um defeito peculiar à matéria, pois em numerosos outros casos, igualmente *doctores certant*,[32] e nem por isto há razão para se negar ao complexo regulador o caráter de uma teoria, como não se infere também da circunstância de diversificarem os sistemas jurídicos na disciplina de um instituto.

Acontece, entretanto, aqui, algo mais sério. Mesmo os escritores que não se têm deixado seduzir pelas críticas endereçadas à doutrina tradicional reconhecem suas deficiências. Mas observam também que, se falta absoluto rigor à teoria clássica, nenhuma outra foi encontrada, estabelecida ou esboçada para substituí-la, e, pois, o que se deve ter presente é que os conceitos tradicionais ainda são e devem ter-se por constitutivos de um sistema conveniente.

112. ATOS INEXISTENTES

Ao lado da nulidade e da anulabilidade, cogita a doutrina da *inexistência* do negócio jurídico. Não se encontrava no Código de 1916 menção a esta categoria de ineficácia, por ter o legislador recusado consagrar na lei o princípio que o Projeto Beviláqua havia assentado. Nem no Código de 2002 encontrou abrigo a teoria. Não obstante isto, a doutrina do ato inexistente completa a matéria da ineficácia do negócio jurídico, repercutindo no pretório, pois decisões judiciais autorizam afirmar que a jurisprudência a tem acolhido.

Já vimos em que consiste o negócio jurídico nulo e o anulável: uma declaração de vontade que, por falta de *integração jurídica*, não produz os resultados que normalmente geraria. Embora defeituoso, existe o ato. Formou-se, mas por uma obstrução legal, não subsiste, e deixa de produzir suas consequências.

---

31 Japiot, *Les Nullités en Matière d'Actes Juridiques*, p. 11.

32 "Os doutores discutem". Expressão utilizada para significar que uma questão não se resolverá facilmente.

Imaginada por Zacchariae, aceita por Demolombe, divulgada por Aubry e Rau, desenvolvida pelas doutrinas francesa e italiana, encontra geral e boa acolhida a teoria da inexistência. Boa, porém não pacífica, pois há quem defenda a sua desnecessidade[33] ou declare a distinção mera sutileza bizantina, e quem se plante até na recusa aos seus méritos científicos, raciocinando que a própria expressão *ato inexistente* não passa de uma contradição em termos (*contradictio in adiectio*), por ver que o ato pressupõe a existência de algo, e a inexistência é a sua negação.[34] Dentre os que aceitam a tese, autores há que lamentavelmente confundem casos de ato inexistente com ato nulo, e até com ato anulável.

Inútil será, por outro lado, tentar a filiação dogmática da doutrina à teoria romana das nulidades, pois que em verdade o direito romano não a conheceu. Muito embora as fontes registrem que quando *nullum est negotium nihil actum est,*[35] a teoria do ato inexistente nasceu de um raciocínio de Zacchariae, a propósito da ineficácia do casamento, quando falta o consentimento.[36] No nosso direito, como no francês, a teoria é constituída pela abstração dos juristas e admitida sem um texto que a consagre. Doutrinariamente, e sem embargo de seus opositores, tem fundamento a diferenciação, se atentar em que o ato nulo tem existência como figura jurídica, apesar de lhe recusar a ordem legal as consequências naturais. Já o ato inexistente não passa de *mera aparência de ato,* insuscetível de quaisquer efeitos, plenamente afastável com a demonstração de sua não realização.[37]

No desenvolver a teoria dos atos inexistentes, que se nos afiguram bem distintos dos nulos, e com as suas linhas estruturais bastante nítidas, procuramos desvencilhar-nos dos prejuízos que de modo geral a doutrina conserva na sua caracterização. Sem negar as dificuldades, pois algumas vezes é delicado apurar se se trata de inexistência ou de nulidade, acreditamos que bem se podem assim assentar os princípios.

Ato jurídico inexistente é aquele a que falta um *pressuposto material* de sua constituição. Não é o mesmo que nulidade, porque no ato nulo estão presentes os pressupostos de fato, em virtude dos quais o ato negocial chega a formar-se, porém frustro nos resultados, dada a contravenção a alguma disposição de ordem pública.

Analisadas comparativamente as diversas hipóteses, acentuam-se as diferenças. A incapacidade absoluta do agente induz a nulidade do ato, porque há uma declaração de vontade, embora defeituosa. Houve uma emissão volitiva, e, pois, o ato existe; mas é nulo, porque imperfeita aquela. Se em vez de consentimento defei-

---

33 De Page, *Traité*, I, n° 101. No Brasil, Silvio Rodrigues.

34 Mazeaud *et* Mazeaud, *Leçons*, p. 356, opinam contrariamente à especialização dos atos inexistentes, teoria que consideram não apenas inútil, mas falsa mesmo. Tudo que a configuração da inexistência oferece, entendem eles que já o conceito de nulidade dá; e que é possível aceitar as consequências que se costumam tirar, como sejam a imprescritibilidade, a obtenção sem pronunciamento judicial etc.

35 "Nulo é o negócio, nada foi feito."

36 Capitant, *Introduction*, p. 282; Colin e Capitant, *Cours*, I, n° 74.

37 Capitant, *loc. cit.*

tuoso, não tiver havido *consentimento nenhum*, o ato é inexistente. Ao contrário da nulidade, em que a declaração de vontade conduz à ineficácia por desconformidade com as predeterminações legais, a inexistência advém da ausência de declaração de vontade. Quando o objeto é ilícito ou impossível, o ato é nulo; mas se *inexiste objeto*, será inexistente o ato. São hipóteses diferentes, pois em um caso o objeto existe, mas a relação jurídica deixa de se constituir por sua afronta à lei, à moral, aos bons costumes, ou por ser aquele inatingível; no outro caso, não se forma o ato, por ausência total de objeto. A falta de observância do requisito formal leva à nulidade; o ato foi celebrado, mas não produz efeitos por inobservância da solenidade. Se, em vez de celebração por forma diferente, falta a própria celebração, o ato é inexistente.

Há, portanto, uma linha viva de separação, perfeitamente identificável, no delineamento do negócio jurídico inexistente. E há também interesse na sua conceituação, não sob aspecto puramente doutrinário, como ainda prático, porque se o ato anulável requer pronunciamento a pedido do interessado, e se o ato nulo exige declaração judicial, ainda que *ex officio*, o ato inexistente, por não se ter chegado a constituir, é vazio de conteúdo, independentemente de qualquer provimento.[38]

Costuma-se objetar que o ato inexistente não deixa de ser uma *aparência de ato*, que há mister seja desfeita, e, para tanto, requer-se um decreto judicial, o que (concluem) induz equivalência entre a nulidade e a inexistência.[39] Não nos parece, porém, assim. Teoricamente, há uma diferenciação positiva entre a inexistência e a nulidade. E na prática os efeitos diferem. Se o ato é nulo, esta invalidade tem de ser apurada, ainda que por via transversa, como foi explanado no nº 109, *supra*. O ato inexistente não pode produzir qualquer efeito, independentemente de um pronunciamento da inexistência. Um contrato de compra e venda de um imóvel de valor superior à taxa legal é nulo se não revestir a forma pública (Código Civil, art. 108), mas o juiz terá de proferir um decreto de nulidade. Faltando, porém, a própria realização do contrato, o juiz poderá, pura e simplesmente, isentar o pseudocomprador de uma prestação. No campo do direito de família, que foi onde nasceu a figura do ato inexistente, é mais flagrante a diferenciação. Será nulo o matrimônio celebrado por juiz incompetente, nulidade que fica, entretanto, sanada pelo decurso de dois anos. Se os nubentes fizeram uma farsa de casamento, perante pessoa que é incompetente *ex ratione materiae* (por exemplo, o presidente de uma sociedade anônima ou um delegado de polícia), nem há casamento que possa produzir qualquer efeito, nem o decurso de dois anos pode convalidá-lo, transformando uma pantomina em ato gerador de consequências jurídicas. Em matéria de casamento, a teoria da inexistência tem importância maior, se se levar em conta que ali não se tolera a nulidade virtual (v. nº 390, *infra*, vol. V).

---

38 Planiol, Ripert e Boulanger, nº 338.

39 Mazeaud *et* Mazeaud, *Leçons*, I, nº 356.

Capítulo XXIII
Ato Ilícito

Sumário

113. Conceito de ilícito. **114.** Dolo. Culpa. **115.** Responsabilidade civil. **116.** Responsabilidade civil do Estado. **117.** Escusativas de responsabilidade e concorrência de culpa. **118.** Abuso do direito.

Bibliografia

Von Tuhr, *Derecho Civil*, III, parte 2ª, § 88; Henoch D. Aguiar, *Hechos y Actos Jurídicos*, vols. II e III; Clóvis Beviláqua, *Teoria Geral*, p. 71; Colin e Capitant, *Cours*, II, nos 175 e ss.; Oertmann, *Introducción al Derecho Civil*, § 62; Enneccerus, Kipp e Wolff, *Tratado*, I, §§ 195 e ss.; Planiol, Ripert e Boulanger, *Traité Élémentaire*, II, nos 891 e ss.; De Page, *Traité Élémentaire*, II, nos 901 e ss.; Ruggiero e Maroi, *Istituzioni*, II, § 186; Serpa Lopes, *Curso*, I, nos 258 e ss.; Aguiar Dias, *Da Responsabilidade Civil*; Mazeaud *et* Mazeaud, *Traité Théorique et Pratique de la Responsabilité Civile*; Amaro Cavalcânti, *Responsabilidade Civil do Estado*; Sourdat, *Traité Général de la Responsabilité*; Maria Celina Bodin de Moraes, *Danos à Pessoa Humana*; Caio Mário da Silva Pereira, *Responsabilidade Civil*.

113. Conceito de ilícito

A conduta humana pode ser obediente ou contraveniente à ordem jurídica. O indivíduo pode conformar-se com as prescrições legais ou proceder em desobediência a elas. No primeiro caso encontram-se os *atos jurídicos*, entre os quais se inscreve o negócio jurídico, estudado antes, caracterizado como declaração de vontade tendente a uma finalidade jurídica, em consonância com o ordenamento legal, e os atos jurídicos lícitos que não sejam negócios jurídicos (Código Civil, art. 185). No segundo estão os *atos ilícitos*, concretizados em um procedimento em desacordo com a ordem legal. O ato lícito, pela força do reconhecimento do direito, tem o poder de criar faculdades para o próprio agente. É *jurígeno*. Mas o ato ilícito, pela sua própria natureza, não traz a possibilidade de gerar uma situação em benefício do agente. O ato lícito, pela sua submissão mesma à ordem constituída, não é ofensivo ao direito alheio; o ato ilícito, em decorrência da própria iliceidade que o macula, é lesivo do direito de outrem. Então, se o ato lícito é gerador de direitos ou de obrigações, conforme num ou noutro sentido se incline a manifestação de vontade, o ato ilícito é criador tão somente de deveres para o agente, em função da correlata obrigatoriedade da reparação, que se impõe àquele que, transgredindo a norma, causa dano a outrem.

Ao transpor para o nosso direito o modelo português, o Código Civil qualificou os atos jurídicos, com a menção da liceidade. Procedeu desnecessariamente. Ninguém ignora que, numa distribuição global, as ações humanas ou se submetem à ordem legal, ou contra ela se insurgem. No rigor dos princípios, todos os autores, sistematizando os dois tipos de ações humanas, distinguem com nitidez o lícito do ilícito. É da mais absoluta obviedade que não poderia a lei civil destinar ao comportamento ilícito o requisito de validade, a representação, a condição, o termo, o encargo, o erro, o dolo, a coação, o estado de perigo, a lesão, a fraude contra credores, a nulidade dos atos negociais. Quando, pois, o art. 185 manda que se apliquem analogicamente aos atos jurídicos lícitos as disposições relativas aos negócios jurídicos, não tem em vista, como jamais poderia ter, os atos ilícitos, cuja dogmática é desenvolvida no Título III, arts. 186 a 188.

O artigo 185, na referência à liceidade dos atos a que se reporta, contém desnecessária menção. E pode ser simplesmente assim entendido. Distinguindo as ações humanas em duas classes – lícitas e ilícitas –, divide as primeiras em dois grupos: negócios jurídicos e atos jurídicos em geral. A estes manda aplicar as disposições relativas aos negócios jurídicos no que couber. Aos atos ilícitos reserva o disposto nos artigos seguintes.

O indivíduo, na sua conduta antissocial, pode agir intencionalmente ou não; pode proceder por comissão ou por omissão; pode ser apenas descuidado ou imprudente. Não importa. A iliceidade de conduta está no *procedimento contrário a um dever preexistente*. Sempre que alguém falta ao dever a que é adstrito, comete um ilícito, e como os deveres, qualquer que seja a sua causa imediata, na realidade são sempre impostos pelos preceitos jurídicos, o ato ilícito importa na *violação do ordenamento jurídico.*[1] Comete-o *comissivamente* quando orienta sua ação num determinado sentido, que é contraveniente à lei; pratica-o por *omissão*, quando se abstém de atuar, se deveria fazê-lo, e na sua inércia transgride um dever predeterminado. Procede por *negligência* se deixa de tomar os cuidados necessários a evitar um dano; age por *imprudência* ao abandonar as cautelas normais que deveria observar; atua por *imperícia* quando descumpre as regras a serem observadas na disciplina de qualquer arte ou ofício.

Como categoria abstrata, o *ato ilícito* reúne, na sua etiologia, *certos requisitos* que podem ser sucintamente definidos: a) uma *conduta*, que se configura na realização intencional ou meramente previsível de um resultado exterior; b) a violação do ordenamento jurídico, caracterizada na contraposição do comportamento à determinação de uma norma; c) a *imputabilidade*, ou seja, a atribuição do resultado antijurídico à consciência do agente; d) a penetração da conduta na esfera jurídica alheia, pois, enquanto permanecer inócua, desmerece a atenção do direito.

Nesta análise cabe toda espécie de ilícito, seja civil, seja penal. Não se aponta, em verdade, uma diferença ontológica entre um e outro. Há em ambos o mesmo fundamento ético: a infração de um dever preexistente e a imputação do resultado à consciência do agente. Assinala-se, porém, uma diversificação que se reflete no tratamento deste, quer em função da natureza do bem jurídico ofendido, quer em razão dos efeitos do ato. Para o direito penal, o delito é um fator de desequilíbrio social, que justifica a repressão como meio de restabelecimento; para o direito civil, o ilícito é um atentado contra o interesse privado de outrem, e a reparação do dano sofrido é a forma indireta de restauração do equilíbrio rompido.[2] O delito criminal, como violação da lei penal, pode às vezes confundir-se com o ilícito civil, como no caso do furto, a uma só vez contravenção da norma de interesse social e atentado ao direito subjetivo de outrem; mas pode dele distanciar-se, de sorte a haver ilícito civil estranho à órbita de ação criminal (exemplo, o inadimplemento de uma obrigação pecuniária), ou ilícito criminal que não penetra a noção de delito civil, como é o caso da tentativa de furto. Para o direito criminal, o ilícito ou delito motiva a segregação do agente, ou diminuição patrimonial, ou simplesmente a privação de uma faculdade; para o direito civil, cria o dever de reparação com o fito de recompor o bem jurídico ofendido. Mesmo no caso de um ilícito ser reprimido simultaneamente no cível e no criminal, há diferenciação, pois enquanto este tem em vista a pessoa do agente para impor-lhe sanção, aquele se preocupa com o resultado e cogita da recomposição patrimonial da vítima. Enquanto o direito penal vê no ilícito a razão de *punir o agen-*

---

1   Oertmann, Introducción, § 62; Enneccerus, *Tratado*, I, § 195; Von Tuhr, *Derecho Civil*, III, parte 2ª, § 88.

2   Clóvis Beviláqua, *Teoria Geral*, p. 350. Aguiar Dias, *Da Responsabilidade Civil*, I, n. 5, observa que, no dano causado ao indivíduo, há um fator de desequilíbrio social. Sustenta a quase identidade de fundamento da responsabilidade civil e da responsabilidade criminal, esta consequente à violação da norma compendiada na lei, e aquela emergente do fato danoso; e doutrina que a reparação civil restaura a situação patrimonial anterior do prejudicado, enquanto a sanção penal restitui a ordem social ao estado anterior à turbação.

ATO ILÍCITO 467

te, o direito civil nele enxerga o fundamento da *reparação do dano*. Por isso mesmo a responsabilidade civil é independente da criminal, ainda que haja a superposição das duas áreas. Faz, contudo, *coisa julgada*, para impedir que se questione no cível a decisão criminal proferida sobre a existência do fato e sua autoria (Código Civil, art. 935). Mas, a fim de atender ao princípio da economia processual, o interessado (vítima, seu representante legal ou seu herdeiro), em vez de intentar ação de ressarcimento, pode promover no Juízo cível a execução da sentença criminal, para obter a reparação do dano (Código de Processo Penal, arts. 63 e ss.; Código de Processo Civil de 1973, art. 475-N, II; Código de Processo Civil de 2015, art. 515, VI).

114. DOLO. CULPA

O direito romano não chegou a elaborar a noção abstrata do ato ilícito, que conheceu com a denominação especial de *delitos civis*, na ocorrência de certos atos, como tais especificamente denominados e caracterizados: *furtum, noxia et iniuria*.[3] Eram ilícitos típicos, que sujeitavam quem os cometesse à pena civil cominada, e esta responsabilidade dizia-se *ex delicto*. Mas, não podendo as figuras delituais típicas conter todas as hipóteses de danos reparáveis, foi necessário imaginar um fundamento para o dever de reparação fora daqueles casos, e, então, situações a eles estranhas passaram a exigir recomposição patrimonial, como se fossem delitos, e a responsabilidade decorrente era tida como se se tratasse de um delito – *quasi ex delicto*, e o prejuízo sofrido pelo indivíduo, equiparado ao proveniente do delito – *quasi ex malefitio teneri videtur*.[4] Da mesma forma que procedeu quanto ao delito, transformando uma coleção de tipos concretos em categoria abstrata, igualmente agiu o direito romano no tocante ao quase delito, definido especiosamente no direito romano ("*actio de positum et suspensum*,[5] *actio de effusum et deiectum*,[6] *iudex qui litem suam fecit*"[7] etc.), convertendo-o em um ente genérico, cuja conceituação, porém, tem fugido à argúcia dos escritores.

Coube à doutrina moderna esquematizar as figuras causadoras do dever de indenização, e transformar os tipos casuísticos dos delitos romanos na figura abstrata do fato ilícito, categoria genérica de procedimento que sujeita o agente à reparação, desde que se verifique o enquadramento da sua conduta nos respectivos extremos legais.[8] Diga-se, porém, a bem da verdade, que tal foi a complexidade com que tratou a matéria, que a construção dogmática do ato ilícito sofreu tormentos nas mãos dos escritores dos séculos XVIII e XIX. Não melhorou muito nas dos contemporâneos nossos, antes tem sido de tal modo intrincada que levou De Page a tachar de completa anarquia o que

---

3   "Furto, dano e injúria". Giffard, *Précis de Droit Romain*, II, n° 310.

4   "Parece considerar-se como se proviesse de um delito". Clóvis Beviláqua, *Teoria Geral*, p. 349.

5   "Dano causado por queda de coisa suspensa".

6   "Dano causado por arremesso de objetos sólidos ou líquidos em local indevido".

7   "Dano cometido dolosamente pelo juiz".

8   Ruggiero, *Istituzioni*, § 186.

se passa no terreno da responsabilidade civil, tanto sob o aspecto legislativo, quanto doutrinário, como ainda jurisprudencial.[9]

Enquanto se preocupar com a diversificação das noções de *dolo* e *culpa* (o primeiro como *infração consciente* do dever preexistente ou a infração da norma com a consciência do resultado, a segunda como violação desse dever sem a consciência de causar dano), não poderá a doutrina aclarar devidamente a teoria do ato ilícito. Por outro lado, alguns escritores têm cogitado de distinguir na culpa uma gradação, que estrema a chamada *culpa grave,* equiparável ao dolo, da *culpa leve*, que seria a violação de um dever em situação na qual se encontraria o bom pai de família, e ainda da *culpa levíssima*, em que se apresentaria a atuação do homem diligentíssimo, padrão de cuidado e probidade.

Considerando a inutilidade prática da diferenciação entre delito e quase delito, o direito brasileiro abandonou-a,[10] fixando na ideia de transgressão de um dever o conceito genérico do ato ilícito, pois que tais filigranas nenhuma solução na verdade trouxeram ao problema.

As ideias vieram a clarear quando a doutrina abandonou estes conceitos diferenciais e essas distinções bizantinas, para se ater à figura do ato ilícito puro e simples. Sem indagar se o agente tinha ou não a consciência do resultado e sem cogitar se o seu procedimento se escusaria em função de qualificar-se ou não como homem diligente e probo, mas, atentando apenas para o caráter antijurídico da conduta e seu resultado danoso, o nosso direito fundiu as ideias de dolo e culpa, diversamente do que acontecesse com o ilícito penal, e desta sorte aboliu as distinções sutis, para dissecar o perfil do ato ilícito.

Não ficou, porém, afastada a noção de culpa.[11] Ao contrário, está presente na composição do esquema legal do ato ilícito. É mesmo na culpa, definível como quebra do dever a que o agente está adstrito,[12] que assenta o fundamento primário da reparação. Abandonando aquelas outras sutilezas, o princípio da indenização vai procurar na *culpa* (*lato sensu*) seu melhor conteúdo ético. Mas a palavra *culpa* traz aqui um sentido amplo, abrangente de toda espécie de comportamento contrário a direito, seja intencional ou não, porém imputável por qualquer razão ao causador do dano.[13] Esta concepção genérica de culpa – violação de uma obrigação preexistente – que confina com o dever geral negativo – não prejudicar a outrem – deve ser completada, por um *elemento concreto* positivado no "erro de conduta", e então a ideia se comporia em definitivo, dizendo-se que a *culpa importa em um erro de conduta, que leva o indivíduo a lesar o direito alheio*.[14]

---

9   De Page, II, n° 901 e ss.

10   *Aguiar Dias, Da Responsabilidade Civil*, I, n° 65.

11   Clóvis Beviláqua, *Teoria Geral*, p. 352.

12   Savatier, *Responsabilité Civile*, I, n° 5.

13   Ruggiero, *loc. cit.*

14   De Page, II, n° 939.

Se se trata de dever oriundo de contrato, diz-se que há *culpa contratual*. Em caso contrário, chama-se *culpa extracontratual* ou *aquiliana*, nome este último preso à tradição romana, eis que naquele direito o dever de reparar o dano por fato culposo não contratual decorria da lei *Aquilia* – a *Lex Aquilia de damno iniuria dato* (286 a.C.).

Ao lado da *culpa contratual* e da *culpa extracontratual*, a doutrina alemã, com Ihering, distingue a *culpa in contrahendo*, que se pode caracterizar no ilícito, situado na conduta do agente que leva o lesado a sofrer prejuízo do próprio fato de celebrar o contrato. Contra a opinião inicial de Ihering, que a conceituava como culpa contratual, é antes a rigor uma espécie de culpa *aquiliana*, porque não resulta de um dever predefinido em contrato, mas decorre do fato de criar o agente uma situação em que a celebração do ajuste é a causa do prejuízo. Fundada pelo criador, na doutrina do interesse geral negativo, foi aceita a noção de *culpa in contrahendo* pelo Código alemão, no caso de um dos contratantes induzir o outro à celebração do negócio, muito embora já conhecesse a impossibilidade da prestação (BGB, originalmente § 307). Desde 2002, a regra foi substituída pelo atual § 311 do BGB, que passou a prever um princípio mais geral sobre o dano pré-contratual, fundado na confiança legítima das partes que ingressam em negociações contratuais ou iniciam a contratação, admitindo, então, o legislador tedesco uma responsabilidade de natureza contratual, pelo interesse positivo de cumprimento.

Diz-se que há *culpa própria* quando o agente é obrigado à reparação motivada por seu procedimento antijurídico; *culpa de terceiro*, naquelas situações em que a conduta injurídica do agente repercute em outrem, admitindo-se o dever de indenizar por parte de uma pessoa diversa do causador do dano, mas a ela ligada por uma relação jurídica especial, como no caso do empregador, que responde pelo ato do empregado ou dos pais, pelos atos dos filhos.

A doutrina moderna, seguida pelo Código de 2002, fala em responsabilidade *sem culpa*, quando a obrigação de reparar o dano sofrido independe de apuração da culpa do agente. Neste propósito constrói-se a doutrina da responsabilidade civil objetiva (teoria do risco), a ser cogitada no nº 115, *infra*.

No mencionado terreno da responsabilidade por fato (ou culpa) de terceiro, chamava-se *culpa in eligendo* aquela que se caracterizava na má escolha do preposto; e *culpa in vigilando*, quando decorria da falta de atenção com o procedimento de outrem, por cujo ato ilícito o responsável deveria pagar. O Código de 2002, nesta matéria de responsabilidade indireta, tornou objetivas, isto é, independentes da presença de culpa, todas as hipóteses do art. 932 (cf. art. 933), embora tenha mantido a exigência de ato culposo por parte do agente causador do dano (empregado, filho etc.).

115. Responsabilidade civil

O ato ilícito tem correlata a obrigação de reparar o mal. Enquanto a obrigação permanece meramente abstrata ou teórica, não interessa senão à moral. Mas, quando se tem em vista a efetiva reparação do dano, toma-o o direito a seu cuidado e constrói a *teoria da responsabilidade civil*. Esta é, na essência, a imputação do resultado da conduta antijurídica, e implica necessariamente a obrigação de indenizar o mal causado. Há, aqui, um problema em torno do qual se formaram duas correntes: uma, que afirma ser de *ordem pública* o princípio definidor da responsabilidade civil (escola francesa) e outra que sustenta ter sido ele instituído para salvaguarda de um interesse privado (escola belga), e, por conseguinte, admite sua derrogação pela vontade das partes.[15] Daí advém este outro problema seriamente debatido, a propósito da validade da chamada *cláusula de não indenizar*. Os defensores da cláusula dizem que o princípio da responsabilidade foi criado na defesa de interesses particulares, e da mesma forma que é lícito limitar a responsabilidade por culpa contratual, é também permitido deixar à liberdade individual a responsabilidade por culpa aquiliana. Sustentamos que a cláusula de não indenizar é aceitável: a) quando não haja um dever de reparação instituído em lei de ordem pública; b) quando não seja expressamente proibida em lei; c) no caso de haver o agente causado o dano não intencionalmente.[16]

Em princípio, a responsabilidade civil subjetiva pode ser definida como fez o nosso legislador de 1916 (art. 159): a obrigação de reparar o dano imposta a todo aquele que, por ação ou omissão voluntária, negligência ou imprudência, violar direito ou causar prejuízo a outrem. Ao se transpor para o Código de 2002 o disposto no art. 159 do diploma de 1916, ocorreu um deslize que necessita de esclarecimento, a fim de evitar dúvidas. Nos seus elementos, constitui ato ilícito a violação do direito ou o dano causado. Tal como está redigido no art. 186, parece que o Código atual repudiou a alternativa, e exige como seus fatores etiológicos a conjugação de uma e de outro. Além disso, o Código retirou da cláusula geral do art. 186 a consequência da reparação do dano, indo incluí-la no art. 927,[17] constante do Título da Responsabilidade Civil.

Do conceito, extraem-se os requisitos essenciais: a) em primeiro lugar, a verificação de uma *conduta antijurídica*, que abrange comportamento contrário a direito, por comissão ou por omissão, sem necessidade de indagar se houve ou não o propósito de malfazer; b) em segundo lugar, a existência de um *dano*, tomada a expressão no sentido de lesão a um bem jurídico, seja este de ordem material ou imaterial, de natureza patrimonial ou não patrimonial; c) e em terceiro lugar, o estabelecimento de um *nexo de casualidade* entre uma e outro, de forma a precisar-se que o dano decorre da conduta antijurídica, ou, em termos negativos, que sem a verificação do comportamento contrário a direito não teria havido o atentado ao bem jurídico.

---

15 De Page, *Traité*, II, n° 911.

16 De Page, II, n°ˢ 1.052 e ss.; Aguiar Dias, *Da Cláusula de Não Indenizar*; Demogue, *Obligations*, V, n° 1.164; Mazeaud *et* Mazeaud, *Responsabilité Civile*, II, n° 2.516. Cf., sobre a cláusula de não indenizar, o vol. II, destas *Instituições*.

17 "Art. 927. Aquele que, por ato ilícito (arts. 186 e 187), causar dano a outrem, fica obrigado a repará-lo".

Sobre o dano moral, v. n° 176, vol. II, antecipando desde logo que sua reparação encontrou acolhida no princípio geral contido no art. 5°, V e X, da Constituição de 1988, assim como na redação dada ao art. 186 do Código Civil.

Estabelecida a existência do nexo causal entre o comportamento do agente e o dano, há *responsabilidade por fato próprio*; quando esta relação causal repercute em terceiros a quem correrá o dever de reparar o mal causado, em decorrência de um vínculo jurídico especial, diz-se *responsabilidade por fato de terceiros*; quando o dano é causado por um objeto ou animal, cuja vigilância ou guarda era imposta a alguém, há *responsabilidade pelo fato das coisas*.

O princípio da responsabilidade por fato próprio é a ideia originária. Em seu desenvolvimento foi que se criou a responsabilidade pelo fato de terceiro e das coisas, também intitulada *responsabilidade indireta*. Não é nem pode ser arbitrária a sua definição. Ao contrário, provém ela de uma dedução legal que informa quando a uma pessoa pode ser imputada a conduta injurídica de outra pessoa ou de uma coisa: os pais, pela dos filhos menores que vivam sob sua autoridade e em sua companhia; o tutor e o curador, pelos pupilos e curatelados, nas mesmas condições; o empregador ou comitente, por seus empregados, serviçais ou prepostos, no exercício do trabalho que lhes competir, ou por ocasião dele; os donos de hotéis, hospedarias, casas ou estabelecimentos, onde se albergue por dinheiro, mesmo para fins de educação, pelos seus hóspedes, moradores e educandos (Código Civil, art. 932).

A responsabilidade civil é suportada pelas pessoas jurídicas, da mesma forma que pelas pessoas naturais, e atinge tanto as de direito privado, quanto as de direito público (v. n° 116, *infra*).

O *efeito* da responsabilidade civil é o *dever de reparação*. O responsável, por fato próprio ou não, é obrigado a restabelecer o equilíbrio rompido, indenizando o que a vítima efetivamente perdeu (dano emergente), como o que razoavelmente deixou de ganhar, o chamado lucro cessante (Código Civil, art. 402);[18] além de atender às regras específicas relativas à liquidação das obrigações por ato ilícito, em que se preveem casos especiais de homicídio, lesão corporal, mutilação, esbulho etc.

A jurisprudência, em todos os países, tem alargado a ideia de culpa, e estendido o princípio da responsabilidade civil, onde não se pode encontrá-la em sentido estrito. Criou a noção de *culpa presumida*, dando maior consideração à vítima do que ao autor do dano. Chegou a admitir a existência de culpa, em situações nas quais falta o pressuposto da conduta antijurídica. Tribunais há que lhes têm de tal modo ampliando o conteúdo, que definem a regra da existência de responsabilidade sempre que alguém causa dano a outrem, em razão do dever geral de não prejudicar.[19]

Foi sob a inspiração de ideias que têm seguido esta linha de orientação que nasceu a chamada teoria da *responsabilidade objetiva*. Em verdade, a culpa, como fundamento da responsabilidade civil, é insuficiente, pois deixa sem reparação danos

---

18 V. cap. XXXVII, *infra*, vol. II destas *Instituições*.
19 Planiol, Ripert e Boulanger, *Traité*, II, n° 919.

sofridos por pessoas que não conseguem provar a falta do agente. O que importa é a causalidade entre o *mal sofrido* e o *fato causador*, por influxo do princípio segundo o qual toda pessoa que cause a outra um dano está sujeita à sua reparação, sem necessidade de se cogitar do problema da imputabilidade do evento à culpa do agente. O fundamento ético da doutrina está na caracterização da injustiça intrínseca, que encontra os seus extremos definidores em face da diminuição de um patrimônio pelo fato do titular de outro *patrimônio*.[20] Ante uma perda econômica, pergunta-se qual dos dois patrimônios deve responder, se o da vítima ou o do causador do prejuízo. E, na resposta à indagação, deve o direito inclinar-se em favor daquela, porque dos dois é quem não tem o poder de evitá-lo, enquanto o segundo estava em condições de retirar um proveito, sacar uma utilidade ou auferir um benefício da atividade que originou o prejuízo.[21] O fundamento da teoria é mais humano do que o da culpa, e mais profundamente ligado ao sentimento de solidariedade social. Reparte, com maior dose de equidade, os efeitos dos danos sofridos, atendendo a que a vida em sociedade se tornou cada vez mais complexa e o progresso material a todo instante aumenta os riscos a que estão sujeitos os indivíduos. No campo objetivista situa-se a *teoria do risco* proclamando ser de melhor justiça que todo aquele que disponha de um conforto oferecido pelo progresso ou que realize um empreendimento portador de utilidade ou prazer, deve suportar os riscos a que exponha os outros. Cada um deve sofrer o *risco* de seus atos, sem cogitação da ideia de culpa, e, portanto, o fundamento da responsabilidade civil desloca-se da noção de *culpa* para a ideia de *risco*. Ao entendê-lo, os doutrinadores o encararam ora como *risco-proveito*, que se funda no princípio, segundo o qual é reparável o dano causado a outrem em consequência de uma atividade realizada em benefício do responsável (*ubi emolumentum, ibi onus*); ora mais genericamente como *risco criado*, a que se subordina todo aquele que, sem indagação de culpa, expuser alguém a suportá-lo,[22] corrente esta a que sempre me filiei.

A teoria não substitui a da culpa, porém deve viver ao seu lado. Ela não distingue, sob color de pretender maior equanimidade na distribuição dos encargos, o justo e o injusto, nem promove separação entre o indivíduo que age em obediência à norma legal e o que procede ao seu arrepio, admitindo que o agente indistintamente responda pela conduta culposa, como pelas consequências imprevisíveis do ato não culposo.[23] É preciso, sem dúvida, fixar a causa da responsabilidade, que deve residir em um fundamento ético de apuração direta ou indireta. Para a teoria do risco, o fato danoso gera a responsabilidade pela simples razão de prender-se à *atividade* do seu causador. Argumentam, então, os adversários que o fato danoso se acha ligado ao

---

20 Ruggiero e Maroi, *Istituzioni*, II, § 186.

21 Colin e Capitant, *Cours*, II, n° 183.

22 Henoch D. Aguiar, *Hechos y Actos Jurídicos*, II, p. 223; Serpa Lopes, *Curso*, I, n° 261; Aguiar Dias, *Da Responsabilidade Civil*, I, n°s 21 e ss.; Caio Mário da Silva Pereira, *Responsabilidade Civil*, n° 218.

23 Enneccerus, *Tratado*, I, § 199.

exercício de uma *atividade*, e o dano, em verdade, nasce do choque de *duas atividades*. Logo, não seria bem que se escolhesse, em substituição ao critério da culpa, um outro que às cegas atribua sempre ao outro o dever de indenizar o prejudicado, concluem.[24]

A teoria da culpa, no Código Civil, continua a ser fundamental na definição da responsabilidade civil, com os alargamentos que a jurisprudência lhe tem trazido.

A teoria do risco, contudo, é uma realidade admitida no direito moderno. O nosso sistema já a acolhia francamente em alguns casos, expressamente tratados na lei, em que o dever de reparação abandona totalmente a noção de culpa, para fixar-se na ideia do risco ou na definição pura e simples da responsabilidade sem culpa (v. nº 282, *infra*, vol. III).

Como exemplo de responsabilidade sem culpa, pode-se lembrar o alargamento jurisprudencial, posteriormente especificado em lei, do dever de reparação imposto ao que explora uma indústria insalubre, ou mantém um depósito de explosivos ou inflamáveis, em suma é dono de atividades perigosas, embora o fato em si de sua manutenção não se possa capitular de contrário a direito, sujeito a indenização quando carreia dano para outrem.[25] Na responsabilidade por fato de terceiro, na do pai, do tutor, do curador, pelos filhos, pupilos, curatelados; na do patrão, pelo empregado; na do dono de hospedaria, pelo hóspede, o conceito de culpa recebeu tal elasticidade na jurisprudência anterior ao Código Civil de 2002, que na essência foi levado a segundo plano, se se ponderar em que a jurisprudência afirmava o dever de reparação ainda que não tivesse havido culpa *in vigilando* ou *in eligendo*, contentando-se com a demonstração do fato danoso e da relação jurídica da paternidade, da tutela, da preposição etc. É um critério abolitivo da aferição de culpa, que desloca o fundamento da responsabilidade para outro terreno, culminando na opção pela responsabilidade objetiva em matéria de fato de terceiro pelo Código Civil de 2002.[26]

No Código Civil, assentou-se, como princípio geral da responsabilidade civil, a culpa (art. 927, *caput*) admitindo, entretanto, a *responsabilidade sem culpa* quando a lei expressamente o estabelecer, inclusive com a instituição do risco criado (art. 927, parágrafo único), associando destarte as duas noções: a de culpa como fundamento geral da responsabilidade e a do risco por extensão. Por estas razões, defendemos a coexistência da teoria subjetiva e da teoria do risco.[27] O princípio da responsabilidade objetiva, que desenvolvemos em nosso livro *Responsabilidade Civil* (nºs. 212 e ss.), é acolhido na Constituição de 1988, art. 21, XXIII, *d*, e art. 37, § 6º; no Código de Defesa do Consumidor, arts. 12 e 14; e passou a integrar o Código Civil, no parágrafo único do art. 927.

---

24 Colin e Capitant, nº 185.
25 Código Civil, art. 927, parágrafo único.
26 Código Civil, arts. 932 e 933.
27 Caio Mário da Silva Pereira, *Responsabilidade Civil*, nº 237.

116. Responsabilidade civil do Estado

Dentro da concepção política do Estado absoluto não pode caber a ideia de reparação dos danos causados pelo Poder Público, dado que não se admite a constituição de direitos contra o Estado soberano, que goza da imunidade total. Esta condição ainda continua sendo sustentada em nome do princípio da *separação dos poderes*, em virtude do qual a sustentação da responsabilidade do Poder Público importaria na censura ou no julgamento dos seus atos, atividades defesas ao Poder Judiciário.[28]

Repugnando à sensibilidade do jurista um tal entendimento, marchou a doutrina na direção oposta, e passou, através de um processo lógico e sutil, a admitir alguns casos de responsabilidade, enquanto em outros a recusava. Foi assim que efetuou uma distinção. Às vezes, o Estado procede no exercício de sua soberania, na qualidade de poder supremo, supraindividual, e os atos que nessa qualidade pratica, atos *iure imperii*, estão acima de julgamento, e, portanto, ainda quando causadores de danos ao súdito, são insuscetíveis de gerar direito à indenização. No exercício do seu *império*, que traduz o poder de comando em função de suas atribuições políticas, não é compelido a reparar o dano que esta atividade possa impor a quem quer que seja. Outras vezes, o Estado procede como se fosse um particular, atuando na mesma categoria de atos que o cidadão, promovendo a realização de fins não políticos, e em tais circunstâncias se equipara à empresa privada, sujeitando-se ao julgamento de sua conduta em termos análogos ao comitente ou à pessoa jurídica de direito privado. Quando assim age, em situação semelhante à do particular na gestão de seu patrimônio, os atos *iure gestionis*, que pratica, são passíveis de apreciação, importando no dever de reparar, quando o comportamento de seus prepostos, ou agentes, tenha sido de molde a causar dano a alguém.

Esta distinção foi um grande passo, pois que importou em abrir brecha na cidadela do princípio da irresponsabilidade.[29]

Seguindo a linha de evolução neste sentido do reconhecimento do dever de reparação, a doutrina foi pouco a pouco marchando para a meta da afirmação do princípio da responsabilidade civil do Estado. Abolindo a distinção entre os atos *iure imperii* e atos *iure gestionis*, sustentou pura e simplesmente a obrigatoriedade da reparação pelos danos causados aos particulares.

Este é o princípio dominante no direito brasileiro. Sendo, como é, o Estado um ente abstrato, somente pode agir por intermédio de seus agentes ou prepostos. Ter-se-á, então, de apurar se estes agem como representantes do Poder Público, não no sentido de que sejam portadores de um mandato que os invista em poderes de representação regular, mas se os atos danosos são praticados por alguém que esteja realizando uma atividade inerente a um órgão estatal, ou execute uma função ou um serviço que seja próprio do Estado, ou lhe compita. Verificada esta circunstância,

---

28 De Page, *Traité*, II, nº 1.062.

29 Caio Mário da Silva Pereira, "Responsabilidade Civil do Estado", *in Revista Forense*, vol. 102, p. 38.

apurada a existência do dano, fixado o nexo causal entre o fato e a lesão, dever-se-á afirmar a obrigação de indenizar. Não importa qual seja a pessoa jurídica de direito público: União, Estado-membro, Distrito Federal, Município, empresas estatais ou pessoas jurídicas de direito privado prestadoras de serviços públicos. Qualquer que seja, é responsável civilmente pelos atos de seus representantes que, nesta qualidade, causem dano a terceiros, procedendo de modo contrário ao direito, ou faltando a dever prescrito em lei (Constituição Federal, art. 37, § 6º).

Fundamentando a responsabilidade do Estado, três correntes se constituíram. A primeira, da *culpa*, afirma que, para se positivar a obrigação de indenizar, é mister se apure se o agente procedeu culposamente e, em caso afirmativo, deflui daí a responsabilidade. Uma segunda teoria, chamada de *acidente administrativo* ou de *falta impessoal* do serviço, não exige a verificação da culpa individual do agente, pois esta nem sempre se pode exatamente positivar: basta comprovar a existência de uma falha objetiva do serviço público, ou o seu mau funcionamento, ou uma irregularidade qualquer que importa em desvio da normalidade, para que fique estabelecida a obrigação de reparar o dano. A terceira teoria, do *risco administrativo*, adotada majoritariamente na atualidade, encara o dano sofrido pelo particular em consequência do funcionamento, puro e simples, do serviço público. Não se cogita se era bom, se era mau. O que importa é a relação de causalidade entre o dano sofrido pelo particular e o ato do preposto ou agente estatal. Desde que se positive o dano, o princípio da igualdade dos ônus e dos encargos exige a reparação. Não deve um cidadão sofrer as consequências do dano. Se o funcionamento do serviço público, independentemente da verificação de sua qualidade, teve como consequência causar prejuízo ao indivíduo, a forma democrática de distribuir por todos os respectivos efeitos conduz à imposição, à pessoa jurídica, do dever de ressarcir o prejuízo, e, pois, em face de um dano, é necessário e suficiente que se demonstre o nexo de causalidade entre o ato e o prejuízo causado.[30]

A Constituição Federal consigna, em forma sucinta, o princípio da responsabilidade civil do Estado, pelos danos que os seus funcionários, nesta qualidade, causem a terceiros, ressalvado o direito de agir regressivamente contra os causadores do dano, quando tiverem procedido com culpa. A pessoa jurídica de direito público está sempre sujeita à reparação. Apurada a sua responsabilidade, descarregará o encargo, reembolsando-se, em ação regressiva, contra o direto causador do prejuízo, se houver culpa dele (Constituição Federal, art. 37, § 6º). O mesmo princípio estende-se às pessoas jurídicas de direito privado prestadoras de serviços públicos.

O Código Civil, na esteira da Constituição, estabeleceu no artigo 43 a responsabilidade objetiva plena da pessoa jurídica de direito público interno, somente co-

---

30   Amaro Cavalcânti, *Responsabilidade Civil do Estado*, p. 271 e ss.; Pedro Lessa, *Do Poder Judiciário*, p. 165; Aguiar Dias, *Da Responsabilidade Civil*, II, nº 210; Orosimbo Nonato, voto em *Diário da Justiça* de 2 de fevereiro de 1943, p. 602; Caio Mário da Silva Pereira, "Responsabilidade Civil do Estado", parecer, *in Revista Forense*, vol. 102, p. 38; Mazeaud *et* Mazeaud, *Responsabilité Civile*, I, nº 81, p. 78.

INSTITUIÇÕES DE DIREITO CIVIL • VOL. I • INTRODUÇÃO E TEORIA GERAL DE DIREITO CIVIL

gitando da culpa para instituir o regresso contra os causadores do dano, por parte da entidade indenizadora.

117. Escusativas de responsabilidade e concorrência de culpa

Sendo pressuposto do ilícito o procedimento contrário a direito, não se deveria cogitar senão daqueles atos em que há ofensa à ordem legal. Mas, em algumas hipóteses, todos os elementos configurativos da responsabilidade aparentemente se apresentam, e não obstante isto, não ocorre o dever de reparação, porque alguma circunstância existe, hábil a justificar o comportamento do agente ou negar o dever de reparação. O fato danoso está comprovado, e a relação de causalidade entre a ação e o dano. Mas o procedimento do agente encontra escusativa que lhe retira qualificação de ilícito ou o absolve do dever de reparar.

A primeira destas circunstâncias é a *legítima defesa*, que a lei civil não entende necessário definir, porque a doutrina vai encontrar no direito penal os extremos de sua conceituação.[31] Se o agente não provocou o dano, mas foi levado a praticá-lo na repulsa a uma agressão injusta, não é suscetível da acusação de iliceidade (Código Civil, art. 188, I). Pela mesma razão que, na esfera criminal, o seu comportamento é imune à punição, na órbita civil deixa de seguir-se a reparação, salvo no caso de legítima defesa de terceiro, no âmbito da qual, se o agente causar dano a pessoa diversa do agressor, a lei admite que responda pelo prejuízo, resguardando, por outro lado, o regresso em face do terceiro que foi defendido (Código Civil, art. 930, parágrafo único).

Em segundo lugar, prevê a lei o *exercício regular de um direito reconhecido*, e na existência deste está a própria excludente da responsabilidade – "*feci sed iure feci*" –,[32] pois que, se no ilícito há um procedimento contrário a direito, a conduta do agente, subordinada ao exercício regular de um direito reconhecido, elimina da estrutura do ato a contravenção a um dever preexistente, neutralizando desta sorte os efeitos do dano causado (Código Civil, art. 188, I).

Em terceiro lugar, a lei prevê o *estado de necessidade*, que se encontra na deterioração ou destruição de coisa alheia, para remover perigo iminente, desde que seja absolutamente necessária (Código Civil, art. 188, II). Na "iminência do perigo" à pessoa ou aos bens, o agente defronta a alternativa de deixá-los perecer ou levar dano à coisa de outrem. Optando por este, não procede ilicitamente, desde que não exceda os limites do indispensável à remoção do perigo. Mas, não sendo embora ilícito o procedimento, haverá dever de reparação ao dono da coisa, se este não for culpado do perigo (Código Civil, arts. 929 e 930). É assegurado ao agente que tiver indenizado o dono da coisa ressarcir-se do que despendeu agindo regressivamente

---

31 Código Penal, art. 25 – Entende-se em legítima defesa quem, usando moderadamente dos meios necessários, repele injusta agressão, atual ou iminente, a direito seu ou de outrem.

32 "Fiz, mas fiz de acordo com a lei".

ATO ILÍCITO 477

contra aquela terceira pessoa, cuja culpa gerou a situação. O mesmo raciocínio, com mais extremado rigor, aplica-se ao sacrifício à pessoa de outrem, que somente deixa de ser ilícito se o agente se encontra em estado de real necessidade de o fazer.

Ao lado das hipóteses anteriores, ditas excludentes de ilicitude, no terreno da amenização dos efeitos do ilícito inscreve-se ainda o problema da *concorrência de culpa*.

O agente, segundo a doutrina tradicional, somente afastada em casos excepcionais, responde pela culpa, de que decorre o fundamento da reparação. Não pode, por isso mesmo, permanecer o direito estranho à circunstância de ser o mal causado uma consequência da atuação da própria vítima. E, dela cogitando, verifica que a contribuição do lesado, na construção dos elementos do dano que sofreu, pode graduar em escala diferente a sua concorrência culposa no evento prejudicial, e, consequentemente, graduar-lhe também os efeitos. Assim é que, se a causa do prejuízo está toda inteira no fato da vítima, ocorre a excludente da responsabilidade. Se a vítima apenas concorreu para o acontecimento, em cuja elaboração fática se adicionaram a falta da vítima e a falta do acusado, reduz-se a indenização, na proporção em que o lesado concorreu para o dano sofrido (Código Civil, art. 945).[33]

118. ABUSO DO DIREITO

O problema do abuso do direito provocava a mais viva celeuma entre os escritores modernos, e até a promulgação do Código de 2002 (art. 187) não se podia afirmar a existência de uma solução satisfatória. A controvérsia começava na sustentação da teoria em si mesma, pois se havia autores que defendiam a sua procedência, não faltava quem (Planiol) se insurgisse contra ela, apontando na expressão mesma de sua designação uma *contradictio in adiectio*,[34] pois que a ideia de abuso já é a negação do direito, enquanto o conceito de direito repele a noção de abuso.[35] O direito moderno, vendo nesta doutrina uma necessária amenização do individualismo, tentou delinear seus extremos, mas não encontrava harmonia de pareceres entre os que dela cogitavam.

O seu germe prendia-se à noção do exercício dos direitos, que só se constituíam para proporcionar benefícios, vantagens ou utilidades ao respectivo sujeito. Conseguintemente à ideia do direito estaria imediatamente vinculado o correspectivo desfrute, situado na sua utilização, e, como esta é uma faculdade ou um poder do titular, admitir-se-ia em princípio que poderia ser levada ao último extremo, ainda que tal programa viesse a causar a ruína, a desgraça, a humilhação alheia. Quem o sustentasse poderia arrimar-se à velha parêmia que é deduzida em Gaio: *"nullus videtur dolo fa-*

---

33 Colin e Capitant, *Cours*, II, n° 182.
34 Contradição em termos.
35 Planiol, *Traité Élémentaire*, vol. II, n° 871.

cere, qui suo iure utitur"[36] e dizer que o exercício do direito, não podendo tachar-se de ilícito, tem como limite (apenas) o próprio conteúdo do direito.

Mas, sendo articulado na definição do *ius* o princípio da convivência, uma análise mais detida do fenômeno já impunha conciliar a utilização do direito como respeito à esfera jurídica alheia, e aconselhava fixar-lhe um limite. É precisamente na ideia desta limitação que assenta a doutrina do abuso.

Os que vão buscar inspiração no direito romano defrontam-se, na verdade, com uma espécie de escusativa genérica para o exercício abusivo dos direitos,[37] a qual é atingida por tão frequentes exceções que forçam a conclusão segundo a qual, *in concreto*, aquele sistema nunca deixou de condicionar o exercício das faculdades jurídicas ao respeito pela norma abstrata de convivência.

Os modernos, encontrando várias hipóteses em que se configura o desvirtuamento do conceito de justo, na atitude do indivíduo que leva a fruição do seu direito a um grau de causar malefício a outro indivíduo, criaram a figura teórica do *abuso do direito*, que ora encontra fundamento na regra da *relatividade dos direitos,*[38] ora assenta na dosagem do conteúdo do exercício, admitindo que se o titular excede o limite do exercício regular de seu direito, age sem direito; ora baseia-se na configuração do *animus nocendi*, e estabelece que é de se reprimir o exercício do direito, quando se inspira na intenção de causar mal a outrem.[39]

Vê-se, portanto, que, mesmo quando se alcança uma zona de certa tranquilidade na repressão ao exercício abusivo dos direitos, ainda perdura controvertida a questão do alicerce doutrinário da sua dogmática.

Não se pode, na atualidade, admitir que o indivíduo conduza a utilização de seu direito até o ponto de transformá-lo em causa de prejuízo alheio. Não é que o exercício do direito, feito com toda regularidade, não seja razão de um mal a outrem. Às vezes é, e mesmo com frequência. Não será inócua a ação de cobrança de uma dívida, o protesto de um título cambial, o interdito possessório que desaloja da gleba um ocupante. Em todos esses casos, o exercício do direito, regular, normal, é gerador de um dano, mas nem por isso o comportamento do titular de ser conforme ao direito, além de moralmente defensável.[40] Não pode, portanto, caracterizar-se o *abuso do direito* no fato de seu exercício causar eventualmente um dano ou motivá-lo normalmente, porque o dano pode ser o resultado inevitável do exercício regular do direito, a tal ponto que este se esvaziaria de conteúdo se a sua utilização tivesse de fazer-se dentro do critério da inocuidade.

É por isto que todas as teorias que tentam explicar e fundamentar a doutrina do abuso do direito têm necessidade de desenhar um outro fator, que com qualquer

---

36 D. 50.17.55. "Não se reputa agir com dolo quem usa de seu direito".

37 Várias passagens o autorizam, como estas: *Digesto*, Livro 50, tít. 17, frgs. 55 e 151.

38 Josserand, *De l'Esprit des Droits et de leur Relativité*, p. 311.

39 Ripert, *La Règle Morale dans les Obligations Civiles*, n°s 90 e ss.

40 Enneccerus, Kipp e Wolff, *Tratado*, I, § 220.

ATO ILÍCITO 479

nome que se apresente estará no propósito de causar o dano, sem qualquer outra vantagem. Abusa, pois, do seu direito o titular que dele se utiliza levando um malefício a outrem, inspirado na intenção de fazer mal, e sem proveito próprio. O fundamento ético da teoria pode, pois, assentar em que a lei não deve permitir que alguém se sirva de seu direito exclusivamente para causar dano a outrem.[41]

Expurgada a teoria de todas as suas nuanças e sutilezas, resta o princípio, em virtude do qual o sujeito, que tem o poder de realizar o seu direito, deve ser contido dentro de uma limitação ética, a qual consiste em cobrir todo exercício que tenha como finalidade exclusiva causar mal a outrem, sujeitando, portanto, à reparação civil aquele que procede desta maneira.

No campo legislativo, encontrou a teoria do abuso do direito acolhida no § 226 do Código Civil alemão, como no art. 2º do Código Civil suíço, este com referência apenas ao enunciado genérico: "*O abuso manifesto de um direito não é protegido pela lei*".

No Código brasileiro de 1916 não fora, e nem nas leis posteriores, enunciada uma regra consagradora da teoria do abuso do direito, tal como foi consignada no § 226 do BGB ou no art. 2º do Código suíço. Não faltou, entretanto, quem a visse no art. 160, por uma interpretação *a contrario sensu*, sob o argumento de que, se não é ato ilícito o dano causado no exercício regular de um direito, é abusivo o exercício irregular.[42]

Assinalam-se, contudo, algumas hipóteses legais em que se vislumbrava a aplicação dela. Era assim que o art. 554 do Código Civil de 1916, reprimindo o uso nocivo da propriedade, consignava um exemplo de abuso do direito, pois permitia ao proprietário ou inquilino impedir que a utilização do direito de propriedade, pelo seu vizinho, lhe prejudicasse a segurança, o sossego ou a saúde. É bem de ver que não há aqui os extremos do ato ilícito, porém de exercício abusivo do direito de propriedade, e tanto assim que o mesmo comportamento do indivíduo será tolerado, ou não, conforme a casa seja em lugar ermo ou afastada de outras, ou, ao revés, apropinquada de outras edificações. O art. 101 da Lei de Falências (Lei nº 11.101/2005), que já contava com equivalente na lei falimentar anterior, erige o pedido abusivo de

---

41 Planiol, Ripert e Boulanger, *Traité Élémentaire*, II, nº 983; Enneccerus, *loc. cit.*; Oertmann, *Introducción*, § 65. Sobre o Abuso do Direito, ver ainda: Colin e Capitant, *Cours*, II, nº 195; Bonnecase, *Supplement au Traité* de Baudry Lacantinerie, III, nᵒˢ 187 e ss.; Demogue, *Obligations*, vol. VI, nᵒˢ 634 e ss.; Duguit, *Traité de Droit Constitutionnel*, vol. I, p. 266; George Ripert, *La Règle Morale*, nᵒˢ 89 e ss.; Jorge Americano, *Do Abuso de Direito no Exercício da Demanda*; Tito Arantes, "Abuso de Direito", *in Revista de Direito*, vol. 114, p. 49; Henri Capitant, "Sur l'Abus des Droits", *in Revue Trimestrielle de Droit Civil*, vol. 27, 1928, p. 365; Paulo Dourado de Gusmão, "Abuso de Direito", *in Revista Forense*, vol. 118, p. 359, e vol. 120, p. 372; Samuel Puentes, "Abuso de Direito", *in Revista de Direito*, vol. 84, p. 203; G. Noto Sardegna, *L'Abuso del Diritto*; José Olympio de Castro Filho, *Abuso do Direito no Processo Civil*; Caio Mário da Silva Pereira, "Abuso de Direito", *in Revista Forense*, vol. 159. *Idem, Responsabilidade Civil*, nᵒˢ 238 e ss.

42 Clóvis Beviláqua, em comentário ao art. 160 do Código de 1916, defendia a presença da teoria no referido dispositivo.

falência em ato sujeito à indenização, permitindo que se funde aí uma caracterização típica de abuso de direito.[43] O art. 80 do Código de Processo Civil de 2015 fornece os elementos definidores do abuso de direito no exercício da demanda. E, assim, outros casos podem ser isolados em várias leis.

No campo jurisprudencial, a doutrina já encontrava viva repercussão, sendo hoje aplicada por todos os tribunais, como disto dão testemunho todos os repertórios.

Atendendo a tais circunstâncias e à necessidade de conter o sujeito da relação jurídica nos lindes morais de seu exercício, o Código Civil de 2002 consagrou, no art. 187, a teoria do *abuso do direito*, qualificando-o na conceituação genérica do ato ilícito.

O dispositivo oferece os extremos da caracterização do abuso do direito, assentando que o exercício dele há de ser limitado. O parâmetro instituído no Código está em que o sujeito de um direito subjetivo não o pode exercer em afronta à finalidade econômica ou social dele, ou contrariando o princípio da boa-fé ou os bons costumes. Não importa, na caracterização do uso abusivo do direito, a deliberação de malfazer – *animus nocendi*. É suficiente determinar que, independentemente desta indagação subjetiva, abusa de seu direito aquele que leva o seu exercício ao extremo de convertê-lo em prejuízo para outrem. O propósito de causar dano não requer apuração de intenção íntima do titular. Induz-se o abuso da circunstância de se servir dele o titular, excedendo manifestamente o seu fim econômico ou social, atentando contra a boa-fé ou os bons costumes.

---

43   Caio Mário da Silva Pereira, "Abuso de Direito", *in Revista Forense*, v. 159, p. 106.

Capítulo XXIV
Prescrição e Decadência

Sumário

119. O tempo e a relação jurídica. **120.** Prescrição aquisitiva. **121.** Prescrição extintiva. **122.** Decadência. **123.** Prazos prescricionais. **124.** Suspensão da prescrição. **125.** Interrupção da prescrição.

Bibliografia

Clóvis Beviláqua, *Teoria Geral*, § 77; Oertmann, *Introducción al Derecho Civil*, §§ 67 e ss.; Planiol, Ripert e Boulanger, *Traité Élémentaire*, II n°s 2.067 e ss.; Enneccerus, Kipp e Wolff, *Tratado. Parte General*, §§ 210 e ss.; Colin e Capitant, *Cours*, n°s 357 e ss.; Ruggiero e Maroi, *Istituzioni*, §§ 33 e 34; L. Guillouard, *Traité de la Prescription*; Andreas von Tuhr, *Derecho Civil*, vol. III, 2ª parte, §§ 90 e 91; Mazeaud *et* Mazeaud, *Leçons*, II, n°s 1.162 e ss.; Barassi, *Istituzioni di Diritto Civile*, n°s 290-*bis* e ss.; Vittorio Tedeschi, *Lineamenti della Distinzione tra Prescrizione Estintiva e Decadenza*; Von Tuhr, *Derecho Civile*, III, parte 2ª, § 90; Mirabelli, *Della Prescrizione*; Modica, *Teoria della Decadenza*; De Page, *Traité Élémentaire*, t. VII, vol. II, n°s 1.129 e ss.; Pugliese, *Prescrizione Estintiva*; L. Carpenter, *Da Prescrição*, vol. IV do *Manual de Direito Civil* de Paulo Lacerda; Câmara Leal, *Da Prescrição e da Decadência*; Serpa Lopes, *Curso*, I, n°s 265 e ss.; Washington de Barros Monteiro, *Curso*, I, p. 294 e ss.; Nicolau Nazo, *A Decadência no Direito Civil Brasileiro*; Orlando Gomes, *Introdução*, n°s 260 e ss.; Agnello Amorim Filho, Critério Científico para se Distinguir Prescrição de Decadência e se Identificar as Ações Imprescritíveis, *Revista dos Tribunais*, vol. 300, p. 7 e ss.; San Tiago Dantas, *Programa de Direito Civil*, vol. I, Forense, p. 341 e ss.; José Carlos Barbosa Moreira, Notas sobre Pretensão e Prescrição no Sistema do Novo Código Civil Brasileiro, *Revista Trimestral de Direito Civil*, n° 11, 2002; Maria Celina Bodin de Moraes e Gisela Sampaio da Cruz Guedes, A prescrição e a efetividade dos direitos, in: Maria Celina Bodin de Moraes, Gisela Sampaio da Cruz Guedes e Eduardo Nunes de Souza (Orgs.), *A juízo do tempo*, Estudos atuais sobre prescrição, Rio de Janeiro, Processo, p. 5 e ss.

119. O TEMPO E A RELAÇÃO JURÍDICA

O tempo domina o homem, na vida biológica, na vida privada, na vida social e nas relações civis. Atua nos seus direitos. Particularmente quanto a estes, pode exercer relevante papel. Umas vezes é requisito do seu nascimento; outras vezes é condição de seu exercício, seja em decorrência da declaração de vontade, quando essa circunstância assenta na convenção entre partes ou na imposição do agente, seja em decorrência de determinação legal, quando é a lei que institui o momento inaugural da relação jurídica; outras vezes, ainda é causa da sua extinção; sob um aspecto diverso, porém generalizadamente absorvente de todos os indivíduos, o tempo é computado na pessoa do titular, que somente depois de certa idade adquire a plenitude de sua capacidade civil.[1]

Onde ainda o tempo exerce função de relevo, e interessa em particular ao que constitui objeto de cogitações neste capítulo, é na consolidação e na extinção dos direitos subjetivos. Tem, então, aliado a outros fatores, o condão de tornar imune aos ataques a relação jurídica que haja estado em vigor por certo lapso, ou, ao revés, decreta o perecimento daquela que negligentemente foi abandonada pelo sujeito.

Sob diversos aspectos, e em diversas oportunidades, o direito atenta para a circunstância temporal: ao disciplinar a eficácia da lei, estatui as normas a que subordina o começo e o fim de sua vigência; ao tratar das modalidades do negócio jurídico, cuida do termo inicial ou final, a que sujeita o exercício do direito; e dita as regras a serem observadas na contagem dos prazos.

Além disso, ressaltam os efeitos do tempo nas relações jurídicas, sob dúplice ângulo de visão. De um lado, e seguido de outros fatores, é causa da aquisição de direitos, quando torna inatacável e inabalável a situação que o titular vem exercendo continuamente (*prescrição aquisitiva*). De outro lado, conduz à extinção da pretensão jurídica, que não se exercita por certo período, em razão da inércia do titular (*prescrição extintiva*). E, finalmente, institui o requisito de validade de alguns direitos, que somente podem ser exercidos dentro de certo prazo, sob pena de perecerem (*decadência* ou *caducidade*).

O Código Civil de 1916, sob a epígrafe genérica "Da Prescrição" reunia todas as hipóteses de extinção do direito por ação do tempo, relegando à doutrina os contornos da *decadência*. O Código Civil de 2002, ao contrário, destacou a prescrição e a decadência, não apenas sob o aspecto de sua colocação, dedicando à primeira os artigos 189 a 206, enquanto aludiu à decadência nos artigos 207 a 211. O que sobretudo o caracteriza, neste particular, é referir-se à prescrição englobadamente em um único capítulo, ao passo que menciona os casos de decadência, destacadamente, sempre que condiciona o exercício de um direito potestativo a um prazo preclusivo.

Em nosso sistema, como, aliás, ocorre com frequência, distingue-se a *prescrição aquisitiva* da *extintiva*.

---

1 Ruggiero, *Istituzioni*, § 33; Capitant, *Introducción*, p. 338.

484 INSTITUIÇÕES DE DIREITO CIVIL • VOL. I • INTRODUÇÃO E TEORIA GERAL DE DIREITO CIVIL

Não deixando de salientar a identidade de fundamento ético em constante presença, mas observando que deve haver distinção entre os fenômenos, exporemos nos números seguintes a influência do tempo sob esses três aspectos a que correspondem a *prescrição aquisitiva,* a *prescrição extintiva* e a *decadência dos direitos*.

120. PRESCRIÇÃO AQUISITIVA

Da *prescrição aquisitiva* haveremos de cuidar detidamente ao tratarmos da *usucapião* (nº 305, vol. IV). Evitando, pois, uma quebra de sistemática, limitamo-nos, por ora, a aludir ao assunto em linhas ligeiras de um traço de contorno.

Chama-se prescrição aquisitiva ou *usucapião* a aquisição do direito real pelo decurso do tempo, e é instituída em favor daquele que tiver, com ânimo de dono, o exercício de fato das faculdades inerentes ao domínio, ou a outro direito real, relativamente a coisas móveis ou imóveis, por um período prefixado pelo legislador. Se o possuidor do imóvel for munido de justo título e inspirado em boa-fé (Código Civil, art. 1.242), o prazo prescricional é mais curto (10 anos); se não for provido de título justo, a aquisição se fará a termo mais longo (15 anos), que pode ser reduzido para lapso mais exíguo (10 anos) se o possuidor estabelecer moradia ou realizar obras ou serviços produtivos no local (Código Civil, art. 1.238 e parágrafo único). Em qualquer caso, alia-se o decurso do tempo à continuidade e pacificidade da posse *cum animo domini*. O parágrafo único do art. 1.242 prevê outra modalidade de aquisição imobiliária quinquenal, dita usucapião tabular, para os casos em que a posse se fundava em registro posteriormente cancelado. Se for móvel a coisa, a aquisição se dará em cinco anos, na ausência de título, e em três anos, com justo título e boa-fé (arts. 1.260 e ss.). Além destes, o Código de 2002 inseriu as espécies de usucapião previstas na Constituição Federal (arts. 183 e 191), repetindo-lhes o teor, nos arts. 1.240 e 1.239, respectivamente. A usucapião especial rural, de que trata o mencionado art. 1.239 do Código Civil, é disciplinada em maior minúcia pela Lei nº 6.969/1981. Por sua vez, a usucapião especial urbana, prevista no art. 1.240 do Código Civil, encontra-se também disciplinada pelo art. 9º do Estatuto da Cidade, que ainda prevê, no dispositivo legal seguinte, uma modalidade de usucapião coletiva para áreas urbanas mais extensas. A Lei nº 12.424, de 16 de junho de 2011, criou nova espécie, que designamos no vol. IV destas *Instituições* como usucapião especialíssima, acrescida ao Código Civil no art. 1.240-A, que dispõe: "Aquele que exercer, por 2 (dois) anos ininterruptamente e sem oposição, posse direta, com exclusividade, sobre imóvel urbano de até 250m² (duzentos e cinquenta metros quadrados) cuja propriedade divida com ex-cônjuge ou ex-companheiro que abandonou o lar, utilizando-o para sua moradia ou de sua família, adquirir-lhe-á o domínio integral, desde que não seja proprietário de outro imóvel urbano ou rural".

Também outros direitos reais, como as servidões, podem adquirir-se por prescrição aquisitiva.

A prescrição aquisitiva não é apenas função do tempo, conforme salientado. Podem vir outros fatores. Dois, contudo, são fundamentais na prescrição aquisitiva:

o *tempo* e a *posse*. Irrecusavelmente um efeito deles, já que o decurso do primeiro é imprescindível, porque opera a criação de uma situação jurídica, convertendo a segunda de um estado de fato em uma relação de direito, ou consolida aquela que poderia sofrer ataque, pondo o respectivo titular a cavaleiro de toda contestação.

E, na verdade, é aquisitiva esta prescrição, porque não é limitado seu efeito à mera recusa a outrem de uma ação visando a atacar o direito do prescribente. Mais do que isto, convalesce o direito cujo título não era inicialmente escorreito, ou dispensa mesmo o título, transformando em direito real a situação de fato. Num e noutro caso, há um efeito aquisitivo em razão do tempo, com a criação ou a depuração da relação de direito.

Não se pode, na verdade, confundir a prescrição aquisitiva (forma de aquisição de direitos reais) com a extintiva (perda da pretensão). Bem andou o legislador de 1916, no que foi seguido pelo de 2002, conservando separados os dois institutos e deduzindo os princípios estruturais da extintiva na Parte Geral do Código Civil, para significar que tem aplicação a todos os direitos, ao mesmo tempo em que relegou a aquisitiva para a Parte Especial (Direito das Coisas) seu campo regular de incidência, tendo em vista a sua finalidade aquisitiva de direitos reais.

Mais nítida é a separação, quando se atenta particularmente para o conteúdo social de uma e de outra. Enquanto a prescrição extintiva concede ao devedor a faculdade de não ser molestado, a aquisitiva retira a coisa ou o direito do patrimônio do titular em favor do prescribente.

121. Prescrição extintiva

Para conceituar a prescrição, o Código partiu da ideia de *pretensão*. Foi a dogmática alemã que lhe deu origem. O titular de um direito subjetivo recebe da ordem jurídica o poder de exercê-lo, e normalmente o exerce, sem obstáculo ou oposição de quem quer. Se, entretanto, num dado momento, ocorre a sua *violação* por outrem, nasce para o titular uma *pretensão* exigível judicialmente – *Anspruch*. O sujeito não conserva indefinidamente a faculdade de intentar um procedimento judicial defensivo de seu direito. A lei, ao mesmo tempo em que o reconhece, estabelece que a *pretensão* deve ser exigida em determinado prazo, sob pena de perecer. Pela prescrição, extingue-se a pretensão, nos prazos que a lei estabelece (art. 189 do Código de 2002).

Diferentemente da prescrição aquisitiva, que atua como força criadora, a *extintiva* ou *liberatória* conduz à perda da pretensão pelo seu titular inerte, ao fim de certo lapso de tempo, e pode ser, em contraste com a primeira, encarada como força destrutiva.

Segundo os conceitos doutrinários incorporados, para apurar a prescrição requer-se o consenso de dois elementos essenciais: o tempo e a inércia do titular. Não basta o decurso do *lapsus temporis*. Pode ele ser mais ou menos prolongado, sem que provoque a extinção da exigibilidade do direito. Ocorre, muitas vezes, que a não utilização deste é mesmo a forma de o exercer. Para que se consume a prescrição é mister que o decurso do prazo esteja aliado à inatividade do sujeito, em face da violação de um direito subjetivo. Esta, conjugada com a inércia do titular, implica a cessação da relação jurídica e extinção da pretensão.

No justificar a prescrição, *fundamentos* diversos vêm à tona. No plano puramente positivista, não há o que discutir. A lei estatui em que condições e em que prazos ocorre ela. No campo doutrinário há que estabelecer por que motivo um direito subjetivo deixa de ser exigível por haver perdido o titular a pretensão judicialmente exigível. O nosso direito pré-codificado via nela uma punição ao credor negligente,[2] o que não é de boa juridicidade, pois que punível deve ser o comportamento contraveniente à ordem constituída, e nada comete contra ela aquele que mais não fez do que cruzar os braços contra os seus próprios interesses, deixando de defender os seus direitos.

O tempo, dizia Pothier, faz presumir o pagamento ou o perdão da dívida, e este seria o fundamento da prescrição.[3] Mas se assentada fosse nesta presunção, atentaria por demais contra a realidade, em face da prova aduzida, pelo credor, da inexistência de uma ou de outro.

É, então, na segurança da ordem jurídica que se deve buscar o seu verdadeiro fundamento. O direito exige que o devedor cumpra o obrigado e permite ao sujeito ativo (credor) valer-se da sanção contra quem quer que vulnere o seu direito. Mas se ele se mantém inerte, por longo tempo, deixando que se constitua uma situação contrária ao seu direito, permitir que mais tarde reviva o passado é deixar em perpétua incerteza a vida social. Há, pois, um interesse de *ordem pública* no afastamento das incertezas em torno da existência e eficácia dos direitos, e este interesse justifica o instituto da prescrição, em sentido genérico.[4] Poder-se-á dizer que, assim procedendo, o direito dá amparo ao relapso, em prejuízo do titular da relação jurídica. E até certo ponto é uma verdade: em dado momento, o ordenamento jurídico é chamado a pronunciar-se entre o credor que não exigiu e o devedor que não pagou, inclinando-se por este. Mas se assim o faz é porque o credor teria permitido a criação de uma situação contrária ao seu direito, tornando-se a exigência de cumprimento deste um inconveniente ao sossego público, considerado mal maior do que o sacrifício do interesse individual, e tanto mais que a prolongada inatividade induzira já a presunção de uma renúncia tácita. É por esta razão que se dizia ser a prescrição produtora do efeito sedativo das incertezas.

E é precisamente por seu fundamento social que não é admitida a *renúncia prévia* à prescrição. Pode o devedor a ela renunciar, seja expressa, seja tacitamente, em razão de fatos com ela incompatíveis, porém sempre depois de consumada (Código Civil, art. 191), e mesmo assim sem prejuízo de terceiro que da sua verificação se tenha beneficiado. Pode o devedor a ela renunciar, repetimos, subordinada a validade da re-

---

2   *Ordenações*, Livro IV, tít. 79, pr.

3   Pothier, *Obligations*, vol. II, nº 644.

4   Carpenter, *loc. cit.*; von Tuhr, *Derecho Civil*, VI, § 91.

núncia à circunstância de estar o renunciante na livre administração de seus bens,[5] pois envolve indiretamente uma diminuição patrimonial, equiparável à alienação.

Como exceção ou defesa, a prescrição, segundo a melhor técnica, não operava *pleno iure* nos direitos de natureza patrimonial. Necessário, pois, que fosse invocada pela pessoa a quem beneficiava, e só à solicitação da parte poderia o juiz decretá-la.

Todavia, reforma promovida pela lei processual alterou essa sistemática, deformando os contornos tradicionais do instituto da prescrição. A Lei nº 11.280, de 16 de fevereiro de 2006, alterou diversos dispositivos do Código de Processo Civil e revogou o art. 194 do Código Civil, que vedava o suprimento, de ofício, da alegação de prescrição. O fundamento da alteração, que vem inspirando as reformas processuais, é a celeridade do processo. Nesse ponto específico, trata-se de evitar que se procrastine um processo acerca de uma pretensão cujo prazo prescricional já expirou, evitando-se aguardar a eventual manifestação da parte beneficiada.

O Código de Processo Civil de 2015, que adotou como regra geral o fortalecimento da garantia do contraditório, mitigou o impacto acarretado pela possibilidade de pronúncia *ex officio* da prescrição pelo julgador, ao prever, no parágrafo único de seu art. 487, que a prescrição e a decadência não serão reconhecidas de ofício sem que antes seja dada às partes oportunidade de manifestarem-se, ressalvados os casos de indeferimento liminar do pedido (nos termos do art. 332, § 1º do mesmo diploma).

Questão que tem sido discutida é a da prescrição intercorrente. Retomada a instância, com despacho do juiz e a citação do devedor, interrompe-se a prescrição (art. 202, I, do Código Civil). Mas, se o autor deixa o feito sem andamento, por desídia sua, por tempo correspondente ao lapso da prescrição, opera-se esta. A matéria é polêmica, e, no tocante à ação rescisória, o Supremo Tribunal Federal proclamou a prescrição intercorrente (Súmula 264). Consulta à jurisprudência do Supremo Tribunal Federal, anterior ao Código Civil de 1916, revela diversos julgados, no sentido de que era um dos efeitos da contestação da lide a perpetuação da ação (Pedro Lessa, Clóvis Beviláqua). Nem o Código Civil de 1916, nem o Código de Processo Civil de 1939, nem o de 1973 atribuíram esta consequência à *litiscontestatio*.

A controvérsia segue sem solução pelo direito positivo brasileiro, que avançou, por outro lado, no que diz respeito à chamada prescrição intercorrente da pretensão executiva. Com efeito, tem-se discutido a prescrição do direito do vencedor à execução do julgado. E, na solução da pendência, três teses se levantam: a da imprescritibilidade; a da prescrição *longi temporis* (dez anos pelo art. 205); e a do mesmo prazo do direito. A imprescritibilidade não pode ser acolhida, pela regra geral de não haver em nosso sistema direitos patrimoniais imprescritíveis. A do prazo geral, embora com amparo em Teixeira de Freitas, Corrêa Telles e Clóvis Beviláqua, encontra contradita em que é ilógico sustentar que o credor tem prazo curto para ser reconhecido seu direito, mas tem longo para fazê-lo valer. Resta estabelecer que a execução

---

5   Clóvis Beviláqua, § 84; *Anteprojeto de Código de Obrigações*, art. 274.

do julgado prescreve no mesmo prazo da pretensão originária, sendo este também o tradicional entendimento do Supremo Tribunal Federal (Súmula 150).

Nesse mesmo sentido coloca-se o acréscimo do art. 206-A ao Código Civil (Lei nº 14.195/2021). Nos termos do dispositivo, a prescrição intercorrente observará o mesmo prazo da prescrição da pretensão material. O que o legislador denomina "prescrição intercorrente", nesse caso, é a prescrição da pretensão executiva, que já havia sido prevista no âmbito do processo de execução pelo atual Código de Processo Civil (ao qual o art. 206-A, aliás, remete expressamente).

Como se sabe, a codificação processual civil de 2015 inovou ao prever, em seu art. 924, V, o que denominou "prescrição intercorrente", não no sentido supramencionado (isto é, de uma prescrição que ocorresse durante o processo de conhecimento), mas sim como causa de extinção do processo de execução (e também da fase de cumprimento de sentença, nos termos do § 7º do art. 921 do mesmo diploma). Nos termos do art. 921, III, §§ 1º e 4º, do Código de Processo Civil, a execução se suspende, pelo prazo máximo de um ano, diante da impossibilidade de localização do devedor ou de bens penhoráveis; a prescrição intercorrente da pretensão executiva, nesses casos, começa a correr a partir da ciência, pelo exequente, da primeira tentativa frustrada de localização do devedor ou de seus bens, mas fica suspensa, uma única vez, pelo referido prazo máximo de um ano de suspensão da execução.

A regra inserida no art. 206-A do Código Civil, como se percebe, além de desnecessária (por corroborar um entendimento já consagrado no direito brasileiro), encontra-se deslocada na lei substantiva. Merece crítica, ainda, a remissão genérica, pelo dispositivo, às causas suspensivas, impeditivas e interruptivas da prescrição da pretensão material, na medida em que, em se tratando de prescrição da pretensão executiva, o art. 921 do Código de Processo Civil, também reformado pela Lei nº 14.195/2021, já prevê causas obstativas especificamente concebidas para essa hipótese particular. A aplicação analógica das causas incidentes sobre a pretensão material, portanto, há de ser feita de forma criteriosa, apenas naquilo que não violar a própria natureza da fase executiva.

Outra questão relevante em matéria de prescrição consiste na admissão, pelo direito brasileiro, da *accessio praescriptionis*, isto é, a soma do tempo corrido contra o credor ao que flui contra o seu sucessor (Código Civil, art. 196). O Código atual, usando o vocábulo genérico *sucessor*, encerrou qualquer dúvida sobre a questão. Iniciada a prescrição contra uma pessoa, continua contra quem lhe sucede na relação jurídica, qualquer que seja o título por via do qual ocorre a transmissão do direito.

Tanto as pessoas naturais quanto as jurídicas se sujeitam aos seus efeitos, ativa e passivamente, isto é, podem invocá-la para seu benefício ou sofrer-lhe as consequências quando alegada *ex adverso*. Mas é lícito ao relativamente incapaz ou à pessoa jurídica agir regressivamente contra os seus assistentes ou representantes legais (Código Civil, art. 195) no caso de terem estes dado causa à prescrição ou não a terem alegado oportunamente, deixando perecer a exigibilidade do direito. O Código não alude ao absolutamente incapaz, naturalmente, porque, já em sua versão original, excepcionava a regra geral da necessidade de alegação e, de acordo com disposto no art. 194, autorizava o juiz a suprir, de ofício, a alegação de prescrição. Hoje, com a revogação do art. 194, a exceção tornou-se regra. No mesmo rumo da responsabilidade pelas respectivas consequências, os representantes voluntários das pessoas físicas ou jurídicas podem ser chamados à reparação pelo dano causado se por culpa sua houverem deixado perecer os direitos cuja defesa lhes é confiada, como será o caso do advogado quanto ao seu cliente, do administrador de bens alheios, e assim em diante, sob fundamento geral do princípio da responsabilidade civil.

Cabe agora indagar quais os direitos sujeitos à prescrição, ou, inversamente, que direitos escapam a ela. E à pergunta é jurídico responder que a *prescritibilidade é a regra, a imprescritibilidade, a exceção*. A prescritibilidade alcança todos os direitos subjetivos patrimoniais de caráter privado. Escapam-lhe aos efeitos aqueles direitos que se prendem imediatamente à personalidade ou ao estado das pessoas. Os direitos à vida, à honra, à liberdade, à integridade física ou moral não se sujeitam a qualquer prescrição, em razão de sua própria natureza. Imprescritíveis são, igualmente, os modos de ser peculiares do indivíduo, como o estado de filiação, a qualidade de cidadania, a condição conjugal. Por maior que seja o tempo decorrido de inatividade do titular, nunca perecerão os direitos respectivos que sempre se poderão reclamar pelas ações próprias, uma vez que não é lícita a constituição de um estado que lhes seja contrário.

Como consequência da regra *acessorium sequitur principale*, com a prescrição prescrevem os direitos acessórios. O Código Civil anterior (art. 167) enunciava-o. Embora o Código de 2002 o tenha omitido, prevalece o princípio, pois que não se pode admitir que a prescrição extinga a relação jurídica, e subsista a pretensão tendo como objeto os seus efeitos.

Não prescrevem, igualmente, as chamadas *faculdades legais*, também designadas como *direitos facultativos*, que pertencem ao sujeito como consequências naturais do próprio direito, e se distinguem das denominadas *faculdades convencionais*, suscetíveis de prescrição, como direitos que são. Assim, não está sujeita à prescrição a faculdade que tem o proprietário de utilizar a coisa sua (*facultas* inerente ao domínio), mas prescreve a que lhe concede o vizinho de atravessar seu prédio (servidão de trânsito, que é um direito subjetivo). Imprescritível é o direito de propriedade, exerça-o ou não o dono, por qualquer tempo que seja. Mas se tolera que um terceiro o exclua da utilização da coisa, e se não se insurge contra a criação de uma situação de fato contrária ao seu direito, pode vir a perder o domínio por usucapião. A conciliação dos princípios está em que a falta de exercício das *faculdades legais* não importa em causa de sua extinção; mas, se tolera o titular que um terceiro adquira um direito contrário ao seu exercício, perde-as.[6]

---

6   Cf. sobre a imprescritibilidade das faculdades legais: Ruggiero e Maroi, *Istituzioni*, § 34.

INSTITUIÇÕES DE DIREITO CIVIL • VOL. I • INTRODUÇÃO E TEORIA GERAL DE DIREITO CIVIL

Imprescritíveis diziam-se ainda as *exceções*, e assim o afirmava o direito romano: *"quae temporalia sunt ad agendum perpetua sunt ad excipiendum"*.[7] Não se inscrevem na casa dos direitos imprescritíveis, senão da faculdade ou do poder de opor uma defesa à pretensão de outrem, faculdade que subsiste enquanto permanece a ação do contendor, com fundamento em um princípio de justiça, uma vez que a utilização da exceção não está, em regra, na dependência da exclusiva iniciativa do seu titular. Ao contrário, mantém-se na dependência do exercício da ação por parte do adversário, e não seria equânime que se extinguisse a oponibilidade da exceção, que é técnica de defesa, antes de ser formulada a pretensão a que visaria extinguir.[8] Prescrita, entretanto, a pretensão, *ipso facto*[9] cessa com ela a faculdade de defesa (art. 190 do Código Civil).

A prescrição fulmina todos os direitos subjetivos patrimoniais, e, normalmente, estende-se aos *efeitos patrimoniais* de direitos imprescritíveis, porque embora estes, como acima ficou explicado, não se podem extinguir, o mesmo não ocorre com as vantagens econômicas respectivas. Se é imprescritível a ação de estado, como, por exemplo, a faculdade de obter o reconhecimento de filiação, prescreve, no entanto, o direito de reclamar uma herança, em consequência da procedência da ação de investigação de paternidade, e é por não terem feito uma distinção tão singela que numerosos escritores, não podendo recusar a prescrição ao efeito patrimonial, erroneamente concluem pela prescritibilidade daquela faculdade.[10]

A Constituição de 1988, ao dispor dos direitos sociais, estabeleceu que os créditos resultantes das relações de trabalho prescrevem em cinco anos para os trabalhadores urbanos e rurais, até o limite de dois anos após a extinção do contrato (art. 7º, XXIX).[11]

122. DECADÊNCIA

Efeito do tempo na relação jurídica é, também, a *decadência* ou *caducidade*, que muito se aproxima da prescrição, diferindo, entretanto, nos seus fundamentos e no modo peculiar de operar. Decadência é o perecimento do direito potestativo, em razão do seu não exercício em um prazo predeterminado. Com a prescrição tem estes pontos de contato: é um efeito do tempo, aliado à falta de atuação do titular.

Mas diferem em que a decadência é a perda do direito potestativo pela falta de exercício em tempo prefixado, enquanto a prescrição extingue a pretensão um direito subjetivo que não tinha prazo para ser exercido, mas que veio a encontrar mais tarde um obstáculo com a criação de uma situação contrária, oriunda da inatividade

---

7 "O que é temporário para o exercício de uma ação, é perpétuo para as exceções".

8 Ruggiero, *loc. cit.*; Enneccerus, § 218.

9 Pelo próprio fato, por isso mesmo, consequentemente.

10 Caio Mário da Silva Pereira, *Efeitos do Reconhecimento de Paternidade Ilegítima*, nº 101; *Reconhecimento de Paternidade e seus Efeitos*, nº 50.

11 Redação determinada pela Emenda Constitucional nº 28, de 25.05.2000.

PRESCRIÇÃO E DECADÊNCIA   491

do sujeito. O fundamento da prescrição encontra-se, como vimos, num interesse de ordem pública em que se não perturbem *situações contrárias*, constituídas através do tempo. O fundamento da decadência é não se ter o sujeito utilizado de um poder de ação, dentro dos limites temporais estabelecidos à sua utilização. É que há direitos que trazem, em si, o germe da própria destruição. São prerrogativas condicionadas ao exercício dentro de tempo certo, e, então, o perecimento da relação jurídica é uma causa ínsita ao próprio direito que oferece esta alternativa: exerce-se no prazo preestabelecido ou nunca mais.[12]

No modo peculiar de operar, ou pelas consequências práticas, diferencia-se ainda a decadência da prescrição. O prazo desta interrompe-se pela propositura da ação conferida ao sujeito, recomeçando a correr de novo; o de caducidade é um requisito de exercício do direito, e, assim, uma vez ajuizada a ação, o tempo deixará de atuar no perecimento dele. A prescrição se interrompe por qualquer das causas legais incompatíveis com a inércia do sujeito;[13] a decadência opera de maneira fatal, atingindo irremediavelmente o direito, se não for oportunamente exercido. Daí a consequência expressa no art. 207 do Código: o prazo de caducidade não pode ser interrompido, não se suspende depois de iniciado, nem deixa de começar, qualquer que seja a causa impeditiva.[14]

A ação pode ser intentada até o último dia do prazo. Mas, para se considerar que o sujeito exerceu o seu direito *opportuno tempore*, é mister que se promova a citação do réu em tempo hábil. Deve efetivar-se nos dez dias seguintes à prolação do despacho que a ordenar. Não sendo isso possível, o interessado deverá requerer prorrogação nos cinco dias seguintes ao término desse prazo. Concedida a dilação por até 90 dias, cumpre ao interessado promovê-la. Efetuada com observância das disposições processuais (Código de Processo Civil de 1973, art. 219; Código de Processo Civil de 2015, art. 240), considera-se exercido o direito de ingresso em Juízo. Caso contrário, o titular decai dele.

A prescrição foi instituída com fundamento em um *motivo* de ordem pública, mas no interesse privado do favorecido, e, por esta razão, antes da revogação do art. 194 do Código Civil, somente podia ser pronunciada a seu requerimento; a decadência é criada não só por motivo, mas também no *interesse* também da ordem pública, e pode ser decretada a requerimento do órgão do Ministério Público, bem como *ex officio* (Código Civil, art. 210). A celeridade processual, todavia, justificou alteração legislativa que modificou a sistemática da prescrição, autorizando seu suprimento de ofício (v. nº 121, *supra*).

O Código faz uma distinção entre decadência legal e decadência voluntária ou convencional. A primeira é estabelecida em lei, que já define o direito subordinado a ser exercido em prazo certo, pena de caducidade. A segunda resulta da vontade

---

12   Cf. sobre decadência e sua distinção da prescrição: Enneccerus, § 211; Oertmann, § 73, Ruggiero, § 64; San Tiago Dantas, *Programa*, p. 190 e ss.; José Carlos Barbosa Moreira, "Notas", *passim*.

13   Ver nº 125, *infra*.

14   A não ser que o legislador se manifeste diversamente. V., por ex., o art. 26, § 2º, do CDC.

das partes, que podem, na celebração do negócio jurídico, fixar um lapso de tempo, ao fim do qual se extingue o direito para o titular. A primeira é de ordem pública. Não é, em princípio, passível de renúncia, e deve ser pronunciada pelo juiz quando conhecer dela.

A decadência convencional é de cunho privado. Instituída pelos interessados, a benefício de um deles, pode ser alegada em qualquer fase do processo, tal qual a prescrição (art. 193), e do mesmo modo que a decadência legal. Instituída no interesse das partes, pode o beneficiário entender de sua conveniência não seja ela pronunciada. E, não estando em jogo um motivo de ordem pública, descabe o suprimento judicial da alegação ou a declaração desta *ex officio* (art. 211).

Considerando a natureza jurídica da prescrição e da decadência, a lei trata diferentemente a renúncia de uma e de outra. O devedor pode renunciar à prescrição depois de consumada (art. 191). A decadência não é passível de renúncia (art. 209), quando fixada em lei. Ingressando em Juízo o titular de um direito caduco, o juiz conhecerá da decadência e a pronunciará. No passado, podia o magistrado fazê-lo independentemente de arguição do réu. No direito atual, embora se admita a pronúncia *ex officio* da prescrição e da decadência, determinou o parágrafo único do art. 487 do Código de Processo Civil de 2015 que sejam previamente ouvidas as partes a respeito, ressalvados os casos de indeferimento liminar do pedido autoral. Com mais forte razão, aliás, se a decadência não for identificada de ofício e o réu não a alegar na sua defesa, poderá fazê-lo a qualquer tempo, em qualquer grau de jurisdição. Demais disso, tal faculdade encontra amparo, por extensão, no art. 211 do Código Civil e no art. 1.022 do Código de Processo Civil de 2015.

A disposição sobre a renúncia contida no art. 209 não tem, contudo, a rigidez que aparentemente revela. Se é certo que o titular do direito decai dele, não formalizando judicialmente, nada impede que revigore a relação jurídica, em composição com a outra parte, em se tratando de direitos patrimoniais de caráter privado.

Se o representante ou assistente de pessoa relativamente incapaz ou de pessoa jurídica deixar de exercer em tempo oportuno o direito potestativo, e por esta razão dele decaia o respectivo titular, responde civilmente pelo dano causado, tal como para a prescrição estabelece o art. 195 do Código. Quanto à segunda parte, consistente em não alegar a decadência oportunamente, a consequência jurídica é a mesma.

Sendo absolutamente incapaz o sujeito da relação jurídica sujeita a prazo decadencial, contra ele não corre (art. 198, I). Em se tratando de menor, a norma do art. 208 o beneficia até os dezesseis anos cumpridos. A partir de então, recai na aplicação do art. 195, isto é, sofre os efeitos da caducidade, com direito a se ressarcir dos prejuízos contra seu assistente. Tendo as pessoas com deficiência ou enfermidade mental sido excluídas do rol de absolutamente incapazes pelo Estatuto da Pessoa com Deficiência (Lei nº 13.146/2015), em princípio não mais se beneficiam dessa proteção, sujeitando-se normalmente à fluência da prescrição.

Se na prescrição não podem ser alterados os prazos, tal é admissível na decadência. Quando o vendedor estende o prazo de sua responsabilidade pela perfeição da coisa vendida, está alongando o prazo que a lei concede ao adquirente, para invocá-la por vício redibitório (art. 446). Cláusula neste sentido é válida, e deve ser qualificada

PRESCRIÇÃO E DECADÊNCIA

como *decadência convencional*, que agora merece do Código tratamento próprio (art. 211). São os chamados *prazos de garantia*, mediante os quais o alienante assegura a perfeição da coisa por certo tempo. A questão passou a ter grande interesse em razão de a venda de aparelhos complexos ter criado a instituição de cláusula nesse sentido. O Código de Proteção e Defesa do Consumidor, por exemplo, autoriza aumentar ou reduzir os prazos impostos ao produtor para sanar o vício do produto de consumo (Lei nº 8.078, de 11 de setembro de 1990, art. 18, § 2º).

123. Prazos prescricionais

Resultando a prescrição do decurso do tempo, tem de ser fixado o momento inicial e o momento final de seu curso. Há um dia em que a prescrição começa, e um dia em que opera. O tempo que medeia entre um e outro termo é o *prazo da prescrição*. O Código revogado estabelecia regra abrangente das *ações pessoais* (aquelas que se originavam de uma relação jurídica de cunho obrigacional) e as *ações reais* (as que se fundam em direito real). Fixava o lapso prescricional das primeiras em trinta anos (mais tarde reduzido a vinte anos *ex vi* da Lei nº 2.437/1955), e em dez e vinte anos (este último reduzido a quinze anos por força do mesmo diploma) das ações reais. No Código atual desapareceu a distinção e os prazos foram reduzidos.

A lei conhece dois tipos de prazos: o *geral* e os *especiais*. Geral ou comum é o da prescrição de longo tempo – *praescriptio longi temporis* – abrangente de qualquer direito para cuja pretensão a lei não estabelecer prazo de extinção mais curto. Ao estabelecer para a *prescrição geral* ou *ordinária* o prazo de dez anos, levou o Código em consideração que as facilidades de transporte e dos meios de comunicação não mais se compadecem com a extensão dos prazos anteriormente consagrados. Na época do avião a jato e da ruptura da barreira do som, das telecomunicações instantâneas e da informação fácil, não mais se justifica mantenha-se aparelhada toda a ordem jurídica na proteção da inércia do credor por todo um tempo de 20 anos. Por isso, no Código de 2002, a prescrição ordinária reduziu-se de 10 anos. Não haveria mais direito que sobrevivesse a um decênio de inatividade de seu titular, diante de uma situação que lhe seja contrária. Sendo a prescrição instrumento de paz social, estatui que nenhum direito sobrevive ao decurso de dez anos (art. 205).

Atendendo à conveniência de que se consolidem as situações jurídicas, fixa o legislador prazos curtos que variam de 1 a 5 anos, para os direitos que expressamente menciona. São as *prescrições especiais*, relacionadas no art. 206 do Código Civil. No tocante à *praescriptio brevi temporis*, o Código buscou simplificar o assunto, eliminando as demasias do velho Código.

Diante das muitas hipóteses de prazos prescricionais especiais previstas por lei, aplica-se, com relativamente pouca frequência, o prazo prescricional geral – que ganhou, porém, importante aplicação prática na jurisprudência do Superior Tribunal de Justiça (STJ, Corte Especial, EREsp 1.281.594, julg. em 15.05.2019), a qual estabeleceu que a pretensão reparatória por ilícito contratual apenas prescreve em dez anos, não se sujeitando ao prazo prescricional especial do art. 206, § 3º, V do Código Civil, que passou a ser aplicado exclusivamente à responsabilidade extracontratual.

A contagem dos prazos prescricionais, no tocante ao decurso do tempo propriamente dito, sujeita-se às regras comuns já enunciadas.[15] O que é preciso é estabelecer o seu *momento inicial*, podendo-se dizer, como regra genérica, que, se a prescrição fulmina a pretensão jurídica pelo decurso do tempo aliado à inatividade do sujeito, tem começo no momento em que, podendo ele exercer a pretensão, deixa de o fazer. O Código de 2002 afirma o princípio, que requer esclarecido: com a violação do direito subjetivo nasce para o titular a pretensão, que se extingue com a prescrição (art. 189). Esta norma, todavia, há que ser conjugada com a existência de causas impeditivas (arts. 197 e ss.). A rigor, portanto, a prescrição inicia-se na data em que o interessado pode, sem embaraço, manifestar a pretensão em juízo.

Não se pode dizer que principia um prazo de prescrição no momento em que o sujeito deixa de exercer o seu direito, pois nem sempre isto é verdade, já que nem sempre a falta de exercício pode ser tachada de inércia do titular. A doutrina alemã[16] dá-nos uma palavra e uma regra: inicia o prazo de prescrição, ao mesmo tempo em que nasce para alguém uma *pretensão acionável* (*Anspruch*), ou seja, no momento em que o sujeito pode, pela ação, exercer o direito contra quem assuma situação contrária, já que *actio nondum nata non praescribitur*.[17] Em aplicação prática, se ao direito corresponde uma prestação positiva, o seu não cumprimento dá ensejo ao sujeito ativo a ação, por via da qual visará a compelir o devedor a executá-la, iniciando-se, pois, com a sua pretensão, a causa extintiva do direito. Se a obrigação é negativa, a prescrição se conta do instante em que o devedor praticou o que lhe era vedado, porque data dele a pretensão do sujeito.

Considerando o interesse público de afastar toda dúvida, a lei já declara em certos casos o momento de início do prazo prescricional, deixando ao interessado justapor a regra de contagem à norma específica determinante do termo inicial.

Quando ocorre um motivo impediente do exercício dos direitos, não inicia o prazo prescricional. Assim é que a prescrição dos *direitos condicionais* não tem começo na pendência da condição, e a dos direitos *a termo* antes que seja este atingido.[18]

Se a violação do direito é continuada, de tal forma que os atos se sucedam encadeadamente, a prescrição corre a contar do último deles, mas, se cada ato dá direito a uma ação independente, a prescrição alcança cada um, destacadamente.[19] Quando a obrigação se cumpre por prestações periódicas, porém autônomas, cada uma está

---

15 Ver nº 99, *supra*.

16 Cf., sobre a pretensão (*Anspruch*): Enneccerus, § 213; Oertmann, § 68; Von Tuhr, *Derecho Civil*, I, § 15.

17 "A ação ainda não nascida não prescreve".

18 Nestes casos não pode correr a prescrição, pois que esta não se inicia, senão quando o sujeito tem a possibilidade de agir. Ver Mazeaud *et* Mazeaud, *Leçons*, II, p. 942; Colin e Capitant, *Cours*, II, nº 365.

19 Cf., sobre turbações sucessivas de posse, Caio Mário da Silva Pereira, *in Revista Forense*, vol. 63, p. 116.

sujeita à prescrição, de tal forma que a extinção da pretensão sobre as mais remotas não prejudica a percepção das mais recentes.

Problema que, por outro lado, desperta a atenção dos juristas é o que se contém na indagação se é possível a alteração convencional dos prazos prescricionais. Sendo de ordem pública, os prazos prescricionais não podem ser alterados por pactos privados. Sua redução importa condenar a pretensão a uma vida mais curta, e, em consequência, a respectiva relação jurídica perderia a exigibilidade em detrimento do credor. Sua extensão equivaleria a uma renúncia parcial, na proporção em que é alongado, e, desta sorte, de alongamento em alongamento, chegar-se-ia à renúncia prévia à própria prescrição, o que é defeso (Código Civil, art. 191). A alteração dos prazos, admissível na decadência, não o é na prescrição (art. 192).

124. SUSPENSÃO DA PRESCRIÇÃO

Tendo em consideração certas circunstâncias especiais, a lei impõe uma paralisação no curso do prazo prescricional. É o que se denomina *suspensão da prescrição*. Alguns autores usam esta expressão para as prescrições já iniciadas, reservando o vocábulo *impedimento* para o fato obstativo do começo do prazo, argumentando que, se não teve ainda início a prescrição, pela ocorrência de uma causa que se opôs ao seu começo, o que se verificou foi ter-se *impedido* e não *suspenso* o prazo prescricional.[20] Suspensão e impedimento subordinam-se à concepção de uma unidade fundamental, que, comportando, embora, uma diferenciação técnica, autoriza a sua reunião em um mesmo complexo de regras práticas, tal como fez o Código Civil brasileiro de 1916, art. 168, e repetiu o Código de 2002, art. 197. As causas *impeditivas* e *suspensivas* obedecem, contudo, a várias ordens de motivação.

Em primeiro lugar, razões de ordem moral[21] paralisam os prazos, nas relações jurídicas entre pessoas que cultivam ou devem cultivar vínculo afetivo mais profundo. Daí não correr a prescrição entre cônjuges na constância da sociedade conjugal, entre ascendentes e descendentes durante o poder familiar, entre tutelados ou curatelados e seus tutores ou curadores, durante a tutela ou curatela (Código Civil, art. 197). Tais pessoas são respectivamente ligadas por laços incompatíveis com a constituição de situações contrárias a direitos de que forem titulares. As relações entre cônjuges, entre pai e filho, entre tutor e pupilo, entre curador e curatelado não se devem perturbar pela desconfiança, nem obrigar a um clima de vigilância, inspirador de choques de interesses inconvenientes à boa harmonia.

Numa outra ordem de ideias, razões defensivas ou de proteção impedem ou suspendem a prescrição contra os absolutamente incapazes, contra os ausentes do País em serviço público, contra os que se acharem servindo nas Forças Armadas em tempo de guerra (art. 198). O caso dos incapazes, embora não seja peculiaridade

---

20 Ruggiero e Maroi, *Istituzioni*, § 34.
21 Clóvis Beviláqua, *Teoria Geral*, § 81.

nossa, não tem paralelo em alguns sistemas, como o alemão ou o português, quando o incapaz tem representante, pois que este é responsável com seus bens, se deixa causar prejuízo ao seu representado. O nosso legislador preferiu, contudo, suspender ou impedir a prescrição na pendência da incapacidade absoluta, a sujeitar o incapaz aos azares de uma ação regressiva, com risco de esbarrar na insolvência do representante. Desse benefício foram excluídas, em princípio, as pessoas com deficiência intelectual ou psíquica, eis que o Estatuto da Pessoa com Deficiência as declarou plenamente capazes na ordem civil, ainda quando sujeitas à curatela. Os que se acham no exterior, em serviço, e os que estiverem servindo sob as bandeiras não podem ser prejudicados pela fluência de prazo prescricional. Em todos esses casos, vigora princípio de proteção.

Finalmente, outros motivos ainda suspendem a prescrição, como é a pendência de condição suspensiva, ou a imposição de termo, pois que num caso o direito não se adquire, e no outro não se exercita senão com o implemento da condição ou o esgotamento do prazo, e não se pode falar em início de prescrição enquanto inexiste direito exigível. Igualmente, se o terceiro propõe ação de evicção, fica suspensa a prescrição até o seu desfecho final (art. 199).

Embora a responsabilidade civil seja independente da criminal (v. art. 935, Código Civil), a pendência de processo criminal suspende o curso da ação fundada em fato que deva ser apurado no juízo criminal, porque seria ela dependente de seu desfecho. Várias situações previstas como delito criminal têm por efeito ressarcimento no juízo cível. A própria sentença penal condenatória constitui título hábil para que se promova execução por título judicial (Código de Processo Civil de 1973, art. 475-N, II; Código de Processo Civil de 2015, art. 515, VI). Somente depois de encerrada a ação penal, por sentença definitiva, nasce para o interessado a ação de execução. Conseguintemente não corre prescrição até esse momento.

Na vigência de tais causas, a prescrição não corre, pois que elas atuam com efeito paralisante, seja no sentido de não ter começo senão com a cessação do motivo, seja no de seccionar-lhe o curso. Nesta última hipótese, conta-se o prazo escoado até a intercorrência da causa suspensiva, adicionando-se-lhe o que fluir após a cessação dela.

Deve-se acrescentar uma outra regra que preside a suspensão da prescrição, dizendo-se que não corre na pendência de um acontecimento que *impossibilite* alguém de agir, seja como consequência de uma determinação legal, seja por um motivo de força maior, seja por uma convenção, regra que a jurisprudência francesa tem adotado, e que o velho adágio já traduzia: *"contra non valentem agere non currit praescriptio"*.[22]

125. INTERRUPÇÃO DA PRESCRIÇÃO

Como corolário de fundar-se a prescrição na inércia do credor por tempo predeterminado, considera-se toda manifestação dele, defensiva de seu direito, como razão determinante de se inutilizar a prescrição.

---

22 Colin *e* Capitant, *Cours*, I, nº 366: "Não corre a prescrição contra quem não pode agir".

Diz-se então que a prescrição fica *interrompida* quando ocorre um fato hábil a destruir o efeito do tempo já decorrido, e em consequência anular a prescrição iniciada.[23]

A diferença essencial entre a interrupção e a suspensão é que nesta a prescrição continua a correr, computando-se o tempo anteriormente decorrido, enquanto naquela o tempo já escoado fica inutilizado, recontando-se o prazo por inteiro a partir da causa interruptiva. E se esta tiver sido um processo judicial, somente recomeça a contar do último ato nele praticado (art. 202, parágrafo único).

Inovação foi introduzida pelo Código de 2002, ao estabelecer que a interrupção da prescrição somente pode ocorrer uma vez. No regime anterior, interrompia-se quantas vezes ocorresse o fato hábil a produzir este efeito. Somente nos créditos contra a Fazenda Pública, e no interesse desta, ficava estatuída em lei especial que somente uma vez poderia ser a prescrição interrompida, passando a correr pela metade (Decreto nº 20.910/1932, arts. 8º e 9º). Com o Código atual, toda interrupção opera uma única vez, subsistindo, entretanto, a fluência do prazo pela metade, nos créditos contra a União, os Estados ou os Municípios.

A mais importante causa interruptiva, pela revelação da vontade ostensiva de fazer valer o direito, é *a citação feita ao devedor*, por via da qual o credor exige o reconhecimento do seu direito, ou formula a sua pretensão – e nada mais flagrantemente contrário à inércia do que isso (Código Civil, art. 202, I). A citação realizada vale, ainda que ordenada por juiz incompetente, e só não produzirá efeito interruptivo se for nula por vício de forma, ou por se achar perempta a instância. Considera-se interrompida a prescrição na data da propositura da ação, uma vez que o despacho que tiver ordenado a citação retroagirá àquela data, ainda que proferido por juízo incompetente, desde que o interessado diligencie as providências necessárias para viabilizar a citação, no prazo de dez dias; a parte não será prejudicada pela demora na citação imputável ao próprio serviço judiciário (Código de Processo Civil de 1973, art. 219, §§ 1º e 2º; Código de Processo Civil de 2015, art. 240, §§ 1º a 3º).

O efeito interruptivo da citação tem a maior importância para a segurança dos direitos, e, uma vez realizada, sem vício de forma, é eficaz ainda que o processo venha a ser anulado em superior instância.[24]

Por força de lei especial (Decreto-lei nº 6.790/1944) ficou estabelecido e mantido que a norma processual da interrupção da prescrição, atualmente prevista pelo art. 240, § 4º, do Código de Processo Civil de 2015, tem aplicação a todos os prazos de prescrição e aos extintivos ou decadenciais, afastada assim definitivamente a dúvida, quanto à perquirição, se nos prazos de caducidade era necessária a efetiva instauração da instância, ou se bastava o despacho ordenatório da citação.

A segunda modalidade de interrupção é o *protesto*, realizado, judicialmente, com a intimação ao devedor, e obediência às regras legais relativas à citação (art.

---

23 Ruggiero, *loc. cit.*
24 Clóvis Beviláqua, *Teoria Geral*, § 82.

202, II, do Código Civil). Nos termos da legislação anterior, o protesto cambial não tinha força de interromper a prescrição. Foi o Código de 2002 que lhe conferiu este efeito (art. 202, III). Associado, porém, à cláusula restritiva que acompanha a interrupção em geral (somente podendo ocorrer uma vez) a medida, que visava a proteger o credor, pode importar em prejuízo dele, ao mesmo passo que agrava a condição do devedor, impondo ao credor o ingresso em juízo, para não deixar que seu direito prescreva.

É preciso, contudo, entender que nos dois casos de protesto (judicial e cambial), a citação para o procedimento definitivo não perde o efeito interruptivo. Caso contrário chegar-se-ia a uma consequência absurda de não revalidar a exigibilidade do direito a citação para a ação, pelo fato de ter sido interrompida antes a prescrição. E nenhuma lei pode receber interpretação que conduza ao absurdo: "*Interpretatio illa sumenda qua absurdum evitetur*".[25]

Equipara-se à citação a *apresentação do título de crédito* em Juízo de inventário, no de falência ou no de insolvência do devedor (art. 202, IV), em que a natureza do feito dispensa a citação do devedor, mas afirma a atitude do credor, defensiva do seu direito. Pode-se, ainda, estender esta hipótese a processos análogos, como a habilitação do crédito em falência, a sua apresentação em processo de ajuste pecuniário ou reajustamento, concedido por leis especiais a agricultores e pecuaristas.

Uma generalização continente de toda manifestação ativa do credor é a fórmula abrangente de *qualquer ato judicial*, que constitua o devedor em mora (art. 202, V).

Por outro lado, a prescrição se interrompe a *parte debitoris* por qualquer ato inequívoco, ainda que extrajudicial, importando em reconhecimento do direito, por parte do obrigado (art. 202, VI). Esta modalidade interruptiva da prescrição abarca qualquer escrito do devedor, seja uma carta, um pedido de tolerância ou de favor, seja o pagamento parcial da obrigação, ou de juros etc. Mas é preciso que se positive bem a existência do *ato do devedor*, o qual não se pode presumir.

As condições subjetivas de interrupção devem ser observadas, já que, para ter valor, é de mister se verifique a legitimidade de quem a promove, bem como da pessoa contra quem é efetuada. Evidentemente, o principal interessado é o próprio titular do direito, seja pessoalmente, seja por via de seu representante. Mas pode, ainda, promovê-la um terceiro, que tenha legítimo interesse, como o credor ou o titular de um direito potencial, subordinado a condição suspensiva (art. 203).

De regra, a interrupção da prescrição não desborda das pessoas entre as quais tiver ocorrido a *causa praescriptionis*. Assim é que se um dos credores faz interromper a prescrição, não beneficia os demais, que se tenham conservado inertes. Inversamente, a interrupção da prescrição deve ser tirada contra o devedor ou seu herdeiro (art. 204). Como exceção, entretanto, fica estabelecido que se é *solidária* a obrigação, inverte-se a proposição e diz-se que, operada a interrupção por um dos credores solidários, a todos aproveita; e, inversamente, interrompida contra um dos

---

25 "Deve ser escolhida aquela interpretação pela qual se evite o absurdo".

devedores solidários, é oponível aos demais, porque este é um dos efeitos naturais da solidariedade (art. 204, § 1º). Se, porém, for aberta por um dos herdeiros do devedor solidário, não prejudica aos demais, senão no caso de se tratar de obrigações ou direitos indivisíveis.

Consequência da regra pela qual o acessório segue o principal, a interrupção produzida contra o principal devedor prejudica o fiador, ainda que decorra do reconhecimento da dívida por aquele realizado.

ÍNDICE ALFABÉTICO-REMISSIVO

(Os números se referem aos parágrafos)

A

Ab-rogação, noção e efeitos – 25

Absolutamente incapazes – 50

Abuso do direito – 118

Ação de estado, noção e espécies – 48

Aeronave, coisa móvel – 70

Afetação, teoria da – 67

Analogia, noção – 12

Analogia como fonte de direito – 12

Analogia legal e analogia jurídica – 12

Anspruch, base da prescrição – 123

Anulabilidade do negócio jurídico – 110

Aquisição derivada dos direitos subjetivos – 79

Aquisição dos direitos – 79

Aquisição originária dos direitos subjetivos – 79

Associações, conceito e caracteres – 60

Associações, fim de sua existência – 61

Ato abusivo – 118

Ato-condição – 9

Ato ilícito, conceito e requisito – 113

Ato inexistente – 112

Ato jurídico e ato ilícito – 82

Ato jurídico e negócio jurídico – 82

Ato jurisdicional – 9

Ato legislativo, distingue-se da lei pela ausência de generalidade – 10

Ato-regra – 9

Ausência – 44-A

Ausente – 50

Autentificação do ato ou reconhecimento de firma – 104

Autocontratação – 107

Autonomia da vontade no negócio jurídico – 82

B

Bem e coisa, distinção – 68

Bem de família – 77

Bem jurídico, conceito – 68

Benfeitorias – 75

Bens, classificação – 69

Bens consumíveis e não consumíveis – 72

Bens corpóreos e incorpóreos – 69

Bens disponíveis e indisponíveis – 77

Bens divisíveis e indivisíveis – 73

Bens fungíveis e infungíveis – 71

Bens inscritos no tombamento artístico e histórico; indisponibilidade relativa – 77

Bens móveis e imóveis – 70

Bens principais e acessórios – 75

Bens públicos dominicais, impossibilidade de usucapião – 76

Bens públicos e privados – 76

Bens singulares e coletivos – 74

Boa-fé objetiva – 86

Bustamante, referência a este Código – 37

C

Cadáver, disposição – 68

Caducidade ou decadência dos direitos – 122

Capacidade, como integração de personalidade – 48

Capacidade da pessoa jurídica – 55

Capacidade de fato, de exercício ou de ação – 48

Capacidade de direito, noção – 48

Capacidade de direito, de gozo ou de aquisição – 48

Características do direito objetivo – 8

Caracterização da pessoa jurídica – 54

Categorias de direitos subjetivos – 7

Causa do negócio jurídico – 87

Cego não é incapaz – 51

Cessação da condição, verificação ou implemento, e falta – 96

Classificação das disciplinas, no Direito público e no Direito privado – 3

Classificação das normas jurídicas no Direito público e no Direito privado – 3

Classificação das pessoas jurídicas – 56

Classificação do negócio jurídico – 85

Classificação dos bens – 69

Classificação dos direitos subjetivos – 7

Cláusula de não indenizar – 115

Coação – 91

Codificação, em que consiste – 14

Codificação brasileira, história – 15

Código, noção exata e denominação inadequada – 14

Código Bustamante, notícia a respeito – 37

Código Civil, história de sua elaboração – 15

Código Civil, sua revisão – 16

Código Civil, sua topografia – 16

Coisa e bem, distinção – 68

Coisa fora do comércio – 77

Coisa julgada como presunção absoluta – 105

Comoriência – 45

Conceito de Direito – 1

Conceito de Direito positivo – 1

Concorrência de culpa – 117

Condenação criminal, não importa em incapacidade – 51

Condição, noção, classificação e efeitos – 96

Condição impossível – 98

Condição perplexa – 98

Condição potestativa pura – 98

Condição proibida – 98

Condição resolutiva, noção e efeitos – 97

Condição suspensiva, noção e efeitos – 97

Condição de validade do negócio jurídico – 84

Confirmação do negócio jurídico– 109

Confirmação, inadmissível quando o negócio jurídico é nulo – 109

Confirmação do ato anulável – 110

Confissão – 105

Conflito de leis no tempo – 28

Consentimento no negócio jurídico bilateral – 85

Constitucionalidade da lei e o seu controle – 41

Constitucionalização do direito civil – 4

Constituição rígida e flexível, noção – 17

Continuidade das leis – 24

Contrato consigo mesmo, nos efeitos da representação – 107

Controle da constitucionalidade – 41

Conversão substancial do negócio jurídico – 109

Cópia fotostática – 104

Corpo, direito ao próprio – 6

Correção de enganos materiais. Interpretação – 41

Correções e emendas à lei já publicada – 22

Corrente elétrica, sua caracterização como coisa móvel – 70

Costume, noção – 11

Costume como fonte subsidiária ou supletiva de direito – 11

Costume, seus elementos interno e externo – 11

Costume *secundum, praeter et contra legem* – 11

Culpa concorrente – 117

Culpa, noção e espécies – 114

Culpa presumida – 115

Curatela – 50

D

Debilidade mental – 51

ÍNDICE ALFABÉTICO-REMISSIVO 503

Decadência ou caducidade dos direitos – 112

Declaração de vontade e negócio jurídico – 82, 83

Declaração receptícia de vontade – 83

Decreto ou regulamento – 17

Decreto-lei, noção – 17

Defeitos do negócio jurídico – 88

Deficiência mental – 49, 50, 51-A

Derrogação, noção e efeitos – 25

Desaparecidos políticos – 44-A

Descodificação do Direito Civil – 16-A

Desconsideração da pessoa jurídica – 58-A

Destino dos bens das sociedades e associações – 61

Desuso ou costume contra a lei – 11

Direito alternativo – 40

Direito como objeto de relação jurídica – 68

Direito ao nome, sua caracterização – 47

Direito ao próprio corpo – 6

Direito à vida e à integridade física – 47-A

Direito Civil Constitucional – 4

Direito Civil, várias concepções – 4

Direito Comparado como fonte indireta de direito –13

Direito e moral, distinção – 1

Direito, sua noção conceitual – 1

Direito sobre direito – 68

Direito Internacional Privado, concepção doutrinária – 34

Direito intertemporal, como se concebe – 28

Direito livre – Interpretação – 40

Direito natural, seu conceito – 1

Direito objetivo, conceito – 2

Direito personalíssimo – 80

Direito positivo – 1

Direito privado, noção – 3

Direito privado e sua unificação – 4

Direito público, noção – 3

Direito subjetivo, análise – 6

Direito subjetivo, conceito – 2, 5

Direito subjetivo, elementos – 6

Direito subjetivo, existência – 5

Direito subjetivo, inexistência (doutrinas de Duguit e Kelsen) – 5

Direito subjetivo público, noção – 7

Direito objetivo, caracteres – 8

Direitos facultativos– 121

Direitos inatos do ser humano – 42

Direitos patrimoniais, noção – 67

Direitos da personalidade – 42

Direitos prescritíveis – 121

Direitos subjetivos, classificação – 7

Disregard doctrine – 58-A

Dissimulação – 109-A

Documento público e privado – 104

Dolo – 90, 114

Domicílio e residência, noção – 63

Domicílio, eleição – 65

Domicílio, mudança – 64

Domicílio, pluralidade – 64

Domicílio, princípio em Direito Internacional Privado – 36

Domicílio, voluntário e necessário; geral e especial – 65

Domicílio aparente – 63

Domicílio convencional – 65

Domicílio das pessoas jurídicas de direito privado e público – 66

Domicílio político – 63

Doutrina, como fonte de direito – 13

E

Ébrio habitual – 51

Efeitos da condição – 96

Efeitos da ineficácia do negócio jurídico – 111

Eficácia da lei no espaço – 33

Eficácia imediata da Constituição – 27-A

Eleição de domicílio – 65

Elementos acidentais do negócio jurídico – 95

Eletricidade, caracterização como coisa móvel – 70

Emancipação e maioridade – 52

Emendas e correções no texto da lei já publicado – 22

Empresa individual de responsabilidade limitada – 56, 60, 61

Encargo, noção e efeitos – 100

Enfermidade mental – 50

Equidade, como fonte de direito – 13

Equidade, quando autorizado o juiz a decidir por ela – 40

Erklärungstheorie – 38, 86

Errata, na publicação oficial – 22

Erro de fato e erro de direito – 89

Erro obstativo – 89

Escola do "direito livre" – 40

Escola da Exegese – 39

Escravo, em função da personalidade – 42

Escritura pública. Requisitos – 104

Escusativas de responsabilidade – 117

Especialização, princípio limitativo da capacidade das pessoas jurídicas – 55

Estado, noção, condições e requisitos – 48

Estado de necessidade– 117

Estado de perigo, defeito do negócio jurídico – 94

Exceções – 121

Excepcional, deficiência mental – 51

Existência formal da lei – 41

Existência material da lei – 41

Exterritorialidade da lei – 33

Extinção dos direitos – 81

F

Faculdades legais não prescrevem – 121

Falido, não é incapaz – 51

Falsidade ideológica e falsidade material do documento – 104

Fato anormal, como objeto do Direito Internacional Privado – 33

Fato jurídico, como pressuposto material do direito subjetivo – 78

Filme cinematográfico como meio de prova – 105

Fim da personalidade da pessoa natural – 44

Fonte atual de direito – 9

Fonte criadora e fonte intelectual – 9

Fonte histórica de direito – 9

Fontes de direito, noção – 9

Forma do negócio jurídico – 84-A

Forma do negócio jurídico: *ad solemnitatem* ou *ad probationem* – 84-A

Forma convencional e forma legal do negócio jurídico – 84-A

Formalismo de publicidade – 84-A

Fotocópia – 104

Fotografia como elemento probatório – 104, 105

Fraude à execução torna nula a alienação – 93

Fraude contra credores – 93

Freies Recht – Escola de Direito Civil – 40

Frutos – 75

Fundação, conceito, constituição e funcionamento – 62

G

Gás, sua caracterização como coisa móvel – 70

Gestão de negócios– 106

Gravador de som, como técnica probatória – 104, 105

H

Hermenêutica tradicional – 39

Hermenêutica moderna – 40

Hierarquia das leis – 17

História da codificação brasileira – 15

I

Ilícito, conceito e requisitos – 113

Ilícito civil e ilícito penal, diferenciação – 113

Imóveis, noção e diferenciação dos móveis – 70

Impedimento para determinados negócios jurídicos, sem quebra da capacidade civil – 84

Imprescritibilidade dos bens públicos dominiais – 76

Imprescritibilidade, que direitos são imprescritíveis – 121

Imputabilidade criminal da pessoa jurídica – 57

Inalienabilidade, natural, legal e voluntária – 77

Incapacidade absoluta – 50

Incapacidade é excepcional – 48

Incapacidade: natural e arbitrária – 49

Incapacidade relativa – 51

Incompatibilidade entre a lei e a Constituição – 26

Incompatibilidade entre a lei velha e a nova – 26

Inconstitucionalidade da lei, sua declaração e os efeitos desta – 10, 25, 41

Indenização, dever imposto em consequência do ato ilícito – 113, 115

Índio – 51

Indisponibilidade relativa dos bens inscritos no tombamento histórico e artístico – 77

Indivisibilidade e unidade do patrimônio – 67

Ineficácia do negócio jurídico, efeitos – 111

Ineficácia do negócio jurídico, em geral – 108

Ineficácia *stricto sensu* – 108

Inércia do titular difere da renúncia – 81

Inexistência do negócio jurídico – 112

Institutos unos, noção – 20

Instrumento público e particular, valor de cada um. Requisitos – 104

Interdição por enfermidade mental – 50

Interdição por prodigalidade – 51

Interpretação autêntica, noção – 38

Interpretação da lei, noção e espécies – 38

Interpretação científica – 40

Interpretação corretora – 41

Interpretação do negócio jurídico – 86

Interpretação gramatical ou literal – 38

Interpretação histórica – 38

Interpretação judicial – 38

Interpretação sistemática – 38

Interrupção da prescrição – 125

Irretroatividade como norma de política legislativa – 29

Irretroatividade, é a regra em doutrina pura – 29

Irretroatividade da lei, aplicação prática dos princípios, às várias províncias de direito – 32

Irretroatividade da lei, o princípio – 29

Irretroatividade da lei, repercussão das teorias no Direito brasileiro – 32

Irretroatividade da lei, teorias objetivistas – 31

Irretroatividade da lei, teorias subjetivistas – 30

Iura novit curia, sua aplicação – 23

J

Juramento, como meio probatório – 105

Jurisprudência, como fonte de direito – 9

Justiça ideal, como objetivo último do direito – 1

L

Legítima defesa, escusativa de responsabilidade civil – 117

Lei de Introdução às Normas do Direito Brasileiro (LINDB) – 9, 22, 28, 34

Lei em sentido meramente formal – 10

Lei, noção e caracteres – 10

Lei, trâmites de elaboração – 17

Lei constitucional, noção – 17

Lei inconstitucional – 10, 25, 41

Lei interpretativa, como processo de interpretação – 38

Lei ordinária, conceito – 17

Lei orgânica, conceito – 17

Lei repristinatória, noção – 27

Leis estaduais, noção e objeto – 18

Leis federais, noção e objeto – 18

Leis formais, noção – 20

Leis imperativas, noção – 19

Leis interpretativas, noção – 19

Leis materiais ou teóricas, noção – 20

Leis municipais, noção e objeto – 18

Leis perfeitas, menos que perfeitas e imperfeitas – 21

Leis permissivas, noção – 19

Leis processuais, noção – 20

Leis proibitivas, noção – 19

Leis supletivas, noção – 19

Leis temporárias – 25

Lesão – 94

LINDB (Lei de Introdução às Normas do Direito Brasileiro) – 9, 22, 28, 34

Lúcidos intervalos – 50

M

Maioridade e emancipação – 52

Manifestação de vontade, defeitos – 88

Manifestação de vontade na formação do negócio jurídico, tácita e expressa – 83

Menor absolutamente incapaz – 50

Menor relativamente incapaz – 51

Mens legis – 38

Minas, regime jurídico – 76

Modificação dos direitos, subjetivos e objetivos, quantitativa e qualitativa – 80

Moral e direito, distinção – 1

Moratória – 99

Morte, sua prova – 44

Morte civil, sua abolição – 44

Morte presumida – 44

Móveis e imóveis, classificação – 70

Móveis por antecipação – 70

Mudança de domicílio – 64

Mudança de sexo – 47-A

N

Nacionalidade, princípio em Direito Internacional Privado – 36

Nacionalidade das pessoas jurídicas – 58

Narcoanálise, não pode ser imposta ao indivíduo – 42

Nascimento dos direitos – 79

Natureza da pessoa jurídica – 54

Navio, coisa móvel – 70

Negócio consigo mesmo, como efeito da representação – 107

Negócio jurídico como fonte de direito – 9

Negócio jurídico, classificação – 85

Negócio jurídico, conceito – 82

Negócio jurídico, defeitos – 88

Negócio jurídico, elementos acidentais – 95

Negócio jurídico, forma – 102

Negócio jurídico, ineficácia em geral – 108

Negócio jurídico inexistente – 112

Negócio jurídico, interpretação – 86

Negócio jurídico, prova – 103

Negócio jurídico, requisitos – 84

Nome civil – 47

Nome comercial, sua proteção – 47

Nulidade do negócio jurídico – 109

O

Objeto, como elemento do direito subjetivo – 6

Objeto dos direitos subjetivos, noção – 68

Obrigatoriedade da lei, teorias existentes – 23

Ordem pública, conceito – 3

P

Partes integrantes não se confundem com coisas acessórias – 75

Patrimônio, conceito – 67

Patrimônio de afetação, teorias – 67

Patrimônio das sociedades e associações, seu destino – 61

Patrimônio histórico, tombamento de bens – 77

Patrimônios separados, noção – 67

Película cinematográfica, como meio de prova – 105

Perda dos direitos – 81

Perícia hematológica – 42

Personalidade, atributo do ser humano – 42

Personalidade, seu começo – 43

Personalidade, seu fim – 44

Personalidade, seus requisitos, nascimento e vida – 43

Pessoa com deficiência – 50

Pessoa física – 42

Pessoa jurídica, capacidade e representação – 55

Pessoa jurídica, classificação – 56

Pessoa jurídica, começo de sua existência – 59

Pessoa jurídica, imputabilidade criminal – 57

Pessoa jurídica, nacionalidade – 58

Pessoa jurídica, natureza jurídica – 54

Pessoa jurídica, noção e requisitos – 53

Pessoa jurídica, registro – 59

Pessoa jurídica, responsabilidade – 57

Pessoa jurídica, responsabilidade civil – 115

Pessoa jurídica, teorias explicativas de sua natureza – 54

Pessoa natural – 42

Pluralidade de domicílios – 64

Poder de representação, legal e convencional – 106

Poderes implícitos para legislar – 18

Prazo de garantia como suspensão convencional da prescrição – 123

Prazo de vigência da lei, sua contagem e espécies – 22

Prazo e termo – 99

Prazos prescricionais – 123

Preso não é incapaz – 51

Prescrição aquisitiva – 120

Prescrição extintiva – 121

Prescritibilidade, quais os direitos prescritíveis – 121

Presunção de morte – 44

Presunção de paternidade – 105

Presunções e indícios – 105

Presunção *iuris tantum* – 105

Presunção *iuris et de iure* – 105

Pressuposição – 101

Pretensão, base da prescrição – 123

Principais e acessórias, coisas – 75

Princípio da continuidade das leis – 24

Princípio da especificação das pessoas jurídicas – 55

Princípio da irretroatividade das leis – 29

Princípio da nacionalidade, em Direito Internacional Privado – 36

Princípio da obrigatoriedade da lei, teorias a respeito – 23

Princípio do domicílio, em Direito Internacional Privado – 36

Princípio de ordem pública – 3

Princípios gerais de direito, como fonte criadora – 13

Pródigo – 51

Produtos – 75

Promulgação da lei, noção – 17

Prova, documental, testemunhal e pericial – 104

Prova do negócio jurídico – 103

Prova legal – 103

Prova pré-constituída – 103

Pseudônimo, sua proteção – 47

Publicação da lei, noção – 17

Publicação da lei, sua técnica e seus efeitos – 22

Publicidade como requisito do negócio jurídico – 84

Publicidade do negócio jurídico – 102

Publicização do direito privado – 3

R

Reconhecimento da pessoa jurídica – 59

Registro Civil, sua história e função – 46

Regulamento para a execução das leis – 17

Relação jurídica, como elemento do direito subjetivo – 6

Renúncia – 81

Renúncia translatícia – 81

Renúncia à prescrição – 121

Reparação, dever imposto em consequência do ato ilícito – 113, 115

Representação da pessoa jurídica – 55

Representação, efeitos – 107

Representação, legal e convencional – 106

Representação imprópria – 106

Reprodução mecânica de documento – 104

Requisitos da escritura pública – 104

Requisitos do negócio jurídico – 84

Rescisão do negócio jurídico – 108

Res derelicta abandono pelo *dominus* – 68

Res nullius, à disposição do que dela se apropria – 68

Reserva mental – 92

Resolução do negócio jurídico – 108

Responsabilidade civil, conceito, requisitos e efeitos – 115

Responsabilidade civil, escusativa – 117

Responsabilidade civil das pessoas jurídicas – 115

Responsabilidade civil das pessoas jurídicas de direito público – 57, 116

Responsabilidade civil do Estado – 116

Responsabilidade pelo fato das coisas ou de terceiros – 115

Responsabilidade da pessoa jurídica – 57

Responsabilidade objetiva – 115

Restrição ao exercício de um direito não constitui incapacidade – 49

Retroatividade das condições – 96

Revisão do Código Civil – 16

Revogação, como se dá – 25

Revogação, expressa ou tácita – 26

Revogação da lei, a quem compete – 26

Revogação do negócio jurídico – 108

S

Sanção presidencial da lei – 17

Senectude – 50

Senilidade – 50

Separação de patrimônios, noção – 67

Ser humano, como objeto de direito, não o pode ser – 6

Silêncio como fator de criação do negócio jurídico – 83

Simulação – 92, 109-A

Singulares e coletivos: bens – 74

Sociedade de fato, em que consiste e qual a responsabilidade dos sócios – 60

Sociedades, fim de sua existência – 61

Sociedades e associações, conceito e caracteres – 60

Sub-rogação, pessoal e real – 74

Sucessão *causa mortis*, não importa em extinção da relação jurídica – 80

Sucessão universal e singular – 67

Sujeito, como elemento do direito subjetivo, noção – 6

Súmula do STF, seu valor como fonte de direito – 9

Surdo-mudo – 50

Suspensão da prescrição – 124

T

Tatbestand, com que a sistemática alemã designa as condições materiais da relação jurídica – 78

Tempo, sua influência na relação jurídica – 119

Teoria da afetação, na composição do patrimônio – 67

Teoria da vontade e teoria da declaração na formação de negócio jurídico – 83

Teoria dos estatutos – 35

Termo e prazo – 99

Testemunhas – 104

Tomada de decisão apoiada – 51-A

Tombamento artístico e histórico, regime de indisponibilidade relativa – 77

Tóxico, viciado – 51

Transferência do patrimônio, por ato *causa mortis* e *inter vivos* – 67

Transmissão hereditária não importa em extinção da relação jurídica – 80

Transplante – 47-A

Tutela – 50

U

Unidade e indivisibilidade, do patrimônio – 67

Unificação do direito privado – 4

Universalidade de fato e de direito – 74

Usucapião, ou prescrição aquisitiva – 120

Usucapião de bens públicos – 76

V

Vacatio legis, noção – 22

Velhice – 50

Veto, noção – 17

Viabilidade não é requisito da personalidade – 43

Vícios do negócio jurídico – 88

Videoteipe – 104, 105

Vigência da lei, fixação de seu início – 22

W

Willenstheorie – 38, 86